国家出版基金项目
NATIONAL PUBLICATION FOUNDATION

中国社会科学院近代史研究所中华民国史研究室

总编 李 新

中华民国史

大事记

第八卷

（1937—1939）

韩信夫 姜克夫 主编

中 华 书 局

编著者名录

1905—1910 年　韩信夫　刘明逵

1911 年　郭永才　王明湘　齐福霖　范明礼

1912 年　张允侯　张友坤　章伯锋　胡柏立
　　　　耿来金　刘寿林　钟碧容

1913 年　胡柏立　耿来金

1914 年　章伯锋　张允侯

1915 年　钟碧容

1916 年　郭永才　王明湘

1917 年　韩信夫　范明礼

1918 年　刘寿林　钟卓安　章伯锋

1919 年　张允侯　张友坤

1920 年　钟碧容

1921 年　齐福霖

1922 年　陈　崧　王好立

1923 年　朱信泉　任泽全

1924 年　蔡静仪

1925 年　韩信夫　丁启予　陈永福

1926 年　严如平　柏宏文

1927 年　吴以群　罗文起

1928 年　查建瑜　韩信夫

1929 年　娄献阁　白吉庵

1930 年　李静之　张小曼

1931 年　任泽全

1932 年　石芳勤　徐玉珍

1933 年　江绍贞

1934 年　熊尚厚

1935 年　吴以群　刘一凡

1936 年　郭　光

1937 年　郭大钧　王文瑞　李起民
　　　　　李隆基　常丕军　刘敬坤

1938 年　陈道真　韩信夫

1939 年　李振民　张振德

1940 年　梁星亮

1941 年　陈仁庚　梁星亮

1942 年　董国芳

1943 年　李振民　张守宪

1944 年　梁星亮　张振德

1945 年　齐福霖　王荣斌

1946 年　查建瑜　任泽全

1947 年　陈　敏　章笑明　汪朝光

1948 年　卞修跃　贾　维　陈　民

1949 年　江绍贞　朱宗震

审　订　李　新　韩信夫　姜克夫　齐福霖　吴以群
　　　　（以下按姓氏笔划为序）
　　　　王学庄　江绍贞　刘敬坤　朱宗震　朱信泉
　　　　孙思白　汪朝光　李振民　严如平　杨天石

1937 年(民国二十六年)

1 月

1 月 1 日 蒋介石在南京召见军委会办公厅主任朱培德、重庆行营主任顾祝同、江西省政府主席熊式辉、甘肃绥靖主任朱绍良、参谋本部厅长林蔚等会商,决定"以政治为主、军事为从方略,以解决西北问题",并令顾祝同驻节潼关,指挥陕、甘军事。

△ 国民党中央宣传部发表告同胞、同志书称,经过西安事变,"实足以证明吾国家之统一基础,确已稳固;全民族之集体力量,确已形成;吾全国同胞对于国事之关怀及对于本党领袖之拥护,亦已为世界所共认"。

△ 毛泽东、周恩来电潘汉年称,速与陈立夫接洽,中共愿与宋子文、孙科、冯玉祥各方面商洽团结一致挽救危局之方法;并告知红军已集结训练,静待划定防地,准备抗日,绝无扰乱中央军及侵入国民党区域之企图。

△ 中共中央军委主席团发出指示称,西安事变和平解决,红军及地方部队应停止向中央军及马鸿逵军之进攻,并请国民党军亦勿再有攻击行动。

△ 西安各界 10 余万人举行庆祝大会,杨虎城主持阅兵式,声言

决与红军"联合起来,为抗日救亡而奋斗"。

1月2日　蒋介石由南京飞往奉化休养,陈布雷等同行。

△　中共中央政治局召开扩大会议,分析张学良被扣留后的形势,决定主要方针是力求和平。毛泽东称,现在"仍是打击右派,争取中派"。张闻天阐明中共在目前的主要方针,"是巩固内部与动员援助西安,反对内战"。

△　中共中央指示潘汉年以全权代表身份与蒋介石、陈立夫继续交涉;并指示其了解蒋介石与何应钦对西安问题的意见是否一致;中共在当前仍应保持调人的地位。

△　张闻天、毛泽东电周恩来、秦邦宪,指出"目前全局重心,在巩固张、杨两军团结于红军周围,以对抗亲日派,推动时局转向有利方面"。

△　中共中央军委令红军各部在驻地集合待命,随时配合友军抵御对方进攻。野战军从明日起秘密向栒邑、淳化二县集中。

△　日本军用飞机在青岛散发五色旗帜与荒谬传单,青岛市政府向日本驻青岛领事馆提出严重抗议。6日,外交部亦就此事向日使馆提出抗议。

△　中英会勘滇缅南段界务委员梁宇皋、张祖荫、革乐思、陶乐尔在老厂开第二届首次会议。中立委员长为伊思林。

△　归绥伪军李守信部300余人在察哈尔商都(今属内蒙古自治区商都县)哗变。

1月3日　军事委员会发布对陕、甘作战计划及战斗序列令:顾祝同第一集团军下辖10个师,据东线潼关正面;蒋鼎文第二集团军下辖五个师又一个旅,据西线甘肃、宁夏一带;朱绍良第三集团军下辖九个师,据西线陕南、陇南及兰州附近;陈诚第四集团军下辖10个师,据东线左翼潼关以南至商洛地区。刘峙前敌总司令部直辖部队及预备军共10余师,分布潼关、新乡、川鄂边境及宁夏一带。空军部队指挥官为毛邦初。作战计划旨在"乘陕、甘叛军未与共匪合股以前,先图迅速击灭叛军"。以东路为主,西路对兰州、平凉均为牵制。蒋介石命令顾祝同,在未得到命令前,不许攻击。

△ 行政院代院长孔祥熙密电国民政府,请特赦张学良。

1 月 4 日 国民政府命令:"张学良所处 10 年有期徒刑,本刑特予赦免,仍交军事委员会严加管束。"

△ 深夜,周恩来、秦邦宪将所拟防御中央军进攻作战纲领电中共中央。纲领分东线、西线、北线三个作战方面,主要作战方面在东线。纲领决定组织三人团,以张学良(由何柱国或王以哲代)、杨虎城、周恩来领导作战,由杨虎城统一指挥。

△ 军事委员会委员长蒋介石命陈诚率第四集团军,主持陕西东路军事宜。

△ 杨虎城、王以哲请红军主力速开赴关中地区,全力支援东北军与第十七路军。周恩来、叶剑英与杨虎城及东北军、第十七路军高级将领,共同拟定三方面的联合作战计划。

△ 莫德惠、刘哲、戢翼翘自北平应邀至南京,劝慰张学良。

△ 铁道部派员勘测武汉铁桥。

△ 日第三舰队司令官长谷川清在上海虹口公园举行例行阅兵式,特别陆战队司令官大川内传七与川樾茂大使等 3000 余人参加。

1 月 5 日 国民政府令西安绥靖主任杨虎城、甘肃省政府主席兼第五十一军军长于学忠,应即一并撤职,仍留原任。国民政府令西北"剿匪"总司令部着即裁撤。国民政府特派顾祝同为军事委员会委员长西安行营主任。国民政府令免甘肃绥靖主任朱绍良本职。国民政府令驻甘绥靖公署着即裁撤。国民政府特派王树常为甘肃绥靖主任。国民政府令准陕西省政府主席邵力子辞职;任命孙蔚如为陕西省政府主席。

△ 中共中央批准防御中央军进攻作战纲领方案,命红军第十五军团集结西安西南地区待命。

△ 张闻天与毛泽东电在上海的潘汉年,要其与宋子文接洽,促使

宋子文履行蒋介石在西安应允的"停战撤兵"等六项条件。

△　毛泽东电周恩来、秦邦宪,指出应向国民党谈判代表表明:(甲)"南京在蒋回后重新宣布'剿共'方针,重新向西北进兵,并扣留张学良,破坏协定与破坏信义";(乙)"同意南京用政治方式解决西北善后问题,但须在下列条件之下:(一)立即撤兵;(二)立即释放张学良回陕;(三)保证西安协定之实行";(丙)"两党关系,三大纲领已与蒋、宋磋商,并已明白为蒋、宋所承认,细目委潘汉年全权接洽。恩来无去南京之必要"。同日,又电周恩来、秦邦宪称,应"向张冲表示,只要南京军不开火,红军决不向南京军开火,仍处于调人地位"。

△　军政部发表整理陕、甘军事办法,中央军万耀煌、樊崧甫、毛炳文、曾万钟各军分驻潼关、渭南、西安、咸阳、宝鸡、天水;胡宗南、关麟徵、孔令恂各军驻甘肃东部各地;杨虎城部移驻陕西中部及西北部;张学良部恢复 12 月 1 日前之位置。

△　国民党中央决定《陕甘军事善后方案》。"陕甘军事之善后,主用政治方式解决之";东北军与西北军各部,入驻划分之一定区域,"由中央严加整理充实"。人事方面,以顾祝同为西安行营主任,综理陕、甘、青、宁军事及西北国防准备事宜;以王树常为甘肃绥靖主任,担任甘肃绥靖事宜;杨虎城、于学忠撤职留任,冯钦哉为第二十七路军总指挥。驻地区分:由潼关沿铁道至宝鸡,再沿渭河至天水、秦安之线,归中央军驻防。第十七路军直属各警旅移驻正宁等 11 县,第十七师移住甘泉等四县。冯钦哉部编为第二十七路军,仍驻原地。东北军一律恢复 12 月 1 日以前位置。"以上方案,为促张、杨部队能切实遵行,我前方军事仍应积极准备,向西安压迫"。

△　杨虎城、于学忠等九将领通电全国称,中央军西进,"欲以武力造急性之内战",表示"虎城等欲求对内和平而不得,欲求对外抗日而不能","惟有起而周旋,至死无悔"。此即有名的"歌电"。

△　杨虎城致蒋介石电称,张学良虽蒙特赦,但"尚未恢复公权","此间情形,张副司令一日不归,即西北军民一日不安"。

△　军事委员会电令第四路军总指挥刘建绪、广东绥靖主任余汉谋,立即向中国工农红军闽赣浙边区游击队进攻,"务于短期内完全廓清"。

△　日浪人志贺秀二、山口勇男、田中教夫在郑州大同路通商巷百华银楼后院设立秘密机关,雇用汉奸赵龙田制造毒品,密谋勾结禹县山中土匪刘桂堂部千余人,破坏交通,抢劫快车,为当地军警拘捕。6 日,三名日本浪人由日驻郑州领事馆引渡。外交部向日使馆提出抗议。

△　由昌黎南大寺等地运至天津之私货达 3000 万元之巨,致天津私货山积。

1 月 6 日　军事委员会委员长西北行营主任顾祝同飞洛阳转陕西,办理陕、甘善后事宜。

△　宋子文电杨虎城称,"弟为汉兄事声嘶力竭,负疚实深,嗣后吾兄关于军情电文,请遥呈委座(蒋介石)"。杨虎城复电,要求宋子文对"汉公出处,及全国抗日问题"应"排除万难,继续周旋"。

△　何应钦据蒋介石电令,密电刘峙、顾祝同,补充《陕甘军事善后方案》中驻地区分办法,"东北军全部应先调集甘境,归王树常节制指挥,并负责整理";第十七路军除准在西安酌留一部外,余照方案办理。

△　第四路军总指挥刘建绪在浙江衢县主持开闽、浙、皖、赣边区绥靖会议,讨论进攻中国工农红军游击部队办法;会期两天,到会者 70 余人。

△　毛泽东、张闻天联名电周恩来、秦邦宪称,"(甲)目前中心在坚决备战,拒顾(顾祝同)迎张(张学良)。(乙)顾来则张(张学良)、杨(杨虎城)两部全被宰割,红军将被迫登山"。

△　罗马教皇颁给中国天主教领袖陆伯鸿教廷剑袍爵士勋位。教廷驻华代表蔡宁总主教代表教皇举行授勋礼。陆伯鸿为远东获得此项勋位的第一人。

1 月 7 日　蒋介石致书张学良,提出陕、甘军事善后办法,要旨为:一、东北军应集中甘肃,由张学良推荐一人率领前往;二、杨虎城或酌留若干部队在西安,使其行使绥靖职权;嘱其与顾祝同切商办法,余应照已发电令办理;并谓"请由兄手谕告虎城及各将领,勉以切实服从中央命令"。

△ 张学良致函蒋介石,提出解决陕、甘问题意见书,同意派人持其信函前往西安商谈。其意见书略谓:"甲、剿匪":"一、调东北军全部驻开封、洛阳或平汉线上。……二、调虎城出洋考察养病半年,不开缺,以孙蔚如代理。……三、余(张学良)陪同墨三(顾祝同)到洛阳,最好到潼关或临潼,由启予(商震)或庞炳勋派兵陪同前往,请虎城及各军长来会商";"乙、匪不剿":"一、调虎城到甘,以何雪竹(何成濬)或刘经扶(刘峙)为西北行营主任。……二、调东北军驻豫、鄂一带整理训练,担任国防,由王树常负责,由良(张学良)帮助整理完毕,良愿去读书"。

△ 杨虎城、于学忠等七将领密电何应钦称:"委座(蒋介石)在陕确称密纳积极抗日主张。抗日主张即日不实现,虎城等一日不能放弃其要求。军委会所指人事办法与部队部署,远非委座再三容纳抗日主张之本意。以此言抗日,不啻南辕北辙。此间全体官兵,以汉公(汉卿,张学良字)被扣,军队进迫,均已愤极万分,中央始终不能开诚,则此间亦难为中央维持威信。"

△ 国民政府任魏宸组为驻波兰特命全权公使。

△ 国民政府公布《提存法》。

△ 由北平来南京的东北元老莫德惠、刘哲往见张学良。张氏认为西北战端将起,有违其"兵谏"的初衷;称中央军进入潼关系何应钦主谋,促莫、刘二人往见何应钦劝阻用兵。张学良并致函杨虎城称,"此事仍有转圜办法,切盼勿发生战事"。

△ 彭德怀、任弼时、贺龙、左权等率红军二万余人抵达三原、泾阳、富平一带。

△ 中共中央发出《关于西安事变宣传方针的指示》称,为了使中国从此实现和平统一,团结御侮,南京政府应令张学良回陕,率东北军与西北军开赴抗日前线,实现蒋、张共同救国的主张。如南京政府企图

以武力解决,内战应由其负完全责任。《指示》再次强调,中共的基本方针是停止内战,一致抗日。

△ 毛泽东致电周恩来、秦邦宪、彭德怀、任弼时,要求野战军全部10 日在耀县、三原、咸阳集中后,应于 12 日以前完成扩红、筹款等各项工作。

△ 中、德人士在南京集会,追悼新近去世的前国民政府德国军事顾问塞克特将军。蒋介石代表何应钦与翁文灏、陈绍宽及德驻华大使陶德曼等参加。

△ 天津海关查获日浪人走私汽车数辆,青岛海关查获大批白糖、人造丝、毛巾等私货。日货物走私风较前愈烈。

1 月 8 日 国民政府明令改组湖北省政府。湖北省政府委员卢铸、范熙绩、李书城、吴国桢均免本职;湖北省政府委员孟广澎(兼民政厅长)、贾士毅(兼财政厅长)、刘寿朋(兼建设厅长)、程其保(兼教育厅长)均准免本兼各职;任命孟广澎、贾士毅、伍廷飏、周天放、范熙绩、杨揆一、卢铸为湖北省政府委员,孟、贾、伍、周四人分兼民政、财政、建设、教育厅厅长。

△ 国民政府修正公布《诉愿法》及《行政诉愿法》。

△ 中共中央、苏维埃中央政府发出号召和平、停止内战通电,要求蒋介石"言必信,行必果"。

△ 复兴社特务处处长戴笠偕王化一、吴瀚涛往见何应钦。何氏向王、吴二人表示,中央决意谋求和平,对西北绝不用兵。

△ 戴笠送王化一、吴瀚涛至张学良处,与张氏单独谈话。张学良称,"如果发生冲突,必使抗日力量因内战而受损失,和我初衷完全相反"。言毕失声痛哭,以遗嘱两份交王化一,一给其家属,一给张作相、万福麟、于学忠、王以哲等东北军将领,内称如"造成糜乱地方不可收拾的局面,将自杀以谢天下"。

△ 行政院电令陕西省主席孙蔚如速就职,主持陕西省政。

△ 陈铭枢自欧洲回国,抵香港。

　△　宋子文再电杨虎城称:"弟为国为友,有一分力量必尽一分力量,决不畏难,决不推诿,以自坠人格,皇天后土,实鉴此心。"

　△　云南十三大寺总管圣露呼图克图,由立法委员彭养光陪同觐见国民政府主席林森。

　△　军政部长何应钦在中央纪念周讲《统一与救国》。

　△　招商局在上海设海洋航运处。行政院决定,以后全国各军政机关向外国订购货物、材料及装运,均委托海洋航运处办理。

　△　日华北驻屯军第二联队在天津惠通机场举行检阅式,萱岛联队长任指挥官,田代皖一郎、桥本群及和知鹰二到场检阅。驻北平日军第一联队千余人,在北平东单日军操场举行检阅式,河边正三旅团长检阅并训话,日本驻华大使馆助理武官今井武夫等参加。驻丰台日军亦举行检阅。

　△　日飞机连续在保定、石家庄、沧县、大名、永清等地散发传单及报刊;我国各界人士要求冀察当局据理与日本交涉。

1月9日　中国共产党中央委员会、中华苏维埃中央政府发出《为号召和平停止内战通电》,敦促蒋介石履行在西安的诺言,停止进攻西安。

　△　周恩来电张闻天、毛泽东称,我们应力主和平解决西北问题。张、毛二人同日回电表示:"保持西北目前局面,非不得已不开火,乃目前基本方针。"

　△　蒋介石电复杨虎城,并抄致顾祝同、刘峙二人,强调和平解决军事、政治善后。

　△　戴笠以蒋介石、张学良二人函件交王化一、吴瀚涛。王、吴二人经洛阳去西安,抵洛阳时,顾祝同、刘峙表示,希望二人此行能打破僵局,和平解决事变。王、吴二人请顾、刘二人严加制止前方接触。

　△　下午,王化一、吴瀚涛抵西安,往见杨虎城、东北军与第十七路军高级军政人员及中共代表秦邦宪。王化一转达张学良的谈话,强调东北军内部的团结,东北军与第十七路军和红军的团结,吴瀚涛作了补

充。晚,设计委员会及东北军将领分别集会,赞同张学良不愿局势破裂的愿望,希望双方停止军事行动,同意派代表去南京和谈。东北军总部直属炮兵团长刘佩苇拔出手枪"拍"往桌上说:"不放副司令,一切谈不到。"

△　阎锡山、宋哲元等致电杨虎城,劝杨服从命令。

△　蒋介石由杭州至上海。

△　西安各界民众475团体15万余人举行武装示威大会,通电全国,要求国民党中央立即撤退入陕各军,惩办挑拨内战分子,实现对内和平、对外抗战之救国大计。

△　日驻华大使川樾访外交部长张群。

△　日资本家下诚一等在天津设立华北满蒙运输公司,资本50万元,专事私货运输至热河、内蒙各地。

1月10日　蒋介石派顾祝同为西安国共两党谈判国民党方面代表,后又增派张冲与贺衷寒二人。

△　西安行营主任顾祝同至潼关;中共代表周恩来、刘伯承亦至潼关与顾氏会晤。

△　周恩来致函张学良称:"只要中央军不向此间部队进攻,红军决不参加作战。若进入潼关之中央军必欲逼此间部队为自卫而战,则红军义难坐视。"

△　彭德怀率红军进入三原。

△　王化一、吴瀚涛再次往见杨虎城。杨氏称,蒋介石来函要其与各将领息兵听命;张学良来函望其维持事变之初衷,双方和解,以免损失抗日力量。杨虎城表示,如果需要,其个人也可以出国考察。

△　顾祝同派祝绍周去西安谈恢复交通事,并传达蒋介石准备采取的善后措施:由王以哲任江苏省主席,何柱国任安徽省主席。祝绍周与西安方面商谈,双方同意停止军事行动,恢复交通;触发战争的可能性遂被制止。

△　南昌市连接赣江东、西两岸的中正桥,经过两年的建造,是日

通车。自此,浙、赣、粤、鄂各省公路皆可联运。

　　△　上海市博物馆试行开放,暂先成立历史、艺术两部;馆长胡肇椿。

　　△　唯生学会在上海成立。陈果夫、吴铁城为名誉理事长,潘公展为理事长。

　　△　北平西单商场发生大火,损失达160万元。此为北平市30年来未有之大火灾。

　　1月11日　于学忠致电韩复榘称"中央如欲息事宁人,(一)即日恢复张副司令之自由,可促其返陕。(二)潼关、华县一带之中央军即日东撤。(三)陕、甘驻军照现在位置,暂时不动";要求韩复榘从中斡旋。

　　△　豫皖绥靖主任刘峙分电于学忠、王以哲,劝其遵令息兵。

　　△　蒋介石电顾祝同称:"东北军不难分化,汉卿表示愿调全部来豫、鄂,而不愿回陇。""只要东北军能离陕,则我军计划已完成。"

　　△　蒋介石致杨虎城长函一件,交李志刚带回陕西(李氏于12日返陕)。蒋介石在信中要求西安方面表示不割据独立与不破坏统一,"(一)表示接受中央命令,(二)12月12日以后之组织公布撤销"。

　　△　宋美龄电杨虎城称,"中央非由一人负责",要杨虎城接受蒋介石要求,使蒋介石有说话余地,才能"徐图补救,一切主张方能实现,汉卿前途更不成问题"。

　　△　杨虎城、于学忠电复李宗仁称,"此间军事部署已定,绝无可虑,请释注念"。

　　△　孔祥熙密电杨虎城,劝其委曲求全,晓谕部属,一体服从中央处理陕事善后办法。

　　△　周恩来致函蒋介石称,只要中央军不向此间进攻,红军决不参加作战;否则,红军义难坐视;坚决要蒋氏尽撤入陕、甘之兵,立释汉卿(张学良)回西北。如此,"则内战可弭,和平可坚","统一御侮之大业必可速就";并重申中共将本对内和平、对外抗战的一贯方针,实践西安协定。周恩来在信中并称,"来(周恩来)承召谈,只以大兵未撤,汉卿先生

未返,暂难抽身。一俟大局定,当即入都应约"。

　　△　四川省政府主席刘湘电何应钦,主张对西北问题以政治解决。

　　△　高桂滋、高双成电军事委员会与军政部称:"陕方通电内列职名,不胜骇异,职只知拥护中央,服从钧座命令,其他概不与闻。"

　　△　杨虎城率部离西安移驻临潼;东北军与中央军冯钦哉部发生冲突。

　　△　国民政府修正公布《保险法》与《保险业法施行法》。

　　△　上海银行业 173 同业公会,绍兴等地 63 旅沪同乡会,中华国产厂商联合会等各团体,联合电杨虎城、于学忠,"以国家民族为重,听从中央"。

　　△　江苏省政府通过《各县乡镇保甲长训练实施大纲及规程》,拟将全省乡镇保甲长分批集训。

　　△　冀察政务委员会外交委员会主席陈中孚辞职,由贾德耀继任;陈中孚被聘为顾问。

　　△　东北大学迁至北平,教育部改该校为国立,并派臧启芳为代理校长。是日,臧氏至北平接任,被拒。

　　△　英、美、法、德各国大使馆拟撤退驻陕、甘侨民。

　　△　英国出口信用担保局代表巴特里克由香港抵上海,称将继续李滋·罗斯工作,代表英国出口商与中国合作。按:英国李滋·罗斯爵士于民国二十四年(1935)应邀来华,帮助中国政府实行币制改革,被国民政府聘为首席财政金融顾问;币制改革实现后,于次年夏回国。

　　△　天津日本华北驻屯军召开重要会议,决定强化华北特务机关。

　　1 月 12 日　行政院颁令褒奖热心教育并捐资创设上海震旦学校的耆儒马相伯。

　　△　复兴社特务处长戴笠电蒋介石,报告王化一、吴瀚涛自西安归来实情。

　　△　周恩来、杨虎城、王以哲研究国民党提出的甲案与乙案以及李志刚自南京带回的蒋介石 10 日信函,决定派人至南京往见张学良及宋

子文、蒋介石,要求西安行营主任由张学良出任,杨虎城、顾祝同副之;中央军全部退出甘肃,东北军驻咸阳、平凉、固原、兰州、武威、天水;第十七路军驻韩城、华县、西安、泾阳地区;红军驻陕北、陕南、凉州西。

　△　行政院议决,照谭延闿成例国葬邵元冲。2月9日,国民政府明令邵元冲国葬。

　△　周恩来与王化一、吴瀚涛谈话,望王、吴二人回南京后,和平有望时再回西安。

　△　戴笠陪同王化一、吴瀚涛往见张学良,报告西安之行结果。张氏听到前线已停止军事行动,说"我心平气和地尽我最大力量挽此危机,保存国家元气,准备抗日",并对戴笠说:"不但东北军、十七路军应当同中央军团结在一起,中央军和红军也必须团结在一起,全国抗日力量都须团结一致。只要全国一致抗日救亡,我个人生死安危,无足计较。"

　△　国民政府公布《蒙藏边区人员任用条例》。

　△　国民党中政会主席汪精卫回国,抵香港发表谈话称:"西安事变善后,杨虎城自应听命中央。"

　△　前西安"剿匪"副司令部办公厅主任米春霖由西安抵南京,连日晤中央当局后,表示拥护中央处置陕局善后办法。

　△　国民政府派李松山为赣浙闽边区指挥,陈志中为赣浙边区指挥,黄觉为闽浙边区指挥,分率所部进攻该地区红军游击队。

　△　杨虎城分电蒋介石、张学良、何应钦,表示拟派鲍文樾偕李志刚前往奉化商谈。

　△　伪满洲国与朝鲜当局签订鸭绿江协定备忘录。

　1月13日　张学良在贺耀组、戴笠陪同下,偕米春霖由南京至奉化溪口,住武岭学校内;蒋介石以修订的善后方案送张学良征求意见。

　△　张学良致函杨虎城、于学忠等,称"请兄速下最大决心,使委座及弟易收束陕、甘之局"。

　△　国民党中央常务会议补选马相伯、王宠惠为国民政府委员。

△ 周恩来和彭德怀、贺龙同杨虎城会谈。次日,商定只要中央军一发布进攻令,红军即向富平、蒲城开进,支援关中。

△ 中共中央与中央革命军事委员会由保安动身迁到延安。同日,中共中央机关自保安(今志丹县)迁延安。

△ 苏州发生抗租风潮。

△ 上海《大公报》报道,去年日人在沪犯罪总计为 917 件,较前年增加 214 件,其中以贩运毒品者为最多,计有 173 件。

△ 远东气象会议在香港开幕,到会代表 20 余人,我国派竺可桢出席,会期七天。

1 月 14 日 国民党中政会主席汪精卫乘德轮抵上海。

△ 国民政府修正公布《陆军在乡士兵管理暂行规则》。

△ 军政部次长陈诚至太原与阎锡山商谈陕事。

△ 李济深电杨虎城及西北将领,坚决反对中央军围逼陕、甘。

△ 蒋介石致杨虎城函称,张学良"此时如为国为友,为公为私计,皆无回陕之理"。

△ 美国驻华大使詹森、英国驻华大使馆代办贺武等,就撤退陕、甘外侨一事,拜访外交部次长徐谟磋商办法。

△ 川黔铁路股份有限公司在上海成立,股本 2000 万元。曾养甫、李石曾、宋子文、卢作孚、刘竹君为常务理事,曾养甫兼任理事长及总经理。

1 月 15 日 四川省政府主席刘湘、广西绥靖主任李宗仁与白崇禧电蒋介石及国民政府,要求停止军事进攻西北,主张对陕和平解决;认为西安事变为提挈全国一切力量,团结对外的千载一时之良机,恳请中央本政治解决之途径,急令入陕部队停止进行。

△ 米春霖由奉化回陕,携蒋介石修订的陕甘善后方案、蒋氏给杨虎城的信函、张学良给东北军与第十七路军主要军政人员信函。善后方案分甲、乙两案:甲案:一、东北军全部调甘肃。二、第十七路军仍驻陕西原防,归绥靖主任杨虎城指挥,该路军得酌留若干部队在西安,以

便利行使绥靖主任之职权。附记:陕西绥靖主任公署或移设三原亦可。三、自潼关至宝鸡沿铁路各县,归中央驻军(铁路线各县以外,得由第十七路军部队驻扎)。乙案:一、东北军全部调往豫、皖两省,可先令由西荆公路集中南阳、襄阳、信阳一带。二、以王树常(或由汉卿另保一人)任安徽省政府主席。三、调于学忠任绥靖主任,统率驻在豫、皖之东北军。四、杨虎城为甘肃省政府主席,仍兼第十七路军总指挥,第十七路军全部调驻甘肃。

　　△　周恩来会见杨虎城,提出三点建议:一、为了西安事变和平解决,须杨虎城、于学忠通电就职;二、杨虎城派人去奉化见蒋介石,对乙案坚决拒绝,对甲案可基本接受;三、中共、东北军、第十七路军三方面行动一致。

　　△　杨虎城向去奉化的鲍文樾、米春霖和李志刚交待任务及解决陕事方案,另有致蒋介石函由三人携往,并分别函复孔祥熙、宋子文、宋美龄、贺耀组、于右任等人。

　　△　冀察绥靖公署重新配置河北省防务,平汉路及其沿线由第五十三军担任;平汉线以东由第二十九军担任。

　　△　川湘公路(自四川重庆至湖南沅陵)川境各段完成,在綦江举行通车典礼。该路于民国二十五年(1936)1月全线开工;全长698公里,耗资500万余元,为川省近年一大工程。

　　△　日本华北驻屯军在天津开会,研讨并确定对西安事变及对华北外交办法。

　　△　伪满洲国民政部在奉天、安东、吉林、间岛(延吉)、三江、滨江、锦州、龙江、热河、黑河等地,设立864个"集团部落"。

　　1月16日　杨虎城电蒋介石及行政院并通电全国,表示与于学忠"恭领政府革职留任处分",取消"双十二"时一切临时组织,并派鲍文樾、米春霖、李志刚晋谒蒋介石。

　　△　行政院副院长孔祥熙接杨虎城、于学忠来电后,立即电告蒋介石,并复电杨虎城,表示慰勉。

△　鲍文樾、米春霖与李志刚三人乘南京派来的专机由西安飞抵南京,面见何应钦,递交杨虎城致何应钦函及善后方案。

△　周恩来与东北军、第十七路军将领三方会议,决定坚持和平方针,联络川、桂、粤、晋、绥及南京抗日派在国民党三中全会期间,共同提出改变国策,改组政府;防区分配与营救张学良同时进行。

△　湖北省主席黄绍竑宣誓就职,并宣布治鄂方针:一、注意国防教育;二、整理保安队,巩固治安;三、整理土地财政;四、讲求水利,修筑堤防。

△　国民政府修正公布《黄河水利委员会组织法》。

△　广东米荒严重,余汉谋、黄慕松电蒋介石,请求免征洋米税。

△　广九铁路北行快车在广州附近起火,烧死 27 人,烧伤 35 人,损失计约 10 万余元。

△　美大使馆参赞裴克由西安返抵南京,称西安外侨均甚平安,实无迁移之必要。

△　日驻沪海军陆战队 300 余人,在上海北四川路、东熙华德路一带举行武装游行。

1 月 17 日　西安方面代表鲍文樾、米春霖、阎宝航(代表东北军)及李志刚(代表第十七路军)自西安抵奉化溪口谒蒋介石,要求释放张学良,并面呈杨虎城信函及解决陕事善后方案。方案中要求设陕甘绥靖公署由张学良、杨虎城分任正、副主任;陕、甘两省由东北军、第十七路军、红军驻防,停止中央各军前进及其他一切军事行动。此方案遭蒋介石拒绝。

△　下午,李志刚单独见蒋介石。李志刚称“东北军、十七路军团结一致,张先生(学良)若不回去,他们要打仗”,并称“红军也向关中开进,打起仗来,恐怕不好”。蒋氏称“回去你告诉(杨)虎城,只要他听我的命令,我答应的话都可以实现”,并亲自写信要李氏带回西安。

△　严庄由南京密电杨虎城称,改组政府与开放言论自由有困难,蒋介石仍受亲日派包围。杨氏遂增加疑虑。

　　△　南京各界慰劳前方将士暨贡献一日所得运动委员会,发起"贡献一日所得"运动,规定首都各机关、学校、团体、报社、公司、商店等,于是日起实施,至本月底止,以一日所得贡献国家。

　　△　上海市佛学界名流发起护国和平会。

　　1月18日　汪精卫在国民党中央党部纪念周演说称,对外愿本两利原则与任何国家携手,对内不得有两种政府与军队。

　　△　抗日联军临时西北军事委员会与西安绥靖公署举行联合纪念周,到会600余人。杨虎城讲演称,对内绝对主张和平,但抗日救国的主张与决心绝不放弃。

　　△　西安外侨75人乘车东返,21日又有八名外侨飞离西安。尚有六名外侨留在西安,其中五人为英籍教师,一人为美籍女记者史密德。

　　△　金陵大学联合燕京大学、清华大学、南开大学及协和医学院等院校,成立华北农村建设协会,内设卫生、工程、社会教育、政治经济、农村五个研究部。

　　△　上海法租界国药业举行罢市,抗议租界当局征收中国药剂门市发售章程捐。

　　△　云南省富州县更名为富宁县。

　　△　德穆楚克栋鲁普自称"蒙古政治委员会主席",令各旗限期遣壮丁入伍。

　　△　华北各地日领馆武官在天津举行会议,由华北驻屯军司令官田代皖一郎主持,各地领馆武官报告地方情形,并研讨时局问题。会议于次日结束。

　　△　驻北平日军在八宝山、卢沟桥等地演习。

　　△　伪满洲国民政部、军政部、蒙政部共同发布《青年训练规定》;伪协和会建立48个青年训练所,对6000名青年进行训练。

　　1月19日　蒋介石致杨虎城长函,认为陕军善后方案为"割裂军政,破坏统一",释放张学良为"不可能之要求";并告诫"若必孤行到底,此后不独西北问题非中(蒋介石自称)所欲置喙,即汉卿今后之行止若何,亦非中之所愿过问"。该信交李志刚带交杨虎城。蒋氏还称红军名义可暂不变,驻防地点由杨虎城决定,在国军未确定以前,可酌予接济。

　　△　张学良致函杨虎城交李志刚带回,嘱勿以个人出处问题为"解决当前问题之焦点,目下最要者"是照蒋介石"甲案"立即行之。

　　△　宋子文自上海赶至奉化,向西安代表解释张学良暂时不能回西安,并问李志刚:"你们提出改组政府的要求没有?"

　　△　王芸生发表《三寄北方青年》一文,谓"应该把'联合战线'的口号改为'团结建国',以国民党为中心,共产党和最大多数无党无派的国民,共同督促并培植这个中心走向民主建国的大路";并称"我们不必另起炉灶的主张召开救亡会议或和平会议";应该监督国民党召开国民大会,因为"它确是和平递嬗走向民主政治的一条大路"。

　　△　世界红十字会中国分会会长熊希龄,赴爪哇出席远东禁贩妇孺会议。

　　△　湖南大学改为国立,教育部任命皮宗石为校长。

　　△　中央军与杨虎城部队在赤水发生前哨战。

　　△　宋哲元由北平至天津晤田代皖一郎,谈判华北问题。

1 月 20 日　鲍文樾、米春霖、李志刚三人由奉化经洛阳飞抵西安,带来蒋介石不释放张学良消息后,东北军中主战派活动益加频繁,集中攻讦主和派将领第六十七军军长王以哲。

　　△　杨虎城召集东北军及第十七路军高级军政人员开会,宣读蒋介石信件,李志刚报告晤见蒋介石经过。东北军将领指斥蒋介石背信弃义,表示对分化东北军与第十七路军企图决不上当。散会时,杨虎城留李志刚详谈见蒋介石经过;杨氏听后称:"现在应该了解蒋介石和南京方面究竟有转变内战为抗战的准备没有? ……你准备再去南京多找几个人谈谈。经过这次举动,把'安内攘外'的错误政策转变过来,就是牺牲个人,也是值得的。"

　　△　国民政府任命黄绍竑兼任湖北省保安司令。

△ 顾祝同派刘震东自潼关至西安,与东北军将领洽谈。

△ 驻三原之东北军与第十七路军向西安开拔,该地防务交中国工农红军接替。

△ 汪精卫广播讲演《怎样救亡图存》,谓"不特中国目前实行共产可以亡国,即使接近共匪,受其操纵,也足以引起大乱,而至于亡"。

△ 冯玉祥发表《复兴民族的基本方策》一文,指出中华民族复兴的方策,第一是抗战,第二是抗战,第三还是抗战。

△ 毛泽东与周恩来联名电复潘汉年,要求蒋介石:第一,"给我们以亲笔信,信内说明停止'剿共',一致抗日,再则指定驻地与允许按月发给经费"。第二,同意红军一部驻陕南柞水等八县。毛、周两人再电潘汉年,要求向蒋介石说明下列观点:中共"是革命政党,自己确定的政策决不动摇。我们的政策是与蒋一道团结全国(即反对分裂与内战)共同对日,以后许多事情均愿与蒋商量,一切有利日本与汉奸而有损国力与两党合作之事,均当与蒋一道坚决反对之"。

△ 红军徐海东部在陕西商县龙驹寨与中央军冲突。

△ 日军开始运送大量汽油、煤油、武器等军用品至伪蒙古军政府主席德穆楚克栋鲁普(德王)驻地嘉卜寺。

1 月 23 日 李志刚在戴笠陪同下,由南京乘汽车至溪口晤见蒋介石。蒋氏问西安方面意见,李志刚递交杨虎城的信说:"虎城和东北军、十七路军负责人开过两次会,他们一致要求张先生回去。"蒋介石摇着头说,张学良"到南京后要想回去,就不能由他,也不能由我",拒绝西安要求张学良回陕。李志刚又问中央军为什么西进,蒋介石重申顾祝同部西进是为了恢复秩序,并称:"如果他们不听国家的命令,我就要用军事解决。"蒋介石要李志刚立即把这话电告杨虎城,劝其不要自误,并对李志刚说:"你切实告诉虎城,只要他听我的命令,我就一定对得起他。"蒋氏并要李志刚留下等候杨虎城复电。

△ 经蒋介石同意后,戴笠陪同李志刚至雪窦寺中国旅行社往见张学良与赵庵。李志刚将西安要求张氏回陕及与蒋介石所谈情况告知

张学良,张氏慨叹说:"蒋先生是不会让我回去的,请告诉虎城,多容忍,要团结。我估计除非全面抗日,东北军还存在,我才有可能出去,否则是不能出去的。"

△ 宋子文由上海至奉化晤李志刚称:"目前情况,张汉卿更不能回去了,许多人要质问他(指蒋介石)。我已经问过蒋先生,这个要求是决不能办到的了。"

△ 国民政府明令国葬辛亥滦州殉难诸先烈王金铭、施从云、白雅雨等 14 人。

△ 滇缅勘察委员会在云南沧源设治局护卫营遭蛮海卡民袭击,经还击后,蛮海卡民求降。

△ 日本广田弘毅内阁总辞职。29 日,林铣十郎内阁组成。

△ 江海关发表统计,上年度入超激增 2.3 亿元。

1 月 24 日 汪精卫赴奉化溪口对李志刚称,杨虎城须服从国家命令,以免地方涂炭。李志刚问汪精卫:"当前国家政策将怎样转变?"汪氏答称:"怎样变,必须由中央全体会议决定。"

△ 汪精卫与蒋介石在溪口商谈外交与内政方针,议定国民党五届三中全会于 2 月 15 日如期举行。

△ 杨虎城电复蒋介石,同意派代表直接与顾祝同商谈;另电嘱李志刚即回陕汇报,并赴潼关参加与顾祝同商谈。

△ 军事委员会副委员长冯玉祥就陕、甘问题向中央社记者发表谈话,谓陕、甘情势最近当能完全明了。

△ 西安代表何柱国、米春霖、谢珂至潼关晤顾祝同,首先要求张学良的名义在东北军移防时即予发表,关于各部队驻地、接防、移防费用及接济红军等问题亦相应提出。

△ 徐恩曾、朱文中、骆美奂发起组织中国农工生活改进会,在南京开成立会。

△ 心理学者陆志韦、樊际昌、周先庚、蔡乐生等在南京发起成立中国心理学会。

　　△　中国哲学会在南京举行第三届年会,要求教育部在大学设国学系,开哲学课程,编译哲学大辞典,在中央研究院设哲学研究所。会议选出金岳霖、冯友兰、宗白华、胡适等为理事。

　　1月25日　李志刚飞回西安,杨虎城立即召集东北军、第十七路军军政负责人开会,听取李志刚第二次赴奉化见蒋介石汇报后,与会者认为蒋介石有变内战为抗战的准备。杨虎城认为只要实现抗日,西安事变就取得了最重要的成果。与会者同意杨氏的意见,并推选米春霖、谢珂为谈判代表,加派李志刚为杨虎城私人代表,前往潼关与顾祝同谈判。

　　△　何应钦以顾祝同两次与米春霖等会谈情形电话报告蒋介石,蒋氏指示七项要点,其要旨为:"第一步,各部撤至西安、咸阳以西时期,最迟不得超过本月三十日;第二步,移防完毕不得超过下月十日。但东北军入甘路程较长,准予酌量展申,然亦不得过下月十五日也。惟中央军接防至宝鸡陇海全线,必须于下月五日以前完毕。""张汉卿名义必须待其部队移防完毕后方能请。"

　　△　中共中央电周恩来,同意周氏24日所拟与国民党谈判方针:一、可以服从三民主义,但对放弃共产主义,绝无谈判余地;二、承认国民党在全国的领导,但取消共产党绝不可能;国民党如改组为民族革命联盟,共产党可以加入,但仍保持其独立组织;三、红军改编后的人数,应为六七万人。

　　△　张闻天动身往西安行前,电中共中央北方局刘少奇,指示北方局"要大力策动各方和平解决西安问题,此是目前时局中心关键"。

　　△　日华北驻屯军军部与满洲铁道会社在天津召开开发华北经济会议。会议由驻屯军参谋长桥本群主席,"满铁"产业部长阪谷、次长奥村、东亚科长宫本等出席。会议对一、东北产业五年计划;二、农村技术合作;三、石炭液体事业;四、华北铁路运输问题;五、植棉事业等案,均有详密计划。

　　1月26日　杨虎城、于学忠、何柱国、王以哲、董英斌等共同商讨派李志刚赴潼关谈判要点,决定必要时邀请周恩来共同商讨。米春霖、谢珂、李志刚三人至潼关与顾祝同谈判,谢珂质问顾祝同:中央军西进是否又要打内战? 顾祝同指责第十七路军与东北军在华县与华阴增兵。双方各执一词,谈判历三小时毫无进展,最后商定两天之后继续谈判。

　　△　东北军将领与杨虎城会议,向顾祝同提出三项要求:一、部队撤退展期两周;二、张学良到部队讲话,部队即移动;三、五届三中全会前给张学良名义,并使之出席该会议。此三项要求遭顾祝同拒绝。

　　△　蒋介石接顾祝同报告,内称:"商谈情形不能迅速开展,杨(虎城)之态度并不如何坚持,第三者(按指红军)亦未出面捣乱,问题全在东北军。"蒋介石即指示顾祝同、刘峙,若 27 日下午西安方面不撤军,即宣告和平破裂,"先对东北军前线阵地及其前方司令部开始轰炸,对于西安新城各目标,暂缓轰炸,以示区别"。顾祝同将谈判展期至 28 日。

　　△　张学良闻潼关谈判因其出处问题陷于僵局时,急电东北军前方将领,勿以其个人出处为接受甲案的先决条件。电文称:"若今日再不接受,而仍以良(张学良)之问题为先决条件,则爱我即以害我,不但害我,且害我团体,害我国家矣。"

　　△　蒋介石电东北军各将领,称"关于汉卿出处问题,一俟移防完毕后,中(蒋介石)可保证必为负责请求,使汉卿出而效力国家。至于复权更不成问题,但此时万勿提出事实上不可能之问题,以延误大局也",劝东北军与第十七路军服从中央。

　　△　行政院议决救济广东省米荒办法:一、粤购洋米数额增至 100万市担,关税半数记帐;二、铁道部即日起备专车一列,运湘米赴粤;三、粮食运销局商同招商局,专备一船运皖米入粤;四、由财政、实业两部派员赴粤调查,详拟救济办法。

　　△　新生活运动委员会副主任邓文仪报告,全国有省新运会 20个,市新运会四个,县新运会 1222 个,铁路新运会 11 个,侨胞新运会15 个;各地劳动服务团 2471 个,服务队 7887 个,共有 39.5263 万人,

各地妇女生活改进会组织 12 个。

　　△　宋哲元访田代皖一郎,交换开发华北经济意见。

　　1 月 27 日　张学良于奉化溪口致书东北军将领称,"万勿斤斤于良(张学良)个人问题,致误大局";陕事"务必遵照委座之意旨及前方所商之办法,迅速实施,勿再迁延为幸"。同日,张学良电王以哲、何柱国等东北军将领,要求"立命部队于今日正午以前开始移撤,勿再固执误事"。

　　△　杨虎城听潼关谈判代表报告后说,"只要国家政策有转变,我们是不愿打仗的";因恐东北军坚持释放张学良为谈判先决条件,特加派第十七路军参议王宗山为谈判代表。

　　△　东北军少壮派应德田、孙铭九、苗剑秋等 50 余人向周恩来请愿,激烈反对王以哲等和平解决方针,主张待张学良返陕后撤兵,要求红军给予支持。周恩来对应德田等说服无效。深夜,南汉宸报告周恩来称,孙铭九等已拟就一暗杀名单,内有主和派与共产党员。

　　△　外交部长张群告日本大使馆武官雨宫巽,调整中日邦交,应取消过去非法造成之事实,避免今后引起纠纷之行动。

　　△　阎锡山电杨虎城,劝其服从中央。

　　△　毛泽东电潘汉年称,经周恩来全力斡旋,杨虎城、于学忠、孙蔚如、何柱国诸人已完全同意服从中央,但东北军大多数师、团干部坚决要求张学良回西安一行,始行撤兵;否则要打。毛泽东意,蒋介石不妨让张学良来陕一次,仍回南京,使撤兵不生风波,和平解决此问题。

　　△　张闻天秘密到达西安,住东北军将领王以哲副官家中,与周恩来、秦邦宪共商和平解决西安事变问题。

　　△　国民党候补中央监察委员、第十四军军长陈嘉祐在香港逝世。

　　△　全国各省、县农民与土地调查结果,农民占总人口 78.54％。

　　△　南满铁道株式会社与日华北驻屯军商定开发华北经济五年计划。

　　1 月 28 日　东北军代表与顾祝同达成协议:东北军在七天内将渭

河南岸部队撤到北岸。蒋介石指示顾祝同,对西安方面的上述要求"酌允办理",同意部队撤到渭北后,办理张学良复权手续。

△ 刘湘恐陕局扩大,影响全局,本月 11 日曾电军政部长何应钦,提出和平主张;是日又电请蒋介石返南京主持大计。

△ 周恩来致电潘汉年转蒋介石称,其个人在西安已尽最大努力,东北军多数痛于张学良不能回陕相见,决不先撤兵;请蒋介石书告东北将领,保证撤兵后予张学良恢复公职。

△ 秦邦宪以发生东北军青年军官 50 余人至周恩来处请愿,促张闻天速离开西安,前往云阳红军总部。张闻天临行前电毛泽东转彭德怀、任弼时,指出"中共的方针应毫不迟疑的坚决为和平奋斗";并称"为了贯彻这一方针,必须动员一切力量,争取左派中之大多数分子相信我们政策的正确";"我们坚决主张和平,反对内战态度,反对一切挑拨行为"。

△ 张闻天至三原云阳镇红军总部,与任弼时、王稼祥、杨尚昆紧急商议,并以个人名义电毛泽东及周恩来,建议红军主力从陕南"向渭北方面撤退",以"表示我们的和平诚意";并请朱德、毛泽东对红军北撤行动发表谈话,表明"红军愿意服从主张和平统一、团结御侮的南京中央政府的指导",并"要求蒋委员长立即销假视事,主持中枢"。

△ 杨虎城表示服从中央命令,令刘多荃部撤离赤水一带防御,令西安部队向三原撤退。中央军樊崧甫部连夜推进至西安附近接防。

△ 周恩来电蒋介石,提出恢复张学良公权、发表名义等要求,并"请蒋先生许张汉卿写亲笔信给杨(虎城)、于(学忠)、孙(蔚如)、何(柱国)、王(以哲)及东北军将领,坚其撤兵之决心"。

△ 国民党上海市党部召集各界代表百余人,在庙行无名英雄墓前举行阵亡将士公祭,纪念"一二八"五周年。南京、杭州、广州、北平、天津、汉口、重庆、西安等地均集会纪念。

△ 宜宾饥民抢劫米船,死伤多人;四川其他各县同时发生抢米风潮。

△ 山西防共保卫团改编为陆军保卫团,杨爱源任陆军总指挥。

△ 菲律宾总统奎松抵沪,次日离去。

△ 日机飞兴和、集宁、原阳一带侦察;伪蒙军德王移至化德,李守信部移至尚义,王英部移至商都。

1月29日 毛泽东与周恩来联名电复潘汉年称,为坚决赞助蒋介石方针和平解决西北问题,并永久停止内战一致对外起见,我们坚定放弃陕南驻兵要求,将徐海东第一步由商县撤至礼泉,第二步撤至正宁、庆阳。我们可以在渭南撤兵之前三天,开始由商县撤退,以便在中央军进驻西安之前,通过西安、咸阳线。

△ 东北军团以上军官与主要幕僚在渭南开会,出席会议共40余人,王以哲因病未出席,委托董英斌代为主持。于学忠首先发言,主张撤兵;应德田等人坚决反对和平解决。会议决定在张学良未回来之前,决不撤兵,中央军如再进逼,决一死战;到会40余军官全部签名。

△ 杨虎城所部开始向渭北三原一带转移。

△ 是日与30日,张闻天电毛泽东、周恩来、秦邦宪称,在一般情况下,红军不参加内战;只有在实行甲案后,南京仍进攻中共时,才实行自卫。

△ 洪深、傅东华、邵洵美、叶灵凤、胡仲持、顾仲彝六人,邀集上海文艺界举行座谈会,并发表上海文艺界对统一救国运动宣言。

△ 中华苏维埃共和国中央政府机关报《红色中华》,改名为《新中华报》,在延安出版。

△ 日本驻华使馆武官喜多诚一少将借顾问山本晤孔祥熙,谓日方希望孔氏出任行政院长。

1月30日 豫皖绥靖主任刘峙由洛阳至潼关,先后与顾祝同及米春霖、谢珂商谈,决定采用甲案。

△ 周恩来经由何柱国向顾祝同提出,中共要求派代表参加潼关谈判。

△ 毛泽东电周恩来、秦邦宪称,应提醒杨虎城"对整个政治前途

之自信心,对其他高级干部亦然,经过他们去提醒中级干部,认识自己的前途,并说明我们与他们始终愿在一起,为和平统一御侮救亡之总方针而奋斗"。

△　国民党西北临时党部筹备委员会在西安正式成立,推举景梅九、李经武、杨鹤庆、续范亭、阎玉青、师子敬、尚卫民为筹委,通电全国要求蒋介石实践诺言。

△　周恩来、秦邦宪、叶剑英自西安乘汽车至三原云阳镇红军司令部开会,张闻天、彭德怀、任弼时、杨尚昆、左权均参加会议,一致认为应坚持和平奋斗方针。但目前主战者得势,一旦开战,只有与友军一同打。如打得好,和平仍有希望;如打败,则使友军从实际经验中相信我们的和平主张,在更不利条件下接受和平。会后,周恩来与秦邦宪、彭德怀、任弼时、张闻天电毛泽东、朱德、张浩、张国焘、凯丰等称,我们主张接受甲案实现和平,但如南京继续进攻,我方要自卫;本党主张未能说服西安左派和杨虎城等。会后,张闻天返延安。周恩来、秦邦宪、叶剑英三人晚自三原赶回西安,以会议讨论意见告知杨虎城与东北军将领。

△　毛泽东、朱德、张国焘电复周恩来、秦邦宪、张闻天、彭德怀、任弼时称,"我们的意见如下:(甲)和平是我们基本方针,也是张、杨的基本方针。(乙)但我们与张、杨是三位一体,进则同进,退则同退,我们不能独异失去张、杨。(丙)向张、杨两部表示我们始终同他们一道,在他们不同意撤兵以前,我们不单独行动,协助他们争取更有利条件。(丁)用以上态度,争取最后和平"。

△　驻沪日海军陆战队 2000 余人,在杨树浦、北四川路与曹家渡一带举行大规模军事演习,由司令官大川指挥,历时三小时。

1 月 31 日　毛泽东、张闻天电周恩来、秦邦宪称:"我们与张、杨两部应取进则同进,退则同退之方针","即打亦不至基本妨碍我们方针,无论打胜打败,结果仍是讲和"。

△　周恩来、杨虎城、于学忠、何柱国、王以哲在王以哲寓所召开三

方最高级会议,决定坚持三位一体,争取和平,用政治手段营救张学良,并派代表李志刚赴潼关与顾祝同签订停战协议。

　　△　蒋介石电顾祝同称,红军驻地陕北,南京每月给红军20万元至30万元经费。

　　△　红军代表李克农与顾祝同谈判,顾祝同同意红军在西安设立联络处,以第十七路军为掩护。

　　△　邓宝珊自兰州飞抵西安,即与杨虎城下令撤兵。

　　△　东北军代表米春霖、谢珂在潼关与顾祝同、陈诚等商谈。

　　△　行政院长蒋介石提倡公墓,"应设法将此意编入公民课本"。

　　1月下旬　彭德怀、任弼时至西安会晤杨虎城、王以哲等人,邀请两军主和与主战主要人员举行座谈会,说明:一、日本决心灭亡中国,我国面临亡国之祸,必须全国团结,争取国际援助,共同抗日;二、民族矛盾已上升为国内主要矛盾,是中共主张抗日民族统一战线的主要依据,亦为当前的基本政策;三、蒋介石是可以抗日的,只要大家团结好;四、目前形势不宜用战争去解决问题,打仗可能引起更混乱局面,高兴的只有日本帝国主义。彭、任二人征询与会者意见,但无人发言。

　　△　东北军少壮派军官60余人,痛哭流涕围坐于杨虎城客厅中,要求杨虎城率部与中央军决一死战。

　　是月　桂系驻西安代表刘仲容应邀至延安访问。毛泽东等中共中央领导人与刘仲容深入讨论双方联合抗日问题。毛泽东详询广西政治、经济、军事情况后,希望各种抗日的政治力量联合起来,并指出"中国的局势已起重要变化,抗日局面就要实现,希望李(李宗仁)、白(白崇禧)两位先生作好准备"。

　　△　西藏出兵金沙江,先后占据白玉、德格、邓柯、石渠等四县。中央派员前往劝说,西藏热振方面接受中央劝告,退出四县。

2　月

2月1日　蒋介石指示刘峙、顾祝同率中央军入驻西安注意事项："一、入西安后,对杨（杨虎城）先以诚意待之;二、部队应慎选其军纪优良与防御力较强者为要;三、立即以国府命令名义由行营发表西安卫戍司令一员。"

△　于学忠向东北军高级军官传达王宅（王以哲家）"三位一体"会议结果,决定采取政治和平方针营救张学良,引起少壮派强烈不满。

△　周恩来与杨虎城、于学忠、王以哲、何柱国等分别代表红军、第十七路军、东北军开最高军事会议;应德田亦参加。会上,于学忠、王以哲、何柱国主张和平解决;杨虎城亦表同意;应德田等人亦无异议。周恩来再次阐述中共和平解决的方针,强调维护内部团结,多做思想工作,防止分裂活动。

△　张学良函劝所部遵照中央命令撤防。

△　于学忠在西安新城大楼向东北军干部传达三方面潼关谈判和平解决事变的协议。传达毕,于学忠放声大哭,听众亦多痛哭流泪。

△　是日晚,杨虎城派李志刚去潼关准备签署和平协议。王劲哉即以此消息告知孙铭九;孙铭九下令封锁城门,阻止李志刚去潼关。

△　朱德接见《新中华报》报社记者,重申"红军之主张完全与全国人民一致,用全力谋国内各党派各军队之联合,共同向着中华民族最大敌人日本帝国主义进攻,而不愿自相残杀之内战再延一时一刻"。朱德表示,西安事变和平解决后,如蒋介石能实现其在西安的诺言,则红军愿与国民党军队共上抗日战场。不论过去曾否与红军敌对之部队,一律以友军看待,静待联合抗日局面的形成。

△　蒙藏委员会制定《汉藏僧侣游学办法》,凡12条,以沟通汉藏文化;并派员视察各地蒙藏学校。

△　川黔铁路成渝段工程开工。

有东调安徽可能。国民党三中全会只能做到宣布和平统一,团结御侮,不能提出容共案。周恩来并提出中共方针为坚持"三位一体",团结到底,东北军开甘肃以避免分裂;欢迎中央军,避免对立;西路军问题拟与顾祝同面商,送钱接济。

　　△　国民党中央常务委员会决议拨款五万元修理黄花岗烈士墓。

　　2月5日　蒋介石决定当前"五项方针":一、对内避免内战;二、政治、军事仍应渐进,预定三至五年内为统一时间;三、不说排日,而说抗日;四、加强军队训练;五、分省物色品行方正人才。蒋介石的内政、外交政策开始有重要转变。

　　△　于学忠、何柱国、缪澂流、刘多荃四军长在高陵共议,决定接受乙案,东北军开出潼关。东北军中下级军官与士兵要求保持"三位一体",主张执行甲案。因东北军内部意见不一致,决定派何柱国前往溪口向张学良报告西安情况。

　　△　东北军撤出西安。

　　△　教育部制订《各省市推行职业补习教育办法大纲》五项,"对志愿从事职业者,授以知识技能,使得服务社会,提高工作效率"。

　　△　行政院命令禁止发售《清史稿》,以该书"内容纰谬百出"。

　　△　国货联营公司在上海成立,黄炎培等到会。

　　△　宋哲元访日本华北驻屯军司令官田代皖一郎,交换对"开发"华北经济意见。

　　△　德穆楚克栋鲁普(德王)任伪蒙军总司令,日本促其进攻绥东兴和、红格尔等地。日特务机关长田中在嘉卜寺召开军事会议,讨论攻绥计划。

　　△　日本华北驻军司令官田代皖一郎在天津召开济南、太原、张家口三地日本领事馆武官会议。

　　2月6日　杨虎城回到三原。第十七路军开抵三原一带,指挥部设三原;红军彭德怀部北撤。抗日联军临时西北军事委员会自西安撤向邠县。

△ 周恩来电告彭德怀、任弼时、张闻天、毛泽东称,二二事变后,少壮派溃乱,特务团、抗先队开往邠县,沈克等师投降南京,于学忠无力统一东北军。如再批评东北军的两派,则便利南京政府各个收买与分别指挥。第十七路军暂难立足,我们应鼓足勇气给予支持。我们除在西安建立办事处外,派叶剑英到三原、泾阳建立办事处,并连接淳化、延安。

△ 周恩来等中共人员退出张学良公馆,搬进七贤庄红军招待所,留机要科长童小鹏主持红军联络处。

△ 中央军进抵西安接防;军事委员会委员长西安行营主任顾祝同暂住临潼。

△ 国民政府颁布《威海卫管理公署组织条例》。

△ 康藏纠纷解决。藏方已愿将白玉等四县归还西康;入康藏军撤回。刘文辉派员在昌都与藏方取得联络。

2月7日 西安事变和平解决,陇海铁路潼关至西安间通车。

△ 邓宝珊自西安飞抵南京,报告陕、甘状况与善后办法,陕局得以圆满解决。

△ 日驻华大使川樾茂由上海抵南京,称此行系为探听西安事变解决办法,并"观察"国民党五届三中全会。

△ 日关东军司令部制定《昭和十二年度关东军治安肃正计划要纲》。

△ 汉口总商会请湖南省政府制止修筑洞庭湖天佑垸。天佑垸将占面积40余万亩,约当洞庭湖湖面13%。

2月8日 中央军第三十六师师长宋希濂率部和平进入西安。同日,军事委员会委员长西安行营主任兼第一集团军总司令顾祝同进入西安。

△ 蒋介石电顾祝同,谓"安置东北军办法,总以调驻豫、鄂、皖省区为唯一方针"。

△ 何应钦在国民党中央党部纪念周报告《关于处理陕甘经过》

称："西安问题，截至现在，只能说是告了一个段落；须俟张部完全遵照中央命令开驻新指定之防地，才能说完完全全告一结束。"

　　△　毛泽东电周恩来，请其与顾祝同面商红军防地必须增加金积、灵武、中宁、豫旺、安边、宁条梁、清涧、宜川等处。

　　△　国民经济建设运动委员会总会修正通过《国民经济建设运动纲目图表》，并决议设立海外支会，通过《海外支会组织须知》。

　　△　国民政府令：撤销河北、山东、河南三省河务局，另设黄河水利委员会驻各省黄河修防处。

　　△　云南十三大寺总管圣露呼图克图抵南京，谒国民政府主席林森。

　　2月9日　蒋介石由杭州至上海。

　　△　国共谈判代表张冲、潘汉年分别于是日到达西安；潘汉年介绍张冲与周恩来会见。

　　△　国共两党代表在西安举行第一次正式会谈，国民党代表为顾祝同、张冲、贺衷寒，共产党代表为周恩来、叶剑英、秦邦宪；谈判历时一月。

　　△　周恩来听取潘汉年汇报，判断蒋介石能否停止"剿共"方针，须看情势发展，并以此电告中共中央，建议蒋介石如要中共派员至南京参加会议，中共只应答应出席国民大会与国防会议。

　　△　中共中央政治局常委举行会议，讨论并通过《中共中央给中国国民党三中全会电》，内称："西安问题和平解决，举国庆幸，从此和平统一团结御侮之方针得以实现，实为国家民族之福。当此日寇猖狂，中华民族存亡千钧一发之际，本党深望贵党三中全会本此方针，将下列各项定为国策：一、停止一切内战，集中国力，一致对外；二、保障言论、集会、结社之自由，释放一切政治犯；三、召集各党各派各界各军的代表会议，集中全国人材，共同救国；四、迅速完成对日抗战之一切准备工作；五、改善人民生活。"中共中央为表示团结御侮之诚意，作如下之保证：一、在全国范围内停止推翻国民政府之武装暴动方针；二、工农政府改名为

中华民国特区政府,红军改名为国民革命军,直接受南京中央政府与军事委员会之指导;三、在特区政府区域内,实行普选的彻底民主制度;四、停止没收地主土地政策,坚决执行抗日民族统一战线共同纲领。

△ 毛泽东、张闻天电周恩来称,与国民党谈判的主要内容,以致国民党三中全会电的立场为准则。军事方面,红军初步编为 12 个师,组成四个军,以林彪、贺龙、刘伯承、徐向前为各军军长,组成一路军,设正、副总指挥,朱德为正,彭德怀为副,军饷每月为 80 万至 100 万元。如成立国防委员会,红军应派代表参加。国民党保证不逮捕共产党员,不破坏中共党组织,红军中的中共领导不变。

△ 周恩来会见顾祝同。顾祝同再次表示,同意红军在西安设办事处,保证不迫害民众团体等;并称蒋介石原定约周恩来 10 日赴杭州谈判,因故推迟,命顾祝同先与周恩来会谈。

△ 军事委员会委员长蒋介石电令抚慰旅陕东北军民,并拨款派员调查抚慰。

△ 国民政府中央地方自治计划委员会通过《地方自治组织纲领》。

△ 上海英商电车工人 3000 人为要求改善待遇,举行同盟罢工一天。

△ 日本驻华大使川樾茂访外交部长张群。

△ 延安欢宴自日本归国的《大公报》记者范长江,毛泽东在会上称,为了实现民主政治,共产党可以放弃土地革命和苏维埃、红军名义。

2 月 10 日 国民党中常会决定,五届三中全会本月 15 日举行。

△ 中共中央致电国民党三中全会,表示深望国民党三中全会,本和平统一、团结御侮方针。

△ 国民党中央执行委员会举行会议,决议为国民政府主席林森七十寿辰,特颁林森"七秩"奖学基金 20 万元;同时并在全国各地举行庆祝活动。

△ 张闻天、毛泽东致电周恩来,告以谈判的补充内容,中共应参

加国民政府军事委员会、国民革命军总司令部、国防会议及国民大会；抗日开始后，参加政府。

△　西北各界救国联合会负责人杨明轩称："此次和平告成，实为国家民族之大幸。"

2月11日　张冲会晤周恩来，提出国共两党问题的两种解决办法：(甲)先按指定区域调防，派驻联络人员并予接济。(乙)然后改苏区为特别区，试行社会主义；红军改编为国防军，维持原有领导，但加派政训工作联络员；各边区武装编为地方团队。张冲表示，红军改编后军饷至多只能为60万元。周恩来称，与顾祝同所谈只是交换意见，改变制度、名称须尊重蒋介石意见，故须与蒋氏见面方能解决问题。对于红军改编，周恩来提出应编为12个师，组成四个军，编为一路军，照中央军待遇，每月军饷至少需百万元；并须增清涧、宜川、中宁、豫旺四处为防地。

△　中共代表周恩来、叶剑英与国民党代表顾祝同、贺衷寒、张冲在西安会谈。张冲表示，国民党提出甲、乙两方案。甲案是临时的，乙案是基本的；并提出取消苏维埃政府，改为特区；改变红军番号、名称，照中央军编制，由国民政府军事委员会派政训人员及联络员，其他地区游击队改为民团。周恩来要求以甲案为基础交换意见，并提出：一、释放被捕中共党员，国民党保证不再逮捕，不再破坏中共党组织；二、中共不再暴动与没收地主土地，实行抗日纲领；三、改苏区为特区，实行民主制度，受国民政府领导，红军改为国民革命军，但军官不变，政治领导不变；四、中共代表可以苏区和红军名义参加国民大会、国防委员会和军事委员会，目前不参加政府。

△　周恩来电中共中央书记处并彭德怀、任弼时称："今日张冲见顾(顾祝同)询究竟，顾云，蒋(蒋介石)电彼先与我商大概，然后再去见蒋。张(张冲)因此提出两案，甲案系临时的，乙案是基本的。张提出取消苏维埃，改变红军番号名称，照国军编制，政训工作派联络人，其他边区地方部队改为团队等四条。"

△ 蒋介石在上海会见杜月笙、张啸林等。

2 月 12 日 周恩来、叶剑英继续与顾祝同、贺衷寒、张冲会谈。会谈结果如下：一、中共承认国民党在全国的领导地位，停止武装暴动及没收地主土地，实行御侮救亡的统一战线纲领。国民政府分期释放政治犯，对中共党员与中共党组织不再逮捕与破坏，允许中共党组织适当时公开。二、取消苏维埃制度，改苏区政府为中华民国特区政府，受国民政府指导，实施普选制。三、红军改编为国民革命军，接受国民政府军事委员会蒋介石委员长的统一指挥与领导。其他边区部队改为地方团队。四、中共派代表参加国民会议，军队派代表参加国防会议。五、希望国民党五届三中全会对中共提出的和平统一与团结御侮，以及容许民主自由的主张有进一步表示。

△ 邓宝珊在南京向中央当局报告陕、甘实际情形，并提出处理陕、甘善后意见；是日飞返西安，谒见西安行营主任顾祝同，并会晤杨虎城、于学忠等人，传达中央意旨。

△ 于学忠遵军政部电令枪决第一〇五师旅长高福源，查办西安事变重要成员孙铭九、苗剑秋、应德田及骑兵第六师师长白凤翔；第一〇九师团长万毅等均扣留禁押。

△ 毛泽东与张闻天电复周恩来，提出与张冲、顾祝同谈判应注意事项：防地要包括金积、灵武在内；如东北军调走时，我们还应要求海原、固原、镇原及西峰镇……西路军防地虽指定，但让防未实行，且未停战，应要求停战、让防。陕、甘以外各省的红军游击队，一律改为民团或保安队，千人以上者亦然，绝不宜调来陕、甘集中；政训联络员设法拒绝……致三中全会电中所述要求，"他们实行五条，则我们实行四条"，你们谈判时应同时提出，否则彼方将迫我方再让步，实际在我者是最低条件，勿要再让。

△ 立法院批准国际《禁奴公约》。按：该项公约于 1936 年 9 月在日内瓦签订，已有 42 个国家批准。

2 月 13 日 宋希濂就任西安警备司令。

△　顾祝同电蒋介石,报告国共双方达成的协议草案内容:"与周恩来谈话,彼所提出之意见,分为比较具体的与临时的办法两种。(甲)比较具体的:一、共产党承认国民党在全国的领导地位,停止武装暴动及没收地主土地,坚决实行御侮救亡统一战线纲领;国民政府允许分期释放在狱共党党员,不再逮捕和破坏,并容许共党在适当时期公开。二、苏维埃制度取消,现时苏区政府改为中华民国特区政府,直接受南京国民政府或西安行营管辖,实施普选制,特区内行政人员由地方选举,中央任命。三、红军改编为国民革命军,接受军事委员会及蒋委员长之统一指挥和领导,其人员编制、饷额补充,照国军待遇;其领导人员,中央及军委会任命,其政训工作,由其自做,但中央派少数人员任联络;其他各地区赤色游击队,编为地方团队。四、共党得派代表参加国民会议讨论。五、该军得派代表参加国防机关。六、希望三中全会关于和平统一、团结御侮、容许民主自由、改善人民生活,能有进一步的主张和表示。(乙)如比较具体的办法一时不便施行,拟请定一临时办法,即暂划一地区俾其驻扎,每月酌予接济。(丙)据出现在该方现有全数人员,因驻地粮食昂贵,官兵每人每月最低伙食费非七元以上不敷维持。故如具体的解决,在地方上完全不取他款,每月全数至少非七十万元不能生存等语,究应如何办理,敬乞钧裁示遵。"

△　张学良致函杨虎城、于学忠等,要求西安方面在甲、乙两案中择一而行,略谓"关于两案,盼兄等速即商讨,下最后果断……如兄等认此二案之一无问题,那是更好,盼即刻表示受命,委座告弟 16 日为限,盼诸兄为国家,为西北,为东北,请详计之"。

△　国民政府修正公布《森林法》及《实业部直辖育种场组织条例》。

△　外交部长张群宴日本大使川樾茂。

2 月 14 日　蒋介石由上海返抵南京,出席五届三中全会。

△　毛泽东电周恩来向国民政府要求增加防地称,"借十五军团北调允许增加防地之机会,要求金积、灵武、中宁、豫旺、清涧、宜川六县及

安边地区(包括宁条梁及靖边以北)与瓦窑堡。此外,无定河下流两岸直至黄河,包括河口、川口、马灰坪、枣林坪一带原有苏区"。"宁夏及整个陕北亦应提及,但可将来再商"。"西路军待春暖以一部占安西州(今安西县),接取货物,主力在甘、肃二州"(甘州今张掖,肃州今高台)。

△ 周恩来会见杨虎城,劝杨氏加紧巩固和训练部队及地方团队,加紧团以下的工作。

△ 东北骑兵军军长何柱国携杨虎城等对国民党三中全会的提案飞抵南京谒蒋介石,并报告西安事变解决经过及东北军驻防问题。

△ 秦德纯代表宋哲元,重申冀察一切政务悉秉承中央命令处理。

△ 浙江省政府通令所属严禁私刑逼供。

△ 招商局民国二十五年(1936)度总收入 8000 余万元,纯收益 95 万元。

△ 上海租界自来水问题委员会呈请行政院将公共租界自来水收回自营。

△ 中央研究院天文研究所测出民国三十年(1941)日全食线。

△ 上海中华海员请求政府收回引水权运动委员会(由中华海员工会与上海海员分会等团体组成)派李剑白、胡琦、冯福丞等 10 人去南京请愿。

2 月 15 日 国民党五届三中全会开幕,推蒋介石、汪精卫、戴季陶、王法勤、冯玉祥、于右任、孙科、邹鲁、居正九人为主席团,汪精卫为大会主席。汪精卫主持开幕典礼并致开幕词称:"我们应当怎样竭尽心力挽救危亡,这是我们一切工作的中心问题。"提案审查委员会分党务、政治、经济、教育、军事五组。

△ 宋庆龄、何香凝、冯玉祥、孙科等 14 人向国民党五届三中全会紧急提议《恢复孙中山先生"三大政策"提案》,称,"十六年以后,'三大政策'摧毁无遗。革命旋归失败,外侮接踵而来"。"近半年来,迭次接中国共产党致我党中央委员会书函通电,屡次提议国共合作,联合抗日,足证团结御侮已成国人一致之要求。最近西安事变,尤足证实此

点"。"我党更应乘此机会恢复总理三大政策,以救党国于危亡,以竟革命之功业"。

　　△　杨虎城、于学忠向国民党五届三中全会提出八项实行全国统一办法:"一、改组政府,收容各党各派人材,负责救国。二、停止一切内战。三、释放上海被捕之爱国志士。四、释放全国一切政治犯。五、开放民众爱国运动。六、保障人民集会、结社之一切政治自由。七、确实遵行总理遗嘱。八、立即召开救国会议。"此即西安事变时向全国提出之八项主张。

　　△　蒋介石在国民党五届三中全会报告西安事变经过,并散发《西安半月记》,复向全会提出"引咎辞职"。全会"一致议决慰留"。国民党中央组织部、宣传部、民众训练部向全会作工作报告。

　　△　国民党中央组织部统计,截至本年1月15日止,全国共有国民党正式党员95.8444万人,预备党员69.198万人。

　　△　中共中央发出《关于西安事变和平解决之意义及中央致国民党三中全会电宣传解释大纲》,指出和平解决西安事变,中共中央致国民党五届三中全会电,均为便利于组成抗日民族统一战线,实现一致反对日本帝国主义侵略。《大纲》解释中共的四项保证称:"我们对国民党一个大的原则上的让步,其目的在于取消国内两个政权的对立,便利于组成抗日民族统一战线,一致的反对日本的侵略。"

　　△　毛泽东电周恩来称:"西路军问题请作两步交涉,第一步电令二马(马步青、马步芳)停战让防,或派人示意令其让,同时派飞机送款、弹去;第二步派兵增援。"

　　△　周恩来与原黄埔军校学生宋希濂、关麟徵交谈;宋、关二人均表示"愿和平,准备抗战"。

　　△　周恩来会见美国新闻记者史沫特莱,向她宣传中共和平统一、团结抗战的主张,"颇得其同情"。

　　△　西安行营令于学忠代理甘肃绥靖主任。

　　△　广东绥靖主任余汉谋、广西省政府主席黄旭初至南京。

△ 中国文化建设协会等团体组成上海各界统一救国大同盟,推王云五、胡政之(胡霖)、杜月笙、王晓籁、骆清华、柯干臣、周邦俊、金润庠等 100 人为执委。

△ 中国与英国无线电话通话。

△ 伪蒙军张世英部三个团 1500 余人反正。

△ 日驻华大使川樾茂首次访问国民党中政会主席汪精卫,谈三中全会情形。

△ 日台湾总督府第二号《府令》宣布,全台公立学校一律废除中文,改习日文。

2 月 16 日 蒋介石就改编红军方针电顾祝同称:"不可与之说款项多少,只可与之商准留编部队人数之几何为准,当西安事变前只允编 3000 人,后拟加为 5000 人,但 5000 人之数尚未与之言明也。今以彼既有诚意与好意之表示,中央准编其四团制师之两师,照中央编制,八个团兵力已在 1.5 万人以上之数,不能再多,即可以此为标准,与之切商。其余人数,准由中央为之设法编并与安置,但其各师之参谋长与师内各级之副职,自副师长乃至副排长人员,皆应由中央派充也。……至于其他关于政治者,待军事办法商妥后,再由恩来来京另谈可也。"

△ 周恩来电张闻天、毛泽东等,告知史沫特莱将至苏区访问,建议在红军中深入宣传新政策,训练一批接待人员,对延安、淳化、栒邑等重要地区加以整顿,以方便美国记者参观、摄影,扩大红军和苏区的影响。

△ 中国与美国、德国无线电话通话。

2 月 17 日 国民党五届三中全会第二次会议,孙科主席。军政部长何应钦作军事报告,外交部长张群作外交报告。会议推汪精卫、戴季陶、叶楚伧、邵力子、陈布雷为宣言起草委员。

△ 国民政府令准蒋介石所请,张学良着予恢复公权。

△ 何柱国等三人将西安情况报告蒋介石后,往溪口见张学良,告知与何应钦所谈各点,并详述西北已再不能维持"三位一体"。张学良

写两封信交何柱国带回西安,一交于学忠转东北军,一交杨虎城。在给于学忠的信中,张学良要求维护东北军,维护大局,"维护领袖之宗旨,以期在抗日战场上显我身手"。

　　△　西安军警联合办事处成立,宋希濂为司令。

　　△　国民党中央执行委员、中央政治委员会委员、军事委员会办公厅主任朱培德上将病逝。

　　2月18日　国民党五届三中全会第三次会议,戴季陶主席,财政部长孔祥熙作财政报告。会议通过李宗仁等九人提出的《迅予组织民众、训练民众、武装民众以为抗战总动员之基础案》等决议案。

　　△　宋庆龄在国民党五届三中全会发表《实行孙中山的遗嘱》演说,强烈要求"丧权辱国的对日谈判必须停止";并称"只有实行孙中山的三大政策,才可以救中国。救国必须停止内争,和平统一必须实现"。

　　△　蒋介石呈请国民党五届三中全会,辞去本兼各职。全会决议:一、陕变张学良所提八项主张,不予置理;二、恳切慰留蒋介石。

　　△　毛泽东电周恩来称:"请多方设法找人去青海,西路军问题解决甚关重要。"周恩来派程子华至宁夏与马鸿逵联系。

　　△　海外侨胞捐款献机200余万元,购机28架,在南京明故宫机场补行命名典礼。

　　2月19日　国民党五届三中全会第四次会议,冯玉祥主席,通过11项议案。冯玉祥等16人提出《促进救国大计案》,拟定重要办法:一、努力收复失地。二、采取积极外交。三、集中全国人才,严惩失职。四、筹划开办基本工业。五、厉行议而必决,决而必行之精神。《关于国防经济议案建设案》要点:一、确定经济建设五年计划。二、增筹建设经费及发行建设公债。三、调整建设行政机构。四、注意建设人才。五、奖励及保护民营事业。

　　△　国民党五届三中全会通过中央文化事业计划委员会提出之《设置总理纪念奖金案》,决定拨款300万元为基金,每年提用利息20万元充作文艺、社会科学、自然科学、教育、社会服务五类奖金。每类首

名每年奖国币二万元,第二名奖 8000 元,第三名奖 5000 元,第四名(二人)各奖 2000 元,第五名(三人)奖 1000 元,以上共计每类 4 万元,五类同发则为 20 万元。

　　△　何柱国飞返西安,向东北军传达张学良意见。

　　△　周恩来电中共中央书记处并彭德怀、任弼时、叶剑英称,中共所提四项保证已为外间所知,同情者甚多,蒋介石既不能封锁,亦不能再"剿共"。因此,蒋介石对国共两党谈判采取拖延政策,对东北军、西北军实行分化政策。中共应采取的对策:一、团结东北军,促其全部开入甘肃境内,避免被蒋介石分化;二、巩固和训练第十七路军现有部队;三、要顾祝同迅速解决红军防地和接济粮食;四、努力宣传新政策,欢迎各方到苏区参观,以扩大影响,同时加紧训练红军;五、积极做黄埔系和南京各派的工作。21 日,中央复电同意。

　　△　管理中英庚款董事会招考第五届留英公费生,名额 29 名。

　　△　国民政府明令修正《总理纪念周条例》。

　　△　新生活运动三周年纪念,会长蒋介石向全国广播《新生活运动的意义》称,"欲复兴民族,非有一划时代之新生活运动不足以转移社会风气"。

　　△　湖北省党部电请制止湖南堵松滋、太平、调弦、藕池四口。"四口"在洞庭湖与长江间具有水旱调节功用,不应加以堵筑。

　　△　河北、山东两省实行武装缉私,特设津浦路内河稽查处,并恢复大沽口与金钢桥两处船运货物检验处。

2 月 20 日　国民党五届三中全会第五次会议,通过大会宣言,决议于 11 月 12 日召开国民大会,制定宪法,并决定宪法施行日期。

　　△　中共中央政治局委员刘少奇致张闻天信,谈对大革命历史教训的看法。谓:"我认为在一九二七年前我们还犯了'左'倾的错误,尤其是在工人运动中。""大革命的失败,无疑是由于右倾的错误,但在失败以前及以前很久,并不是没有'左'倾错误的。这种'左'倾错误,至少是帮助了反革命,帮助了右倾。"指出:"革命高涨又将到来,统一战线策

略又正采取,所以这个问题的重新提出,实有必要。"

　　△　中国地质学会在北平举行年会。

　　△　日本华北驻屯军司令官田代皖一郎宴宋哲元,商谈有关沧石铁路(沧州至石家庄)与龙烟铁矿事宜。

　　△　日本外务省制定《第三次处理华北纲要》,称:"处理华北的要点,在于将该地区造成巩固的防共、亲日、满地带,同时有利于获得国防资源和扩充交通设备,以防备苏联的入侵,一切为了建立日、满、华三国实现合作互助的基础。"

　　2 月 21 日　国民党五届三中全会第六次大会,决议事项:关于根绝"赤祸"案;中央民众训练部部长周佛海辞职,由陈公博继任;中央宣传部长刘芦隐久未到职,由邵力子任中央宣传部长;取消中央常务委员会主席制,恢复常务委员制。《根绝赤祸决议案》列举军队统一、政权统一、停止赤化宣传、停止阶级斗争四点。

　　△　毛泽东与张闻天、秦邦宪、朱德、张国焘电周恩来,并转告彭德怀、任弼时、叶剑英称:"桂(广西)代表本日返三原,令其速赴川、桂、粤活动,京(南京)、沪两方小开(潘汉年)负责。山西彭雪枫回。直(河北省)、鲁(山东)暂时无办法。……唐则民即可回津,各方活动均以巩固和平,促成抗战为目标。"

　　△　沈克、檀自新率部开至豫南。

　　△　铁道部与湖南、广西两省商定修建湘桂铁路办法。

　　△　成都至西安电话通话。

　　△　天津日、韩走私浪人殴伤关员,捣毁海关仓库。法租界工部局警捕扣留浪人六名,引渡日租界警察署讯办。

　　△　意大利水兵捣毁上海虹江路苏联侨商上海戏院。该戏院放映《阿比西尼亚》影片时,意大利水兵及侨民数十人至戏院持木棒乱打,并乱投硝酸水瓶,观众大乱,状至凄惨。之后,意水兵等乘车扬长而去。

　　2 月 22 日　国民党五届三中全会闭幕,发表宣言称:对外维护主权,对内和平统一,根绝"赤祸",努力经济建设,消灭阶级斗争。国民党五届三中全会自 15 日开幕,历时八日,共开大会六次,预备会一次,各组审查会四次,主席团会议八次,参加大会的中央委员共 170 余人。是日上午举行闭幕式,由于右任宣读三中全会宣言。

△ 蒋介石向中央社记者发表谈话谈开放言论、集中人才、释放政治犯等问题,认为"(一)宣传赤化与危害国家,扰乱地方治安之言论与记载,(二)泄漏军事、外交之机密,(三)有意颠倒是非,捏造毫无事实根据之谣言"应予禁止。

△ 周恩来电中共中央书记处称,国民党五届三中全会通过的宣言和《关于根绝赤祸之决议》,表明蒋介石在接受中共提出的国共合作主张的同时,"树起了根绝赤祸的旗帜"。中共应在不失立场,不放弃原则的情况下,接受对国民党一切可以让步的条件,以求重登全国政治舞台,参加和组织全国的抗日运动。

△ 何柱国在高陵向东北军将领说明时局形势。

△ 王树常、莫德惠过杭州赴溪口访张学良。

△ 朱学范为出席第二十三届国际劳工大会中国劳工代表,姚定尘为出席第二十三届国际劳工大会中国劳工方面代表顾问。

△ 西南民航公司"长庚号"在广东三水失事,坠落河中。

2 月 23 日 南京举行"追悼西安殉难诸烈士大会",蒋介石主祭并读祭文。

△ 周恩来得知东北军即将东调安徽,其主要军官中发生分化情形后,电毛泽东并转告彭德怀、任弼时、叶剑英,东北军中新的中心不易树起,目前在东北军中工作的原则是保存党的秘密组织。

△ 天津海关向日本领事抗议浪人劫掠仓库。

2 月 24 日 周恩来致电张闻天、毛泽东,明确提出与国民党谈判的五项原则:一、"可以服从三民主义,但放弃共产主义信仰绝无谈判余地"。二、"承认国民党在全国领导,但取消共产党绝不可能"。三、红军改编后,人数可让步为六七万,编制可改为四个师,可实施统一的政训纲领。四、"红军改编后,共产党组织仍为秘密,但拒绝国民党组织"。

五、"苏区改为特别区后,俟共党在非苏区公开后,国民党亦得在特别区活动"。25日,中共中央书记处复电同意并补充:"关于阶级斗争,本党当然遵守抗日救国之共同纲领,以抗日救国为中国人民的第一天职,引导中国人民为此抗日救国的神圣任务共同斗争。"

△　中共中央政治局常委会议决定,秦邦宪任中共中央组织部长,郭洪涛任副部长;何凯丰任中共中央宣传部长,吴亮平任副部长;张浩任中共中央工农部长;李见珍任中共中央妇女部长。会议决议,特区政府名义暂时不变动,工作由林伯渠负责,暂时不成立苏区工作委员会。

△　国民党原中委与宣传部长刘芦隐因与唐有壬、杨永泰被刺案有关,未参加五届三中全会,在上海被捕。

△　国民政府晋给伊克昭盟鄂尔多斯旗广慈寺堪布诺门罕班第达喇嘛噶拉藏伊希呼图克图名号。

△　驻日大使许世英因参加近期段祺瑞葬礼,请假回国。

△　日人创设塘沽运输公司,扩大对华走私及运载芦盐。

2月25日　孙蔚如由陕飞南京,赴沪与孔祥熙、宋子文商谈陕西财政建设问题。东北军将领吴克仁、李振唐、霍守义、周福成、唐君尧与孙蔚如同机到南京,经上海乘轮赴宁波,转奉化谒见蒋介石,并往见张学良。张氏对其部下称:"陕事已成过去……我人应以赤诚服从蒋委员长命令,使东北军成为劲旅,蔚为国用,勿负蒋委员长厚望。"3月1日,吴克仁等四人由奉化返南京。

△　全国第二次公路交通会议在湖南长沙开幕,南京、江苏、浙江、福建、江西、安徽、湖北、河南、山东、四川、贵州、云南、广西、广东、湖南15省、市与全国经济委员会、内政部、铁道部均派代表出席。大会由经委会公路处长赵祖康主持。

△　毛泽东与张闻天致电彭德怀、任弼时并转周恩来称,对国民党三中全会的讨论"拟稍等一等,目前着重对南京关系各具体问题的解决及前方部队的训练"。

△　周恩来电中共中央书记处并彭德怀、任弼时、叶剑英,提出与

国民党谈判方针的补充意见称，如国民党不承认中共的独立地位及最低限度的红军人数，则表示无法继续谈判；同时指出，中共必须加快向非苏区布置党和群众工作，加强对宁、沪地区的工作和对黄埔系的上层活动。

△　周恩来电潘汉年，命与邓文仪恢复联系；并告知原黄埔军校教官胡公冕已到南京做黄埔系工作。

2 月 26 日　国民政府特派陆军一级上将李宗仁、二级上将白崇禧兼第五路军总、副总指挥，陆军中将李品仙兼第五路军总指挥部参谋长，陆军中将张任民为广西绥靖主任公署参谋长。

△　张冲参加国民党五届三中全会后返回西安，向周恩来介绍三中全会经过，并说明国民党容共基础已定。周恩来对三中全会通过的宣言和《关于根绝赤祸之决议案》措词表示遗憾，保留将来声明权利；并表示中共目前无意参加政府，只要求参加国防机关。张冲邀周恩来等同赴南京。

△　行政院议决改组陕西省政府，任命孙蔚如为省府委员兼主席；任命彭昭贤（兼民政厅长）、续式甫（兼财政厅长）、周伯敏（兼教育厅长）、雷宝华（兼建设厅长）、杜斌丞（兼秘书长）等八人为省政府委员。

△　西兰（西安至兰州）公路恢复通车。

2 月 27 日　财政部批准中国实业、通商、四明三银行加入官股，将商股资本减作一成五计算。经核减后，中国实业银行商股为 52.611 万元，增加官股 34.7389 万元；通商银行商股为 52.5 万元，增加官股 3.475 万元；四明商股为 33.75 万元，增加官股 66.25 万元，均凑足为 400 万元。

△　周恩来与张冲继续会谈。张冲传达蒋介石的新提议：一、中共服从三民主义；二、政治犯分批释放，中共现时秘密，宪法公布后公开；三、特区与中央法令不合，可称"行政区"；四、中共的国民代表大会人数，俟周恩来至南京后商定；五、周恩来往南京时，可带来加入政府工作的中共党员名单；六、俟国防会议组成后，中共即可参加；七、政治问题

已相距不远,待周恩来与顾祝同对问题商定后即去南京。军队改编人数,可由两个师八个团改为三个师九个团。周恩来表示,对于国民党三中全会决议与宣言之措辞,中共保留日后声明权;对于红军改编问题,番号可改军为师,但总人数不得相差太远;并请张从速解决临时接济红军给养和停止进攻西路军问题。

　　△　周恩来电中共中央书记处,报告与张冲谈判情况,并称如顾祝同无法停止甘肃、青海回族军马步青、马步芳对红军西路军的进攻,红军只有自己增援。

　　△　孙科在上海谈话称,三中全会《根绝赤祸案》已通过,共产党"如有遵依四项办法之决心,而以事实表现于全体国民之前,当可不剿而抚矣"。

　　△　李济深决定出洋考察,李宗仁电国民党中央请发给护照。

　　△　北平市长秦德纯称,冀察外交今后完全与中央一致。同日,秦德纯抵天津谒宋哲元,报告国民党五届三中全会经过。

　　△　日内阁首相兼外务大臣林铣十郎、陆相杉山元、海相米内光政举行四相会议,检讨对华政策。

　　2月28日　周恩来与张冲继续会谈。周恩来提出红军改编为六个师,每师三个团,除总指挥部外,至少为六七万人。张冲称,蒋介石与顾祝同并非轻视红军,而是恐其壮大,认为红军改编后最多只能编四个师,共四万人。周恩来表示不能接受此议。

　　△　中共中央政治局会议,听取秦邦宪关于西安事变中中共与群众工作的报告,毛泽东发言指出,一、西安事变是在特殊环境下偶然仓促发生的,是不能事前准备的;二、西安事变是暂时性的;三、15年来的斗争证明,群众是相信共产党的;四、在解决土地问题上的改变,主要是争取上层分子,是消灭两个政权的对立;五、尽量废除苛捐杂税;六、红军的影响很大,工作方法上应注意。毛泽东称西安事变是暴风雨的突变。会上,中共组织参观团赴西安与群众相见,解释和平解决的意义。

　　△　杨虎城部开抵延安附近。

△　国民党留俄同学会在南京开成立大会,到 130 余人,推选鹿钟麟、王陆一、林柏生等九人为监事,谷正鼎、傅学文、徐浩等 27 人为理事。

△　日驻郑州特务机关雇用汉奸赵龙田,勾结土匪刘桂堂,企图暴动,河南省第一行政督察专员公署逮捕赵犯,就地枪决。

2 月下旬　中央军东开,撤出潼关。

是月　宋哲元不顾日本激烈反对与阻挠,派秦德纯参加国民党五届三中全会,并宣布"冀察外交今后将严格遵守中央政府的政策"。

△　中国与德国合资兴建萍乡中国航空器材有限公司。

△　全国对外贸易是月份入超 30 余万,美国居首,次为日本。

3　月

3 月 1 日　国民政府颁布之《征兵令》开始施行。

△　国民政府准予行政院公布:关于规定雇佣妇女工作于一切矿场地下、海上雇佣儿童最低年龄、海上雇佣儿童及青年强制体格检查、雇佣火伕或扒炭工之最低年龄、遣送海员回国、海员雇佣契约条件等六项国际劳工公约。

△　国民政府与苏联政府签订《邮政互换包裹协定》,是日起实行。

△　国民政府主席林森演讲《地方行政为国家政治的基础》,认为"中央机关的工作侧重在决策,地方机关的工作侧重在实行"。

△　行政院训令陕、甘两省政府,现已恢复常态,两省各县区行政应仍分别秉承省政府办理。

△　周恩来与顾祝同、张冲谈判。顾祝同同意先给红军接济 30 万元,并允为河西走廊及陕南红军送款。张冲提出红军主力编为四个师16 个团,另编两个徒手工兵师八个团,共六万人;并建议中共经由在苏联的蒋经国向蒋介石做工作。周恩来当即将商谈情况电达中共中央,并建议中共中央与共产国际商量,如何让蒋经国向蒋介石做工作。张

冲的建议立即得到中共中央的赞同,张闻天与毛泽东电周恩来称,中共在谈判成功后,在南京政府下取得合法地位,使全国各方面的工作得以开展。因此,"红军主力编为四个师 16 个团及二个工兵师,共六万人的提议,一般是可接受,把红军数目夸张太大,使对方恐惧,对于我们亦不利"。

　　△　毛泽东、张闻天就与国民党谈判方针及对付反蒋派方针问题电周恩来,并转告彭德怀、任弼时、叶剑英称:"(甲)关于谈判方针:(一)红军编五万人,军饷照国军待遇,临时费 50 万元,以此为最后让步限度,但力争超过此数。(二)二十七、二十八、二十九、三十各军及地方部队不在五万人之内,均改为保安队及民团,在特区行政经费内开支。(三)要求遣散老弱,收回苏票(苏维埃政府发行的纸币)之善后费。(乙)关于对付反蒋派之方针:(一)坚持拥蒋抗日路线。(二)一方面向蒋建议废除挑拨离间、排斥异己政策,改为实际的团结全国,一致对外政策,但对于勾结日本之地方派,则与蒋一道反对之。(三)一方面向各反蒋派建议废止反蒋政策,争取推动南京进一步改变国策,并废除军事、财政等方面与南京对立方针,以达到抗日救国目的。"

　　△　毛泽东与美国记者史沫特莱谈话称:"中国共产党是国际主义者,他们主张世界大同运动;但同时他们又是保卫祖国的爱国主义者。"

　　△　教育部组织全国医院考察团视察各地医院设备。该代表团从南京出发,经济南、德州至北平,再转抵汉口、九江至上海,然后回南京。

　　△　渔业银行团在上海成立。王志华等 12 人为银行私方理事,王志华兼任经理。官方派杜月笙、钱新之、王晓籁等七人为理事。

　　△　伪冀东银行开始发行钞票,面值有百元、十元、五元、一元、五角五种,总额 500 万元。另有硬质镍币二角、一角、五分、一分四种,共 20 万元。其他钞票禁止在该地区流通,由日本正金、朝鲜、天津三银行的天津支行代为兑换兼办发行。4 月 22 日,又在大连制造大量铜辅币。

　　△　日华北驻屯军换防,瓜代部队 1800 人自秦皇岛乘火车两列分抵平、津。

△ 日华贸易协会日本理事会在东京集会,出席会议者有会长儿玉谦次等人。

△ 日陆军省任命东条英机为关东军参谋长。

3 月 2 日 司法部通令,西班牙在我国已无使领,西侨诉讼案件应由我法院受理。

△ 四川盛传刘湘将有军事行动,驻渝中央军纷纷构筑工事。军事委员会委员长重庆行营参谋长贺国光为此辟谣,下令拆除重庆城外工事。

△ 国民政府赈务委员会委员何绍南与陕西省政府视察员常黎夫,由西安到延安了解灾情。

△ 孙蔚如等回西安。

△ 汉奸殷汝耕飞长春面见板垣征四郎,商谈扩大伪组织事宜。

3 月 3 日 国民政府下令废止《剿匪区内各省农村土地处理条例》、《剿匪区内各省农村土地处理条例施行细则》、《农村复兴委员会准备征收地税办法》、《农村复兴委员会管理存放各项收入章程》、《逾额田租所得税管理存放章程》五种法规。

△ 国民党中政会决议,张群辞去外交部长,王宠惠任外交部长;张群任中政会秘书长兼外交专门委员会主任委员,曾仲鸣任副秘书长;顾孟馀辞去交通部长,俞飞鹏任交通部长;国葬、公葬另行指定墓地,不得在中山陵园内造坟。

△ 国民政府令东北军除骑兵军仍留陕、甘外,全部东调,分驻于豫南、皖北、苏北地区,不相统属。蒋介石派陈诚改编东北军,各军由四个师改为两个师制;每师两旅四团。

△ 最高法院通令厉行民事和解。

△ 山西实行"人民监政"(与当兵、纳税、受教育合称人民四大义务),成立山西人民监政同志会。

△ 山西省实行村制改革,阎锡山指示编村户数、编村距离、村公所所在地、村长选用、村长薪俸等改革要点七条。

△ 臧启芳去西安接收东北大学工学院;该校文、法两学院由北平迁至开封。

△ 上海英商电车公司 300 余工人、司机、售票员,为抗议资方开除工友举行联合罢工。

△ 日林铣十郎内阁任佐藤尚武为外相。

3月4日 蒋介石以禁烟总会总监名义通电全国,要求切实推行禁政,务期如限肃清烟毒。

△ 周恩来与顾祝同、张冲继续商谈。张冲转告周恩来,南京只允许中共部队改编为三个师,合为九个团。经周恩来与张冲谈判达成如下协议:一、现有红军中之最精壮者编为四个步兵师,计四万人,置某路军总指挥部;二、现有红军中之精壮者编为两个徒手工兵师,计二万余人;三、原有红军军委直属队改编为某路军总指挥部直属队;四、原有的红军地方部队改编为地方民团、保安队以及特别行政区的警卫队;五、原有的红军学校仍予保留,办完目前一期后结束;六、原有红军的医院、工厂保留;七、编余老弱残废,由中央给资遣散;八、以上各项经费由中央统筹。周恩来请张冲催促顾祝同从速解决停止进攻红军西路军问题。

△ 国民党中央常务委员会决议,陈布雷、谷正纲继邵元冲、朱培德为中政会委员。

△ 国民政府任命马步荣为青海省政府委员,马步芳兼青海省建设厅厅长。

3月5日 行政院兼院长蒋介石面促铁道部长张嘉璈从速进行铁路五年计划。同日,蒋介石批准五年内湘、粤、赣、川、滇、黔铁路建筑计划。

△ 重庆行营令驻渝各部队停止夜间演习,以平息谣言。

△ 蒙藏委员会奖励边疆青年来内地求学,本年补助蒙、藏、回学生 50 余名。

△ 甘肃洮河南岸少数民族叠族 48 旗土司杨积庆,代表该族五万人拥护国民政府。

△ 冯玉祥自南京返回安徽巢县原籍。

△ 广东绥靖主任余汉谋自上海返粤。

△ 立法院会议通过《财政收支系统法施行条例》，并决议《财政收支系统法》于民国二十七年(1938)1 月 1 日施行。

△ 国民党中央监察委员会常务会议议决，中执委刘芦隐因涉嫌杨永泰被刺案，停止党权三个月。

△ 南京给顾祝同、张冲复电称，仍坚持红军改编为三个师九个团。顾、张二人联名再电请。

△ 张闻天、秦邦宪、毛泽东就赴南京谈判事电周恩来称："(甲)总部直属队，即由以前的后方两特务团编成，人数约 1500 人，其余均为机关。旅长人选及部队编后，俟彭(德怀)、任(弼时)提出意见再复，其余均同意。(乙)与我们发宣言同时，要求国民党亦发宣言形式之公开文件，承认我们之合法地位。(丙)行政区设主席与委员会制为宜，经费(包括地方保安队在内)每月 30 万，又(收)回苏票 200 万。(丁)党员数告以尚待清查，但总数估计 10 万，苏区、白区(各)半；暂以周(恩来)、叶(剑英)二人参加国(防)会议，毛(泽东)不参加。林(伯渠)为特区主席，也参加经委。"

△ 日外相佐藤尚武在众院答复质问时称，日外交对中日关系，"仍维持天羽声明之精神"，"要将华北变为独立区域，不管国民党三中全会之决定如何，日本必仍继续此政策"。

3 月 6 日   国民政府特任陆军二级上将徐永昌为军事委员会办公厅主任。

△ 南京电复顾祝同、张冲，同意红军改编为 12 个团，但仍坚持只编为三个师。张冲向周恩来提议，按国防师编制，红军编为三个师六个旅 12 个团，每师可编炮兵、交通、特务各一营；国防师每师 1.2 万人，加上三个师之上的总指挥部 4000 人。照此改编，三个师已达四万人。周恩来电中共中央，建议接受此项改编条件。

△ 天津《大公报》与《益世报》、《北平晨报》等近日陆续发表评论，

讨论统一救国问题。同日,周恩来电张闻天、毛泽东、秦邦宪等:"为争取全国统一,我们应参加这些讨论。"

　　△　湖南、湖北、江西、广东四省物产展览会在广州开幕。

　　△　湖南衡阳等 17 县反对粤盐销湘合作办法。

　　△　日驻华大使川樾茂谒蒋介石,探询南京政府与中共之间是否将会出现妥协,蒋氏称"政府对中共政策没有改变"。

3 月 7 日　军委会电令陕、甘两省驻军不得擅自任免地方官吏,干涉地方行政。

　　△　行政院通令各省、市整饬人事行政,以各省、市"一、组织法规未经呈准备案,而遽请任命人员者。二、员额为组织法规所无,而请任命者。三、不先将去职人员呈请免职,而遽呈请任命者。四、去职人员去职已久,甚至事隔数年,始请免职者。五、对于去职人员并不叙明去职原因,含混称为已经离职,或业经御任者。六、未经明令任命之人员去职后,呈请明令免职者。七、请简呈荐不依规定手续办理者",特规定整饬办法六条。

　　△　毛泽东致电周恩来,谓"编制仍以四(个)师为宜","但如蒋坚持三个师时,亦只得照办"。至此,西安谈判大体就绪。

　　△　行政院令湖南省政府停堵洞庭湖藕池、调弦、松滋、太平四口。

　　△　察哈尔伪县署奉日军命令,通令农民广种鸦片。

　　△　上海英商电车公司罢工工人忍痛复工。

3 月 8 日　外交部长王宠惠到部视事,发表演说称:"国家之领土与主权必须保其完整,国际关系必须以平等互惠为基础的原则下",对日"循和平路线,力谋友谊之增进"。

　　△　张冲电蒋介石,报告在西安与周恩来谈判红军改编情况。

　　△　蒋介石乘军舰由南京至上海。

　　△　周恩来、叶剑英与顾祝同、贺衷寒、张冲会谈。双方意见大体一致,由周恩来写成提案,送蒋介石最后决定。主要内容为:一、中国共产党承认服从三民主义及国民党的领导地位,彻底取消暴动政策及没

收地主土地政策,停止赤化运动;国民政府分批释放狱中的中共党员,容许共产党在适当时期内公开。二、取消苏维埃政府及苏维埃制度,目前红军驻在地区改为陕甘宁行政区,执行国民政府统一法令及民选制度;其行政人员由民选产生,经国民政府任命;行政区经费由行政院与陕西省政府拨款。三、取消红军,改编为国民革命军,服从国民政府军事委员会及委员长蒋介石的统一指挥,其编制人员、给养及补充与中央军同等待遇;其各级官员自行推选,呈报军事委员会任命;政训工作由军事委员会派员联络;红军中之最精壮者改编为三个国防师,计六个旅12 个团,另有直属之工、炮、通信、辎重等部队;在三个国防师上设置某路军总指挥部;红军地方部队改编为地方民团或保安队;红军学校办完本期后结束;此外,令马步芳、马步青部停止在河西走廊对红军西路军的进攻。

△　上海至大阪间无线电话正式开放。

△　日外相佐藤尚武在贵族院演说,发表外交方针,主张以平等地位对华进行外交。

3 月 9 日　行政院会议通过《川黔铁路股份有限公司章程》及理事监察人员名单;理事长曾养甫兼任总经理。

△　行政院决议,嘉奖绥远抗战将领,阎锡山、傅作义叙一等宝鼎勋章,骑兵司令赵承绶叙二等宝鼎勋章。

△　周恩来致电中共中央书记处,提出在新的历史阶段党必须警觉并加以解决的问题,说:目前的新环境与新的政策的转变,是十年来所未有的。请中共中央在最短期内准备讨论党的基础、党的组织、党员的思想、党内生活、党的领导诸问题。

△　驻日大使许世英回国述职后抵上海,发表谈话称:"外交应居于主动,以发扬正义为目的。"

△　司法行政部通令慎重审判刑事案件:"对于刑事案件之审判,务期缜密慎重办理;程序苟有错误,即须依法改正;事实稍欠明瞭,尤应详切调查,不得稍涉含糊。"

　　△　杨虎城在西安新城招待西安报界称："三十八军业经遵令编为两个师,同时撤销十七路军总指挥部,并对于西安绥署按照规定编制,汰除冗繁加以整顿。"

　　△　蒙古沙王率子鄂王及葛活佛由包头抵归绥,主持蒙政会周年纪念典礼及蒙政会第三次委员大会。大会提案有三:一、蒙政会会址应在何处建筑案;二、各盟旗设立小学校应如何进行案;三、建立成吉思汗陵寝案。

　　3月10日　国民党中央文化事业计划委员会通令全国各学校,将蒋介石的《对张杨训词》作为教材。

　　△　蒋介石令贺国光为军事委员会委员长重庆行营副主任,在行营主任顾祝同未返四川前,暂代主任。

　　△　宋哲元自天津返北平对记者称,在津与田代皖一郎会晤数次,咸以中日经济合作应自矿、路入手,先修筑沧石路,开采龙烟煤矿,但均尚未决定;并郑重声明,奉行中央政府命令为其神圣职责。

　　△　甘肃省主席于学忠自西安返回兰州,指示第五十一军开赴苏、皖。

　　△　外交部长王宠惠接见各国使节,计到德国驻华大使陶德曼、美国大使詹森、日本大使川樾茂、法国大使那齐雅、捷克公使费哲尔、丹麦公使欧斯浩。

　　△　国民政府明令公布《农仓业法施行条例》,凡20条。

　　△　周恩来会见张冲,得知顾祝同约张冲、贺衷寒对3月8日提案作重大修改:"承认改为服从,要求改为请求","陕甘宁行政区"改为"陕甘宁地方行政区",取消"民选制度",裁减红军定员为一师一万人,共三万人,改"服从统一指挥"为"服从一切命令",不提河西走廊停止进攻红军西路军等。周恩来当即将修改案内容电告中共中央,认为这"不是同顾、贺能够解决的"。

　　△　中国国联同志会在南京开理事会,朱家骅主席。会议决议:一、推王景春、杨荫溥、刘锴三人赴捷克参加总会年会;二、推罗家伦、程

锡庚、谢寿康、傅斯年、郭有守、钱端升为会员委员会委员;三、推何炳松、胡适、周鲠生分别为会员委员会驻沪、平、武昌等处委员。

　　△　长芦盐输日合同草案签字,第一批先签 10 万吨。

　　△　伪满洲国文教部训令在学校教育中彻底普及日语。

　　3 月 11 日　国民党中政会主席汪精卫赴绥远致祭抗敌阵亡军民。

　　△　蒋介石电令孙蔚如、顾祝同等妥筹陕西灾情急赈办法。

　　△　国民政府公布《中国——拉脱维亚友好条约》。

　　△　国民政府下令禁止发售上海出版的《新认识》、《读书生活》、《文学月刊》等 13 种刊物,并限两日内将所有存书销毁。

　　△　国民党中常会会议决议,以 5 月 12 日为胡汉民逝世纪念日。

　　△　周恩来会见贺衷寒、张冲,并收到贺衷寒交来对 3 月 8 日提案之书面修正案。

　　△　周恩来电中共中央书记处称,不论拖延或接受修改案意见,中共均宜在政治上争取主动,率先实行中共中央致国民党五届三中全会电中提出的五项要求和四项保证,争取在全国进一步的公开和影响,造成国民党重新"剿共"的困难。

　　△　毛泽东、张闻天为与蒋介石直接谈判电周恩来称,现在的问题非与蒋谈判不能解决。如果承认贺衷寒所提各点,不但非常危险,而且过几天有可能连贺衷寒案亦被推翻。因此决不能同意。

　　3 月 12 日　全国举行孙中山逝世 12 周年纪念会,国民党全体中央委员谒中山陵默哀。中央党部与国民政府合并举行典礼,由吴敬恒致词。

　　△　中共中央政治局召开常委会议,讨论与国民党谈判问题。毛泽东发言称:"谈判应该是政治的斗争,谈判的胜利是表示我们的诚意,但一定要在合作的原则上,不是投降……如果这样,我们便要失去信仰。我们宁为玉碎,不为瓦全","我们应召集会议,发表宣言,从政治上动员!"

　　△　中共中央书记处复电周恩来,谓"顾(祝同)、贺(衷寒)所改各

点太不成话,完全不能承认;谈判须重新作起"。周恩来约见张冲,指出由于贺衷寒横生枝节,一切都有根本动摇可能;要求张冲以原提案条文电蒋介石,否则请其回南京见蒋氏。周恩来表示,中共只是不承认贺衷寒案,对于两党团结与拥护蒋委员长的根本方针,并不因贺案而动摇。

　　△　全国经济委员会改进全国蚕丝业,提倡蚕丝生产各部门均衡发展;民国二十六年(1937)生丝产量已较往年增加。

　　△　庚子武昌首义烈士唐才常、傅慈祥、林圭等公墓落成,汪精卫撰写碑文,湖北省政府主席黄绍竑代蒋介石主祭。按:庚子(1900年)唐才常领导自立军在长江一带起事,设总机关于汉口,湖广总督张之洞侦知,勾结驻汉英领,查封自立军总机关,唐才常等人被捕遇害,自立军失败。

　　△　日外相佐藤尚武宣称,对华政策"仍遵守广田三原则"。

　　3月13日　行政院兼院长蒋介石知照各关系部称,五届三中全会决议重设国防委员会。《国防委员会条例》规定,"国防委员会为全国国防最高决定机关,对于中央执行委员会政治委员会负其责任"。国防委员会正、副主席由中央政治委员会正、副主席兼任。国防委员会由下列各员组成,中执委与中监委常委,中常委,中政会秘书长,五院院长,行政院秘书长,以及内政、外交、财政、交通、铁道、实业、教育各部部长,军委会正、副委员长及该会办公厅主任,参谋总长,军政部长,海军部长,训练总监部总监,会同经济委员会常委。国防委员会职权如下:一、国防、外交政策之决定。二、国防作战方针之决定。三、国防费用之编制与筹备。四、国家总动员事项之决定。五、国防紧急事变之审议。六、其他与国防有关重要问题之决定。

　　△　国民政府明令褒扬军事委员会常务委员朱培德,特予国葬。

　　△　毛泽东与张闻天电周恩来称,请即日动身回延安开会,"在延安留三五天出去见蒋谈判";叶剑英留西安与顾祝同保持联络。

　　△　周恩来会见张冲,与张约定致函顾祝同,说明修改原方案使一切有根本动摇之虞,要求将3月8日提案报蒋介石。次日,按照中共中

央指示,将中共中央书记处不承认顾、贺方案,谈判须重新作起的电报转给张冲。

△ 海关总税务司梅乐和向国民政府提出走私问题报告,谓华北有组织走私,严重影响中国海关收入,并减少偿付外债之基金;指出欲谋根本解决,在恢复冀北主权。

△ 日在天津、济南、青岛积极扩充纱厂。日本在天津、济南、青岛三地纱厂,共约 60 万锭,拟在天津成立"日本在华纺织同业会华北支部"。

3 月 14 日 蒋介石返抵南京。

△ 汪精卫在太原各界欢迎会上演讲,称对内求自立、对外求共存,是一切工作的重心,与安内攘外是一件事。

△ 毛泽东、张闻天电周恩来称,"谈判并不破裂,只是不承认贺(衷寒)案,而对 15 条(3 月 8 日周恩来归纳的 15 条)须加以原则上与条文上的补充修改";并称"和平大计已定,现谈判者是国家政策与两党关系(包括红军、苏区等组织方式问题)之具体方案问题,必须原则上妥当与事实上能行,故须会商后续谈"。

△ 伊克昭盟乌审、鄂套两旗因地界纠纷发生战争,经调解双方息兵,签订停战协定,划定地界。

△ 山西省主张公道总团部举行除汉奸运动大会,阎锡山编《救亡复兴歌》,号召挽救危亡,守土抗战。

△ 日正金银行总经理儿玉谦次率日本经济考察团至上海,次日至南京。

3 月 15 日 归绥举行抗战阵亡军民追悼大会,国民党中政会主席汪精卫、山西省主席阎锡山亲临主祭,傅作义致悼词,蒋介石代表熊斌,另有赵丕廉、褚民谊、王懋功、汤恩伯、王靖国、赵承绶、李服膺等参加。毛泽东、朱德致电哀悼。全国一律下半旗志哀。

△ 周恩来与张冲谈判。张冲申明贺衷寒案作废,改以 3 月 8 日提案为谈判基础。张冲提出,政训工作派员联络改为派人参加,改红军

学校办完当时一期即准备结束;红军改编后,国民党派副佐人员到任。周恩来表示不能同意。

　　△　中共中央电周恩来称,"国内正在酝酿分裂运动,在客观上有利于民族敌人而不利于团结救国",为顾全大局,请按照中共中央提出的 15 项谈判条件继续谈判,并要求迅速会见蒋介石当面解决同顾、张不能解决的问题。顾祝同等人赞同周恩来直接与蒋介石谈判。国共两党西安谈判至此结束。

　　△　留德学生组织旅德救国联合会,散发西安事变真相传单,遭国民党驻德党部追查;行政院撤销该会会员留学生公费。

3 月 16 日　蒋介石暨外交部长王宠惠举行茶会招待日本经济考察团,赠"己所不欲,勿施于人"一语。并以"仁亲以为宝"一语为勖,勉中日两国人民都在"亲仁善邻"上共同努力。

　　△　行政院副院长兼财政部长、中央银行总裁孔祥熙,接见日本经济考察团团员、大日本制糖会社社长藤山爱一郎,谈调整中日邦交、日本政情及走私等问题。

　　△　绥远举行阅兵典礼,汪精卫发表讲演称:"我们只有两个归宿,其一,是人人为守土抗战而死,使中华民国为四万万人的公共坟墓;其二,是使中华民国走上了自由平等的大路,我们的子孙共有共享天堂一般的快乐!"

　　△　毛泽东、张闻天电复周恩来称:"(甲)既然张、顾愿不采用贺案,你即在西安顿住几天待命。(乙)唯要顾立电两马(马步青、马步芳)停战,否则要顾担负西路军损失的全部政治责任。"

　　△　周恩来自西安返回延安。19 日,周恩来携中共中央的谈判条件返西安。

　　△　内政部公布全国人口及面积统计。全国总面积为 1160.886万平方公里;人口为 4.66785856 亿人。

　　△　四川旱灾严重,沱江断流,受灾区域达 120 余县,灾民 3000 多万人。

3 月 17 日 东北军调驻豫、皖,全体将士发表西北同胞告别词。

△ 绥境蒙政会(绥远境内蒙古各盟旗地方自治政务委员会)召开成立周年纪念大会,沙王主席,汪精卫、阎锡山、傅作义、赵丕廉、褚民谊及宋哲元代表邓哲熙与各王公等千余人出席;通过在包头以西 200 余里处公庙子建筑会址,各盟旗一律通行法币,植树节为该会纪念日,建成吉思汗陵墓工程与建会址并案办理等议案,并讨论守土御侮方案。

△ 汪精卫自绥远至太原对记者称,三中全会决议"绝非容共"。同日,汪精卫自太原返抵南京。

△ 中日贸易会在上海举行首次会议。同日,中日贸易协会在上海欢宴日本经济考察团,会长周作民致词,谓发展中日两国经济,须先解决政治上之障碍。

△ 日驻华大使馆武官喜多诚一至开封访商震、刘峙。

3 月 18 日 东北军第五十一军于学忠部第一一三师、第十一师、第一一八师奉令东调后,已全部开拔;甘肃省政府各厅、处也在移交中。中央军第九十七师孔令恂部由陇东开抵兰州接防。

△ 蒋介石指示军委会办公厅主任徐永昌检查各地国防工事。

△ 重庆行营代理主任贺国光、四川省政府秘书长邓汉祥、建设厅长卢作孚由重庆飞抵南京,与中央当局商谈四川问题,表示川省拥护中央。

△ 国民党广东省党部决议,为纪念黄花岗七十二烈士殉难二十五周年,建议合力捐购飞机 72 架。

△ 国民党南京市党部召集各界代表纪念三一八惨案十一周年,发表《告同胞书》。

3 月 19 日 中央军开入兰州。

△ 两湖水利纠纷解决。湘省停止修筑天佑垸,所受损失由湘省府呈请中央补助,洞庭湖水田界线进行勘划。

3 月 20 日 国民政府特派行政院副院长孔祥熙为参加英皇乔治六世加冕典礼特使,海军部长陈绍宽为副特使;3 月 27 日,加派驻英大使郭泰祺为副使。

　　△　周恩来以中共中央拟就谈判条件在西安出示张冲。此项谈判条件共 15 项,主要内容与 8 日提案相同,增加以下各条款:要求国民党彻底实现和平统一、团结御侮方针;全国停止"剿共";实现民主自由权利;释放政治犯及中共党员;中共在适当时期公开;修改国民大会组织法及选举法;修改国防会议条例;准备对日抗战工作。

　　△　国民政府明令嘉奖民国二十五年(1936)捐资兴学在三万元以上、10 万元以下者,计有程栋丞、李宗仁、黄旭初、白崇禧、胡文虎、马鸿逵等 16 人。

　　△　广东省政府主席黄慕松病逝。27 日,国民政府明令褒扬;4 月 12 日,追赠为陆军上将。

　　△　江海关奉财政部令发出通告:"凡外国发行之彩票、香槟票等,未经中国政府核准,一律禁止入口。"

　　△　商务印书馆影印百衲本二十四史全部出齐,共 8200 册。

　　△　日浪人在上海私运大批铜元出口,被海关查获;日人行凶,我国关员七人被殴伤。

　　3 月 21 日　禁烟总监蒋介石委派 14 省、市禁烟特派员。

　　△　国民党中央政治会议决定吴铁城继任广东省政府主席。23 日,行政院决议任命吴铁城为广东省政府主席。4 月 2 日,国民政府令:吴铁城兼广东省保安司令。4 月 16 日,吴铁城视事。

　　△　豫鄂陕三省边区绥靖主任陈继承偕师长李默庵抵南京,代顾祝同向蒋介石报告陕、甘现状。

　　△　四川金融界组织兴业银公司,资本 500 万元,推刘航琛为董事长。

　　△　中暹协会成立,周啓刚等 15 人为理事,何廉等五人为监事,周啓刚为理事长;聘蒋介石等 31 人为名誉理事。

　　3 月 22 日　汪精卫在国民党中央纪念周上报告在晋、绥所得观感称,"共产党人如果不接受三中全会的决议,那么只有趋于消灭";并称

"根本防共须致力经济建设"。

△　周恩来由张冲陪同,自西安飞往上海,会同潘汉年,共同会见宋美龄与宋子文,并递交中共书面意见。

△　陕西省府主席孙蔚如及各省政府委员宣誓就职。

△　上海律师张志让、江一平、江庸、陆鼎揆等 17 人,联名要求国民政府废除各国在华领事裁判权。

△　西藏大格西喜饶嘉措(西丹加索)应聘经印度至上海讲学。

△　日驻华使馆武官喜多诚一在天津晤田代皖一郎后,至济南访韩复榘。

3 月 23 日　军事委员会任命刘文辉为陆军第二十四军军长。

△　行政院决议俞鸿钧代理上海市市长;陈庆云为中央航空学校校长。

△　蒋介石至杭州。

△　中共中央在延安举行政治局扩大会议(延安会议),讨论议程:一、国民党三中全会后中国共产党的任务;二、张国焘的错误。是日至 26 日,会议讨论第一项议程。毛泽东发言指出:一、中日矛盾是主要矛盾,国内矛盾降到次要地位。二、三民主义的革命方面,与我们的政纲不是相冲突的。三、阶级斗争应以照顾大局为原则,采取协商办法,这种改良是革命的。四、国民党的三中全会开始了国民党政策上的转变,从妥协到抗战,从独裁到民主。27 日至 31 日,会议讨论第二项议程。31 日,会议通过《中央政治局关于张国焘同志错误的决议》。

3 月 24 日　周恩来在潘汉年、张冲及杜桐荪陪同下,由上海至杭州与蒋介石谈判。周恩来以中共对修改国民大会组织法与选举法之意见致函蒋介石,请其表示意见。

△　国民党中央政治会议通过卷烟加税。

△　西藏哲蚌寺大格西喜饶嘉措大师及黎丹、观色已呼图克图等 20 余人由上海抵南京。

△　国防会议审查冀察政务委员会与日本合组惠通航空公司协

定,指示必须限于商业性质,协定上不能有"满洲国"字样,航线以平、津与关外及大连间的联络为范围。日本拒绝接受此等条件。

△ 日军舰 70 艘来华,拟以中国为假想敌在青岛作大规模演习。

△ 日驻华海军第三舰队司令官长谷川清海军中将,由上海抵南京访问。

△ 日驻沪海军陆战队在上海杨树浦举行铁甲车演习野战。

3 月 25 日 国民党中政会通过《中央准备银行法(原则)草案》,规定该行(简称中央银行)立于超然地位;总裁系专任,不得兼任中央或地方官吏,或金融业职务;其职责在调整金融与稳定货币,以尽"银行之银行"的职务。资金由原定一亿元改为 5000 万元。该行股份官、商四六分,享有发行法币及关金券之惟一特权。总行设南京,但该法施行后五年内移设上海。

△ 国民党中常会决议,准蒋介石辞国府委员职,以章嘉呼图克图为国府委员。

△ 周恩来就中共 15 条意见与蒋介石开始谈判。周恩来表示,中共为国家和民族利益,谋求与国民党合作,但决不能忍受投降收编的诬蔑;并说明拥护蒋委员长的立场,系站在民族解放、民主自由、民生改善的共同奋斗的纲领上;重申中共中央提出的 15 项谈判条件,并提出数点具体要求。蒋介石在谈话中承认,中共有民族意识与革命精神,是新生力量,但要中共检讨过去的决定,不必谈与国民党合作,只是与其个人合作,拥护其为领袖;并称具体问题好解决。

△ 国民政府派翁文灏为参加英王加冕使团秘书长,曾镕浦、郭秉文、储昌年为参赞。

△ 国民政府任命孙蔚如兼陕西保安司令。

△ 蒋经国得到斯大林同意后,是日离开莫斯科回国。27 日,周恩来前往祝贺宋美龄生日时,告知蒋介石称:"潘汉年同志刚刚收到共产国际的电报,苏联内务部已查到你的公子蒋经国的下落,并批准他立即返回中国。"

△ 河南旅京同乡会指出河南旱灾严重,被灾 90 余县,以豫西禹县、宜阳、登封、嵩县等 20 多县为重,灾民达 900 万人。

△ 日东京商工会议所邀请中国问题专家,讨论调整中日关系方针及如何解决华北问题,建议政府制定对华借款保证法,对华外交系统法令一元化,对华北问题暂抱静观态度。

3 月 26 日 周恩来继续与蒋介石举行谈判。周恩来重申中共的条件,并声明中共愿意"拥护蒋委员长及国民党,A、领导全民族的抗日,保证领土主权完整,达到民族独立和解放;B、实现国内和平统一、民主自由,达到民权主义为成功;C、改善人民生活,发展国民经济,达到民生的幸福"。周恩来并表示:A、中共非投降,红军非改编,而是为民族、国家利益愿意拥护蒋委员长的统一领导和指挥,这种合作立场完全是诚意的,互信的,愿意坚持到底的;B、中共这种大的改变,必须给以解释的机会与时间。中共须声明和解决的有:一、苏区改为边区(18县);二、红军改三个师后,容许人数在四万人以上;三、设立总指挥部;四、中央军政人员只任联络;五、学校办完本期;六、增加红军防地。周恩来以书面提出中共承诺的六条:一、拥护三民主义及国民党在中国的领导地位;二、取消暴动政策及没收地主土地政策,停止赤化运动;三、取消苏维埃政府及其制度。现在红军驻在地区改为陕甘宁边区,执行中央统一法令与民主制度。其行政人员,由地方推荐,中央任命,行政经费另定;四、取消红军名义,改编为国民革命军,服从中央军事委员会及蒋委员长之统一指挥,准备国防需要而调赴前线参加作战;其编制人员给养及补充,统照国军同样待遇;其各级军政人员,由其部队长(官)推荐,呈请中央军事委员会任命;五、改编现在红军中之最精壮者为三个国防师,计六个旅 12 个团及其他直属之骑兵、炮兵、工兵、通信、辎重等部队,在三个师上设某路军总指挥部;六、其余处置,原苏区地方部队改编为地方民团及行政区保安队,编余的精壮人员改为徒手工兵队,担任修路工程,老弱残废由中央给资安置,红军学校俟办完本期后结束。红军中的医院、工厂保留。国民党方面承诺的五条保证:一、实现和平统一、团结御侮的方针,全国停止剿共;二、实行民权,释放政治犯,在全国各地分批释放共产党员,不再拘捕共产党员,容许共产党在适当时期公开;三、修改国民大会组织法及选举法,使各党各派、各民众职业团体、各武装部队均能选派代表参加,以制定民主的宪法;四、修改国防会议条例,使国防会议成为准备与指导对日抗战的权力机关,并使共产党亦能参加;五、实行准备对日抗战工作及改善人民生活的具体方案。蒋介石说要商量一个永久合作的办法,周恩来提出"共同纲领是保证合作底(的)一个最好办法"。蒋介石促周恩来"赶快回延安商量合作与纲领问题",并表示陕甘宁行政区可以成为一整体;其行政长官,南京方面派员任行政区正职,中共派员任副职;红军改编为三个师,计四万余人,在三个师之上,可设总指挥部。

　　△　四川省政府主席刘湘发表谈话,谓川中所传谣言不足凭信。

　　△　金城银行总经理、冀察政务委员会委员周作民与日本商务考查团团长儿玉谦次分别发表声明,决定双方各推派代表研究金融业及改进棉产事。

　　△　南京至广州与南京至太原长途电话通话。

　　△　德王(德穆楚克栋鲁普)在嘉卜寺(化德)成立"察哈尔锡林郭勒盟军政委员会",自兼委员长。

　　△　日本华北驻屯军以中国军为假想敌,在北平、天津进行演习。

3月27日　司法行政部通令所属严惩渎职人员。

　　△　东北抗日联军袭击松花江三姓镇,全歼日军282人。

　　△　日经济考察团陆续离沪,分赴青岛、汉口,转平、津返国。

　　△　儿玉谦次离沪回国。上海海关在儿玉所乘之"上海丸"查获日浪人走私铜元50多万枚。

3月28日　中苏文化协会在南京召开周年大会,推选孙科连任总会会长,陈立夫、邵力子为副会长,蔡元培、于右任、冯玉祥、鲍格莫洛夫、颜惠庆为名誉会长。

　　△　参谋本部参谋总长程潜自南京飞抵汉口,转赴桂林。军政部

常务次长陈诚飞抵广州。

3 月 29 日 杨虎城、于学忠至杭州谒蒋介石请示军政要务。次日,蒋介石单独召见杨虎城,劝其往欧美参观。

△ 全国扩大公祭黄花岗烈士,国府主席林森亲临黄花岗致祭。

△ 刘湘电邀何应钦、张群赴四川,并在省府礼堂召集旅长以上军官及绥署各处长训话称,"今后中央、地方关系,益臻密切",勉所属完成建设四川及复兴民族的重要使命。

△ 前意大利财政部长史丹法尼至上海,应聘为国民政府财政部顾问。

3 月 30 日 行政院任命朱绍良为甘肃省政府主席,冯治安、邓哲熙、章士钊为冀察政务委员会委员,准冀察政务委员李廷玉、王克敏、冷家骥辞职。

△ 上海工潮达到高潮,130 多家绸厂 15 万多工人宣布同盟罢工。

△ 于学忠赴奉化往见张学良。

△ 司法院长居正至北平视察。

△ 周恩来携带与蒋介石联系的电报密码由南京飞抵西安,在西安与顾祝同谈判接济红军给养事项。

△ 驻北平美军 500 人举行阅兵典礼,邀请宋哲元及各国武官参观。

△ 日本联合舰队司令官永野修身率舰支 70 余艘抵青岛会操。

3 月 31 日 国民党中宣部长邵力子在杭州对记者称,新闻检查"从 4 月 1 日起改由中央宣传部管理,本人主张将从宽办理,唯对新闻原则应重质而免除繁碎,以增新闻之价值"。

△ 实业部长吴鼎昌抵成都,参加经济建设委员会四川分会成立典礼。

△ 山东省政府主席韩复榘、豫皖苏军事整理委员会主任委员刘峙,分别至杭州晋谒军事委员会委员长蒋介石。

△ 蒋介石召集有关人员研究向欧美等国商洽借款及购买军火,

以备抗日之用。孔祥熙赴欧之行,即负有此项任务。

△ 伪冀东防共自治政府派江子铎为驻"满洲国"特派员。

△ 上海日正金、朝鲜、台湾、三菱、三井、住友六银行存银,陆续解缴中央银行,总计 920 万元,有金条 3445 条。

是月 周恩来在上海期间,听取东北抗日联军第四军军长、共产党党员李延禄关于 1935 年共产国际之行的汇报后,说:你们的任务是组织东北救亡团体,在党的领导下,促成蒋介石早日抗战。

△ 上旬,日驻中国大使馆武官喜多诚一少将,华北驻屯军参谋和知鹰二中佐,关东军参谋大桥熊雄三人应召回东京汇报华北形势。三人主张"莫如以开战来整顿一切备战",应"走在对苏行动之前,首先对华一击,挫伤蒋政权的基础"。

△ 日方面就华北"经济提携"问题再次向冀察当局提出要求,宋哲元明确表示,"我无权与日方谈这样重大的问题,他们应当向中央政府外交部门去交涉"。

4 月

4月1日 国民党中常会决议,准蒋介石续假两月,由外交部长王宠惠代理行政院长。

△ 蒋介石由杭州至上海,为祝贺英王加冕特使团孔祥熙等赴英送行。

△ 李宗仁、白崇禧、李品仙就任国民革命军第五路军总指挥、副总指挥、参谋长职务。

△ 中国气象学会第三届年会在南京北极阁气象研究所开幕,出席代表 40 余人,竺可桢主席。会议决定设立中央气象局,由气象研究所等筹备。

△ 中央陆军军官学校广东分校举行开学典礼,军政部次长陈诚主持,国府主席林森出席并讲话。

△　广东第四路军缩编,每旅缩减一团,共裁 21 个团。

△　毛泽东电彭雪枫,提出与南京谈判的条件称:"与南京谈判,在红军、苏区方面,以保证我们的绝对领导为原则;在两党关系方面,以保证我党独立性为原则。这些方面绝对不能让步,对方已大致承认。"

△　延安抗日军政大学开学,校长林彪。该校宗旨是为"抗日民族革命战争"培养干部。

△　广东黄埔辟港与疏浚珠江后河工程,发行公债 200 万美元。

△　国民政府批准广东省 4 至 8 月免税进口洋米及米谷各 200 万担。湖南、湖北、江西、安徽、江苏、上海等省、市米商代表向国民政府请愿,抗议批准广东免税进口洋米。

△　我国与瑞士邮政开办互换汇票及代收货价业务。

△　沪西英商公益纱厂工人为改善工人待遇一致罢工,英国捕探对罢工工人进行野蛮镇压,受伤者达 19 人。

△　据国际劳工中国分局统计,1 至 3 月中国工人罢工共 106 次,其中 23 件是反对帝国主义在华资本势力;41 件是反对解雇、开除工人和资本家停工或关厂;30 件是要求改善待遇。

△　日驻上海海军陆战队 1200 余人,分在沪东、沪西、北四川路三处举行大规模军事演习;又赴虹口公园操演。

△　日兴中公司在天津汉沽购买废盐滩,成立建设华北盐业公司,资本 900 万元,年产化学盐 1600 万吨;除当地销售外,其中 27 万吨运回日本。

4 月 2 日　立法院举行会议,通过黄河、长江及华北水利委员会组织条例。

△　国民政府参加英皇加冕典礼特使孔祥熙、副特使陈绍宽、秘书长翁文灏等一行 30 余人出国赴英。孔祥熙行前发表谈话称:"加冕礼毕后,拟顺便往游欧洲各国,考察其目前之经济状况。"

△　阎锡山在太原绥靖公署召开省防会议,讨论防务、训练等问题,徐永昌、傅作义及在绥远的各将领出席会议。

　　△　杨虎城自上海返抵西安。

　　△　苏联驻华大使鲍格莫洛夫返华(去年11月返苏),带来执行建立中、美、苏、日四国集体安全体系的苏联新政策,并向国民政府提议防制日本的三步骤:第一步,以中国政府名义邀请太平洋各关系国开一国际会议,商订互助协定;第二步,中苏订立互不侵犯条约;第三步,中苏订立互助协定。鲍大使表示,苏联愿提供5000万美元贷款,以供中国购买军械及军用品。是日,鲍大使与陈立夫会面。

　　△　长城煤矿改为中日合办,改名为东拓矿业铁道会社,定于5月初正式成立,计划每年出煤50万吨。

　　△　日使馆海军武官齐集天津会商,议决先兴筑塘沽港,以备开战后运送军火与弹药。

　　4月3日　蒋介石亲自会见鲍格莫洛夫,请鲍大使与代理行政院工作的外交部长王宠惠谈判,但只谈外交问题;至于技术合作事宜,则由蒋氏自己考虑。是日,蒋介石返奉化原籍休养。

　　△　国民政府令免刘崇杰驻奥地利特命全权大使本职。

　　△　中共中央宣传部发出《国民党三中全会后我们的任务》宣传大纲,指出中日矛盾是中国革命目前阶段的主要矛盾,争取民主权利是巩固和平与准备抗战的关键。中国共产党现在依然赞助革命的三民主义。目前党的基本任务是:一、坚持抗日统一战线政策,坚持抗日救国方针;二、坚持共产党的独立性;三、建立全国范围内的工作;四、教育干部使了解新的策略与新的工作方式;五、发展党内民主;六、加强党内思想斗争,反对"左倾"。

　　△　国民经济建设运动委员会四川分会成立,实业部长吴鼎昌报告政府建设计划;分会长刘湘致词称,完成建设四川,即"可达到民族复兴根据地之目的"。

　　△　中国地政学会在青岛举行第四届年会,讨论"如何实现耕者有其田"与"如何规定地价"两问题,并提出实现耕者有其田的三项原则。

　　△　中华教育文化基金董事会举行第十三次年会,由董事长蔡元

培主席,董事孟禄、周诒春、胡适、贝诺德、金绍基、司徒雷登、任鸿隽、卜克、顾临、李石曾、徐新六等参加。

△ 招商局欠汇丰银行债款,商定减低利息,分期偿还。

△ 日海军大将大角岑生乘军舰来华,检阅驻华舰队,自 5 日起分别在青岛、上海、汉口及华南等处检阅。

4 月 4 日 江苏高等法院对沈钧儒、章乃器、邹韬奋、史良、李公朴、沙千里、王造时七人,以"危害民国紧急治罪法第六条"提出诉讼;并以"同样罪嫌"通缉陶行知、罗青、顾留馨、张仲勉、陈道涵、陈卓等七人。

△ 中共中央发出《关于坚持联蒋方针推动全国对日抗战问题给刘少奇的指示》,称:"必须坚持联蒋的方针,推动蒋介石逐渐走向南京政权的民主化,以准备全国性的对日抗战。"

△ 周恩来自西安返回延安。中共中央政治局举行扩大会议,听取周恩来关于杭州谈判的报告,对杭州谈判表示满意。会议认为,国民党三中全会后,中共的工作已转入以争取民主权利为中心内容的新阶段;今后应坚持民族统一战线方针,不为局部变动所动摇。

△ 周恩来得知红军西路军约 6000 人在甘肃凉州被俘的消息后,致电顾祝同要顾电令马步青将被俘人员全部送甘肃平凉转至红军四方面军归队,不许加以残害,二马不得继续追击西路军余部,允其转赴新疆。随即和毛泽东派张文彬赴平凉开展营救工作。

△ 广东省政府以亚士湾系译自外国名称,既为我国领土,特宣布改名为"大亚湾"。

△ 各省、市米商在上海举行联席会议,并会同上海市商会,继续向国民政府交涉广东省免税进口洋米事。

△ 中国地理学会在南京开第四届年会,大会由竺可桢主持。会上宣读论文 25 篇。

△ 中英庚款第五届留英考试在南京、北平两地举行,应考者 500余人。

△ 陕西渭惠渠举行放水典礼。

　△　天津汉奸在河北、山东等地代日本招募劳工,截至是日,已有4000 余人出关,在东北沿边修筑工事。

　△　日浪人迭次在上海私运铜元出口,近日日轮"秩父丸"又装有大批铜元出口。是日,外交部向日方提出口头抗议。

4 月 5 日　王宠惠在国民党中央纪念周宣布外交方针称:"在平等互惠的原则之下,我们诚意的希望与各国增进国际关系。"

　△　中共中央发出《关于同蒋介石谈判经过和我党对各方面策略方针向共产国际的报告》,称:"我们现时在各方面活动的策略中心,是为着彻底的实现全国和平统一、团结御侮的方针,加紧从各方面进行对日抗战的准备工作及民族统一战线的民主运动。"

　△　是日清明,国民政府派张继、孙蔚如等至陕西中部县黄帝陵致祭;中华苏维埃中央政府主席毛泽东与人民抗日红军总司令朱德,特派林伯渠参加祭奠黄帝陵民族扫墓节典礼。祭奠完,国共两党代表进行友好交谈。

　△　蒋介石发起组织京滇公路周览团,由团长褚民谊率领,至云南、贵州、四川等地考察公路交通。周览是日开始。

　△　上海市 50 个同业公会为反对公共租界增加市政总捐发表宣言,号召市民团结一致,用实际的积极行动与租界当局抗争。

　△　中国银行新董事会成立,孔祥熙、宋子文、宋汉章、叶琢堂、钱新之、冯耿光、陈光甫为常务理事;宋子文为董事长。

　△　贺国光由南京返重庆称,何应钦为谋中央与地方间进一步团结及军事、政治改善,曾提出六项办法,由卢作孚携至成都对刘湘当面解说,并得刘湘复电接受。

　△　西藏安钦呼图克图普济法师应南京、上海、北平各界人士邀请传法,到达上海。

　△　日浪人 50 多人在上海偷运铜元 10 万余枚,被江海关查抄没收。外交部向日本提出抗议。

4 月 6 日　绥远境内蒙政委员会委员长沙王(沙克都尔札布)率伊

克昭盟扎族扎萨克鄂齐呼雅克图(沙王长子)与其妻、伊盟葛拉僧乂喜呼图克图(沙王次子)与其妻、实业处长康王等一行 30 余人到达南京,向国民政府请示今后施政方针。

△ 行政院代院长王宠惠视事。在秘书长翁文灏出国期间,魏道明暂代行政院秘书长。

△ 中央陆军军官学校教育长张治中辞职照准,校长蒋介石派陈继承接任。

△ 今年留美学生达 1700 余人,选读工科者为最多,计 377 人,其中研究航空工程者 58 人,尤以研究飞机设计与构造者为多;其余选读经济、商业与教育。

△ 美商务部发表中国经济周年报告称,1936 年底中国经济状况,为民国成立以来最良好景象。棉花产量为 370 万担,烟叶为 1700 万磅,皆打破向来记录。

△ 日藏相结城丰太郎在大阪经济协会发表演说称:"日本之经济发展不论为民生之开拓或商务之护展,均根本需要中、日间友好关系之维持。迄今另方面虽有不合理之行动,然我方亦有错误之处。"

4 月 7 日 傅作义乘欧亚航空公司飞机抵北平,认为"抗敌御侮在最后一战"。

△ 山西省政府会议讨论改进村制案,决定村长职责、扩大编村、厉行建设、训练民众、合理负担与财政公开五要点。

△ 中共中央政治局常委会讨论国民大会选举法与组织法修改问题,周恩来提出修改选举法原则,应为容纳各党派意见,选举权与被选举权年龄均为 20 岁,不分差别,不受宣誓限制。

4 月 8 日 上海、汉口、常州、芜湖等地纱业代表到南京,要求国民政府暂缓增加棉纺统税。

△ 西康建省委员会委员长刘文辉对西康县政训练班学员讲话称,巩固边防,保全领土,改善边民生活,消除语言隔阂,为治理西康的要点。

△ 全国基督教中等学校校长会议在沪举行第一届讨论会,会期三天,讨论总题为基督教学校的特殊贡献,共到各省、市、县校长代表200余人。

△ 德政府以红十字"明星"勋章授与何应钦,称其对促进德中邦交有重要贡献。

△ 儿玉谦次在东京访日外相佐藤,报告考察中国经过称:"中国现在尽力向统一国家迈进,国民也以慎重态度努力援助政府,日本应正确认识这一事实,而实行各种政策,调整中日关系,促进经济提携。"佐藤表示尊重儿玉的意见。

4月9日 国民政府特派顾维钧为出席国联特别大会代表。

△ 国民党中政会秘书长张群在上海对记者发表谈话称,日本在实行对华外交一元化的同时,"必须顾及我国外交之一元化"。

△ 驻古巴公使张惠长辞职,朱世全暂代。

△ 华洋义赈会总干事贝克应四川省政府电邀飞渝,筹商以工代赈建造成渝铁路计划。

△ 财政部命令天津海关,凡有勾串外人,合谋走私在一万元以上者,一律处死刑。

△ 蒙藏委员会委员长吴忠信,在南京励志社宴请安钦呼图克图、沙王等边疆要员。

△ 周恩来电蒋介石称,"归肤施(延安)后述及先生合作诚意,均极兴奋,现(中共)党中正开会计议纲领及如何与先生永久合作问题",并称会后即将南下晤蒋。

4月10日 上海4800余人向国民政府上书请愿,要求恢复沈钧儒等七君子自由。

△ 国民政府特派胡士泽为出席国际联合会第二十二届禁烟会议代表。

△ 由国民经济建设运动委员会主办之国货联营公司在南京召开成立大会,选举实业部长吴鼎昌为董事长。5月17日,国货联营公司

总办事处成立。

△ 财政部统计,中国本年上半年度全国所受走私损失,约 1300 万元,其中华北一区即达 800 万元左右。

△ 驻日大使许世英在南京接见日本记者称,改善中日关系须具互惠、互信、互助精神。

△ 天津日副领事访长芦盐务局,拟续购芦盐三万吨。

△ 伪蒙古军政会议在嘉卜寺举行,日本军官、顾问、指导等多人及伪军将领等出席。会议决议,决不放弃察北六县;并拟切断晋、绥的联系。

4 月 11 日 毛泽东电潘汉年,认为法院起诉沈钧儒与通缉陶行知,系违反两党团结对外主旨,望潘汉年至南京向陈立夫、张冲提出严重抗议。

△ 周恩来为救国会领袖沈钧儒等七君子提起公诉案电张冲,指出国民党此种作法"大失国人之望",希望张冲"进言当局,断然改变此对内苛求政策"。

△ 行政院颁布《整理行政纲领》,凡 10 条。

△ 芬兰在华设公使馆,驻华公使魏尔万尼抵沪。

△ 意大利新任驻华大使柯赍抵沪;次日,在沪对记者谈称,"意大利对远东外交政策并无变更,只是对经济方面极谋有以发展。"

4 月 12 日 中共中央发表《对沈章诸氏被起诉宣言》,指出沈(钧儒)、邹(韬奋)、章(乃器)、李(公朴)、王(造时)、沙(千里)等诸先生,为救国运动之民众爱戴领袖;要求立即释放沈、章诸位先生及全体爱国政治犯,彻底修改《危害民国紧急治罪法》。

△ 王宠惠与鲍格莫洛夫在南京会谈,鲍大使建议中国政府先提议太平洋国家参加太平洋区域性互助公约谈判,并立即从中苏两国互不侵犯条约开始谈判。

△ 傅作义在清华大学全校师生大会上发表演说称:"我们的人绝不作亡国奴。我们要作能自由、独立、平等的国民!"

△ 毛泽东在西北青年救国代表大会第一次大会开幕典礼上发表演讲,认为西安事变的和平解决,使建立民族统一战线的第一个步骤(争取国内和平)基本完成;现在进入第二个步骤,巩固国内和平,争取民主,团结全国人民到抗日统一战线上来。

△ 周恩来电叶剑英称,毛泽东已电潘汉年赴南京谈判,准备发动援救沈钧儒、陶行知等人的运动。

△ 国民政府颁布《特种工业保息及补助条例》,凡 15 条,规定对于制造各种原动力机器、电机、工作机器、金属材料、液体燃料、运输器材以及其他工业,政府给予保息补助。

△ 行政院公布《公葬及公葬园墓暂行条例》,凡八条,规定中华民国国民有功勋于国家,身故后经行政院会议议决,呈请国民政府明令举行公葬。

△ 第一军胡宗南部由陕西调往徐州,负责徐州、蚌埠一带治安。

△ 上海闸北美亚十厂罢工工人集会请愿,与警察发生冲突,工人伤 10 多人,六人被捕。

△ 湖南、广西两省为接壤的龙头大地归属问题发生纠纷。双方谈判无结果,湖南省建议中央重新划定界线。

△ 上海公共租界纳税华人会举行本届第一次代表大会,选举王晓籁等 35 人为执行委员。

△ 海关统计,3 月份华货输日为 2900 万元,日货进口为 3200 万元;日对华入超 300 万元。

△ 上海开往日本之"上海丸",藏有九万余枚走私铜元及其他物品,被关员查获没收,合国币 300 余万元。

△ 津浦路警在德州站查获六名日本浪人在平沪 301 次列车偷运大批海洛因南下,当即将人货一并扣留。

4 月 13 日 冯玉祥自南京赴奉化访蒋介石。

△ 财政部加征建设事业专款食盐专税,每市担增加一元。工业盐、渔盐及出口盐均可免征。

△　四川万县大火,烧 3000 余家,损失 200 多万元。重庆、泸县、丹棱、龙泉驿等地相继发生大火。

△　上海越界筑路捐税问题,经上海市代市长俞鸿钧与公共租界工部局总裁费信惇交涉后,双方签订非正式草约。

△　上海开往厦门之日轮"唐山丸"装有鸦片数千两,被我海关人员查获。

△　陕北地区匪患严重各县,发现有"黑军"组织,多为散兵游勇,四出抢劫。

4 月 14 日　重庆行营代主任贺国光至成都与刘湘会谈川事六方案,要求川军让出重庆,停筑防御工事,撤退数处川军。

△　周恩来电叶剑英,嘱其向顾祝同交涉,红军李先念、李卓然余部 900 余人 18 日可至甘肃敦煌,马步青、马步芳不得与之为难,必须全部送至兰州转陕北。

△　津浦铁路蚌埠站铁路工人宣布总罢工;罢工工人遭到军警镇压,工人领袖被捕。

△　重庆附近大火,焚毁千余家;万县大火再起。

△　济南设市,历城县移治王舍人庄。

4 月 15 日　中共中央发表《告全党同志书》,指出"自西安事变和平解决与国民党三中全会之后,中国革命的形势已经进入了一个新的阶段。这个阶段的任务,即是要巩固已经取得的国内和平,争取民主权利与实现对日抗战",而"今年 2 月 10 日本党给国民党三中全会的电报即是为着执行这些任务而表现的明确的方针"。中共中央认为,"为完成目前阶段上巩固和平,争取民主权利,实现对日抗战的任务,我们要求全党同志在任何曲折变化的形势下,紧紧抓住中日两国间的基本矛盾,作为自己一切行动的基点,认定中华民族的最大敌人是日本帝国主义,并坚信这个敌人我们是能够战胜的"。中共中央"号召全党同志在党中央领导之下,以艰苦的工作与模范的行动,去取得中国共产党在民族革命中的领导地位"。

△　周恩来致电蒋介石,指出沈钧儒等七人"其心纯在救国","锒铛入狱已极冤",苏州法院的作法"不特群情难平,抑大有碍于政府开放民主之旨",要求释放,并取消对陶行知等五人的通缉。

△　新任甘肃省政府主席朱绍良向蒋介石请示工作,自陕西飞抵上海。

△　财政部中央造币厂厂长陈行辞职,席德炳继任。

△　湘西永绥县苗民进行反对屯租,主张改屯升科,消除苗、汉界限,改良苗民生活,提高苗民文化水平。次日,为解决湘西苗民暴动,湖南省政府主席何键出巡湘西,并印发《告湘西民众书》。

△　日本与伪满洲国在东北各大城市及滨绥、滨北铁路沿线进行大逮捕,发生"四一五"事件。中共哈尔滨特委、哈东特委、哈尔滨市委、大连市委、盘石中心县委、都河县委、海伦县委、抚松特别支部等党组织遭严重破坏。

4月16日　何应钦在上海对记者称:"中央对四川省,唯有希望川军国军化。刘(湘)主席已表示矢诚拥护领袖。云南龙(云)主席亦表示绝对拥护中央。桂省李(宗仁)、白(崇禧)二司令,在最短期内决定入京一行。此乃国家统一现象。"

△　立法院修正《国葬法》,葬费定为一万元。

△　司法院副院长覃振称:"我国要求撤销领事裁判权,实有充分理由,各国不致横生异议。"

△　周恩来电叶剑英,将中共中央关于国民大会选举法修改意见与张冲当面商榷,并请其将此意转蒋介石、陈立夫,请国民党中常会讨论。

△　中国国际图书馆等单位在上海主办世界百科全书展览会,展出图书400余种,共2000多册,分为中、日、英、德、法、俄诸文种,其中有《图书集成》、《太平御览》、《册府元龟》与各种大辞典等。

△　察北伪军向绥东推进。德王部抵尚义,穆克登宝部抵商都,包悦卿部抵张北。

△　日外务、大藏、陆军、海军四相会议,决定新《对支实行策》和《北支指导方案》。《对支实行策》系 1936 年 9 月 23 日川樾茂以"严酷要求七项"向外交部长张群口头提出的条件,即"(一)创立缓冲地区,包括晋、冀、鲁、察、绥五省;(二)仿照华北经济提携方式,在中国全境进行中日合作;(三)订立共同防共协定;(四)建立中日之间航空交通线;(五)中国中央政府聘用日本顾问;(六)订立特别优待日本货物的关税协定;(七)完全压制排日宣传"。《北支指导方案》共四条:"(一)对国民政府促使抛弃容共和依靠欧美政策,和日本接近,尽快解决对日悬案;(二)对华北使该地区实质上成为防共、亲日满地带,获得国防资源和扩充交通设备;(三)对其他地方政权取得实质性合作,扩大日方权益;(四)对内蒙加强锡林郭勒盟和乌兰察布盟的内蒙政权,收揽蒙古人心。"《北支指导方案》使华北"成为实现日、满、华三国合作的基础","实质上确认华北的特殊地位"。

△　美太平洋学会干事费尔特,在美国政治学院年会发表演说称:"中日开战很有可能。日本退出中国,或者自己约束自己的行动都不可能,则中国的排日运动很可能达到武力抵抗的道路。"

△　新加坡两饼干厂中国工人为反对资方开除工人,要求改善待遇举行罢工。中国驻新加坡总领事馆参与资本家分化欺骗工人。21日,罢工工人捣毁领事馆。

4 月 17 日　贺国光在成都电蒋介石,报告与刘湘谈判情况称,解决四川问题的六项办法及"川军国有化"与"政治中央化"方针,刘湘已遵照办理。

△　刘湘电蒋介石,称川灾严重,要求在 100 万元赈款之外,再续拨 1500 万元。按:四川旱灾严重,受灾各县面积占全省五分之四,受灾县份达 126 县,受灾人口达 3000 多万。

△　上海市商会再电财政、实业两部,请制止粤省免征洋米税。

△　上海海关缉私人员,在日轮"御影丸"搜出铜元八万多枚,全部没收。

△　伪满洲国决定葫芦岛开港。

△　本年首批芦盐 3900 吨由"富和丸"装运赴日。

4月18日　国民政府举行建都南京十周年纪念,叶楚伧、张继、陈立夫等 1000 余人出席。林森在会上讲演《十年来之民生建设》,称:"截至二十五年年底,中国的航空线增至十五条,路线总长一万七千八百多公里……飞机有二十四架。"

△　蒋介石由奉化抵杭州。

△　周恩来电叶剑英速向顾祝同接洽送还兰州河西红军,并派张文彬前往接收。

△　铁道部与中央信托局及上海商业储蓄、金城、浙江兴业、中南等银行组银行团,发行购料本票,由各银行担保付款,办理现贴总额 900 万元,签订合同。

△　葛光庭由青岛赴南京,与交通部商讨关于赎回胶济铁路的问题,决定本年底由该路局拨付赎路基金 1000 万元,其余 3000 万元由国民政府设法筹措。

△　中法文化教育基金会在北平举办第一届甲科留法公费生考试,由李书华主考,应试者 15 人。5 月 19 日,考试揭晓,录取流体力学一名吴新谋(中央大学),镭学一名钱三强(清华大学),微生物学一名王冠儒(中法大学)。

△　南京金城银行副经理许宝骅、天津交通银行经理徐柏园在京杭国道余杭、武康间被绑架。

△　英商上海电车有限公司工人为改善待遇,全体罢工。公共租界各路有轨、无轨电车完全停驶。

△　日兴中公司在河北省汉沽营村购置废盐滩地 10 万多亩,开始兴建大规模盐场和化学工厂,预计年产盐可达 30 多万吨。

4月19日　刘湘在成都召集军、政、商、学各界人士开会,商讨救济四川灾区办法。邓汉祥在会上报告四川灾情称,灾区已达 134 县,灾民达 3500 余万人。

△ 贵州省政府主席顾祝同报告贵州旱灾灾情严重,受灾地区达 61 县,灾民有 270 多万人。

△ 蒋经国自苏联返国,是日由上海抵杭州。

△ 国民党上海市党部与市政府联合发布通告,禁止工人罢工。

△ 南京地方法院判处行刺汪精卫的余立奎、张玉华、贺坡光三人死刑,对其他四人判处有期徒刑。

△ 福建省南部鼠疫流行,省政府令各县将鼠疫区交通孔道封锁。

△ 张道藩等组织的中华全国美术会在南京成立。

△ 察北、绥东一带德王伪军积极备战。傅作义电前方部队,严密戒备。

△ 日驻华大使川樾茂向外交部长王宠惠辞行。王外长托川樾转告日本佐藤外相称:"本人热望调整中日国交,并对于佐藤外务大臣之外交演词,至为敬佩,但愿在事实上努力,促其具体化。中国方面亦须在互惠平等之立场上,设法尽力,以图打开目前中日间的局面。"

△ 日外务省发言人对记者称:"冀东组织的设立,根本上是中国本身的问题;至于殷汝耕所说日本有人现在正从事调解撤废该组织的问题,全非事实。"

△ 日陆相杉山元公开指责中国采取"轻侮日本"的态度为"过于自信"。

4 月 20 日 蒋介石由杭州至上海就医、疗养。

△ 行政院免去刘镇华安徽省政府主席职务,任命刘尚清、魏鉴、杨绵仲、刘贻燕、杨廉、金毓绂、戴戟、陈冶青、邵华为安徽省政府委员,刘尚清兼省政府主席,魏鉴兼民政厅长,杨绵仲兼财政厅长,杨廉兼教育厅长,刘贻燕兼建设厅长。

△ 中共中央政治局召开会议,讨论《御侮救亡复兴中国的民族统一纲领草案》。《草案》包括对外抵御日本帝国主义的侵略,取得中华民族的独立解放;对内实行宪政,保障民权自由,发展国防经济,改善人民生活,求得民生幸福,彻底实现孙中山的革命三民主义,使中国复兴为

统一的民主共和国。周恩来在发言中指出,统一战线的原则是,第一以共同纲领为行动的准则,第二建立联合组织,第三在蒋(介石)承认此纲领的条件下,中共承认其为领袖;关于联盟的组织原则,凡各党、各派、各革命团体均可参加,联盟中保持各组织的独立性,允许自由退盟。

　　△　朱家骅任管理中英庚款董事会董事长。

　　△　冀察当局发布命令:"凡盗卖国土者处死刑。"

　　△　宋子文、孙科、吴铁城等在上海发起成立华南米业公司,联合上海、广东、香港金融界,股本1000万元。宋子文为董事长。

　　△　风陵渡黄河铁桥开工,工款8000多万元。

　　△　日外相佐藤、陆相杉山、海相米内举行三相会议,讨论对华、对苏政策。

　　△　日各报近日多次发表对华挑衅消息,我国外交部训令驻日大使馆对此有所表示。

　　4月21日　国民党中政会召开例会,修正土地法原则,通过:一、统一土地名称;二、设立土地银行;三、扶助自耕农;四、土地测量与土地登记;五、土地权利争议的解决;六、公有地登记;七、市、县司法机关设立土地裁判法庭;八、房屋之经营;九、土地承租人依法请求征收等。

　　△　驻陕、甘东北军东调防地确定,第四十九军刘多荃部、第五十七军缪澂流部驻河南南阳、周家口;第六十七军吴克仁部、第五十一军于学忠部驻皖北阜阳等地。

　　△　交通部负责人对记者称,沧石线应由铁道部主持办理,地方当局不得有所主张。

　　△　中国农民银行总行由汉口迁至上海。

　　△　国民政府明令嘉奖湖南朱剑凡及其妻魏湘若捐资11万余元,创办私立周南女子中学。

　　△　美泛美航空公司由美国至中国第一次航班开航。自上海经香港至旧金山航班,由中国航空公司负责。

　　△　北平使馆区日驻军在东单牌楼操场举行实弹演习。

△　日驻华大使川樾在南京称："关于打开中日国交,中国方面没有表示任何具体意见,因此,不能认为去年以来当时开始交涉的困难情形业已除去。"

4 月 22 日　国民党中常会通过修正公布《国民大会组织法》、《国民大会代表选举法》,国民大会缩短任期并缩小其职权,规定国民大会为制宪机关;增加政府指派代表。4 月 30 日,立法院修正通过。5 月 21 日,国民政府修正公布。

△　宋哲元在北平对日本记者称："中日乃东亚之两大国,对东亚大局应共同维持,两国负责人应详察两国情势而处之,两国民众更应自觉,互相努力,以实现东亚和平。津石路、龙烟矿事,在可能范围内当合作进行,但必以中央意旨及民众利益为限度。"

△　天津市长张自忠率冀察国外旅行团一行 17 人赴日本考察。

△　冀、鲁、豫三省关于统一治理黄河问题,经李协(李仪祉)与韩复榘、宋哲元等商讨决定:一、三省河务局经常费仍由三省府照支;二、工款由黄河水利费拨发;三、河务局人员归三省委派,由黄河水利委员会加委,并报行政院。

△　毛泽东电周小舟,命其在数日后至山西五台县河边村与阎锡山谈话时,应指出民主改革与人民自由权利的重要性与迫切性;国民大会选举法与组织法须按民主原则进行修改;苏州七爱国领袖必须立即释放;征求《大公报》总编辑兼副总经理张季鸾可否至延安一行。

△　行政院公布《船舶起御工人灾害防护规则》,凡 23 条。

△　本年第二批芦盐 4000 吨由"广和"轮装运出口。

△　天津市工商业拒私会在英租界召开筹备委员会,通过决议:一、发表告奸商书;二、函请海关武装遏止私货来源;三、推定常委,定下月 1 日开成立大会。

△　美进出口银行经理皮尔森到达南京,调查中国金融和实业情形,为美国商品寻找市场。皮尔森准备到上海、北平、天津、青岛、汉口等地考察六个星期。

4 月 23 日　　国民政府修正公布《国葬法》，凡九条，规定："中华民国国民有特殊勋劳或伟大贡献，足以增进国家地位、民族光荣或人类福利者，身故后，得依本法之规定举行国葬。"

　△　于学忠率部第五十一军抵皖。

　△　陕西安定县以原县治遭土匪焚毁，移治望瑶堡。

　△　海关人员在上海汇山码头日轮"长崎丸"查出大批走私货物，日本浪人当场持械行凶，殴伤我国稽查员多人。

　△　京滇公路周览团至贵阳。

　△　华洋义赈会总干事贝克由四川视察灾情后返沪称，川省灾情最重者为东北部，重庆现有灾民 18 万人，每日饿死者不下百余人。

　△　日派遣海、空军人员潜入福建金门岛测绘地图。

4 月 24 日　　冀察外交委员会主席委员魏宗瀚就职，表示仍禀承中央意旨，并顾及地方环境，办理一切外交事务。

　△　中共中央召开政治局会议，讨论即将召开的苏区党代表大会组织问题的报告大纲。

　△　武训百周年诞辰纪念筹备委员会在济南召开发起人会议，出席者有韩复榘代表何思源、国民党山东省党部委员李文斋、济南市长任居建等 60 余人。会议决定拍摄武训行乞兴学电影，在南京筹建武训中学，扩建武训林墓和武训办的三所学校等事项。

　△　中国共产党中央委员会机关刊《解放》周刊在延安创刊。

　△　中英会勘滇缅界务委员会工作全部结束，最后报告书在缅甸桑格郎地方签字。会勘自二十五年（1936）开始，先后开会 116 次，中立委员长为瑞士人伊斯兰。这次勘界推翻了旧约所划临时界线（所谓斯高脱红线）。双方争执中的边境领土，由中立委员长伊斯兰仲裁，划归中国者约有五分之三，班洪、猛梭等处均在内。

　△　驻日大使馆向日外务省发出照会，抗议日本在名古屋举行"冀东日"反华活动。

4 月 25 日　　司法院统计全国司法官员，计苏、浙、皖、赣、鄂、湘、闽、川、黔、粤、冀、豫、鲁、晋、陕、甘、宁、察、绥等省,院长 160 人,庭长 156 人,首席检察官 155 人,推事 156 人,检察官 263 人,候补推事 424 人,候补检察官 225 人,学习推事 46 人,学习检察 33 人,共计 2023 人;以江苏省法官最多,共 279 人;贵州省最少,仅 11 人。

△　马步芳特派代表郭学礼飞抵西安,谒顾祝同并报告青海军政近况。

△　周恩来与张云逸由延安乘卡车前往西安,准备南下与蒋介石继续会谈。车行 60 里至崂山附近,遇土匪一二百人在途中伏击,随从人员数人及周恩来随从副官陈友才牺牲。周恩来与张云逸脱险返回延安。

△　江西《商报》、《健报》因刊载攻击省教育厅文字案,记者被捕送警局收押。汉口记者公会电赣省府要求速予释放。

△　日军唆使伪蒙军进犯绥远。

△　日华北驻屯军在平、津等地连日演习,参加部队达 3000 余人。下午,共有三批日军分乘专车由通县开至北平,旋即转赴天津。首批 500 余名,携带钢炮、机枪;第二批 190 余名,携带钢炮,并配有坦克六辆;第三批 500 余名。天津日军七八百人开往通县一带演习行军。

4 月 26 日　宋庆龄、何香凝等发起营救救国会领袖沈钧儒等人运动,致书国民党中央,并上书苏州江苏高等法院称:“有罪同受处罚,无罪同复自由。”

△　吴铁城在广东省府总理纪念周上宣布治粤方针,旨在整饬吏治,发展工业,扫除文盲,救济农村。

△　傅作义在太原参观各项建设,乘汽车赴河边村谒阎锡山后径赴大同转绥远。

△　西藏大格西喜饶嘉措,由蒙藏委员会委员长吴忠信陪同,赴国府觐见林森主席。

△　顾祝同派飞机由延安接周恩来与张云逸来西安。周恩来将与蒋介石会谈内容先与顾祝同、张冲交换意见,并商谈发放红军本月份经

费与寒衣,河西红军西路军,派人至鄂豫皖苏区等问题。

△ 实业部公布,日本在中国走私已由华北深入腹地。日本浪人、汉奸凭其特殊势力,私运贩卖,破坏关政,税收损失甚重,产业界所受的损失尤为显著。二十五年(1936)全年私货进口价值,即依最低估计,亦在一万万金单位以上。

△ 四川东北疫病流行,各县日死百人以上。

△ 四川省政府以川省旱象已成,特函各县县长勉以解足验换契费、正供新旧粮税、清剿防卫、救济灾荒四事,共渡难关。

4月27日 蒋介石在上海接见绥境蒙政委员会委员长沙王(沙克都尔札布)等一行。

△ 蒋介石电告孙蔚如等,称杨虎城出洋于公于私两利。杨虎城电蒋介石称,"退思补过,攻苦绩学,来日方长,报国未已"。

△ 杨虎城电蒋介石,辞去本兼各职。

△ 周恩来分别与杨虎城、张冲、顾祝同商谈挽留杨虎城办法,并电中共中央建议蒋介石留杨虎城不出国,对裁撤西安绥靖公署亦表示不满。

△ 行政院决议,任命于学忠为江苏绥靖主任,贺耀组代理甘肃省政府主席,何柱国为军事委员会委员长西安行营副主任,王树常为豫皖绥靖主任;派刘峙、王树常、于学忠、商震、陈诚、孙连仲、庞炳勋、卫立煌、何柱国、刘茂恩、沈克、檀自新、缪澄流、刘多荃、吴克仁、董英斌、米春霖、胡宗南、曾万钟为豫皖苏军事整理委员会委员,以刘峙为主任委员,负责整理10万东北军,会址设开封。

△ 司法院任命邓哲熙为河北高等法院院长,王敬简为察哈尔高等法院院长,马师融为青海高等法院院长。

△ 国民政府明令公布《预算法》,凡89条。

△ 宋哲元由北平赴察哈尔视察,并主持察省孔庙落成典礼。

△ 朱庆澜电南京报告四川灾情称:"急赈只济一时,且灾广所救有限,根本之计,端在农桑实业。"

△ 贵州全省 300 万灾民待救济，灾区达五六十县，遍及全省。最重灾区，亦有 10 余县之多。

△ 上海海关缉私人员再度呼吁武装缉私，并发表《告同胞书》，希望给予切实援助。

△ 天津学生联合会发表宣言，主张督促武装缉私。

△ 日博览会将中国陈列馆列入殖民地区，外交部对此提出抗议。

△ 意驻华大使柯贲向国府主席林森呈递国书。

△ 日驻华大使川樾茂返国述职，张群设宴为川樾饯行。

4 月 28 日 军政部长何应钦在南京对记者称："东北军各部，此次奉命东开，更由中央分配以新的任务，从此人事、经理、教育诸大端，均改为直隶中央。"

△ 周恩来在西安与顾祝同、张冲会谈。顾祝同希望红军改编在 5 月 10 日以前解决。周恩来表示，红军改编至少须至 6 月才可开始，人数必须 4.5 万人；同时表示，和平基础虽然已确定，但须将纲领确定。此事往返时间较长，还应见到蒋介石以后才能解决。周恩来并将中共《御侮救亡复兴中国的民族统一纲领草案》交顾祝同。顾祝同即将会谈情形与中共纲领草案电告蒋介石；同时，周恩来亦电蒋介石征询两人会见时间。

△ 豫皖苏军事整理委员会主任委员刘峙在开封对记者称："本会为军事委员会委员长之咨询机关，负整理上之建议责任，关于驻军之教育、经理、卫生各项，仍由中央主管各部及豫皖绥靖公署直接办理。"

△ 上海军、政、警当局宣布，从 5 月 1 日起，全市实施全日戒备，制止罢工、怠工及非法集会、游行。上海市警察局、淞沪警备司令部、市保安队和各租界警务当局，实行联合戒备。

△ 韩复榘电行政院与财政部，要求山东省境内食盐加价"暂缓执行"。

4 月 29 日 湘鄂赣边区主任刘兴将江西、湖北交界的九宫山，湖南黄金洞、天岳关，江西武功山，划为四个特别区，设立政治区，加紧对红军游击部队的进攻。

　　△　国民政府明令公布《空军军旗条例》，凡九条。

　　△　第四十九军军长刘多荃在河南南阳军部遇刺受伤，赴沪就医；凶手当场被击毙。

　　△　行政院卫生署署长刘瑞恒至福建视察后，回南京报告称，闽西鼠疫已蔓延达 10 余县，死亡已有三四千人，实际恐已近万人。

　　△　中央赈务委员会委员长朱庆澜谈四川视查灾区经过称，"灾区达 130 余县，死亡日多……最重灾区 26 县，次重灾 46 县"。

　　△　财政部令芦盐总局，限本年输日总数为 10 万吨，该局前与日本兴中公司口头约定 13 万吨将中止签约。

　　△　京滇公路周览团至昆明。

　　△　芦盐第四批 3300 吨由"大连丸"载运赴日。

　　△　英、日在伦敦开始谈判对华合作问题。

4 月 30 日　蒋介石由上海抵杭州。

　　△　蒋介石准杨虎城辞职，并派杨氏出洋考查。

　　△　立法院修正通过《中华民国宪法草案》、《国民大会组织法》及《国民大会代表选举法》，删除第 146 条。

　　△　蒋介石电参谋总长程潜，设计青岛及济南国防工事。

　　△　蒋介石手辑《西安半月记》、宋美龄著《西安事变回忆录》交中正书局印成合订本，定于 5 月 15 日出售。经蒋介石核准于 6 月 3 日发行。

　　△　上海文化编译馆出版《蒋介石全集》，搜集自民国十三年——二十六年（1924—1937）蒋介石言论汇编成册。全书约 400 余篇，100 余万字。

　　△　财政部与铁道部发行粤汉铁路建设公债 270 万英镑，以粤盐附加税担保，30 年还清，年息六厘。

　　△　立法院通过外交官、领事官等官俸表，分为特任一级，简任二级，荐任五级，委任三级。特任大使官俸 800 元；简任官分为八级，

430—680 元不等；荐任官分为 10 级，220—400 元不等；委任主事160—200 元不等。

△　中共新华通讯社在延安正式成立，开始向国内发布国际、国内新闻，向仲华任社长。

△　天津市政府为彻查海河浮尸来源，特定三项办法：一、清查津市户口；二、拍照尸像公布招认；三、限制苦工流落津市。

△　日新任驻华大使馆参赞兼驻南京总领事日高信六郎，由上海至南京任事。

△　英、日对远东问题已作非正式协商。英国坚持主张由美国参加会谈，否则不缔结任何协定。

△　墨西哥新任驻华公使埃琪拉向国府主席林森递呈国书。

△　上海纺织业罢工工人要求基本实现，是日复工。

是月　闽浙赣皖边区绥靖主任刘建绪奉命加紧进攻红军南方游击部队，在闽西、赣东、浙西、皖南四省交界的仙霞岭、武夷山、天目山、黄山山脉的庆元、开化、松溪、崇安、邵武、建宁、宁化、光泽、婺源、浮梁、德兴、休宁、歙县、宁国各地与红军游击队展开激战。刘建绪命令当地各机关"全力以赴"，"限期完成清剿任务"。

△　东北抗日联军李延禄、周保中部联合作战，进攻林佳线和林密线总车站林口，焚毁该地；有三条路线交通历时半月不得通车。

△　第二十九军研究制定对日抗战具体作战方案，另拟就以攻为守作战方案：分二十九军为数集团军，划为天津、北平、察哈尔三个战区，以保定地区为总预备队集结地带。

△　中共中央电驻共产国际中共代表团陈云速赴新疆，建立中共与新疆边防督办盛世才的合作关系，并接应红军西路军余部进入新疆。陈云（化名施平）根据中共中央指示，偕滕代远（化名李广）、冯铉、段子俊、李春田等由苏联急赴迪化，直接与盛世才会谈，商洽双方建立正式合作与接应红军西路军进入新疆事宜。

△　本年 4 月份全国对外贸易额增加，入超为 2900 余万元，较上

月份少 600 余万元。

△　日再度提出兴建津石铁路(天津至石家庄)与开采龙烟铁矿,宋哲元则提出反要求称:"要谈中日华北经济合作,必须先撤销冀东伪组织。"

△　日法西斯团体大日本生产党、大化会、国策社、鹤鸣社、新俱乐部等召开代表会议,对于日本的"软弱"外交表示愤慨,决定一致拥护伪冀东防共自治政府的存在。会议决定:一、使华北与日"满"成为一体的经济组织,树立远东各国提携的基础;二、发动日本全国拥护冀东防共自治政府的发展;三、对华的"败北"外交应该放弃,而树立对华的独立外交。

5　月

5月1日　军事委员会委员长蒋介石电令撤销西安绥靖公署及第十七路军番号;另电熊式辉有关庐山暑期训练县政与乡村建设以及保甲组织事宜,以星子县与九江县为实地考察地区。

△　军事委员会任命徐海警备司令黄杰兼任陇海东段警备司令;第一军军长胡宗南兼津浦南段警备司令。

△　周恩来在《解放》杂志第一卷第二期撰文《我们对修改国民大会法规的意见》,要求国民党开放党禁,释放政治犯,确认男女平等,保障人民言论、集会、出版等自由,使国民大会建立起民主、统一的政治基础,以加紧、加快发动抗战。

△　毛泽东、张闻天电复潘汉年,提出"目前工作的中心,关键是扩大群众的民主运动,各方面发动修改国民大会选举法,要求开放党禁,实现民主权利";同时,"对极左的倾向决不能有任何让步"。

△　何应钦、王伯群、谷正伦、张道藩等 36 人请赈贵州省灾荒。

△　实业部与皖、赣、鄂、湘、闽、浙六省及部分商股合组之中国茶叶公司在南京正式成立,实业部常务次长周诒春任董事长,寿景伟为总

经理。

　　△　绥远隆重举行成吉思汗诞辰祭礼,阿王主祭,傅作义致词。

　　△　驻防青岛的税警团换防,我国在胶澳盐区增派两营兵力,日本驻青岛总领事竟无理提出"抗议",要求我军撤退。日本报纸造谣,企图离间我国中央与地方之间关系。

　　△　芬兰新任驻华公使华尔槐纳向国民政府主席林森呈递国书。

　　△　伪满洲国公布《重要产业统制法》,规定对任何视为备战极关重要的生产事业,均完全加以统制。

5 月 2 日　中国共产党全国代表会议(时称"苏区党代表会议")是日至 14 日在延安中央大礼堂举行,出席会议的正式代表 260 人,列席代表 74 人,毛泽东等 19 人被推为大会主席团成员。张闻天以《中国共产党苏区代表会议的任务》为题致开幕词,毛泽东作《中国共产党在抗日时期的任务》的报告。这次代表会议批准了遵义会议以来党的政治路线,为迎接全国抗日战争的到来,在政治上、组织上、思想上做了重要准备。

　　△　察北伪蒙军李守信部在商都、南壕堑间增兵南犯。

　　△　伪满洲国颁布新学制,小学改为五年,中学改为四年,大学改为五年。

5 月 3 日　汪精卫在国民党中央党部纪念周讲演称,我国对日是"抗而不排",指出"今日一切工作的中心就是要加强国家的抵抗力"。

　　△　国民政府主席林森讲演《对修正〈国大关系法规〉应有的认识》,系酌采各方意见,采取自由选举与集中人才之原则。

　　△　祝贺英王乔治六世加冕典礼特使孔祥熙一行抵英。

　　△　冯玉祥发表实行中苏联盟、扩大爱国抗日运动、保障全国公民自由、组织并武装民众、立即停止剿共军事等五项抗日救国纲领。

　　△　熊式辉赴赣东督促各保安团队遵限"肃清残匪"。

　　△　梁漱溟著《乡村建设理论》(又名《中国民族之前途》)一书,由山东邹平乡村书店出版。

△　国民政府赈务委员会向甘肃拨救赈款 32 万元。赈务委员会委员长朱庆澜以甘肃灾区辽阔,拟续向京、沪、平、津呼吁大批赈款。

△　新任驻美大使王正廷离上海赴美莅任。

△　美国与日本决定在伦敦谈判中国问题。

△　汉奸殷汝耕在冀东成立伪东亚协会、伪普安协会、伪人类爱善会、伪华北五省防共自治协会、伪河北省人民防共自治促进会、伪天津市各界防共自治后援会、伪华北五族防共委员会、伪天津市各界防共委员会等。

△　日外相佐藤强调以互助精神打开中日局势,并指出英、日妥协极感困难。

5 月 4 日　军事委员会任命上官云相为豫鄂陕边区绥靖主任。

△　蒋介石电顾祝同称:"共党近日对实行草案等之宣传及其对国民大会选举修正意见,仍以反对本党为唯一对象,毫无异于过去之行动","如其果故(有)诚意合作,应嘱其彻底改,从速停止此项宣言"。

△　行政院改组甘肃省政府,罗贡华任民政厅长,代省政府主席贺耀组兼建设厅长。

△　行政院会议通过财政、实业两部拟具的《食粮调节办法》,定 8 月 1 日起实行。《调节法》共有六项,规定食粮在国内自由流通,对出口和进口都要严格限制等。民国二十五年(1936)11 月之《粮食调节暂行办法》同日废止。

△　北平文化界救亡团体号召开展新启蒙运动,成立启蒙学会,发表新启蒙运动的基本纲领,称"继续并扩大戊戌、辛亥和五四的启蒙运动,反对异民族的奴役,反对礼教,反对独断,反对盲从,破除迷信,唤起广大人民之抗敌和民主的觉醒";并提出 10 项工作。

△　北平学生在北平师范大学广场举行五四运动十八周年纪念大会,北师大校长李蒸与北大教授陶希圣等讲演。因争夺对学联的领导,会上发生新旧学联间冲突。

△　天津各界鉴于日本浪人走私猖獗,组织拒私会。

△　汕头日轮偷运大批铜丝和废钢铁赴台湾；日本在华南走私人造丝，已在 10 万元以上。

△　日关东军司令官植田谦吉在承德召开军事会议，讨论：一、巩固伪满国防；二、实施满蒙一体化；三、实行满蒙军事同盟；四、扩编内蒙军师团，军用机械与教官由日军供给；五、加强绥、宁、甘三省特务工作；六、关东军在热河边境增兵一旅团，并策划进攻绥远。

△　著名骨科医生牛惠生逝世。

5 月 5 日　国民党中政会会议通过《修正土地法原则》。主要内容为：一、发行土地债务；二、扶植自耕农；三、土地登记；四、规定地租最高额为地价 80%；五、"不在地主"的土地承租人继续耕作五年以上者，得请求征收其耕地；六、开垦荒地；七、重划土地。

△　国民政府通令胡汉民逝世纪念日提前于 5 月 10 日举行。

△　蒋介石电湖南省主席何键，令速完成桃花坪至芷江公路；另电徐永昌询河南清化通往山西晋城公路修筑情形。

△　国民党中政会通过特任徐永昌、陈调元为军事委员会常务委员。

△　毛泽东、张闻天、秦邦宪电复周恩来关于国共两党发表宣言问题称："坚持两党发共同宣言为有利，此宣言在共同纲领确定之后发表。……向张（冲）、顾（祝同）说，如他们要我党单独发，则第一，彼党须同时发宣言，第二，我党宣言中不得不驳复三中全会宣言及根绝赤祸文件中我党及人民不能忍受之许多东西。"

△　《四川省生产建设三年计划纲领》颁布，确定初步原则为：一、辅助中央完成国防建设；二、整饬治安，肃清全川盗匪；三、禁毒防病，增进人类健康；四、整理财政，改革征收制度；五、特立预算，推进生产建设；六、发展交通，辅助生产建设；七、调节金融，补助农工商业；八、改革教育，适应建设需要；九、化兵移民，开发边地计划；十、防御天灾，兴办水利仓储。

△　是日为广州中华民国政府正式成立十六周年纪念日，国民政

府除开会纪念外,并以勋章颁赠在华外宾。按:民国十年(1921)5月5日,孙中山在广州就任中华民国非常大总统。

△ 广东各界人士捐款130余万元购飞机18架,在广州天河机场举行献机命名典礼。

△ 上海鸿昌造纸厂工人500余人在工厂门前请愿,要求资方改善待遇,取消包工制。资方勾结外国捕探打死工人二人,打伤200余人,重伤30余人。

△ 中华全国基督教协进会第十一届年会在上海举行,全国各省、市地方教会代表约500余人参加。大会讨论题为《时代转变中的教会》。

△ 英外相艾登在下院宣称,英政府不欲与在华有关各国重提所谓"势力范围"。

5月6日 国民党中常会通过《处置破旧党旗国旗办法》四条及党旗、国旗升降办法。

△ 周恩来与张冲谈判,坚持在确定共同纲领基础上,由国共两党共同发表宣言。

△ 蒋介石由杭州至上海。

△ 南京川灾救济协会茶会招待各界,张群任会议主席并报告灾情,提出救济川灾办法六项。

△ 中华职业教育社成立二十五周年纪念,在上海举行第十七届年会及第十五届职业教育讨论会。

△ 南京、济南间长途电话通话。

△ 英国驻华大使许阁森向国民政府主席林森呈递续任国书。

△ 日本关东军司令官植田谦吉大将飞嘉卜寺,与伪蒙德王及吴鹤龄、李守信等会晤,策划绥蒙边境军事;决训练伪蒙旗保安两大队,合计两万余人,由德王任总队长,卓什海、包悦卿两人任大队长。

△ 日本东洋制纸会社社长内田至天津,准备在天津开设分厂,资本1000万元。

5 月 7 日　国民政府明令裁撤西安绥靖公署。

△　安徽省政府主席刘尚清视事。

△　闽浙赣皖四省边区主任刘建绪训令各县县长,在向红军游击队进攻期间,各县长必须亲自办理善后工作。

△　国民政府修正公布《公务员任用法施行细则》,凡 25 条。

△　国民党中常会决议,教育部通知各大学添设新闻科,并令各省、市国民党党部办理新闻训练班。

△　京滇公路周览团离昆明东返。

△　天津海河出现浮尸,宋哲元悬赏举发。次日,查出浮尸系由日本租界运出。

△　日本第六次向伪满洲国移民 3770 户,共 1.3899 万人。

5 月 8 日　国民经济计划委员会专门委员会工业组在南京召开会议,决议《关于发展樟脑工业计划》、《利用工业分散方式或小工业手工业方式,辅助大工业之生产并减低工业品成本问题》、《改良各个工厂之组织管理,促进各种工业同业之组织以及各个工业联合之组织问题》、《酒精代替汽油应设法施行》等案。

△　国民政府明令允许政府主办的电矿事业招收商股。

△　外交部长王宠惠在南京宴请美国亚洲舰队司令颜尔露。

△　毛泽东在中共全国代表会议上作题为《为争取千百万群众进入抗日民族统一战线而斗争》的结论。

△　周恩来致电张闻天、毛泽东、秦邦宪,就华北救国联合会提出召开各种力量代表会议称,今天的民主运动已不仅是宣传而是实际运动,必须引导他们集中注意力到国民大会、制定宪法及讨论共同纲领方面较有实效。

△　日军在天津东南各乡演习,任意践踏田苗,农民推代表向有关当局请愿,要求制止。

△　关东军增加一旅团驻防热、察边境。

5 月 9 日　全国各地举行"五九国耻纪念日"活动,下半旗并停止娱乐、宴会一日。

△ 国民政府主席林森巡视广东军政。

△ 毛泽东与张闻天、秦邦宪电复在西安的周恩来,提出国共两党关系问题解决的步骤为:一、确定共同纲领。二、发表共同宣言。三、发表特区政府及四个师师长以上首长。四、红军实行改编,南京释放政治犯。

△ 广西绥靖主任李宗仁发表广西政治、经济、文化三大建设计划称,政治方面首谋建设廉洁政府;军事方面实行"三寓"政策;经济方面扶植农村经济;文化方面发展教育扫盲。李宗仁并谓,中国目前要抗日救亡,非团结全力,巩固国基,在中央领导之下一切对外不可。

△ 陈果夫至淮河入海口处视察导淮工程。

△ 天津大沽又发现浮尸三具,并抓获两名运尸犯。市政府以此事在与日租界交界处发现,令警察局会同日租界警察署会商防止之策。

△ 德航空部长戈林电邀孔祥熙特使游德。

△ 汉奸李宝章受日伪资助,在冀东招兵3000人开入察北,与绥东匪伪军联络并从事扩编。

△ 日本东洋拓殖会社总裁安川由大连飞抵天津,与中、日经济、金融界人士交换"华北经济提携"的意见。

△ 天津日军2000余人举行检阅和演习;在榆关有400余日军演习野战。10日与11日,日军又在天津进行大规模野战演习。

△ 日军步、骑兵3000余人开至多伦。多伦至沽源、张北一带,日军军运繁忙异常。

5月10日 上海市长俞鸿钧就上海越界筑路问题发表谈话,指责日方"枝节横生","漠视我主权",并称"市府方针决不变更"。

△ 江苏绥靖主任于学忠通电就职;6月13日,抵淮阴上任。郑州警备司令曾万钟就职。

△ 日本华北驻屯军司令官田代皖一郎在天津召开军事会议,研究华北日军配合问题。同日,天津日领事馆开会讨论华北经济问题。

△ 日本举行外务、陆相、海相三相会议,外相佐藤任主席。出席会议者计有外务次官堀内、前外务省东亚局长森岛、新任东亚局长石射、外务省东亚第一课长上村、陆军军务局长后宫、军务局军事课长柴山、海军省军务局第一课长保科、日驻华大使川樾等。会议决定对华侵略方针,继续扩大走私,坚持支持冀东伪组织,并谋侵入华北;反对孔祥熙在欧洲所称"太平洋集体安全制"。

△ 日本外务省发言人称,英日举行会谈旨在调整对华关系,"担保中国土地与行政完整的《九国公约》,必须仍为与太平洋区域有关系的列强间合作的巩固基础"。《上海中日停战协定》"仍应继续有效"。

5 月 11 日 国民政府派李平衡、包华国为出席第二十三届国际劳工大会中华民国政府代表,并指定李平衡为第一代表;聂光埥为雇主方面代表;派田和卿、谢嘉为雇主方面顾问。

△ 国民政府颁布《航空委员会飞机站场借用规则》。

△ 宋哲元以对日问题难以解决,回山东乐陵原籍暂避。

△ 何应钦在上海举行茶会招待各界,商议急赈贵州省旱灾。

△ 天津县政府捕获盗卖国土犯张华轩(天津县府钱粮课主任)等人。张犯等以贱价收买荒地转售于日本人,已售出一万余亩。宋哲元要求对张犯等"严刑惩处"。

5 月 12 日 国民政府令:贵州省政府主席顾祝同因公赴陕,未回任以前,派薛岳为该省政府委员兼代省政府主席。

△ 国民党中常会通过民国二十六年度国家普通岁入岁出总概算为 10.649478 亿元;通过修正县、市自治法及施行法原则七项,修正县长任用法等。

△ 财政部与英商安利洋行商定整理欠债办法,规定免除所欠该行利息,原欠额折为法币 191 万元,自本年 4 月底起,每月还一万元,不另计息,限 191 个月还清。

△ 国民政府明令公布《特种工业保息及补助条例》。

△ 广西各国税机关由中央统一整理,完全隶属中央税务机关。

桂钞一再暴跌,李宗仁、白崇禧请中央银行在桂设分行,负责整理。

　　△　傅作义至百灵庙视察,14 日至锡拉穆楞召(大庙)视察。

　　△　于学忠部第五十一军自安徽移防江苏。

　　△　京滇公路周览团在贵阳分为两队,一入四川,一入广西。

　　△　行政院决定,东北大学自本年暑期集中至西安办理,进行"彻底整理"。

　　△　哈尔滨美商抵沪谈,自前年秋迄本年 4 月止,日本莲沼联队与义勇军发生战斗 765 次,日军自称死伤达千余名。

　　△　日本华北驻屯军召集"市民僚属会议",宣称日本在华北的立场,仍以冀察政权为对象,要求筑路与开矿等权利。

　　△　日本浪人四五十人,深夜持刀、棒强行占领天津海关小西门分卡,将分卡关员二人及警察局队长一律禁闭,不准自由行动,并绑去分卡稽查员及警察局队长,夺去警察枪支两支后,进入日租界,藏匿日商义泰洋行。经我国当局交涉,被绑二员虽放回,但抢去警察枪支拒不交还。

5 月 13 日　军政部长何应钦与刘峙、于学忠、陈诚、何柱国、缪澄流、吴克仁、高鹏云等,开始商谈东北军整理问题,商讨东北军调防后之隶属、编制、防地、军饷等四项办法实施事宜。

　　△　蒋介石电周至柔指示防空设备计划;另电商震查询黄河船舶及河南公路修筑情形。

　　△　冯玉祥赴奉化谒蒋介石。

　　△　毛泽东电复李宗仁称:"和平、民主、抗战,为今日民族解放斗争不可分割的方针。……促成全国之政治民主、改革与开放人民之自由权利,为当前任务之重心。"

5 月 14 日　蒋介石指示陈诚筹备庐山暑期训练事宜。暑期训练每期以半月为准,7、8 两月分为三期召集。受训人员应加入中央政治学校训导班与中央军事机关各厅长、各军校教育长、机械化部队各部队长等。课程以学科占十分之六,术科占十分之四。

　△　刘峙宴请陈诚、于学忠、何柱国、王树常、缪澂流、吴克仁等,再次交换整军意见,决定:一、对整理后之东北军的编制、饷械、教育三项,悉归军政部直接统一办理;二、各特种师与独立师酌予改编为军,由中央直辖;三、各部队防地,由中央拨配调遣。

　△　何应钦由南京至上海出席黔灾义赈会议,称"东北军整理问题,'国军化'三字足以包括之"。

　△　毛泽东与张闻天、秦邦宪、朱德、张国焘联名电周恩来称,同意国民党派考察团至陕北,力争考察团由张冲率领;考察目的为增进团结;坚决反对康泽及其他任何叛徒至陕北;非叛徒而蓄意破坏分子,亦坚决拒绝。

　△　建设委员会改南京下关与常州戚墅堰两电厂为扬子电气公司,又改淮南煤矿与淮南铁路为淮南矿路公司,各定资本 1000 万元。除该会保留二成外,其余添招商股,委托中国建设银行公司募足。两公司发起人有宋子文、孙科、李石曾、曾养甫、胡笔江、杜月笙、周作民、宋子良等 40 多人参加。

　△　驻波兰公使魏宸组谒波兰总统莫锡基呈递国书。

　△　天津海河浮尸已查明,系日在华北冀东秘密雇用挖掘工事之工人,遭日人杀害灭口,将尸体抛入河中。

　△　天津 100 余日浪人,以汽车九部载大宗砂糖、麻纱向冀东偷运,天津海关派关员协同保安队追缉,日本浪人聚众殴伤缉私队警及关员六人,夺去缉私队警步枪两支。

5 月 15 日　军事委员会对东北军整理办法全部商定,东北军五个军军制仍旧,限 7 月 1 日前改编完毕,由中央直接发给薪饷;防地仍照中央原指地点,暂无变更;原西北"剿匪"总部人员与编余军官尽量安插,不使一人失业。

　△　内政部长蒋作宾至山东、河北、察哈尔、绥远、山西、河南、北平、天津等省、市视察国民大会代表选举事务。

　△　驻渝川军移防,由中央军进驻。

　　△　云南省府命令:自即日起,省内一切收付款项概以法币为准。

　　△　周恩来与顾祝同、张冲谈判,对国民党提出视察边区事须遵守两项原则:一、不能称为视察团,应称为考察团;二、不能让康泽与中共叛徒参加考察团。谈判中要求交还红军西路军被俘人员。

　　△　毛泽东在延安与美国记者韦尔斯谈话,回答关于国共合作、阶级斗争、争取民主、准备抗战等问题。

　　△　天津《大公报》、《益世报》及北平《晨报》均著文反对一党专政,呼吁实行民主,要求全国"精诚团结,共赴国难"。

　　△　英驻华大使许阁森访外交部长王宠惠,告知英日会谈情形。

　　△　铁道部向导淮委员会在英庚款拨余项下借13万英镑,建筑京赣铁路(南京至江西贵溪),定二十八年(1939)1月起还本付息,分三年还清。

　　△　川陕公路客货联运通车。由陕西宝鸡至四川成都,全线长800余公里,行程四日。宁羌设有联络站,办理客货接运。

　　△　郑州捕获汉奸刘英博、杜长德、阎得海三人,并查获万余元存款收据与军装、护照等物。

　　△　孔祥熙、陈绍宽觐见英王辞行。

　　5月16日　何应钦由上海返南京,约刘峙、陈诚、于学忠、何柱国、王树常等,商讨东北军整理实施办法,并决定5月20日前各将领聚集开封,参加豫皖苏军事整理委员会首次会议,会商具体实施步骤。

　　△　东北军东调后,改编淘汰三分之一。周恩来为此电潘汉年称,目前对东北军的工作方针,应团结整个东北军,反对分裂,反对裁编。

　　△　智利商业考察团抵沪。

　　5月17日　军事委员会任命德国人法肯豪森为该会军事总顾问。

　　△　蒋介石健康恢复,自上海返南京。

　　△　前黑龙江第四军军长才鸿猷由东北抵南京,称"东北已如朝鲜之续,同胞备受敌方压迫,深愿国内同胞加以注意"。

　　△　铁道部与中国建设银公司为修筑成渝铁路,向法国中法工商

银行借款 2450 万元。

△ 监察院河北监察使周利生弹劾北宁铁路局长陈觉生不遵守缉私命令,拒绝关员行使职权,致华北走私之风特甚于各地,业经缜密调查属实。该弹劾陈觉生案,已交监察院审查成立,即日移送惩戒。

△ 西康恢复义敦县建制,治大朔。按:义敦县于民国四年(1915)撤销。

△ 京滇周览团北路抵成都,南路抵桂林。

△ 重庆绅商吴受彤等赴重庆行营,往见行营代主任贺国光,就四川局势事交换意见。

△ 日本外相佐藤在全国地方长官会议上发表演说,诡称日本没有侵略中国的企图与计划,中国的抗日情绪高涨是由于"华方的误解"。

5 月 18 日 国民政府公布《中华民国宪法草案》,凡八章 147 条。

△ 行政院决议改组广东省政府,吴铁城兼民政厅长,徐景唐兼建设厅长。

△ 蒋介石召见东北军将领于学忠、何柱国等。

△ 东北大学学生数百人赴南京请愿,要求释放张学良。

△ 重庆士绅往谒四川省政府主席刘湘,询问有关川省政局谣言。刘湘谓四川绝对拥护中央,努力救灾。

△ 云南腾冲紧邻缅甸,南甸、陇川、遮放等五土司至昆明观光并请训称,伊等世袭土司,服务边疆,因交通不便,下情不能上达,甚望改善边政。

5 月 19 日 豫鄂皖边区督办卫立煌,命令所部及地方团队与国民党地方人员,加紧进攻鄂豫皖边区红军游击队,限 5 月底"一律彻底肃清"。

△ 东北军东调皖、苏整理方案在南京决定,刘峙、王树常返开封。

△ 中美无线电通话。

△ 日本驻华大使馆武官喜多诚一少将,自云南至成都访晤刘湘称:"这次游历所至,大多是抗日论调。"

　　△　日本决定向察北增兵,在嘉卜寺设立内蒙驻屯军司令部,以武藤为司令官。

　　△　天津日走私浪人抢夺中国海关关员枪支,海关向日方交涉无结果。

　　△　日本政府决定,从6月1日起,禁止台湾出版汉文报纸,厉行日语运动,取缔使用台湾语言。

　　5月20日　蒋介石在南京接见香港巨商何东爵士。

　　△　冀察政务委员会委员长宋哲元发布布告:"民产有白契者,限期登记税契外,凡盗卖国土与外人者,无论市民或公务员,一经查实,一律处以死刑。"

　　△　刘湘发表谈话解释川事,谓"外间不察真相,遂以为部队移动,妄谓川省有军事行动",并称四川拥护中央。

　　△　孔祥熙在伦敦与英外相艾登晤谈,艾登保证尊重中国利益。

　　△　国民党中央执行委员会中央政治学校成立十周年,该校在大礼堂举行纪念会。按:该校自民国十六年(1927)设立,已历十载,设大学部、地政学院、计政学院、合作学院及蒙藏学校。

　　△　新疆南疆发生麻木提·阿不都尼牙孜率回军攻打疏勒事件,和阗马虎山应之,史称"南疆回乱"。

　　△　张君劢著《民族复兴之学术基础》出版,宣扬以思想自主与文化自主为民族自救基础。

　　△　全国手工艺展览会在南京开幕,到吴鼎昌、周诒春等200余人,6月20日闭幕。

　　△　驻日大使馆电告外交部,言及日本陆相杉山元对日本地方长官训话极具煽动之言论称:"论及中国动向……因基于标榜抗日之中央集权与军备充实强化及国防工事修筑等等……将由抗日而侮日,有不惜尽各种手段以根本排除日之和平发动之虞。"

　　△　日本华北驻屯军300余人在天津举行实弹野战演习。

　　5月21日　国民政府修正公布《农会法》、《农会法施行法》。

△ 四川财政厅长刘航琛携刘湘亲笔函谒中央当局表示,刘湘愿意接受川军国军化办法,并于二十六年度预算中划清国、省界线,以明系统。

△ 孔祥熙与英财政大臣张伯伦、枢密大臣麦唐纳晤谈。

△ 绥远省政府奉中央令,封锁百灵庙、大庙、乌兰花、土牧尔台、红格尔图等五个边防军事要区。

△ 青岛市长沈鸿烈电外交部,报告日本驻青岛总领事大鹰抗议我方税警团增兵。

△ 华北日本领事会议在天津召开,对青岛税警团事件、华北外交事件和经济开发事件进行讨论。

△ 日本驻华大使馆代办日高、参赞森岛、驻汉口总领事三浦及陆军武官、驻上海领事冈本、总务吉冈、情报田尻、经济调查宗像及武官喜多、海军武官齐聚上海礼查饭店日商寓所,听取森岛所携新训令,并讨论对华措施。

△ 日本外相、陆相、海相举行三相会议,佐藤外相提出调整中日关系;陆相坚持大陆政策,反对重新调整对华外交。

5 月 22 日 宋哲元为避开日本人无理要求,与韩复榘在山东省商河县毛家寺会晤后,返原籍乐陵休养,决定暂不返回北平;所有冀察军政事务,交由秦德纯、冯治安、张自忠分别处理。

△ 孔祥熙特使应伦敦中国协会与英国工业联合会邀请发表演说,请各国与中国合作,共同开发中国资源。

△ 刘航琛为四川灾款及田赋、禁烟等事项辟谣,谓"外间谣传,川省府强令县各推销(每人每日吸七分五厘烟配销),从中渔利,未免误会太甚"。"此分销办法,系四川禁烟局照各县烟民登记人数,以每人每日吸七分五厘配销",并非强令各县推销。

△ 湖北省立各完全小学全体教职员召集各校代表举行复薪运动,要求恢复民国二十年(1931)前薪给标准。

△ 绥远伪军李守信部犯大青沟、南壕堑一带。

　　△　日本驻汕头领事馆巡查青山清偕四人迁入汕头永平路神州洋行居住，拒报户口，并殴伤中国警察，遭我方拘捕。日舰开赴汕头进行威吓，称"汕头事件"。

　　5月23日　蒋介石以"中央人员在川气焰万丈，令人难堪，（有）种种不法行为"，电告重庆行营代主任贺国光，中央在川人员约束行为，不得生事犯法。

　　△　冯玉祥抵泰安，参加辛亥滦州烈士祠落成典礼。

　　△　周恩来电张闻天、毛泽东、秦邦宪，提议边区政府委员会人选，中共方面由林伯渠、董必武、徐特立、高岗、郭洪涛（或马明方）组成；国民党方面由张冲、杜斌丞组成；红军编为四个师，分别由林彪、贺龙、刘伯承、徐向前任师长。

　　△　中共中央派周恩来、林伯渠携中共起草的《国共两党合作抗日救国共同纲领草案》至洛阳会见蒋介石，但因故未得会谈；双方约定至庐山继续谈判。

　　△　周恩来致电中共中央，准备赴庐山与蒋介石会谈，商议共同纲领、联盟或改组国民党、释放政治犯、停止全国"剿共"、派人至南方苏区联络、发表边区政府委员名单、改编红军、修改国民大会选举法、召开国防会议、释放"七君子"等问题。

　　△　国民党派赴陕北的中央考察团18人，由团长涂思宗、副团长邵华与萧致平率领离开西安，乘车前往陕甘宁边区，是日到达三原云阳镇红军前线总指挥部，参观机关、部队，出席军民欢迎会。红军前敌总指挥彭德怀热情接待考察团，并介绍情况，回答考察团所提问题。

　　△　导淮入海初步工程完工。此项工程自二十三年（1934）11月1日动工，历时两年余，动员20余万工伕，花费1000余万元。

　　△　京滇周览团南路在衡阳解散。

　　△　日本驻华大使馆参赞森岛飞抵天津，参与华北日本领事会议，并传达外务省训令称，华北为日本的生命线，今后必努力在军事上加强对华北的控制，并把绥远包括在"内蒙古国"的版图。

5 月 24 日　汪精卫在国民党中央纪念周上讲演关于召集国民大会称,共同的感觉、共同的认识、共同的信仰是国民大会的三个基础。

△　蒋介石抵九江。

△　周恩来致电蒋介石,提出修改国民大会组织法、选举法三项原则是:使此次国民大会真正民主化,使各党各派、各民众职业团体及各武装部队均能有代表参加;过去的选举一律作废;选举前释放政治犯,保障人民自由;并提出 10 项具体意见。

△　周恩来连日与顾祝同谈判,商定政府再拨给红军经费五万元,红军夏季服装在 6 月中旬发放;红军西路军被俘人员已到兰州者,可送西安。周恩来提出与南方各苏区联络一事,首先派员至鄂豫皖与湘鄂赣两苏区联系。顾祝同答称已电蒋介石请示。

△　张闻天、秦邦宪、毛泽东就与蒋介石谈判方针电周恩来称:"见蒋须谈两方面的问题:第一方面,关于纲领及苏区、红军、共犯(共产党政治犯)、党报、经费、防地等问题;第二方面,关于对日、对英、对苏外交、国防军事、国防经济及国民大会、人民自由、政治犯等问题。"

△　外交部因西班牙战争发生,令旅西班牙华侨返国。

△　中国政治学会在南京召开理事会,王世杰、周鲠生、杭立武、吴颂皋、梅思平、钱端升等出席,决议于本年寒假举行第三次年会,征集论文;并决定讨论纲要为法学教育(包括课程标准)、中央与地方政府关系等问题;通过段锡朋、蒋廷黻等为会员。

△　上海各团体为杜塞漏卮、维护国民经济起见,联合组织上海市各界不买卖私货运动委员会,推王晓籁、林康侯等 21 人为委员。

△　日本军事参议官、海军大将高桥奉命来华,视察日驻华海军情形。

△　日本外相佐藤在东京自由通商协会发表讲话称:"如果我国的名誉权感受损害,当存亡危急的时候,就非断然出战不可。"

5 月 25 日　行政院会议,通过发行四川省赈灾公债 1200 万元、《修正军政部组织法》、《修正合作法草案》等。

△ 刘湘电刘航琛,表示接受中央奠定川局的方案——整理川省财政与川康军事;同时电何应钦,请中央派大员入川指导。

△ 孔祥熙离英国赴日内瓦。

△ 国民党中央考察团分两组在庄里镇考察红军部队,认为"共党合作具诚意","红军抗日情绪极高涨","一切红色人员均有艰苦卓绝精神"。考察团全体成员至中部县祭扫黄帝陵。

△ 周恩来电张闻天、毛泽东、秦邦宪,提出同蒋介石谈判内容还包括外交问题,本年内第一步外交方针是:促成太平洋集体安全制度协定,以中苏协定为基础,坚决反对日英勾结,要求收回冀东、察北及领事裁判权,取缔九一八事变以来中日双方的《淞沪停战协定》《塘沽停战协定》《何梅协定》等,严禁日机在华北飞行,解雇日本顾问,严禁同日本订立任何丧失主权的条约、协定和契约。电文还提出当前最中心的是要求召开各党各派联席会议与国防会议。

△ 日本驻华大使馆及广州领事馆为青山清在汕头逞凶事件,向我国外交部及广东省政府提出抗议。

5 月 26 日 行政院通令各省国民大会代表选举总监督,依照期限办理国大代表选举,以免延误大会之召开。

△ 张闻天、毛泽东、秦邦宪为与国民党谈判事电复周恩来称:"除同意来电所提者外,应增加下列各点:(甲)向蒋提出并询问之方针者,(一)保卫绥远、青岛,收复冀东、察北,反对走私,反对经济提携,英日伦敦谈判等对日问题;(二)联俄问题;(三)太平洋集体安全问题;(四)国防军事、财政之准备;(五)汉奸亲日派退出政府问题。(乙)须力争办到者,(一)特区政府委员九人名单,为林伯渠、张国焘、秦邦宪、徐特立、董必武、郭洪涛、高岗、张冲、杜斌丞;(二)红军设某路军总司令部,总司令朱德,副总司令彭德怀(但准备让步设总指挥部);至少四个师,一师师长林彪,二师师长贺龙,三师师长徐向前,四师师长刘伯承,先发表上述六人,其余待后呈请委任;为加强抗日政治教育,政治部制度照旧(但准备让步设政训处);(三)取缔北平、西安、上海等地破坏两党合作的行

为；(四)取缔利用土匪、流氓、会党破坏红军、苏区的行为；(五)增加红军防地。"

△ 外交部说明青岛税警团撤防及日人青山清在汕头逞凶被捕真相称，山东胶澳盐区，向有税警一营驻防。本月 2 日，财政部调该营回海州，另派税警第五团接防；因食盐加税，为防止走私，故增加两营兵力，增强缉私力量。日本驻青岛总领事竟为此向青岛市政府提出抗议，要求我国撤退驻军；青岛市日本报纸竟捏造税警压迫居住该地朝鲜人之事实。

△ 孔祥熙特使抵日内瓦参加国联年会闭幕式。

△ 国葬滦州起义烈士于北平，冯玉祥、鹿钟麟、石敬亭、宋哲元、秦德纯等主祭。

△ 上海文化界谢六逸、叶圣陶、胡愈之、夏丏尊、欧阳予倩等 400 余人，联名呈请国民政府恢复沈钧儒、章乃器、邹韬奋、李公朴、史良、王造时、沙千里七人自由，并请撤销对陶行知等人的通缉令。

△ 日本内阁讨论汕头事件。东京方面对华空气突趋紧张，各报纷纷以汕头事件作煽动宣传。日驻台湾海军军舰奉命开抵汕头。

5 月 27 日 蒋介石至庐山指示今年暑期训练团筹备工作。

△ 中共中央派周恩来、林伯渠、秦邦宪等三人组成中共代表团，由西安飞抵上海，在上海、南京停留数日，与各方人士会谈，争取中共的公开合法地位，并酝酿筹办公开刊物。周恩来在上海会见秘密党员；冯雪峰虽非代表团成员，但参与其事。

△ 杨虎城离开西安飞抵上海；临行前，西安各界人士二万余人到机场欢送。杨氏发表书面谈话称："现值全国和平统一，然外患凭陵，隐忧未已，吾人允宜戮力同心，精诚团结，拥护我唯一领袖蒋委员长领导全国同胞，积极抗敌御侮。"

△ 国民政府令：刘尚清兼安徽省保安司令。

△ 外交部发言人就"汕头事件"发表谈话，说明日人拒不登记户口，且行凶殴伤我国警员之事实真相。

△ 财政部对棉纱旧税率过低、分级过简进行改革,将过去两级制改为四级制,并提高税率。新税制于 6 月 1 日施行;增收税款将充经济建设之需。

△ 建设委员会颁布《灌溉管理局组织条例》。

△ 上海亚美织绸厂与总厂工人,因资方无故停发工资,经交涉无效,全体罢工。

△ 驻欧洲各国使节在中国出席国联大会全权代表办事处举行首次会议,孔祥熙、陈绍宽、顾维钧、郭泰祺、程天放等出席。

△ 日本政府训令驻华使馆日高代办,第二次向中国提出汕头案抗议。

△ 驻榆关英军与日军发生冲突。

5 月 28 日 外交部驻两广特派员刁作谦派秘书凌士芬飞汕头调查日人殴警案,日驻广州领事馆副领事竹吉贞治同行。29 日,中日双方人员在汕头调查日人青山清殴击警察,证实为日人先行凶。

△ 杨虎城以腿伤未愈留沪,并欲晋见蒋介石。蒋氏电宋子文,请杨虎城不必谒见,促其早日出国。

△ 于学忠、何柱国抵开封,出席豫皖苏三省军事整理会议。

△ 伪军王英手枪团团长常子仪反正,枪杀日本指导官,率部开至热河边境。

5 月 29 日 冯玉祥为纪念察哈尔抗日同盟军誓师四周年,在泰山发表谈话称,"必须是全国的枪口一致对向敌人"。同日,南京亦举行此纪念会。

△ 蒋介石函陈诚,指示庐山暑期训练预约讲演教师及课目,请杨绰庵讲管理与办事效率,胡适讲颜习斋哲学与程朱陆王哲学;另有授课项目逻辑学、统计学、地方财务行政、田赋土地制度、林垦矿务之重要与筹备司法与监狱之改良、蒸汽与电气动力之运用与管理、储蓄、合作、地方自治之实行与省县议会之设立与性质、地方卫生行政、公墓、乡村公产公款之调查统计等,每课授两小时为限。

△　国民党中央考察团团长涂思宗、副团长邵华、萧致平一行 18 人到达延安,中共派叶剑英、陈赓陪同考察。延安各界举行欢迎考察团晚会,毛泽东出席并在会上讲话,指出"第一次大革命时代是由国共两党干起来的","希望两党长期地合作下去"。涂思宗致词称,希望"举国上下努力,为民族生存打算"。邵华致词称,"希望国共两党紧握着手,长期的握着手,向着打倒日本帝国主义的目标前进"。

△　天津市长张自忠偕冀察国外旅行团自日本返抵北平。

△　孔祥熙等由日内瓦抵罗马。

△　江、浙丝织业代表到南京请愿,要求增加人造丝织成品进口税。

5 月 30 日　南京、太原等地举行五卅纪念会。南京举行国耻展览会,展出自鸦片战争迄于最近之国耻材料。冯玉祥、梁寒操在京作国耻纪念演讲。

△　上海复旦大学千余名学生集会纪念五卅纪念日,校长李登辉到场讲话。下午,2000 余人在商会大楼集会,举行反日演讲。

△　延安各机关、群众团体与武装部队五六千人,在东门外大操场集会,纪念五卅运动并欢迎国民党中央考察团。大会主席团为冯文彬、刘长胜、林彪等五人。首由毛泽东报告,朱德与边区政府主席林伯渠均致辞欢迎中央考察团。考察团副团长萧致平应邀讲话,称"希望大家在民族抗战的决心上,在国民政府统一指挥下一致奋斗,把我们的敌人驱逐出中国"。考察团在延安考察抗日军政大学和红二方面军部队,并会见刚由河西走廊至延安的原西路军负责人徐向前。

△　中英勘界委员会委员梁宇皋等述勘界经过。

△　汕案已查明,日方表示愿就地和平解决,驻汕头日舰已撤退三艘。

△　天津日本浪人横行不法,强占分卡走私;我国向日本驻天津总领事第三次提出抗议。

△　孔祥熙特使、陈绍宽副特使觐见意大利国王。

5月31日　国民党中央考察团离开延安南返，林伯渠前往送行，陈赓陪考察团至西峰、泾川、镇原等地考察。

△　东北抗日联军200余人，攻袭长城北大川湖镇，与日伪军激战，至6月1日晨始撤退。

△　英外相声明，英、日谈判无损于中国利益。

△　日本林铣十郎内阁总辞职。

是月　周恩来派张文彬、彭加伦等至兰州筹建红军办事处，并查找与营救红军西路军被俘与失散的指战员。

△　江苏铜山、东海各县遭受严重蝗灾，并有蔓延之势。宿迁、涟水、泗阳等县皆发现蝗灾。

△　日人在天津设立农业公司圣农团，强租中国土地50多亩，经中国有关当局查明后，逮捕私自出租国土给外国人的汉奸谷恩富。6月2日，日本领事为此向中国提出抗议。

6　月

6月1日　豫皖苏三省军事整理委员会在开封举行第一次会议，到刘峙、于学忠、王树常、商震、何柱国、孙连仲、庞炳勋、缪澂流、吴克仁、董英斌、米春霖、檀新、曾万钟等20余人，讨论东北军调驻苏、皖后的整训事宜。

△　国民政府授予蒋介石顾问、澳大利亚人端纳蓝色大绶采玉勋章。

△　中共中央政治局召开会议，讨论在中央召开的白区工作会议上对刘少奇作的《党与群众工作》报告所引发的一些意见分歧。3日，毛泽东作长篇发言，认为党在十五年中造成与造成着革命的与布尔什维克的传统，这是我们党的正统。于4日结束。

△　上海四川同乡会等四团体，联合呈请免除川省滥征田赋、勒派烟款、强行验契及重征地方税四大苛政。

△　中央陆军军官学校召开校务整理会议，到军委会副委员长冯玉祥、军政部长何应钦、训练总监部副总监张华辅、该校教育长陈继承、政训处长滕杰、洛阳分校主任祝绍周、武汉分校主任刘绍先、成都分校主任刘明灏代表李亚芬、广东分校副主任陈芝联等。

△　孔祥熙由罗马飞抵巴黎，会见法外长台尔博斯，午后又谒见法总统白伦。

△　行政院决议，中国驻比利时公使馆升格为大使馆。

△　铁道部向中英银公司借款 80 万镑，作为改进京沪铁路各项设备费用。

△　实业部温溪造纸股份有限公司在沪开成立大会，实业部长吴鼎昌任大会主席，选王云五、汪伯奇等九人为商股董事。

△　中国棉业贸易公司改为中国棉业公司，资本由 200 万增至 1000 万元，宋子文为董事长，王克敏、周作民等任董事。

△　察哈尔张北、陶庙、崇礼、南壕堑等地民众数百人揭旗起义，组织人民自卫军，武装抗日。热河一带武装民众达三四千人。

△　日人在天津、青岛走私大批铜元，为我国警察查获。日人持刀行凶，刺伤我国警察。

△　惠通公司与日航空会社办理天津与东京直达飞机通航，国民政府致电天津制止，但无效。

△　第二次华北各地日本领事会议在青岛召开，北平公使馆书记加藤，天津总领事堀内、副领事永井，济南领事有野，青岛总领事大鹰正次郎、副领事道明，日外务省事务官别府等出席，讨论察、冀、鲁三省各地变更情况及开发华北经济问题。

6 月 2 日　贵州省政府代主席薛岳宣誓就职。

△　王树常任豫皖绥靖副主任。

△　朱庆澜访河南省府主席商震，商谈救济豫灾办法。商震允再由豫省筹拨 20 万元急赈；朱庆澜允再请国民政府续拨 10 万元，并允协助豫省向中央请发豫灾公债 500 万元，以工赈方法兴办水利。

　　△　铁道部政务次长曾养甫离英赴巴黎、柏林访问；曾氏在英期间会同孔祥熙与英财政当局有所接洽。

　　△　广西省银行行长黄蓟与甘介侯由上海至南京，与财政部要员商谈整理广西金融问题。

　　△　中国教育学术团体联合办事处举行干事会，推胡适等 17 人为出席世界教育会议中国代表。

　　△　湖南第一纺织厂全体工人总罢工，抗议厂方私订《职工待遇暂行章程》。

　　△　察北伪军一部被人民自卫军包围缴械。崇礼托拉盖庙伪警察局长为自卫军击毙。

　　△　日本青岛总领事大鹰正次郎与日驻华北各地领事馆人员访青岛税警团第五团丘之纪团长，询问胶澳盐区兵力若干、是否需再增加、是否开入市区等问题。

　　△　日人在天津强租我国土地设立农业公司圣农团，因失火酿成交涉，日本驻天津副领事西田竟提出抗议，要求释放盗卖国土的汉奸谷恩富，并以日人在天津租地为合法等。

　　6 月 3 日　国民党中常会通过以国民党党歌为中华民国国歌。

　　△　蒋介石命令南方各省，限 6 月底以前"一律肃清"各省红军游击队。

　　△　禁烟总会举行"六三"禁烟纪念会，纪念林则徐虎门销烟九十八周年，兼禁烟总监蒋介石特颁训词。各地并举行盛大禁烟宣传。

　　△　天津市政府派员访日本领事，商谈圣农团事件。

　　△　中央文化事业计划委员会决定，表彰民族英雄秦始皇、蒙恬、汉武帝、霍去病、张骞、苏武、马援、窦宪、班超、诸葛亮、谢玄、唐太宗、李靖、李勣、刘仁轨、王玄策、郭子仪、李光弼、宗泽、韩世忠、岳飞、文天祥、陆秀夫、元太祖、耶律大石、拔都、明太祖、郑和、唐顺之、俞大猷、戚继光、宋应昌、熊廷弼、袁崇焕、孙承宗、史可法、秦良玉、郑成功、左宗棠、冯子才 40 人，征求传记。

6 月 4 日 行政院长蒋介石对《大公报》记者发表庐山谈话之意义称,"国内战事已结束,本人健康已恢复,此际正集思广益迈进建设之时,国家前途,惟赖自强"。蒋介石与汪精卫特联名邀请各地的各界领袖及大学教授等赴庐山谈话。谈话于 7 月 15 日开始,分三期举行。

△ 中共代表周恩来携带关于《御侮救亡复兴中国的民族统一纲领草案》及 13 个需要讨论的问题到达庐山,与蒋介石开始谈判。

△ 杨虎城抵庐山谒见蒋介石,请示出国事宜;宋子文及刘湘代表刘航琛亦抵庐山。

△ 国民政府修正公布《国民大会代表选举法施行细则》,凡 91 条。

△ 立法院会议通过《修正警察官任用条例》。

△ 缅甸与云南勘界问题告一段落。此后将由英驻华大使许阁森与外交部长王宠惠谈判解决未了诸事。在新约未签订前,仍保留现有地位。

△ 中国政府要求撤除天津日本军用无线电台。

△ 察哈尔张北、保康各地义勇军声势浩大,断绝张北、化德交通,乡区伪军多被缴械。

△ 近卫文麿组成日本内阁。近卫与日本皇室有姻戚关系,受军部支持。

△ 日本兴中公司社长十河抵北平,访李思浩、陆宗舆等,商谈"开发"华北经济。

△ 日本驻沪海军陆战队约两个中队,由天通庵日海军陆战队司令部出发,全副武装,配有坦克七辆、轻机枪四挺、机器脚踏车三辆,在宝山路、同济路上演习。不久,该队又分三路在上海虹口地区武装演习。一路由宝山路至横浜路青云桥演习;一路向同济路、八字桥演习;一路由天通庵向江湾花园街演习,后至东洋啤酒厂;坦克车七辆,由同济路向八字桥驰去。下午,日军始返回陆战队司令部。

6 月 5 日 汪精卫在杭州发表谈话称,对日仍本三中全会决议进行,并不因其内阁改组而改变。

　　△　刘湘电呈蒋介石,表示完全接受整理川康军及安川方案。中央将派何应钦等入川与刘湘协商川省军政大事。

　　△　刺杨永泰案宣判,刘芦隐被处徒刑 10 年。

　　△　江苏、浙江、上海人造丝业发起联合设厂自制。

　　△　日本外相广田弘毅发表外交谈话,谓"对华三原则"(即"广田三原则")已不适用,需要另开途径;并表示将力使外交脱离政争。

　　△　日本陆军教育总监部本部长香月清司中将向日本内阁与参谋本部报告称:"华北形势相当紧迫,因此,中国驻屯军增强兵力很有必要。"

　　△　中、苏两国间上海与伯力直达无线电路开放通报。

　　6 月 6 日　财政部与广西省政府商酌整理广西金融步骤,在桂林设中央银行分行。

　　△　孔祥熙由法国抵比利时。8 日,谒比利时国王。

　　△　中共中央指示潘汉年与邵力子等商谈,建议庐山谈话扩大范围至抗日领袖、左倾教授以及各民众团体,邀请平、津、沪、港各党派、各救国团体、各学生会代表及文化界、教育界、左倾人士参加。

　　△　卫立煌自安徽六安至太湖、潜山督促所部,加紧进攻红军南方游击队。

　　△　开明书店印行的《二十五史》全九册,并附人名索引一册、《二十五史补编》全六册,全部出齐。

　　△　中华聋哑协会于上海举行成立大会。

　　6 月 7 日　孔祥熙在比利时就中日关系问题答记者称:"中国真诚希望日本改变态度,共同为远东和平而协力工作,并在互惠与平等的基础上与日本及任何他国进行经济合作。"

　　△　国民政府明令公葬程家柽。按:程家柽为同盟会成员,民国三年(1914)秘密组织铁血团谋暗杀袁世凯,事泄被捕遇害。

　　△　湘黔铁路开工兴筑。

　　△　内政部长蒋作宾自华北返回南京。

△　察北各盟旗组织联防自卫军。

△　教育部为改进中等教育,决定在庐山举办全国中学校长暑期训练班,受训人员包括各省、市立中学校长、训育主任及各教育局局长、科长等共约 1000 人,训练期半个月。

△　日本外相广田表示,中日一切悬案应予解决,两国关系应予改善。

6 月 8 日　是日至 15 日,周恩来在庐山与蒋介石进行多次会谈,宋美龄、宋子文、张冲亦参加会谈。周恩来向蒋提交中共中央关于《御侮救亡复兴中国的民族统一纲领草案》。会谈内容分为争取民族独立,反对日本帝国主义;实现民权,保障人民自由;实现民生幸福,建立国防经济;共细则 53 条。蒋提出:先由中共发表宣言,国民政府即公布红军编制为三个师,4.5 万人,三个师以上设政治训练处;朱德、毛泽东须离开红军,边区政府可由中共推荐国民政府方面的人任正职,中共推荐副职;分批释放在狱的中共党员;由中共方面派人联络南方游击队,经调查后实行编遣,但其领袖需离开部队;国民大会指定中共出席代表,但不能以中共名义;国防会议可容中共干部参加等。并提出成立国民革命同盟会,国共双方推出同等数目干部组成,蒋为主席,有最后决定权;共同纲领及国共两党一切对外宣传与行动,统由同盟会讨论执行;同盟会将来可扩大为国共合组的党;同盟会可与第三国际组织关系以代替与中共的关系。周恩来明确表示不能同意同盟会的组织原则和有关红军指挥机关与边区政府人事安排等意见,坚持设总司令部或总指挥部。虽经宋子文、宋美龄、张冲往返磋商,仍未获解决。会谈未达成任何协议。周恩来声明回延安再行讨论。

△　蒋介石电军事委员会办公厅主任徐永昌,令防空学校设计全国防空协会的组织与宣传计划。

△　行政院例会,通过《惩治偷漏关税暂行条例》施行期间延长一年,修正通过《全国糖业监理委员会组织大纲》,通过聘任吴鼎昌、翁文灏等为全国钢铁厂监督委员会委员,并指定吴鼎昌为主任委员。

　　△　中国童子军总会开会,选举出席在荷兰举行的世界童子军第五届大露营代表,选定严家麟、徐观余担任正、副领队。

　　△　刘航琛代表刘湘赴南京,迎接何应钦入川。

　　△　广东外交特派员公署将汕头案报告书寄呈外交部;日高代办谒王宠惠外长。外交部特派员刁作谦与中村会谈汕头案件;离汕日舰复折回示威,日舰驶至汕头者增至七艘。

　　△　川康军事整理方案在庐山商妥。

　　△　日本参谋本部中国课长永津佐比重大佐报告中国形势时称:"蒋介石领导之新生活运动,已转变为国家军事总动员运动。"

　　6月9日　国立中央大学举行成立十周年纪念。按:中央大学肇基于清光绪二十八年(1902)的三江师范学堂,光绪三十年(1904)改称两江师范学堂,辛亥时停办数年。民国四年(1915),教育部在原两江师范旧址设国立南京高等师范学校,民国十年(1921)改为国立东南大学,为我国最早创建的多学科综合性大学。民国十六年(1927),国民政府在南京成立后,明令东南大学与河海工程专门学校、江苏政法大学、江苏医科大学、江苏省立工业专门学校合并组成国立中央大学,设文、理、法、农、工、医、教育七个学院,为当时我国规模最大、系科最为完备的大学。中央大学校长时为罗家伦。

　　△　军事委员会在陕西临潼骊山蒋介石躲藏处建"蒙难亭"。

　　△　财政部令食盐加征建设专款,每担一元。

　　△　孔祥熙抵柏林,访问德国经济部长兼中央银行总裁沙赫德。

　　△　新任驻美大使王正廷向美国总统罗斯福呈递国书。罗斯福保证美国全力合作,培养两国传统友谊。

　　△　南京与贵阳间电话通话。

　　△　厦门学生与商会合作,发起肃私运动。

　　△　日本关东军参谋长东条英机,将今井清《关于对苏对华战略意见书》呈陆军省次官梅津美治郎与参谋部次长称:"从准备对苏作战的观点来观察,目前中国的形势,如日本武力许可,则应首先对南京政权

加以一击，以除去日本背后的威胁，相信此为最上策"。

△　日本在长春召开关东军与华北驻屯军两军部联席会议，决定冀东伪组织划归华北驻屯军军部；关东军驻通州特务机关长调回长春。华北驻屯军司令官田代皖一郎命殷汝耕至天津，对其就长春会议作出指示。

△　日本电力同盟决议扩充中日合营的天津电力公司，由 2.5 万千瓦增至 3.75 万千瓦。日五大电力公司共同经营的华北电力兴业会社资金，由 400 万日元增至 600 万日元。

6 月 10 日　河北、察哈尔、北平、天津四省市加紧进行国民大会代表的选举。国民政府派宋哲元为国民大会四省市代表选举指导员。

△　代行政院长王宠惠慰劳京滇周览团。

△　上海市民 4800 余人上书请愿，要求恢复沈钧儒等七君子自由；全国各界亦组织援救"救国会"领袖后援会，开展广泛援救运动。

△　上海花纱布交易所发生风潮。上海标纱交易因纱荒及多头操纵，致纱价飞涨，市场极为混乱，交易无法进行。

△　广东省政府前财政厅长邹敏初，以操纵金融，解南京讯办。

△　经济委员会以长江、黄河水位频涨，特令扬子江水利委员会、黄河水利委员会及沿岸省、市政府注意防汛。

△　察北人民自卫军一部 4000 余人占领沽源县南各村，日本派大批伪军前往围攻。

△　惠通公司擅自开办东京—天津间航线，又私运航空信件；我国外交部交涉制止，并正式向日本提出抗议。

△　驻美大使王正廷在华盛顿发表讲话，表示中国愿意与美国订立互惠商约。

△　孔祥熙访德国外交部，与德国外交部次长麦根森就经济合作交换意见。

6 月 11 日　蒋介石确定川康军事整理方案。四川、西康各军长邓锡侯、杨森、刘文辉、孙震、李家钰、王缵绪、唐式遵等电蒋介石，拥护川康军事整理方案。

　　△　四川省预算及军事整理事宜商妥,四川省政府主席刘湘代表关吉玉离开庐山赴南京。

　　△　陈诚赴庐山谒蒋介石。

　　△　救国会领袖沈钧儒、章乃器、邹韬奋、李公朴、史良、王造时、沙千里"七君子案",在苏州江苏高等法院开审,不许旁听。各报刊要求释放"七君子"。

　　△　实业部次长程天固至上海查办纱布交易所风潮,上海纱布交易所风潮平息。

　　△　教育部召集苏、浙、皖、赣、闽、南京、上海七省、市公私之初级中学劳作教员,举办初中劳作科教员讲习班,改进劳作教育之知识与技能。

　　△　察北伪军发生内讧,民众纷起抗敌;日方在张北实行戒严。

6 月 12 日　　孔祥熙与德航空部长戈林晤谈;并就中国借款政策问题在柏林对记者称,"欢迎其他民族用友好竞争之方式,前来合作","中国现已准备接受低利外债,以掉换高利内债"。同日,参观德国容克飞机工厂,并与伊格颜料公司经理伊尔格纳斯就中德贸易交换意见。

　　△　刘湘代表卢作孚至庐山,商洽川政及整军事宜。

　　△　中共中央革命军事委员会任命毛泽东、朱德、林彪、萧劲光和李德五人为军事研究委员会委员。

　　△　中共代表张云逸至广西与李宗仁、白崇禧首次会谈。李宗仁、白崇禧表示赞成中共对形势的看法,同意组织抗日民族统一战线的主张。

　　△　毛泽东电中共中央北方局,告知已与中华民族行动委员会(第三党)彭泽湘在延安谈妥两党合作问题;又电告潘汉年,彭泽湘"来延安谈,尚好",将经北平赴上海,届时在沪"找你"。

　　△　察北伪军一律改称蒙古军,伪德王任总司令,李守信任副总司令兼参谋长。

△　日本对解决"汕头事件",又复提出新要求。

△　日本近卫首相就对华北问题发表谈话,诡称对华北没有武力侵略的意思,惟致力于经济发展。

△　日本在天津收容流亡在华白俄 200 余人,加以训练后,派遣在北平、天津与北宁、平汉两铁路沿线进行破坏活动。

6 月 13 日　实业部制定《稻米检验规程》。

△　中国特种教育协会在上海举行成立大会。

△　德总理希特勒接见孔祥熙等,谓德政府极愿赞助中国经济技术之发展;孔氏对记者表示,中国可供各国投资市场。

△　热察人民自卫军总司令李庭芳,令第一路总指挥李英率武装民兵 2000 人由黑河川取沽源;第二路总指挥张仲英率民兵 500 余人趋南壕堑;第四路总指挥拉王松爷率蒙民 2000 余人与张仲英联合,直捣嘉卜寺伪德王老巢。蒙、汉人民纷起响应,总数已近万人,声势浩大。

6 月 14 日　蒋介石电铁道部长张嘉璈,促赶筑京贵铁路(南京至江西贵溪)与川陕路;限川陕路于民国二十九年(1940)6 月前完成。

△　四川省政府委员关吉玉携蒋介石亲笔函回成都,向刘湘报告。

△　国民政府主席林森报告各省灾情,呼吁全国各界人士协助政府救灾。

△　国民政府明令褒扬南开大学创办人严修与学人王树枏。

△　新生活运动促进总会举办第二期大学生暑期农村服务活动,蒋介石发表题为《暑期对于救国最有效的方法是什么?》的讲话。

△　清华、燕京、南开、协和、金陵五大学,与定县平民教育会及山东第一专区等七团体,合组华北农村建设协进会,推晏阳初为会长,在河北定县与山东济宁分设两实验区。

△　国民政府明令修正纸烟进口税率。

△　孔祥熙离欧赴美。

△　外交部为驻沪日海军陆战队任意进入上海特区及越界筑路以外之中国辖境,已达 26 次之多,向日本驻华大使馆提出抗议。

　　△　伪德王、李守信与日本驻蒙特务机关长召开紧急会议,商定对付人民自卫军的办法,令伪炮兵总队配置于商都一带,准备与民军交战,防备晋绥军出击。

　　△　天津日租界内大举搜查毒品。

　　6 月 15 日　国民政府修正公布《警察官任用条例》。

　　△　行政院通过《各省灾荒根本救济办法》。

　　△　行政院决定各部、会所管辖专科以上学校,除军警学校外,一律移交教育部管辖。

　　△　刘航琛返回成都,向刘湘报告川、康整军问题。

　　△　国立四川大学校长任鸿隽辞职,由教育部派张颐为该校代理校长。

　　△　外交部向日大使馆抗议惠通公司私运邮件。

　　△　审计部为推广审计制度,召开全国审计联席会议。

　　△　察北人民自卫军一个团,在嘉卜寺南朝阳村与伪蒙军两个师激战。

　　△　中华民国拒毒会公布,日本在天津开设白面馆 258 家,烟馆土庄 137 家。

　　△　财政部续拨陕西、甘肃、青海、广西四省赈款各 10 万元。

　　△　在汕头日人逞凶案交涉中,日舰违例驶回汕头,外交部特派员刁作谦向日本领事抗议。

　　△　驻美大使施肇基卸任归国。

　　△　日本内阁通过《日满一体化经济计划》,使伪满成为其统制经济的一部分。

　　6 月 16 日　内政部长蒋作宾向中央社记者谈国民大会代表选举问题称:"7 月 20 日至 23 日复选,各地定能如期完成。指定代表的名单等选举完毕以后,由政府发表。"

　　△　蒋介石电约陈立夫为庐山暑期训练讲《总理实业计划》。

　　△　国民政府令:《妨害国币惩治暂行条例》施行时间,自本年 7 月

15 日起,延展两年。

△　经济委员会预发防汛费五万元,交扬子江水委会具领。

△　军事委员会派杨虎城为欧美考察军事专员。

△　汉奸殷汝耕所属教导队在冀东玉田县城北强缴民间自卫枪械,激起人民反抗,参加反抗者共 21 村。

6 月 17 日　蒋介石邀请全国各大学著名教授及各界社会名流在庐山举行谈话会,互相交换政治、经济、教育及地方情形之意见。

△　蒋介石电贵州省政府代主席薛岳,查询贵州省毕节至威宁公路是否已着手修筑。按:贵州省毕节至威宁公路,系四川省通往云南省之川滇公路重要路段。

△　国民政府颁布《社会军训政训大纲》。

△　国民党中央执行委员会通过《各县市党部举办社会事业办法大纲》、《中央戏曲事业指导委员组织章程》;扩充中央广播电台设备案。

△　军事委员会任贺耀组为军事委员会委员长西安行营副主任。

△　刘湘电蒋介石,表示"诚意接受一切训示",并盼军事整理委员会早日成立。

△　宋子文偕陈行、贝祖贻、戴铭礼等一行 10 余人抵香港,拟整理粤、桂金融及计划开发琼崖。

△　国民党南京市党部通令全体党员与各民众团体会员,对于蒋介石《西安半月记》一书"一体购读",各级学校"一律指定为课外的读书"。

△　日本《日日新闻》揭载中国对日方针称:"决根据三中全会决议,本平等互惠之立场,出以强硬态度;具体的将动员全国机关,努力使华北恢复原状。……今后国(民政)府将以华北中央化为统一之焦点,以华南为经济建设中心。"

6 月 18 日　周恩来回至延安,向中共中央汇报与蒋介石谈判情况,并参加中共中央书记处对谈判问题的讨论,并于 25 日起草关于谈判的新提案。新提案在国共两党合作问题上,原则上同意组织国民革命同盟会,但要求先确定共同纲领。承认蒋介石依据共同纲领有最后决定权。同时对设立总的军事指挥部、陕甘宁边区官长等具体问题提出中共的主张。周恩来称,与蒋介石谈判关于两党合作,蒋氏提出成立国民革命同盟会,由其指定国民党干部若干人,与共产党推出同等数量干部合组之,蒋氏任主席,有最后决定权。关于红军,蒋氏答应编三个师12个团,人数可容至4.5万人。三个师以上设政治训练处指挥之。朱德、毛泽东须出来做事。关于陕甘宁边区政府,由中央方面派正职官长,边区推举副职。对这些问题,中共均不同意。周恩来与蒋氏争论久不能解决,经宋子文、宋美龄、张冲往返磋商,仍未能解决。

　　△　国民党中央宣传部通告各地党部,各地书局编印之蒋介石言论集与传记,必须经蒋氏核准后方得发行。

　　△　立法院通过《警察逃亡惩治条例》,修正通过《商业登记法》。

　　△　外交部长王宠惠答日大阪朝日社记者桥本及山本、大阪每日社及东京日日社志村、读卖新闻社嬉野、同盟社奥宫等五人称,中日关系应基于互惠平等原则,第一步须先取消冀东伪组织;冀东走私问题一日不解决,则任何政治、经济措施恐不易生效。

　　△　王宠惠发表声明称,关于英日谈判之"任何谅解,如涉及中国问题时,第一,须尊重中国领土、主权、行政之完整;第二,须征询中国意见,并取得中国之同意"。

　　△　驻日大使许世英在庐山对记者称,今后对日外交方针,"仍本以往之主张,即依正义诚意四字做去"。

　　△　山西牺盟会制定反汉奸纲领九条,通饬所属会员及军警宪各方严缉汉奸。

　　6月19日　许世英谒见蒋介石,商谈对日外交。

　　△　外交部亚洲司司长高宗武与日本驻华大使馆代办日高商谈税警团开赴青岛事宜。

　　△　西康建省委员会委员长刘文辉派队护送班禅回藏。

　　△　沪、皖、湘、赣四省、市米商组织国米运销考察团由沪出发,前

往华南与安南西贡等处考察。

△ 外交部调整驻外使领。驻奥地利代办童德乾调任驻土耳其代办，驻土耳其公使馆参赞萧继荣调任西班牙代办，驻美国芝加哥总领事葛祖炉调任驻荷印巴达维亚总领事，驻吉隆坡领事吕子勤调升驻芝加哥总领事，驻新加坡领事施绍曾调任驻吉隆坡领事。

△ 四川省政府"为办理移垦水利等工赈事项"，发行公债 1500 万元，第一期发行 600 万元。

△ 上海市商会召开第八届会员大会，通过《维护民族工业宣言》。

△ 日本派遣汉奸潜赴河南省灾区招收壮丁，运至关外做苦工；有关当局命令所属，对此严加防范。

6 月 20 日 中央公布四项改革广东币制实施办法，确定毫券与法币比例为 1 比 14.4（即法币一元兑 14.4 毫券）。自本年 6 月 21 日起，至二十七年（1938）1 月 1 日止，所有粤券发行事务，即由广东省银行移交中央银行。全国货币统一完成。

△ 湖北省政府主席黄绍竑至庐山，任庐山训练团总队长。

△ 中国各教育学术团体出席世界教育会议代表在南京召开首次会议；到会有胡适等八人。会上决议推定胡适为团长，程其保为秘书长，刘湛恩为干事长。

△ 察北民军向沽源、崇礼推进。

△ 日本外务省东亚局第一课长上村申一，在青岛召集日第三舰队司令官长谷川清、驻济南日领有野、驻华大使馆书记官田尻、驻青岛日领大鹰、驻济南武官石桥、华北驻屯军铃木少佐等开重要会议，讨论华北时局问题。据青岛市长沈鸿烈报告外交部称，日本"拟避免与我（国）中央正式交涉，而以各地方当局及人民为对象，分别利诱威胁实行经济、文化上之侵略，但亦不遽牺牲武力，轻启衅端。至于冀东、察北及冀察等处所得权益，决不交还（中国）"。

△ 日本内阁训令驻华大使川樾茂，"仍以广田三则为对华政策之起点"。

6月21日　蒋介石在庐山召开关于华北问题重要会议,命令冀察当局:一、华北国防计划按中央既定方针积极进行;二、关于撤销伪冀东防共自治政府,冀察的特殊状态与及时解决走私问题,应采取积极措施;三、华北日华经济合作问题,在前项问题未解决前,绝对不要进行;如任意进行,中央一概不承认;并要求第二十九军国军化。河北省银行发行的银券应停止发行,该券必须兑换成法币。

△　国府主席林森在国民政府总理纪念周年作《如何培养民族气节》演讲。

△　军政部长何应钦在国民党中央党部作《从日本的废藩说到我国的整军》讲演,阐明整理军队的必要,并对中央军、东北军、川康军的整理作详细说明。

△　刘峙以豫、皖、苏三省军事整理完竣,发表《告豫皖苏将士》。

△　孔祥熙由欧洲抵美访问,是日抵美国纽约。

△　国民党中央政治学校教育长丁惟汾辞职,由陈立夫代理。

△　教育部公布《各省市选派留学生办法》。

△　蒙藏委员会在该会礼堂举行甘肃辅教普觉禅师丹珠呼图克图册封典礼。

△　中国木业公司成立,总资本200万元,由铁道部、实业部、四川省政府、中国建设公司、川黔铁路公司、四川兴业银行合股组成;总公司设上海,重庆设办事处。

△　汉奸殷汝耕由通县至天津,往见日本华北驻屯军司令官田代皖一郎,议定扩充伪保安队实力,并重新分配防区。

△　日本外务次官崛内称,中日谈判不准备匆促开始。

△　日本华北驻屯军司令部紧急成立临时作战课。

6月22日　蒋介石兼任庐山暑期训练团团长,陈诚任教育长。

△　行政院例会,教育部长王世杰报告,拟暂划全国各省、市为15个视导区,每区设视员一人。例会并通过《各县市政府办理兵役暂行办法草案》;修正通过《国产品检验暂行条例》及《国产品检验委员会暂行

组织规程草案》等。

△　军政部长何应钦以川康整军方案 10 条电达川康绥靖主任刘湘,刘湘所属军队直隶中央统一整理。

△　是日至次日,毛泽东会见美国外交政策协会远东问题专家毕森、美国《太平洋事务》杂志主编拉铁摩尔、美国《美亚》杂志主编贾菲等,回答抗日民族统一战线及如何发展中国前途诸问题。

△　周恩来电告蒋介石,中共中央认为如红军改编后三个师上边无指挥机关实无法进行改编;朱德亦不能离去。

△　实业部长吴鼎昌至上海,彻查纱布交易所纱布风潮。

△　教育部为推进边境教育,特在绥远筹设模范小学。

△　北平新学生团体联合会开会决议,接受蒋介石倡导的全国大中学生暑期农村服务活动,组织暑期农村服务团,并以秦德纯、蒋梦麟、胡适、陶希圣为指导员。

△　沈钧儒等"七君子"向苏州高等法院提出第二次答辩状,补充说明其政治见解与主张。

△　上海市商会要求国民政府维持原订进口税则,并加紧缉私。

△　西安学术界举行西北史地学会成立大会,到会 50 余人,推定张扶万等九人为理事。

△　中国当选为国际劳工理事会非常任理事国。

△　川樾茂在东京对中国记者谈话表示,一、日方无从速进行中日谈判之意,宁愿等待中国方面空气的好转;二、在目前情况下,将中国方面所希望解决之政治问题提出讨论,诚属困难;三、外交折冲纵然重开,其性质亦仅在重新讨论前此业已谈的问题而已。

6 月 23 日　汪精卫、蒋介石发出请柬,邀请大学教授、地方政府县长以上官员 380 多人参加庐山谈话会,于 7 月 15 日在牯岭开始。谈话会分七组进行,每组谈话时间约为两个星期,由陈诚、雷震、何廉负责招待。

△　蒋介石电令刘建绪,加紧进攻红军南方游击部队,"早完任务为要"。

　　△　孔祥熙在纽约商洽借款,备国内"防灾"。

　　△　行政院制订《整理中央暨地方行政纲领》及《建设事业审议原则》。

　　△　周恩来会见美国外交政策协会远东问题专家毕森,向其介绍国共两党会谈情况;指出两党合作只能逐步实现,先准备抗战,然后争取民主共和国的运动。

　　△　外交部为驻沪日军擅自在上海市区演习,向日本大使馆提出抗议。

　　△　察北民军进攻商都,伪军关闭城门顽抗,并在城内大肆搜查。

　　△　河南省破获日本策划组织的长毛道反动组织。该组织总机关在天津,主要活动地区在豫北,分派党羽刺探中国军政情报。

　　△　日本华北驻军司令部决定6月25日至27日举行全军大演习,以北平、天津、丰台为争夺要塞,参加部队达四五千人,驻屯军司令官田代皖一郎任演习总监。

　　△　日本从通县陆续派遣便衣特务、汉奸、浪人二三百人潜入北平,准备制造暴乱,被我查获。

　　△　日本海军"出云"舰驶赴青岛,刺探山东省沿海中国驻军人数及装备。

　　6月24日　蒋介石在庐山宴请史丹法尼及前驻美大使施肇基,由蒋百里、高格利尼、薛光前等作陪。施肇基详细汇报国际形势。

　　△　庐山暑期训练团预定调训1.4万余人,分三期举行;每期受训者约4500人,包括军官、警官、县长、军训教官、政训教官、党务人员、中学校长、新生活运动会职员及童子军干部。

　　△　冀察政务委员会令河北、察哈尔、北平、天津四省、市从速办理国民大会代表选举。

　　△　中共中央政治局召开常委会,讨论各省工作与红军改编问题。毛泽东指出,原则上苏区归我们办,红军归我们办,各地都要弄好关系。基本原则是不能减弱我们的力量。周恩来提出上海是政治舆论中心,

中共应派员加强指导上海工作。

△ 毛泽东、朱德、周恩来电张云逸,告其与桂系将领李宗仁、白崇禧联系时,应"以抗日民主与蒋比进步",不可"以军阀政策与蒋比前后";并告张云逸推动广东、广西、香港方面政界人士应邀参加庐山谈话会。

△ 立法院通过民国二十六年度预算草案、《中央储备银行法》、《军事征用法》。

△ 交通部拟增资一亿元扩展招商局业务。

△ 实业部取消山东招远县玲珑山中外合办金矿的登记注册,将该矿中的"满铁"资产收归国有。

△ 日本陆军省提出扩充军备五年计划,计划 1938 至 1943 年国防经费 110 亿日元,其中军火费一项即达 50 亿日元。

6 月 25 日 为营救沈钧儒等"七君子",宋庆龄、何香凝、胡愈之等 16 人联名向江苏高等法院呈文具状称,"不忍独听沈钧儒等领罪,而愿与沈钧儒等同负因奔走救国而发生之责任"。宋庆龄发起救国入狱运动,在全国引起强烈反响,并发表《救国入狱运动宣言》。同日,苏州江苏高等法院第二次公审沈钧儒等七君子案。

△ 孔祥熙与纽约银行界讨论中国金融问题,成立初步协定。美国耶鲁大学授予孔祥熙法学博士学位。

△ 毛泽东致函何香凝称,"时事渐有好转……但光明之域,尚须作甚大努力方能达到"。

△ 立法院通过《二十六年度国家普通岁入岁出总预算》、《修正土地法原则》等文件。

△ 中国统计学社第七届年会举行开幕典礼,研究中国人口统计问题。

△ 自是日开始,日军在卢沟桥以北与以西地区连续举行演习。驻丰台日军平时以演习为名,常在卢沟桥附近活动,并侦查地形。

△ 日本华北驻屯军司令部中的少壮派,近来叫嚣"准备第二个'九一八'","现在处于第二个'九一八'的前夕"。日本军部队为,充实

华北驻屯军力量,强化组织,为准战时预备,乃当前的要务。

　　△　日本华北驻屯军司令部在天津召开伪冀东防共自治政府各县日本顾问会议,讨论加强冀东伪组织。

　　△　日本驻华大使川樾茂谈话称,中国须认清日本生存与发展权利,"满洲国"之生存与华北间之必然联系。

　　△　英下院辩论远东外交政治,外相艾登声明,英日谈判决不至损及中国利益。

　　△　伦敦万国记者协会选举《中央日报》驻英记者储安平为会员。该会于1888年成立,中国记者被选为会员,尚属第一次。

　　6月26日　蒋介石电促安徽省政府主席刘尚清,迅速修筑马当至东流公路,以该路对国防、交通均极重要。

　　△　蒋介石通令各省、市当局,对于工人罢工,"务应尽力镇息,随时防止"。

　　△　毛泽东与周恩来电潘汉年,告知延安与南京间电台已接通;南京来电催周恩来再往庐山谈判。中共中央电复蒋介石,待中共对于国共合作宣言拟就之后,周恩来即前往。

　　△　中共中央致电共产国际,告知中共拟定的国民革命同盟组织原则四项。

　　△　广西绥靖主任李宗仁与广西财政厅长黄钟岳由桂林抵广州,与宋子文商谈广西财政、金融问题。

　　△　冀察政委会因日军频繁演习,宣布北平市夜间特别戒严,由第三十七师师长冯治安维持治安。

　　△　冀察政务委员会委员汤尔和至日本。

　　△　驻丰台日军700余人在宛平县境永定河河曲一带实弹演习;旅团长河边正三前往检阅。

　　△　日本驻华大使川樾茂谈称:"(一)华北系为适应'满洲国'生存与发展之必然的命运而存在;(二)华北经济合作问题,日本仍与地方合作而使之实现;(三)华北驻军问题系据《辛丑条约》,当然不能废除;

（四）华北日军之飞行业已实现，南京政府无论如何争辩，于事无济。"

△ 国联满洲调查团主席李顿在伦敦对记者称："任何建议主张英国应该承认'满洲国'为日本的保护国，借以换取日本的友谊，必须尽快明白而否认之。"

6 月 27 日 北平、天津提前实施夏防，由第二十九军协助警察，严加戒备，以确保治安。

△ 军委会委员长重庆行营代主任贺国光表示，川康军事整理方案，可使中央与地方打成一片。

△ 毛泽东在中共中央党校与抗日军政大学作《和平、抗日与民主——统一战线的政治目标》报告称："和平基本上取得了……。南京政府有被迫抗战的准备，但尚没有彻底抗战的决心。"

△ 教育部公布 1912 至 1935 年全国专科以上学校毕业生数。1912 年为 490 人，1913 年为 976 人，1914 年为 1048 人，1915 年为 2364 人，1916 年为 1470 人，1917 年为 1155 人，1918 年为 900 人，1919 年为 1137 人，1920 年为 1446 人，1921 年为 428 人，1922 年为 1742 人，1923 年为 2005 人，1924 年为 2397 人，1925 年为 2272 人，1926 年为 2841 人，1927 年为 2714 人，1928 年为 3253 人，1929 年为 4164 人，1930 年为 4583 人，1931 年为 7014 人，1932 年为 7311 人，1933 年为 8665 人，1934 年为 9622 人，1935 年为 8672 人。

6 月 28 日 行政院长蒋介石电财政部与实业部，要求对民生有关日用物品制定最高与最低标准价格，以防止投机操纵，破坏市场。

△ 国民政府主席林森抵庐山。同日，参加庐山暑期训练团的各省军官、县长、中学校长等相继到达庐山。

△ 国民政府明令公布《商业登记法》，凡 29 条；《警察逃亡惩治条例》，凡六条。

△ 孔祥熙至华盛顿，与美国国务卿赫尔、财长摩根索讨论财政、商务问题，与摩根银行拉门特等在华盛顿订立协定，由该银行贷给太平洋建设银行美金 500 万元。

　　△　毛泽东与朱德电叶剑英,商请何柱国电告顾祝同,中共派郑位三等15人赴鄂豫皖,派方方等10人赴闽西南,请西安行营发给护照,并介绍两地最高长官接洽。

　　△　毛泽东、周恩来电叶剑英,请何柱国电甘肃省代主席贺耀组,兰州收容之西路军人员概送西安处置,切勿中途溃散。

　　△　全国律师协会在南京举行本届第十次常委会议,到平、津、济、汴、沪、汉、杭等地律师代表,讨论组织撤废领事裁判权促进委员会问题,并通过该促进会大纲五条,推举平、津、沪、杭、宁、粤、汉、济、汴、青、怀宁、江都、苏州、镇江各公会为常任委员,决定近期内在上海开首次会议。

　　△　南京至北平、天津、青岛、保定长途电话通话,交通部举行开放通话仪式。

　　△　华北水利委员会本年度夏季大会在天津开幕。

　　△　实业部惩处上海纱布交易所理事吴瑞元等。

　　△　日军270余人在卢沟桥举行军事演习。

　　△　日本关东军司令部、朝鲜总督府、华北驻屯军司令部、满铁株式会社、兴中公司、东拓公司在大连举行“帝国经济”会议,策动侵华行动。日本关东军司令官植田谦吉在会上声称,“三个月可以解决中国”。

　　6月29日　军事委员会颁布《川康军事整理组织委员会大纲》,派何应钦为川康军事整理委员会主任委员,顾祝同、刘湘为副主任委员,贺国光、邓锡侯、刘文辉、杨森、唐式遵、潘文华、王缵绪、孙震、李家钰、夏斗寅等19人为委员。

　　△　中共中央接南京政府来电称,红军改编后,只得设政训处。中共中央决定,可以用政治机关名义指挥部队,但必须有等于指挥机关的组织与职能。

　　△　中共中央政治局召开常委会,议讨闽西南、鄂豫皖的工作问题和国共谈判问题。毛泽东指出,对于闽西南、鄂豫皖的游击队,应采取坚决方针,要保存;并说,关于谈判,我们确定的原则是保持独立性。红

军、苏区实际上归我们管。

△　孔祥熙谒见美国总统罗斯福,并对美国记者谈中国财政及预算情形。

△　宋子文应李宗仁邀请飞广西,与李宗仁、白崇禧商谈桂省财政、金融问题。

△　前西安绥靖主任杨虎城与其妻谢葆真、次子杨拯中及随员等乘"胡佛总统号"轮船,由上海出国考察。

△　甘肃绥靖公署裁撤。

△　财政部税务署署长吴启鼎、苏浙皖统税局局长盛昇颐投机操纵纱布交易,被免职扣押。

△　中国留日学生屡受日本捕禁,或受拷问侮辱,或被逐回国,年来已有四五起之多。我留日学生推代表叶文津回国请愿,要求政府据理交涉。

6 月 30 日　外交部长王宠惠向美国发表广播演讲,呼吁美国注视远东危机将导源于中国之被侵略,希望美国主持国际公道,关切世界和平。

△　驻日大使许世英在上海访日本大使川樾茂。

△　各地学生暑期由西安至陕北参观,红军总政治部设招待处接待,指定专人与学生谈话,讨论问题,发给刊物、文件供阅读,亦可参加训练或至延安参观。

是月　6 月中旬,中共代表张云逸与李宗仁、白崇禧举行第二次会谈。张云逸说明中共提出巩固和平、争取民主、实现抗战三项任务,李宗仁等表示同意此"三位一体"任务。四川省府主席刘湘派代表张斯可至桂林,经李宗仁介绍,与张云逸会见。三方商谈至 6 月下旬,张斯可代表刘湘,张云逸代表中共,与桂系代表李宗仁,共同签订《川桂红协定》七条。

△　6 月以来,驻丰台日军演习渐增至三至五日一次。初为虚弹射击,后竟实弹射击;初为昼间演习,后来竟实行夜间演习,且有数次演

习部队竟要求穿宛平城而过。日本东京政界消息灵通人士盛传,"7月7日深夜,华北将重演柳条沟(湖)一样的事件"。

　　△　日驻上海海军陆战队重行分配。本年春,日本在上海的兵力共3500余人。5月初,调往华北、华南两地约800人。至6月初,只有2600—2700人。6月15日以后陆续增加。至7月15日,在上海的日本陆战队兵力约3100—3200人。

　　△　日本正金、台湾、三菱等银行企图在上海推行伪满钞票。财政部通令各海关,严禁伪钞入口,要求上海市政府严厉取缔收兑伪钞的行号,全市商会转知各同业公会一律拒绝使用。钱兑业除宣誓拒兑外,并组织稽查队分区稽查,发现背誓收兑者,严予制裁。

　　△　入夏以来,绥远、浙江、四川、江苏、福建等省水灾严重。绥远境内连日阴雨,黄河水位突涨2—8尺,临河、包头等处沿河农田尽被淹没。四川重庆于23日大雨,城墙倒塌,死伤百余人。浙江东部连日大雨,海宁、玉环、嘉善、诸暨、新昌、临海、建德、黄岩、嵊县等20多县被灾,浙赣路被水冲毁。江苏镇江对岸汽车码头于28日夜被水冲塌,候车室被冲走。福建水灾最重,泉州的晋江和漳州的九龙江均暴涨,福州水位破历年最高纪录,20天内被灾六次。

7　月

7月1日　国民政府举行成立十二周年纪念。按:国民政府于民国十四年(1925)7月1日在广州成立。

　　△　中国共产党第一次以本日为中共诞生纪念日。中共中央在延安召开活动分子会,周恩来作《十六周年的中国共产党》报告称,中国共产党没有欧美社会主义工人运动的传统,而是承袭中国农民革命与民族民主革命的传统,受有欧战后俄国革命与世界革命的影响。号召党在继承优良传统,汲取革命教训的基础上自觉地担负起领导抗日民族统一战线的任务。

　　△　何香凝发表《妇女与国民大会》,要求国民党"恢复孙先生十三年改组国民党的革命精神";并要求此次国民大会选举,"实行男女平等";指出"全国妇女起来,力争出席代表的妇女额数,是极其正当的"。

　　△　国民政府明令公布二十六年度国家普通岁入岁出总预算。

　　△　宋子文自桂林飞抵庐山,向蒋介石报告整理粤、桂金融经过。

　　△　山西省兵役研究会成立,阎锡山任会长,宣布实行征兵制度。

　　△　川、康各军将领欢迎何应钦、顾祝同入川主持整军事宜。

　　△　故宫博物院南迁文物已全部运至南京,计有古物馆箱件 2631 箱,图书馆箱件 1415 箱,文献馆箱件 3766 箱,前秘书处箱件 1845 箱又 64 包。点收工作,历时两年半,至此全部告竣。

　　△　厦门大学改为国立。7 月 6 日,行政院通过决议,萨本栋任厦门大学校长。为纪念陈嘉庚创校功绩,特设立厦大咨询委员会,陈嘉庚、林文庆(原兼厦大校长)为终身当然委员。

　　△　东北大学全部迁陕西,计到教职员和学生 200 余人,仍由臧启芳任校长。

　　△　暑假西北考察团全体团员百余人,离北平赴西北,考察绥远、宁夏的农业、牧垦、水利、森林、土壤、矿产、地理、卫生、社会、民族 10 项科目,往返为期一月。

　　△　铁道部召开全国铁路局长谈话会,张嘉璈主持,讨论各路人事调整、统计集中、沪粤直通车之准备及京赣铁路等问题。

　　△　驻日大使许世英向外交部长王宠惠报告会晤日驻华大使川樾茂的经过。

　　△　天津日本华北驻屯军 300 余人,配备坦克车五辆、钢炮七尊、机枪七挺,在野牛城演习野战。

　　△　本年度第二批输日长芦盐 10 万吨,经财政部核准,由芦丰商店与(日)兴中公司签订正式合同。盐价以每吨二元三角六分二厘计算。

　　7 月 2 日　立法院召开会议,决定延长《惩治偷漏关税暂行条例》

实行期一年;通过《陆军兵役惩罚条例》、《违反兵役治罪条例》,并修正通过《保甲条例》、《国民工役法》、《妨害国币惩治条例》(7月14日,国民政府修正公布。7月24日,财政部公布)等;规定私运银币、铜币或银类出口者,处死刑或七年以上徒刑。

△　国民政府公布《警察制服条例》,凡39条。

△　行政院及所属各部、会长官先后抵庐山,成立行政院庐山办事处,即日开始办公。

△　汪精卫、王宠惠、吴忠信等人赴庐山参加谈话会,并谒蒋介石。

△　全国妇女代表大会代表赴国民政府请愿,要求在240名指定国大代表中,指定一部分女代表,并于各省、市中另增加女代表名额。

△　京赣铁路(亦称京贵铁路)开始铺轨。

△　国民政府决定实行麦粉限价,规定不得超过上月24日市价。

△　上海闸北九丰、源顺、金城等14家丝厂万余工人要求改良待遇,举行罢工。

△　上海杨树浦路中国肥皂公司制造厂工人300余人举行罢工,反对公司变更分红办法。该区捕房派大批中、西探捕驰往镇压,重伤工人四名,并将九名轻伤工人送到上海特一区法院"讯办"。

△　日本驻上海海军陆战队在虹口一带举行演习。

△　日本战斗机、轰炸机、侦察机50余架由长春飞抵承德。

△　日本派遣大批汉奸在山西沿边和铁路沿线活动,拍摄娘子关、雁门关等地国防工事照片;阎锡山电令查禁。

△　日本在平、津、冀东收买大批汉奸组织伪服务团,潜赴豫、陕各地刺探我军政情况,并勾结匪类,企图扰乱地方治安。

7月3日　国民政府训令执行《各县市政府办理兵役暂行办法草案》。

△　国大代表特种选举候选人,经国民政府指定名单已检发公布。

△　全国妇女代表大会闭幕,请中央设法增补国大女代表竞选,确定妇运方针以复兴民族为中心。

△　川康整军委员会主委何应钦在南京说明川康整军方案后,即

偕顾祝同至庐山谒蒋介石,请示入川整军事宜;贺国光在重庆欢迎川康整军委员会在重庆召开,委员邓锡侯、刘文辉、杨森相继抵渝。

△ 苏北高邮、宝应两湖水位暴涨,运河以西已成泽国,淹没将熟稻田万亩。沿湖各县代表向导淮委员会呼吁救济。

△ 云南省政府整饬边境各县官员。

△ 上海纱布交易所风潮案移交法院审理。

△ 毛泽东、周恩来电潘汉年,命其与"七君子"家属及律师商磋,并听取"七君子"意见,设法与 CC 方面出面调解谈判,以"不判罪只到庐山谈话则为上策"。

△ 上海公共租界沟工、路工因换取新牌发生纠纷,路工被开除27 人,特派代表向工部局请恢复工作,工务处将代表拘押。

△ 日本驻华大使川樾茂由上海至南京,对记者发表谈话称,目下情势,中日双方均不宜开始交涉。

△ 日本在上海、天津、青岛等地办理的中、小学校教职员奉命赴我国各地考察,从事各项调查工作,尤着重于对华北各地的调查。

7 月 4 日 庐山暑期训练团第一期学员训练开始,孙连仲任团附兼第一总队总队长,黄绍竑任第二总队总队长,薛岳、吴奇伟、胡宗南、万耀煌、朱怀冰、刘茂恩、冯治安、李服膺、罗卓英九人分任大队长。

△ 中国农民银行决定在兰州筹设分行。

△ 周恩来、秦邦宪、林伯渠自延安抵西安。

△ 日本华北驻屯军召开幕僚会议,对在中国境内设特务机关作详细规划,积极在河南、陕西、湖北、江苏、浙江、福建、广东、广西设置特务机关。华北特务机关以天津为中心,由安达兴助少佐指挥;在北平、太原、天津、通县等地均设副机关长;上海、郑州、西安则有特务秘密组织,和知鹰二任华北驻屯军特务机关长。

7 月 5 日 行政院各部、会在庐山联合举行总理纪念周,蒋介石发表《教育救国》演讲。各部、会今起在庐山办公。

△ 何应钦、顾祝同抵重庆出席川康整军会议并发表书面谈话称,

川康整军全系为解除四川地方的困难,实在是帮助刘(湘)主席并完成建设四川的志愿,决无丝毫成见搀杂其间。

　△　周恩来、秦邦宪、叶剑英与彭德怀、任弼时商谈红军改编问题。

　△　财政部、实业部鉴于今年小麦歉收,价格飞涨,商定自即日起禁止小麦出口,至明年6月小麦登场再行解禁;并决定恢复征收杂粮出口税。

　△　苏州信孚银行因周转不灵宣告停业。

　△　河南安阳驻军破获一心道组织。大批汉奸利用此反动组织扰乱社会。

　△　察北民军首领李庭芳攻张北,不克。

　△　日军约2000余人在津浦路独流、静海一带演习。

　△　日本访英实业考察团抵伦敦。团长门野重九郎对记者称:"对华问题,日本和英国有充分合作的准备。日本承认英国在华利益。"

7月6日　行政院在牯岭举行会议,决议:一、四川省建设厅长卢作孚辞职,派何北衡代理;二、江西省政府委员兼建设厅长龚学遂辞职,由该省政府主席熊式辉兼代。

　△　川康整军会议在重庆开幕,何应钦主席,顾祝同、刘湘等300余人出席。何应钦称,会议主要目的在谋川康军之彻底国军化,成为现代化的国家军队,一律由中央指挥调遣,以应国防的需要。

　△　实业部公布《取缔市场投机办法》。

　△　张元济致函《大公报》,主张由立法院严究上海纱布风潮操纵案;胡适亦致函该报响应。

　△　上海中国银行等11家银行,在银行公会召集银行代表及国货厂商代表举行联席会议,决定组织国货贷款银团,以资金300万元办理押汇、承兑汇票及国货工厂贷款。

　△　北平教育界罗隆基、梁实秋、张东荪等10余人,集议赴庐山参加谈话会意见,决定:一、尽量向蒋、汪二人贡献坦切意见;二、所贡意见,注重原则;三、请早施宪政。胡适、曾琦、潘光旦、张君劢等亦参与此项决议。

△　中共陕甘宁边区委员会提出民主政府施政纲领 16 条,内有准备抗日战争、加强人民抗日武装组织、实行国难教育、严厉镇压汉奸活动等。

△　截至是日,国民政府国债总额达 45 亿元。

△　截至是日,国民政府法币发行额为 14.49 亿元。

△　上海钱兑业一致拒兑伪满洲国钞票。

△　驻日大使许世英会见中国留学生代表。留日学生代表就受日本政府迫害事提出:一、中国驻日官吏切实保护留学生安全;二、希望转达日本政府,能给留日学生法律以内的自由。许世英决定日内至南京,向外交部妥商援助办法。

△　德驻伪满洲国商务代表诺尔与伪满当局谈判,德国以私人资本家名义向伪满提供 12 亿日元信用贷款,作为购买德国机械之用。

△　日本"九一八"前向哈尔滨移民 3760 余人,"九一八"后六年中增至四万人,平均每月增加 500 人。

△　第二十九军第一一〇旅旅长何基沣要求第二一九团密切"注意监视日军行动",命令全体官兵"如日军挑衅,一定要坚决回击"。营长金振中随即召开军事会议,要各连按何基沣旅长命令作好战斗准备,规定在日军进入我阵地百米才准射击。

△　是日大雨滂沱,驻丰台日军不顾道路泥泞,在卢沟桥铁路桥东北龙王庙演习场地,以卢沟桥为攻击目标,进行攻击式演习。日军至宛平城东门外,要求通过宛平城到长辛店地区演习,遭我国驻军拒绝。中日双方交涉至晚间,日军退回丰台。

7 月 7 日　卢沟桥事变爆发。晚 7 时 30 分,驻丰台日军河边正三旅团第一联队第三大队第八中队,由队长清水节郎率领至卢沟桥西北龙王庙附近举行军事演习。10 时 40 分,我宛平守军突听到城东北日军演习位置处响起枪声。少顷,数名日军来至宛平城下,声称丢失一士兵,要求进宛平城搜查,被守城官兵拒绝。日军立即包围宛平县城,并开枪示威。北平东交民巷日本华北驻屯军第一联队长牟田口廉也大佐(时值旅团长河边正三赴秦皇岛南大寺检阅步兵第二联队,不在北平)

据清水节郎报告,即令丰台一木清直大队长带领第三大队前往卢沟桥指挥战斗。夜 12 时,日本驻北平特务机关长松井久太郎电话通知冀察政务委员会外交委员会称,日本陆军一中队,顷间在卢沟桥演习,失落日兵一名,要求进入宛平县城搜索失兵。第二十九军副军长兼北平市长秦德纯接到外交委员会报告后,当即答复称,"卢沟桥是中国领土,日本军队事前未得我方同意在该地演习,已违背国际公法,妨害我国主权,丢失士兵我方不能负责;日方更不得进城检查,致起误会"。松井再次电话冀察外交委员会称,如中方不允许,日方将以武力保卫前进。日军亦以我拒绝其要求,遂对宛平城取包围态势。冀察当局为免事态扩大,于 8 日凌晨 2 时,派宛平县长王冷斋至日本北平特务机关部与松井久太郎特务机关长交涉。此时失落的日兵业已归队,日方仍要求双方派员调查。4 时,双方各派代表前往宛平城作实地调查。日方代表要求宛平城内我守军从东门撤至西门,由日军占据东门再行调查,为我方所拒绝。正在谈判期间,4 时 50 分,日军向宛平城开炮轰击,我第二十九军吉星文第二一九团金振中营开枪还击。抗日战争揭幕。

　　△　上海市面近日来发现伪满洲国纸币,严重紊乱金融。财政当局一、通饬各海关严禁伪满钞票入口;二、函沪市府严厉取缔代销伪满钞票的钱庄;三、令饬沪商会转知各同业公会,拒绝使用伪满钞票。

　　△　驻唐山日军沿北宁铁路演习争夺战。

　　△　上海特别市政府举行成立十周年纪念。按:民国十七年(1928)7 月 7 日,国民政府设上海特别市。

　　△　周恩来与秦邦宪、林伯渠自西安飞抵上海。周恩来在沪期间,与潘汉年及中共上海地下负责人刘晓等面谈,布置全面抗战爆发后的上海地下党工作,指示大力开展统一战线工作,群众工作要稳扎稳打,把公开工作与秘密工作结合起来。

　　△　中国儿童教育学会年会与中国教育学会在清华大学举行联合大会开幕式。儿童教育学会在清华大学召开,教育学会在北平师范大学召开。

△ 上海中华工业总联合会电请蒋介石彻底查清纱布交易所风潮案。

△ 日本驻华大使川樾茂赴青岛,旋转赴北平。

△ 美国总统罗斯福在白宫宴请孔祥熙。

7月8日 军事委员会委员长蒋介石以卢沟桥事变爆发,电令冀察当局固守"宛平待援";令宋哲元速回保定指挥军事;令何应钦速由四川返南京组编部队;令孙连仲部两个师及庞炳勋部第三十八师开往石家庄、保定一带增援。

△ 蒋介石指示宋哲元:一、不得签定任何条约;二、不得后退一步;三、准备牺牲。并称"宛平城应固守勿退,并须全体动员,以备事态扩大",要求宋哲元以"不屈服,不扩大之方针,就地抵抗"。

△ 下午4时,日军华北驻屯军河边旅团第一联队长牟田口廉也函约王冷斋与守军吉星文团长、金振中营长出城会商,王冷斋等以未便擅离职守却之。下午6时5分,日军炮击宛平专署,金振中负伤。我军步兵两连,手持大刀、手枪突袭卢沟桥附近日军阵地,斩获甚众。

△ 秦德纯、冯治安、张自忠等召开紧急会议,秦、冯二人决心反攻,宋哲元亦由乐陵电令先消灭当面之敌,张自忠对反攻无意见。当晚秦德纯、冯治安等人下反攻令,并发表声明称,"和平固所愿,但日方如一再进攻,为自卫计,唯有与之周旋"。日方获悉后,即多方派人疏通,允无条件撤兵。秦、冯二人乃收回反攻令。至10日,日军未撤,冯治安等又下反攻令,日方派人疏通,致反攻未成事实。

△ 冯治安、张自忠与秦德纯致电中央称:"刻下彼方要求我军须撤出卢沟桥城外,方可免事态扩大。我方以国家领土主权所关,未便轻易放弃,倘对方一再压迫,为正当防卫计,不得不与竭力周旋。"

△ 秦德纯向记者宣称,今日向卢沟桥官兵发出命令,"卢沟桥可为尔等坟墓,应与桥共存亡,不得失守"。

△ 北平市区及四郊临时戒严司令部成立,冯治安任司令,宣布每晚8时起城门全闭,11时后全市断绝交通,禁止行人通行,并封锁至通州交通。

△　我军与日军在卢沟桥附近相持。日军代表与第二十九军副军长兼北平市长秦德纯等谈判。日方要求我军自卢沟桥方面撤退至永定河西岸,被我军拒绝。战事复起,日军向龙王庙附近等处进攻,占据龙王庙、铁路桥及丰台等地。晚,日军进攻宛平城,我军奋勇反击。

△　冯玉祥电第二十九军将士称:"诸君乃革命军人,抗敌守土之责,断不容丝毫退让,以保千万年之光荣历史也。予深信二十九军及华北民众,正准备为捍卫国家而继作更勇敢之奋斗,更伟大之牺牲也。"

△　中共中央为日军进攻卢沟桥发表通电,呼吁:"只有全民族实行抗战,才是我们的出路","全中国同胞、政府与军队,团结起来,建筑民族统一战线的坚固长城,抵抗日寇的侵略! 国共两党亲密合作抵抗日寇的新进攻!"

△　红军将领毛泽东、朱德、彭德怀、贺龙、林彪、刘伯承、徐向前、叶剑英联名致电蒋介石,恳请严令第二十九军奋勇抵抗,并实行全国总动员,保卫平津,保卫华北;并电宋哲元等,希望策励全军,为保卫平津和华北而战。

△　中共中央就卢沟桥事变指示北方局在华北工作方针:"迅速组成坚固的统一战线……立即在平绥、平津以东地区,开始着手和准备组织抗日义勇军,准备进行艰苦的游击战。"

△　毛泽东电南汉宸,以红军及毛泽东的代表名义,与华北当局及各界领袖协商团结抗日具体办法。

△　外交部派亚洲司科长董道宁赴日本大使馆,就卢沟桥事件向日本提出严重抗议称:"此次事件之责任不在我方,显系日军挑衅,中日关系已至重要关头,不容再趋恶化;日方应立即制止一切军事行动,并与冀、察当局立谋和平解决,藉免事态之扩大。"

△　驻日大使馆就卢沟桥事件向日外务省口头抗议,要求立即制止一切军事行动。

△　上海市总工会电宋哲元称:"严拒日无理要求,望令宛平驻军沉着应变,愿率全沪工友,誓为后盾。"

△　外交部长王宠惠与苏联驻华大使鲍格罗莫夫,数度密商中苏共同预防外患问题。苏联向中国提议共同预防外患之步骤三点:一、以中国政府名义邀请太平洋各关系国开一国际会议,商订集体互助协定。苏联方面允许于接到邀请后,即正式通知愿意参加,如有第三国之一国赞成,即可进行;否则,二、中苏订立互不侵犯协定;三、中苏订立互助协定。王宠惠将会谈要点呈报军事委员会委员长兼行政院长蒋介石。

△　孔祥熙在美国电蒋介石,报告已与美国政府协定以售银所得买进赤金,为发行法币准备。

△　川康军事整理委员会在重庆召开第二次大会。会上,主任委员何应钦宣布日军在卢沟桥挑衅经过,谓中日大战已不可避免。与会人员闻之愤慨异常,第四十一军军长孙震当场请缨,愿率所部出川,参加抗战。

△　国民政府明令公布《修正出版法》,凡七章 54 条,规定出版品不得意图"破坏中国国民党或违反三民主义","颠覆国民政府或损害中华民国利益","破坏公共秩序"。违者,发行人、编辑人、著作人及印刷人受刑事、拘役、罚金等处分。

△　穆藕初、杜月笙抵庐山晋见蒋介石,报告上海纱布交易所风潮案真相。蒋介石电令财政、实业两部:纱布交易所一律停止进行,听候司法解决,免涉干预司法之嫌。同日,与该案牵涉之税务署长吴启鼎及苏浙皖区统税局长盛昇颐,由财政部护送赴沪。

△　著名诗人陈衍(字石遗)在福州病逝。

△　下午 6 时,日参谋总长闲院宫载仁电令日本华北驻屯军,"防止事件扩大,避免进一步使用兵力"。华北日军在天津举行幕僚会议,决定"不扩大,就地解决"方针。日本关东军、日参谋本部第三课及陆军省军事课对此方针坚决反对。

△　凌晨,日华北驻屯军在天津海光寺举行会议。驻屯军参谋长桥本群及高级幕僚均出席,旅团长河边正三亦自北平至天津参加。会后,驻屯军军部命令日军确保永定河左岸卢沟桥附近,步兵旅团应解除

永定河左岸卢沟桥附近中国军队的武装。下午,河边旅团长命令牟田口联队主力集结于永定河右岸,从明天拂晓开始攻击宛平城。华北驻屯军两次向日本陆军省报告战斗情况,并要求关东军提供弹药、燃料及铁路员工和铁路材料等援助。

△ 午后,日本海军部电令在台湾演习的第三舰队司令官长谷川清中将带队归航,准备应急。

△ 日本关东军获悉卢沟桥事件消息后,司令官植田谦吉与参谋长东条英机等于是晨召开幕僚会议,决定立即准备出动独立混成第一旅团及第一一旅团主力推进至承德与古北口之间,一部集结于山海关,航空队主力集结于锦州、山海关,并报告日本参谋本部。下午7时10分,关东军发表声明称,"起因于第二十九军之挑衅,今已发生事端于华北,关东军当保持极大之关心与坚定决心,严重注视事件的发展"。

△ 日本驻朝鲜军向参谋本部报告,"已以第二十师团的一部作好随时出动的准备",并要求"利用这一事件推行治理中国的雄图"。当晚,日本陆相杉山元命令京都以西的各师团,原定应于7月10日复员的步兵联队,延期二年复员。

△ 晚,日本外相广田为卢沟桥事件训令日驻华使馆参赞日高,向中国政府提出抗议,令川樾大使返回南京,从事交涉。

7月9日 蒋介石电宋哲元,"已派孙仿鲁(孙连仲)两师向石家庄或保定集中及庞炳勋部与高桂滋部先向石家庄集中",命宋哲元速回保定指挥。宋哲元复电蒋介石称,决遵照"'不丧权、不失土'之意旨,誓与周旋"。

△ 何应钦电冯治安、张自忠、秦德纯称,"应付适宜,至为佩慰"。

△ 外交部次长陈介约见日本大使馆参赞日高,对卢沟桥事件再次提出抗议,并郑重声明,此次事件责任不在我方,日方所提保留意见未便接受。

△ 外交部次长徐谟在庐山发表谈话称,日军此次在卢沟桥演习,原已超出《辛丑条约》之范围,外部曾向日方提出抗议,今复袭击我国军

队,轰击我国城垣,此种责任当然由日方负责。

△ 日本驻华大使馆北平陆军助理武官今井武夫与秦德纯于凌晨2时达成口头停战协议,各自立即停止射击;双方军队撤回原防。除宛平原有保安队外,由冀北保安队担任宛平防务,人数限 300 人。松井承认"失踪"士兵已归队。按照协议,中方自卢沟桥撤兵,宛平由北平保安队接防。但日军并未撤兵,并于傍晚炮轰宛平城。

△ 上海日本海军陆战队由武装机器脚踏车、坦克及兵车组成游行队,在吴淞路、北四川路等处示威。

△ 红军将领朱德、彭德怀等为日军进攻华北,电国民政府主席林森与军事委员会委员长蒋介石称:"德怀等以抗日救国为职志,枕戈待旦,请缨杀敌,已非一日。当华北危急存亡之紧要关头,敬敢请我国民政府迅调大军增援河北……红军愿即改名为国民革命军,并请授命为抗日前驱,与日寇决一死战。"

△ 黄炎培、江问渔、杨卫玉等电宋哲元等称:"暴敌无厌,得寸进尺,卢沟桥之役,用心叵测,令人发指! 诸公奋勇抗战,捍卫国土,全国感佩。……尚望坚持到底,勿中敌计,不作城下之盟,不答任何条约,全国国民愿为后盾。"

△ 毛泽东与张闻天电上海、太原、广西、西安中共负责人,请其根据中共宣言及红军通电,与当地政府、国民党党部及各界领袖协商,迅速组成统一的对外阵容,以应付大事变。

△ 天津《大公报》发表社评《卢沟桥事件》称,此次事件"纯系日方放肆要挟,有意寻衅"。中国对日本,"退避当有限度,屈让应合界限"。"全国国民愿于中央、地方团结协力之下,根据国策,拥护赞助,惟力是视"。

△ 平汉铁路工会致电宋哲元,表示:"凡我国民,同深愤慨,望本守土卫国之旨,鼓励士气,沉着应付,勿令再失寸土。本会誓率两万会员,以为后盾。"

△ 平汉铁路长辛店工会与办事处,购置慰问品,赴前线慰问抗敌受伤将士。

△　卢沟桥日军挑衅行动,举世瞩目,各国政府先后电各该国驻华使馆,饬将事态发展情况随时详细报告。

△　外交部长王宠惠自庐山返南京。

△　庐山暑期训练团补行开学典礼,蒋介石出席训话。

△　川康整军会议闭幕,何应钦返南京。

△　日本内阁会议,陆相杉山元要求日本"国内派三个师团增援",并请将此建议呈日本天皇裁示。

△　东京世界教育会议邀伪满洲国参加,中国教育学会拒绝出席此次会议。

7月10日　外交部就日军发动卢沟桥事变,向日本驻华大使馆提出书面抗议,要求:一、日本方面须正式谢罪与处罚负责人员;二、对于死伤之军民及轰毁之建筑物,须赔偿损失;三、为防止再发生不祥事件,日本方面须提出今后保障;并声明保留一切合法要求。日本大使馆参赞日高表示,日方不愿以中国外交部为对手,而愿就地商谈。

△　凌晨2时30分,卢沟桥日军复行进攻,包围宛平县城,拆毁平汉线丰台至北平路轨。

△　日军一中队下午2时推进至宛平西南崇王村,与我军接战。日军增至一大队及坦克四辆,山炮27门。宛平四周六里内均有日军布哨,占据军事要点,借作交涉要挟。

△　日军200余人在卢沟桥附近五里店迄未撤退,秦德纯、冯治安、王冷斋与日方樱井在张允荣宅讨论达数小时,因日方坚持我军不得再驻宛平城,交涉因之停顿。

△　日军由辽宁开出兵车10列,两列车已抵山海关。关东军2000余人由锦州开抵山海关,驻车站待发。山海关、秦皇岛、南大寺一带华北驻屯军已奉令集结待命。天津日军于上午6时乘汽车数十辆开赴丰台,增援卢沟桥。关东军支持华北驻屯军扩大事态。

△　秦德纯密电军委会侍从室第一处主任钱大钧称:"请暂令准备北上各部,在原防结集待命。"

△　蒋介石密电宋哲元称:"守土应具决死决战之决心与积极准备之精神应付;至谈判,尤须防其奸狡之惯技,务期不丧丝毫主权为原则";复电宋哲元称:"务望在此期间,从速构筑预定之国防工事,星夜赶筑。如限完成为要。"

△　蒋介石密电各行营、绥署及各省、市称,中、日双方据报已撤兵,"但日人诡诈,用意莫测,我全国各地方、各部队仍应切实准备,勿稍疏懈,以防万一"。

△　蒋介石电调孙连仲第二十六路军冯安邦、池峰城两师,庞炳勋部一师一旅,刘戡第八十三师,速开保定、石家庄一带,以备应援;另令第二十一师李仙洲,第二十五师陈耀明继续开拔;又令第五十三军万福麟部向前推进,第十师李默庵部开拔,第十七师赵寿山,第八十四师高桂滋,第三军曾万钟等部队准备动员。

△　川康绥靖主任刘湘请缨抗战,通电全国一致抗日。

△　外交部亚洲司第一科科长董道宁电话通知日本驻华大使馆参赞日高,告以"平郊日军违约扩大事态,日方应付一切责任",并请其电告日本外务省及华北驻屯军,立即下令制止一切军事行动。

△　下午 5 时,日军又向我宛平驻军进攻,战事复起。

△　北平当局深夜召开重要会议,将日军违约挑衅经过情形,电中央及各省、市。

△　北平仍在严密戒备中。昨晚 8 时后,市上行人绝迹。今日各城门依然紧闭,防止不良分子潜入,普通民众身经检验后始准通行。

△　全国各界救国联合会发表《为保卫北方紧急宣言》,指出日本帝国主义要使冀察成为东北第二,如果日本此次阴谋得逞,中部和南方又将成为华北第二;要求中央政府除迅即动员全国给敌人以迎头痛击外,应给予国民以各种御侮活动的自由,并迅速完成国防上的准备,集中一切人才,以保障民族复兴大业之完成。

△　上海文化界人士洪深、郑振铎、胡愈之、诸青来、顾执中、萨空了等 140 余人集会,决议组织一救国团体,公推诸青来、王芸生、洪深等

19 人为筹备委员,并致电蒋介石、汪精卫、宋哲元、阎锡山、傅作义、韩复榘、石友三诸将领,请力保国土,努力民族复兴运动。

　　△　北平各大专院校派代表赴医院及战地,对抗战官兵进行慰问,并联合发起成立战地救护队。

　　△　军政部长何应钦在南京向新闻界宣布川康整军各案均通过,结果极圆满。

　　△　中国文化建设协会举行第一届全国代表大会,推陈立夫等 15 人为主席团,成立分会 23 处,个人会员 1.3267 万人,团体会员 285 个单位,出版刊物有《文化建设月刊》及各项小丛书,并发起中国本位文化建设运动,统一救国运动及文化界援绥运动。

　　△　日本参谋本部在参谋总长闲院宫载仁元帅主持下,召开首脑会议。会议讨论结果,判定欧美各国及苏联不可能介入中日战争,即决定增兵华北,扩大对华战争。

　　7 月 11 日　外交部长王宠惠发表声明,日军不遵照双方约定停止军事行动办法,拒绝全部撤至指定地点,并连续向卢沟桥我军猛烈进攻,同时调集国内大军,络绎向平、津进发,意图作大规模军事行动,而贯彻其最初目的。至是,卢沟桥事件遂又趋于严重,其责任自应由日方负之。深盼日本立即制止军事行动,遵照前约,即日撤兵,并为避免将来冲突起见,切实制止非法之驻军与演习,庶使事态好转,收拾较易。

　　△　外交部次长陈介会见日使馆参赞日高信六郎,列举日本最近向平、津增兵事实,显与日本当局不愿事态扩大之声言完全相反,要求迅电日政府,制止日方军事行动,俾卢沟桥事件得以和平解决;并谓中国军队并无向日军挑衅之意,但对于任何外国任意增兵来华,侵略中国之领土主权,殊难容忍,自不得不作正当之防卫;深望日本当局翻然反省,勿陷中日国交于危险之状态。

　　△　晚 9 时,军政部举行卢沟桥事件第一次会报会,会议主席为军政部长何应钦,训练总监部总监唐生智、军事参议院院长陈调元、军委会办公厅副主任刘光、航空委员会主任周至柔、军政部次长曹浩森、参

谋本部次长熊斌、军政部军需署署长周骏彦、兵工署署长俞大维、总务厅厅长项雄霄、军务司司长王文宣、军械司代司长陈东生、行政院参事端木恺、军政部参事佘念慈、军政部科长罗泽闿、谭道平等出席会议。罗泽闿报告军事情报称,蒋介石命在熊斌与曹浩森二人中择一人赴北平,何应钦决定派熊斌前往。会议就已到的新兵器三七战车炮,限 15 日以前分发给指定部队;八八高射炮决定装于江阴,限星夜赶筑。俞大维报告弹药储存情况称,江北各地存储约 6000 万发,武昌 4000 万发,南京约 1.25 亿发;步机枪弹共有五亿发,步炮弹药 50 万发,三七战车炮弹约 30 万发,山炮炮弹与卜福式山炮炮弹约 12 万发,克式野炮炮弹约 10 万发。合计以 20 个师计算,可供作战三个月之用。周至柔报告,现在可使用于第一线飞机约 200 架,航空根据地拟设在太原。粮秣情状,现有 50 万人、10 万匹马,粮秣可供应一个月份,应再速购两个月份,并将一部粮秣推进至黄河北岸储存。燃料情形,现存汽油 300 万加仑,飞机汽油 250 万加仑。各部队国防位置,第十六师调至芜湖、宣城一带,并换发其枪支。陕西孙蔚如部可调一师,第五十七师应调回嘉兴原防,刘建绪部调一个师。有三个师随时可抵北平接国防防务。通信兵团调一营至新乡,一营徐州待命。防空兵器统属军政部。医院应调一部过黄河准备。

　　△　自是日起至本月 31 日,军政部长何应钦遵照军事委员会委员长蒋介石指示,为准备动员抗战,召集各有关主管部门举行会报,使一切军事准备由平时进入战时状态,并详细拟定作战方略。战斗序列草案规定,全国军队悉数编入抗战序列,计第一线约 100 个师,预备军约 80 个师;使用于河北省约 50 个师,陆续向沧县、保定、石家庄一带集中;限令第一线兵团于 7 月底以前到达预定位置;拟定大本营及各级司令部之编制,定于 7 月底秘密成立;并拟定弹药整理与准备,粮秣购备,防空器材及新兵器之分配,交通通信之整理与准备,兵站之设置,海军作战计划之拟定,南京与上海间江岸工事之设施,兵员补充及民众组织训练;呈准设立总动员委员会,办理全国动员事宜。

　　△　国民政府电北平市长秦德纯,对卢沟桥事变指示三点:一、不准接受任何条件;二、不许后退一步;三、必要时准备牺牲。

　　△　立法院长孙科在上海对新闻记者称,卢沟桥事件有扩大可能,中央决不容再失寸土。

　　△　宋哲元由山东乐陵返天津。

　　△　北平各城门今仍紧闭,并在各要冲堆置障碍物,防汉奸与日本浪人蠢动。

　　△　秦德纯与松井达成停战协定:一、第二十九军代表声明向日军表示道歉,并对责任者给以处分,负责防止今后不再惹起类似事件;二、中国在卢沟桥周围及龙王庙驻军,改由保安队维持治安;三、各抗日团体今后要采取措施并彻底取缔。

　　△　日军于凌晨向卢沟桥一带猛烈攻击,我国守军奋勇抵抗。上午 11 时,日军又向卢沟桥一带炮击,双方肉搏冲锋。当晚,日军复向卢沟桥、南苑等处我国守军猛攻。

　　△　我国各文化团体宣布,拒绝参加 8 月 4 日在日本召开的第七届世界教育会议,并表示下届会议如再有伪满代表列席,我国永不参加。

　　△　中国共产党代表周恩来、秦邦宪至庐山。

　　△　宪政协会在上海成立。

　　△　国民政府明令公布《军事征用法》。

　　△　下午 4 时,日天皇裁可首相近卫所呈增兵华北及对华北政策所需经费案。6 时,日政府发表增兵华北声明,并改称卢沟桥事变为"北支事变",声称"内阁会议下了重大决心,决定采取必要的措施,立即增兵华北"。日本策定侵华计划,以重兵分三路进攻华北:第一路由关东军派遣军铃木、酒井两混战旅团,由热河向北平以北地区攻击;第二路由朝鲜派遣第二十师团入山海关,向北平以南地区攻击;第三路以华北驻屯军河边混成旅团为基干,向北平以东地区攻击。三路日军对北平采分进合击态势;另由日本国内派遣四个师团,经朝鲜入山海关,与

经海运前来部队会合,围攻天津、塘沽。海军省令第三舰队旗舰"出云号"驶往上海警备,外务省令旅华日侨作撤退准备。

　　△　日本首相近卫邀集政界、财政界、报界代表解释政府对华政策,阁员全体出席。会后,政、民两党以及贵族院、内阁各省、金融界、各报纸纷纷表示支持政府乘此机会出兵华北,根本解决中国问题。

　　△　日本参谋本部策定《对支作战计划》,决定"以打击中国第二十九军为目的,战事须局限于平、津地区","本乎局限方针,目前应向平、津地区迅速派遣陆军,以达膺惩第二十九军的目的"。

　　△　日本陆军参谋总长闲院宫载仁连续下令,派遣第二十师团,关东军所属独立混成第一与第十一旅团主力及空军集团之一部,以及铁道、电信、汽车、防疫部队之一部去华北,受华北驻屯军司令官指挥。参谋本部和海军司令部之间,作出陆海军关于在华北作战协定,陆海军关于在华北作战的航空协定。

　　△　日本参谋本部制定《关于华北用兵时的对华战争指导纲要》,宣称通过"全面战争,求得对华问题的彻底解决",要求日军速战速决。

　　△　日本各报闻天皇批准内阁出兵计划,立刻刊出报道:"日本决定出兵华北!""四个师团将立即开拔!"

　　△　日本陆相任命香月清司中将为华北驻屯军司令官,接替病危的田代皖一郎,并限当日到达驻地天津。香月行前分别晋见陆相、参谋总长等接受指示。

　　△　由关外开来日本兵车 10 列,其中二列已由秦皇岛开丰台,三列已抵津,另五列也将到山海关转天津。大批日机也由关外调来,已有轰炸机 12 架飞抵天津。

　　△　晨 4 时许,日海军陆战队 400 余人自上海江湾路司令部出营,在越界筑路施高塔路一带演习。

　　△　日本外务省令在华日侨作撤退准备;日本各报号外满街,皆称中日危机一触即发。

　　△　日本台湾总督小林济造恐台民响应抗日举动,提出强硬声明,

不许台民轻举妄动,并发出战时警告。

　　△　日本首相近卫及参谋总长闲院宫晋见日本天皇后,召集陆、海、外务、大藏四相紧急会议,议决:"一、发动自卫权;二、向中外声明;三、支出必要经费,并期举国一致担任该事态之处理"等原则。

　　△　日本驻华海军第三舰队由台湾驶返上海,司令官长谷川清中将在"出云"旗舰召开特别会议,决议分组三特务舰队,每队配炮舰一艘、轻巡洋舰或浅水舰二艘、运输舰一艘。上海方面由长谷川指挥,汉口方面由第一舰队司令谷木指挥,青岛方面由第十一舰队负责,厦门、汕头方面由第三舰队"夕张"舰负责。各队担任警备保侨责任,必要时得由特别舰队长指挥,并由特别陆战队协力警戒。

　　△　世界各国注视中国华北局势。是日,美国《华盛顿邮报》发表题为《玩火》的社论称,日本在华北向中国寻衅,这种"玩火"究为危险之举动,而在火药库附近,危险为尤甚。苏联《真理报》评论称,日本在卢沟桥之挑衅,在强迫华北当局接受日本之要求,俾以既成事实窘困南京政府,此显为近卫对华新政策之实现。法国外交部发言人宣称,华北战事消息当然引起各国之忧虑。德国各报皆于显著地位登载华北战事消息。

　　7月12日　蒋介石复电秦德纯等称:"可以不丧主权之原则与之交涉,方能贯彻主张完成使命。唯我军以应战而不求战之方针,当使全体官兵明了,一致遵守。谈判之时,尤应防其欺诈,刻刻戒备,勿受其欺。北平城使其不能任意出入为要。"

　　△　秦德纯、冯治安、张自忠密电蒋介石、冯玉祥称:"卢沟桥战事复经磋商解决办法,规定双方会同派员监视前方部队于现状下各撤原防,刻下正在进行。惟彼不顾信义,能否履行,尚不敢必信。宛平城及铁路桥仍为我军驻守。"

　　△　北平市长秦德纯电军委会称,日军在北平四郊活动,市民极感不安,甚盼中央军北上。

　　△　军委会委员长侍从室第一处主任钱大钧密电秦德纯称:"此刻

如日兵尚在对峙而不肯撤退,则彼必待其关东部队到后积极进攻,决无疑义,望从速切实加紧备战,万勿受欺。”

△　何应钦密电抵达天津的宋哲元称:“卢事日趋严重,津市遍布日军,兄在津万分危险,务祈即刻秘密赴保,坐镇主持。”宋哲元电阻中央军止于河北南境,谓“中央大军北上,必致激怒日人”。

△　宋哲元在天津召集第二十九军高级军官会议,向秦德纯、冯治安、张自忠等指示机宜;声明其和平愿望称:“余向主张和平,爱护人群,决不愿以人类作无益社会之牺牲……希望负责者以东亚大局为重。”

△　蒋介石电复阎锡山称,“在不求战而必抗战之决心下努力一切”。

△　外交部长王宠惠接见日大使馆参赞日高信六郎、陆军武官大城户、海军武官中原,商讨北方时局。王外长提议,双方即时停止军事行动,并将军队撤回原地。日方拒不表态。

△　外交部发表声明,任何地方性解决办法,未经中央政府核准者,自属无效。外交部并呈请行政院,严防日方借口保侨向我滋扰。

△　外交部发表声明,公布日军在卢沟桥挑衅事件真相,揭露日军以和谈为掩护,蓄意扩大战争阴谋;声明中国“愿本平等互惠之精神,以外交方式谋和平之解决”,要求“日本立即停止军事行动,遵照前约,即日撤兵”,并“切实制止非法之驻军演习”。

△　军事委员会委员长西安行营第一厅厅长侯成如遵照国民党当局意见,对西安红军代表叶剑英称:“据南京方面的绝密消息,南京拟将红军部队编入战斗序列,使用于平绥线方面,与傅作义共同作战,但不知红军能否听从调动?”叶剑英遵照中共中央指示,郑重表示:“红军抗日救国的主张,国人皆知;华北事件发生,共产党及红军即通电表示抗日救国。”叶剑英一面请侯成如将此意转致南京当局,一面报告中共中央。

△　晚9时,军政部举行卢沟桥事件第二次会报会,由部长何应钦主持;出席会议人员何应钦、参谋本部参谋总长程潜、训练总监唐生智、

军委会办公厅主任徐永昌、铨叙厅厅长林蔚，以及曹浩森、熊斌、刘光、周至柔、周骏彦、俞大维、项雄霄、王文宣、王景录、陈东生、佘念慈、端木恺、罗泽闿、谭道平等。会议决定派军政部部附赵巽乘飞机将卢沟桥工事图送往保定，交冯治安转送前方应用。熊斌先乘飞机至郑州，再换火车赴保定，派高参一人径赴天津，促宋哲元即日至保定与熊斌会面。熊斌任务为宣达中央意旨，即蒋介石所示"不挑战，必抗战"。如宋哲元因环境关系需忍耐以求和时，只可在不丧失领土主权原则之下与彼（日本）谈判，以求缓兵，但仍须作全盘之准备；卢沟桥、宛平城不可放弃。如第二十九军需要子弹与军实，中央可以源源补充。部队的准备：第十五师王东原部先令开汉待命；第一次使用于第一线部队，不可全用调整师，应将稍差部队夹用。各边区绥靖主任就目前情势，迅速具报可抽调部队若干。各省保安团队，演习维护后方交通勤务。津浦路北上开行列车应不露痕迹，将车辆逐渐南移。粤、桂、川部队，准备必要时抽调部队北上。其正在整编者，迅速整编。必要时发动绥东战事及察北伪军反正。必要时令第三者（按：指红军）出绥东，进入内蒙，以扰敌（日本）之侧背。

　　△　国民党中央决定，庐山谈话会第一期17日召开，第二期25日召开，第三期8月5日召开。谈话会不规定议题，侧重复兴民族和今后施政的具体方针。谈话会期间，蒋介石、汪精卫轮流出席。正式被邀请者，可以发表意见，进行讨论。被约作陪的国民党各级官员，分成若干组从事研究。谈话会不采取议决形式。必要时，蒋介石、汪精卫将单独约见一部分正式被邀请者作个别谈话。

　　△　全国各界救国联合会与全国学生救国联合会联合致电宋哲元与第二十九军全体将士称："日寇此次进攻，志在整个华北，局部屈服，适增寇焰，不但贵军生命线不保，亦华北存亡之所系，务望继续抗战。……唯领土主权之完整，全国人民，决督促中央，共为后盾。"

　　△　卢沟桥事变发生次日，国民党上海市党部组织部长吴开先访晤杜月笙，希杜氏出面重组上海市抗敌后援会，发动民众，支援前线将

士。9 日,抗敌后援会于汇中饭店会议室举行筹备会,推潘公展、钱新之、杜月笙、虞洽卿、徐寄顾、黄涵之为主席团。本日,举行成立大会,到各界代表数百人,选出委员 120 人,常务委员 35 人,由"一二八"抗敌后援会秘书长陶百川任秘书长。

△　国民政府训令驻美大使馆参赞转达美国政府,希望美国以关系国身份进行调处中日纠纷。此一建议遭美国国务卿赫尔拒绝。赫尔称:"对我们而言,非常明显,进行调处只有迁怒日本政府;而且给他们机会,告诉日本人民,指责西方列强正在设法干涉他们所谓日本在华的自卫权利。"

△　江西各界统一救国大同盟致电蒋介石称:"请令守土将士,抗战到底,并请调大军增援。"

△　北平教育、银行、农、工、商、律师、妇女等成立各界联合会。同日,北平新闻界慰劳抗战守土将士会成立。

△　平、津交通今晨恢复。

△　天津中等学校学生成立劳军团进行募捐,慰劳守土抗战官兵。

△　交通、同济、复旦、重庆、大夏、云南、协和、中华等大学,致电第二十九军抗敌将士,望"坚持到底,保我河山"。

△　广州学生抗敌救亡会致电第二十九军宋哲元和全体将士,望"本伟大牺牲之精神,拒敌到底"。

△　东北大学师生电慰第二十九军将士,并将节省所得百元,汇北平慰劳。

△　金陵大学致电第二十九军将士,望"再接再厉,驱日寇于冀察境外,歼彼丑类,还我河山"。

△　保定教育界发起募捐,慰劳第二十九军守土将士。

△　辽、吉、黑、热四省旅京同乡会慰劳抗日将士;南京回教青年会电慰第二十九军将士,愿誓为后盾。

△　杭州青年励志社组织募款,慰劳第二十九军,并电告全国青年,拥护奋勇抗敌之第二十九军将士。

△ 绥远各界抗敌后援会成立。

△ 国民党南京市党部及农、工、商、妇女等团体电慰宋哲元暨第二十九军将士称："我首都民众为民族争生存，为国家争人格，一息尚存，誓为诸将士后盾。"

△ 日军不履行撤兵协议，复在原阵地布置工事，继续向北平增兵。凌晨，日军进犯财神庙，被我军击退。晚，日军又在宛平一带开展范围更大的进攻，我军与日军激战。日机飞长辛店、保定侦察；天津日军占领东沧。

△ 日本华北驻屯军河边正三旅团兵员约 9045 人，利用冀东伪组织由北宁路及长城各口运兵增援。

△ 主张对华强硬派之香月清司至天津任职，午前下令华北驻屯军要"作好适应全面对华作战的准备"，增加丰台、通县的兵力。关东军部队主力集结于密云，航空队集结于天津。香月清司并召开军事会议，决定动用第一批增加的兵力，"一举歼灭中国第二十九军"，要求在 7 月 20 日以前完成部署。

△ 日本海军军令部确定对华作战计划秘密方案，陆海军协同作战。第一阶段，海军除运送和护卫陆军在天津方面协助陆军外，准备全力对华作战。第二阶段，陆海军配合占领青岛、上海为作战基地，扫荡华中中国空军力量，封锁长江下游、浙江沿岸及其他日军兵力所在地附近。第二舰队担任华北作战，第三舰队担任华中、华南作战。海军军令部当日将此方案传达给各部队首席参谋。

△ 中美订立稳定货币协定。

△ 驻英大使馆发表公报称，华北局势严重，日本此种行为，乃欲化华北为满洲第二之预定计划；中国不愿事态扩大，但必要时决不惜任何代价，抗拒敌人侵略。

△ 英国外相艾登告日本驻英大使吉田茂称，"英政府对远东和平仍为关怀，希望华北事件勿扩大"，并将此意告中国驻英大使郭泰祺，另照会美国。

△ 美国国务卿赫尔分别照会中、日两国驻美国大使,劝告双方停止冲突。

7 月 13 日 蒋介石电宋哲元称:"此次胜败全在兄与中央共同一致,无论和战,万勿单独进行,不稍与敌方以各个击破之隙。"

△ 蒋介石以日本五相会议决议大举出兵华北,令整装待发之第二十六路军两师迅赴保定,第四十军赴石家庄,第八十四师赴大同集中,作为第二十九军之支援。

△ 蒋介石以时局日趋严重,令驻庐山各部、会长官及办公人员即日返南京,处理要务。

△ 北平市长秦德纯电第二十九军驻南京代表李世军称:"日方退兵毫无诚意,事态必扩大,卢沟桥方面仍由我军驻守,日方所提无理要求均经拒绝,誓死未有只字承认,转陈中央释念。"秦德纯并对报界发表谈话称:"此间军政、外交,宋(哲元)均秉中央命令应付一切。"

△ 宋哲元以第二十九军全体官兵名义,电谢上海各团体慰问电称:"日军之宗旨在战斗,凡我官兵,慷慨赴义,分所当然。"各界闻悉此语,均甚感奋。

△ 晚 9 时,军政部举行卢沟桥事件第三次会报会,何应钦主持会议。除昨日第二次会报会人员外,出席人员增交通部长俞飞鹏与军委会办公厅副主任吴思豫。会商事项:一、部队调动,第九十五师罗奇部已调至郑(州)、汴(开封)集结待命,将来拟调津浦南段守备。二、外交谋略,日武官大神户请见何应钦,先由次长代见,探其意向;如确有诚意,亦可与之谈判。三、情况通报,由军政部办公厅名义,每日汇集情报发表一次,重要者随时通报。

△ 驻日大使馆临时代办杨云竹奉政府训令,向日外务省提出抗议,要求撤退卢沟桥一带日军,并立即停止派遣军队前往华北。

△ 毛泽东电叶剑英,指示积极与中央军、第十七路军及冯钦哉等接洽,协商对日坚决抗战之总方针及办法,拟先派 4000 人赴华北,主力改编后出发。毛泽东在电报中并称,正在向蒋介石提出此项要求,红军

大学增设抗日课程。

　　△　毛泽东出席延安共产党员与机关工作人员紧急会议,号召中共党员与抗日革命者,应沉着完成一切必需准备,随时出动到抗日前线。

　　△　延安《新中华报》发表《卢沟桥事件》一文,"要求南京国民政府立即动员全国海陆空军积极准备出动。民族危亡已达最后的紧急关头,任何迟疑就会造成莫大的罪过,只有迅速抗战才能挽救民族于危亡之途"。

　　△　周恩来会见蒋鼎文、宋子文,商谈红军改编人数及指挥机关问题。

　　△　周恩来与秦邦宪、林伯渠至庐山,随即向蒋介石提交《中共中央为公布国共合作宣言》,准备与国民党方面进行第三次庐山谈判。中共代表为周恩来、秦邦宪、林伯渠,国民党代表为蒋介石、邵力子、张冲;谈判的主要内容为公布国共合作宣言、红军改编与苏区改制等问题。

　　△　湖南省民众纷纷致电第二十九军,声援并慰问守土将士。

　　△　上海、天津间海运,因时局紧张暂停航运。

　　△　国民党河南省党部及工、农、商、妇女各团体致电宋哲元等,表示各民众团体誓为后盾。

　　△　云南省指委会致电宋哲元,并汇滇币一万元,慰劳抗敌将士。

　　△　武汉大学学生救国会致电国民政府称,"和平绝望,请即出兵抗敌"。

　　△　上海市大学联合会召开临时大会,决议各校教职员一律捐薪一元,慰劳抗敌将士。

　　△　基督教联合会捐款1000元,慰问华北抗敌将士和被灾人民。

　　△　国民政府公布民国二十六年国家普通岁入岁出第一次追加预算书。

　　△　刘湘召集绥署主要人员会议,说明整军会议经过及今后如何实施方案:川、康部队一律编为整编师,共130个团。计刘湘部60个

团,编为 11 个师,七个独立旅;孙震部 13 个团,编为三个师;刘文辉部九个团,编为二个师与一个独立团;杨森部八个团,编为二个师;李家钰部七个团,编为二个师;邓锡侯部 16 个团,编为四个师。

△ 经教育部核准,中央大学决增设航空工程学系,暑假后即正式招收新生。

△ 日军 400 余名乘汽车 65 辆,配有坦克四辆及迫击炮五门,进犯北平永定门,意欲入城,我军奋勇抵抗,击退日军。另一部日军拟进攻南苑第二十九军军部,遭我军痛击后退去,日机数架袭击南苑区。约有 2000 名日军分三批由通县开往丰台,日机在平、津、保地区侦察。日海军第十三与第十六分队由台湾开赴华南厦门、汕头、福州等口岸。

△ 日本华北驻屯军在天津设统监部,香月清司任统监。

△ 由山海关开抵平、津日军已达万人。由古北口开抵通县日军达 2000 余人。

△ 自 12 日起至 13 日午止,日军兵车 12 列陆续到津,人数在 3000 人以上。日军飞机抵津计 34 架。

△ 晚间,日本陆军首脑会议决定,将国内航空部队各机种共 18 个中队派往中国;经天皇批准后,下令编成“临时航空兵团”派往满洲,在承德与锦州附近、山海关与绥中之间及大连近郊周水子集中待命。

△ 日本关东军发言人宣称,若再遇挑衅行动,日本准备采取最剧烈手段,关东军已作完全部署,以援助华北驻屯军。

△ 日本海军舰队纷纷驶往华南,企图封锁我国沿海口岸。是日,日舰两艘驶至厦门,驶至汕头、福州各一艘。

△ 日本空中运输会社原定自本年 8 月 1 日起实施东京—天津与东京—长春航运,因华北军运紧迫,提前于是日实行开航。

△ 日本驻华大使川樾在青岛答记者称,“华北战事将扩大”,并称“卢沟桥事件是由中国军队挑起的”,“地方问题应由地方解决”,“日本将撤退在华侨民”。

△ 华北驻屯军司令官香月清司向宋哲元提出七项要求作为谈判

基础：一、彻底镇压共产党之策动；二、罢黜排日之要人；三、有排日色彩的中央系机关应从冀、察撤退；四、排日团体如蓝衣社、CC 团等应撤离冀、察；五、取缔排日言论、宣传机关及学生与民众运动；六、取缔学校与军队中之排日教育；七、北平市之警备由保安队担任，中国军队撤出城外。

　　△　日本驻上海海军陆战队 300 余人进行巷战演习。

　　△　驻法大使顾维钧拜访法外长，说明日本在华北挑衅，援引《盟约》第十一条、第十七条与《九国公约》第七条诉诸国联，以解决中日冲突，并电告外交部。同日，驻英大使郭泰祺拟请英国政府注意中日争端，谋解决中日冲突，并电告外交部。

　　△　孔祥熙在美接见美国新闻记者发表谈话称，"中国政府已被迫采取防御方案，掀起冲突之日军，应负此种后果之责任"，并称"日军所造成之华北异状，不仅为中日两国政府之烦恼问题，且亦为世界和平之危机，又不只损害两国之关系，且亦将破坏各关系国之利益"。"在敝国方面，如和平与敝国主权不相违背时，仍极愿与日本保持和平；但若惟有自卫始能保障敝国领土之完整时，吾人决自卫也"。

　　△　外交部电告驻法大使顾维钧，日本将于 15 日发动总攻，设法"争取各方协助或调停，盼能立即防止这一重大冲突"。

　　△　驻美大使王正廷访美国务卿赫尔称："中国现仍力谋和平，如日本继续其侵略行为，则中国除自卫外，别无他策。"

　　△　王心源发明海绵蓄墨自来水笔，获专利五年。

　　7 月 14 日　蒋介石电令何应钦：一、即抽调二公分高射炮六个连运往保定，以备分发各部阵地；二、速运子弹 300 万发交宋哲元领用；三、准备在石家庄设行营；四、即派员到石家庄设仓库与防空。军事委员会设置委员长石家庄行营，派徐永昌为主任。

　　△　宋哲元密电何应钦称："因兵力大部在平、津附近，且平、津地当冲要，故先到津布置，俟稍有头绪，即行赴保。"

　　△　中央政府以宋哲元不依令前往保定，仍滞留天津，致平、津形势愈形紧张，特派参谋本部次长熊斌北上保定。

△ 晚 9 时,军政部举行卢沟桥事件第四次会报会,何应钦主持,出席人员同第三次会报会。会商事项:一、曹浩森次长报告,保定无防空设备,希望中央军缓开保定。现天津日本飞机甚多,如中央军仓卒开到保定,恐被日机出其不意之轰炸。津浦路北端甚空虚,甚望中央军能由津浦路北上到沧州。二、何应钦报告,蒋介石有电到外交部,嘱发表申明书。外交界确实消息,11 日晚,宋(哲元)已签字,承认日方条件。现中央并非申明宣战,仍须说明和平愿望;而地方政府已与对方签订和平条件,中央尚不知底蕴,仍在调兵遣将,准备抗战,是中央与地方太不联系,故发表宣言,甚难措辞。三、关于战斗序列,设陆海空军大元帅,其下为各方面军总司令,再下为各集团军司令官,以下为军长。大元帅幕僚长仍称参谋总长。各预备军与集团军同等。空军以直属大元帅为原则,必要时可分属各方面军。四、关于封锁长江,撤除长江灯塔航标,江阴新炮台限期完成。五、关于谋略与外交方针,徐永昌表示,现在我们准备未周,开战难操胜算,必在此最困苦关头,能忍耐渡过。若日方真如其宣传,确不欲事态扩大,则我似应抓住其意向,表示可以妥协,最好由中央给予宋明轩(宋哲元)以妥协标准,使其便于商谈。参谋总长程潜表示,现在我们希望缓兵,以完成我方准备。所谓完成准备,即对长江设备完成,可以确实控制长江之安全,而保长江之枢纽,则无论实行持久战或歼灭战,乃有把握。但目下之准备与军队之动员,仍不可忽。训练总监唐生智表示,现在宋哲元已在中央许可范围以外,从事妥协之运动。如中央再给以和平妥协之意图,则前途将不可问,冀察必非我有。故目前中央宜表示强硬,宋明轩之妥协运动进行,如结果不超出中央期望以外,则中央可追认之;否则,中央予以否认。至军事准备尤不可忽。

△ 阎锡山派张荫梧去天津并致函宋哲元称:"接受中央军的援助,协同抗战,不可妄听汉奸挑拨。"

△ 四川省政府主席刘湘特电中央请缨,愿率部为国效命,出川抗战。

　　△　行政院在京各部长开谈话会讨论北方时局问题,决定自 15 日起恢复全日办公,遇必要时延长办公时间。

　　△　中日双方开始和平谈判。中方代表陈觉生、邓哲熙,日方代表华北驻屯军参谋长桥本、参谋和知、专田等,就日方七项要求进行谈判。

　　△　卢沟桥案交涉由北平移至天津,由宋哲元亲自处理;齐燮元赴天津,协助宋哲元进行和平谈判。天津市长张自忠自北平返天津。

　　△　日本华北驻屯军参谋专田盛寿又向宋哲元提出北平城内不得驻军、取缔排日宣传和运动、罢免排日要人、彻底镇压共产党等七项要求。

　　△　全国商会联合会通电各省区商会联合会,迅速联合当地各界,组织全市或全县、全镇抗战将士后援会,劝告各界自由捐输,并转知各商店、工厂先捐一日营业额十分之二,汇往慰劳前方将士。

　　△　北平、南京、上海、汉口、昆明、开封、长沙、福州、安庆、芜湖等地各团体,纽约、檀香山华侨联合会等团体,致电国府或第二十九军,要求对日抵抗,以保国土,支持第二十九军抗战,并募捐慰劳前线抗敌将士。

　　△　北平、天津各大学教授致电林森、蒋介石、汪精卫等称,“敌寇深入,华北垂危,民族危机,已到最后关头”,要求国民政府“迅即发动全力,抗敌图存”。

　　△　陕西省成立西安各界抗敌后援会。

　　△　财政部发表整理太平洋拓业公司借款通告。

　　△　孔祥熙离纽约赴英,发表对卢沟桥事件声明。

　　△　中共中央军委主席团发布《关于红军改编为国民革命军及加强抗日教育问题》命令称:“我抗日红军,有开赴前线增援友军,并配合友军消灭野蛮日军之任务……令到后即以军为单位,改组为国民革命军编制。同时增加抗日政治课程,对干部及兵士教授东四省及华北五省地理,教授日本现状。”

　　△　毛泽东与朱德发布命令,红军在 10 天内准备完毕,待命开赴抗日前线。

△ 中共中央向国民政府表示："愿在蒋指挥下努力抗战,红军主力准备随时出动抗日,已命令各军 10 天内准备完毕,待令出动,同意担任平绥线国防。"

△ 毛泽东电张云逸,就广西、四川地方当局对全国抗战应采取之方针指示称,"为坚蒋氏抗日决心,各方应表示诚意拥护蒋氏及南京的抗日政策,不可有牵制之意"。"此时各方任务,在一面促成蒋氏建立全国抗战之最后决心(此点恐尚有问题);一面自己真诚地准备一切抗日救亡之步骤,并同南京一道做去……。盖此时是全国存亡关头,又是蒋及国民党彻底转变政策之关头,故我们及各方做法必须适合于上述之总方针"。

△ 周恩来在庐山会晤张冲。张冲称,蒋介石提出红军改编后,"各师须直隶行营,政治机关只管联络"。

△ 毛泽东电王稼祥称:"8 号我党发布宣言,主张坚决抗战,保卫平津,红军将领亦有通电,大得各方欢迎,华北、上海及各地救亡运动,正大起来,我们正令各地组织统一战线机关。恩来、博古、伯渠已到庐山数日,谈判抗战方针与亲密合作。"

△ 日本骑兵 200 余人向北平南苑第二十九军军部进攻,为我国守军击退。日军在右安门、团河等处挑衅,继续由关外向平、津运兵及坦克、重炮和军用品。开入关内日军除驻丰台外,其余分驻天津海光寺兵营及东车站等处。

△ 日本外务省发表声明,拒绝中国提出之日军撤离卢沟桥及停止派遣援军来华。日外务省发言人称,"日本不欢迎任何调解"。

△ 日本驻华大使川樾自青岛至天津,晤香月清司。

△ 日本政府在首相官邸招待与中国事务有关之东洋协会、同仁会、日华学会、东亚同文会、日本实业协会、日本外交协会等团体代表,外务大臣广田以下阁僚均出席,由广田及内阁官房长官风见说明卢沟桥事变经过及政府方针。各团体代表表示愿对政府方针予以全力支持。

△ 日军 600 余人自天津开抵廊坊、落垡,与我守军发生冲突。

　　△　日本台湾总督小林济造在总督府召开部、局长紧急会议,决定设立情报委员会,会同军司令部,禁止台湾民众参加抗日活动,开始管制言论与出版物。

　　△　德外交部长牛赖特分别接见中国大使程天放与日本大使武者小路,表示德国政府"对于中日争端现守中立态度"。程天放向牛赖特说明卢沟桥事变真相,牛赖特表示将抱平允态度。

　　7月15日　国民政府驳斥日陆军省为卢沟桥事件所发之谰言称:"日本陆军当局所谓国府假日军之手,以淘汰中央军直系以外之军队,尤为毫无根据,挑拨离间之词,不值识者一笑。"

　　△　外交部向日本大使馆提出书面抗议,指斥日方违反事实之来文,意在力图免除其一切应负之责任;同时还提出日军强扣北宁铁路车辆运兵输械,"显系有意扩大事态,分割中国主权,兹特一并严重抗议"。

　　△　驻日大使馆杨竹云代办访日本外务省,希望川樾至南京谈判。

　　△　何应钦密电宋哲元称,日本重开谈判,实为等待增援完竣,然后发动,以驱第二十九军于河北省境外。"查日人效'一二八'故事,先行缓兵,俟援军到达,即不顾信义,希图我二十九军一网打尽,形势显然,最为可虑。望即切实注意,计划应付为祷"。次日,宋哲元复电何应钦称:"电示各节,倘不幸而真成事实,则是现在已陷绝境,应请中央作第二步准备,以待非常之变。"

　　△　冀察政务委员会委员长宋哲元派戈定远抵南京,转赴庐山晋谒蒋介石,代宋哲元报告华北情况,并请示机宜。

　　△　秦德纯、冯治安电复第二十九军驻南京代表李世军称:"我方提出此后日方不得夜间演习。经商定后,双方即从事撤退。但迄今我方已将部队撤退原地,而彼尚未撤退。天津方面先后开到兵车15列,今日由天津沿平津大道有日步、炮兵约2000余名西来,又平郊不时有其小部队出发,以上是最近情形。至京、沪所传种种,不足置信。"

　　△　齐燮元、张自忠、陈觉生、张允荣仍在天津与日军进行谈判;日本华北驻屯军司令官香月清司晤宋哲元。

△　驻日大使许世英返任。

△　晚 9 时,军政部举行卢沟桥事件第五次会报会,何应钦主持会议,除第四次会报出席人员外,有军委会委员长西安行营主任蒋鼎文、宪兵司令谷正伦、航空学校教育长黄镇球与张治中。会议讨论防空计划,各地防空处及监视所,应速令成立;首都防空司令部秘密成立,谷正伦兼任防空司令;阎锡山同意在太原设航空根据地。

△　国民政府颁布《陆军兵役惩罚条例》,凡八条,《违反兵役法治罪条例》,凡 11 条。

△　国民政府修正公布《妨害国币惩治暂行条例》,凡八条。

△　立法院修正通过《妨害国币惩治暂行条例》,凡八条,修正要点:一、凡私运或私毁铜币出口者,分别情节,处死刑、无期徒刑或有期徒刑,并科罚金;二、凡伪造币券者,分别情节,处以无期徒刑或有期徒刑并科罚金。

△　中共中央向中国国民党中央提交《中国共产党为公布国共合作宣言》,提出实现国共合作与全国大团结的三项基本政治纲领:一、争取中华民族之独立、自由与解放,首先须切实的迅速的准备与发动民族革命抗战,以收复失地和恢复领土、主权之完整。二、实现民权政治,召开国民大会,以制定宪法与规定救国方针。三、实现中国人民之幸福与愉快的生活,首先须切实救济灾荒,安定民生,发展国防经济,解除人民痛苦与改善人民生活。为表示实现国共合作的诚意,中共中央再次郑重向全国宣布:一、孙中山先生的三民主义为中国今日之必需,本党愿为其彻底实现而奋斗。二、取消一切推翻国民党政权的暴动政策及赤化运动,停止以暴力没收地主土地的政策。三、取消现在的苏维埃政府,实行民权政治,以期全国政权之统一。四、取消红军名义及番号,改编为国民革命军,受国民政府军事委员会之统辖,并待命出动,担任抗日前线之职责。

△　参加庐山谈话会之王云五、左舜生、黄炎培、张君劢、曾琦等32 人,电冀察政务委员会宋哲元、秦德纯等称:"报载公训将士'华北即

吾军坟墓',壮哉此言,闻者激奋。燕赵几千里河山,旧都七百年文物,平津四百万人民,共亡共存,千钧一发,夙钦大勇,宁建奇功,凡我同仁,愿为后盾。"

　　△　中共中央发布《关于组织抗日统一战线扩大救亡运动给各地党部的指示》,指示各地党组织迅速切实组织抗日统一战线,扩大救亡运动,对国民党每一抗战步骤,应采取欢迎与赞助的态度,对各界中的纠纷,共产党员应以调停人之资格出任和解。

　　△　毛泽东致函阎锡山称:"关于坚决抗战之方针及达到任务之方法问题,红军开赴前线协同作战问题,特派周小舟同志晋谒。"

　　△　周恩来就红军改编后各师直属行营事,致函蒋介石称:"此与来(周恩来)上次在庐(庐山)所面聆及归陕向党中诸同志所面告者出入甚大,不仅事难做通,且使来一再失信于党中同志,恐碍此后各事之进行。"

　　△　宋哲元电复全国各报馆、各界同胞、海外侨胞称,卢沟桥事件后,"各方盛意,虽甚殷感,而捐款概不敢受,倘将来国际大战发生,全国动员,牺牲巨大之时,再由国家统筹,同胞捐助,未为晚也"。

　　△　北京大学全体教职员致电宋哲元称,希其"砥柱中流,力排浮议,勿失寸土,勿求苟安,为民族争正气,为我公保令名"。

　　△　平、津各高等院校校长对外间谣传有所疑虑,特询问宋哲元;宋氏答称:"绝未与日方签订任何协定。"

　　△　暑假留南京各校学生通电全国称:"我们忍辱负重已经六年了,现在不能再失去寸土寸地,我们要做政府坚强后盾。"

　　△　西北青年救国联合会发出《紧急动员通告》,号召全体会员:"紧急的动员起来,为保卫平津、华北,驱逐日寇而流最后的一滴血!"又通电全国青年,呼吁"立即实现全国抗日青年的救国大联合"。

　　△　汉口市商会致电全国各省、市商会,表示"宁为玉碎,毋为瓦全",愿"作弦高之犒劳,效卜式之输财,各尽其力之所及,共赴国难"。

　　△　北平各大学教授李书华等赴天津谒冀察政务委员会委员长宋

哲元,探询时局真相。宋哲元称:"和平谈判尚在进行,但绝不丧权辱国,本人不久即返北平。"

　　△　中、英商订无线电通话合同,每日通话展为三小时。

　　△　驻法大使顾维钧拜会法国外长,寻求解决中日冲突门径。法国外长答以希由英、法、美联合向中、日劝告,以援引《九国公约》与美国一致进行为宜;至于诉诸国联,法国外长以为不易见效。

　　△　驻苏大使蒋廷黻拜会苏联外交人民委员李维诺夫,探询苏联在中日冲突中所持态度。李维诺夫称,中国"对鲍格罗莫夫建议淡然处之,已铸成大错;使中、苏关系密切,则日本将有所顾忌"。

　　△　中国教育学术团体联合办事处电世界教育会议会长孟禄博士称,以本届世界教育会议已允准伪满洲国代表参加,"我国决不参加本届会议"。

　　△　英驻华大使许阁森抵南京,邀请日本临时代理大使(代办)日高,询问中日两军在华北冲突原因及其后情形,以探询日方意见,英国准备进行调停。同日,许阁森晤王宠惠,询问华北近况。

　　△　日本华北驻屯军制定作战计划,分两期进行。第一期作战,主要在于一举击败北平西部的第三十七师,将其扫荡至永定河以南。根据情况对在南苑的第三十八师一并攻击之。在此期间,可由第二十师团作好准备,随时将第一三二师击溃。会战前,先以航空主力集中轰炸西苑、八宝山、北苑、长辛店、南苑。第二期作战,预期以现有兵力进入保定、任丘一线。在增加兵力以后进入石家庄—德县一线,同中央军决战。

　　△　日军在平、津地区已逾二万,有飞机百架。天津东局子惠通机场,共停日机 40 架。

　　△　日军强占北宁路天津总站及东车站、车厂、货场,并构筑防御工事。

　　△　日本政府召集地方长官会议,首相、外相、藏相致训词,要求地方长官了解出兵华北之意义,"使帝国之立场贯彻于国民间,官民协力,

努力收真正举国一致之实"。

　　△　日军部下令派遣七个野战高射炮队及大量通讯兵、运输兵、兵工、医疗等部队至华北,作为华北驻屯军直辖部队及兵站部队。

　　△　是日至 17 日,日本参谋本部作《形势判断》,制订《对华作战纲要》与《在华北使用兵力时对华战争指导纲要》,扬言"迅速收拾时局,下最大决心的时机已经到来",准备在两个月内讨伐第二十九军;如发展为全面战争,预定在三四个月内消灭中国的中央政权。

　　△　日本陆军省发表公报称,"鉴于华北情势严重,决定从日本内地派遣一部分部队前往华北"。是日晚,日陆军省决定自日本国内派遣五个师团约 10 万人至华北,预定先占领永定河以东的平、津地区,然后推进到保定、任丘一线,最后与我军决战于石家庄、德州之间。

　　△　日本政府近扣留商轮 31 艘,装运大批军队、军火前来中国;已奉令开拔者有第五、六、十、十二、十六共五个师团,约 10 万人。其中除两个师团已指定开至平、津外,其余三个师团暂开朝鲜待命。

　　△　日本台湾总督小林济造强迫解散"台湾地方自治联盟",禁止台湾民众进行政治活动。

　　7 月 16 日　庐山谈话会于上午 9 时在牯岭图书馆举行,到会人员为蒋介石、汪精卫、于右任、居正、戴传贤、冯玉祥、张群、曾仲鸣、丁燮林、王星拱、王云五、王立明、王世颖、方东美、方鹣先、尹任先、皮宗石、江恒源、朱庆澜、朱经农、杜重远、汪周典、何炳松、何鸿基、吴贻芳、吴经熊、李建勋、李剑农、李璜、李协、李文范、邵鹤亭、竺可桢、邱椿、林志钧、林维英、俞凤韶、茅祖权、胡适、胡建中、胡定安、胡次威、凌冰、浦薛凤、穆湘玥、徐诵明、徐永祚、徐恩曾、马洗繁、马君武、马寅初、刘秉麟、章之汶、陶希圣、齐国樑、梅贻琦、崔敬伯、崔唯吾、盛俊、梁士纯、陈之迈、曹惠群、黄国璋、高君珊、高秉坊、张寿镛、张伯苓、陈公博、周佛海、彭学沛、陈其采、邵力子、顾树森、顾毓琇、谭熙鸿、萧铮、萧纯锦、谢寿庸、裴开明、蒋方震、蒋梦麟、卫挺生、骆美奂、欧元怀、马朔鸾、龚学遂、刘大钧、刘振东、郑通和、范寿康、刘湛恩、廖世承、赵迺搏、赵棣华、赵正平、赵兰坪、杨公达、楼桐荪、程中行、陈布雷、梅思平、梁颖文、宋兆萃、李超英、张彝鼎、徐庆誉、高傅珠、李毓九、罗虎强、陈方、梁敬镎、郎醒石、吴炼才、吴颂皋、李唯果、刘健群、甘乃光、谢冠生、潘公展、刘瑞恒、吴尚鹰、陶履谦、钱昌照、周览、贾士毅、傅斯年、陆费伯鸿、秦汾、曾仰丰、曾琦、陈春圃、陈次溥、陈大齐、陈剑修、陈锦涛、陈长蘅、陈源、斐复恒、张西曼、张寿森、张肖梅、张纯明、张心一、张素民、张奚若、张愿、张志让、陈立夫、段锡朋、邹琳、经亨颐、叶楚伧,共 150 余人。谈话会邀集人汪精卫、蒋介石同时莅临,汪精卫任主席并致词。张君劢、张志让、王云五、张寿镛、江恒源相继发言。会场严肃和协,与会者精神大为振奋。谈话会 11 时结束。

△ 国民政府向美、英、法、意、比、荷、葡《九国公约》签字国及苏、德两国政府发出备忘录,说明中日纠纷之情势,指出日本的侵略行为"实属破坏《九国公约》所规定之中国领土主权完整,倘任其发生,则足以在亚洲及全世界产生重大后果",并表示"中国方面现仍准备谈判任何荣誉之协定,惟中国国民政府对于谈判解决之基本条件,不得不加以密切控制",以防止日本分裂华北。

△ 外交部以中日自 17 日起停止调动军队,中日卷入冲突的军队各回原防为条件,请英国驻华大使许阁森向日本试探和平。日外务省以"解决卢沟桥事件,实全是华北地方当局的职权"为由加以拒绝。

△ 蒋介石电宋哲元、秦德纯称:"对方盛传兄等已与日方签订协定,内容大致为(一)道歉,(二)惩凶,(三)(卢沟桥)不驻兵,(四)防共及取缔排日等项。此种协定条款,殆已遍传欧美。综观现在情势,日方决以全力威胁地方签订此约为第一目的。但日方所欲者,若仅止于所传数点,则其大动干戈,可谓毫无意识。推其真意,签订协议为第一,俟大军调集后再谈政治条件,其严酷将恐甚于去年之所谓四原则、八要项。现日本外次崛内告我杨代办,'已签订地方协定为局部解决之基础'一语,并足证明此基础之外,另有文章也。""今次事件决非如此易了,只要吾兄等能坚持到底,则成败利钝,中(蒋介石)愿独负责也。"

　　△　国民党中央电令宋哲元、秦德纯、冯治安等,切实注意计划应付,拒敌无理要求,凡有损主权及任何领土者,拒绝承认,为保障领土完整,抵抗到底。

　　△　宋哲元在香月清司要求和谈条款最后期限下,派天津市长张自忠与桥本群商谈。宋哲元声称,这次在天津和日方交涉,是作为侧面折冲,正式商洽,尚无确期。

　　△　宋哲元电请中央政府准备待变,表示愿有限度接受日方所提道歉及撤兵要求。

　　△　何应钦前电宋哲元赴保定指挥,但宋氏仍滞留天津。是日,何应钦再电宋哲元称,日本已大举出兵,准备进攻北平,望勿为谈判所误,早作军事部署。

　　△　行政院召开会议,讨论对日作战是全部化还是局部化,以及绝交或宣战的手续与步骤等问题,确定17日在外交部会商其利害得失。

　　△　晚9时,军政部举行卢沟桥第六次会报会,何应钦主持,除第五次会报会出席人员外,增参谋本部第一厅厅长龚浩、第二厅厅长徐祖诒。会议决定电北平绥署及宋哲元、秦德纯等人,告以日军动员及输送情形,第二十九军在平之危险态势,请速拟日军奇袭时之应付计划见复。会报会着重讨论战争全部化或局部化问题。陈调元称,按实际一经开战,则侨民下旗归国,未有所谓局部化。程潜表示,依现在实际状况,仅能局部化。第一步似不能谈绝交,但如青岛、海州发生战争,则我在上海方面,似应先有所动作。唐生智表示,绝交,则长江腹地到处开炮,我甚不利;但仅局部化,则敌仍可处处自由行动,敌亦有利。何应钦表示,如局部化,日军对第二十九军攻击时,中央当然参加,此时其他地方均不动。敌如在青岛上陆,则我拒止之,又发生战争,惟此时是否仍仅限于北平与青岛,其他各处仍如九一八时官民照常往还,照常通商,或此时全部化,实行绝交宣战。何氏又谓如全部化,则绝交宣战,对敌之租界、兵舰、商船、居留民等,如何处理? 现我须全部准备,但究竟局部化与全部化,何者于我有利,在国际公法上手续如何? 均须详为研究。

1937 年 7 月 5495

△　顾祝同电蒋介石，报告川军刘湘、潘文华等表示出兵参战称："接刘甫澄（刘湘）来电及潘仲三（潘文华）至成都，共称'在此国难当前，正我辈捍卫国家，保（报）效领袖之时。'"

△　驻德大使程天放，将德国对卢沟桥事件的舆论反应电告外交部，称："德报对中日事件评论均尚持平，大都暗示日方在华北驻军太多，引起中国恶感。"

△　驻法大使顾维钧向哈瓦斯社记者发表长篇谈话称，"中国政府已通告各国政府，凡日本强令华北地方当局所缔结之协定，非经中央政府核准者，中国概不加承认"。

△　毛泽东、朱德就红军准备参战与改编电彭德怀、任弼时等，在国民政府"许可主力红军参战条件下，拟以原一、二、四方面军出动，即以方面军编为师，军编为旅，师编为团"。

△　何香凝为激励第二十九军抗战，特以书画笔润，定购大批手巾、扇子及救急药品，送二十九军驻沪办事处收转前方将士；并组织中国妇女抗敌后援会。

△　天津市民 1000 余人联名通电，天津学生亦联名宣言，反对屈辱和平。宣言称：一、拥护宋哲元统军抗战到底；二、要求独立解放的和平，反对屈辱的和平；三、誓死反对一切汉奸敌寇的分裂阴谋。

△　南京市地方自治研究会致电宋哲元等，称希望奋扬威命，为国宣勤。

△　北平各界联合会决定向各团体征集每日所得捐款，交中国、中国农民、交通三银行保管，并赶制慰问袋。

△　绥远各界抗敌后援会派员携款赴北平慰劳抗日将士。

△　河北省保定院校联合会致电宋哲元，请宋氏回北平主持工作。保定育德学校学生组织慰劳队，购买大批食品及线袜等慰劳守土将士。

△　粤汉铁路员工慰劳守土将士办事处成立，决定全路员工捐薪一日，慰劳前方将士，并电宋哲元慰勉。

△　成都市妇女成立华北抗战后援会。

　　△　新加坡华侨致电中央政府,请坚决抗日,海外华侨定为后援。

　　△　教育部公布学龄儿童强迫入学办法。

　　△　日本华北驻屯军司令官香月清司通知冀察政务委员会委员长宋哲元,限宋哲元19日以前承诺日方要求(即本月11日协定)。

　　△　日本陆军省训令华北驻屯军司令官香月清司压迫宋哲元向日方道歉,撤换第三十七师师长冯治安,并要求彻底实行7月11日协定条款。

　　△　日本外务省发言人答外国记者关于华北事件质问,谓"日政府从内地派兵赴华,乃原定计划,昨今两天情势未见好,亦未见更坏;华北驻屯军与冀察当局谈判,仍在进行中"。

　　△　上海日海军陆战队继续举行演习。

　　△　日军在丰台强筑飞机场。

　　△　日本驱逐舰"菊号"、"葵号"、"荻号"三艘,开抵大沽。

　　△　日本华北驻屯军前司令官田代皖一郎在天津病故。

　　△　日本第三舰队司令长官谷川清向日本海军军令部报告称,"如果局限战域,则有利于敌方兵力之集中,深恐将使我方作战困难⋯⋯。为制中国于死命,须以控制上海、南京的最要着",力主日本海军在上海发动战争。

　　△　日本五相会议通过陆相杉山元提议,对华北事件的谈判以19日为履行最后期限,不容许迁延;若谈判不能圆满达到目的,即大举进攻中国。会议完毕后,日本政府即派陆军省中国班长柴山、参谋本部中国课永津于当日下午飞抵天津,向香月清司与川樾茂传达上述命令。

　　△　日本政府邀集金融界三井、三菱、住友等财阀巨头,文化界中央公论社、改造社、日本评论社、文艺春秋社,新闻界的各大报纸代表,以及交易所、卸卖组合进行多次谈话,各方面一致拥护政府的政策。各地方的官员,也邀集各地方的有力人士谈话,要求一致行动。

　　△　英、美两国分别对日本发出照会,劝告日本勿扩大华北纠纷。

　　△　美国务卿赫尔发表声明并照会各国,申明美国主张不使用武

力、不干涉内政、遵守条约的国际局势态度。

△ 法国、意大利使馆人员向我国外交部探询近日局势。

△ 英驻华大使许阁森致函日本外务省,建议中日双方停止调动军队,寻求和平途径,但遭日方拒绝。

7 月 17 日 行政院长兼军事委员会委员长蒋介石在第二次庐山谈话会发表谈话,指出"卢沟桥事变已到了退让的最后关头","卢沟桥事变的推演是关系中国国家的整个问题,此事能否结束,就是最后关头的境界";"如果放弃尺寸土地与主权,便是中华民族的千古罪人"。蒋介石并称解决卢沟桥事件的四项原则:"(一)任何解决不得分割中国主权与领土之完整;(二)冀察行政组织不容任何不合法之改变;(三)中央政府所派地方官吏,如冀察政委会委员长宋哲元等,不能任人要求撤换;(四)第二十九军现在所驻地区,不得受任何约束。"蒋介石最后表示:"我们希望和平,而不求苟安;准备应战,而决不求战";"如果战端一开,就是地无分南北,人无分老幼,无论何人皆有守土抗战之责任,皆应抱定牺牲一切之决心。所以政府必特别谨慎,以临此大事。全国国民亦必严肃沉着,准备自卫。在此安危绝续之交,唯赖举国一致,服从纪律,严守秩序。……明了时局,效忠国家。"蒋介石郑重表示:"我们的态度只是应战,而不是求战","在和平根本绝望之前一秒钟,我们还是希望和平的,希望用和平的外交方法求得卢事的解决。"

△ 庐山谈话会继续讨论华北形势,发言者均表示对政府方针充分了解。

△ 蒋介石密电宋哲元:"调商震部原驻黄河以北之四个团,开赴石家庄集中待命。"

△ 蒋介石电告宋哲元等,第二十六路孙连仲部、第四十军庞炳勋部,统归冀察绥靖主任宋哲元指挥,并派参谋本部次长熊斌驻保定联络。

△ 何应钦密电宋哲元,日方正调大军到华北,与我谈判,在牵制我方,使我不作军事准备。"兄等近日似均陷于政治谈判之圈套,而对

军事准备颇现疏懈"。"望兄等一面不放弃和平,一面应暗作军事准备,尤其防止敌军袭击北平及南苑,更须妥定计划"。

△　第五十三军万福麟部一个师进驻琉璃河,第三十二军商震部向石家庄集中。

△　外交部长王宠惠照会日本大使馆,驳斥日方强词夺理、歪曲事实的照会,表示愿意中日双方直接交涉,或斡旋、调解、公断。

△　海军部长陈绍宽自柏林发出通电,表示"率海军人员回国枕戈待命",并于次日返国。

△　晚9时,军政部举行卢沟桥事件第七次会报会,何应钦主持,出席会议人员与第六次会报会议相同,讨论有关中日谈判及卢沟桥事变之交涉事宜。何应钦报告,日本大使馆参赞日高见王宠惠,谓日方对卢沟桥事件不愿扩大,只要中国政府将外交权交与冀察自行交涉;而冀察当局能忠实履行11日晚签定之条约,即可和平解决;其目的在使冀察特殊化。日本大诚户武官到军政部,由曹浩森次长代见。大诚户提出书面意见,谓如中央派兵北上及飞机北上,则日本将有适当处置,因此引起之事端,应由中国负其责任。参谋本部第二厅厅长徐祖诒报告,今日上午与外交部陈介次长等商讨开战后之绝交、宣战等手续及利害,所得结论如下:正式冲突后,外交部即发表一正式宣言,叙明日本对我压迫,我不能不自卫之理由;宣言稿已准备。关于断绝国交,如断绝后,双方即具有交战国资格。现在日本海军绝对优势,日本即可以交战国地位通告各国,禁止一切军需品及军需原料输入中国,其范围甚广。现我国一切军用品,能否自给自足,大有问题。两相比较,绝交后,日方可以行使交战国之权利,我方则不能享此交战国权利。因之,交战后,不宜绝交,仍以如"九一八"时之状态为宜。

△　中共代表周恩来、秦邦宪、林伯渠与国民党代表蒋介石、邵力子、张冲举行第四次庐山谈判。周恩来等向蒋介石建议以《中共中央为公布国共合作宣言》为国共两党合作的政治基础,并尽速发动全国抗战。蒋介石承认陕甘宁边区为国民政府行政院直辖行政区,允许边区政府发

布命令与委任官吏;但坚持在红军改编后的三个师之上不设总司令部或指挥部,三个师的经费、教育直属行营,参谋长由南京派员充任。对于中共中央提交的宣言,蒋介石表示待中日全面开战后再发表。周恩来等对蒋介石上述意见表示拒绝。双方均不让步,致谈判陷于僵局。

△ 张闻天、毛泽东电叶剑英转周恩来、秦邦宪、林伯渠称,红军改编的指挥机关,可以承认平时设政训处指挥,朱德为正主任,彭德怀为副主任;但战时不能不设以资统率的军事指挥部。

△ 毛泽东致函阎锡山称,"敝方指导华北工作者数人拟在太原驻止",请给予方便;并令彭雨峰(彭雪峰)速返太原。

△ 国民政府公布《国民工役法》,凡 26 条。

△ 铁道部重新核定《铁路管理组织大纲》。

△ 南京文化界代表 100 余人举行座谈会,决定成立南京文化界抗敌后援会,致电国民政府,要求迅速派遣大军抗敌。

△ 国民党河南省党部召集各界筹组河南抗敌后援会,致电蒋介石,要求下令全国总动员,准备抗战;电请宋哲元立即回保定。

△ 陕西省各机关、团体组织抗敌后援会,进行募捐及宣传活动。

△ 太原市各救亡团体及受军政训练之男女青年,组织志愿军及看护队,定 18 日赴前线参战服务。

△ 国立东北中山中学电慰宋哲元及第二十九军全体将士,望贯彻始终,誓死守土。

△ 今井武夫访秦德纯,提出三项要求:一、撤销北平城内戒严设备,二、搜查失踪日人,三、停止第二十九军兵士在北宁路列车内之越轨行动。此要求遭秦德纯拒绝。

△ 拂晓,日军三次向北平大教场我军挑衅,我国守军予以还击。日军活动区域已达北平西北郊,与其在东南活动之大部队相呼应,对北平隐成包围态势。

△ 日本兵车 18 列由榆关开进天津。日本国内正陆续征集预备役兵员入伍,听候派遣。

△ 日军占据天津西站。

△ 日军占据北宁路沿路各站、"满铁"路员强占北宁路沿路各站,辟办公室。

△ 日本大使馆参赞日高向外交部递交照会,要求"立即停止一切挑衅的言论和行动,不得阻碍现地两国继续进行解决事变的交涉",并限 19 日答复。

△ 日本大使馆武官大诚户代表日陆军省向军政部面致文书,责中国政府违反中、日华北各项协定,派兵北上;日军当采取认为适宜之处置,一切事态应由中国政府负责。

△ 日本陆军省电令华北驻屯军,要求宋哲元正式道歉;处罚责任者,罢免冯治安;撤退八宝山附近部队;7 月 11 日协定改由宋哲元签字。以上要求如中国方面不在 19 日履行,即停止现地交涉。日本内阁五相会议同意上述决定。

7 月 18 日 午后,宋哲元参加日本华北驻屯军前司令官田代皖一郎葬礼,并偕张自忠、张允荣、陈觉生、陈中孚、邓哲熙等五人前往天津日租界明石街日军偕行社拜访香月清司;日方除香月清司外,另有桥本群、和知鹰二、大木、池田、塚田均在场。双方约定,谈判由中方张自忠、张允荣与日方桥本、和知进行。下午 2 时,宋哲元等辞出。此为自香月清司到任后,宋哲元由乐陵返天津后双方首次晤谈。自经宋哲元与香月清司晤谈后,和平声浪转高,然此实为日方缓兵之计。

△ 冯治安、秦德纯电南京,陈述日本军队继续增兵及布置情形,称"吾人固祈祷和平,但果至不能保持和平时,只有为自卫而备战。外传种种及挑拨离间之宣传,请勿置信"。

△ 行政院各部、会长官上、下午俱在外交部长王宠惠官舍连续会谈,商讨应付时局办法,并与庐山最高当局通话联系。

△ 晚 9 时,军政部举行卢沟桥事变第八次会报会,何应钦主持,程潜、唐生智、俞飞鹏三人未出席,余同出席第七次会报会人员。罗泽闿报告提出,目下最重要者,为部队迅速集中与配置妥当。

△ 庐山暑训团第一期学员在海会寺举行毕业典礼,蒋介石主持并讲演《建国运动》。

△ 延安举行盛大援助平、津抗战将士民众大会,到会数千人。毛泽东出席大会,报告卢沟桥事件的经过及最近情况。大会通过致第二十九军将士电。会后,举行游行示威。

△ 周恩来拟就关于谈判的 12 条意见,经由宋美龄转交蒋介石。意见的主要内容为:应许各报刊载《中共中央为公布国共合作宣言》,国民党中央发出书面谈话表示赞同;迅速发表陕甘宁边区政府名义,从张继、宋子文、于右任三人中择一人任正职,由林伯渠任副职,其范围包括现所辖之 18 县,其疆界由行政院与边区政府划定;国共双方派人分赴鄂豫皖、闽浙赣、闽粤赣、湘鄂赣等地进行联络,传达国共合作方针,对南方红军游击队实行改编;允许中共在延安出版的《解放》周刊在全国发行;对红军改编的具体意见。同日,周恩来离庐山赴上海。

△ 朱德自延安出发,前往三原云阳镇抗日红军前敌总指挥部。

△ 陇海铁路工会、南开大学学生会、广西教育会、广西省学生抗敌救国联合会、安徽记者公会、河北省保定院校馆联会、昆明市商会、江苏省合作社、甘肃拉卜楞保安司令部、新加坡中华总商会、芝加哥华侨抗敌救国会等群众团体,分别发表通电,要求国民政府速决大计,对于日军大举侵华,即派大军作自卫抗战。

△ 河南各界机关、团体、学校纷纷致电前敌将士进行慰问,勉励宋哲元保卫疆土,努力抗敌。

△ 宛平城外日军炮轰城内,并在北平至卢沟桥大道南北两侧构筑工事。天津日军源源开往丰台。日机六架在天津高空侦察。驻朝鲜日军第二十师团全部向我国开拔,师团长川岸率先头部队到达天津。

△ 日军在天津邮务管理局检查邮件;交通部获知后,即请外交部向日方抗议,并电令天津邮务管理局严加拒绝。

△ 日本同盟社称,日本不能对宋哲元的形式道歉表示满足,此事

的解决须待中国政府立即改变其抗日态度；否则，日军将采取断然手段。

　　△　日本内阁五相会议确定，为解决事变的外交交涉，要遵循确保适应现状的既得利益，坚持《塘沽》、《何梅》、《秦土》三协定，建立华北特别防共地区的方针。

　　△　日机在河北顺德与河南安阳数次扫射平汉路列车，伤亡数十人。外交部即日向日本使馆提出严重书面抗议，指责日军侵犯我国领土主权，蓄意挑衅。

　　△　日军在塘沽圈占盐滩修筑机场，并停机 10 余架。

　　△　日本在察北增集兵力，由热河调伪军一旅进入察北，并派 30 架飞机至多伦，意在援助匪伪，威胁晋、绥。

　　△　日本台湾总督小林济造召集地方长官会议，阐明时局方针，防止台湾民众抗日活动。

　　△　日人在台湾苗栗、锦水一带所开油井，深达 8418 公尺，为当时世界钻探最深记录。在此发现大量石油。

　　△　浙赣铁路南昌至萍乡段全线完工，工程车已顺利通过；7 月 26 日，全线即可通车。

　　7 月 19 日　蒋介石告何应钦等，对日抗战之意已定，对共产党军队之处置及战斗序列，应早作安排。

　　△　外交部派遣科长董道宁致日本驻华大使馆备忘录，指责日本调遣大批军队，开入我国河北省内，显欲施用武力。我国政府于此情形之下，固不能不作自卫之适当准备，然仍努力于和平之维持。现愿重申不扩大事态与和平解决本事件之意，再次提议两方约定确定之日期，双方同时停止军事调动，并将已派武装队伍撤回原地。我国政府愿经由外交途径，与日本政府立即商议，俾得适当之解决；倘有地方性质可就地解决者，亦必经我国中央政府之许可。

　　△　宋哲元电何应钦称："在天津与香月彼此会晤……彼此希望早日恢复本月 8 日以前状态。哲元决本中央之意旨处理一切，并请钧座千忍万忍。"

△　何应钦电秦德纯称:"国危至此,实惟有举国一致,内外相维,有牺牲之准备,作折冲之后盾,然后可谋挽救。刻下全国意志,极为齐一,整个抗战计划,此间亦正积极统筹进行中;还望兄等本既定之方针,坚苦撑持,则最后胜利,当能属我也。"

△　晚 9 时,军政部举行卢沟桥事件第九次会报会,何应钦主持,程潜、唐生智均出席,其他出席会议人员同第八次会报会。程潜报告称,我意现即决意作战,但应掩蔽我之企图;故我对喜多诚一仍表示极端和平。现最可顾虑者为我军之质量与训练,尚不够现有武器之地位。何应钦作结论称,明日上午 11 时,在军委会长官会报研究具体办法后,请程潜与徐永昌赴牯岭谒蒋介石。

△　中国国联同志会会长朱家骅及全体理事胡适等,特电国联同志会总会称,日军夜袭宛平县城,派重兵包围北平,中国政府及人民因绝对之必要,将一心誓作合法之抵御,贵会速将日本破坏世界和平之侵略事实,向本会各团体及世界舆论机关申告,希奋起为正义之声讨,并各促其政府与代表民意机关迅为实力有效之制裁,以维正义,藉保和平。

△　陈立夫受蒋介石委托,协助外交部长王宠惠与鲍格莫洛夫大使进行谈判。鲍大使表示正等候中国政府对苏联建议的回音,并称苏联政府尚无新的指示。陈立夫认为太平洋公约的意义在于回击日本的侵略,在这方面,中苏的利益是一致的。中国是日本进攻的首要目标,而苏联则是第二目标,陈氏主张中苏马上开始谈判互助条约。鲍大使说明,苏联的政策不同于中国的考虑,认为日本不可能对苏联单独开战;只有当苏联在西方也将卷入战争时,日本才会制定进攻苏联的计划。陈立夫声明,应谅解苏联的政策,也理解鲍大使提议从太平洋公约开始谈判的方法符合苏联的利益。陈立夫正式向鲍大使说明,中国政府愿随时签署互助条约,并请鲍大使将此情况向苏联政府报告。陈立夫并传达蒋介石对苏联订购军火的建议。

△　宋哲元由天津返抵北平,对新闻记者发表谈话称,"本人决本

国家立场、人民立场及中央意志三原则,以期卢沟桥事件早日解决";并下令打开封锁的城门,拆除市内防御设施;驻西苑的第三十七师南撤保定,改由第一三二师担任原防;又电请中央,令北上应援之孙连仲部停止前进。

　　△　张自忠、张允荣与桥木群依据 11 日协定,代表第二十九军与日方签订解决华北冲突《细目协定》,内容为:一、排除妨害中日两国之人物;二、彻底弹压共产党;三、取缔排日之机关、团体及各种排日运动与教育。

　　△　国民政府公布《陆海空军刑法》第二条、第一一六条至一二二条。

　　△　庐山谈话会举行分组谈话。上午举行政治组谈话,提出宪法草案为讨论主题,张君劢等 10 余人相继发言。下午举行经济组谈话,对统制经济、非常时期财政等俱曾议及。会议均由汪精卫主持。

　　△　驻日大使许世英抵日本神户,对记者发表谈话,申述我国政府解决卢沟桥事变的两大方针为:一、不扩大事件;二、以外交交涉解决事件。

　　△　日驻华大使馆陆军武官喜多诚一访军政部长何应钦,谓中日局势已到最后阶段,希望撤退军队,否则局势有扩大之虞。何应钦答称,目前紧张局势全系日方所造成,我方全系出于自卫,事态扩大与否,在日方而不在中国。

　　△　日《朝日新闻》称,19 日夜协定细目如全部实行,则问题范围自可缩小,为中日计,可喜无过于此;所余者仅南京不承认协定及中央军北上。

　　△　日军占高丽营,并在该地构筑机场。

　　△　日军便衣队企图袭击清华大学,为我军击退。

　　△　华北日军已形成对平、津的包围态势。

　　△　日军劫持中国在塘沽码头设施,天津形势紧张,市民纷纷避入租界。

△ 日本拒绝我国所提撤兵建议,通过"动员计划",部署对中国武力攻击。

△ 日本主力舰队与第二舰队集中于军港吴港,作战争准备。

△ 晚 10 时,日本华北驻屯军司令官发表声明称,"从 20 日午夜以后,驻屯军将采取自由行动"。

△ 南京各界抗敌后援会在国民党南京市党部召开执委会,决定统一全市民众救国运动。

△ 南京华侨抗敌后援会致电海外同胞,希"一致奋起,踊跃输财,作实力上之援助,以励士气,而救危亡"。

△ 江苏省各界抗敌后援会成立,并电军事委员会,要求"调遣大军,北上抗敌"。

△ 北平市妇女会、女子学术研究会、妇女共鸣社、女子文化月刊社、基督教女青年联合致电宋哲元,请其力抗强敌,二万万女同胞决劝夫训子,毁家纾难,誓为后盾。

△ 上海各界抗敌后援会电国民政府,望"下最大决心作全力抗战,并严饬华北当局积极准备应战,不得接受任何屈辱条件"。

△ 洛阳各界民众组织抗敌后援会,致电宋哲元及第二十九军将士表示慰劳。

△ 清华大学成立守土将士慰劳团,并派代表由北平赴保定慰问伤兵。

△ 上海日商中山钢厂工人举行反日罢工。

△ 国民政府颁令推进美术事业计划。

△ 截至是日,我国政府陆续收到加拿大域多利中华民国抗日救国会、模里斯全体华侨救国委员会、贵阳商会率绸缎等业 20 余同业公会、天津各界救国联合会、安庆各界抗敌后援会、纽约中华公所、河南教育学社年会、广东民众御侮救亡大会、檀香山中华会馆、中华总商会、北平学生救国联合会、伊朗全体华侨、许昌县各法团暨全县 50 万民众、福建建瓯县兵役扩大宣传大会、全欧救国联合会、湖北沙市商会、广西文

化界救国会、安徽当涂县各界抗敌后援会、河南清丰县各界抗日守土后援会、中国童子军总会各方来电,请政府发动全力抗敌图存,并慰劳前方将士。

△　孔祥熙由美国抵伦敦,对卢沟桥事件发表谈话,谓"迄至此日,吾仍希望出以更大的忍耐,即可觅获友好解决办法,其他途径,实属危险"。

△　英外交次官克兰波声称,对中日争端,"英国政府诚挚希望可得和平解决。如果任何解决中需要英国政府帮助,英政府可以随时贡献其服务。英国政府准备与美国共同行动,现已与美国接洽"。

7 月 20 日　蒋介石自庐山返抵南京。

△　宋哲元对报界发表书面谈话称:"本人向主和平,凡事以国家为前提。此次卢沟桥事件之发生,均非中日两大民族之所愿,盖可断言。甚望中日两大民族彼此互让,彼此相信,彼此推诚,促进东亚之和平,造人类之福祉。哲元对于此事之处理,求合法合理之解决,请大家勿信谣言,勿受挑拨。国家大事,只有静听国家解决。"

△　晚 9 时,军政部举行卢沟桥事件第十次会报会,何应钦主持,程潜、唐生智、俞飞鹏均出席,其余出席人员同第九次会报会。何应钦以蒋介石已返南京,指示先将飞机场、兵工厂、军委会三处高射炮进入待机阵地。刘光报告,欧亚中航机,自明日起停飞平、津两处;谭参谋宣读第二十九军 7 月 16 日正午发布之作战命令;张治中请任欧阳格为江防司令。

△　李宗仁、白崇禧、黄旭初通电全国,拥护蒋介石 17 日谈话,"欣聆国策已决,誓本血忱,统率第五路军全体将士暨广西全省 1300 万民众,拥护委座抗战主张到底。……并希全国一致奋起,共为政府后盾"。

△　周恩来、林伯渠在上海收到张闻天、毛泽东来电称,日军进攻形势已成,抗战有实现的可能,我们决定采取蒋介石不让步不再同他谈判的方针。来电要求周、林二人留在上海观察形势。

△　湖北省各界援助华北抗敌将士后援会发出通电,拥护蒋介石

庐山谈话所称固守最低限度之立场,拥护此项主张贯彻到底。并称奉行征兵令,彻底肃清汉奸,统一意志,服从政府指挥,从事防护工作,维持社会秩序,为拥护此项主张之有效办法。

△ 汉口市商会致电宋哲元,望"力排异议,坚决主持,能平则和,不平则抗,万不可委曲求全,被万世唾骂"。

△ 庐山谈话会举行教育组谈话,汪精卫主持。陶希圣、胡适、傅斯年等先后发言,提出教育净化、国防教育、教育独立等问题。

△ 庐山谈话会第一期结束,第二、三期按原计划继续举行。

△ 国民政府特派贺国光为军事委员会委员长重庆行营副主任。

△ 国民政府设立国防参政会,会员 75 人,张群任秘书长。

△ 铁道部代表在伦敦与中英公司及中国建设银行公司签订借款修筑广州至梅县铁路合约。

△ 驻日大使许世英在东京晤日外相广田,说明我国政府坚持不扩大方针,盼日方从速实行撤兵。广田答称:"现只盼中国承认及实行《协定》,其余以后再说。"

△ 日本大使馆参赞日高访王宠惠外长,谓北方问题向由冀察政委会接洽,此次何妨授权该会折冲。王外长答复,交涉须由中央办理。谈及撤兵问题,王外长郑重声明,须两方同时撤兵。日高询蒋介石 17 日演词真意,王外长答称,蒋氏演词实际乃外交部迭次对日方所明言者,其最可注意者,为在"和平根本绝望前一秒钟,我们还是希望和平"二语。日高称,惟恐日本政府尚未能认为满意。日高要求我国政府承认华北的一切地方协定,停止中央军北上,为王外长所拒绝。

△ 日本陆军省对我国外交部提出抗议,对蒋介石公开发表的《卢沟桥事件之严正表示》极为不满,一致决定对华采取强硬断然处置,以武力"膺惩"第二十九军,并由国内增派三个师团来华作战。

△ 上午,日军突然开炮轰击宛平县城及长辛店。

△ 日军千余人,配合坦克 40 辆及满载军实的载重汽车队增援卢沟桥。下午,日军第二次开炮猛轰宛平城,并数度向卢沟桥冲锋;我军

沉着应战,日军未得逞。我守宛平城团长吉星文不幸又负伤。是日,北平西郊、南郊均有战事发生。

△ 香月清司下令日军完成对卢沟桥地带的攻击准备。

△ 日本政府召开紧急阁议,首相近卫出席,陆相杉山报告华北情势;外相广田报告与许大使会见情形及外交交涉经过,主张采取适当行动断然处置。

△ 日本外务省发表声明,称"目前事态恶化的原因,在于南京政府一面阻碍现地协定,一面不断调中央军北上";并威胁说:"当此时机,南京政府倘不翻然醒悟,解决时局将全然无望。"

△ 各国驻天津领事在比利时总领事馆开会,讨论租界内的防卫方法及日方擅行检查邮件事。

△ 美国务卿赫尔分别接见中、日两国驻美大使。事后,美国务院称,当继续向中、日两国政府努力斡旋,以期维持和平。

7月中旬 蒋介石在南京策定:"将日本人从长江上赶走,没收所有的日本商船和战舰",打一场非局部的而是全面的战争。

7月21日 蒋介石会见英驻华大使许阁森,望英国调解卢沟桥事件。英国仅表示停止原计划进行的英日谈判。

△ 宋哲元致电中央,报告中日双方约定前线军队撤退。我国在卢沟桥前方部队,下午撤退二里,地方治安由石友三保安队维持。日军限22日午前撤退。如我国军队撤退后,日军仍不撤退,则我国军队仍得自由行动,开回前防。北平城内治安调赵登禹师负责。

△ 宋哲元电呈天津交涉经过及协定内容:一、第二十九军代表向日军表示遗憾,处分责任者;二、中国不驻军卢沟桥城郊及龙王庙;三、彻底取消所谓蓝衣社、共产党及其他抗日团体。

△ 晚9时,军政部举行卢沟桥事件第十一次会报会,何应钦主持会议,程潜、俞飞鹏、谷正伦未出席,余均同第十次会报会,江西省政府主席熊式辉出席此次会报会,研究战法时,熊式辉主张屡战屡败,屡败屡战;移民移物,坚壁清野;避实击虚,昼伏夜动。

△ 中共中央发出《关于目前形势的指示》，重申立刻开放党禁，实现国共两党亲密合作，集中抗战的军事领导，实行全国陆、海、空军总动员，采取攻势防御方针，大规模组织民众与武装民众，开展敌后抗日游击战争；立即使中央政府、地方政府的机构民主化，容纳各党、各派代表参加国民会议与政府。

△ 国民党中央政治委员会追认特派何应钦为川康军事整理委员会主任委员，顾祝同、刘湘为副主任委员。

△ 国民党中央常务委员会决议，修正中央民众训练部、合作事业指导委员会组织大纲。

△ 国民政府明令公布《现任军用文职人员登记条例》，凡 12 条，《军用文职人员转任普通公务员条例》，凡 21 条，《军用技术人员任用暂行条例》，凡 19 条，《军法及监狱人员任用暂行条例》，凡 23 条。

△ 周恩来、秦邦宪、林伯渠电告朱德、毛泽东称，我们在庐山力争无效，遂来沪、宁暂观时局变化，如中日全面开战，则《中共中央为公布国共合作宣言》即可发表。电文指出不管形势如何变化，须立即自行改编三个方面军，每个方面军编足 1.5 万人，独立军、师都编入，加强干部配备，使各方面军都能独立工作。

△ 第五路军总指挥李宗仁、副总指挥白崇禧及广西省政府主席黄旭初联名发表通电，拥护蒋介石庐山谈话。

△ 军政部长何应钦召集有关部、会负责人举行"实施总动员谈话会"。

△ 冯玉祥对中央社记者谈话称，卢沟桥事件之发生决非偶然，乃日方假借其非法演习之名，完成其进攻准备。我国固望和平，但断不能容忍侵略事态之存续与扩大。全国军民应团结一致，不畏不骄，忠诚勇敢，就各人之地位，贡献一切力量，在政府统一领导之下，为民族生存，为国家复兴来坚决奋斗。

△ 沈钧儒、章乃器、邹韬奋、李公朴、史良、王造时、沙千里七人于江苏高等法院看守所联名致电蒋介石，拥护蒋氏庐山谈话，略谓："深信

在此伟大号召之下，必能使全国人心，团结愈固，朝野步骤，齐一无间，同在钧座领导之下，以共赴空前之国难。"

△　蒋介石《对卢沟桥事件之严正表示》20 日公开发表后，湖北各界援助华北抗敌将士后援会、中国文化建设协会、中国劳动协会、上海市总工会、上海市商会、北平市学生团体、香港同胞等，纷纷致电蒋介石或发表谈话，表示拥护、赞同解决卢事变的四项原则。

△　北平学术教育界李书华、袁同礼、潘光旦等 20 余人致电蒋介石称："日军破坏我国主权之行动，不一而足，请于坚持日方撤兵为谈判先决条件外，立即作有力之制止，以维主权。"

△　北平各大学及高中二年级以上学生 2000 余人集中军事训练，是日解散。宋哲元、冯治安均前往训话。

△　清华大学与燕京大学为日军袭击侵占目标，唐山交通大学已为日军强占，教育部特令各校校长及留校人员力持镇定。

△　许世英再访日外相广田。广田催促中国政府重行考虑对目前事变之态度，中止"干涉"地方协定签订。

△　日军控制北宁路，截断第二十九军联络，并截断我国由津浦路开赴的援军。日军在天津海河南岸修筑军用码头。

△　日军继续向平、津大举增兵，已有 42 列运兵车到天津，并不断由天津向丰台、杨村等地增兵，增派铁甲列车及装甲汽车。日机 17 架在北平上空及南苑、卢沟桥等地盘旋侦察。

△　日军又复违约，不履行撤兵，并炮击我后撤部队。我卢沟桥守军团长吉星文表示，宛平即其取义之地，决共存亡。

△　日军在塘沽设运输部。

△　日军山下第四十旅团由天津全部开赴丰台，共六个联队。

△　日军约有四个师团到达天津、丰台、通县一带；天津、丰台各站皆堆置日军军用品。

△　英外相艾登在下院称，华北目前局势若继续不变，英国政府即认为不宜和日本进行双方合作的谈话。

△ 德驻美大使狄高甫与美国务卿赫尔、副国务卿韦尔士讨论远东时局,表示愿与美采取不干涉政策。

△ 是日至 29 日,第十七届国际地质学大会在莫斯科召开,我国出席大会代表翁文灏(首席代表)、黄汲清、裴文中、朱森。翁文灏被推举为大会副主席,并任煤田地质组主席。此为我国第一次参与国际地质学大会组织领导工作。

7 月 22 日 蒋介石电宋哲元称,"闻三十八师阵地又撤,北平城内防御工事亦已撤除。如此,则倭寇待我北平城门通行照常后,彼必有进一步要求,或竟一举而占我北平城"。

△ 宋哲元在北平先后会晤参谋本部次长熊斌、军事委员会政训处长刘健群及第二十九军驻京办事处处长戈定远等。经熊斌等人详述蒋介石命宋哲元移驻保定用意后,宋氏始对中央政策完全了解,表示决遵照蒋介石命令行事,并中止与日本进行和平谈判,积极备战,下抗日守土的最后决断。

△ 宋哲元密电何应钦,报告 11 日与日方达成的三条协议,谓"查该条件内容,均甚空洞,本拟早日电呈请示。因双方屡次冲突,故未即报告"。

△ 国家总动员设计委员会成立,何应钦任主任委员,筹划对粮食、资源、交通、金融、财政等实施统制,指定资源统制由资源委员会、实业部、财政部、全国经济委员会、交通部会同筹办,由资源委员会召集。资源委员会等七部、会决定成立财务、矿冶、燃料、机器化学、棉业、建筑材料、牲畜毛革等八小组。

△ 晚 9 时,军政部举行卢沟桥事件第十二次会报会,何应钦主持会议,参加人员有陈调元、熊式辉及军委会秘书长张群,其余人员同于第十一次会报会。刘光报告,鹰屋总顾问称,连日用英语广播,将此次中日冲突完全透过于中国,使世界各国均深信责任在中国,而不在日本。此种国际宣传战,中国不可忽略。何应钦指定由徐祖贻与国民党中宣部洽商,每晚增加对国际广播,与日对抗。刘光报告军队调动,蒋

介石指示,第十师、第三十八师开石家庄转往武强、献县集中,第二十五师、第十七师开石家庄。

△　青海省政府主席马步芳致电国民政府,表示"请缨之志,素怀杀敌之心,如有驱策,甘愿牺牲"。

△　国民政府令派郭泰祺为议定中国——爱沙尼亚友好条约全权代表。

△　国民大会代表初选办竣,所有候选人亦经审核公告,国选总所于本月 16 日电令各省、市选举监督,一律于 20 日至 22 日举行复选。是日,多数省、市已复选完毕,月内将当选代表呈报南京。

△　上海商会、地方协会、总工会、市农会、市教育会、市妇女会、银行公会、钱业公会、第一特区市联会、第二特区市联会、中国文化建设协会、各大学联合会、律师公会、会计师公会、沪南区市联会 15 团体,发起成立上海市各界抗敌后援会,是日开成立大会,通告全市动员抗敌救国,严厉制裁汉奸,征募抗敌救国捐,拥护蒋介石 17 日谈话;推王晓籁、杜月笙、钱新之等 121 人为执委。

△　日军向华北秘密运送机械化部队,并运送大量部队秘密向华北集中。

△　青岛、张家口、重庆、广州等地日侨纷纷返国。

△　澳洲工党理事会作出决议:一、日本侵略中国,应严词诘责;二、对中国自卫行动深表同情;三、建议澳洲政府转请国联,依照《盟约》裁制侵略国。

7 月 23 日　蒋介石召集军政首脑讨论本月 11 日冀察当局与日方所订协定。会后,即电复宋哲元称:"所拟三条,倘兄已签字,中央尚可同意,与兄共负其责,惟原文内容甚空,第二条之不驻军(宛平县城、龙王庙),宜声明为临时办法,或至某时间为止,并不可限定兵数。第三条之彻底取缔(抗日团体)必以由我自动处理,不由彼方任意要求为限……至此事件之真正结束,自应以彼方撤退阳(7)日后所增援部队为重要关键。务希特别注意。"

△　我国获得确切情报称,日军八个师团约 16 万人,已抵达平、津地区,或正在乘船驶华途中。

△　军政部举行卢沟桥事件第十三次会报会,何应钦主持会议,除张群、陈调元、熊式辉未出席外,出席人员均同于第十二次会报会。项雄霄报告,拟具总动员设计委员会组织与人选。罗泽闿报告,韩复榘电告,截获日方关东军侵华五十计划。刘光提出军法处所拟《惩治汉奸条例》;中央应派大员赴石家庄主持工事构筑。

△　王宠惠鉴于华北外交形势严重,今晨召集徐谟、陈介两次长在官邸研究应付办法。

△　国民政府特派顾维钧、郭泰祺、钱泰为出席国际联合会第十八届大会代表。

△　中共中央发表《为日本帝国主义进攻华北第二次宣言》,提出发动全面抗战八点办法,"要求南京中央政府采取一切具体办法来满足全国人民的希望与要求,来贯彻 7 月 17 日蒋介石先生所宣布的抗日方针";强调只有坚决抗战,才是中华民族的出路。

△　朱德在陕西三原云阳镇抗日红军前敌总指挥部召开红军高级干部会议,讨论红军改编和开赴抗日前线等问题。

△　宋哲元停止与日方谈判,开始作应战的必要准备,中止第三十七师的南调,命令石友三的保安队即行在西苑布防,并秘密调遣赵登禹部一个团进驻北平。

△　天津市长张自忠发表谈话称:"当知中国是整个的国家,中华民族是整个的民族,如属国家整个问题,应由中央统筹处理,若仅系地方事件,当唯冀察委员会委员长之命是从,予分属军人,兼管市政,只知服从命令,捍卫地方,自信爱国向不后人。"

△　宋哲元接见外交部特派员杨开甲与孙丹林时表示,卢案和平已有七成希望,今后的交涉中心端在中日两国政府。

△　实业部长吴鼎昌发表谈话称,卢沟桥事变不影响粮食供应,目前中国粮食供给绝对不成问题。

△　刘湘在绥靖公署召集所属军、师长及绥署高级职员 20 余人训话，宣布实施整军具体办法，饬令各军、师迅即遵照整编，编余官佐，决照整军会决议案办理。

△　广东省政府在东江一带发现日机，饬令当地驻军严加防守，并通知各外国驻广州领事，凡外舰在三艘以上者，不得擅自进口。

△　何香凝等发起之中国妇女抗敌后援会成立，发表告全国妇女书。

△　广西省永淳救国会、百色县救国会、苍梧学生救国会、广西大学附属高中、山东省泰安县民众援助卢沟桥抗敌将士后援会、浙江省景宁县各界援助抗敌将士联会、天津市各界联合会筹备会、湖南省平江县教育会等纷电国民政府，为日军侵入华北，请即动员抗战。广东省南海等数十县党、政、军、民等机关、团体纷纷电请中央，立即下动员令。北平学生团体电全国同胞，望举国同胞一致奋起，共为政府后盾，表示"危城青年，愿作前驱"。

△　行政院公布《全国气象观测实施规程》，凡 14 条；《邮局自备运邮汽车通行各省市公路办法》，凡 13 条。

△　平汉铁路恢复通车。

△　日本拒绝遵约从前线撤军。日本继续由国内向中国华北增派空军，大量运送军事物资。华北日军继续在宛平与卢沟桥方面增加兵力，积极修筑工事，并在北平城南继续扩大占据中国农民耕地，修筑飞机场。日机在北平上空作侦察飞行。

△　日本海军进泊大沽口。

△　日机飞临北平、保定、卢沟桥、郑州、开封等地，并侦察黄河铁桥。

△　日本在汕头组织华南特务总机关，厦门、香港、琼崖等处特务，皆归其指挥。日本浪人 200 余名，分赴汕头、南澳活动。

△　察北伪军在日方指使下积极准备犯绥，阎锡山令前方各部队严防。

△　美国务卿赫尔接见中国驻美国大使王正廷与日本驻美大使斋藤,盼两国维持和平。

△　英外相艾登告日本驻英大使吉田茂,盼卢沟桥事件和平解决。

7 月 24 日　蒋介石电令宋哲元准备北平防务;并接见英国驻华大使许阁森,说明日本的和平谈判为其再生事端之准备。

△　宋哲元以和平为不可能之事,召集第二十九军高级将领秦德纯、刘汝明、赵登禹等人会商对策,决定重新部署,准备作战。

△　第二十九军第三十七师第二一九团团长吉星文致何应钦快邮代电,表示守土有责,"在此未获圆满解决以前,星文等只有抱定牺牲到底之决心,荷枪实弹以待,誓与卢城共存亡,决不以寸土让人"。

△　孙连仲部抵保定方顺桥、望都;庞炳勋部在沧县集中;第三十二军商震,第十师李默庵部抵石家庄。

△　外交部以大批日军开入河北境内,强占车站、码头,监视我各地电报局,强迫检查邮件,是日,向日本驻华大使馆提出严重抗议。

△　晚 9 时,军政部举行卢沟桥事件第十四次会报会,何应钦主持会议,张群、陈调元未出席,其余出席人员同于第十三次会报会,增加资源委员会副秘书长钱昌照等。徐永昌报告,综合连日情报,可作两种相反之判断,即敌不愿事态扩大,或敌将大举进攻。究竟实情如何,颇难断定,已饬在日本内地的情报员就日本动员详为侦察。何应钦作会议结论称,军队集中照战斗序列,第一线兵团限本月底到达;兵站于本月底开始设置;铁道运输司令部,本月底秘密组成;大本营及各级司令部编制,迅速拟定,本月底秘密成立;海军部派一人在大本营任幕僚。熊式辉意见,须先决定采用持久战抑歼灭战;如采持久战,则空军不宜全部投入。凡我军退出一地,即将房屋建筑完全毁灭,人民无论男女老幼,均逃荒转移于内地。何应钦发言,16 岁以上均须编队,随军行动,通知兵役司注意研究。

△　新疆哈密警备司令尧伯抵南京,向蒋介石及军政要人报告新疆近况,并请示有关事宜。

△　驻德大使程天放电外交部称,德国对远东无政治企图,但有经济利益,希望东亚和平,保障国际贸易。

△　国民政府派李平衡为国际劳工组织理事院理事。

△　北京大学全体教授为卢沟桥事件发表宣言,严正谴责日本侵略我国称:"我们的人道正义,为自由,为和平而牺牲,自所不惜";"举国上下,惟有牺牲一切,抗战到底。"青年学生亦自动组织,协助第二十九军作抗敌准备工作。

△　新疆、广西、湖南、山东、江苏、江西、安徽、甘肃、河南、湖北等省党政机关和民众团体,纷纷致电国民党中央党部,请求即出大兵抗敌,并誓为中央后盾。

△　冀察政务委员会派员检查天津各银行存款。

△　北平市当局恢复夜间各娱乐场所的营业。市内各处所有沙袋等防御物连夜撤除。

△　日本驻华大使馆助理武官今井武夫称:"日军是否继续撤退,须视华军之撤退是否有诚意。故日军此际再向后撤,尚非其时。日军撤至丰台后,是否即驻扎丰台,抑再调往他处,或回本国,全视中国方面能否履行一切条约而定。由关外增援之日军是否即行复员,或仍驻在关内,俟奉到陆军省命令而定。"

△　日军在大阪扣留商船17艘,以备运输军用品来华。

△　日军用飞机50架、重轰炸机一中队出发来华。

△　日军在卢沟桥车站检查平汉铁路客车。

△　今晚,上海日本领事馆称驻沪日本海军陆战队水兵宫崎贞夫失踪。日本海军陆战队约300余名在江湾路、北四川路及青云路与八字桥一带布岗,断绝交通,检查行人,阻止我警探调查,并捕去我巡官、警长各一名。

△　江海关公布上半年全国对外贸易,输入总额为6.06014965亿元,较去年同期增加1.47014721亿元;输出总额为4.82859251亿元,较去年同期增加1.50144782亿元;入超额为1.23155714亿元,较去年

同期减少 303.3061 万元。

7 月 25 日 蒋介石电饬宋哲元注意日军调动称:"据确报,日本自 22 日起,其机械化部队及大量汽车,皆极秘密向华北输送。预料一星期内,必有大规模之行动,务望时刻防备,并积极部署,勿为所欺。"

△ 蒋介石接见自北平归来的美驻华大使詹森,希望美国以《九国公约》发起国地位,出面阻止日本侵华行为。

△ 晚 9 时,军政部举行卢沟桥事件第十五次会报会,何应钦主持会议,除钱昌照未到外,出席人员同第十四次会报会。徐永昌报告敌情判断,卢沟桥、丰台附近为第二十师团(川岸师团)之一部,约一个旅团及原驻平、津的牟田口联队。通州及北平,为河边旅团之主力,约两个联队(即原华北驻屯军,欠牟田口联队)。天津、杨村为第五师团一部,不及一旅团。以唐山为中心之平榆路,为第十师团之大部或一部。热河南部为第四师团之部及佐藤部队之一部,其另一部进入古北口,在密云、顺义、昌平等地。榆关、锦州间约有一个师团,番号不明。刘光报告,孙连仲来电,构筑沧保线工事,最少需五个师兵力,该部单独担任不可。何应钦报告,宋哲元电徐永昌与冯玉祥称,中央积极准备,似有把握,究竟此战如何打法,似系探询中央内情之意。何应钦又谓:"委座对于我军集中及作战处置,每日必有数次手令查询",指示情报组每日将敌军之行动及位置,作战组将我军集中及到达位置,并对敌我情况作一判断,呈报"委座"。

△ 熊斌离开北平,刘健群、戈定远仍留北平数日。

△ 第三十八师师长兼天津市长张自忠由津抵平。

△ 日军仍拒不撤兵。午前,日军铁甲车一列开到丰台。下午,通县日军步炮兵 500 余人举行演习,威胁我驻通县部队。晚 7 时,日军 200 余人由天津开到廊房车站,借口修理电线,占据车站,切断平、津交通。我守军奋起还击。双方遂起冲突,发生廊房事件。

△ 日军便衣队及 30 余辆坦克车强占团河及西郊清华大学、燕京大学,尽行驱逐两校留校师生,并将师生衣物抢劫一空。

　　△　津、沽两地招商码头及各公司及铁路码头均为日军占据。大批日军集中塘沽，入晚宣布戒严，检查行人及船舶。每日并有日机在上空盘旋。

　　△　日本第一支运输船队在塘沽卸下军用品达 10 万吨。

　　△　因日军违约不撤，第三十七师冯治安部吉星文团仍驻防宛平城与卢沟桥一带。吉星文表示在日军未撤退前，决死守原防。

　　△　何香凝等率妇女抗敌后援会致电蒋介石，表示拥护蒋介石 17日庐山谈话，"愿听从指挥，共赴国难"。

　　△　蒋介石允准撤销对郭沫若的通缉令。是日，流亡在日的郭沫若，化装乘"日本皇后号"头等舱回国；27 日，至上海。7 月 28 日，中国国民党中央执行委员会知照行政院、司法院、军事委员会，取消对郭沫若的通缉令。按：民国十六年五月二十一日（1927 年 5 月 21 日），经国民党中央监察委员会咨请政府严令通缉郭沫若。

　　△　毛泽东电周恩来、秦邦宪、林伯渠称："红军各首长已集云阳（朱总亦去）讨论改编，现令他们等你们回来讨论决定。"

　　△　北平文化界抗敌后援会致电蒋介石，希望"坚持抗战国策，动员全国，一致御侮"。

　　△　庐山谈话会第二期开始，由中政会主席汪精卫召集。参加谈话会者为燕树棠、任启珊、洪深、刘彦、范琦、戴修瓒、王芸生、马荫良、胡庶华、张伟泉、王录勋、谷春帆、吴康、吴颂皋、林济青、周北峰、周炳琳、许仕廉、梁宇皋、黄元彬、张凌高、张知本、张其昀、陈布雷、程中行、彭学沛、经亨颐、杨立奎、邓植仪、萨孟武、郑亦同等 32 人。同日，第二期庐山暑期训练团正式开始，学员千余人。

　　△　中央航空委员会接收川康绥署飞机，移交事宜定下月内办竣，职员以考试定去留。

　　△　内政部因华北局势紧张，故宫古物存留尚多，特派科长孙毅诚到平，与秦德纯及故宫博物院当局商议古物南迁事，未得圆满结果。内政部拟将存北平档案南运，亦未成事实。

△　德驻华大使陶德曼晤王宠惠,谓日本不愿第三国干涉,德不能调解。

7 月 26 日　蒋介石电宋哲元称,此刻"应下决心如下:一、巩固北平城防,立即备战,切勿疏失;二、宛平城内,立即恢复戒备,此地点重要,应死守勿退;三、你本人立即到保定指挥,切勿在北平片刻停留;四、决心大战,照中央昨电对沧保、沧石各线从速部署"。蒋介石再密电宋哲元称,"此时先应固守北平、保定、宛平各城为基础,切勿使之疏失。保定防务应有确实部队负责固守。至平、津增援部队,可直令仿鲁(孙连仲)随时加入也"。

△　蒋介石接见德大使陶德曼及法驻华大使那齐雅;两大使均认为日政府已为军人控制。

△　朱德在《解放》周刊第 1 卷第 12 期发表《实行对日抗战》一文,提出"动员民众,武装民众,给民众以充分的救国抗日的自由,这是争取胜利的最必要的条件"。

△　晚 9 时,军政部举行卢沟桥事件第十六次会报会,何应钦主持会议,除出席第十五次会报会人员外,俞飞鹏、钱大钧、周至柔、张发奎、钱昌照均出席此次会议。熊斌报告北行所得实情。首先述及事变中第二十九军将领之内情,计有 7 月 8 日及 10 日两次下反攻令及两次收回反攻令之经过。7 月 21 日,宋哲元派张自忠、张允荣同日方签定三条之内容。熊斌次述宋哲元及第二十九军官兵态度,略谓:"宋到平后,表示和战均听命中央。如主战,则因二十九军尚未集结,须有相当时间之拖延,以便集结兵力,并请中央亦作相当准备,宋于 23 日将和平三条件电呈委座后,曾两次询问委座复电,可知宋对和议不敢自由。""宋哲元态度无可疑虑,不过希望俟有准备再抗战。且宋主张攻势作战,不主张守势作战,故对沧保线工事不主张构筑,主张四师兵力由天津冲山海关……。至河北,则主攻不守。""秦德纯、冯治安则始终强硬主战,且甚服从中央。张自忠自赴日本以还,似害有二种病,即(一)因日人给以许多新式武器之参观,以致畏日;(二)因日本人对其优待而亲日;但二十

九军将领一致主张(抗战),则张亦不敢独持异议。刘汝明态度亦强硬,赵登禹则无成见,以众议为归依。""中下级干部及士兵,则完全情绪热烈,不惜一拼,士气大为可用。"熊斌末述日军情形及我军位置,谓日军入关者共已45列车,每列车最多者五六百人,少者一二百人,或数十人不等。汽车、装甲汽车及其他军用品不少。现在统计平、津一带,共约(日军)1.5万人,重炮20余门,已到丰台。此次作战日军士气不旺,皆切望和平早日实现。(现在)第二十九军赵登禹师已调至平郊,一旅驻南苑。张自忠师在天津、廊房、马厂一带。冯治安师在西苑、卢沟桥一带。石友三保安队(有)×团,现石友三无意亲日。孙连仲部已到保定。徐祖诒判断敌情称,日军关内第一线不过两个师团,第二线不过三个师团,辽北有重兵,不能移动;国内输送来华部队,在大连、釜山未见有大部队登陆,仅塘沽有军用品上陆。山东方面无敌情。日本国内似尚未大规模出动,第一线之挑战,恐系少壮派之自由行动,尚非整个计划。军政部参事佘念慈报告,我军除第二十九军在平、津外,现已集中在沧保线者五个师,已下命令正向德石线输送五个师。军委会办公厅主任徐永昌作情况判断称,第二十九军与敌之混战已开始,可知敌有先击灭第二十九军之企图。现我军以德石线为主力集中地域,以沧保线为集中掩护线,距平、津过远,增援第二十九军不易。现在可采者有下列二方案:(甲)将沧保线部队推至永定河岸,以便增援北平,而将主力之集中,推进于沧保线;(乙)我中央军仍在沧保及德石线上集中,而指导第二十九军退出北平,以保实力,免被各个击破。出席会议者均主张采用第一方案。

　　△　宋哲元密电何应钦称,廊坊"我军四面受敌,现已撤出阵地,天津交通已被切断,战事恐不可免。将来北平南可支持,天津方面兵力单薄,危险万分。拟请速饬庞(炳勋)军集结沧县,以作总援"。

　　△　日本华北驻屯军司令官香月清司,令日北平特务机关长松井于下午3时半向宋哲元送交最后通牒:一、八宝山、卢沟桥附近第三十七师,须于27日中午前撤至长辛店;二、北平市内及西苑的第三十七

师,须于 28 日中午前,经平汉线北面撤至永定河右岸,以后继续移住保定地区;三、如不按上述实行,即认为贵军无诚意,我军将不得不采取单独行动。

△ 日本参谋本部令香月清司在华北行使武力权力。参谋本部同时下令将临时航空兵团编入华北驻屯军属下,受该军司令官领导,以便密切配合地面作战。

△ 日本华北驻屯军于 22 时 20 分下达于 7 月 27 日正午开始攻击的命令,并规定各进攻部队的方向。因北平城内日侨未撤完,于 27 日 4 时 30 分发出变更命令。

△ 日军 3000 余人自唐山、榆关等地开赴天津,当晚在天津日租界演习巷战。天津日军连日调动频繁,全市异常紧张。

△ 日军中午占领廊坊,下午即由丰台派兵一中队分乘军车数十辆,冒充北平城内日使馆卫队野外演习归来,企图进入北平城内。日军行抵广安门时,为我守城部队独立第二十五旅第六七九团刘汝珍所阻。日军坚欲入城并作攻城状。宋哲元闻报后,即令刘团备战。刘团即启开城门,诱日军入城,及其进至一半时,刘团士兵开始射击。日军陷入混乱之中,损失甚重。此即所谓"广安门事件"。

△ 廊坊、广安门事件相继发生后,蒋介石致电在美国伦敦的孔祥熙特使称,"倭寇今晨攻陷廊坊后,继续向南苑轰炸进攻。大战刻已开始,和平绝望";又复电孔氏称,"倭之军权,全在前方少年军官之手,其政府无力阻止,虽欲不战而不可得"。蒋介石认为,"廊坊、广安门之挑战,是倭必欲根据解决冀、察与宋哲元部也……遭(此)必不能免之战祸,当一意作战,勿再作避战之想矣"。

△ 日机 25、26 两日飞洛阳侦察;是日复沿平汉线各地侦察。

△ 廊房陷落,我国守军退驻黄村。

△ 广州市举行中等以上学校校长会议,决定由各校通知离校学生限期返校,出发宣传抗日救国。各界工人也筹议捐薪一日,输财助军。妇女界则筹组救护队,北上担负救护工作。

△ 教育部编订汉、蒙、藏合璧国语课本八册,前四册已脱稿付印。

△ 中英无线电话通话合同正式签字。

7月27日 行政院长蒋介石分别接见德、意、法三国驻华大使,探询各该国对日本侵华态度与意见。德国大使陶德曼称,"德日防共协定实与现在中日形势无关"。意大使柯赉称,意大利"颇以第三者地位出任斡旋或调停"。法国大使那齐雅称,对中日形势,"法方异常关怀,早经联络英、美出任周旋,惟美方似不愿采取联合行动"。

△ 外交部为日军袭击廊坊发表重要声明称,中国极度容忍,维护和平,但日军继续派大量军队向平、津出动,进攻廊坊,复提出无理要求,蓄意扩大事态。我方已尽和平最大之努力,嗣后一切事态之责任自应完全由日方负之。

△ 蒋介石令第二十九军及北上支援部队积极部署应战,并电宋哲元固守北平。

△ 蒋介石派刘斐(刘为章)赴广西,敦促白崇禧至南京。

△ 宋哲元于昨日接到日军最后通牒,得知日军已向通县、团河等地发动攻击,是日下午3时严拒日军通牒,并饬所部第二十九军准备应战;同时,报告中央请示机宜,并通电全国,表示对于日军进攻,我军为自卫守土计,当尽力防卫。宋哲元晚间与中央政府直接通话,表示已决心拒绝日人的最后通牒。

△ 宋哲元下令设北平城防司令部,任张维藩为城防司令,第一三二师师长赵登禹为南苑方面前线指挥官;同时,将第二十九军军部由南苑移至北平城内怀仁堂,派戈定远驰往保定,催孙连仲、万福麟等部迅速北上,配合第二十九军作战。

△ 宋哲元电请蒋介石速派大军兼程北上,以解北平之围。蒋介石复电,要宋哲元"镇静谨守,稳打三日","严令各部加深壕沟,固守勿退,中央必星夜兼程,全力增援"。

△ 晚9时,军政部举行卢沟桥事件第十七次会报会,何应钦主持会议,除第十六次会报会出席人员外,张群、熊式辉、张发奎及国民党中

宣部长邵力子、江苏绥靖主任于学忠等均出席会议。项雄霄报告,军委会委员长手令,各院、部、会实施动员演习及准备迁地办公,限三日内具报。第一步各机关办公地点疏开,在城内或城外准备民房秘密办公。委员长手令,军政部所属兵工厂、仓库疏散。何应钦称,速派员乘飞机赴重庆接收火药厂,以便整理制造。兵工署制造司长杨继曾报告,汉口厂欲行迁移,非停工三年不可,则弹药制造停工,无法补充。兵工署长俞大维报告,现有弹药如节约使用,勉强可维持六至七个月。战争一开,我制造厂必被敌机炸毁,故现计划与比、法接洽,购买欧洲成品及包购比、法之子弹制造,每月约一二千万元,以后子弹可以源源接济。国际交通线,现取香港;如香港不通,只有由海防入口,经安南入广西之一路,请交通部协助。

　　△　第二期庐山谈话会举行第二次分组谈话,汪精卫主持,报告与讨论外交及华北情势。

　　△　周恩来抵达西安与蒋鼎文会谈。周恩来告蒋鼎文称,中共中央表示,红军"(一)8 月 15 日编好,29 日出动抗战。(二)三个师之上必须设总指挥部,朱(德)正彭(德怀)副,并设政治部,任弼时为主任,邓小平为副主任(不要康泽),以便指挥作战。(三)三个师 4.5 万人;另地方一万人,设保安正、副司令,高岗为正,萧劲光为副,军饷照给。(四)主力出动后,集中作战,不得分割。(五)担任绥远方面之一线"。中共令红军主力迅速集中于三原,进行改编,并决定设立总指挥部。"不管南京承认与否,实行在军委领导下之全权指挥"。周恩来要求国民党方面立即发表《中共中央为公布国共合作宣言》。蒋鼎文告周恩来称,蒋介石电催中共按照庐山所谈,红军在 10 日内改编完毕,以便南京发表三个师的番号、各师、旅、团长与政治主任名单,并提出以康泽任政治副主任。

　　△　国民政府任命俞鸿钧为上海市市长。俞鸿钧发表告上海市民书称,抱镇定沉着精神,应付一切事变。

　　△　国民政府公布《参谋本部陆海空军驻外武官条例》,凡 13 条。

△ 财政部长孔祥熙对报界宣称,中国向英方借 1000 万镑之铁路借款谈判业已完竣。其中 300 万镑建筑广梅(广州至梅县)铁路,700 万镑建筑浦信(浦口至信阳)铁路。

△ 北平教育界、学术界人士李书华、李蒸等 20 余人致电蒋介石称:"近日敌机轰炸廊坊,又炮击广安门,并对我提出最后通牒,危机一发,万不能坐以待毙,务请发动全国兵力,即日明令应战,以保国家民族生存。"

△ 国立北平大学、清华大学、师大女院,私立中法大学、中国学院等五校学生,推代表 13 人携带意见书,赴北平市府见秦德纯,探询时局真相,并请示服务工作方针。

△ 兰封、郑州、孝义、洛阳、阳武、开封等处上空均发现日机。

△ 日军围攻我通县驻军傅鸿恩营,傅部冲出重围,撤抵南苑。下午,日军步、骑兵约 400 人,附坦克数辆,猛攻团河。另有日军 400 余名,在空军配合下,进攻小汤山之商镇。日机多架次屡在北平上空侦察,并在城外投弹数十枚。

△ 上海失踪日本水兵宫崎贞雄,在靖江附近为中国船夫所救出。次日,中方将该水兵移交日本驻南京总领事馆。该水兵签字招认,前在上海出入一未经驻沪日军司令部认可之妓馆时,为一日兵所见,遂畏罪潜逃。

△ 日本政府发表声明,污蔑中国军队对日军攻击廊坊和广安门之自卫行动,并声称要消除华军反抗的根源。

△ 日本海军省与海军军令部达成《关于处理时局及准备的协议要点》,正式提出"今后形势有很大可能导向对华全面战争,因此,海军应做好对华全面作战准备"。

△ 日本参谋本部向华北驻屯军正式下达作战命令称,"华北驻屯军除现有任务外,应负责讨伐平、津地区的中国军队,安定平、津地区各重要地方";并命令将第五、第六、第十师团增派至华北,编入华北驻屯军司令官管辖下。

△ 日本陆相杉山元在第七十一届特别议会演说称："中国事件前途之发展如何，不能逆料，但军部已决意向前进行，克服一切之困难，俾能达到膺惩华军之目的。纵令中国计划作长期之抵抗，日本军部于达到膺惩华军，令其失去战斗精神之目的以前，亦决不罢手。"议会一致拥护日军在华北的侵略行动。

△ 日本侨民 2356 人自北平市内撤离。日军在城内仍驻有步兵三个中队及两个机枪小队。

△ 英国首相艾登劝告日本勿对中国用兵。

△ 美国务卿赫尔发表谈话称，关于华北局势，希望"中日两国政府态度趋于和缓，使纠纷成为地方化，以谋和平解决"。

7 月 28 日 晨，宋哲元下令全线总攻，我军一度收复丰台、廊坊。

△ 晨，日本驻平特务机关长松井电话通知宋哲元，日军将单独采取行动，限第二十九军立即全部撤出北平城；宋哲元对此严予拒绝。

△ 蒋介石密电宋哲元："孙（连仲）部应即前进勿延；庞（炳勋）部现尚未集中，依令在沧州待后方部队到后向前推进。先要固守现有阵地，然后方易出奇制胜。"

△ 下午，宋哲元与秦德纯、张自忠开紧急会议。为使北平文化古城免受战火摧残，宋哲元决定偕冯治安、秦德纯率部撤离北平，退守保定；任命张自忠代理冀察政务委员会委员长兼北平市长，以此名义在北平维持治安，李文田为天津市长兼保安部队司令，并将第一三二师两个团改编为保安队。冯治安第三十七师撤退永定河南岸布防。

△ 晚 9 时，军政部举行卢沟桥事件第十八次会报会，何应钦主持会议，除张群未到外，出席人员同于第十七次会议，增加俞飞鹏。徐祖贻报告，今日日本海军武官见参谋本部杨处长，询问杨处长赴保定是否策划作战事宜。杨氏答以到保定系赞助和平交涉，本人系海军出身，谈不到策划和战；到保定后，因和平之路不通，故返京。邵力子称，路透社记者问我，中国外交当局称，中国将对日绝交，不知确否？我当答以现在中国不致如此。但日本若强占平、津，中国将发动全部自卫战争时，

或将考虑行之。熊式辉报告,徐永昌明日赴石家庄,熊斌赴保定。

△　8时,日军第二十师团及华北驻屯军步兵旅团,向驻守南苑的第二十九军第一三二师发动进攻,我军英勇抗击,与日军激战。第二十九军副军长佟麟阁、第一三二师师长赵登禹在指挥作战时,牺牲殉国,我军伤亡2000余人,北苑、黄寺为日军占领。清河镇、沙河镇亦分别被日军独立混成第十一旅团和独立混成第一旅团攻占。

△　北平城郊战事异常激烈,日军由古北口各处陆续增援,平郊我军兵力单薄。宋哲元电中央饬大军迅速向津浦线开动,并令平汉线部队推进以资策应。

△　晨,塘沽日军攻击我大沽口驻军,双方激战。

△　日本政府令长江沿岸日侨2.923万人于8月9日前撤至上海虹口地区。

△　庐山举行第二期第三次谈话会,到60余人,由汪精卫报告近年外交经过及目前国际对我之态度,旋由与会者发言,议论均集中于北方时局。

△　云南省政府主席龙云发表谈话,拥护蒋介石17日庐山谈话,表示"在此安危绝续之交,务须无远无近,无老无幼,应以最大之决心,准备为国牺牲,以求延续我国家民族五千年之历史"。

△　毛泽东、张闻天就红军改编事电周恩来、秦邦宪、林伯渠:"(甲)请你们去云阳商定改编。(乙)由云阳回西安后,以根据朱(德)、彭(德怀)、林(彪)、贺(龙)、萧(劲光)、刘(伯承)、张(浩)、徐(向前)诸将领意见告蒋鼎文以下之各点,请其转达蒋介石:(一)八月十五号前编好,二十日出动抗日。(二)三个师以上必须设总指挥部,朱正彭副,并设政治部,任弼时为主任,邓小平为副主任(不要康泽),以便指挥作战。(三)三个师四万五千人,另地方一万人,设保安正、副司令,高岗为正,萧劲光为副,军饷照给。(四)主力出动后集中作战,不得分散。(五)担任绥远方面之一线。(六)刺刀、工具、子弹、手榴弹等之补充。"

　　△　周恩来与秦邦宪、林伯渠返抵延安,同中共中央书记处商议红军改编出动抗日事宜,决定:立即争取西安行营同意,红军集中三原改编,编足 4.5 万人,三个师上设总指挥部,朱德任正职,彭德怀任副职。

　　△　资源委员会专门委员林继庸就战时军需供给,建议"迅速迁移机器及化学工厂,以应军工急需"。资源委员会即派林继庸等三人至上海与厂家洽商,约请厂家代表至南京共商迁厂办法。

　　△　南京各界抗敌后援会勉前方守土将士,表示首都百万民众誓为后盾,并请中央施行全国总动员应战。

　　△　上海市文化界救亡协会举行成立大会,选举蔡元培等为理事,通过收复失地等案,并发表宣言。

　　△　美总统罗斯福召见国务卿赫尔,商讨中日两国冲突事件。同日,罗斯福召见副国务卿韦尔士,商讨在中日事件中美国的立场。

　　△　英外相艾登接见中国驻英大使郭泰祺及美驻英大使讨论中日问题。英国以北平形势紧张,特饬其驻日大使照会日本政府,反对在北平开战;美国仍反对各国联合行动。

　　7 月 29 日　蒋介石在南京召开特别会议,商讨政府应变方针,并宣布庐山谈话会提出解决卢沟桥事变的四点立场"绝无可变更",表示将"领导全国,一致奋斗,为捍卫国家而牺牲到底"。

　　△　蒋介石对新闻界发表中英文谈话称,"平津之役,不过是日本侵略战争的开始"。"今既临此最后关头,岂能复视平津之事为局部问题,任听日军之宰割,或更制造傀儡组织。政府有保卫领土主权与人民之责,惟有发动整个之计划,领导全国一致奋斗,为捍卫国家而牺牲到底,此后绝无局部解决之可能"。"惟望全国民众,沉着谨慎,各尽其职,共存为国牺牲之决心,则最后胜利,必属于我"。

　　△　蒋介石饬令兴筑沧州、保定第一期防御工事,决定自满城往漕河至安新一段,由第五十三军万福麟部负责构筑;安新、任丘、郑州(为任丘附近一镇,非河南郑州)、吕公堡一段,由第二十六路军孙连仲部第三十一师池峰城部构筑;惟吕公堡至沧州一段尚无部队负责(因第二十

九军各部现在永定河沿岸、长辛店西北一带,第三十八师在马厂、独流镇、杨柳青、天津一带,未能前来做工),此段除庞炳勋部外,尚须增加两个师兵力,始能兴筑。

△　汪精卫就"最后关头"发表演说,指出:"日本的侵略是无底止的,今日已至'最后关头',强调国人'一齐的牺牲,不留傀儡的种子',无论是通都大镇,无论是荒村僻壤,必使人与地俱成灰烬。我们虽不能拦住敌人杀进来,然而我们必能使敌人杀进来之后,一无所得。"

△　宋哲元与冯治安是晨由北平抵保定,就华北战局发表谈话,表示今后听从国家命令行事。

△　驻守卢沟桥、宛平、长辛店第二十九军撤往涿州、良乡一带布防。北平失守。

△　通州伪河北省特种保安队第一总队队长张庆余、第二总队队长张砚田率部约二万人反正,歼日军 200 余人,俘汉奸殷汝耕。日军派空军和步兵进行攻击。反正部队撤往门头沟一带及西陵山区。途中,殷汝耕逃逸。

△　凌晨,第三十八师及天津保安队自南开大学、八里台、铁路局等地进攻海光寺、东局子及各车站日军,一度占领东、西车站。日军以 50 余架飞机及许多战车增援,双方激烈混战,后第二十九军当局下令停战。我军逐渐退往马厂集结。天津失守。

△　晚 9 时,军政部举行卢沟桥事件第十九次会报会,何应钦主持会议,除程潜、于学忠、唐生智、陈调元、熊式辉、邵力子、俞飞鹏等人未出席外,余均同于第十八次会报会。何应钦令办理民食问题及沿江各重镇居民的疏散。军政部兵役司长朱为珍报告兵员补充问题,先成立 30 营。何应钦指示,现有失业黄埔学生 800 余人,可分派充任训练补充兵之干部。钱昌照报告,现在资源委员会已统计取得联系之技术人员,共四万余人,分为矿业、化学、土木、机械、电气五部分,皆愿为国服务。何应钦指示,兵工署、交通司、城塞组各就需要拟定延揽。

△　第二期庐山谈话会举行第二次共同谈话后结束,到汪精卫、陈

立夫、曾仲鸣、张群等,并以第二期谈话会名义电勉宋哲元。第三期谈话会决定延期举行。

　　△　立法院长孙科对新声社记者发表谈话称:"日本所取策略为分化中国,逐步吞并。日本进行其各个击破之阴谋,吾人必须以全面抗战答复之。今日华北局势已到最后关头,全国人民固应信任政府,沉着应付,但必须使全国抗敌民气能充分发扬,庶国力充实牢固,争得最后之胜利。"

　　△　宋子文由广州飞往桂林。

　　△　赣粤边区红军游击队负责人陈毅电大庾县长彭育英,提出有关谈判和红军游击队改编事宜。

　　△　日本参谋本部制定《对华作战计划大纲》,规定日军作战方针为:"击溃平、津地区的中国军队,设法使该地区安定下来。作战地区,大概限定于保定、独流镇之线以北。根据情况,以一部分兵力在青岛及上海附近作战";并规定"以中国驻屯军(即华北驻屯军)大约四个师团为基干,击溃平、津地区之中国军队"。

　　△　日本海军武官本田由上海至南京,先后访晤军政部次长曹浩森、海军部部长陈绍宽,当面对曹、陈二人横加威胁称:"日本第三舰队颇以平、津中日两军冲突事件为憾,现虽竭力设法防止该事件波及各地,然万一各地发生事故,以致当局无法收拾,则日本第三舰队只有采必要之手段,甚盼中国当局在华中、华南努力防止不祥事件之发生。"

　　△　孔祥熙在伦敦与驻英大使郭泰祺、驻法大使顾维钧、驻苏大使蒋廷黻举行会谈,听取各驻在国对卢沟桥事件之态度,交换对外交意见,并与驻美大使王正廷通电话,交换意见。

　　7 月 30 日　蒋介石电令驻守平地泉的第十三军军长汤恩伯及第八十四师高桂滋部,迅速向张家口挺进,置有力部队于平绥线,以威胁日军侧背。

　　△　宋哲元由保定赴任丘,整编撤退部队。

　　△　宋哲元密电蒋介石、何应钦称,第二十九军军长职务,已委冯

治安代理,请中央明令发表。

　　△　日军占领永定河右岸大灰厂、长辛店、卢沟桥等重要据点。

　　△　天津我军退守静海、唐官屯等地。日军占领天津。日军飞机、大炮继续轰击天津市区,并到处纵火;南开大学被焚烧为一片瓦砾。日军横施暴行持续三日之久,数十万中国难民无家可归。

　　△　外交部长王宠惠对美国发表广播演说,请注意远东危机将导源于中国之被侵略。

　　△　晚 9 时,军政部举行卢沟桥事件第二十次会报会,何应钦主持会议,出席人员同第十八次会报会,于学忠未出席。何应钦报告,委员长手谕各战区、各集团军编制及经费从速规定。参谋本部第一厅长龚浩称,编制已拟就。军委会办公厅副主任刘光报告,委员长手令,军委会设总动员处,各部设动员科。前日决定设总动员设计委员会,不另设动员处。汤恩伯部已调张家口,平地泉空虚,是否将何柱国骑兵军开往接防,令朱(德)、毛(泽东)部队出动赴绥东。平汉路无负责指挥官,拟请派卫立煌前往。郭忏司令报告,为增强武汉兵力,请调第七十七师到汉。李宗仁复程潜长电,说明南宁通安南交通情形。同日晚,各军事长官商定之事项:一、对应付上海日本海军陆战队计划;二、对扫荡汉口日租界计划(汉口日租界日本人共 2000 余人。汉口以上日侨集中汉口;九江以下日侨集中上海);三、阻塞长江上下游各要塞及对日舰的扫荡计划;四、黄河铁桥被破坏后,渡河办法;五、大本营之秘密组织;六、南京防空统一办法之实施;七、各地日本居留民之处置;八、南宁——安南的道路、桂邕公路及湘黔公路与江西各公路、桥梁之加强。

　　△　周恩来与秦邦宪赴云阳,出席抗日红军前敌总指挥部召开的红军高级干部会议。并同朱德、彭德怀、任弼时等商定红军改编中的编制、分布、干部配备等问题。

　　△　毛泽东、周恩来电朱德、彭德怀等前方红军高级将领,对红军东进抗日后留在后方的红军第二十七军、二十八军、三十军及陕甘宁地方部队驻防问题作出安排。

△ 国民政府全部接收重庆南岸王家沱日本租界。

△ 云南全省各界抗敌后援会在昆明成立。

△ 外交部亚洲司长高宗武约胡适等会谈；胡适认为对日外交路线不能断绝。

△ 伪北平治安维持会成立,汉奸江朝宗任委员长,冷家骥、潘毓桂等八人为常务委员,社会、金融、交通、文化、公安各界代表 35 人为委员,日本宪兵队长赤藤、冀察军事顾问笠井等为顾问。

7 月 31 日 蒋介石发表《告抗战全体将士书》称,"和平既然绝望,只有抗战到底",勉励全军"驱逐日寇、复兴民族"。

△ 外交部长发表声明,绝不承认日军在平、津所制造的一切傀儡组织。

△ 第二十九军代军长冯治安自保定电呈蒋介石,报告华北军事部署;蒋介石电勉"再接再厉,期达雪耻报仇之目的"。

△ 宋哲元以"平津陷落,咎无可逭,电请辞本兼各职,并予以应得处分"。中央致电慰留。

△ 国民政府明令褒扬佟麟阁、赵登禹,追赠二人为陆军上将。

△ 军事委员会下达红军改编后三个师的番号,同意中共所提之人数及编制。

△ 晚 9 时,军政部举行卢沟桥事件第二十一次会报会,何应钦主持会议,出席人员同第十八次会报会,于学忠未出席。何应钦报告,韩复榘来电,主张抗战到底。刘光报告,徐永昌、熊斌等商定沧保线新部署。第三军与第二十三师开顺德(河北省)、彰德间防守既设阵地。刘茂恩部两师开顺德集结。

△ 中央银行、中国银行、交通银行、中国农民银行在上海组成银行联合办事处,蒋介石兼理事会主席,宋子文为副主席。

△ 救国会领导人沈钧儒、章乃器、邹韬奋、李公朴、史良、王造时、沙千里等七人保释出狱。

△ 西安行营向中共代表叶剑英洽询关于八路军开赴前线的问

题。叶剑英请示中共中央后答复如下:红军主力准备随时调动抗日,并已下令各军 10 天内准备完毕,待命出动,同意担任平绥线作战任务,并愿以一部深入敌后,打击敌人;唯红军特长在运动战,防守非其所长,最好能与善于防守之友军配合作战。

　　△　周恩来接叶剑英自西安来电,得知李宗仁、白崇禧、刘湘准备赴南京出席军事委员会即将召开的国防会议的消息后,即与秦邦宪、朱德、彭德怀、任弼时电告毛泽东、张闻天,提出中共亦应派人参加此会议,争取中共公开合法地位。并建议由周恩来与叶剑英出席。

　　△　日机轰炸保定,并侦察平汉路黄河铁桥。

　　△　汉奸边守靖任伪天津市长,汉奸李景阳任伪天津市警察局代局长。

　　△　汕头日本领事馆中村领事寻衅,要求我国撤退汕头驻军。

　　△　日军萱岛部强占通县,反正之保安队击毙日本驻通县特务机关长细木繁。

　　△　上海纱布交易所风潮案,地方法院对吴启鼎、盛昇颐予以不起诉处分。

　　是月　鄂豫皖边区红二十八军与安徽省政府、与河南有关单位达成协议,改编为鄂豫皖工农抗日联军。

　　△　日第三舰队司令官长谷川清中将不断向国内陈述意见,说明开辟侵华南战场,攻占上海、南京的重要性,要求秘密派兵上海,占领机场,对中国突然袭击。

8　月

　　8 月 1 日　蒋介石令傅作义、汤恩伯、刘汝明部署平绥线防务。绥远省政府主席傅作义兼第七集团军总司令,汤恩伯任前敌总指挥,率部自绥远、山西增援察哈尔,固守南口;察哈尔省政府主席刘汝明为第七集团军副总司令,担任察境守备。

△ 蒋介石在中央陆军军官学校纪念周发表讲演,称中国已至最后关头,勉励军人"尽忠卫国,效法古之忠烈"。

△ 蒋介石宴请平、津教育与学术界领袖张伯苓、蒋梦麟、胡适等,说明我国对日抗战方针。

△ 张发奎密电蒋介石、何应钦与参谋总长程潜称,日机飞川沙低空侦察。日侨在杭仅有二人,余均离去。日舰五艘在金山海面探照,旋向乍浦移动。平湖全公亭到日舰一艘,因在深夜移动,方向不明。该电并称"总(综)合三点,敌侨离杭,敌舰、敌机活动情形,似于杭州湾有所企图"。

△ 宋美龄等发起组织中国妇女慰劳自卫抗战将士总会,在南京励志社召开成立大会,推举宋美龄、李德全、吴贻芳等为执委。宋美龄在会上讲演,号召中国妇女团结一致组织起来,成为一个大团体,挽救国家的生命。

△ 毛泽东在延安"八一"抗战动员大会上讲演,指出中华民族已到最后关头,我们现在只有一个方针,就是坚决打日本。号召同志们准备出发到河北去,到抗日的最前线去,把我们这里的方针与办法带到全国各地去,把我们的决心带到抗日最前线去。

△ 周恩来接毛泽东转来张冲急电,称蒋介石密邀毛泽东、朱德、周恩来即飞南京,共商国防问题。毛泽东与张闻天电复周恩来称:"拟以朱(德)、周(恩来)、叶(剑英)三人赴京。"

△ 毛泽东与张闻天电朱德、周恩来转彭德怀、任弼时称,红军出动抗日的路线、兵力和作战方针,不应请蒋介石颁发,应由中共提出与之商定。

△ 张闻天与毛泽东就红军抗日作战方针致电周恩来、秦邦宪、林伯渠,认为依当前敌我情况,红军作战必须坚持以下两条原则:一、在整个战略方针下,执行独立自主分散作战的游击战争,而不是阵地战,也不是集中作战,因此不能在战役战术上受束缚;二、依上述原则,在开始阶段,红军以出三分之一的兵力为适宜,兵力过大,不能发挥游击战;并

指示以上述请与各同志商定,并准备携告国民党。

　　△　中共中央发出《关于南方各游击区域工作的指示》,分析抗战开始后的国内形势,对取消苏维埃制度、停止没收地主土地、改变红军番号、加强党的组织工作与群众工作,都作了原则说明;强调在建立民族统一战线中,上述改变是必要的。

　　△　山西青年抗敌决死队第一总队成立。中共中央北方局决定,中共山西公开工委书记薄一波全力负责武装工作。

　　△　山东省政府主席韩复榘至南京,谒冯玉祥、蒋介石,报告省情并请示机宜。

　　△　日军一部午后进占良乡。我军第二十七师在琉璃河与日军对峙。宛平日军约5000人转向平绥线进犯。

　　△　由日本关东军第一师团一部组成之第二混成旅团(旅团长本多政材少将)到达天津,担任天津以南地区警备。

　　△　日机轰炸平绥线南口,飞保定、石家庄、郑州、洛阳等地侦察。

　　△　上海各界抗敌后援会发出通电,要求全国各界一致奋起,积极从事抗敌后援工作。上海纸业公会、铅业公会、煤业公会等团体征募得巨款,作为支援抗敌经费;打铁业公会赶制大刀,送往前方。

　　△　蔡元培、胡适、蒋梦麟等致电国联文化工作人员委员会,抨击日军轰炸平、津,屠杀居民、焚毁南开大学等暴行。

　　△　汕头日本领事再次无理要求我国驻军自汕头撤退。广东省政府主席李汉魂表示誓死守土,并饬所部严防。

　　△　日军在津浦线陷大沽,日机袭德州。津浦路客运止于沧州,平、沪通车止于济南。

　　△　日舰三艘开到海宁,海军陆战队登陆示威。

　　△　天津苏联领事馆遭日本浪人及白俄抢劫捣毁,苏大使向日代办日高提出抗议。

　　△　汉奸高凌霨等在天津国民饭店成立伪天津治安维持会;8月6日,宣布就职,香月清司派桥本监督,并派山田、恩田等为该会顾问。

△ 为纪念欧战爆发二十二周年,在巴黎举行世界和平大会。中国代表方振武出席大会并演说,称中国有现代陆军 200 万,日本如进攻,将遭受到打击。

△ 晨 4 时 50 分,南京发生地震,房屋轻微摇动;晚 6 时 35 分,震动甚巨。天津、开封、蚌埠、徐州等地同时地震。

8 月 2 日 国民党中央午后举行重要会议,讨论对日绝交问题,对时局作出重要决定。

△ 蒋介石在庐山训练团讲话,谓平、津失陷为战争开始,此为奇耻大辱,绝无与敌谈和余地,决与敌誓不两立。

△ 蒋介石亲自与苏联驻华大使鲍格莫洛夫讨论苏联对华军事供货问题。蒋介石希望苏联再增加贷款数额,飞机数目增加至 500 架。14 日,蒋介石派国党中央执行委员张冲为代表,向鲍大使递交关于军火供应协议草案,要求苏联提供 350 架飞机、200 辆坦克和 236 门大炮;在协定签订一个月内,苏联向中国提供。同时,中国要求苏联派遣飞行员、航空技师、炮兵和坦克手来训练中国军事人员。蒋介石即派军事委员会参谋次长杨杰与张冲以"苏联实业考察团"名义前往莫斯科接洽军援事宜。

△ 国民政府主席林森在总理纪念周作《对当前时局应有之认识》演讲,指出目前时局已到最后关头,希望国人信赖政府,保持镇定。

△ 山西绥靖主任阎锡山乘机飞南京。

△ 晚 9 时,军政部举行卢沟桥事件第二十三次会报会,何应钦主持会议,出席人员与第二十二次会报会同。会商事项:战区内学校处置办法,由教育部拟定;通知中央社及新闻检查所,以后旅长以上军事长官行动及所属部队番号与行动,均不得在报端发表。

△ 蒋鼎文将蒋介石邀周恩来"约同朱、毛诸先生即来京面商大计"电,转交中共中央。

△ 周恩来电复张冲称,如开国防会议,即与朱德、叶剑英同往;如系谈话,则与秦邦宪、林伯渠、叶剑英同往。

△ 日军在平汉线对保定第二十九军攻击,并派飞机掩护。

△ 日机多次飞南口轰炸。琉璃河铁桥被日机炸毁,高碑店、涿州均遭轰炸。日机袭山东平原,飞滦口侦察。

△ 国民政府公布施行《修正取缔棉花搀水搀杂暂行条例施行细则》,凡 19 条。

△ 宝成铁路(宝鸡至成都)工程已测量完竣,工程局移设宝鸡,开始征收路基,准备开工。

△ 伪天津治安维持会在河北造币厂开始办公,并发布"安民"布告。

△ 法外长台尔博斯接见中国驻法大使顾维钧,讨论远东时局问题。

8 月 3 日 蒋介石再电周恩来,要求红军立即向绥德、榆林、延安等地集中,以便出发抗日。

△ 张闻天、毛泽东电周恩来、秦邦宪并转叶剑英称:"此次赴宁,须求得下列问题一同解决:(一)发表宣言。(二)确定政治纲领。(三)决定国防计划。(四)发表红军指挥系统及确定初步补充数量。(五)红军作战方针。"

△ 毛泽东收到朱德、周恩来草拟之中共准备向国防会议提出议案,国防会议组织机构、重新确定战时编制等共 19 条。

△ 周恩来与秦邦宪就抗战爆发后中共在华北地区的统战工作问题,电中共中央北方局负责人杨尚昆,要求派人至北平、天津组织情报机关。

△ 宋哲元通电全国,概述第二十九军天津作战经过,谓"平、津失守,为哲元之处置失当,实应受国家严重处分。刻下二十九军军事已委冯师长治安代理"。

△ 我援军刘戡、曾万钟、关麟徵、万福麟等部约八个师,陆续到达石家庄、保定、沧县。

△ 行政院举行第三二三次例会,军政部次长曹浩森报告南京及

沿江重镇防务。

　　△　外交部邀集财政、外交、教育等部及参谋本部、侨务委员会代表开会,决定由外交部即日向驻日大使馆转令散居各地华侨集中横滨、神户、长崎等海岸,由交通部派轮前往载运回国;并分函各部、会保护旅日华侨及慎重处理日侨遗留财产事项。

　　△　广东省绥靖主任兼第四路军总指挥余汉谋、湖南省政府主席何键至南京谒蒋介石,请示抗战机宜。

　　△　张自忠乘太古洋行汽车离开北平。

　　△　日军沿津浦线占领杨柳青,在独流、静海、马厂一带与我军发生激战。

　　△　日军由北平及古北口开往南口达 4000 余人;日机飞临南口上空投弹。南口形势紧张。

　　△　日本政府向国会提出紧急加税案,全部收入约计可得 1.02 亿日元,悉充侵华军费。

　　△　江西、江苏、浙江、湖北、河南、福建六省省银行,在庐山举行联席会议,决定:一、设立各省物产联合运销总处于镇江;二、组织省银行联合会,由江苏省农民银行主持筹备;三、共同捐款一万元贡献国家;四、协助政府储运日用必需品,以利抗战;五、人民贡献国家捐款,一律免费汇寄。

　　△　湖北高等法院将刘芦隐等行刺杨永泰案全部卷宗,即日移送最高法院审核。

　　△　沈钧儒等七人出狱后由上海抵南京,对记者发表谈话称:"此后仍本救国初衷,在蒋委员长领导下,不惜牺牲一切,从事救国工作。"

　　△　陕甘宁边区政府机关报《新中华报》,发表《迎接大规模的民族革命战争》社论,称"中华民族最后解放在此一举"。

　　△　苏联政府为驻天津领事馆被搜劫事,向日本驻苏大使重光葵提出抗议。

　　△　台风袭南京,风力达八级以上。

8月4日　国民党中政会主席汪精卫发表广播演说,题为《大家要说老实话,大家要负责任》。

△　国民党中央执行委员会常委会开会,通过非常时期党员信约,包括"严格遵守非常时期及平时一切国法党纲"等七条。

△　国民党中政会对时局交换重要意见,通过:一、防空法原则八项;二、追认特派顾维钧、郭泰祺、钱泰为出席国际联合会第十八届代表;三、特派谢冠生为司法行政部部长等议案。

△　白崇禧飞抵南京,与蒋介石进行长时间谈话。白氏表示赞同中央抗战决心。

△　军事委员会委员长蒋介石邀请朱德、周恩来、叶剑英至南京参加国防会议。

△　周恩来接张冲回电,称系开国防会议,望毛泽东、朱德、周恩来至南京参加会议。

△　周恩来、朱德、秦邦宪、林伯渠、彭德怀、任弼时向中共中央提出《关于全国对日抗战及红军参战问题的意见》与《关于红军主力出去抗战的意见》,认为抗日战争的方针是,要求南京要有发动全国抗战的决心和布置;中共争取参加和领导;不反对在推动全国抗战中,须要积极的准备。关于红军出兵问题,不拒绝红军主力出动,但为适应持久战的需要,多行侧面的运动战与游击战。5日,周恩来等收到张闻天、毛泽东复电,同意开拔主力。

△　毛泽东与张闻天讨论对国防问题意见后,电周恩来、朱德、叶剑英,在与蒋介石谈判时,提出中共方面对国防问题的意见:"总的战略方针暂时是攻击防御,应给进攻之敌以歼灭的反攻,决不能是单纯防御。""正规战与游击战相配合。""发动人民的武装自卫战,是保卫军队作战胜利的中心一环。"

△　第二十九军代表秦德纯、石敬亭至南京报告平津战役经过称:"我军以防线太长,集中未毕,增援部队以运输关系,一时未能赶到,致南苑被敌击破。"

　　△　孔祥熙与英国签订广梅铁路贷款 300 万镑、浦信铁路贷款 400 万镑款合同,并于是日离英赴美。

　　△　上海妇女团体组成上海妇女慰劳抗战将士会上海分会,由何香凝等主持。

　　△　日军要求在青岛登陆被拒。青岛当局表示誓与青岛共存亡。日机轰炸平绥线下花园车站。

　　△　察北伪军近日复形活跃,在商都及南壕堑一带赶筑防御工事,并增运军需品。我军调部队开赴绥远戒备,以防不测。

　　8 月 5 日　军事委员会召开国防会议,出席者为各重要军事将领、各省军政长官、中共代表等,讨论制定抗战方针为:日军“之最高战略为速战速决,而我之最高战略方针为持久消耗”,即“持久消耗战略”。会议决定在华北方面防御,以保定——沧州一线为主要防御;以彰德——济南一线为第二线;以洛阳——郑州——开封——徐州——淮阴一线为第三线;在全局上避免大兵团作战,始终采取消耗作战,以期使各部门继续充实战备。

　　△　蒋介石发表《告空军将士书》,勉以及时奋发,完成任务。

　　△　孔祥熙在巴黎向报界发表谈话称:“中国为保全主权及自主起见,已决定以武力抵抗武力。苟远东发生较大之冲突,日本自必负侵略者之责。”

　　△　国民政府明令公布修正《陆海空军留学条例》第二条与《农本局组织规程》。

　　△　汤恩伯第十三军第八十九师抵达居庸关、南口一线布防。

　　△　军事委员会决议,命后方勤务部赶筑华北有关军事紧急公路 3600 余公里。

　　△　顾祝同电令川康各军、师长在 8 月 15 日期限以前整编完竣。

　　△　毛泽东电复彭德怀、任弼时称,红军出动抗日,主力仍以在韩城、宜川渡河为有利。

　　△　朱德、周恩来在云阳收到张闻天、毛泽东关于红军参战问题的

复电称,红军担负的作战任务,是"独立自主的游击运动战,钳制敌人大部分,消灭敌人一部";"在一定地区内协助正面友军作战",而不是"独当一面";只宜于侧面作战,不宜于作正面战。又电称,"我们以为朱德同志以即去南京一行为有利"。

△　中共抗日军政大学全体学员提前举行毕业典礼,学员多被分至军队中领导抗日工作。

△　日机沿平绥线轰炸,破坏交通,并沿平汉线、津浦线飞行侦察。日机 30 架轰炸张家口车站。

△　津浦路改在济南与浦口之间行驶。

△　日本陆军省公布,自 7 月 7 日卢沟桥事变发生之日起,至 8 月 4 日止,华北日军共死亡 364 人,伤 869 人。

△　日本参谋本部决定进行华北会战,企图"迅速对河北省内的中国军队以及中国的空军主力给予打击,随后占据华北要地,以期根本解决华北问题,并图谋调整日华关系"。

△　重庆、武汉、长沙等地日侨 120 余人,由汉口乘"洛阳丸"至上海。

△　广州民船船工一致拒绝为日轮卸货。

8 月 6 日　军事委员会令:宋哲元为第一集团军总司令,负责平汉铁路北段作战;冯玉祥为第三战区司令长官,指挥淞沪战场作战;刘峙为第二集团军总司令,分途反攻天津;蒋介石兼第一战区司令长官。

△　午间,军事委员会委员长蒋介石访中政会主席汪精卫,对各军、政当局商定之应付时局方针,复作详尽研讨。

△　胡适劝说蒋介石,在大战以前,对日作一次最大的和平努力:"第一步为停战,恢复七月七日以前之疆土状况。第二步为调整中日关系正式交涉——在两三个月之后举行。"

△　西安行营主任顾祝同由重庆飞抵南京,谒蒋介石报告川康整军进行现状。

△　武汉行营主任何成濬由汉口抵南京。

△　国民党中央连日迭有重要会商,对目前整个时局策划已有具体决定;各省政府主席将齐集南京,接受传达抗日方针。

△　张自忠离开北平后,冀察政务委员会决定废止委员制度,以常务委员齐燮元、贾德耀、李思浩、张允荣、张璧等五人负责处理一切事务。

△　冯玉祥发表《我们应如何抗敌救国》讲演,主张"在政府的统一领导下,实行坚强持久的抗日民族革命战争"。

△　周恩来、朱德自云阳急赴西安,与在该地的叶剑英同赴南京,代表中共参加国防会议。

△　日军向平绥铁路沿线集中,企图西犯南口,进窥察哈尔省。

△　廊坊日军续向永定河岸推进,并搜捕沿岸民众赶筑工事。

△　驻汉口日本海军陆战队突然登岸,在日租界堆置沙袋,装设铁丝网,作战斗准备,并宣布戒严,致汉口局势突然紧张。同日,汉口日侨及海军陆战队突奉日本政府训令一律撤退。7 日,国民政府接收汉口日租界,汉口日军及侨民完全撤退。

△　日军拟接收天津海关,并派员监视电报局。该两机关均在法租界,日军派人前往接洽,因领事团不允,不得要领而去。

△　华北日军总计已达 4.5 万人。次日,日军再增兵三个师团至天津等地。

△　日本外相广田在国会宣称:"华北时局,难以找到圆满解决的一线希望。日军现在正前进中,以期成就华北中日关系的根本解决。如果中国参加德日反共协定,而使赤化主义绝迹于东方,则东亚和平方可确定。"

△　中国教育学会等团体电世界教育会议会长孟禄及全体会员,请主持正义,制裁日军暴行。

△　北平、天津各国立大学及学院在南京成贤街设立平、津国立院校通讯处。

△　上海市总工会组织战时服务团,开始登记。

8月7日　上午,国防会议正式召开,商讨抗战大计。出席会议的有蒋介石、程潜、何应钦、白崇禧、冯玉祥、阎锡山、余汉谋、何成濬、顾祝同、何键、张治中、黄绍竑等。蒋介石在开幕辞中,报告卢沟桥事变以来的军事形势、国共两党在庐山谈判经过。军政部长何应钦报告卢沟桥事变经过及处置情况。各有关方面报告空军建设、防空、国防工事以及重工业建设等。

△　晚,国防联席会议开会,林森、汪精卫、张继、居正、于右任、戴季陶、孙科、陈立夫、阎锡山、冯玉祥、何应钦、唐生智、陈调元等41人出席。蒋介石致词称,目前中国之情势,乃是生死存亡的最后关头,今天集合了全国各地高级将领,共同商讨今后处置国防的计划。参谋总长程潜报告当日上午国防会议经过,军政部长何应钦报告卢沟桥事变以来情况,军事委员会办公厅副主任吴思豫报告敌我态势及四个战区和预备军的划分。最后,蒋介石阐述抗战的意义和决心说:"现在这回中日战争,实在是我们国家生死存亡的关头。"与会者经过讨论,一致起立表示抗战的决心,决定未宣战前,与日本进行交涉,仍不轻易放弃和平。各军事将领热烈讨论抗战的战略问题。冯玉祥力主抗战,白崇禧建议设立大本营统率全国武装力量。

△　外交部发言人对记者发表谈话称:"现在局势虽极度紧张,然中日外交当局,在两国国交依然存续之际,本可随时商谈。唯两国关系刻已至最险恶时期,和战之分,瞬息间事,倘彼方果以最大之决心与努力,挽回危局,尚未为晚。否则,和平前途殊难见有曙光。"

△　川康绥靖主任刘湘由成都飞抵南京。

△　第一战区长官司令部总参议萧振瀛今晚入京,谒蒋介石后赴保定会晤宋哲元。

△　第五路军副总指挥白崇禧视察南京空防。

△　救国会七领袖沈钧儒等在南京谒蒋介石,会商抗敌救国大计。

△　沈钧儒等在南京对记者发表谈话称,拥护蒋介石的庐山谈话;关于民众工作,"应该统一领导,应该格外具体,格外沉着","但必须在

全国动员之下,在积极行动当中,表现其统一,表现其具体,表现其沉着"。

△ 汤恩伯第十三军于是晨全部到达南口地区,并进入阵地。

△ 张庆余率反正保安队二万集中怀来。

△ 青岛市政府向日本领事馆抗议日方侵越我国警权,擅自派遣武装队伍巡逻青岛市。

△ 周恩来同西安行营主任蒋鼎文交涉,要求释放被关押在西安行营监守所的红军西路军被俘人员。当日,有 30 名西路军干部获释。8 日,有 210 余人获释。此后,周恩来会见出狱人员,表示安慰和鼓励。

△ 红军第四方面军(援西军)奉命由甘肃镇原县屯子镇地区,向三原以西石桥镇地区集结待命。

△ 日本华北驻屯军调整部署,确定:一、待国内援军到齐后,与中国军队在河北保定——沧县之线决战,主决战方向为平汉铁路沿线;决战时间预定在 9 月下旬或 10 月上旬;二、第五师团第十一混成旅沿平绥铁路作战,进攻察哈尔、山西北部及绥远地区。三、保定、沧县会战后,再向石家庄、德县之线攻击。

△ 日军袭击津浦路静海前线我军,并进攻平绥路南口要地;绥远日人悉数撤离返日。

△ 日本在华舰队集中长江下游,上海形势益形紧张。汉口日军及侨民完全撤退,分两批由日舰载往上海。

△ 日本驻华大使川樾抵上海称:"对华交涉问题,未奉训令,但对中日邦交之调整,拟作最后之努力,以目前华北之情势观察,所谓和平殆不可能。"

△ 日本国会特别会议通过华北事变的经费为 9680.9 万日元,后又追加经费 3.13306 亿日元。

△ 英国路透社东京电讯预言称"大战将于本星期再起"。

△ 成都举行市民大会,参加市民达 10 万余人,决议请中央即刻发动全民抗战。

　　△　上海市总工会组成工界救亡协会。

　　8月8日　军事委员会委员长蒋介石发表《告抗战全体将士书》，庄严宣告：这次卢沟桥事变，日本用了卑劣欺骗的方法，占据了我们的北平、天津，杀死了我们的同胞百姓。奇耻大辱，无以复加。号召全体将士："努力杀贼，有进无退，来驱除万恶的倭寇，复兴我们的民族！"勉励全军：一、要有牺牲到底的决心；二、要相信最后胜利一定属于我们；三、要运用智能自动抗战；四、要军民团结一致，亲爱精诚；五、要坚守阵地，有进无退。

　　△　蒋介石宴请阎锡山、白崇禧、刘湘、余汉谋、何成濬、顾祝同、何键，由冯玉祥、何应钦、程潜作陪，对时局交换重要意见。

　　△　蔡廷锴由香港抵上海，万余群众到码头迎接，高呼："欢迎蔡将军北上杀敌！"蔡氏即去南京。

　　△　国民党中央常务委员邹鲁以及各地将领孙殿英、谭启秀等抵南京。

　　△　陈毅与项英等以中共赣粤边区特委和红军游击队名义发表《八八宣言》，要求实行全国抗战，红军游击队愿与政府合作；后又派代表二人至南雄县与当地驻军联系谈判事宜。

　　△　日本华北驻屯军2000余人占领北平市区，并发表布告称："如有妨害日军行动者，不论其为个人或团体，即严予处置。其政治事项，另由特务机关负责。"

　　△　日本第三舰队司令官长谷川清遵照日本政府指令，"迅速作好应付事变的准备"，并重新部署兵力。

　　△　日本海军军令部次长岛田繁太郎下达兵力部署命令。

　　△　日本铃木重康独立第十一旅团攻平绥线我得胜口第十三军汤恩伯军左翼阵地，旋被击退。

　　△　川樾在私邸召集日本在沪外交、海军、陆军重要人员举行非正式会议，商讨机宜。由南京赶来上海之日高及第三舰队司令长谷川等均参加。

△　山西、浙江、江苏及安徽芜湖等地日侨,连日先后悉数撤退。

△　上海文化界救亡协会集会欢迎郭沫若、沈钧儒等。

△　上海市总工会、商会开会商讨战时生产管制问题,决定五点意见。

△　孔祥熙在巴黎发表谈话称:“日对华侵略日亟,然中国之通货仍能稳定,可见不独中国政府财力巩固,即友邦对中国前途亦非常信任。”“中国之财力,足与日本抗衡,故中国对华北事件之前途并不悲观。”

8 月 9 日　下午 5 时,日本海军陆战队中尉大山勇夫与士兵斋藤要藏驾驶军车,肆意闯入上海虹桥机场警戒线内,为我国守卫机场的保安队开枪击毙,是为“虹桥机场事件”。

△　晚 10 时,上海市长俞鸿钧至日本总领事馆交涉虹桥机场事件。俞鸿钧表示,对虹桥不幸事件殊深遗憾,盼日方力持镇静,尽力勿使扩大,循外交途径以谋圆满解决。日方同意将该案交由外交途径解决。

△　国民政府主席林森在纪念周会讲演《自存与共存》。

△　云南省政府主席龙云由昆明抵南京。12 日,蒋介石接见龙云。

△　中共代表周恩来、朱德、叶剑英飞抵南京,参加国防会议。在南京期间,周恩来与朱德、叶剑英同国民党商谈在南京、兰州、武汉等地设立中共代表团、八路军办事处,以及湖南、江西、福建、浙江、湖北、河南、安徽八省十三地区红军游击队的改编问题。周恩来会见四川省政府主席刘湘,商定双方互派人员建立联络关系,并与朱德、叶剑英会晤冯玉祥、白崇禧及云南省主席龙云等人,商谈国共合作抗日等问题。周恩来与国民党中央宣传部长邵力子商定,由邵力子签署文件,正式批准中共南京办事处在南京筹办《新华日报》。周恩来与朱德探望国民党中央执行委员会委员于右任,请其为《新华日报》题写报头。周恩来至上海指示夏衍,协助刚从日本归国的郭沫若筹办《救亡日报》,把该报办成

文化界抗日民族统一战线的报纸;并会见中共中央派往上海工作的张爱萍等,指示其在上层知识界和学生中做统战工作。周恩来会见由国外归来的叶挺,请其出面改编南方各地的红军游击队。

△ 南口方面战事渐趋激烈,日军炮兵滥施轰击,第十三军英勇抵抗。

△ 东北抗日联军攻入伪三江省汤原县城,城内日本移民区全被焚毁。联军占领该城六小时后退走。

△ 日本外务省发言人发表关于华北危机谈话称:"接替宋哲元的人,如果能履行 7 月 11 日和 19 日地方协定中各条件,则华北事件可望'就地解决'。"

△ 日本驻华大使川樾茂向外交部亚洲司司长高宗武提出《日支国交全般调整案》,划永定河以北为非武装区,因虹桥事件发生,交涉停顿。

△ 长江沿岸日侨已全部撤至上海。

△ 外交部命令旅日华侨返国。

△ 上海各区市民联合会电请财政部长孔祥熙,限制资财外汇。

△ 国民政府特任王用宾为中央公务员惩戒委员会委员长。

△ 资源委员会在行政院会议上,提出《上海各工厂迁移内地工作专供充实军备以增厚长期抵抗外侮之力量案》。

△ 孔祥熙与法国银行团签订金融协定,借款四亿法郎,用为法币外汇准备,利息 7.25 厘,用关税担保。

△ 新西兰华侨联合会捐汇 2.5 万元;南洋英属华侨与霹坜福建公会各捐汇一万元。

8 月 10 日 军事委员会以形势紧急,批准《国家总动员设计委员会组织大纲》,分军事、政治、经济、精神、兵役五方面。

△ 中日双方就上海虹桥机场事件开始调查事实真相。上海市长俞鸿钧除派人调查、搜集证据外,详电中央报告与日方商谈经过。外交部训令以外交方式解决,避免扩大。日方也派员调查,海军武官并将肇

事经过电海军省报告,请求善后办法。同日,日本海军省与军令部开联席会议,协议对策。

△　国民党中央委员吴敬恒对新闻记者称:"此次抗战,能支持六个月,我国之胜利已有把握;如能支持一年,则日本不堪设想矣。"

△　毛泽东电彭雪枫,与阎锡山交涉红军由韩城渡河,经蒲县、孝义、汾县开赴抗日前线,并在太原公开设立办事处。

△　刘湘所部已整顿完毕,共编为三个军、两个独立师、七个独立旅。

△　石友三在保定发表告同胞书,详述抗战经过。

△　日军 5000 余人在飞机、重炮和坦克掩护下,强攻我南口阵地;日军占领南口车站,我军第八十九师顽强抵抗后退守南口镇。

△　日本陆军与海军中央紧急会商向上海派兵,并得到内阁会议确认。

△　外交部奉行政院指令,函知招商局拨专轮六艘前往日本,接运中国侨民回国。

△　日舰"保津"、"鸟羽"、"比良"、"势多"、"梅"、"栗"、"八重沙"、"二见"八艘驶抵上海。

△　全国各海关奉财政部命令,即日起暂行禁止米粮出口运往外洋,以维持民食而防资敌;同时布告米商,如查获偷运奸商,即以军法处以极刑。

△　行政院通过拆迁上海工厂计划,由资源委员会、财政部、军政部及实业部会同组织上海工厂迁移监督委员会,林继庸任主任委员。迁移工厂分面粉厂、纱厂、火柴厂、制酸厂、制碱厂等。七七事变发生后,政府即开始拟具拆迁东南及各大都市工厂于西南和西北大后方计划。

△　教育部令危险地区各学校迁移,责令危险地区各学校预为安全措置,重要图书仪器应早准备迁移。川康绥靖公署责令安全地区各学校预定收容战区学生计划。

△　香港怡和公司"阜生号"轮船由大沽口驶往大连,为日本运输军用品,船上中国海员自动离船。

△　江苏常熟胡剑心捐献祖遗稻田 101 亩,拍卖得款供应抗日军需。

△　河北省各县伪地方维持联合会在北平召开成立大会。

△　圣巴柏罗华侨、吉隆坡侨务委员会、麻坡永春会馆越南华侨踊跃捐款抗日。

△　马尼拉华侨举行大会,决议以捐款 40 万元作抗战之用。

△　财政部长孔祥熙由巴黎抵柏林,探询德国在中日战争中所持态度。

8 月 11 日　中国国民党中央政治委员会第五十一次会议,决议设置"国防最高会议",撤销中央执行委员会五届二中全会决议组织之"国防会议"及五届三中全会决议组织之"国防委员会"。《国防最高会议组织条例》,凡 11 条九款,规定国防最高会议为全国国防最高决策机关,对国民党中央执行委员会政治委员会负责。国防最高会议设主席、副主席各一人,以军事委员会委员长为主席,中央政治委员会主席为副主席。国防最高会议由下列成员组织之,并由主席指定常务委员九人:一、国民党中央执行委员会常务委员、秘书长,组织部、宣传部、民众训练部各部部长,国民党中央监察委员会常务委员,中央政治委员会秘书长。二、五院院长、副院长。三、行政院秘书长,内政部、外交部、财政部、交通部、铁道部、实业部、教育部各部部长。四、军事委员会副委员长、常务委员,参谋本部总长,军政部、海军部部长,训练总监部总监,军事参议院院长。五、全国经济委员会常务委员。其他各关系人员遇有必要时,由主席通知列席。国防最高会议之职权,为国防方针、国防经费及国家总动员事项之决定。《条例》第六条规定,作战期间关于党、政、军一切事项,国防最高会议主席得不依平时程序,以命令为便宜之措施。《条例》第九条规定,国防最高会议设国防参议会,由国防最高会议主席指定或聘任若干人充任之。

△ 朱德、周恩来、叶剑英在国防会议上分别作长篇发言,就抗日战争的战略战术及指导方针,详细阐述意见。周恩来指出,首先,抗战必需有坚强的决心,进行整个部署,动员全国军民,方可取得最后胜利。其次,作战方针必须"培养独立持久之能力",采用游击战术,交通大道要坚壁清野,组织敌后民众,进行山地、农田地的游击战、运动战。第三,军事动员时,应将一切部队编入战斗序列;军区划分不必根据历史关系,应以每一军区可独立作战为原则,同时要运用第一次国共合作进行北伐战争的军事和政治工作经验。周恩来强调指出:"在正面防御上,不可以停顿于一线及数线的阵地,而应当由阵地战转为平原与山地的扩大运动战。"朱德发言称:"抗日战争在战略上是持久的防御战,在战术上则应采取攻势。在正面集中兵力太多,必然要受损失,必须到敌人的侧翼活动。敌人作战离不开交通线,我们则应离开交通线,进行运动战,在运动中杀伤敌人……游击战是抗战中的重要因素,游击队在敌后积极活动,敌人就不得不派兵守卫其后方,这就牵制了它的大量兵力。"叶剑英在会上作了抗日战争的政策与战略的发言。中共代表的意见,对军事委员会制定全国抗战的战略方针,对出席会议将领的作战指挥,产生了积极的影响。

△ 第五路军副总指挥兼军事委员会常委白崇禧,确定留在南京中央工作。

△ 苏浙边区绥靖主任张发奎密电蒋介石称:"发现杭州湾出口洋面停泊敌舰约念(20)艘,阵容甚整。昨夜 9 时以后,并有敌舰三艘先后驰泊金山卫,用探照灯向乍浦一带探视。……判断敌有以海空军扰乱我沿海及杭州湾企图。"

△ 绥远境内蒙政会全体委员电国民政府,代表绥属各盟旗竭诚拥护中央,誓作抗战后盾。

△ 南京统帅部电话命令第九集团军总司令张治中,将全军进至上海附近。张治中立即作出部署:一、第八十七师一部进至吴淞,主力前进至市中心;二、第八十八师前进至北站与江湾间;三、炮十团第一营

及炮八团进至真如、大场;四、独立第二十旅及驻松江的一团进至南翔;五、炮三团第二营及第五十六师自南京、嘉兴各地兼程向上海输送;六、派刘和鼎为江防指挥官,率领第五十六师及江苏保安第二、第四两团任东自宝山西至刘海沙的江防,并控制主力于太仓附近。

△ 周恩来、朱德与张冲、邵力子、康泽商谈《中共中央为公布国共合作宣言》内容,双方议定发表中共宣言的同时,蒋介石须发表谈话,发表边区政府组织,发表红军改编后的指挥部,红军改编后充任战略游击支队。国民党方面同意中共派人到南方改编各地游击队,并开始释放部分在狱的中共党员。

△ 军事委员会令第十四集团军总司令卫立煌率第十师、八十三师、八十五师经易县向南口挺进,支援汤恩伯军作战。

△ 日舰 20 艘护送运输舰五艘向上海运兵。日本动员驻上海海军陆战队与日侨义勇军团等共一万余人;日舰 30 余艘集中吴淞一带。

△ 日本为扩大虹桥事件,驻上海总领事冈本提出无理要求:一、将上海保安队撤退;二、将上海保安队已设立之防御工事完全撤除。上海市长俞鸿钧表示,中国政府必将此事照外交方式解决,但日方尚在交涉之际即大举增兵上海,这是赤裸裸的威胁。

△ 上海领事团鉴于虹桥机场事件后局势严重,向中日双方提出备忘录,要求避免足以破坏上海治安与和平的一切军事行动。

△ 汉口日领事署接到东京最后训令后,日领松平即通知我方,彼等已定于 11 日下午 4 时下旗归国,所有留汉日人一并退走。日领事离汉后,日租界即由我方正式接管。市警察局对日租界内行使警权,决定设立一直辖派出所。

△ 日本将察哈尔、绥远、山西三省北部划成一个地方区域,隶属伪"蒙疆自治联盟"。

△ 汉口、重庆、长沙、宜昌等地日本领事,今日一律下旗赴上海。

△ 日本宣布台湾高雄港为要塞,并公布《事变特别法令》,对台湾民间横征债券。

　　△　日本首相及外、陆、海三相举行四相会议,决定派两个师团至上海。日本海军军令部首脑会议主张抓住时机,"在近期里再次行使我们的实力",避免"留下祸根,贻误将来"。当夜 11 时 55 分,日海军军令部总长伏见宫博恭王向第三舰队司令官发出放手行动指示。

　　△　实业部电令各省严防奸商操纵物价。

　　△　全国经济委员会常委宋子文由上海抵南京,访白崇禧、刘湘、龙云等。

　　△　国民政府委员马相伯在上海创设伤兵医院。

　　△　交通部令各轮船公司迅将航行中的海轮驶入长江,或停在香港等安全地带,以免资敌。

　　△　上海日商印刷业工人 200 余人全体罢工,请求到前线杀敌。

　　△　汉奸池宗墨在唐山组织伪政府。香月清司派小林原田充伪北平维持会顾问。

　　8 月 12 日　中国国民党中央执行委员会常务委员会第七十次会议议决,推蒋介石为陆海空军大元帅。

　　△　蒋介石以上海虹桥事件谈判中日方态度强硬,为防日军在上海发动挑衅行为,积极部署上海军事。是日,蒋介石电令驻汉口之第八十九师乘轮向上海集中,第五十七师第一六九旅由嘉兴向龙华镇集中,驻宜兴之炮兵第十团第二营向吴县集中。各师均归第九集团军总司令张治中指挥。第九集团军所辖之第八十七师开抵上海近郊大场镇,第八十八师开抵真如车站。

　　△　蒋介石下令分配上海我军战斗序列,张治中为第九集团军总司令,担任上海右翼(沪西)防务;张发奎为第八集团军总司令,担任上海左翼(沪东)防务。

　　△　第九集团军总司令张治中致电蒋介石请示:本军各部队在本日黄昏前可以输送完毕,可否于明日拂晓前开始攻击?空军明晨能否同时行动?蒋介石复电:"希等候命令,并须避免小部队之冲突为要。"

　△　广西省政府主席黄旭初由庐山飞抵南京,并与蔡廷锴同谒蒋介石。

　△　外交部发表声明:"自卢沟桥事件发生以来,日方口头上屡次宣称,不欲扩大事态,但事实上之行为,则恰与此相反……种种行为,均属侵犯我国领土主权与违反各种国际条约。我国处此环境之下,忍无可忍,除抵抗暴力实行自卫外,实无其他途径。今后事态之演变,其一切责任,应完全由日方负之。"

　△　外交部次长陈介会晤日使馆参赞日高,商讨虹桥事件解决办法。

　△　外交部、侨务委员会呈请行政院,拨款接运我国旅日、旅朝侨民;愿回国之台湾同胞,集中基隆、高雄二处待运。

　△　立法院与军事委员会着手起草《总动员法》。

　△　张治中第九集团军所部第八十七师、第八十八师、炮八团、炮十团、独立第二十旅的一个团等部,自苏、常、锡一带奉命向上海挺进;12日晨进入上海市。

　△　平、津陷落后,蒋介石电令有关各集团军为迎战来犯日军,积极部署津浦、平汉、沧石三线军事。

　△　我国封锁长江、吴淞口及黄浦江,并分别照会各国驻华使节。

　△　为制止金融投机,财政部令上海银钱业休假两日。

　△　毛泽东电告周恩来、朱德,阎锡山同意红军由韩城渡河,经由同蒲铁路运送。

　△　军政部决定派参谋三人前往延安,暂称为联络参谋。

　△　平汉线我军向良乡反攻,战事异常激烈。同日,津浦线我军先后克复独流镇、良王庄。

　△　日军增加步兵5000余人、野炮60余门、坦克车30余辆、飞机30余架向我南口一带猛扑,连续五六次均被我军击退。

　△　日军欲强占天津市英租界与法租界电报局,遭两租界当局拒绝。

　△　广东日侨撤尽。

　△　日本陆军省与参谋本部提出向上海增兵方案,计划动员30万

兵力及 8.5 万马匹,并向上海与青岛各派遣两个师团。

△　日本参谋本部与海军军令部达成陆海军协同作战协定及陆海军在华中作战的航空协定。

△　上海内迁工厂推颜耀秋、胡厥文、支秉渊、叶友才、严裕棠、余名钰、吕时新、王佐才、赵孝林、项康元、钱祥标 11 人,组成上海工厂联合迁移委员会,工厂"迁移地点以武昌徐家棚为集中地点,再分配西上宜昌、重庆,南下岳阳、长沙"。

△　淞沪停战协定委员会在公共租界工部局召开会议。我国代表俞鸿钧、日本代表冈本以及英、法、美、意四国代表,对虹桥机场事件再作论讨。日本驻沪总领事冈本指责中国违反该项协定;俞鸿钧严词驳斥,指出日军的背信弃义行为,已将停战协定破坏无余。俞鸿钧与冈本两人进行激烈辩论。由于日方代表蛮横无理,会议无结果而散。

△　国民政府明令恢复中国公学。中国公学复兴委员会主席蔡元培及董事长于右任呈请拨基金 10 万元。

△　教育部对各级学校本学期开学招生以及学生借读缴费等事,特制定《各级学校处理校务临时办法》,发至各省、市教育厅、局及专科以上学校遵照办理。

△　国民党中常会第五十次会议通过《检查书店发售违禁出版品办法》、《书籍杂志查禁解禁暂行办法》、《图书杂志原稿审查程序》等件。

△　中国共产党抗议广东当局对中国工农红军闽粤边区游击队何鸣部的包围缴械,要求国民党当局恢复闽粤边区何鸣部队原状,发还枪支武器,释放一切人员;国共双方另派专员在开诚布公的基础上进行新的谈判。

△　中共中央号召全党同志,从何鸣事件中吸取经验教训,应当继续坚持党的抗日民族统一战线的路线,同时应当有高度的政治警觉性。

8 月 13 日　淞沪抗战爆发。上午 9 时 15 分,上海虹口日本海军陆战队水兵一小队冲入横浜路、东宝兴路地段,向我保安队射击;我军沉着应战。八字桥我第八十八师遭日军射击,被迫反击。午后 4 时,驻上海日本海军陆战队司令官大川内少将下令向我国守军发动全线进攻,以坦克与步兵向军工路、虹口第八十八师攻击;黄浦江中日舰亦同时向市中心区发炮射击。中国人民全面抗战开始。

　　△　空军发布第一号作战令,迎击进犯上海日军。我国出击空军根据地如下:第九大队:曹娥机场;第四大队:笕桥;第二大队:广德、长兴;暂编大队:嘉兴;第五大队:扬州;第六大队第三、五中队:苏州;第四中队:淮阴;第七大队第十六中队:滁州;第八大队(欠第十九中队):南京大校场;第十七中队:句容。

　　△　晚,军事委员会决定向上海日军发动总攻击,令第九集团军总司令张治中"明拂晓攻击","令空军明日出动轰炸,令海军封锁江阴"。

　　△　军事委员会命令封锁镇江以下长江下游江面,并以此分别照会各国驻华使节。此事事先为汉奸(时任行政院秘书)黄濬泄于日方,长江日舰得以悉数撤退。

　　△　平汉线我军夺回独流镇后,向前推进至良王庄一带与日军激战。

　　△　日军突破南口,我军退守居庸关两侧高地。

　　△　上海市长俞鸿钧向日本驻沪总领事馆提出书面抗议,谴责日军向中国军队进攻,并将抗议书抄送各国驻沪总领事。

　　△　外交部长王宠惠接见日驻华大使馆参赞日高。日高要求我方撤退上海保安队及撤除防御工事;王宠惠指出日方破坏《上海停战协定》,赶运军舰、军队来沪,飞机侵入宁波、杭州。

　　△　驻日大使许世英将日本海陆军协议大举侵华情形电告外交部,称日本"海、陆两省正协议派陆军至沪,惟因华北牵制,或不能过两个师团;海军则增派二等巡洋舰两艘、驱逐舰四艘,航空母舰尚在佐世保待机。其战略除以海、陆军混合兵力袭击上海外,并利用海军飞机轰炸沿江炮台、兵营及南京、杭州、南昌、洛阳等处飞行场,对南京更肆意炸毁,另以驱逐炮艇巡游长江,阻止我军渡江;并闻其希望我布告宣战,俾彼得实行封锁海口"。

　　△　川康绥靖主任刘湘在南京向蒋介石建议中央政府迁川,坚持长期抗战。蒋介石甚表嘉许。

　　△　朱德、周恩来、叶剑英就与国民党谈判事向中共中央建议:中共努力抗战,以巩固蒋介石抗战决心;红军立即改编,争取开动;力争发表《中共中央为公布国共合作宣言》,催促发表红军改编后的正、副总指挥。

　　△　毛泽东会见美国记者韦尔斯,交韦尔斯一份中共中央《抗日救国十大纲领》。

　　△　日本召开内阁会议,决定"为直接保护侨民,决定向上海方向派遣陆军部队;但有关陆军部队的兵数及下令动员的时机,由参谋本部和海军军令部协议决定之"。

　　△　英、法、美三国驻沪军事当局会商,决定成立租界防御委员会,并分别自香港、西贡调派军队来沪。

　　△　驻香港英军千名,奉令乘轮赴沪驻防。

　　△　上海成立国际救济会及大学生救国服务团。

　　△　财政部令全国国家及商业银行 10 月 16 日以前一律暂停营业。

　　△　军事机关征用招商局轮船"嘉禾"、"新铭"、"同华"、"遇顺"、"广利"、"泰顺"、"公平"七艘,民营轮船 16 艘,海运舰艇及各埠趸船 28 艘,一并沉江阴下游江中,成为第一道长江封锁线,阻日舰上驶。

　　△　中国航空公司以上海龙华机场受日军威胁,宣告京沪、沪平、沪粤各线停航,公司由上海迁汉口。

　　8 月 14 日　国民政府发表《抗暴自卫声明书》,宣布"中国之领土主权,已横受日本之侵略。《国联盟约》、《九国公约》、《非战公约》,已为日本所破坏无余";"中国以维护其领土主权及上述各种条约之尊严","惟有实行天赋之自卫权以应之"。

　　△　国民政府明令京沪、沪杭两铁路沿线戒严,镇江下游江面实行封闭。

△ 张治中就任京沪警备司令,并对记者发表谈话,表示"事至今日,和平确已完全绝望,牺牲已到最后关头,不达保我完整领土主权之目的,抗战誓不休止"。

△ 淞沪警备司令杨虎奉令兼任上海戒严司令。

△ 上海市长俞鸿钧为日军利用租界为军事根据地攻击中国军队事,照会各国驻上海总领事,请迅予制止。

△ 何应钦电俞鸿钧,决定"对敌根据地实施扫荡","外交谈判及与各国领事之周旋,仍请相机应付"。

△ 国防最高会议召开第一次会议,决定对日抗战不采宣战绝交方式,政府仍在首都南京,不迁都,指派张群为国防最高会议秘书长。

△ 军事委员会改石家庄行营为保定行营,以徐永昌为主任。石家庄设办事处。

△ 蒋介石命国民党中央党部速即恢复河北省县党部。

△ 第八十八师旅长黄梅兴在上海持志大学阵地牺牲殉国,此为我军在淞沪战场牺牲的第一位高级将领。

△ 我国守军在南口与日军展开肉搏战,战况惨烈。

△ 宋哲元在保定发表《告二十九军官兵书》,指出国家已到生死存亡最后关头,大家应振作起来,不屈不挠,战斗到底。

△ 下午,我国飞机误落炸弹于上海南京路外滩与大世界,伤亡近2000人。

△ 日轰炸机群13架自台湾起飞,袭我空军基地杭州笕桥;我空军起飞应战,第四驱逐大队长高志航等击落日机六架。此为首次中日空战。下午,我空军往炸黄浦江日舰,驾驶员任云阁空军上尉牺牲殉国。

△ 日本军部通知各国领事并转告侨民,谓将发生空战,凡居住中国军事机关附近者速避开;又通知工部局,谓将有空战,警告居民速避。

△ 日本参谋本部对第三十五、第十一两师团下达第三次动员令。

△ 日本内阁举行紧急会议,研究是否宣布战时体制,讨论是否对

华宣战问题。首相近卫认为,战局发展至目前规模,应考虑正式对华宣战。但海、陆军方面均不赞成,认为若宣战,"从国外输入军需物资将立即变得不自由","国防力量会出现大窟窿",建议由政府发表一项声明,以代表宣战布告,只在"事变"的名义下,以自卫与讨伐中国急速派兵。

△ 日本制定向上海及青岛方面派遣兵力的《陆海军关于华北作战的补充协定》。

△ 毛泽东、张闻天电复朱德、周恩来、叶剑英关于《中共中央为公布国共合作宣言》修改建议的来电称,宣言可以修改,但决不能照康泽提出的"不提民主,取消对民族、民权、民生三条的解释,不提与国民党的获得谅解,共赴国难"的修改。

△ 毛泽东电彭德怀,因南京对《宣言》、《纲领》、指挥部、参谋长等问题未解决,尚需朱德、周恩来在南京谈判结束后,才得确定红军出动日期。

△ 行政院公布非常时期难民服务规则和难民服务纲要,规定凡政府收容所的难民,除老弱病残外,均须服从救济机关指导作一些工作,任服工役或兵役。

△ 行政院颁布《发放赈款规程》。

△ 故宫博物院参加伦敦艺术节展览展的文物以及其他重要珍品共 80 箱,在南京装船运汉口转长沙,暂藏湖南大学图书馆。

△ 瑞典公使培光飞利思向林森主席呈递国书。

△ 美驻沪总领事非正式对上海市长俞鸿钧表示,各国或许决定放弃苏州河以北地段,各国防军及义勇队撤至苏州河南岸,定苏州河南岸为避难区,严守中立。

△ 美国务卿赫尔对上海空战波及租界事发表谈话称,已向中日两国政府提出交涉,请其勿使上海 10 万外侨遭受危险,并训令美使馆劝导侨民,接受政府保护,迁离危险地带。

8 月 15 日 京沪警备司令张治中发表抗战到底通电,决率所部"保卫先祖列宗筚路蓝缕辛苦经营之国土,争取四万万五千万炎黄华胄之生存,誓不与倭奴共戴一天"。

　　△　蒋介石电何应钦:第三十六师由张治中指挥;第十八军的一个师开苏州附近,一个师分驻南京、镇江,一个师分驻滁州、浦口。

　　△　第六十一师、第十一师、第一军等陆续到沪,参加淞沪抗战。

　　△　我军占领上海日军俱乐部;日军大部集结提篮桥一带。我吴淞炮台轰击日舰。

　　△　日军在江湾路、杨树浦前线及后方根据地,悉为我军包围。东宝兴路以南、淞沪车站以东日军,亦被压退入租界区。

　　△　日军轰击沪江大学。

　　△　日机两次空袭南京,被击落六架;日机并两次空袭杭州,被击落四架。

　　△　驻沪各国领事向俞鸿钧声明,如中日任何一方损及租界外侨生命财产时,有关方面应负其责;并抗议中国飞机在租界上空飞行。俞鸿钧当予驳斥,严责各国任纵日人利用租界为军事根据地,强调租界为我领土,租界上空为我领空。

　　△　我国政府对于我国飞机误投租界内炸弹及所造成之损害,表示十分遗憾,并加以解释。

　　△　英军及美舰相继到上海担任租界内防卫事宜。同日,上海租界当局宣布今夜起戒严。

　　△　南口日军经我军反击撤退后,在昌平县一带整理待援,企图再犯。

　　△　察北日军1400余人向我神威台、灰柴岭进犯三次,均被我军击溃。

　　△　中共中央发表《中国共产党抗日救国十大纲领》,内容为:一、打倒日本帝国主义;二、全国军事总动员;三、全国人民总动员;四、成立国防政府;五、抗日的外交政策;六、战时财政经济政策;七、改良人民生活;八、抗日教育政策;九、肃清亲日派;十、抗日民族团结。《纲领》号召:"在国共两党合作的基础上,建立全国各党各派各界各军的抗日民

族统一战线,领导抗日战争,精诚团结,共赴国难。"

△ 山西青年抗敌决死队在太原成立。

△ 女作家丁玲、国际友人史沫特莱等组成的西北战地服务团,是日从延安出发。

△ 侨务委员会发表《告海外侨胞书》,号召旅外华侨尽力贡献国家,救民族于危亡。

△ 财政部公布《非常时期安定金融办法》,对于银行存款的提取规定限额提取办法。

△ 日本政府发表《膺征华军》声明,声称为促使南京政府觉醒,将采取断然措施;封闭驻华大使馆,宣布台湾进入战时体制。

△ 日本共产党发表《给在华日本士兵诸君的号召》,揭露日本政府侵略中国,奴役中国人民的罪行。

△ 上海英、美、法、意等国领署,是日起赶办侨民撤退事宜。

8 月 16 日 国防最高会议决议,由国民政府授权蒋介石为陆、海、空三军大元帅,统帅全国陆海空三军对日作战。蒋介石以中日尚未宣战,不宜组织大本营,只扩充军事委员会编制,设第一至第六六个部及国家总动员设计委员会、后方勤务部、卫生勤务部等。第一部掌军令,部长黄绍竑,副部长张定璠;第二部掌政略,部长熊式辉;第三部掌国防工业,部长翁文灏;第四部掌国防经济,部长吴鼎昌;第五部掌国际宣传,部长陈公博,副部长谷正纲、董显光;第六部掌民众训练,部长陈立夫,副部长刘健群、张历生。除此六部外,另有管理部。

△ 国民政府下达国家总动员令,宣布:"为求我中华民族之永久生存及国家领土主权之完整,对于侵犯我主权领土与企图毁灭我民族生存之敌国倭寇,决以武力解决之。"

△ 国民政府主席林森在中央纪念周讲演《保卫国土为军民天职》。

△ 我空军轰炸日旗舰"出云号"。日飞机飞往浦东轰炸我国守军阵地。黄昏后,我军用鱼雷袭击停泊在日本领事馆旁之"出云"舰。

△ 上海地区战事剧烈,我军收复天通庵,并向江湾路日本海军陆战队司令部进逼。

△ 日军久留米师团一部抵上海。

△ 日机轰炸南京、杭州、广德等处,先后被我空军击落16架。

△ 日本驻南京大使馆人员全部撤退。日外务省发言人称,这种撤退"并非断绝外交关系"。

△ 日本组成上海派遣军,松井石根大将任司令官,下辖第三师团,师团长为长藤田进中将;第十一师团,师团长为山室宗武中将。

△ 日军第五师团进攻南口右翼之横岭城。次日,我第七集团军总司令傅作义率部从大同赴怀来增援,20日回援张家口。

△ 日本台湾总督小林济造警告台湾民众,勿趁机抗日。

△ 行政院批准实业部与国民党民众训练部共同拟定的《关于消弭工潮办法》,凡五条。

△ 上海外商各银行举行会议,决一律暂行停止营业。

△ 孔祥熙自欧洲来电,建议将日本侵略我国事实诉诸国联,并依据《九国公约》,请美国召开太平洋会议。

△ 孔祥熙与捷克著名的斯戈达军备工厂订立1000万镑长期借款协定。

△ 美驻沪海军司令与驻沪总领事决定,先将侨居上海的美国妇孺撤退。

△ 希特勒对部下宣称,他"原则上坚持同日本合作的观点"。8月21日《中苏互不侵犯条约》宣布后,希特勒更为坚定"同日本合作"的决心,但却命令按合步楼(公司)协定已同意供给的武器和物资应尽快运往中国,并将"此事必须尽最大可能瞒住"日本人。

8月17日 晨,我第九集团军在上海发动总攻。第八十八师以主力向日本坟山、八字桥、上海法学院、虹口公园攻击,与日军往返争夺,伤亡甚重。第八十七师先对日本俱乐部、日海军操场及沪江大学、公大纱厂攻击,占领日本俱乐部和日海军操场。傍晚,日军由海军操场两次激烈反击,均被我击退。

　　△　察北我军收复张北、化德、尚义及南壕堑、崇礼等地。

　　△　军政部正式公布,三日以来,轰炸南京及杭州等处日机,先后被我击落 30 架以上。

　　△　立法院通过《总动员法》。

　　△　谷正伦任京沪、沪杭两铁路及沿线各市、县戒严司令。

　　△　下午,周佛海约外交部亚洲司长高宗武"谈外交进行方式,即派员赴沪,与川樾接洽;或由在野名流赴东京;且可电伦敦,由郭复初(郭泰祺)由[与]驻英日使谈"。

　　△　国民政府派俞鸿钧为国民大会上海市代表选举监督。

　　△　毛泽东电彭德怀、任弼时,红军"决走韩城渡河,在侯马上车(同蒲路火车),到大同集中,再转至怀来、蔚县,决不走平汉路"。

　　△　毛泽东电朱德、周恩来、叶剑英,红军"在独立自主的指挥与游击山地战原则下,受阎百川(阎锡山)节制"。第一批出动的红军,应使用于平汉线以西、平绥线以南地区。

　　△　西藏各界在拉萨成立抗敌后援会。

　　△　中央、中国、交通、中国农民及其他银行设上海临时办事处,今日开始办公,唯缩小营业范围。

　　△　铁道部公布《战时铁路员工奖惩法》,规定战时各铁路内外员工一律不得托故请假或辞职;在危险区域工作者,亦不得请假或辞职。

　　△　云南个旧矿商李恒昇将家财 100 万元捐献国家,支持抗战。

　　△　同蒲铁路北段铺轨工程已至怀仁,距大同仅 60 公里。

　　△　日本内阁会议决定,"放弃以前所采取的不扩大方针,筹划战时形势下所取的各种准备对策"。

　　△　留存故宫与颐和园文物,除一部随第二十九军仓促移保定外,大部均被日军掠去,各国领事团虽加劝阻,但日军置若罔闻。

　　△　驻济南日领事及日侨全部撤走。

　　8 月 18 日　蒋介石接见是日由庐山至南京的陈诚并嘱以三事:

一、赴华北向晋、陕将领说明"中央决心与应战的准备";二、赴上海视察张治中部作战,并协助之;三、速厘定战斗序列。

△ 军事委员会委员长蒋介石电勉京沪警备司令张治中及淞沪战场全体抗战将士,并派员慰劳前方将士。

△ 蒋介石发表《敌人战略、政略的实况和我军抗战获胜的要道》一文,指出对付日军速决的办法,"就要持久战、消耗战,以持久战、消耗战打破日军速战速决的企图"。

△ 淞沪战场我军进抵汇山码头,切断日军东西两翼之联系,取得淞沪战场作战以来最大胜利。

△ 第八集团军所辖第五十五师、第五十七师、第六十二师在浦东至杭州湾金山之间布防。

△ 吴淞、浏河一带日舰聚集达 50 余艘,计驱逐舰 25 艘,大巡洋舰五艘,航空母舰二艘,余为炮舰及小巡洋舰等。日舰移至美国旗舰附近,向我浦东阵地发炮。

△ 日军在飞机掩护下向上海我军阵地反攻。我第八十八师左翼爱国女校方面阵地,与日军激战甚烈。日军出击数次,均被击退。

△ 日军连日源源开到大沽,与我军发生冲突。平绥线之日军再犯南口,遭我守军坚决抵抗。

△ 青岛形势紧张,日侨妇孺约 1000 人离青岛返国。20 日,青岛日侨 5000 人返国。

△ 山东省政府主席韩复榘宣布青岛及胶济路戒严。

△ 中共与国民党就陕甘宁边区、红军改编、设立总指挥部、在若干城市设办事处、出版《新华日报》、分批释放在狱的中共党员等项达成协议。

△ 周恩来向蒋介石提出红军充任战略的游击支队,在总的战略方针下,执行独立自主的游击战争。蒋介石与何应钦同意八路军充任战略游击支队,执行只作侧面作战,不作正面作战,协助友军,扰乱与钳制敌人大部,并消灭敌人一部的作战任务。

△　周恩来与叶剑英等前往首都反省院,看望在押的中共党员夏之栩、熊天荆、王根英等。夏之栩、熊天荆、王根英及随后陶铸、方毅、王鹤寿、钱瑛、刘宁一、帅孟奇、彭镜秋等相继出狱。

△　国民政府明令公布《战时粮食管理条例》,凡五条。

△　财政部通电各省、市政府、各商会、银钱业公会,责成在设有中央、中国、交通、中国农民四行分行的重要城市,各设联合办事处。

△　云南个旧商人张正堂捐款 20 万元补助军费及救济战区难民。宋美龄捐款一万元。外交部收到侨胞侨汇 17.6 万余元。

△　《益世报》经理牛宝堂在天津市特三区被日军逮捕。日军在平、津禁收中央广播电台消息,收音机多被抄没。

△　美商务部长发表谈话,称美国对中日战争不施行中立法。

△　英驻沪代总领事提出在上海设立中立区方案,中、日军队退出上海四周地带,各国向日本担保上海日侨安全,并向中国担保日方不利用公共租界为根据地。法国对此表示接受,美国则态度冷淡。

8 月 19 日　军事委员会派陈诚为第十五集团军总司令兼第三战区前敌总指挥。

△　上海虹口地区终日激战,我军压迫日军阵地甚烈,且曾一度占据熙华德路及汇山码头。

△　淞沪战场第八十七师一个团攻进杨树浦地区,一个团占领昆明路。

△　日军第十一、十二两师团对南口全线发动攻击,居庸关、永宁、黄老院等地战斗激烈。

△　日本关东军察北兵团今日攻陷外长城神威台及汉诺坝,张家口告急。

△　日机两次袭南京,为我空军击落三架。

△　外交部声明,日军如利用租界作为根据地或退避处所,我军将采取一切必要办法。

△　蒋介石嘱驻苏大使蒋廷黻介绍沈德燮与苏联政府洽购飞机。

△ 中华苏维埃共和国中央临时政府西北办事处发布《行政专员以下各级政府组织的重新规定》，凡 11 条。

△ 朱德自南京返抵陕西云阳镇红军总部。

△ 国民政府公布《防空法》，凡 15 条。

△ 国民政府训令，撤销对李济深、陈铭枢两人的通缉令。

△ 外交部及军事当局照会各国使领，凡各国停泊黄浦江之兵舰及商轮，须远离日舰，否则发生事故，中国不负任何责任。

△ 日本拒绝英国关于设立上海中立区的建议，表示"帝国政府对于住在中国的许多侨民自有保护的重大责任，不便将此责任委诸外国"；要求英、美等国"以积极的处置"使中国军队从上海撤退。

△ 邹韬奋主编的《抵抗》(后名《抗战》，三日刊)在上海创刊。

△ 缅甸华侨妇女成立中国战灾妇孺救济会。该地华侨新组成之中国国难后援会已开始收集捐款。

△ 冀察政务委员会自行解散，22 日，日本正式宣布。

8 月 20 日 军事委员会委员长蒋介石颁发大本营第一号训令《战争指导方案》，正式确定"以持久战为基本主旨"，以"空间换取时间"，逐次消耗敌人以转变形势，争取最后胜利。第一期作战计划预计 10 月至 10 月下旬为止，以一部兵力使用于华北，在平汉、平绥、津浦铁路沿线各要地，采取重叠配备，多线设防，逐次抵抗，以求争取时间；以主力集中华东，用于南京、长江、上海方面，诱日军陷于大江南北湖沼、山岳地带，使其优势装备无法发挥效能，达到逐次消灭日军之目的，粉碎日军速战速决之企图；以最小限度的兵力守备华南沿海各要地。

△ 军事委员会颁布全军战斗序列：军事委员会委员长蒋中正(蒋介石)，参谋总长程潜。第一战区司令长官蒋中正(兼)，作战区域：河北及山东北部平汉、津浦两铁路。第二战区司令长官阎锡山，作战区域：山西、绥远、察哈尔。第三战区司令长官冯玉祥，作战区域：江苏南部及浙江。第四战区司令长官何应钦，作战区域：福建、广东。第五战区司令长官蒋中正(兼)，作战区域：山东南部及苏北。第一预备军司令长官

李宗仁,第二预备军司令长官刘湘,第三预备军司令长官龙云,第四预备军司令长官何成濬。海军总司令陈绍宽,空军总司令蒋中正(兼)。

　　△　陈诚与熊式辉由南京赴上海视察张治中率部作战,是日返京。蒋介石接见陈、熊二人,询问视察情形。熊式辉表示上海之战"不能打"。陈诚认为"非能不能打之问题,而是打不打的问题",并谓南口之线,敌必攻,我必守,"是则华北战事扩大已无可避免。敌如在华北得势,必将利用其快速装备沿平汉路南下直赴武汉,于我不利。不如扩大沪战事牵制之"。蒋介石表示"一定打";并增派部队赴沪参战。

　　△　军事委员会成立第一战区司令长官部,统一平汉线与津浦线作战指挥。

　　△　军事委员会以日本已派陆军进犯上海,为应付来犯日军作全盘部署,遂颁发第三战区作战计划,以巩固首都及保护经济中心上海为目的。

　　△　军事委员会任命卫立煌为第十四集团军总司令。

　　△　张治中对中外记者发表谈话称:"中国已发动全面抗战,作战时间愈长,则于我愈有利,故中日全面战争时期何日结束,殊难预料。然我人深信,最后胜利必将属于中国。"

　　△　我军事当局公布,自开战迄今,日机被击落或被迫降落者共40架。我国飞机仅有七架受损。

　　△　中、日两军炮兵在浦东、虹口进行激烈炮战。

　　△　上海空战激烈,日机被击落三架;我空军击中虹口日本海军陆战队司令部及日本驻上海总领事馆。同日,日机在广德被击落七架,在怀来被击落一架。

　　△　东北抗日联军第一路军总司令杨靖宇签署《司令部布告》,号召东北全体同胞在全国抗日总动员之下,亲密联合,打倒日本帝国主义,推翻傀儡政府伪满洲国,为独立、自由、幸福的中国而奋斗。

　　△　日本关东军察哈尔兵团由张北向张家口进攻;日军突破长城线。

　　△　日机首次空袭武汉。

△ 日本侨民撤离威海卫。

△ 财政部公布《救国公债募集法》，凡 14 条。

△ 驻法大使顾维钧电告外交部，国联对日制裁不易；我国在法国购买军火务须保密，藉免日本对法抗议。

△ 日本首相近卫宣称，决以武力解决中日冲突，不容任何第三国干涉。

△ 日本参谋本部派南次郎大将继香月清司任华北驻屯军司令官，派板垣征四郎任指挥官，并增派国内两个师团进犯南口。

△ 日本浪人在厦门到处挑衅，日舰两艘驶抵该地，形势紧张。驻厦日领已命日侨妇孺离境。

8 月 21 日 淞沪战场我军第八十八师向虹口日军攻击，焚毁日本啤酒厂和日本玻璃厂。第三十六师配属第九十八师（欠一旅），由岳州路、天德路进攻，已占领梧州路、唐山路，继续向横浜及百老汇路日军攻击，冲至汇山码头，与日军在水深及腰中进行巷战。第八十七师（配属第九十八师一旅）右翼已进占东西华德路。第一〇八旅第二一五团第二营官兵 300 余人攻入华德路十字街口，日军以战车阻塞路口，并纵火烧屋；我官兵 300 余人竟全部葬身火海，牺牲殉国，至为壮烈。我军左翼正向引翔港镇、沪江大学之敌攻击。

△ 日军大举进犯吴淞，并以飞机滥炸上海——南京难民列车，死伤 1000 余人。

△ 我军沿平汉、津浦两线向北反攻挺进。平汉路我军进攻长辛店，将日军包围于丰台；日军前往援救，发生剧战。津浦线我军已迫近杨柳青。

△ 日军绕过南口右侧，进犯居庸关。同日，日关东军两个师团向张家口进攻，对南口实行迂回，以牵制南口方面的我国守军。

△ 卫立煌奉命率第十四集团军北上增援，进至门头沟西北 30 公里处的傅家台、千军台一线，以前进受日军所阻，转取守势。

△ 孙连仲率第二十六路军向良乡进攻，在良乡城内及房山北方

高地与日军发生争夺战。

△　我军在津浦线独流镇、良王庄间与日军发生激战，双方死伤甚重。

△　宋哲元由河间抵南京，向中央报告并请示机宜。

△　周恩来离开南京返回陕西；国共两党间谈判未了事宜，由叶剑英在南京继续进行商谈。

△　外交部长王宠惠与苏联驻华大使鲍格莫洛夫在南京签订《中苏互不侵犯条约》，凡四条。

△　行政院为接运旅日侨胞返国，特拨款 9.5 万元费用。

△　上海市商会致函租界工部局，请求对于商店复业妥为保护。工部局答复，在可能范围内自应保护各种商店及其贸易。

△　日本驻朝鲜军司令官小矶国昭发表《告朝鲜民众书》，宣布朝鲜进入战时状态。

△　英国政府分别照会中、日两国政府称，英国政府将保留因中、日军事行动而造成在沪英侨之生命财产损失的一切要求赔偿的权利。

△　英国共产党机关报《工人日报》，发表英国共产党中央委员会《号召英国工人阶级援助中国保卫和平宣言》。

8 月 22 日　军事委员会颁发委任令，委任朱德为国民革命军第八路军总指挥，彭德怀为副总指挥。该路军辖第一一五、一二○、一二九师三个师。

△　上海汇山码头我军继续向两翼进展，日军在杨树浦一带纵火，阻止我军前进。第三十六师因遭日军炮火猛烈射击，退回百老汇路北侧。第九十八师一部对日本俱乐部进行攻击。第八十七师攻占精版印刷厂及康泰厂。

△　上海第一艘内迁工厂民船驶出上海，取道苏州河转赴镇江、武汉。

△　日军松井石根大将率第三、十一师团及第十三、十六师团各一部，在吴淞、川沙同时登陆，向吴淞、宝山、月浦、罗店、浏河之线进攻。

陈诚指挥第十五集团军之第十一、第十四、第六十七、第九十八等师,向登陆日军实行全线反攻。战争焦点逐渐北移,转至张华浜、吴淞一带。

△ 晚,日机三架空袭南京。

△ 辽宁绥中一带的义勇军约 2000 人,拆毁北宁路路轨。

△ 汉阳兵工厂全体员工捐献三日薪给 1.071 万元。

△ 是日至 24 日,中共中央在陕西洛川冯家村召开政治局扩大会议,讨论制定中国共产党在抗日战争时期的路线、方针、政策,毛泽东代表中央政治局作军事与国共关系报告,指出抗日战争是持久的;八路军的主要作战地区在晋、察、冀三省交界处,其基本任务为创造根据地,钳制和相机消灭日军,配合友军作战。周恩来在会上作南京谈判、上海抗战、我国经济形势及国民政府的国防与外交等方面的报告。与会人员经过讨论,一致通过《中共中央关于目前形势与党的任务的决定》和《抗日救国十大纲领》。《决定》指出,争取抗战最后胜利的关键,是"使已发动的抗战发展为全面的全民族抗战"。会议决定成立新的中共中央军事委员会,由毛泽东、朱德、周恩来、彭德怀、任弼时、叶剑英、张浩、贺龙、刘伯承、林彪等 11 人组成;毛泽东为书记(实际称"主席"),朱德、周恩来为副书记(实际称副主席)。

8 月 23 日 淞沪战场,我中央作战军总指挥张治中,左翼(江防)作战军总指挥陈诚,右翼(浦东)作战军总指挥张发奎,同隶第三战区司令长官冯玉祥。淞沪战场我军改取守势。

△ 我国空军分批出动,轰炸吴淞口、浏河、狮子林、宝山等处日舰。

△ 日军为解除江湾路海军陆战队司令部被我军重重包围形势,进行反攻。

△ 日机在上海南京路投弹,落先施公司楼上,死伤数百人。

△ 南口右翼阵地镇边城失守。日本关东军进犯张家口。我军第一四三师退守张家口。

△ 日机猛烈轰炸南口;南口、怀来等地交通均被破坏。

△　中共中央常务委员会决定成立长江沿岸委员会,周恩来、秦邦宪、叶剑英、董必武、林伯渠为委员,周恩来为书记。

△　监察院明令厉行审计制度。

△　苏副外交人民委员斯托莫尼亚科夫通知鲍格莫洛夫对华军事供货协定:一、中国政府收到货物后延迟一年开始偿还货款,贷款总期限为接货后六年;二、飞机最多提供 150—200 架;三、另以锡、钨、锑偿还货款总额的四分之三,余四分之一以茶叶及中国其他货物偿还。27日,陈立夫与鲍格莫洛夫就苏联军事供货在南京达成协议:一、贷款总额为一亿中国元;二、用英镑结算;三、贷款在货到后六年还清;四、苏联同意供给飞机 200 架,坦克 200 辆,由杨杰在莫斯科商定;五、中国以金属偿还贷款四分之三,以茶叶及其他货物偿还贷款四分之一;六、详目在莫斯科签定;七、杨杰为中国惟一的全权代表。

△　上海各外国银行今日起复业。

△　上海抗敌后援会成立战时设计委员会,沈钧儒任主任委员,郭沫若任副主任委员。

△　粤汉铁路黄埔支线赶筑完工,并与广九铁路接轨通车。从海外运来的抗战物资,得直接由九龙运入内地。

△　陈独秀由其第三子陈松年与其妻潘兰珍在南京接出模范监狱,暂住傅斯年家中。

△　作家苏雪林将历年积蓄之黄金价值 6000 元,捐献作抗战及救护伤兵之用。

△　福建泉州驻军第八十师破获汉奸组织“中日防共恳亲会”。该会总会设厦门,泉州等县设分会;魁首吴维萱。吴犯及部下 20 余名已被捕,首要人犯四名被执行枪决。

△　美国务卿赫尔向中、日两国呼吁停战,声称两国应依国际关系之原则解决其争执。

△　法国步兵一队从香港开赴上海。

8 月 24 日　上海我军数度对日军发动攻势,但日海空军协同作战,海军舰炮火力过猛,日军后续部队不断增援,我军阵线遂被突破。日军主力向罗店进攻,一部向狮子林进迫。

　　△　上海左翼作战军陈诚率所部对由宝山南犯之日军猛攻。罗店日军被我第十一师击退。我第九十八师集结于刘行、杨行间,一部对吴淞、上海间沿江警戒,一部由吴淞向宝山攻击。第六十七师主力集结于嘉定、罗店间,一部向川沙镇攻击前进。

　　△　下午,我便衣队在上海曹家渡破获日本间谍机关一处,当场击毙日人两名,并获汽车一辆,手枪、地图数件。英国领事向我提出抗议,要求撤退我武装警察。

　　△　大批日军在吴淞登陆,前锋已抵罗店。我空军往袭登陆日军。

　　△　我军攻克独流镇。

　　△　日军占领张家口西南高地及孔家店,切断平绥路交通。

　　△　日机继续轰炸太仓、嘉定、昆山、宁波、安庆等地。

　　△　国民政府明令公布《中华民国战时军律》,凡10条;《中华民国战时军律施行条例》,凡五条。

　　△　国民政府设立救国公债劝募委员总会,宋子文任委员长。

　　△　川康绥靖主任刘湘在重庆召集军事会议,商讨出兵抗战问题。

　　△　青岛市长沈鸿烈表示,日方任何无理要求一概拒绝,日军如登陆,决尽保卫疆土之责任。

　　△　我国首任驻比利时王国大使钱泰向比王呈递国书。

　　△　教育部令各级学校预置防空、防毒设备。

　　△　自"八一三"起至是日,外人自沪撤退者,前后已达1600余人。

　　△　上海文化界救亡协会主办的《救亡日报》在上海创刊,郭沫若任社长。上海教育界救亡协会成立。

　　△　我国商界向日本所订的4.7亿元贸易合同,全部取消。

　　△　行政院决议,云南大学自本年度起改为国立,由教育部派员接办。

　　△　行政院通过中德无线电报务合同。

　　△　外侨 500 人(多为德籍)离沪赴港,德国对华贸易全部停顿。

　　△　日本内阁会议,通过动员第十六、第一○一、第一○八、第一○九等师团向华北增兵。

　　△　日本参谋本部拟定华北方面军编制方案。

　　△　美总统罗斯福决定对中国维持门户开放政策,并令副国务卿韦尔士前往欧洲通告各关系国政府。

　　△　英党全国执委会发表宣言,抨击日本侵华,要求英国会与国联各会员国及曾与中国订有条约的各国,采取必要措施,使日本尊重国际法。

　　8 月 25 日　中共中央军事委员会主席毛泽东及副主席朱德、周恩来下达命令,宣布红军改名为国民革命军第八路军,红军前敌指挥部改为第八路总指挥部;朱德为总指挥,彭德怀为副总指挥,叶剑英为参谋长,左权为副参谋长;红军总政治部改为第八路军政治部,任弼时任政治部主任,邓小平任副主任。八路军下辖第一一五师、第一二○师、第一二九师和八路军总部特务团,共 4.6 万人。第一一五师由红一方面军第一军团和第十五军团以及陕南第七十四师等部组成,师长林彪,副师长聂荣臻。第一二○师由红二方面军所属部队与陕北红军第二十七军、第二十八军及独立第一师、第二师、赤水警卫营与红军总部特务团一部编成,师长贺龙,副师长萧克。第一二九师由红四方面军第四军、第三十一军及陕北红军第二十九军、第三十九军、独立第一、第二、第四与第十五团的骑兵团等部编成,师长刘伯承,副师长徐向前。

　　△　周恩来电张冲、康泽转蒋介石,告知八路军第一一五师已于 22 日由陕西三原出发,向指定地区开进,并希望迅速发表《中共中央为公布国共合作宣言》。

　　△　洛川中共政治局扩大会议通过的中共宣传鼓动提纲《为动员一切力量争取抗战胜利而奋斗》(由毛泽东起草)发表。

　　△　军事委员会任顾祝同为第三战区副司令长官。

　　△　何应钦电饬淞沪警备司令杨虎,"严禁我警察、保安队、便衣队等在英、美、法军防区,或苏州河以南地域内与各该国军发生误会"。

　　△　日军向浦东登陆未逞。

　　△　陈诚率部攻克罗店镇。

　　△　日军猛攻横岭城和居庸关,我军与日军展开激战。

　　△　我空军12架飞机分批飞沪,轰炸停泊黄浦江中的日舰及杨树浦一带日军根据地。

　　△　日本海军第三舰队司令官长谷川清宣布封锁长江口至汕头中国海岸,所有中国船只一律没收,惟第三国船只在相对条件下可自由出入。

　　△　日军在上海伤兵达万余,军舰被击沉七艘,伤11艘;飞机在上海及各地被击落70架。

　　△　中国政府表示,英国政府提出的关于上海公共租界中立问题,如日方赞成,则中国政府在原则上亦拟予以接受。

　　△　上海市政府发出保护日侨布告。

　　△　陈毅与项英以中共赣粤边区特委名义发表《告赣南民众书》,号召民众停止对国民党军队及其他地方团队的袭击,团结抗日。

　　△　欧亚航空公司移西安,决定扩展西北航线。

　　△　英首相与外相暨枢密大臣决定,维护在华利益,保护英侨生命财产,欢迎美国的停战呼吁。

　　8月26日　第十三军军长汤恩伯于凌晨1时30分下令南口守军各部突围,向桑乾河南岸撤退。南口战役结束。

　　△　日机轰炸上海南站难民,炸死炸伤我同胞700余人。

　　△　吴淞、浏河前线战事激烈。

　　△　张治中电南京副参谋总长白崇禧及黄绍竑部长,提出我军应先击灭罗店方面日军。

　　△　国民党中央执行委员会派茅祖权、朱霁青、甘乃光等分路赴上海、南口、察哈尔前线劳军。

　　△　国民党中央政治会议提议,解雇海关日籍职员,取消日本在华治外法权。

　　△　我空军夜袭吴淞口外日舰,并在虹口、杨树浦一带日军阵地投弹多枚。

　　△　上海德国侨商会主席普尔兴及全体德商捐助我国抗战 1.751 万元。

　　△　财政部令中央、中国、交通、中国农民四银于汉口等地设联合办事处。

　　△　我军与日军仍在津浦线正面独流镇与静海间激战。

　　△　怀来、张家口失守。

　　△　松井石根在上海召集日本陆、海、空军首领会议,布置日军在沪、甬登陆,以海军封锁我国沿海各口岸,空军开始轰炸我内地各处。

　　△　英驻华大使许阁森由南京乘悬有英国国旗之汽车驶往上海,车抵无锡附近被日机扫射,许大使受伤甚重。

　　△　日机猛烈轰炸南京中央大学、中大附中、革命遗族学校及志成医院。同日,日机袭南昌,在农学院等地投弹。

　　△　南京警备司令部及警察厅处决汉奸黄濬、罗致远、莫树英等 18 人。黄濬等向日本报告我国封锁江阴重要军事情报,致使停泊长江各地日军舰逃走一空。其子汉奸黄晟参与同谋,亦一并处决。

　　△　国民政府宣布自 9 月 1 日起发行五亿救国公债,年息四厘,30 年付还。

　　△　美国反战及反法西斯主义同盟发表宣言,反对日本侵略中国,号召该国人民抵制日货。

　　8 月 27 日　日军由吴淞登陆,为我军击退。我第六十一师至吴淞防守,其余在江湾附近集结。我第八十七师一部围攻张华浜日军,双方激战;我军阵地在南泗路华家宅、丁家巷一线。在罗店争夺战中,我军蔡丙炎旅长牺牲殉国。

　　△　张家口失陷,第六十八军刘汝明部向洋河右岸撤退;傅作义部

反攻张家口失利,退守柴沟堡。

　△　日军独立混成第一旅团一部占领延庆。

　△　房山县失陷。

　△　日军数万人攻占静海县城。

　△　孙连仲部转入马头镇、琉璃河主阵线与日军对抗。

　△　日机连袭南京四次。

　△　日本第三舰队司令官长谷川清向海、陆两省报告上海战争中损失情形称,该舰队所指挥之第十、第十一战队、第五驱逐舰队,受伤兵士已达 7600 余人,已死兵士达 5800 余人;巡洋舰二艘、驱逐舰三艘、炮舰四艘均受伤,运输舰已有二艘沉没;飞机被炸毁及失踪 42 架,受重创 16 架,轻创 22 架;坦克车毁四辆,受创 12 辆。日本侨民死亡达 600余人。

　△　中共中央政治局在洛川召开座谈会,讨论在抗日民族统一战中的国共关系问题。

　△　上海民族工业厂家开始内迁。

　△　全国举行孔子诞辰纪念会。

　△　汉奸王克敏在北平成立伪华北人民自治会,并准备成立伪华北临时政府。

　△　"满铁"在天津设立华北事务局。

　△　美国务卿赫尔发表声明,重申美国不放弃远东利益。

8 月 28 日　　日军援军在上海杨树浦、虹口一带接防。杨树浦方面我军开始后撤。罗店为日军攻占,双方死伤甚重。

　△　吴淞与宝山间海底电线为日军破坏,上海与外洋电讯受阻。

　△　广东第四路军开紧急会议,总指挥余汉谋严令一切下属海陆军,警备自厦门、汕头以南至广东省之海岸;并委李汉魂任广东省东部防卫指挥全权。余汉谋亲至虎门任防备指挥。

　△　东北抗日联军第一军于本月成立,祁致中任军长。

　△　驻美大使王正廷在华盛顿对记者称:"美国国务卿赫尔 7 月

16 日所发表之谈话,列举维持和平各项原则,中国政府现仍准备将各原则付诸实施,以冀解决中日争端。"

　　△　财政部公布中央、中国、交通、中国农民四行内地联合贴放委员会贴放办法,并规定汉口、重庆、南京、南昌、广州、济南、郑州、长沙、杭州、宁波、无锡、芜湖为贴放地点。

　　△　日本首相近卫宣称,日本无法与南京谈判;日本要使中国屈服而无力抵抗;中日之战将延长到明春或明秋;日本决定增兵华北,并令退休大将 20 员复职。

　　△　日本外务省训令厦门日侨撤退,厦门日领事高桥茂于是日晚下旗回国。

　　△　华南各地日侨约 1.165 万人于是日撤退完毕。

　　△　英国政府为日机射伤许阁森事,向日本政府提出抗议照会,要求道歉、惩罚肇事者,保证以后不得再有同类事发生。

8 月 29 日　我军与日军在罗店镇进行拉锯战,击毙日军旅团长仓永。

　　△　张治中谈上海一周战况称,经一周之苦战,日军盘踞之区域仅及最初登陆时 1%。

　　△　留居厦门、鼓浪屿等处之台湾青年 3000 余人不愿回台,是日向厦门当局请求予以自新,准其恢复国籍,并筹组青年抗日总同盟。

　　△　川康各军整编完毕,重庆行营组织点验委员会,派夏斗寅为主任。

　　△　铁道部为协助留日学生返回原籍,准予凭证免费乘车。

　　△　江西省政府主席兼保安司令熊式辉,收到项英与陈毅等有关合作抗日函件。

　　△　周恩来抵西安。

　　△　中共中央发布《关于前方设军委分会及军政委员会的决定》。前方军委分会以朱德、彭德怀、任弼时、张浩、林彪、聂荣臻、贺龙、刘伯承、关向应九人组织之,以朱德为书记,彭德怀为副书记,受中央军委统

辖。八路军下辖三个师,分别成立军政委员会,受军委分会统辖。

△ 中国农村经济研究会发表《战时乡村服务团工作纲要》。

△ 《中苏互不侵犯条约》在莫斯科与南京同时正式宣布。外交部就《中苏互不侵犯条约》的签订发表谈话称:"此举不独以中、苏两国间和平多加一重保障,且为太平洋各国以不受侵犯之保证,共谋安全之嚆矢。"

8月30日 我军与日军在杨树浦及吴淞方面互以大炮轰击。杨树浦及吴淞、狮子林附近区域,受日机轰炸及大炮轰炸,致酿成大火。日舰群集吴淞,续图在吴淞口、浏河等处登陆。

△ 日机袭南京、徐州、大同、保定等地。

△ 攻占南口及张家口之日军,以主力附伪蒙军一部,沿平绥路越柴沟堡向大同攻击。

△ 八路军第一一五师由陕北韩城东渡黄河,开赴抗日前线。

△ 我国飞机在吴淞口外误炸美轮"胡佛号",外交部向美表示歉意,并愿赔偿损失。8月31日,驻美大使王正廷,向美国政府深表遗憾。

△ 中共中央北方局书记刘少奇由延安抵太原。

△ 周恩来在西安与蒋鼎文会谈。蒋鼎文答应通知各方,自即日起不得称共产党为"伪党",不得称红军为"匪军"。双方商定,以后有关陕北行政、民运、党务等事务,均与林伯渠商量解决。

△ 毛泽东由洛川回延安,电复叶剑英,拒绝康泽所提丁惟汾为陕甘宁边区政府主席,必须以林伯渠为边区政府长官,张国焘为副长官。

△ 毛泽东电周恩来,命其即赴太原、大同晤阎锡山,商洽八路军开入山西后的活动地区、作战原则、指挥关系、给养补充等事项。

△ 国民政府明令征集国民兵,凡属兵役适龄男子,均有入营服役义务。

△ 国民政府公布《修正军用运输护照规则》及《军用运输规则施行细则》。

　　△　川康绥靖公署决定,出川抗战部队限于 9 月 5 日前开赴前线。

　　△　武汉商界领袖黄文植等捐献 15 万元,作政府抗战经费。

　　△　平津流亡学生同学会在上海成立。

　　△　国民政府向国际联盟递交中日争端的第一次声明书。

　　△　驻瑞士公使胡世泽以照会一件送达国联秘书处,详述卢沟桥事变发生以来日军横暴经过。

　　8 月 31 日　蒋介石在南京接见路透社记者称,"目前中日不宣而战之战争,国际间确应有制裁之必要";并称"此种国际干涉非全为中国,实为谋国际间整个的安全"。

　　△　日本参谋本部以《临参命第 82 号》下达华北方面军第一军、第二军战斗序列。华北方面军司令官为寺内寿一大将,参谋长为冈部直三郎少将,副参谋长为河边正三少将,司令部设北平;下辖第一军与第二军及方面军直辖师团。第一军司令官香月清司中将,参谋长桥本群少将,辖第六师团,师团长谷寿夫中将;第十四师团,师团长土肥原贤二中将;第二十师团,师团长川岸文三郎中将。第二军司令官西尾寿造中将,参谋长铃木率道少将,辖第十师团,师团长矶谷廉介中将;第十六师团,师团长中岛今朝吾;第一〇八师团,师团长下元熊弥。方面军直辖第五师团,师团长板垣征四郎中将;第一〇九师团,师团长山冈重厚中将;华北驻屯混成旅团,旅团长山下奉文少将;临时航空兵团,兵团长德川好敏中将;华北方面军直属防空部队,华北方面军通信队,华北驻屯军宪兵队。华北地区日军总兵力约 37 万人。华北方面军组成后,即以北平、天津为进攻出发地,以平汉路为突击方向,一部沿津浦路进攻。关东军察哈尔派遣兵团沿平绥路攻击,采取两翼迂回战术。各路日军同时展开战略进攻。

　　△　日军占领吴淞。

　　△　日机七架首次袭广州,向军用机场附近沙河炮兵阵地掷炸弹二枚,我空军在虎门炮台附近击落日机 2 架。

　　△　自 8 月 14 日至是日,日机共被击落 61 架,被俘机师 11 人,死

伤机师 150 余人。台北日军海军航空联队几悉数被毁,联队长石井义剖腹自杀。日舰被毁 10 余艘。

△　毛泽东电告八路军驻上海办事处主任潘汉年,规定八路军军饷为 100 万元,现仅领得 50 万元;并无枪炮补充,弹药及衣物之补充亦甚少。

△　国民政府令:自民国二十六年(1937)9 月 1 日起,施行《军用文官任用暂行条例》、《军用技术人员任用暂行条例》及《军法及监狱人员任用暂行条例》。

△　国民政府颁布《食粮资敌治罪暂行条例》,凡 10 条。

△　据国民政府棉业编制委员会与中央棉产改进所统计,全国棉田 6242.3934 万亩,棉产量 1966.1755 万担。

△　国民政府公布《各省市田赋征收通则》与《各省市地土税征收通则》。

△　教育部决定,平、津、沪各学校分别集中在西安、长沙各办一联合大学。北京大学、清华大学、南开大学决定迁校长沙。

△　行政院决议,任命张冲为甘肃省建设厅长。

△　行政院通过特种工业保息补助标准及中菲无线电通话合同准备案。

是月　中共驻广西代表张云逸与广州绥靖主任兼第四路军总指挥余汉谋谈判国共合作,一致抗日事。余汉谋同意中共在广州建立八路军办事处。

△　中共中央派张署时为中共中央特派员至四川,李一氓同行。

△　红军主力改编为国民革命军第八路军后,在西安设八路军办事处,林伯渠任中共中央代表,伍云甫任办事处主任;在太原设八路军驻晋办事处,彭雪峰兼任办事处主任;在南京设八路军驻京办事处,秦邦宪为中共中央代表,叶剑英为八路军代表,李克农为办事处主任;在迪化设八路军驻新办事处,陈云任中共中央代表兼办事处负责人;在上海设八路军驻沪办事处,潘汉年任办事处主任。

△　陈独秀出狱后,派罗汉在南京会见叶剑英,表示愿回到中共领导下工作。经叶剑英介绍,罗汉至西安会见林伯渠。林伯渠介绍罗汉去延安商谈。

△　项英、陈毅根据中共中央指示,先后至赣州、南昌与江西省政府代表及第六十四师代表谈判,达成协议,江西红军游击队改编为"江西抗日义勇军"。原红军游击区各处部队,与当地国民党当局普遍进行谈判。

△　8 月间,华北大雨,冀中河水泛滥,津浦与平汉两铁路北段交通受阻。

△　月底,中国军事代表团(团长杨杰,团员张冲、王叔铭)乘专机经迪化、阿拉木图赴莫斯科。

9　月

9 月 1 日　清晨,日军 2000 人再度在吴淞登陆,由张华浜上岸,以密集炮火向我扼守吴淞部队猛攻;激战数小时,我军后撤。日军续向宝山推进,我守军姚子青营长率部出城迎战,日军退回吴淞。

△　日军下达第五次动员令,第一○一师团(师团长伊东政喜中将)、独立工兵第十一联队、野战高射炮等部队往上海增援。

△　日第十一师团浅间支队在炮火配合下,猛攻狮子林炮台,我守军第九十八师一部与日军激战四小时,全部牺牲殉国。日军占领狮子林炮台,旋向杨家桥、月浦前进。

△　罗店日军为我军三面包围。次日,由青岛调来之日军第十一师团天谷支队,沿吴淞——月浦——罗店公路进攻罗店以北我军,以解围被困日军。

△　日本援军久留米第十二师团自福冈,第十一师团一个旅团自截岛,第三师团一个旅团自静冈,第九师团一个旅团自敦贺,第六师团自鹿儿岛,合约三个师团的兵力开抵上海。

　　△　上午,沪杭路铁桥被日机炸毁,受损奇重。同日,日机轰炸上海中山路,炸毁中山桥。

　　△　蒋介石电张发奎,指示吴福线工事由第一军负责;沪杭各线工事由张发奎指派该区现有部队,分别负责构筑,均限于 9 月 20 日前完成。

　　△　津浦线战事激烈,进攻唐官屯日军败退。

　　△　毛泽东电周恩来等称,陕甘宁边区设长官,不设主任,任林伯渠、张国焘为正、副长官;委任任弼时、邓小平为八路军政治部正、副主任。

　　△　国民党候补中央执行委员邓家彦与朱霁青抵大同劳军。

　　△　广州市商会决定是日起改用法币流通。

　　△　实业部奖励工业技术委员会吴诗铭发明染制草黄色毛织品化学方法,准予专利五年;吴纪发明青铅粉加热制成黄色氧化铝方法,准予专利五年。

　　△　重庆防空司令部成立,指挥区域包括南岸、江北、瓷器口、广阳坝等地。

　　△　四川部队第四十一、四十五、四十七三个军编为第二十二集团军,沿川陕大道向西安徒步行军;第二十一、二十三、四十四三个军编成第二十三集团军,由川江东下,向宜昌集中,准备增援平汉线。

　　△　绥远境内蒙政委员会副委员长兼绥境蒙边第二区防司令潘德恭察布通电全国,主张对日抗战。

　　△　各轮船公司在南京合组长江航业联合办事处,办理供应军运及维持民运事宜。招商局联合三北、大达、大通等航业公司,将上海工厂紧急迁至后方。

　　△　财政部《修正救国公债条例》通过后,定今日起开始发行救国公债五亿元。

　　△　实业部颁布《制止工潮办法》。

　　△　救国会“七君子”之一章乃器在《申报》发表《少号召多建议》一

文,指出少作政治号召,多作积极建议,集中人力,取消派别之见;人民应该了解国策的轮廓和大政方针,但无须知道国策的详情和大政的步骤;政府应充分考虑人民的建议。

△ 上海编辑人协会主办的《文化战线》出版。

△ 汉奸在张家口组织伪地方治安维持会。

△ "满铁"应日本军工需要,在抚顺建立制铁试验工厂。

△ 日本政友会要求内阁宣布对华用兵目的;日本社会党反对增加侵华军费。

△ 日本外相广田与美国驻日大使格鲁谈话,对《中苏互不侵犯条约》的签订表示极大不满。

9 月 2 日 蒋介石电张发奎,谓"浦东方面登陆之敌务必极力拒止,即或不能拒止其登陆,亦须设法围困,扼制其发展"。

△ 蒋介石电何应钦,谓"首都附近各线阵地应即编成,招募民夫,由教导总队派兵指导赶筑工事"。

△ 八路军第一二〇师在陕西富平庄里镇举行抗日誓师大会,朱德总司令代表中共中央和八路军总部,在会上宣布红军改编为八路军命令。

△ 周恩来在西安电康泽转蒋介石,不同意丁惟汾任陕甘宁边区政府主席,中共推林伯渠与张国焘为边区政府正、副长官;《中共中央为公布国共合作宣言》应依庐山谈定方案即时签字发表;八路军政治部主任由中共推荐的任弼时为正,邓小平为副。

△ 日军分别由浏河、吴淞镇及虹口、江湾等地进犯宝山,被我守军击退。

△ 日机轰炸上海北站、中山路、真如、宝山及张华浜等处。

△ 第七集团军总司令傅作义,以第六十一军占领天镇、阳高一带,阻日军西进,第十九军布防大同城郊,另以第三十四军及第三十五军各一部,分别置于沽源及兴和一带,骑兵第一军则在尚义、商都各地掩护我军北翼。

△　日本临时内阁会议,决定改称"华北事变"为"中国事变"。

△　国民政府任黄绍竑、黄旭初、陈仪、熊式辉为陆军中将,并特加陆军上将衔。

△　内政部与军政部制定《国民义勇壮丁队管理规则》。

△　新生活运动总会制定非常时期工作项目,计有发动民众武力、统制粮食、安定金融、献身运动、平定物价、增加生产、没收仇货、肃清汉奸、输款救国、战地救济难民等项。

△　教育部令沿海各省公私立学校,迁往比较安全之内地县区或乡村,布置开学上课,并赶制防空避难设备。

△　上海市商会通电各省、市、县商会,积极募集救国公债。

△　美国表示其商船决不退出中国领海。

9月3日　蒋介石电张发奎立即指派部队征集民夫,在浦东、松江、沪西等地构筑据点工事,并挖掘战壕及预备防御日军战车之阻塞工程,限于半个月内完成。

△　蒋介石电江苏省政府主席陈果夫,令江苏各县长、专员聘请当地士绅出而抗日自卫,并请其督率乡民,指定重要地点挖掘战壕,构筑工事,协助军队防护地方;由省府颁定赏罚令,并颁发自卫新知书籍及防空、工事掩护、伪装等式样。

△　行政院公布《食粮资敌案件没收食粮及罚金处理规则》,凡四条。

△　毛泽东电周恩来等称,八路军第一一五师与第一二〇师约于25日前后可开抵北平、石家庄、太原、大同、张家口之间,请至太原与阎锡山交涉,明确规定八路军活动区域。

△　晚,周恩来以中共中央代表资格偕彭德怀、林彪、聂荣臻、徐向前、萧克等乘火车自西安出发赴山西。

△　八路军第一二〇师主力由陕西富平庄里镇出发,随第一一五师之后北上抗日。

△　津浦线我军与日军仍相持于唐官屯、阴学屯间。

△ 日军援军两个师团,由运输舰 49 艘载抵吴淞口外登陆。

△ 日军夹击月浦镇,打通与罗店联络线。吴淞发生激战。狮子林炮台遭日机及舰炮猛轰,石洞口有日军数百向狮子林、杨宅前进。

△ 黄浦江面我军与日军争夺剧烈,日舰炮击浦东。

△ 日机在闸北轰炸,流弹飞入非战区,护送难民轮船为日机枪扫射。我军击落日机两架。

△ 上午,日机及日舰向陆家嘴附近猛烈轰炸;日军在三井码头登陆,与我第五十五师激战,并向北泗塘桥攻击。

△ 日军在天镇附近向傅作义部第六十一军攻击。

△ 察哈尔伪军第二师参谋长朱振华与团长井得泉率部通电反正。

△ 闽江为日军封锁,日机 12 架进袭厦门,日舰一艘发炮向我守军进攻;日水兵企图登陆。

△ 为加强闽江口防御,我军征调商船六艘,码头船、帆船 60 艘等,装满砂石沉塞长门外粗芦岛附近。

△ 日本海军第三舰队占领东沙群岛,在岛上设水上飞机场基地。

△ 南京试行联保办法,严密组织民众。

△ 侨胞郑玉书认购救国公债二万元,并慨捐自备汽车及按月捐助房租 3000 元。

△ 日本外相广田对记者称,日本不能漠不关心于共产党侵入东亚,日本决心向既定的方针迈进,一直到中日事件能得到根本解决。希望中国考虑对日政策,并请其他国家与日本合作。

△ 美、英、法三国驻上海总领事因租界内落弹甚多,分别向中、日双方致函,要求中日双方炮兵及舰队移动。

△ 美国务卿赫尔称,美国不赞成英国外交政策。美国对英国关于由英、美、法三国联合保卫在沪租界外侨生命财产,对中、日军队离沪之建议,不准备表示态度。

△ 美政府就美国一些银行最近贷款给日本一事称,只要中立法

一日不实施,国务院不能阻止各银行贷款给日本。

9 月 4 日　蒋介石接见美联社记者称:"中国抗战非仅为本身存亡而战,亦为维护世界和平而战。"

△　国民政府修正公布《危害民国紧急治罪法》,凡 11 条,废止《危害民国紧急治罪法施行条例》。

△　国防会议开会,蒋方震详细谈德国与苏联情况。

△　李济深由桂林抵广州对记者称,应促使政府和民众打成一片,共赴国难。

△　毛泽东电彭雪枫转周恩来,指出"华北战线酝酿着极大危机,利用红军新到……改变其做法,是一极好时机",请周恩来与华北军政人物会面后,详细交谈。

△　周恩来与彭德怀等抵潼关,搭乘阎锡山派来的专列火车开往太原。

△　日军两个师团在吴淞口外登陆后,分驻杨树浦、张华浜、吴淞等处,一部分集中狮子林方面。日援兵到后猛攻我宝山城。

△　吴淞日军向我第六师阵地炮击,并向我军发动进攻。

△　松井石根续调增援部队,声称将于下星期一向我军全线进犯。

△　日机在上海北新泾一带大肆轰炸,无辜平民死伤约千人。

△　日机狂炸闸北、浦东。

△　日机六架上午在平汉线宝店附近为我军击落三架。

△　日天皇下达敕谕:"朕之军人现正排除万难,致其忠勇,是不外敦促中华民国之反省,以期迅速确立东亚之和平。"

△　日本华北方面军司令官寺内寿一大将由日抵津,司令部移驻北平。

△　行政院公布《特种工业保息补助审查委员会规程》、《特种工业指导委员会规程》、《特种工业保息补助审查标准》。

△　行政院拨款 100 万元分五路救济难民。

△　财政部制定奖励认购救国公债办法。

△　汉口商人李锐认购救国公债 5.5 万元。

△　四川省政府准内政、军政两部会咨,饬各县、市从速成立兵役股,专办兵役事宜。

△　汉奸杜运宇、于品卿在张家口成立伪察南自治政府,日人金井次章任最高顾问,辖察哈尔南部 10 县,人口约 200 万。

△　美国务院发言人称,美国政府不因国内各种情绪而动,在远东政策上,将仍守中国主权与土地完整的《九国公约》及其他条约。

△　美国从事和平六团体,联合要求美国政府放弃在华特权。

9 月 5 日　蒋介石派北京大学教授胡适赴美,派军事学家蒋方震赴德、意,表达中国抗日决心。

△　四川省各界民众在成都举行欢送川军出川抗战大会,情况至为热烈。

△　淞沪战场日军向我三官堂附近阵地猛攻。从沙龙口登陆日军,也从宝山、三官堂进攻,经我第六师增援,日军因腹背受敌,伤亡甚巨,遂撤退。

△　空军轰炸机一队飞往小川沙口外,炸毁日舰两艘。

△　日军舰 30 余艘、飞机 20 架、步兵辅以坦克 20 余辆,对宝山实行海、陆、空三面围攻。我第十八军第九十八师第五八三团第三营姚子青所部陷入重围,仍坚守城池,奋勇抵抗。

△　日机在上海轰炸北新泾及周家宅,居民死伤百余人。

△　日本海军第二舰队与第三舰队司令宣布,封锁北起秦皇岛,南迄北海之中国海岸,所有中国船只不许通航;唯青岛及属于第三国租借地领海除外。

△　日本飞机、军舰轰击广东虎门,日军企图登陆失败。

△　日本近卫首相在议会作施政方针报告称:"日本对华根本方针是使中国政府放弃排日政策,从根本上调整日华邦交;若中国政府今后诚心诚意与日本合作,则日本将不再追究。今后日本所采取的手段,是尽速给中国军队以彻底的打击,使其丧失战斗意志";并扬言"战局扩大

到华中、华南的今天,消极的局部解决已成不可能,已经到了不得不断然积极而且全面给予中国军队以一大打击的时候"。

　　△　日本第七十二届临时会议决定采用《军需工业动员法》,批准追加临时军费 20 亿日元。

　　△　日本外相广田在议会中称,要求中国"从速反省,以适应日本的要求";要中国正规军及保安队从上海撤走。

　　△　日本陆相杉山元在议会中称,即使中国未取长期抗战的政策,日本也要在中国消灭抗日意识和战斗意识。

　　△　周恩来与彭德怀等抵太原,与山西省政府主席赵戴文、省政府秘书长贾景德及梁化之初步交谈。

　　△　林伯渠自西安电张闻天称,陈独秀派罗汉及李侠公拟会见张闻天,要求恢复其中共的组织关系。

　　△　察哈尔省政府移蔚县办公。

　　△　上海市商会致电行政院、财政部、实业部,请求增发法币或代用券,收集各地新收农产品;实行中央储备银行法,采用实物准备,统制外汇,管理对外贸易以堵漏洞;对日停付庚款。

　　△　全民通讯社在太原成立,李公朴任社长。

　　△　美总统罗斯福对记者称,美国政府对中日冲突现仍取期待态度;美国人民现仍留华者,应自负一切责任。

　　△　美海员联合会、纽约海员公会、国际码头工会,一致主张禁止战争用品运往日本,宣布日本为侵略国,美国应出面干涉日本侵华。

　　9 月 6 日　军事委员会颁布第三战区第二期作战指导计划,"为保持经济重心,巩固首都安全","有利于全局之持久作战",对上海及各处登陆日军,"运用优势兵力断绝其联系,限制其发展",并努力围攻狮子林及川沙口方面登陆日军,打破其企图。兵力部署分二步:一、限止日军发展,击破各个登陆日军,由张发奎、张治中、陈诚三集团军分别担任;二、限制日军发展,并利用地形、工事,与日军作有利之决战。

△ 空军一队飞沪轰炸停泊罗店口外日舰,日驱逐舰两艘中弹起火。

△ 日军第三师团第六十八联队进攻上海宝山县城,我国守军姚子青营长率官兵 600 余人,与优势日军血战两昼夜,全部牺牲殉国。宝山城陷落。

△ 日本军用舰炮及飞机轰击上海虬江码头,我守军伤亡惨重;日军强行登陆,占领该码头。我守军在北王家宅、史家宅、陆家宅三线和日军相持。沪江大学日军也多次向我阵地攻击。

△ 我军在津浦线马厂以北猛攻日军,克复唐官屯。

△ 国民政府明令军事委员会设置军法执行总监部,命各军恪守军律,"自兹通令以后,无论文、武各级官佐,倘有未奉命令放弃土地,擅离职守,或奉令出发,托故延迟者,概以军律处以死刑,不稍宽假"。

△ 国民政府公布《军政部组织法》,凡 40 条,以军政部管理全国陆军行政事宜。

△ 国共两党达成协议,中共陕甘宁根据地的苏维埃政府更名陕甘宁边区政府,辖陕西、甘肃、宁夏三省 23 县,边区政府设延安,林伯渠任边区政府主席。

△ 朱德与任弼时、左权率八路军总部自云阳镇出发,经陕西蒲城、澄城、郃阳,在韩城兰川镇东渡黄河进入山西,在侯马镇乘同蒲铁路火车北上。

△ 日本海军军令部总长伏见宫博恭王奏报天皇称,"上海的陆上作战迟迟未有进展,需要增加陆军兵力"。日军中央统帅部决定再次增兵,增强上海派遣军的力量。

△ 日本关东军察哈尔兵团向我天镇守军发动全线攻击,占领城东南之盘山,并向蔚县方向发起进攻。

△ 香港界外东河岛电台及瞭望台(属我国政府),均被日海军陆战队强行登岸侵占。

△ 珠江口与香港邻近各地,今晨被日舰炮击,我军以重炮还击。

日机于清晨飞往汕头投弹。我国海关巡舰在香港附近海面被日舰扣留。

△　日本外相广田在众议院称,中苏条约是消极的,既无密约,也不会赤化;苏联对中日关系无意干涉。

△　牛兰夫妇恢复自由。

△　美、英非正式研究共同封锁日本计划。

9月7日　国民政府修正公布《陆海空军奖励条例》,凡25条。

△　教育部颁布战区学生借读办法及容许借读学校。

△　代甘肃省政府主席贺耀组在兰州与苏联大使馆参赞斯库林谈话后,认为中苏有进一步签订互助协定之可能,以此电告蒋介石。

△　毛泽东电周恩来称,现时对八路军的有利地区是阜平、唐县、曲阳、行唐、灵寿、平山、繁峙、浑源、五台、盂县及涞源、灵丘两县之南部地区,望周恩来向阎锡山力争,规定上述地区为八路军活动区域。

△　周恩来、彭德怀、徐向前等赶赴代县与第二战区司令长官阎锡山等会商,随后至大同,会见第二战区北路前敌总指挥傅作义。周恩来与阎锡山、傅作义商定:一、八路军进入山西后,以太行山脉及太行山北端为根据地,进行独立自主的游击运动;二、在第二战区司令长官部直接指挥下,成立中共与八路军代表参加领导的各级战地总动员委员会(简称"动委会"),组织游击战争,由中共拟出工作纲领;三、八路军在山西境内只动员群众,不干预县政;四、八路军军需补给品,由第二战区兵站帮助运输。

△　行政院公布《非常时期救济难民办法大纲》。

△　财政部公布《修正救国公债募集办法》,凡10条;《救国公债劝募委员会组织章程》,凡10条。

△　上海蕴藻浜、张华浜日军同时出击,先向我军炮击,后分乘小筏强度南泗塘河。我军乘日军渡河之际猛烈反攻,消灭日军千余人。

△　日舰彻夜对宝山沙龙港附近我第九十八师周家宅阵地猛攻。我第八十七师在南泗塘反击,毙日军数百人。

△　日本海军飞机轰炸江湾及上海市中心区。

△　空军飞机飞吴淞口外轰炸日舰。

△　我军与日军在北平西郊发生战斗,日军在门头沟伤亡甚重。

△　马厂北激战,我空军前往轰炸日军阵地,日军损失甚重。

△　日军续攻天镇,我军除一部在天镇城内固守外,余部后撤。

△　日军航空母舰一艘抵厦门,载飞机 30 余架。

△　日舰在珠江口伶仃洋逡巡,日军强占伶仃岛。

△　日本参谋本部自华北方面军转调后备部队 10 个大队、炮兵两个中队、工兵两个中队、野战重炮兵第十联队的一个大队、高射炮队五队赴上海作战。

△　日本对英驻华大使许阁森受伤事件提出复文,对于英国要求道歉及保证不得再有此类事件发生,避不答复。英国政府对此深为愤慨,拟撤回驻日大使。

△　英国为增强远东驻军兵力,派军官 197 人,兵士 1150 人由英国开来中国。

△　美国政府表示,将仍以赫尔 7 月 16 日所提的远东政策作为外交原则,力避引起战争。

△　外交部致国联《补充声明书》,共五点:一、军事及政治状况;二、日本宣布封锁中国海岸;三、日本飞机轰炸红十字会;四、日军恣意攻击非战斗人员;五、日军恣意摧毁文化教育机关。

9 月 8 日　第三战区司令长官下达第二期作战计划,命各部队停止对日军攻击,转赴各预备阵地严加防守。

△　晨,日军以飞机、大炮猛轰我观音堂路一带阵地。在战车掩护下,日军从沪江大学沿军工路两侧进攻,与我军在杨家宅激战。午后,日军以坦克掩护突破我军第一师阵地。

△　空军夜飞临上海,三次袭击日舰"出云号"。

△　自 8 月 13 日至是日止,日军在上海伤亡海陆军官佐及士兵共1.4 万余人;内伤混成旅旅团长片山理一郎少将一人,毙大佐三人,伤

大佐三人。

△ 日运输舰四艘,载援军约 4500 人(大部为机械化部队)驶入黄浦江。

△ 日机轰炸沪杭甬铁路松江车站,我国难民死伤数百人。

△ 外交部通知各国使馆,由于日舰封锁中国海岸,中国决以空军和其他武力对日舰有所行动。为保护第三国的生命财产,希望各国军舰和商轮航行于中国海岸时,应竭力避免与日舰接近,以免发生意外。

△ 绥远境内蒙政委员会委员长沙克都尔札布致电傅作义称:"我蒙境虽小,甚愿竭尽绵薄,用听驱策,任何牺牲,在所不惜。"

△ 周恩来电蒋介石,要求迅速发表《中共中央为公布国共合作宣言》与陕甘宁边区官员名义;又电何应钦称,八路军正开赴抗日前线。

△ 张闻天、毛泽东电复林伯渠,同意罗汉、李侠公赴延安一谈。后因大雨受阻,罗、李二人未赴延安。

△ 晚,胡适离开南京前,劝汪精卫、高宗武对抗日勿太性急,勿太悲观。

△ 教育部以北京大学、清华大学与南开大学为基干设立国立长沙临时大学,派张伯苓、蒋梦麟、梅贻琦、杨振声、胡适、何廉、周炳琳、傅斯年、朱经农、皮宗石为筹备委员会委员;以北平大学、北平师范大学、北洋工学院等校为基干,设立国立西安临时大学,派徐诵明、李蒸、李书田、童冠贤、陈剑修、周伯敏、辛树帜为筹备委员会委员。中英庚款会应教育部之请,拨款 50 万元作为两临时大学开办费。

△ 菲律宾侨胞认购救国公债达 500 万元。侨胞首领李清泉、杨启泰二人各认购 10 万元,詹孟彬、李文秀二人各认购五万元。

△ 台湾革命党宣告与祖国一起努力抗战。

9 月 9 日 国民党召开中央政治委员会与中央常务委员会联席会议,议决在最高国防会议下,设国防参议会,蒋介石任主席,汪精卫任副主席,张群任秘书长。

△ 国防参议会成立,人员有中共代表周恩来、林祖涵(林伯渠)、

秦邦宪；青年党曾琦、李璜、左舜生、陈启天；国社党张君劢、张东荪；国民党陈布雷、周佛海、陶希圣；无党派人士张伯苓、傅斯年、梅贻琦、胡适、蒋梦麟、罗文幹、蒋方震（蒋百里）、黄炎培、梁漱溟、晏阳初、沈钧儒等。

△　行政院秘书长翁文灏呈请辞职，魏道明继任行政院秘书长。

△　中国军事代表团团长杨杰会晤苏联国防人民委员伏罗希洛夫元帅商定援华事项，执行细节由杨杰、张冲、王叔铭与苏方代表炮兵委员拨也夫、空军委员拉宁先后四次会议商定。苏联同意中国承购军用品及派遣军事技术人员，包括：一、飞机 225 架，机上用炸弹、机枪子弹及空军教练与技术人员 89 人；二、战车 82 辆，外加修理车五辆；三、高射炮 20 门、45 公厘战防炮 50 门，相关教练及技术人员 32 人。9 月 15 日，苏联战斗机起运阿拉木图，经数日装配完成后，即行东飞。自 10 月下旬以后，苏联供应中国的军火、飞机、战车、火炮及军事技术人员相继先后到达中国；飞机后增至 232 架。苏联援华全部军火价值美金 3000 余万元，合法币一亿余元。

△　林伯渠、吴玉章、董必武、徐特立、成仿吾、张云逸等 26 人发起建立陕北公学，由成仿吾任校长。该校设政治经济、师范速成、医学、国防工程、日本研究等五系，每系招收 200 人。

△　周恩来与彭德怀自山西北部前线返抵太原，电告朱德、任弼时转毛泽东：关于在河北 13 县发动群众的工作，阎锡山答应与八路军合作。

△　宋庆龄、蔡元培及胡适等联名向西方各文化领袖及研究院呼吁，声讨日军屠杀贫苦难民罪责。

△　中华民国国民抗日救国总会名誉主席方振武，由新加坡启程回国。

△　李济深、陈铭枢、蒋光鼐由桂林赴南京。

△　陈独秀由南京乘轮船去武汉。

△　罗汉与李侠公电中共中央，提出五点建议与要求，请中共中央

劝陈独秀、彭述之、郑超麟回党工作。按:陈、彭、郑三人均于民国十八年(1929)被中共开除出党。

△ 日军在淞沪战场继续总攻,西自罗店,东至市中心等处展开主力战。上午,日舰炮轰我虬江码头第五十七师阵地,我军伤亡惨重。月浦日军在坦克掩护下,向我第九十八师阵地进攻,我军伤亡甚重,日军被迫退去。浏河以南日军企图对我偷袭,为我军击退。

△ 日本参谋本部下第六号动员令,增派第九师团(师团长吉住良辅中将)、第十三师团(师团长荻洲立兵)、第十八师团(师团长牛岛贞雄)、台湾守备队(编成重藤支队,台湾守备队司令官重藤任支队长)、野战重炮第五旅团、独立野战重炮第十五旅团等部队开赴上海。

△ 日本海、空军夹攻汕头,战事激烈。

△ 北平门头沟伪军刘桂堂率部反正,焚毁日机七架。

△ 是日至 10 月 9 日,日军在山西连续血洗天镇、阳高、左云、灵丘、朔县、宁武、原平等地,屠杀无辜平民 1.6 万余人。

△ 西南川、湘、黔、滇、桂五省公路联运,于长沙开首次会议,并成立办事处。

△ 中央银行设昆明支行。

△ 长江各埠美侨约 1000 余人集中汉口,准备撤至马尼拉或返美国。

△ 在沪日商联名致电首相近卫,陈述上海战事发生后,日商损失以及破产情形;要求将长谷川、大川内等撤职查办。

9 月 10 日 浙赣铁路全线通车。该路东起浙江省会杭州,中经江西省会南昌,西迄湖南株洲,全长 1004 公里,对抗战国防具有重大意义。

△ 晨 5 时,吴淞日舰炮轰月浦及杨行附近第九十八师及第一师阵地,继以坦克掩护步兵 2000 余人向我阵地攻击前进,我军击毁日军坦克三辆。下午,第一师右翼张家村阵地被日军突破,张家村、吴家宅失陷,我军与日军双方于庙村附近激战。浦东方面,下午,日军企图于

春江码头登陆,被我第五十五师击退。拂晓,日军对南海塘第八十七师攻击甚烈,经我军两翼包抄,毙日军甚多,日军不支而退。

△ 津浦线日军第十师团矶谷廉介突破马厂,宋哲元部南撤。

△ 日机猛烈轰炸青县、沧县。

△ 平绥线阳高失陷。

△ 平绥线第六十一军李服膺部自天镇撤退。日军逼近大同。

△ 军事委员会委员长蒋介石电令福建省主席陈仪,兼代驻闽绥靖主任。

△ 军事委员会任孙连仲为第一军团军团长。

△ 国民党中央执行委员会与中央监察委员会通电全国敬悼抗战诸烈士称,我军各路将士,"莫不以血肉搏敌,争为先登,其忠勇奋发为国牺牲之精神,实为从古以来所仅见……。南口之役,罗芳珪全团与壕堑同毁;宝山之战,姚子青全营与孤城并命,士气之壮,死事之烈,尤足以动天地,泣鬼神。……愿我全国军民益加淬砺,群以必死之决心,求最后之胜利。……而后国家之永久生存可保,后死责任可完,壮士之英灵可安。含血蘸泪,布此至诚,愿我邦人,咸凛斯意"。

△ 朱德、彭德怀遵令改编,发就职通电称:"8 月 22 日奉国民政府军事委员会委员长蒋委任令开,特派朱德为国民革命军第八路军总指挥,彭德怀为副总指挥,等因奉此,遵即将红军改编为国民革命军第八路军,并即就职,部队现已改编完毕,东进杀敌。德等愿竭至诚,拥护蒋委员长,追随全国友军之后,效命疆场。"

△ 毛泽东与张闻天电复林伯渠称:"请告罗汉,我们对托派分子的下列原则:(甲)我们不拒绝同过去犯错误,而现在真心悔悟,愿意抗日的人联合,而且竭诚欢迎他们的转变。(乙)在陈独秀等托派分子能够实现下列三条件时,我们亦愿与之联合抗日:(一)公开放弃,并坚决反对托派全部理论与行动,并公开声明同托派组织脱离关系,承认自己过去加入托派的错误。(二)公开表示拥护抗日民族统一战线政策。(三)在实际行动中表示这种拥护的诚意。(丙)至于其他关系,则在上

述三条件实现之后,可以再行考虑。"陈独秀始终拒绝回答中共中央提出的这三项条件。

　　△　中共闽粤边区特委代理书记、红军三团团长何鸣,率部开赴漳浦县城中时,被第一七五师包围缴械,人员失散。活动于赣东北弋阳地区的红军杨文翰游击队,活动于德安、九江、瑞昌地区的红军刘维泗游击队,因坚持"左"倾关门主义,拒不下山,遭国民党部队消灭。毛泽东电林伯渠转董必武,在湘鄂赣区的谈判中,红军游击队不许轻易移驻大城市,不许国民党派人到红军游击队中任职。

　　△　云南省澜沧县属另设沧凉设治局。

　　△　广东省认购救国公债 3000 万元。

　　△　教育部颁发各级学校劝募公债办法,专科以上学校教职员按月薪认购 50％;中小学教职员按月薪认购 30％;专科以上学生认购或劝购至少 10 元;中学生五元。

　　△　上海办巡回文库供抗日将士阅读。

　　△　日本参谋本部第三课部员西村敏雄少佐至上海实地视察后,返回日本报告称:"华军之抵抗非常坚强,即使受到炮击,或受到包围,也绝不后退;华军第一线兵力约 19 万人,第二线在停战区内,推定尚约 27 万至 28 万人;中国人民同仇敌忾之心极强;日本派遣军因由军舰应急输送,后方不继,第三、第十两师团陷于苦战。"

　　△　日本台湾总督小林济造为防台湾民众抗日,设国民精神总动员委员会。

　　△　第九十八届国联行政院常会开幕,我国代表顾维钧出席会议,奉令将日本封锁中国海岸、轰炸非战斗人员、破坏教育文化机关等暴行作成补充声明。

　　9 月 11 日　军事委员会委员长蒋介石、国民党中央政治委员会主席汪精卫电贺朱德、彭德怀就职。

　　△　军事委员会按各战区战斗序列,改第八路军为第十八集团军,朱德任集团军总司令,彭德怀任副总司令。

△ 军事委员会以第一战区所辖津浦、平汉两铁路线部队过于庞杂,指挥困难,特划津浦铁路北段为第六战区,任冯玉祥为司令长官,鹿钟麟为副司令长官,指挥第一集团军、骑兵第三军及第六十七军等部队。

△ 八路军(习惯上称第十八集团军为八路军,下同)在南京组织办事处,由叶剑英负责。

△ 空军飞机两度飞临上海,炸伤日舰五艘。

△ 日军第十一师团陷月浦,第三师团陷杨行,我军转进至浏河、罗店、蕴藻浜至江湾一线预备阵地,重新部署。

△ 日本参谋本部调华北方面军第九、第十三、第一○一师团及直属部队、兵站部队到上海作战,编入上海派遣军战斗序列。

△ 我天镇守军弹尽粮绝,突围南退,天镇陷落。日军沿铁路线西向进攻,大同告急。

△ 平绥线日军酒井旅团犯怀来、涿鹿,铃木旅团向宣化前进,本间旅团趋大同,期会师于涞源、广灵、大同之线。

△ 察哈尔境内日军第五师团陷蔚县,察哈尔全省沦陷。

△ 日军第十六师团先头部队在塘沽登陆。

△ 日本参谋本部调第十八师团至“满洲”待命。

△ 日本华北方面军司令官命令第二军迅速侵入沧县以南,后以主力准备向保定南侧推进。日军第二军占领马厂、青县;第一军遵照方面军作战计划和命令,下达攻击命令。

△ 四川省认购救国公债 1700 万元,河南省认购 700 万元,陕西省认购 100 万元。

△ 台湾革命大同盟总部发表告同胞书,号召台湾同胞共起抗敌,回归祖国。

△ 驻英大使郭泰祺、驻法大使顾维钧赴日内瓦出席国联大会。

△ 英国工会大会通过决议案,对于中国人民抗战表示同情,谴责日本侵略暴行。

△ 美国政府照会日本政府,声明日海军封锁中国海岸为非法。

9月12日 军事委员会军法执行总监部成立,军法执行总监唐生智,副总监谷正伦、王懋功。

△ 宋美龄在南京对美国发表广播演说,指出日本毁灭人类文明,各国不应熟视无睹。

△ 毛泽东就"独立自主的山地游击战争"的作战原则致电彭德怀解释称,必须坚持依靠山地与不打硬仗的原则。

△ 军事委员会令各省、市限期完成民间防空设备。

△ 晨,日机与日舰炮火猛击我南泗塘一带阵地,飞机与大炮轰击我第五十一师曹王庙、浦家苗阵地。午前,日军对永定桥以南我第七十八师阵地攻击,并向前推进至新宅、张宅、秦家塘附近,经我军出击,恢复原阵地。同日,日机狂轰闸北。

△ 日本答复英国所提将上海划为中立区称,此问题最好由上海军事当局与各国外交代表就地磋商。

△ 日军在上海杨树浦执行海关事务。

△ 十七省、市在上海成立救国公债劝募会,认购公债总额近9000万元。

△ 云南炼锡公司认购救国公债375万元。

△ 出席国联大会代表团首席代表顾维钧,就日本侵华事件向国联秘书长提送申诉书,请求援用国联会章条款,采取适宜及必要的行动处理中日问题。

9月13日 军事委员会委员长蒋介石通令各战区全体将士,沉着应战,抗战到底,摧毁日本侵华野心,以壮烈牺牲达成复兴民族之使命。

△ 军事委员会任命刘文辉为第五军团军团长。

△ 上海我守军自11日退守沿江第一道防线后,今日晨全部进入第二道防线。新阵线自闸北至江湾以迄浏河。

△ 日军以主力攻我上海永安桥第一军阵地,双方反复冲锋,伤亡甚重。桥南一处被日军占领。日军以炮火掩护,从月浦新镇向陆福桥

北朱店、关家桥阵地攻击;另有一队向顾家角、张宅等阵地攻击,战斗激烈。

△ 日军在上海向我军顾家阁、徐家阁、永安桥一线发动第一次进攻。

△ 平汉线我军克复长辛店车站。

△ 大同失陷。我军于平型关外广灵、炭堡、乱石关一线占领阵地,由第十三军军长汤恩伯统一指挥。

△ 日舰猛烈轰击广东大鹏湾附近数处设防阵地后,海军陆战队在大鹏湾登陆。

△ 周恩来派南汉宸至太和岭口见阎锡山,建议迅速运送八路军至涞源、灵丘一带,以巩固恒山山区;对日军作战应采取侧击和扰击方式;并提交动员委员会纲领。

△ 周恩来电告张闻天、毛泽东与阎锡山谈判情况,提出八路军两个师迅速集中涞源、灵丘、阜平地区,依据太行山发展游击运动战,一俟情况有利时,可沿太行山西侧向南发展;建议调游击干部至绥远发展游击战争,并拟议由聂荣臻或邓小平代表八路军方面主持动员委员会工作。

△ 军事委员会制定非常时期处理军事犯办法。

△ 湖北省认购救国公债 1200 万元,安徽省认购 600 万元,南京市认购 100 万元,汕头市认购 100 万元。

△ 上海文化界救亡协会呈请国民政府大赦政治犯。

△ 英驻华使馆参赞访晤日驻华大使川樾,交涉上海划中立区问题。

△ 世界国联同志会理事会在日内瓦举行临时会议,比利时代表罗林主席,讨论中国所提关于日军暴行案。会议一致通过决议,请国联向日本作最后呼吁,促其遵守盟约。该国若拒不接受,国联各会员当即发表宣言,声明在金融及其他方面援助中国抵抗侵略。对于任何集体行动,凡制止日本对华侵略,亦均愿合作。

9月14日　第五十一师攻击罗店以北日军,午后进抵张家堰、洪家宅、丁家桥以西之线。日军以炮及战车掩护优势兵力,向顾家角、吴家桥阵地猛冲,与我守军激战,伤亡甚重。入夜,此处阵地为日军所陷。日军对我爱国女校及八字桥一带阵地猛烈轰击。

△　陈诚以杨行于本月11日失守,向蒋介石建议"转移阵地,逐次抵抗"。但蒋介石为要取得国际的同情与对中国抗战的认识,下令"死守刘行"。

△　连云港外有日舰三艘、航空母舰一艘,并附小艇30余艘,我国特将港口封锁。

△　日本华北方面军第一军与第二军分别沿平汉线与津浦线向南发起进攻。第一军自北平附近出发,分三路向涿县、保定地区大举进犯。

△　日军自攻占察哈尔省后,即向山西北部进攻,图据山西北部以控制华北。日军第五师团向平型关推进;关东军察哈尔兵团向应县、山阴推进,以一部由丰镇向集宁推进,一部向左云、岱岳镇推进。

△　广灵失守,我守军一部在广灵南各要口扼守。

△　我军一度攻入张家口,日军猛烈反攻,我军被迫退出。

△　日机轰炸石家庄、高碑店。

△　日舰犯广东虎门和福建厦门,均被击退。

△　八路军第一一五师师长林彪电告中共中央,已将一旅及师直属部队集中大营,准备待日军仰攻大营东之平型关友军阵地时,相机袭击日军后左侧,歼其一部,以扩大战果。

△　张闻天、毛泽东电秦邦宪、叶剑英、周恩来称,在"统一战线中,地方党容易陷入右倾机会主义,这已成为党的主要危险,请严密注意"。

△　毛泽东电林伯渠等称:"蒋鼎文身为军人不懂军事……依照他的无知妄想是要打败仗的";并称"关系游击战争与按照情况使用兵力,是朱(德)、周(恩来)在京与蒋(介石)、何(应钦)、白(崇禧)、黄(绍竑)决定之战略方针与指挥原则"。

△　周恩来电张闻天、毛泽东称，八路军在第二战区驻地即成为政权力量，八路军代表应参加与领导战区动员委员会。

△　行政院所属职员，限以一个月薪额购救国公债。

△　谢冰莹率湖南妇女战地服务团一行 18 人，自长沙出发赴上海。

△　英驻华大使馆代办贺武至南京，会晤王宠惠外长。

△　军事委员会参谋次长杨杰与国民党中央执行委员张冲，报告已向苏联购飞机 225 架，坦克车 82 辆及其他武器。

△　由章乃器、艾思奇、夏征农等编辑之《前线》五日刊出版。

△　美国禁止用政府船只装载武器和军用装备前往中、日两国。

△　美、英、法、意、荷等国驻沪海军司令，通知上海市长俞鸿钧与日方长谷川，要求中、日双方飞机勿飞越租界上空，高射炮勿向租界射击。

△　中国国际问题研究会电国联大会，揭露日军在华暴行。

△　顾维钧出席国联行政院会议；会议宣布将中国的申诉列入大会议程。

9 月 15 日　上海罗店失陷。同日，军事委员会调黄杰第八军所属税警总团，自海州径赴上海参加淞沪会战。

△　淞沪战场日军对我爱国女校及八字桥一带阵地猛轰。日机在江湾、庙行上空盘旋。日军以步兵、炮兵、飞机相结合，攻击我刘行第一军阵地，我军奋力抵抗，伤亡甚重。我军守备陆福桥北朱店、侯家宅及南北塘口之部队，与日军激战竟日。

△　日军抵达淞沪者计有第一、第三、第十一师团及第六、第八、第十六师团之一部，炮 300 门，战车 200 余辆，飞机 200 架。我军为第九、第十九、第十五集团军所属各部队，与日军双方相峙于北站、杨行、浏河之线进行激烈争夺战。

△　平汉线日军以板垣征四郎为指挥官，率第五、第二十师团，其一部由固安渡永定河。

　　△　平汉线日军向长辛店我军阵地猛烈炮攻。我军正向琉璃河方面开进中,战斗空前剧烈。日机迭次飞涿县、保定等地轰炸。

　　△　陷广灵日军继向我七十三师松林山阵地侧击。我军奉命向右线转移阵地。

　　△　日机轰炸洛阳,我国驱逐机腾空迎战。此为华北首次空战。

　　△　日机袭广州。

　　△　军事委员会制定《惩治汉奸条例》,通令施行。

　　△　国民政府主席林森致电吊念捷克斯洛伐克总统马萨里克。

　　△　成渝铁路分段修筑,先修筑重庆至永川段。

　　△　美海军部宣布,禁止废铜铁出口。

　　△　顾维钧在国联大会演说,要求国联对日本采取措施,至少要将中国的提案提交由美国参加的咨询委员会处理。

9 月 16 日　我军收复罗店。同日,日军在浏河及小川沙港两处登陆。日军炮击浦东,但登陆企图未得逞。

　　△　日军陷大同后,千田兵团 5000 余人沿铁道线北进,迫近丰镇车站。

　　△　日军攻占河北永清,万福麟军与冯占海军损失惨重。

　　△　平汉线日军迫近涿县,以一部攻城,一部陷松林店,并向高碑店进攻。我军孙连仲部坚守阵地待援。

　　△　日军由广灵西进,陷浑源县城;另部由蔚县南下。

　　△　由蔚县经石门峪南进之日军,向灵丘东北 80 里我军刀泉阵地攻击。我军与日军激战终日,双方伤亡甚重。

　　△　日机狂炸保定,为我军击落二架。

　　△　蒋介石电嘱杨杰、张冲与苏联洽商,提前运送所购驱逐机来华。

　　△　第六十一军军长李服膺贻误战机,迭失要地,晋绥绥靖主任阎锡山命令将其扣获送执法总监部法办。10 月 3 日,阎锡山亲加审讯后,深夜予以处决。

　　△　是日至 19 日,周恩来、彭德怀赴河北保定、石家庄,与第一战区将领徐永昌、程潜、刘峙、冯治安等会晤,商谈八路军一部进入河北阜平地区作战计划。第一战区将领对八路军出师抗战一致支持。

　　△　毛泽东电复朱德、任弼时称:"拟以一一五师位于晋东北,以五台为活动重心,暂时在灵丘、涞源,不利时逐渐南移,改以太行山脉为活动地区。以一二〇师位于晋西北,以管涔山脉及吕梁山脉之北部为活动地区。以一二九师位于晋南,以太岳山脉为活动地区。"

　　△　江西省承购救国公债 1000 万元,贵州省承购 350 万元,河南省承购 1000 万元。

　　△　日本政府发言人称,国联若对中国之申诉采取积极行动,则日本将与国联完全断绝关系。

　　△　国联行政院决定,指派远东顾问委员会调查"中日冲突在远东引起的局势"。

　　△　世界和平大会执行委员会决议援助中国抗战。

　　9 月 17 日　日军在上海杨行一带向我军发动第三次进攻。罗店再度陷落。同日,我军调整部署,全线退守上海北站、江湾、庙行、朝王庙、罗店西南及双草墩之间。

　　△　蒋介石电驻苏大使蒋廷黻等,询苏联飞机到兰州事宜。

　　△　中共中央决定,八路军三个师由集中配置变为分散配置:第一二九师适时进到吕梁山区;第一二〇师转至晋西北管涔山区;第一一五师进入恒山山脉南段,并酌情南移,展开于太行、太岳山脉中。

　　△　毛泽东电朱德、彭德怀等八路军将领称,八路军全部在恒山山脉创造游击根据地计划已不适用,应改变原来的部署,展开于敌之侧翼,钳制敌之进攻太原与继续南下,执行独立自主的山地游击战,广泛发动群众,创造根据地,支援华北游击战争和扩大自身;如部署得当,能在华北,主要在山西,起支持游击战争的决定作用。毛泽东电报提出,将八路军三个师分散布置在山西东北、山西西北和山西南部的太岳山脉。经周恩来交涉后,第一一五师继续开赴以恒山为依托的山西东北

地区;第一二九师随第一一五师东渡黄河后,开往以管涔山为依托的山西西北部地区。

　　△　日机在琉璃河、松林店、高碑店、定兴、保定各地猛烈轰炸。

　　△　日军突破永定河、琉璃河、房山阵地,孙连仲部南退满城、完县。

　　△　陕西省承购救国公债 400 万元,甘肃省承购 300 万元,西康省承购 100 万元。

　　△　实业部提出战区工厂内迁,对后方工厂加强管理,推行手工业生产以补工业不足的办法大纲。

　　△　驻美大使王正廷因美国禁止军火运华,向美国务卿赫尔提出抗议。

　　△　诗人陈三立病逝北平。

　　△　国联行政院讨论中日争端问题。

　　9 月 18 日　我军再克罗店,团长李友梅殉国。我国空军六次飞沪,袭击杨树浦日军阵地。

　　△　涿州、固安相继失守。

　　△　日军全力猛攻灵丘,我军转移至新阵地。

　　△　日伪军攻陷商都。

　　△　日军向正定、德县之线进击。第五师团协助关东军察哈尔兵团作战,进攻保定。

　　△　日军第二十师团进至涿县以南地区,第六师团进至拒马河左岸辛桥地区,第十四师团迂回至涿县以南松林店地区。我军第二集团军第一军团在高碑店以北,第三军在清河右岸,阻止日军前进。我军与日军双方进入混战状态。

　　△　第二集团军总司令刘峙令关麟徵率部加强新安、漕河镇至满城阵地,拒日军南下。

　　△　陆军中将刘文辉、杨森特加陆军上将衔。

　　△　朱德、彭德怀、任弼时电张闻天、周恩来、邓小平,认为八路军

取消政治委员,改各师政治部为政训处,有损部队政治工作,建议恢复党代表和政治机关原有制度。

△ 上海各界民众纪念"九一八"六周年,全市一律下半旗,并素食一天,节款慰劳将士。正午,全市民众就地起立,宣誓效忠国家。

△ 国民党中央党部全体工作人员于"九一八"六周年,举行抗敌自卫宣誓。

△ 延安召开各界纪念"九一八"六周年抗战动员大会,通过《告边区同胞书》《致全国抗敌将士电》。

△ 教育部于南京、上海、广州、汉口、济南、太原六处,筹设留日同学战时工作特别研究班。

△ 山西省总工会在太原成立。

△ 驻美大使王正廷谒美总统罗斯福,罗氏告以对华禁运军火命令乃避重就轻办法,军火由美可先运至香港、安南等处,再行转运至中国。

9 月 19 日 毛泽东电彭德怀:"敌于太原,志在必得,此时部署应远看一步。""贺龙部应位于晋西北,处于大同、太原之外翼,向绥远与大同开始游击,方能给进攻太原之日军以有效的钳制作用。""因此,贺师应速赴晋西北占先着。"

△ 津浦线我军反攻,日军向青县溃退。

△ 日机 30 架轰炸南京,我空军出动飞机 23 架与日机展开猛烈空战,击落日机三架;我机被日机击毁四架。

△ 日第三舰队司令长谷川清通知驻上海各国领事,自 21 日正午起,日机将对南京作大规模轰炸,各国居住南京及附近之官员和侨民应采取妥善步骤,自动撤入较为安全地带。

△ 上海编辑人协会、上海各界抗敌后援会设计委员会、文化界救亡协会宣传部召开编辑人及著作人会议,讨论战时出版界动员计划。

9 月 20 日 蒋介石接见外国记者称,日本有一兵一卒仍在中国领土之前,决不放弃奋斗。

　　△　蒋介石电嘱杨杰等,再向苏联增购驱逐机 150 架、重轰炸机 30 架。杨杰复电,16 架驱逐机已运送回国。

　　△　张冲奉蒋介石命与苏联驻华大使奥立斯基商谈有关托派、动员及军务诸问题。是日,张冲将谈话情形呈报蒋介石。

　　△　第二战区战地总动员委员会在太原成立,续范亭任主任,中共代表程子华任人民武装部长,南汉宸任组织部长,武新宇任动员分配部副部长。动员委员会在晋西北、晋东北、雁北和察哈尔、绥远等地,配合八路军开展游击战争,支援前线,起重大作用。

　　△　张闻天、毛泽东电告秦邦宪、叶剑英、周恩来、朱德、彭德怀、任弼时、林伯渠等,拒绝国民党派人至陕甘宁边区政府和八路军中任职。

　　△　察哈尔省主席刘汝明被撤职留任。

　　△　上海市长俞鸿钧复英、美、法、意、荷五国驻沪领事所送照会节略称:“欲求租界安全,勿令日方依之为侵略工具。”

　　△　我军与日军在罗店西相持。罗店、刘行线战斗激烈,罗店东村落发生激战。浦东亦有激战。

　　△　日机 50 架袭击南京与苏州车站。

　　△　平汉线日军突破我军徐水阵地,直逼保定。

　　△　山西日军分两路向我军猛攻,我炮兵在右玉城对日军猛击。至晚 7 时,我军退威远、威平两堡。此役我骑兵伤亡甚重。

　　△　晋北灵丘失守,我军退守平型关。

　　△　日本海军陆战队以大批飞机掩护,企图在连云港登陆,被我击退。

　　△　上海复旦、大同、大夏、光华四大学于江西贵溪设联合大学。

　　△　福建省政府职员举行抗日自卫宣誓。

　　△　中华台湾革命党发表《告台湾同胞书》。

　　△　孔祥熙在日内瓦与苏联外交人民委员李维诺夫谈话,李维诺夫建议太平洋各国召开会议以支持国联行动。

　　△　日本参谋本部参谋总长谒天皇上奏作战计划,拟以 10 月上旬

为期,在华北、上海发动攻击,使中国屈服;以上目的不能达到,即停止陆上兵力的积极作战,并节约直接对华作战兵力,将必要部队调到"满洲"与华北,作对苏联作战的准备,以备战争长期化。

△　上海漫画界救亡协会主办的《救亡漫画》出版。

△　法国声明,不承认日海军在中国海面检查商轮。

9 月 21 日　蒋介石电冯玉祥、顾祝同、张治中、陈诚、张发奎等,调整第三战区军队部署:"(一)司令长官由本委员长兼,副司令长官顾祝同。(二)左翼军司令陈诚,右翼军司令张发奎。(三)左翼军以第九集团军、第十九集团军、第十五集团军组成之。(四)右翼军以第八集团军、第十集团军组成之。(五)第九集团军总司令张治中,副总司令黄琪翔。第十九集团军总司令薛岳,副总司令吴奇伟。第十五集团军总司令陈诚兼,副总司令罗卓英。(六)第八集团军总司令张发奎兼,第十集团军总司令刘建绪。"

△　晨 6 时,上海刘行日军向我第六十六军陆福桥阵地进攻,我军猛烈冲锋,将日军击退。罗店方面,上午 8 时,日机 20 余架向我第四军尤梅宅、苏陈宅、张家宅、金村之线攻击,经剧烈战斗,我军工事被日机、炮毁坏殆尽,金村、张家宅为日军所占。

△　日军巡洋舰一艘、驱逐舰一艘载海军陆战队在崇明岛登陆。

△　津浦线日军第十师团与庞炳勋部激战于姚官屯。经 11 昼夜激战,日军突破我姚官屯防线。

△　我国宣布封锁常熟福山港。

△　蒋介石对法国《巴黎晚报》记者发表谈话称,希望各国对日本之侵略作有效的制裁。

△　蒋介石电孔祥熙与法国交涉,允许我国所购苏联军用品运安南起货。

△　国联远东顾问委员会开会,我国代表顾维钧照会该委员会,要求采取措施,制止日本对中国不设防城市及平民的狂轰滥炸;我国代表团虽作多方努力,而英、法代表不同意宣布日本为侵略者。

△ 毛泽东再电彭德怀称:"今日红军在决战问题上不起任何决定作用,而有一种自己的拿手好戏……这就是真正独立自主的山地游击战(不是运动战)。要实行这样的方针,就要战略上有力部队处于敌之侧翼,就要以创造根据地发动群众为主,就要分散兵力,而不是以集中打仗为主。"

△ 八路军总部令第一一五师至晋东北地区活动,第一二○师挺进至晋西北抗日前线,第一二九师开赴晋东南地区。

△ 周恩来陪同朱德自太原抵代县太和岭口第二战区长官司令部会见阎锡山,商谈八路军的游击地区、部队驻扎地及兵力使用等问题。阎锡山同意八路军进行独立自主的山地游击战,朱德与周恩来应允在有利条件下,八路军配合友军作战。

△ 河南省政府颁布《优待军人暂行办法》。

△ 四川省政府制订公布《四川省各县市民力统制实施办法》。

△ 青海省认购救国公债50万元,宁夏省认购100万元。

△ 日本宣布大举轰炸南京后,英、法分别向日本政府提出交涉称,两国军舰决不驶离下关江面,英、法大使馆也决不离开南京。两国不承认日本在中国境内有向英、法官方提出此种要求或劝告的权利;两国人民生命如有不测,财产如有损害,均当保留要求赔偿之权。

△ 美驻日大使格鲁向美国政府报告称:"日本军部对于美国政府对待中国事件的严格中立态度,深表感谢。"

△ 顾维钧、孔祥熙在日内瓦会见法国外长台尔博斯,谈论国联的情况和法国对中日冲突的态度。法外长对中国表示同情。

9月22日 中央通讯社发表中共7月提交国民党方面的《中共中央为公布国共合作宣言》。《宣言》称:"当此国难极端严重民族生命存亡绝续之时,我们为着挽救祖国的危亡,在和平统一团结御侮的基础上,已经与中国国民党获得了谅解,而共赴困难了。"《宣言》提出的奋斗总目标,为争取中华民族之独立自由与解放,实现民权政治,召开国民大会,制定宪法与规定救国方针;实现中国人民之幸福与愉快生活,救济灾荒，安定民生，发展国防经济；并"向全国宣告：（一）孙中山先生的革命的三民主义为今日中国之必需，本党愿为其彻底的实现而奋斗；（二）与现在中国占领导地位的国民党推诚相与，共同为对外抗战对内民主与民生幸福而努力，取消一切推翻国民党政权的暴动政策及赤化运动，停止以暴力没收地主土地的政策；（三）取消现有的苏维埃政府，实行民主政治，以期全国政权之统一；（四）取消红军名义及番号，改编为国民革命军，受中央军事委员会之统辖，并待命出动，担任抗战前线之职责"。

　　△　张闻天、毛泽东电秦邦宪、叶剑英称："宣言既已发表，目前谈判须解决者，应着重下列三事：（一）发布共同纲领。（二）解决边区问题。（三）解放报（按：指《解放》周刊）在全国发行。"

　　△　国民政府命令：军事委员会禁烟总会改隶行政院，仍由蒋介石任禁烟总监。

　　△　蒋介石电令第二集团军总司令刘峙："我军须固守保定、满城各重要据点。"

　　△　河北方面日军向漕河阵地攻击，于晚8时占领满城。

　　△　日军步、炮联合5000人由灵丘南进，向我第七十三师平型关阵地攻击。

　　△　日机两次分批袭南京。

　　△　日本大批飞机袭击江阴封锁线舰艇，我海军击落日机五架，我"平海"、"应瑞"两舰受轻伤。

　　△　广州遭日机四度空袭，市民死伤甚多。广九铁路暂时中断交通。

　　△　日本政府对英驻华大使被炸伤案提出正式复文，英国表示满意，本案结束。

　　△　日本政府拒绝参加国联远东顾问委员会中日问题会议。

　　△　日军第十六师团攻陷大城，沿子牙河南进；第十师团攻占沧县后继续南进。我第一集团军在泊头、冯家口、东光等地逐次抵抗。

　　△　美、法两国为日军轰炸南京事，向日本政府提出抗议。

　　9 月 23 日　蒋介石在庐山发表《对中国共产党宣言的谈话》称，"此次中国共产党发表之宣言，即为民族意识胜过一切之例证"；并称国共两党"皆已深刻感觉存则俱存，亡则俱亡之意义，感认整个民族之利害，终超出于一切个人一切团体利害之上"。蒋氏并称，在此国家"存亡危急之秋，更不应计较过去之一切，而当使全国国民彻底更始，力谋团结，以共保国家之生命与生存。今日凡为中国国民，但能信奉三民主义而努力救国者，政府当不问过去如何，而咸使其有效忠国家之机会。对于国内任何派别，只要诚意救国，愿在国民革命抗敌御侮之旗帜下共同奋斗者，政府无不开诚接纳，咸使集中于本党领导之下，而一致努力"。蒋介石在最后结语中称："中国民族既已一致觉醒，绝对团结，自必坚守不偏不倚之国策，集中整个民族力量，自卫自助，以抵暴政，挽救危亡。"《中共中央为公布国共合作宣言》及蒋介石谈话的发表，宣告抗日民族统一战线成功确立，国共两党第二次合作正式形成，奠定了两党团结抗战救国的基础。

　　△　毛泽东电复彭雪枫并转告周恩来、朱德、彭德怀、任弼时等，提出在山西开展游击战的意见："游击战争主要应处于敌之翼侧及后方，在山西应分为晋西北、晋东北、晋东南、晋西南四区，向着进入中心城市及要道之敌人，取四面包围袭击之姿势，不宜集中于五台山脉一区，集中一区是难以立足的。"指出："游击战争除军事部署以外，最主要的是紧密依靠乡村广大人民群众，只有如此，才能取得最后胜利。"

　　△　朱德率八路军总部从太原进抵五台县南茹村。

　　△　日军主力向刘行方向猛攻，我第一五九师、第五十九师伤亡甚重。

　　△　日军大举侵犯平型关，第六集团军副总司令孙楚即令第八十四师出击，战况激烈。第二战区司令长官阎锡山令傅作义率预备队加入右翼阵地作战。

　　△　日机 72 架集中轰炸我"宁海"、"平海"两巡洋舰。两舰官兵英

勇发炮抗击,击落日机四架;两舰亦被日机炸伤后沉没,我伤亡官兵 60 余员。我海军第一舰队司令陈季良自"平海"舰移至轻巡洋舰"逸仙号"继续指挥作战。

△　日机空袭武汉三镇,死伤 800 余人。

△　日机两袭广州,市民死伤数十人。我击落日机一架。

△　阎锡山电朱德:"我决歼灭平型关之敌,增加八团兵力,明(24日)拂晓可到,希电林师(按:指林彪第一一五师)夹击敌之侧背。"同日,朱德、彭德怀电令林彪,第一一五师立即向平型关、灵丘间出动,机动侧击向平型关进攻之敌。

△　教育部批复中央大学由南京迁校重庆。10 月上旬,中央大学开始迁校;11 月下旬,承民生公司大力协助,全校师生 1500 余人及图书仪器全部到达重庆沙坪坝松林坡新校址;12 月下旬,在新校址开学上课。该大学为我国抗战时期西迁高等学校中,最为迅速完整西迁之学校。

△　陕甘宁边区政府颁发《土地所有权证条例》,凡 17 条。

△　英国共产党书记波立特主张援华抗日,提出由国联制裁日本,组织救护队来华等。

9 月 24 日　蒋介石为日军封锁我国海岸答外国记者称:"海岸封锁,打击他国实大,影响中国甚微,愿各友邦均守条约义务。"

△　毛泽东电周恩来、朱德等称,山西地方党目前应以全力布置恒山、五台、管涔三大山脉的游击战争,而重点在五台山脉,应在该处设置类似军政委员会的领导机关。

△　周恩来建议中共中央军委,将第一二九师速开赴正太铁路南北地区,组织游击战争,以后逐步向西南山区转移。中共中央军委接受此一建议。

△　第二十一军军长唐式遵率部出川抗战。

△　上海日军从罗店、刘行、江湾到八字桥一线展开全线总攻,以炮兵及坦克掩护步兵,向我刘行及罗店南阵地猛攻,战斗激烈。我军左

翼吴奇伟、叶肇军正面被日军突破,后退至第二线预备阵地。

　　△　平汉线保定与津浦线沧县相继失守。第二集团军总司令刘峙南移,宋哲元、庞炳勋部全线撤退。我保定守军全部退至滹沱河南岸。日本华北方面军将战线推至石家庄——德县一线。

　　△　我军平型关战役指挥官傅作义及杨爱源与第一一五师联络参谋商定,25日拂晓对日军展开反击行动。日军第五师团第二十一旅团在平型关经两昼夜苦战,天雨骤凉,缺衣缺粮,旅团长三浦下令乘天雨之际,于25日拂晓发动夜袭,企图突破内长城一线。我军与日军不约而同下达25日晨攻击命令。

　　△　日军攻陷集宁。

　　△　项英至南昌,与江西省政府秘书长刘体乾等会谈,就解决其他游击区红军游击队下山改编问题交换意见。项英与陈毅以中共中央分局名义发表《告南方游击队公开信》,由各该地驻军转递;项英派员前往各游击区传达意旨。省政府采取措施,防止不良分子对游击区有报复行为。

　　△　实业部通令全国工厂加紧生产。

　　△　美国政府训令亚洲舰队,"留驻现在地区,无论中日战争至何地步,皆不得撤退"。

　　△　瑞士万国红十字会代表华脱维尔大佐来上海,协助我红十字会战地救护工作。

　　△　英国总工会致函我国驻英大使馆慰问被炸市民。

　　△　中英庚款公费留英学生24人抵伦敦。

　　9月25日　八路军平型关首战告捷。日军第五师团第二十一旅团与我军第八十四师高桂滋部及第七十三师孙楚部连日激战后,继续向平型关方向进攻。第一一五师师长林彪、副师长聂荣臻,确定在平型关东北关沟至东河南村长约13公里之公路两侧高地设伏。是日拂晓,日军第五师团第二十一旅团后续部队乘汽车100余辆,附辎重马车200余辆,沿灵丘——平型关公路由东向西开进。7时许,该部日军进入第一一五师预伏地区。第一一五师立即命令全线突然开火,并趁日军陷于混乱之际,一面封闭日军南窜之路,又复切断日军退路,一面适时对日发动冲击,压缩日军于狭谷之中,使之陷入四面包围形势。第一一五师第六八六团与第六八五团遂全歼该部日军1000余人,击毁汽车100余辆、马车200余辆,缴获步枪100余支、机枪20余挺、火炮一门,并缴获大批军用物资,俘获日军士兵一人。平型关战役,为我国抗战开始以来所获得的一大胜利。

　　△　军事委员会委员长兼行政院长蒋介石责令战区县长守土抗战称:"战区县长责任重大……如遇敌人侵犯,尤须死守城池,尽力抵御;倘有放弃失守城池者,决按军法以退缩论,定予枪决。"

　　△　中共中央作出《关于共产党参加政府问题的决定草案》,提出抗日战争的形势,急需将国民党一党专政的政府转变为抗日民族统一战线的政府。

　　△　毛泽东电朱德、彭德怀、任弼时、周恩来并转告林彪,待日军在华北相当深入后,以第一一五师收复灵丘、涞源、广灵、蔚县四县,在此四县建立根据地,然后向大同、张家口、北平一线,向大同、太原一线,向北平、石家庄一线举行大规模的侧后袭击战。

　　△　朱德、彭德怀暨全体八路军指战员,发出《八路军告日本士兵书》,宣传八路军宽待俘虏政策。

　　△　阎锡山应允八路军独立负责驻区内之群众工作,实行减租减息;组织游击队发给枪支;不好的县长可以撤换。

　　△　日机96架五次轰炸南京,中央通讯社、中央大学大礼堂、下关电厂、市政府卫生所被炸。同日,日机三次轰炸广州。

　　△　日军集中大批飞机至江阴攻击我"逸仙号"军舰,全舰官兵奋勇抗击,击落日机二架。"逸仙号"与驱逐舰"建康号"均被炸沉。

　　△　我国旅日侨胞2.9962万人,七七事变后,已返国1.6903万人,内留学生约5000人;现待船归回者尚有500余人。

　　△　桂林至贵阳长途电话通话。

　　△　伦敦英国全国和平会及妇女国际同盟,通过对日抗议决议案:
一、向伦敦日本使馆提出抗议;二、主张英国政府对日本应施加压力,以
阻止其在中国屠杀。

　　△　我国代表杨虎城在巴黎世界和平大会上发言,指出中国现在
正一致抗日,中国抗击日本是对远东和世界和平最好的保障。法航空
部长谷特亦出席大会,请杨氏转告中国同胞,日本现既出于侵略行为,
自应为法国人所唾弃。

　　9 月 26 日　军事委员会委员长蒋介石为平型关大捷特电朱德、彭
德怀称:"25 日一战,歼敌如麻,足证官兵用命,深堪嘉慰,尚希益励所
部,继续努力。"

　　△　毛泽东电朱德、彭德怀,庆祝八路军取得的第一个胜利。

　　△　宋庆龄在《救亡日报》上发表《国共合作的感言》一文,欢呼国
共合作终于实现。

　　△　北京大学教授胡适奉军事委员会委员长蒋介石之命赴美抵旧
金山,开始在美国、加拿大各地演讲,说明中国抗战决心。

　　△　驻国际联盟首席代表顾维钧在日内瓦对美国广播,希望美国
给予中国精神与物质援助,以抵抗日本侵略。

　　△　阎锡山命令傅作义指挥第六集团军等部迅速击破平型关日
军,并命第六十一军速援平型关。

　　△　财政部通电军警机关,保护人民以硬币兑换法币及购买救国
公债。

　　△　钱塘江铁桥修筑完成通车。按:钱塘江铁桥工程处于民国二
十三年(1934)5 月 25 日成立;11 月 7 日,茅以升任工程处长;11 月 11
日正式开工,历时三年完成。桥长 1387 公尺,在杭州横跨钱塘江上。

　　△　我军在上海罗店大举反攻,克复刘行与杨行间之军事要点永
安桥阵地。

　　△　日伪军猛犯陶林,我守军退守包头。陶林失守。

　　△　日机冒用我国国徽标志飞广德轰炸。我国以日军此行为易引

起国际误会,通知沪租界当局各国军舰切实注意。

△ 日军第十四师团师团长土肥原中将于日军占领保定后,飞往济南访晤韩复榘,劝其加入将于北平成立之华北五省傀儡政府。29日,韩复榘发表声明,否认土肥原来济南商讨山东加入"华北五省自治"事。

△ 苏驻日大使抗议日本空军轰炸南京。

△ 全印民众代表大会在印度全国发动举行"中国日",谴责日本侵略中国。

9 月 27 日　国民政府修正公布《要塞堡垒地带法》,凡 17 条,规定"国防上所设各种要塞堡垒之区域,称为要塞堡垒地带"。

△ 日本关东军第十五混成旅团猛攻晋北茹越口,我守军第二○三旅第二二七团顽强抵抗,损失甚重。茹越口失守,我军退守铁角岭继续抵抗。

△ 日舰再犯虎门,向沙角炮台开炮;我军迎击,日舰受伤逃遁。

△ 日机袭南京、广州、杭州、宁波、德州、徐州等地。南京硫酸钾厂被炸毁。

△ 军事委员会设立工矿调整委员会,拟定迁厂方针。翁文灏主持工矿调整委员会会议,财政部、军政部、实业部,军委会第三部、第四部及资源委员会均派代表参加,专门讨论工厂内迁问题。规定应迁移的工厂,一类指定军需厂矿,一类为普通厂矿。

△ 实业部长吴鼎昌与铁道部长张嘉璈致电蒋介石,要求通令全国各产业机构延长成年工人工作时间。

△ 军政长何应钦电项英、陈毅称:"顷接赣省政府电告,两兄敌忾同仇,情殷抗日,殊为钦佩……嗣后借重之处必多。目前改编贵部一切手续,请就赣省政府接洽办理。"

△ 中共中央书记处电告林伯渠,为迅速解决陕甘宁特区问题,应向国民党方面提六项最低限度条件:一、承认特区的民选制度,特区政府经人民选出后,可由国民政府加委;二、加委林伯渠、张国焘、秦邦宪、

董必武、徐特立、谢觉哉、郭洪涛、马明方、高岗九人为特区政府委员,林伯渠为行政长官,张国焘为副长官;三、设民政、建设、教育、农工、财政五厅及保安司令部;四、特区范围包括宜川、鄜县、洛川、淳化、栒邑、正宁、宁县、合水、庆阳、西峰镇、镇原、预旺、环县、盐池、定边、安定、靖边、横山南中部、安塞(包括瓦窑堡)、米脂、绥德、清涧、葭县、吴堡、神府苏区、延川、延长在内;五、特区经费每月 15 万元,善后遣散费 60 万元;六、保安师编制 9500 人。

　　△　周恩来出席山西省牺盟会第一次代表大会,鼓励牺盟会担当与组织山西民众抗日的责任,完成保卫山西、保卫华北、保卫全中国的大业。

　　△　我国代表第一次出席国联远东顾问委员会会议,顾维钧在会上发言。会议通过决议,谴责日本飞机轰炸中国不设防城镇。

　　9 月 28 日　上海日军发动第四次总攻击。进攻八字桥、复旦大学一带阵地的日军,被我第三十六师守军击溃。上午,日军攻击我刘行阵地,双方发生激战。

　　△　我空军 30 架飞平型关助战。

　　△　保定失陷后,我军平汉路战线改由程潜任指挥官。

　　△　平汉线日本华北方面军第一军陷定县。

　　△　日机空袭南京、芜湖、杭州、嘉兴、徐州、淮阴、广州、句容等地。

　　△　朔县陷落,守军何柱国部 600 余人全部牺牲殉国。

　　△　第二十九军军长宋哲元请批准病假一个月,所任职务由冯治安暂代。

　　△　毛泽东电刘伯承、徐向前、张浩并转朱德、彭德怀、贺龙称,保定、沧州、献县均失守,第一二九师立即出动,经临晋渡河,至侯马上车,在太原补充服装弹药,速开正太路南北地区。

　　△　朱德与彭德怀电张闻天、毛泽东、任弼时等,河北涞源、山西灵丘和广灵地区山脉很大,地形比晋西北好,人口不少,粮食不缺,可以向山西浑源、繁峙、五台、盂县及河北阜平一带创建抗日根据地,与晋西北

互相呼应。

△　周恩来获悉项英、陈毅在南昌与国民党当局接洽改编红军游击队后，分电项英、陈毅、傅秋涛、叶挺等，嘱其立即相互取得联系。

△　行政院公布《金类兑换法币办法》。

△　国民政府撤销陶行知通缉令。

9 月 29 日　蒋介石电嘱杨杰、张冲等向苏联购买轻机枪一万挺，并配足子弹。

△　周恩来会见第一战区高级参议何遂，分析河北战局，认为华北的抗战必须开展游击战争。

△　毛泽东再电周恩来、朱德、彭德怀、任弼时称，华北大局非常危险，河北、山东不久将失陷，中国阵地将变为扼守黄河、运河两线。这一形势将影响上海战线发生某些变化，南京将被大轰炸，国民党如不妥协必将迁都。山西将成为华北的特殊局面。这根本的是因为有八路军，其次是阎锡山与我们合作。由于这两个力量的结合，将造成数百万人的游击战争。根本的方针是争取群众，组织群众游击队。如实行这一计划，在一个时期内开展一新局面，有利于在山西全省创立我们的根据地。

△　毛泽东发表《国共两党统一战线成立后中国革命的迫切任务》，指出抗日统一战线的纲领，"就是孙中山先生的三民主义和共产党在 8 月 25 日提出的抗日救国十大纲领"。

△　朱德在豆村参加第二战区长官司令部会议，与阎锡山、卫立煌商谈布防问题。

△　上海全线炮战激烈。日军猛犯罗店、刘行，遭受重创。

△　"楚有"舰在江阴为日机炸沉；"肇和"舰在黄浦江下游为日机炸沉。

△　长谷川清分别访英、美、法等六国驻沪海军司令，要求各国军舰移泊黄浦江下游。

△　津浦线日军陷泊头、东光、连镇。第六战区司令长官冯玉祥、

副司令长官鹿钟麟自南皮进袭日军。

　　△　平汉线日军陷新乐。

　　△　晋北铁角岭陷落，日军急向繁峙南进，夜陷繁峙；梁鉴堂旅长牺牲殉国。阎锡山令各部队向神堂堡、雁门关、阳方口线阵地转移。我军放弃平型关，朱德与高桂滋率部转进五台山。

　　△　日机空袭芜湖、嘉兴、常熟、徐州、淮阴、广州等地，被我空军击落九架。

　　△　中华民族解放先锋队总队部召开扩大干部会议，通过《政治及工作决议案》。

　　△　东北抗日联军第四、五、七、八、十军合组为抗日联军第二路军，周保中任总指挥，散处于吉林省东部各地。

　　△　陕甘宁边区政府发布《征收救国公粮条例》，凡 15 条。

　　△　李济深宣告解散"中华民族革命同盟"，拥护政府抗战。

　　△　胡适在旧金山发表演说，认为美国卷入中日战争漩涡，目前似不可能。

　　△　英国劳工运动全国执委会决议，经济制裁日本，援助中国，并邀美国参加国际行动。

　　△　国联远东顾问委员会通过法国代表建立小组委员会建议，以推进和加快顾问委员会工作。顾维钧在会上发言，要求宣布日本为侵略国，但未获成功。

　　9 月 30 日　日军步、炮、空协同作战，在淞沪战场发起全线攻击。第七十七师正面在严宅、万桥，第五十七师在陆桥等处阵地，同时被突破。左翼作战军为巩固阵地，向蕴藻浜南岸、陈行、广福、施相公庙、浏河之线转进。

　　△　黄杰率第八军（税警总团）第一支队之第一、二、三团，第二支队之第四、五团及炮兵、工兵、辎重、通信、特务等营，自海州抵达南翔，归属中央作战军第九集团军指挥，参加淞沪会战。

　　△　由同蒲路南下之日军突破阳方口。至此，我军内长城防线被

突破。同日,阎锡山召开前方高级将领会议,研究作战方案,下令全线撤退;移内长城防线各军,向五台山、云中山、芦芽山一线转移,集中主力于忻县与忻口间组织防御,保卫太原。

△ 八路军刘伯承第一二九师由陕西富平县出师抗日,赴山西太行山建立游击根据地。

△ 八路军收复朔县。

△ 国民政府令:兼代贵州省政府主席薛岳另有任用,着暂由该省民政厅长孙希文代行。

△ 毛泽东与张闻天电秦邦宪、叶剑英,提出南方红军游击队改编原则为:留下五分之二于原地改为保安队,集中五分之三编为一个军,以叶挺为军长,项英为副军长,陈毅或刘英为参谋长。

△ 朱德与彭德怀电告毛泽东,现在应争取山西战局持久,有利于在山西创造根据地。

△ 美红十字会捐款 10 万元,汇寄我国救护病人。

△ 国民政府公布《购募救国公债奖励条例》。

△ 日驻瑞士使馆发言人称,日空军如有必要,当继续轰炸中国城市,一国或多国干预中日冲突,只能使形势恶化或旷日持久,因为日中关系是关系到日本生存的根本问题。

是月 军事委员会成立工矿、农产、贸易三个调整委员会。

△ 朱德在五台县台怀镇会见率领山西青年抗敌决死队第一总队的薄一波称,八路军准备在这个地区建立抗日根据地,现在首先要占据晋察冀、晋西北、晋东南三个战略要地。

△ 日军由保定、沧州南犯石家庄、德州时,周恩来电蒋介石,要求迅速武装民众,组织河北游击战争,并派边章五、李锡九前往河北驻军赵寿山、孙殿英部作游击战争准备。

△ 周恩来电阎锡山,请其令由平汉线撤退下来的晋军进行侧面作战,发展游击战争。

△ 八路军政治部副主任邓小平赴五台山,动员同蒲路以东与正

太线以北各县民众,武装起来发展游击战争。

　　△　高双成所部第二十二军张云衢团开赴绥远抗日,该团所遗米脂、吴堡、绥德、清涧、安定防务交八路军接管。

　　△　周恩来与阎锡山商定,在第二战区所辖晋、察、绥三省范围内,成立第二战区民族革命战地总动员委员会;阎锡山批准周恩来起草动委会工作纲领。

　　△　周恩来与中共华北局负责人讨论华北游击战争的部署,拟分为绥西、绥察边、晋西北、晋南、晋察冀(以阜平、五台为中心)、直(冀)南、直(冀)中、冀东(包括平、津)、山东九个战略区。

　　△　日第九、第十三、第一〇一师团等增援部队陆续在上海登陆,加入上海派遣军作战。日军在淞沪战场总兵力达 20 万人。

10 月

10 月 1 日　蒋介石指示国民党中央宣传部,在津浦、平汉、陇海、京沪、沪杭各铁路组织宣传队,向民众宣传。

　　△　空军飞机 11 架今晚四度飞临上海,袭击黄浦江日舰及杨树浦日军阵地。日机亦全日在闸北及大场一带轰炸。

　　△　日军在淞沪战场实行中央突破,我左翼作战军王东原第十五师、罗霖第七十七师自阵地撤退;刘行失守。

　　△　昨夜,第六战区鹿钟麟部袭击日军占领下的冯家口等地;是日上午,占领冯家口、北霞口、代庄等处,但袭击泊头镇未奏效。

　　△　八路军组织四个支队挺进敌后,发动群众,进行游击战争。截至是日,八路军共击毙日军千余人,毁日军汽车 80 余辆,缴获九二野炮一门、七三、七五山炮弹 3000 余发、步枪 300 余支、机关枪 20 余挺及许多其他军用品。

　　△　中央社宣布,我军 9 月份击落日机 48 架,击伤日机 16 架。

　　△　宪兵司令部与首都警察厅会衔布告,禁止市民"侈谈国事",

"如敢故违,即将严于惩处不贷"。

　　△　军事委员会在广州设立西南进出口物资运输总经理处,对外称兴运公司;11 月 12 日改称西南运输公司,主办国际运输,曾养甫兼任处长。

　　△　全国经济委员会派员至兰州组织西北公路运输处,洽运由苏联入境物资。

　　△　四川省政府拟定《出征将士及义勇壮丁优待条例》。

　　△　财政部颁布《出口及转口税暂行章程》,自是日起实行征收转口税,规定凡民船、铁路、公路运输之货物,除已征过统税及烟酒税的货物外,如经过海关及其分卡时,一律再征转口税一次。

　　△　汉口复兴沙厂捐款五万元,裕华纱厂捐款三万元,申新纱厂捐款二万元,大成纱厂捐款 1.5 万元,民生纱厂捐款 1.5 万元,福新面粉厂捐款一万元,商民徐荣廷捐款一万元,黄安商民程芷涛捐款一万元。军事委员会各给予陆海空军奖状。

　　△　上海市商会举行执监联席会议,决议发表《国民对日经济绝交宣言》,并通告各业公会严厉执行。宣言称我国与日本已处于势不两立之敌对地位,"国人为自卫计,为协助政府长期应战,消耗敌人实力计,实有速行国民对日经济绝交之必要"。宣言发表后,上海全市一百数十个同业公会一致响应。

　　△　陕甘宁边区银行成立。

　　△　湘黔公路开始客货联运。

　　△　日本内阁首相、外相、陆相、海相制定《处理中国事变纲要》,提出一般方针"在于使这次事变在军事行动取得成果,外交措施得宜的配合下尽快结束,使中国取消抗日政策和容共政策,在日、华之间建立真正明朗而永久的邦交,以期实现日、满、华的和睦与共荣"。《纲要》以10 月战果为战局终结,预定与国民政府和平解决。

　　△　日本外务省发言人发表声明,反对英国代表召集会议调停中日战争,宣称日本认为在现状下,仲裁显无必要;在中国改变态度,根本

抛弃反日政策之前,日本有彻底战至最后之决心。

　　△　日军中央统帅部发布第五五二号命令,华北方面军"以一部兵力在山西省北部作战,占领太原",并指出"在山西省方面的作战地区,大概定为太原以北";同时命令关东军"以一部列入华北方面军指挥下",并应"为以上作战提供方便"。当晚,华北方面军命关东军转知属下内长城线以南各部队,列入第五师团长指挥下,同时命令该师团长攻占太原。

　　△　日军第二十、第六、第十四师团与新加入的第一〇一师团向石家庄方向进攻,先后占领望都、定县、曲阳等县城。

　　△　日军头篠部5000人与伪蒙军2000人,飞机30架,坦克和装甲车数十辆,攻占代县。日军向崞县急进。日机10余架不断轰炸崞县城。上午,日骑兵200余攻城,被守军第十九军主力击退。

　　△　日机袭南京、广州、武汉、南昌等地,在南昌为我击伤一架。

　　△　日机与日舰连日窥伺粤海,广东当局自是日起暂行封锁虎门,粤、港间轮船均暂告停航。

　　△　顾维钧代表向国联远东顾问委员会报告日本侵华经过,并递交宣布日本为侵略者决议草案,主要内容为日本派兵侵略中国,封锁中国沿海,轰炸中国城市,破坏《九国公约》与《巴黎非战公约》。顾问委员会谴责日本破坏国际法和对中国沿海的封锁,并根据国际联盟《联盟》第十条规定,宣布日本的行为是对国联会员国的侵略。

　　△　海外侨胞继续不断捐款,支援抗日战争。行政院收到侨胞捐款69起,共计17.35万元。侨务委员会收到侨胞捐款140起,总计约60万元。

　　△　英国"大中华运动"召开大会,杨虎城到会致词,讲述中国抗战情形;与会者演说,号召抵制日货。

　　△　英国红十字会、中国协会与英国各教会等联名发起募捐,用以救济中国受伤平民及因战争而无家可归者。

　　△　美国反战反法西斯主义联合会与中国之友协会举行大规模集

会,提倡抵制日货。

10 月 2 日 上海日军第九师团攻击蕴藻浜、陈家行至唐桥站一线我军阵地,企图由大场以西南侵,切断京沪铁路。第八军黄杰部、第十三师万耀煌部于唐桥站、陈家桥与日军激战。

△ 中共与国民党达成协议,南方八省 13 区红军游击队编为一个军,在长江南北及闽、浙两省开展抗日游击战争。

△ 军事委员会命卫立煌率第十四集团军由石家庄经正太铁路至太原。

△ 胡适与驻美大使王正廷往晤美总统罗斯福,告以中国战局,盼罗氏放弃妥协思想。

△ 毛泽东电秦邦宪、叶剑英,令项英至陕北中共中央讨论南方游击队改编问题。

△ 朱德、彭德怀电毛泽东、张闻天,告知已委任聂荣臻兼第一一五师政治委员,关向应兼第一二六师政治委员,张浩兼第一二九师政治委员。

△ 周恩来在太原会见阎锡山与卫立煌,提出应改变战略战术,我军主力用于侧面,采取包围迂回战法;在正面防御中应采取积极的"反突击";并说明八路军在决战中不是主力,但在敌后游击战中将起决定作用。在日军进攻太原时,八路军不能把所有兵力都放在正面打阵地战。

△ 韩复榘部第八十一师第四八一团猛攻桑园,歼日军千余,一度收复桑园。日军旋即增援反扑,我军仍退回德县。

△ 八路军宋时轮支队收复朔县西北井坪镇,击溃日军千余人,毙日军 200 余名,缴获坦克车八辆、装甲车 15 辆、汽车 15 辆、步枪 36 支、轻机枪 2 挺、机枪子弹八箱。

△ 晋北日军攻陷雁门关。

△ 上海市长俞鸿钧向外国记者声明,否认中日双方曾在国际饭店举行和平谈判。

△ 全国各界已认购救国公债 2.52 亿元。

△ 青海省军界领袖马步芳认购救国公债 10 万元。

△ 国联远东顾问委员会小组委员会举行会议,讨论卢沟桥事件以后中日冲突事实及有关中日问题之国际条约等问题。苏联代表李维诺夫指出,现有事实已足证明日本侵略中国之罪状。

△ 英国工党领袖克兰在上海发表谈话称,英国工党与工会全体,将团结辅助中国人民,商定有效计划,实行对日之经济抵制。

△ 英国工党苏格兰区执行委员会发表宣言,吁请该党各支部暨各工会,对日本侵略中国表示深恶痛绝,并要求英国政府立即与日本断绝外交与经济等关系,禁止各项货物与原料售于日本。

△ 英国自由党主席梅斯顿勋爵发表文章,请全国各自由党机关出全力严斥日本暴行。

△ 加拿大和平民治协会全国执行委员会上书英联邦首相,要求制裁日本,抵制日货。

10 月 3 日 忻口战役开始。我军以第十八集团军(即原第八路军)等部为右翼军,由朱德指挥;以第十四集团军等部为中央军,由卫立煌指挥;以第六十八师等部为左翼军,由杨爱源指挥;以第三十四军等部为总预备队,由傅作义总司令指挥,策应各方。繁峙日军混成第二旅团千余人向阳明堡进攻,与我第十九军激战。

△ 日军千余在飞机、重炮掩护下,猛攻晋北崞县西关,与我军激战,终未得逞。

△ 淞沪战场我军撤至罗店公路以西新阵地,是晨向日军猛烈反攻。

△ 上午,日军以步兵、炮兵及飞机 13 架联合猛攻德州,被我军击毙四五百人,击毁坦克车一辆。下午,日军以飞机、大炮击毁城西北角,我军以麻袋垒堵,凭城扼守。

△ 日军分别在广东中山荷花岛及台山广海登陆,被我守军击退。

△ 浙江余姚洋面发现日舰八艘;我国盐船一艘为日舰击沉,三艘

被劫,船上护运队均被缴械。

△ 日机袭击广州、嘉兴、苏州、杭州、安庆、南翔等地。日机在嘉兴为我军击伤三架。日机袭粤汉路,我国空军出动截击,在清远上空激战一小时,日机数架被击伤。

△ 陈立夫与毛邦初电告蒋介石称,已运汽油 10 吨至新疆机场,备所购苏联飞机运来之用。

△ 朱德、彭德怀电蒋介石、阎锡山与第一战区副司令长官程潜称,八路军除以主力位于平型关、雁门关、朔县一线之两翼外,另组四个支队进入晋、冀两省敌后地区活动。

△ 中国工农红军湘、赣、粤、浙、皖、闽边区游击部队领导人项英发表宣言,为挽救国家的危亡,为求中华民族的独立解放,决定停止武装推翻国民政府的方针,停止土地革命;遵照中国共产党中央的宣言,已正式宣布将游击队改编为抗日救国的武装。各队接信后,立即集中听候改编。

△ 宋庆龄致函英国工党来华调查日本侵略代表团,呼吁对中国抗战予以了解和积极的支持,指出"中华民族现在已经像一个巨人似地站起来抵抗日本侵略了","中国正在进行一个对于全世界有重大历史意义的斗争";希望英国工党尽一切力量并采取一切步骤,支持中国的英勇抗战。

△ 我国侨日商民 207 人返国抵沪。

△ 难民救济总会在南京成立,并将于各地设立分会,经费在救灾准备金总额内拨付。

10 月 4 日 国民政府令:原定本年 11 月 12 日召集之国民大会,因抗日战争爆发,应予延期开会;一俟代表完全选出,时机适宜,再行定期召集。

△ 军事委员会委员长蒋介石严令前线官兵禁饮生凉之水,以防霍乱与疾病。

△ 四川省政府秘书长邓汉祥报告,川省抽调 14 个师出川抗战,

东路由重庆、万县乘轮出川,北路已达宝鸡。

　　△　第二战区司令长官阎锡山对察、绥、晋一个月来作战经过发表谈话称,察、绥、晋作战分为察哈尔战役,晋北、绥东战役,恒山战役三个阶段。此三阶段战役之战斗情形虽各有所异,但其共同之点,即日军为主动,我为被动,致日军每占优势。由于三阶段战役之失利,我迫不得已,始决定在五台、崞县、宁武等县布置弧形阵地,与日军决战。

　　△　军事委员会任命孙连仲代刘峙为第二集团军总司令。

　　△　陈调元赴华北视察战况后电何应钦称:"晋绥军大部现正在宁武、崞县、五台间布防,惟士气颓丧,中央若无生力军参加,晋省自力恐难持久。"

　　△　周恩来与阎锡山等分析敌情,针对日军主力进攻崞县,直逼忻口的战局形势,制定作战计划。周恩来提出,令卫立煌部第十九军军长王靖国以小部守备崞县当面日军,大部星夜回击攻原平镇日军并消灭之,以稳住中路;调王震旅归还贺龙师建制,以加强左翼;请南京另派三师主力北上出击;立即组织武装正太路、同蒲路铁路员工和井陉、阳泉矿工破坏铁路与煤矿。

　　△　国联远东顾问委员会小组委员会会议,英国代表提出召开《九国公约》签字国会议,我国代表立即发言支持英国代表的建议。

　　△　日军千余侵入阳明堡后,由飞机掩护,向崞县围攻,为我守军第十九军击退;日军复以步、骑兵400余、装甲车数辆,向小南关桥我军阵地西侧攻击,亦未得逞。

　　△　日本上海派遣军司令部制定攻占大场镇计划,方针是:"主攻保持在第三师团右翼方面,即在顾家宅——大场镇公路西面地区;10月8日或12日前后开始攻击,击败大场镇附近敌人,从速进入苏州河一线,消灭上海北面地区的敌人,接着大概以一个师团封锁上海西南,以主力攻击南翔。"

　　△　日军以大炮为掩护,向闸北我军阵地发动猛烈攻击。我军在猛烈炮火下,与日军展开肉搏战,终将日军击退。罗店、刘行间也有猛

烈冲突。同日清晨,我上海市保安队在浦东其昌楼日商新三井码头敷设水雷,炸沉趸船数座,声震全沪。

△ 日机 24 架袭太原,投弹百余枚;日机袭韩庄、临城、济宁等地。

△ 厦门守备司令部枪决日本间谍许江顶、苏必隗、苏柴陆、吴锡贞四人。

△ 国民政府为调整战时食盐,派员会同财政部盐务机关人员秤交领运,各地政府协助办理。

△ 财政部规定统一粤、桂、滇纸币兑换比率。广东毫券按 144 折兑法币一元;广东大洋券按 12 折兑法币一元;桂币按每元折兑法币五角;新滇币二元兑法币一元,旧滇币 10 元合法币一元。

△ 中山大学被敌炸,校长邹鲁发表书面谈话,斥责日军破坏我文化机关罪行。

△ 清华大学、北京大学、南开大学三校在汉口召开临时大学筹委常委会,梅贻琦、蒋梦麟、张伯苓等出席;除商讨课程编制外,决定 12 月 25 日在湖南长沙开学。

△ 美国务卿赫尔会见我驻美大使王正廷,就远东时局进行交谈。

△ 国联预算委员会议决拨款 10 万英镑,作为中国医药救济之用。

△ 英国工党年会一致通过决议,主张抵制日货,要求政府禁止贷款日本,禁止以军火接济日本;并谴责日本对华作战行为。

10 月 5 日 上海战事重心移蕴藻浜两岸。固守蕴藻浜南岸第五十一师组成六个突击连,向日军进行夜袭,毙日军甚多,缴获机枪两挺、步枪 3000 余支。

△ 德州失陷,第二四三旅旅长率部与日军激战,第四八五团官兵全部牺牲殉国。我军退至老黄河右岸布防。

△ 八路军收复晋西北平鲁县。

△ 日舰六艘占澳门附近横琴岛,数百名日海军陆战队登陆开辟机场。

　　△　周恩来与卫立煌、傅作义等商谈忻口会战作战计划。周恩来提出固守忻口周围山地,诱日军至代县、忻口,我军自侧面出击消灭之;八路军主力向宁武南北、代县以东侧击日军。我军力争在忻口以北取得胜利。卫、傅二人对此表示同意。

　　△　行政院会议决议修改现行转口税则,民船、铁路及陆运货物概行征收转口税,征价课税之货物仍照现行附税,合并为值 100 抽 7.5,以切实值百抽为标准。

　　△　国民党中央政治委员会批准财政部报告,提高蚕茧出口税率,每公担征税 28 元。

　　△　全国海关职员认购救国公债 500 万元。

　　△　北京大学校长蒋梦麟由汉口到长沙,筹商临时大学开学上课事宜。

　　△　杨虎城在英国工党年会上演说称,中国人民抵抗日本帝国主义,准备流尽最后一滴血,希望列强用其伟大的军力以保障和平。

　　△　美总统罗斯福在芝加哥发表“防疫隔离”演说,认为“战争之为物,无论其已经宣战与否,均有蔓延可能”,要求把侵略国“隔离”起来,主张美国应积极参预国际事务,维护世界和平。

　　△　英国自由党《新闻纪事报》在伦敦举行民众大会,参加者万余人。大会对日机炸死炸伤中国人民之暴行表示愤慨,要求英国发动各国,在经济上及其他方面,采取共同行动,制止日本暴行。

　　10 月 6 日　　日军强渡蕴藻浜,我第八师在南岸石驳岸墙门头阵地被日军突破,蒋介石电令第八军军长黄杰:“速亲往西塘桥附近,尽量援助第八师之作战。”黄军长奉命即率税警总团第四、五两团在日机轰炸与炮兵轰击下前进,于 8 时将突入之日军消灭;蕴藻浜南岸遂无日军踪迹。

　　△　晋北日军攻陷阳方口与宁武后,对崞县进行猛烈攻击。日军猛攻原平,守军姜玉贞部第一九六旅与日军浴血苦战。

　　△　日军由保定南下。我军为保卫晋东门户,第一军团、第十四军

团、第三军及第十七师向娘子关南北之线转移,平汉线只留第三十三军正面抵抗。

△ 日机 30 余架三次袭南京,为我击落二架;66 架三次袭广州、韶关。苏州、芜湖、安庆、济南、扬州、镇江、无锡等地均遭日机轰炸。

△ 毛泽东电周恩来、朱德、彭德怀,并告林彪、聂荣臻,提出华北作战的战略补充意见,指出:"敌占石家庄后,将向西面进攻,故龙泉关、娘子关两点须集结重兵,实行坚守,以使主力在太原以北取得胜利。""山西军已处最后关头,将不得不打一仗。""此战役之关键在于下列三点:(一)娘子关、龙泉关之坚守。(二)正面忻口地区之守备与出击(出击是主要的)。(三)敌后方之破坏。"为达上述目的,必须:一、要求南京速加派主力军三四个师位于娘子关。二、要求卫立煌军四个师担任正面出击兵团之主力,晋军以两个师协助出击,余任守备。三、八路军第一一五、第一二〇两师主力,担任从东、西两面破坏敌人侧后纵深地区。另要求南京派主力军两个师从涞源、蔚县行动。

△ 日本参谋本部上奏天皇,认为攻占上海,"预料还需要相当时日和付出相当的代价"。

△ 日本外务省发言人猛烈攻击美国总统罗斯福的芝加哥"防疫隔离"演说,诡称:"日本五十年间,人口倍增,必须在狭小岛外求发展。""日本对大陆求和平发展,对中国谋和平提携,但中国以武力拒绝,以致发生今日事变。"

△ 外交部公布《防止私贩麻醉药品公约》。

△ 英人所办《青岛时报》歧视华工,激起工人愤怒,于日前一致罢工。该报负责人奇威(英人)认识错误,并书面向工人道歉;工人胜利复工。

△ 刘湛恩等在上海发起成立国际友谊社。英、法、苏、德、意、比、葡、瑞典、瑞士、挪威各国领事,各国商会会长,欧美各大报驻沪记者,上海各大报总主笔、总经理,各银行、各大公司总经理等 100 余人出席成立大会。

△ 国联大会通过远东顾问委员会提出之两报告:第一个报告认定,日本以陆海军对中国实行军事行动,"系违背日本在《九国公约》及《巴黎非战公约》下所负之义务";第二个报告认为,"目前中国之局势不只冲突中、日两国,且对于一切国家均有若干关系","非仅由中、日两国政府采用直接方法所可解决"。为此,大会提议召集《九国公约》签字国从速讨论问题,并邀请苏联、德国等与远东有利害关系的国家参加,"寻求以协定方式结束冲突之方法"。

△ 美国务院发表声明,谴责日本侵略中国违背《九国公约》与《巴黎非战公约》。

△ 据美商务部发表统计,本年1月至8月份,美国输往各国之废铁,已超过历史最高额;其中以输往日本为最多,共达73.7万吨。

10月7日 蒋介石接见美联社记者,赞扬罗斯福"防疫隔离"演说,并表示中国抗日决心始终一致,"虽战至最后一人,领土最后一寸,亦不稍变更初志,非俟正义确立,条约重申其尊严,吾人之抵抗决不停止"。

△ 上海前线发现日人反战传单《告出征中国士兵书》及《致华北将士书》,内称中国人不是敌人,"蹂躏大众生活的军部,才是国民的敌人,国家的蟊贼",并称此次日华战争"完全是军阀的私战"。

△ 晋北日第五师团长板垣指挥汤浅部队五六千人,在20余架飞机、10余门野炮与四门重炮配合下,猛攻崞县。该县城垣被摧毁,全城几成焦土,我军伤亡殆尽。日军侵占崞县。

△ 日军第三、第九两师团借战车及优势炮火的掩护,由蕴藻浜北岸向我第八十七师正面黑黄大宅及第一军正面西六房强行渡河;我军顽强阻击日军,激战竟日。

△ 日驻美大使斋藤访晤美国务卿赫尔后对记者称,日美战争之说,已涣然冰释。日本深知美国不致卷入远东漩涡。

△ 美国务卿赫尔表示,美国愿意参加九国公约会议讨论远东事件。

△ 美参议院外交委员会主席华德门发表宣言,要求各国共对日实行经济制裁。

10 月 8 日 第三战区兼司令长官蒋介石电令蕴藻浜南岸划为三个作战区:小南翔、陈家行至刘家行相连之线为右翼作战地区;方泰镇、石岗门、张家、朱北宅至太平桥相连之线为左翼作战地区;左翼与右翼地区之间为中央作战地区。薛岳为中央作战地区总指挥,叶肇副之;胡宗南为右翼地区总指挥,黄杰副之;罗卓英为左翼作战地区总指挥,刘和鼎副之;总预备队指挥吴奇伟,王东原副之。

△ 川军第二十军杨森部自贵州开来上海,投入淞沪战场。

△ 天津市长兼陆军第三八八师师长张自忠,放弃责任,迭失守地;察哈尔省政府主席兼陆军第一四三师师长刘汝明,抗战不力,致受损失。是日,国民政府令:张自忠着撤职查办;刘汝明着撤职留任,戴罪图功。

△ 张自忠在南京谒见蒋介石,请求给予处分。蒋介石对张自忠策励有加,许以自赎,嘱其暂留南京,听候后命。

△ 国民政府令:江西省政府主席熊式辉因公离职,在未回任以前,所有主席职务,派该省政府委员兼秘书长刘体乾暂行兼代;湖北省政府主席黄绍竑因公离职,在未回任以前,所有主席职务,派军事委员会委员长武汉行营主任何成濬暂行兼代。

△ 中共中央华北军政分会发布《对目前华北战争形势与我军任务的指示》称,山西已成为华北战局中最后争夺的主要目标,八路军必须依据独立自主的运动游击战与机动果敢的作战原则,创造太行、恒山山脉及晋西北地区的抗日根据地。

△ 外交部长王宠惠对记者发表谈话,要求爱好和平各国采取积极办法,恢复国际条约尊严。

△ 我军发表正式统计,9 月份在南京、上海、广州三地,共击落日机 48 架,击伤 16 架。自 8 月 14 日以来,日军在华损失飞机,共达109 架。

　△　日军配合飞机、大炮,在多处强渡蕴藻浜,建立桥头阵地;经第八军与之浴血苦战,日军进展迟缓。下午 3 时,日军主攻部队绕过第八军阵地,向右侧进犯第三十六师阵地,该师第一〇八旅奋力抵抗,第八军给以大力支援。日军受重创,未得逞。

　△　正定、灵寿失陷。日军分三路渡滹沱河,主力由正定沿平汉线进逼我军正面;一部由灵寿向正太线威胁我军左翼,另一部由藁城侧击我军右翼。

　△　连云港外停有日巨型巡洋舰一艘、驱逐舰及补助舰 12 艘、航空母舰一艘,并有日机 70 余架,连日飞鲁、苏各地骚扰。

　△　江苏省政府通令各县政府收容难民。

　△　禁烟总会由隶属行政院仍改为隶属军事委员会,禁烟总监仍由军事委员会委员长蒋介石兼任。

　△　国民政府明令,土地登记期限缩短为三个月。

　△　行政院公布《人民捐金银物品收容及保管办法》。

　△　国民政府制定《救国储金章程》。

　△　英国全国铁路工人协会西方区委员会通过决议,抗议日本武装侵略中国,并要求英国对日实行经济抵制。

　△　劳工国际秘书长阿德勒电复中国国联同志会称,本国际早经通令所属组织,注意日本侵略行动,并赞助英国劳工关于对日经济抵制宣言。

10 月 9 日　国民党中央执行委员会发表《为国庆日发起募集劳金及棉衣运动告国人书》,要求人献一金,"集四百兆巨款;妇女人操一针,成二百兆寒衣"。

　△　军事委员会任命汤恩伯为第二十军团军团长,指挥第十三军、第五十二军,并改隶于第一战区。同日,任命第九十八师师长夏楚中为第七十九军军长。

　△　毛泽东电朱德、彭德怀、任弼时称,在敌人后方地区及迫近敌人地区,因大地主多属汉奸,故执行没收大地主土地政策。

△　立法院召开院会,追认二十六年救国公债条例及还本付息表。

△　内政部制定《国民工役法施行细则》。

△　国民党中央电召上海银行、实业及教育界闻人杜月笙、陈光甫、唐寿民、邹秉文、范旭东、李圣五等 20 余人到南京,报告上海各界情形,并对非常时期之各业改进事宜,作切实商洽。

△　上海市国民对日经济绝交委员会召开成立大会,主持全市国民对日金融、贸易、雇佣关系等方面的经济绝交事宜。大会选举朱学范、梅龚彬、邹韬奋等 27 人为执行委员,黄炎培、郭沫若、章乃器、钱俊瑞、史良等为监察委员。

△　上海市各界抗敌后援会主席团致电国民政府,要求召回驻日大使,禁止与日本通商。

△　陕甘宁边区总工会发出《致全国工友书》,号召全国工人阶级动员起来参加抗战。

△　日机 28 架袭粤汉路韶关、英德等地,为我空军击伤 10 余架。

△　国联远东顾问委员会决议,邀请 13 国在比利时布鲁塞尔举行九国公约会议,以寻求解决中日争端办法。

10 月 10 日　国民政府与中央党部分别举行国庆纪念会,蒋介石、汪精卫、林森、于右任等出席。南京、上海、汉口、广州、杭州、成都、安庆、贵阳、开封、西安、青岛、洛阳、重庆等地,均举行国庆纪念会。蒋介石在南京向全国作广播演说称:"今年的国庆日,是我们国家忧患困苦最严重的时期,但也是我们民族复兴唯一重要时期","这一次抗战是死中求生的一战,必须经过非常的危险艰难,才能够得到最后的胜利。"

△　国民政府明令奖勉前方将士,谓:"政府不得已而为全面抗战,赖我前方将士为国先驱,苦战累月,前仆后继。并值开国纪念之辰,着军事委员会传谕前方,优加奖勉。"

△　外交部照会国际联盟,声明接受《九国公约》签字国邀请,并吁请各国从速阻止中日冲突。

△　第五路军总指挥李宗仁过湘晋京,在长沙对记者称,广西目前

可出师 20 万人,后备者有 110 余万人,将来可征至 300 万人。

　　△　中共陕西省委致国民党陕西省党部公开信,要求国民党改变过去对民众运动的错误政策,立刻开放民众运动,给民众救国抗战的民主自由;组织民众,武装民众;彻底实现陕西民众救亡统一战线。

　　△　石家庄失陷。我军右翼沿滹沱河南岸相继后撤。日军为配合进攻太原,调第二十师团、第六师团一部及河边旅团一个联队,西向进攻晋东门户娘子关。日军先头部队约两个联队,到达井陉附近。

　　△　日机 20 余架分批袭广州及粤汉路桥梁,为我军击落二架。日机袭津浦路三堡、符离集、宿县,又袭陇海路大庙。津浦、陇海两路客车改在夜间行驶。

　　△　上海全浙公会电蒋介石等称,我为被日本侵略国,不可沿用一面抵抗、一面交涉政策,应召回大使,毅然宣布断绝国交,以示破釜沉舟抗战到底之决心。

　　△　财政部公布《金类兑换法币办法施行细则》。

　　10 月 11 日　罗店我军猛烈反攻。闸北我军逐日军至北四川路。黄浦江中,日舰与浦东我军炮队互相轰击甚烈。日机肆行轰炸,在大场与真如之间公路上掷弹颇多,欲阻止我军弹药输往前线。

　　△　日军继续向我军蕴藻浜南岸阵地发动猛烈攻势,我军乘日军半渡击之。日军背水为阵,被截成数段。

　　△　日军在飞机、坦克掩护下,猛攻原平,我守军第三十四军姜玉贞第一九六旅击毁日军坦克二辆。姜旅伤亡甚重,仅余官兵二三百人,与日军肉搏巷战。在与日军激战中,姜玉贞旅长以身殉国,余部亦伤亡殆尽,原平遂陷。

　　△　日机 30 余架袭广州,并炸黄埔支线。日机 35 架五袭苏州,为我军击落一架。

　　△　八路军第一一五师独立团攻入涞源。

　　△　财政部公布施行《非常时期印花税暂行办法》,一律按原税率加倍征收。

△　财政部公布《海关现行出口及转口税则暂行章程》。

△　英国南威尔士码头工人召开大会,抗议日本侵略中国,决议不替日船装卸,并抵制由英国运日本的一切原料与货物。

△　英国牛津、剑桥等 18 所大学 90 位著名科学家与教授,要求英国政府设法制止日本侵略中国。

10 月 12 日　　李宗仁偕黄季陆自汉口乘轮抵南京,中央统帅部发表李宗仁任第五战区司令长官,驻节徐州,指挥保卫津浦路防御战,辖区为山东全省与长江以北的江苏、安徽两省大部及豫东一部。

△　广西军廖磊率第二十一集团军驰援抵上海,在淞沪战场积极展开反攻。

△　江西省政府主席熊式辉正式转发军事委员会委员长蒋介石电令:湘、鄂、赣、豫、闽、粤、浙、皖八省 13 地区红军游击队,鄂皖边区高敬亭部、湘鄂赣边区傅秋涛部、粤赣边区项英部、浙闽边区刘英部、闽西张鼎丞部,正式改编为国民革命军新编第四军,任命叶挺为军长,项英为副军长,张云逸为参谋长,归第三战区副司令长官顾祝同指挥;以皖南泾县及繁昌一带为该军游击根据地,对日实施游击战。新四军辖四个支队,共一万余人。

△　周恩来电毛泽东、朱德、彭德怀:敌逼近娘子关,以太原为中心的内线作战缺少回旋余地,必须转向外线,因此,游击战的配合更加重要。并建议八路军派一部截击敌近后方,配合中路作战。

△　板垣征四郎率日第五师团与察哈尔军团向晋北崞县、原平、宁武进犯;日本华北方面军第一军由保定向正定推进。我第十四集团军总司令卫立煌率部由石家庄驰往太原以北增援,于忻口附近与第二战区各部会合;以刘茂恩指挥的第三十三、十五、十七军三个军为右翼兵团;以王靖国指挥的第九、三十五、六十一军三个军为中央兵团;以李默庵指挥的第十四、八十五、六十六、七十一四个师为左翼兵团,在忻口以北龙王堂、界河铺、大白水、南峪一线,与来犯日军展开激战。

△　正太线上井陉失守,日军进犯娘子关。同日,阎锡山急令增援

晋北之孙连仲第二集团军回援娘子关。孙连仲奉令于是晚 8 时由太原东返阳泉,即命第二十七师及第四十四旅向娘子关推进,以第二十七师主力集中娘子关。

　　△　日机 18 架轰炸上海北站与宝兴路。

　　△　日机 40 余架三次袭南京,南京上空发生激烈空战,我军击落日机五架。日机五袭苏州,又袭嘉兴、常州、芜湖、常熟、杭州、虎门及粤汉路。

　　△　空军驾驶员孙桐岗率机六架轰炸塘沽,炸毁日军军械粮秣无算。

　　△　空军轰炸塘沽日运输舰、军需品码头、塘沽火车站,伤日舰多艘,致日军军需品损失甚巨。同日,我空军轰炸连云港外日本航空母舰。

　　△　最近一月中,日舰焚烧及击沉我渔船 200 余艘,渔民死亡在 5000 人以上。现停泊香港海面不能出海作业渔船有 6000 艘,失业人口达四万之多。

　　△　国民政府令:第七十七师师长罗霖,擅自撤退,贻误戎机,着即褫职,由军事委员会依法讯明严办。

　　△　胡适与驻美大使王正廷往谒美罗斯福总统,望各国主持公道。王正廷并向罗氏表示中国能持久抗战。

　　△　美总统罗斯福发表炉边谈话,表示决心和《九国公约》签字国加强合作,以求找到解决远东冲突的办法。

　　10 月 13 日　毛泽东电周恩来、朱德、彭德怀、秦邦宪、叶剑英,提出太原失守后的战略部署意见,请他们考虑向国民党提出。略谓:“太原即使失守,亦无关大局,因大同、太原线两侧均有我军向该线袭击,敌在我四面包围中,华北大局之枢纽,现乃在恒山山脉及正太路。”电报并提出,为确保太行山脉、正太铁路于我手中,准备向大同、张家口、北平线作战略反攻,支持华北持久战,用以消耗敌人,保卫中原各省之目的,而应实行的具体部署。

△ 毛泽东电贺龙、萧克、林彪、聂荣臻,为配合正面忻口作战,令所部断绝日军后方交通,并自侧面攻击日军。

△ 淞沪战场我军全线反攻。各阵线均有激战,日机肆意轰炸。夜间,我国飞机轰炸杨树浦日军阵地。同日,杨森率第二十军接防上海盛宅至顿悟寺第三十二师阵地,保卫大场战斗开始。

△ 日军以飞机及战车五六十辆、炮四五十门,掩护步兵约 5000 人,向我忻县南怀化、阎庄第五十四师及第十师阵地猛攻,我军阵地被突破。卫立煌令第十师及傅作义部,先歼灭突破口日军,再向平地泉、小原平日军攻击,并以第八十三及第八十五两师,由左翼向永兴村以北亘马家山一带之日军猛力围攻。我军与日军激战终日,毙伤日军 300 以上,击毁日军战车 22 辆。

△ 日军装甲车 300 余辆,步、骑兵 3000 余名,山野炮 20 多门,飞机四架,向大里河我军防线猛攻。我军弹尽援绝,日军逼近归绥城下,由东、南、西三面冲入城内。守备归绥的马占山部东北挺进军,向绥西退却。

△ 板垣征四郎以混成第十五旅团及堤支队等部编为右翼队,以第五师团为左翼队,集中日军 5000 余人,在飞机 20 余架,坦克 50 余辆、炮 50 余门掩护下,对平地泉我军阵地采取中央突破战法,向我军中央兵团及左翼兵团猛烈攻击。双方激战终日,我军毙伤日军 3000 余人,击毁坦克 22 辆。日军增兵 3000 余人,突破我守军前沿阵地。入夜,卫立煌组织部队向日军实施反击,图围歼突入之敌。

△ 日机袭苏州、镇江、杭州、嘉兴、常州、阳泉等地;我军在阳泉击落日机一架。

△ 上海市社会局公布,全市计有商店 8.6639 万家,工厂 5525 家,作坊 1.6851 万家,总计工商业厂号为 10.915 万家,其中工艺商店及作坊,约 3.5615 万家。

△ 苏联红军吉尔斯团以骑兵、飞机、坦克、装甲车进入新疆,协助盛世才击溃南疆马虎山部,马虎山败走和阗。15 日,苏联出动飞机轰

炸和阗,马虎山部死伤甚重。

　　△　朝鲜民族革命党发表抗日宣言称:"东方弱小民族加紧团结,实行一致动员抗日;拥护中国当局发动全面抗战。"

　　△　美国总工会决议,请求全世界工人群起抵制日货,借以制止日本对中国的侵略。

　　10 月 14 日　上海日军猛攻我西塘桥、陈行阵线,并以飞机、重炮向我阵地大肆轰击;广福以南我第一师阵地,曾一度被突破,经我军反攻,终将日军击退,恢复原阵地。同日,第三战区司令长官部下达命令:"本军应先行巩固现阵地,再图扑灭蕴藻浜南岸敌军,恢复刘行、罗店之阵地。"

　　△　娘子关战役开始。孙连仲率部向西转移至井陉、娘子关时,日军一部由井陉北贾庄、小枣、井陉正面进攻,一部约千余名绕攻长生口,直抵旧关,进迫娘子关侧后。我第十七师奉命固守雪花山,以一部向长生口出击,阻滞日军前进。日军反攻,雪花山失守,我第十七师损失奇重,退守乏驴岭。贾庄日军 1400 余向我第三十师侯旅桃林垛东北高地进攻。

　　△　卫立煌亲至忻口督战,以第六十一军军长陈长捷率部负责防守南怀化日军,郝梦龄率部担任忻口正面守备,并向当面日军进行反攻。

　　△　我军在忻口战场转取攻势,将突入南怀化日军 800 余包围歼灭,并俘日军数十名。我左翼军进攻永兴村附近日军主力,遇日军顽强抵抗,战况甚烈。第十八集团军一部已将原平西北大牛店占领,向北三泉夹击。右翼日军攻我灵山阵地,战斗激烈。我第一一五师一个团在平型关东小寨村附近,截获日军援军汽车数十辆,伤毙日军 200 余人。

　　△　原东北军第五十三军第三八八旅第六九一团,改编为冀中人民自卫军,北上攻克高阳,与中共领导的抗日武装会师,开展游击战争,建立高阳、安新、任丘、蠡县、博野、安国、深泽等九县的抗日政权,创建冀中抗日根据地。

△ 黄浦江日舰水兵企图在浦东登陆达 10 余次,经我军痛击后,始行退去。

△ 空军于 13 日夜分赴原平及崞县轰炸日军阵地,炸毁日军军事工程及坦克车 24 辆。

△ 绥远我军退出萨拉齐、包头。

△ 宋庆龄电美国总工会,请其推行抵制日货运动,并防止美国军火运往日本。

△ 上海日军炮击美国旗舰"奥古斯塔号",舰上一人受伤,美军司令向日方提出抗议。

△ 孔祥熙在香港对记者称:"日本人所谓亚洲之亚洲,实为日本人的亚洲,其目的在统治中国,而称霸世界。中国人人均具牺牲之决心,对长期抗战,有绝对把握。"

△ 我驻国联常任代表照会国联秘书长,揭发日军在上海战场使用毒瓦斯和达姆弹。

△ 驻美大使王正廷在华盛顿全美民主妇女俱乐部发表演说称,"美国对于中国一向采取保持中国土地完整之政策",中国希望"美国政府遵守其对华之传统的一贯政策,毋再因循,从速采取恢复远东和平之适当步骤"。

10 月 15 日 军事委员会任第二预备军司令长官刘湘为第七战区司令长官。

△ 第三战区司令长官部在吴县发表作战命令:一、右翼作战军为第八集团军与第十集团军;二、中央作战军为第九集团军、第二十一集团军与直属第二十六师;三、左翼作战军为第十九集团军与第十五集团军;四、江防总司令辖第一〇二师、一〇三师、第一一一师、第一一二师、第五十三师及海军司令、江防司令江阴与镇江两要塞司令、江苏保安第二团、炮兵第八团第一营、炮兵第十团之一营;将蕴藻浜南岸地区划归中央作战军;第二十一集团军到达淞沪战场,加入大场方面作战。我军以第四十八军为第一路,向蕴藻浜南岸日军攻击,以第六十六军为第二

路,向赵家宅以东攻击;以第九十八师为第三路,由广福南侧地区发起攻击。

△ 国民政府令:陆军中将杨杰特加上将衔。

△ 第六战区撤销,津浦路北段作战改由第五战区副司令长官韩复榘指挥。

△ 在忻口战场,突入南怀化之日军2000余,经傅作义军及第五十四师与第二十一师等部数次围攻,已被消灭。李默庵军攻占原平新旧练庄、阎庄、卫家一线;傅作义军攻占板市、下王庄、弓家庄一线,与日军成对峙状态。右翼日军1000余猛攻刘茂恩军灵山阵地;我军阵地失而复得。日军在永兴村、安家庄一带主力七八千人,与我军激战一昼夜,双方伤亡甚重。八路军第一二〇师一个旅向永兴村夹击。日军伤亡五六千人,我军伤亡5000余人。

△ 第一二〇师及骑兵第二师各一部,先后进占阳方口。第十八集团军一部在灵丘、广灵间击溃日军步、骑兵200余并汽车30余辆,进占广灵,向蔚县追击;该集团军另一支队克复涞源后,进占紫荆关。

△ 日军一部约五六百名侵入旧关,另一部约600余名侵入关沟。第二十七师及第三军敢死队出击,将关沟、旧关日军消灭。日军由大小龙窝增援五六百名,被我军消灭300余名。

△ 邢台失陷。

△ 日机袭广九路,港、粤交通被阻,我击落敌机一架;日机袭桂林、梧州、南京、苏州、蚌埠等地。

△ 国民政府公布《修正陆海空军奖励条例》,自10月16日施行。

△ 军事委员会训令各省政府及各军称:"前方自应奋勇应战,如有擅自退却者,当于依法连坐。其余战地文武官佐,亦应各本天良,一致抵御,如有擅退或抗御不力等情事,亦当依法严惩。"

△ 国民政府颁布《救国公债条例》,规定公债总额为五亿元,年息四厘,自民国二十七年(1938)起,每年8月底一次付给;自民国三十年(1941)起还本,分30年还清。

△ 国民政府公布《修正矿业法》之第二、五、二十、四十一、四十八、五十、六十一、七十七条。

△ 中共中央军委为统一并加强前后方部队政治工作的领导,决定成立军委总政治部,任弼时任总政治部主任(由毛泽东代理),谭政任副主任。

△ 外交部长王宠惠向美国民众广播称,暴日蛮横,危及世界和平;希望美国人民全力赞助中国抗战,避免任何足使侵略者直接或间接受益之行动。

△ 伪晋北自治政府成立,汉奸夏恭为最高委员。该伪政府以大同为中心,由晋北 13 县组成,人口约 150 万。

△ 中国佛教会理事长圆瑛暨理事屈映光、大悲等函内政部称:"目下抗战开始,各地救护工作极为需要……。本会已会同上海慈善团体联合救灾会组织僧侣救护队 150 人,分赴前方服务……各地僧侣已受救护训练者尚多。"该会理事长圆瑛赴南洋各地筹募捐款。

△ 英国 18 所大学 117 位教授致电教育部长王世杰,对日军在华轰炸平民及学校表示愤慨,并称:"决竭其能力,促英国政府采取有效步骤,以制止日本侵略。"

10 月 16 日 我军在娘子关方面发动总攻,肃清关沟残余日军,并将大小龙窝日军联系切断;但未能收复王家岭高地及旧关。日军向我第二十七路军工兵营反攻,我增派援兵,维持前方阵地。

△ 忻口方面激战,双方均无进展。我军共获日军步枪 500 余支、轻重机枪 40 余挺、炮 20 余门,并击落日重轰炸机一架。攻克板市、弓家庄之第三十五军,撤回本阵地;第一一五师一部占领团城口。

△ 晨 2 时,忻口战场南怀化阵地反击战正式开始,中日双方伤亡均达数千人。我第九军中将军长郝梦龄、第五十四师少将师长刘家麒、独立第五旅少将旅长郑廷珍均壮烈牺牲。

△ 日第十一师团突破我军刘行以西阵线,向大场阵地右侧后实行包抄,我军奋力还击,战斗异常激烈。

△ 比利时政府向《九国公约》签字国政府发出邀请柬,我国表示接受邀请。

△ 日机三次袭击太原,被我军击落一架;日机袭南京、杭州、开封、嘉兴等地。

△ 江湾、闸北、虹口、浦东等处中外工厂全部闭停,失业工人达30万人以上。

△ 上海市社会局调查,上海各大学因战争损失约662.3159万元,各中学损失219.9954万元,各小学损失25.9129万元,社会机关如博物馆、图书馆、体育场等损失186万元,总计1094.2242万元。

10月17日 蒋介石电朱德、彭德怀称:"贵部林彪师及张旅屡建奇功,强寇迭遭重创,深堪嘉慰。"

△ 娘子关、旧关附近日军大举反攻,我军与日军肉搏战十余次,双方伤亡甚重。我第三军唐师逼近旧关,该师吕团攻夺旧关西侧高地,尹团等部向旧关以东高地猛攻。第十二师马旅及第七师第三十七团攻至核桃园附近,旧关至核桃园通路被我军封锁。第二十七师黄旅亦同时向核桃园进攻,截断日军归路。

△ 忻口方面日军分三路猛攻我军,右翼日军千余,被我军击退;攻我中央阵地日军约四五千人,下午冲入官村、南怀化等我军阵地,经反复冲击仍成对峙状态。另一路日军步兵3000余人,在30余辆战车掩护下,向我左翼军进攻。双方伤亡甚重。

△ 军事委员会第一部作战组是日自上海获悉日方情报称:"日本陆军省现以《九国公约》签字国于本月30日在比利时布鲁塞尔开会,已限令上海作战部队在开会前攻占闸北、南翔、嘉定一带,并驱出浦东华军,俾可在大会席上挽回国际信誉。"

△ 邯郸失陷,汤恩伯部积极部署漳河防线。

△ 日机四次袭太原,五次袭苏州,并轰炸嘉兴等地;平定县我军击落日机一架。

△ 中共中央发布《关于开展全国救亡运动的指示草案》。

△ 毛泽东电朱德、彭德怀并告周恩来,同意彭德怀意见,由周电蒋介石调主力军入晋,以川军为宜。

△ 孔祥熙返国抵上海。

△ 陈济棠自香港抵南京,表示愿意参加抗战。

△ 国立长沙临时大学学生开始报到。因学生多来自战区,临时大学筹委会决议,自学校经费中拨 5000 元作为贷金,救济贫苦学生。此项救济贫苦学生之贷金办法,为抗战时期流亡学生实行公费制度的开端。

△ 全日本劳动总同盟大会通过中日战争期间停止罢工,支持侵华战争决议。

△ 英国总工会干事部宣称,美国、加拿大、新西兰、澳洲、印度、墨西哥、荷兰、法国、瑞士、瑞典、挪威、丹麦、捷克、奥国、爱尔兰等国工会,均发来回电,一致表示响应该工会抵制日货号召,决心实行抵制日货政策,以反对日本侵略中国。

△ 英国工党伦敦党部与总工会伦敦市执行委员会在伦敦举行集会,与会者一万余人,反对日本侵略中国,要求英政府禁止本国人民以军火售予日本,或以款项贷于日本。

10 月 18 日 晋北第一一五师第六八八团袭击雁门关日军汽车队,克复繁峙;该师独立团于广灵冯家沟设伏,击毙日军步、骑兵 100 余人,缴获满载军用物资大车 120 余辆、骡马 300 余匹,收复广灵、蔚县、易县、浑源、阳原、曲阳等县。

△ 第一二○师第七一五团在黑石头沟公路两侧进行伏击,毙伤日军 300 余人,击毁汽车 20 余辆。

△ 日军向大场猛攻,企图一举侵占大场、罗店间公路。我军组编攻击军三万人,由陈诚指挥,与日军展开激战。战事空前激烈,为"八一三"开战以来所仅见。

△ 娘子关方面日军,在大小龙窝通旧关道路以南山地突然增加七八百人,分向我教导团及第二十七师阵地突进,经我军四处堵击,日

军未得逞。

　　△　忻口方面日军以炮火掩护，向我第三十一师第六十三旅阵地数度猛攻，该旅阵地几全被击毁，经我军奋勇抵抗，卒将日军击退。

　　△　平汉线日军第六师团陷磁县。汤恩伯军团于漳河南岸布防阻击日军，吴克仁军至汤阴。

　　△　日舰炮轰北海，并派水兵登岸，被我守军击退。

　　△　日机九袭苏州，二袭南京，被我军击落一架。日机袭汉口、镇江、福州、嘉兴及港粤间铁路、公路。

　　△　国民党中央政治委员会决议，改原会计年度之跨年制为历年制，自民国二十八年(1939)1月1日起实行。

　　△　上海战时文艺协会举行纪念鲁迅讲演会，郑振铎、郭沫若、许广平、冯雪峰、田汉等相继演讲，详细阐述鲁迅学术思想，到会听众千余人。

　　△　北平大学、北京师范大学、北洋工学院合组之国立西安临时大学正式成立，确定11月1日开课。

　　△　中共中央作出《关于民先队工作的决定》，要求民族解放先锋队发展为青年抗日的群众团体。

　　△　张闻天、毛泽东电潘汉年、刘晓，指出全国各界抗日救国会的取消，是为了开展工作；中共上海党组织目前工作中心，是加强各种救亡协会与群众团体的工作。

　　△　周恩来与杨尚昆电朱德、彭德怀、任弼时、邓小平、贺龙、关向应、甘泗淇并报毛泽东，在晋中，凡在八路军驻地及附近有决死队、教导团驻扎，应与之密切合作。

　　△　周恩来与阎锡山、黄绍竑研究太原失守后的分区防卫问题。

　　△　中国茶叶公司在汉口设立分公司。

　　△　巴西人民发起大规模排斥日货运动，全国舆论对我国抗战表示同情。

　　10月19日　蒋介石命军委会第一部决定，第六战区归并于第一战区,仍以程潜代战区司令长官,鹿钟麟为副司令长官。冯玉祥回南京。

△ 淞沪战场我军韦云淞(广西军)部与叶肇(广东军)部向蕴藻浜南岸反攻;日军亦同时向我军进攻,战事激烈。我军伤亡甚重。

△ 大场附近终日有激战,我军不顾日军猛烈炮火、飞机轰炸及机械化部队猛攻,浴血抵抗。双方死伤甚重。

△ 八路军第一二九师第七六九团第三营,突袭崞县北阳明堡日军机场,炸毁日军飞机 24 架,毙伤日军 180 余名。

△ 忻口方面日军猛攻我军右翼,战事激烈。我军与日军争夺官村以南高地,成对峙状态。我左翼阵地稍向后移;我军击落日机两架。

△ 娘子关方面,日增兵一个联队,攻陷我军乏驴岭阵地。我第三十七师一部星夜赶至北峪东北高地,击退西进日军。

△ 日机在苏州至南京途中,袭击意大利驻华大使馆武官利比森。

△ 毛泽东、张闻天电周恩来、朱德,在山西坚持与阎锡山合作,不参加任何倒阎阴谋。

△ 周恩来电毛泽东、朱德、彭德怀、秦邦宪、叶剑英,指出中国战局已转入新的危机,提出反对和平妥协、开放党禁、制定抗战紧急方案、组织民众及统战工作等建议。

△ 教育部编印日军摧残我文化事业实录,统计被日军炮火或飞机炸毁学校:在天津有南开大学、河北女子师范学院、河北工学院;在保定有河北医学院、河北农学院;在上海有同济大学、复旦大学、大夏大学、上海商学院、上海法学院、持志大学、正风文学院、东南医学院、同德医学院、上海音乐专科学校、吴淞商船专科学校、东亚体育专科学校;在南京有中央大学、牙科专科学校;在南昌有医学专科学校;广州有中山大学等 23 校。北平各大学虽未被炸,但均为日军盘踞。各地中小学尚未统计在内。

△ 财政部向中央信托局拨款千万元,办理保运输兵险。

△ 外交部呈行政院,派顾维钧、郭泰祺、钱泰为我国参加九国公约会议代表。10 月 22 日,国民政府特派顾维钧、郭泰祺、钱泰三人为

我国出席九国公约会议代表。

　　△　海关公布,9月份上海市对外贸易,进口仅值700余万,出口值2700余万,出口值较进口值超出四倍,为近年对外贸易之特殊现象。

　　△　上海文艺界人士举行座谈会,纪念鲁迅逝世周年,郭沫若、巴金、郑振铎、沈钧儒、陈望道等为主席团;决定成立文艺界救亡协会,并通过慰劳前方将士,宣布对日经济绝交等议案。

　　△　陕甘宁边区政府发布《抗日自卫军组织条例》。

　　△　广东外交交涉员与港英当局商定,解除虎门封锁,恢复省、港、澳间水路交通。次日,省、港、澳三地复航,英舰在虎门外护航。

　　△　日本计划成立满洲重工业公司。关东军司令部制定《成立满洲国重工业公司纲要》,旨在使“日满应成为一体,以重工业为中心,迅速扩大生产力,以适应当前时局的迫切需要”。《纲要》规定公司“由满洲国政府及日、满民间资本家各投资一半”。该公司对钢铁业、轻金属工业、重工业(汽车、飞机制造业等)、煤炭矿业进行占支配地位投资,并担任经营指导。

　　△　居留上海之日新闻记者出版中文《新申报》,刊登种种捏造消息。

　　10月20日　日军在上海大场攻势受我军遏阻,调大批援军向我军总攻。我军亦大批增援,添筑防御工事。

　　△　日军分三路沿平汉线进犯,正面为第六师团、第十四师团,主力由武安观台犯我军左翼;第十师团一部沿肥乡、武安、临漳企图攻我军右翼。日军占据东、西保漳一带高地。我关麟徵军进行反击,夺回该高地,与日军成对峙状态。日军撤至邯郸、武安附近。汤恩伯军团遂于24日推进至漳河沿岸一带与日军对峙。

　　△　忻口方面,日军猛攻我官村一带阵地,并施放催泪瓦斯。我军与日军争夺高地战斗剧烈,双方伤亡均惨重。我军三位团长牺牲殉国,两位团长重伤。第一二〇师一部占领雁门关,破坏公路桥梁多处。

　　△　娘子关方面,旧关、核桃园一带日军川岸师团两个联队,经我近日围攻,伤亡甚多;日军1000余退守旧关附近高山与我对峙。八路

军第一二九师(欠一个团)到达阳泉,进驻马山村、七亘村一带。

　　△　毛泽东电周恩来、朱德、彭德怀、任弼时,告知拟定的太原失守后八路军部署意见:留第一一五师独立团(杨成武团)在恒山、五台山地区坚持游击战争;第一一五师主力移至汾河以西吕梁山脉;第一二九师在正太路以南的现地区坚持游击战争;第一二〇师坚持在晋西北游击战争;八路军总部移至孝义、灵石地区。

10 月 21 日　为击破蕴藻浜南岸日军阵地,恢复刘行,缓和大场战线所受威胁,陈诚征得蒋介石同意后,决定由左翼集团军和中央集团军分成三路攻击兵团,开始全线反攻。次日晨,日军亦倾其陆、海、空全力大举反攻。我军逐步后退转移阵地。

　　△　忻口方面,日军继续猛攻官村西南一带,突入我军阵地。我增兵反击,至午后将日军击退。右翼日军炮兵轰击灵山一带我军阵地。

　　△　日军抽调第二十师团及第一〇九师团各一部增援娘子关一线,以步、炮、空联合向我守军全线进攻。我八路军总部命令第一二九师火速向娘子关东南日军侧后挺进,配合友军阻止日军西进。

　　△　津浦线日军约 400 名进犯山东陵县,为我游击队击退。

　　△　日机 20 余架袭南京,炸毁光华门外机场及津浦路轮渡码头。日机袭济南、嘉兴、常州、苏州及广九路沿线等地。我军在济南击毁日机一架。

　　△　军法执行总监部在各战区设立军法执行监或分监,执行一切军法案件。

　　△　朱德、彭德怀、任弼时对八路军作如下部署:第一二〇师在晋西北、绥远东部,首先在宁武、朔县、神池、五寨、平鲁、右玉与和林格尔、清水河、偏关、河曲、保德地区组织游击队;第一一五师活动于灵丘、涞源、阜平,相机袭击由灵丘、平型关西进日军,或袭击由涞源向平汉线南进日军;第一二九师至正太路以南,进入太行山区;八路军总部直属队在盂县及五台以东地区活动。

　　△　教育部派专员查良钊等赴各省视察教育经费使用,战区迁往

内地各级学校的进行及新设立的临时大学,内地各校收容战区学生借读办法,战时所需中等技术人才之职业学校,义务教育与民众教育之推进等情。

△ 财政部宣布免收救护药品进口税。

△ 东京发表日海军部报告称,自作战以来,击毁中国飞机 365架,日机毁 46 架。

△ 日本外相、陆相、海相一致同意由德国出面斡旋中日和谈。外相广田通知德驻日大使狄克逊,日本将拒绝参加九国公约会议,欢迎德国也同样拒绝参加,并称已与意大利大使商谈,希望意大利在会上代表说明日本的立场。广田表示,日本随时都准备与中国直接谈判,假如有一个与中国友善的国家,如德国和意大利劝说南京政府觅取解决,日本亦表欢迎。同日,日本参谋本部第二部德国股马奈木敬中佐,通过德国驻日陆军武官奥特,策动德驻日大使狄克逊调停中日冲突。马奈木敬与奥特同至上海,直接向德国驻华大使陶德曼说明日方意图。狄克逊了解广田说明日方意旨后,即电达德国外交部。德国元首希特勒决定先调停中日战争;若不获成功,则公开支持日本。

10 月 22 日 军事委员会委员长蒋介石电各战区司令长官、各集团军总司令等并转全体将士称:"当此比京九国公约国会议即将举行之际,敌必倾其全力,以期获得军事上之胜利,而转移国际之形势;我全体将士尤当特别努力,加倍奋励,使敌人速战速决之企图,不能侥幸以逞。且当于此时机表示我精神力量,以增加国际地位与友邦同情。"

△ 军事委员会任命陈长捷为陆军第六十一军军长。

△ 陆军中将刘兴特加陆军上将衔。

△ 第十八集团军(即八路军)总部由茹南村南移,抵达盂县柏竺镇。

△ 忻口方面,官村一带战斗激烈,双方伤亡奇重。我第八十五师增援反攻,缴获日军机枪、步枪甚多。

△ 八路军第一二〇师一部在周庄附近设伏,将由大同南驶日军

汽车 32 辆全部击毁,将岱岳增援日军击溃,毙敌 230 余名。

△ 井陉日军增加七八个联队,另有伪满军第三十七师团及其他部队。日军在飞机掩护下,炮火猛烈,并使用燃烧弹,向第二十七师阵地猛攻,阵地被突破。北峪以北泉家村阵地亦被突破。该两处我军官兵全数牺牲殉国。当面日军进至地都附近,旧关日军一部到苇泽关附近,第三十师正面受敌压迫,全线被突破。

△ 娘子关战事惨烈。第二十六路军总指挥孙连仲请第二战区司令长官阎锡山速调生力军增援。

△ 平汉线我军漳河右岸阵地失守,退守安阳。日军于侵占漳河右岸后,第六师团转调于淞沪战场,第十六师团转调于山西;平汉线仅第十四师团一部及伪蒙军数千人,未敢继续南犯。

△ 日机 13 次袭苏州,六次袭杭州,五次袭太原,三次袭嘉兴,二次袭广九路。广州至香港交通中断。安庆、常州、无锡、滋阳(兖州)、泰安等地亦被日机轰炸。

△ 毛泽东、张闻天电复朱德、彭德怀、任弼时、邓小平并转周恩来,同意恢复政治委员和政治机关原有制度。

△ 周恩来会见英国《曼彻斯特卫报》记者史沫特莱。

△ 军政部拟定《县(市)兵役科组织规程》,令饬湘、鄂、赣、皖、陕、豫、苏、浙等八省政府遵办。

△ 德国外交部电德驻华大使陶德曼,德将拒绝参加九国公约会议;并称中日直接谈判,德愿斡旋。

△ 上海市国民对日经济绝交委员会第一次执委会决议,函中日贸易协会会长周作民、副会长徐新六,要求即日撤销该会,以示对日经济绝交之决心。周、徐二人称已自行解职,会所亦即取消。

△ 汉奸江朝宗等发表通电,要求停战,在平、津呼吁"和平"。日本指使江朝宗等改北平为北京。

10 月 23 日 军事委员会任命邓锡侯为第二十二集团军总司令,孙震为副总司令。

　　△　日本海、陆、空军向我蕴藻浜南岸反攻,炮火猛烈,并施放毒气掩护进攻。我军退至小石桥、大场、走马塘、新泾桥、唐家桥一线,第五一〇旅旅长庞汉祯与第五一一旅旅长秦霖,均于掩护主力转进时牺牲殉国。我军全线停止攻击。

　　△　津浦线日军步、骑、炮及坦克车混合部队千余人,在陵县东 30 里与我军激战。我军仍正面扼守徒骇河。

　　△　忻口方面日军猛攻我官村以东阵地及红沟西北方阵地,被我军击退。右翼我军被日炮兵剧烈轰击,南郭下附近阵地多被击毁。第一二〇师王震旅刘团一部在王董村伏击,毁日军汽车 24 辆、枪支等数十件。

　　△　娘子关方面,日军步、骑、炮联合约 3000 余人,由横口车站渡河向西南前进,到达南漳城。为阻止日军前进并掩护我军右翼安全,我第七师一部驰往增援。

　　△　驻法大使顾维钧电告外交部,法国已许我国货物秘密假道越南。

　　△　绥远伪自卫军苏玉龙率部百余于归绥东白塔反正。伪西北边防军第三师某旅旅长武毛率部 2200 余人,突破日军包围,举行反正。

　　△　北平日军以北平维持会“顾问”名义,自北平邮政管理局劫去中国邮票五万元后,又将保存各种邮票印版的中国邮政总局驻平印票监视员劫去,追寻印版。

　　10 月 24 日　外交部电示出席九国公约会议代表,其要旨为:一、依照目前形势,会议无成功希望,此层我方须认识清楚;二、上海问题应与中日整个问题同时解决,切不可承认仅谋上海问题之解决;三、我方应付会议之目的,在使各国于会议失败后,对日采取制裁办法;四、我方同时应竭力设法促使英、美赞成并鼓励苏联以武力对日。

　　△　忻口方面,我军阵地各以一部出击。右翼部队肃清滹沱河东岸日军;正面部队遇日军进攻,双方均无进展;左翼出击部队亦未得手。日军猛攻官村迤南阵地,以飞机、炮火猛轰我军左翼之南峪、盟滕间阵

地,我军伤亡甚重。

　　△　娘子关方面,日军约四个联队由横口渡河,自南漳城、侧鱼镇迂回至我军右翼。另有日军一个联队附二三百骑兵,由营庄村北向西迂回前进。我军第三六四旅进驻马山村,为日军击溃。第三军自马山村后缩短正面,进攻固驿镇右侧背。

　　△　津浦线方面,我游击队在平原、张庄、东光一带袭击日军后方,破坏交通,焚烧辎重,游击队一部克复吴桥,一部袭击凤凰店日军。

　　△　日舰三艘在北海附近国洲岛登陆。

　　△　郝梦龄及刘家麒遗体运抵武汉,武汉三镇下半旗致哀,军、警、宪及各界民众约 4000 人赴车站公祭,何成濬代表蒋介石主祭。

　　△　朱德会见史沫特莱,谈八路军对日作战经过称:"我们的计划是要在全华北和西北山区建立许多敌后根据地。"

　　△　中国文艺协会举行第三次全体理事会,决议组织战时特别委员会,推潘公展、郭沫若、茅盾等 21 人为委员,出版士兵战时读物。

　　△　颜惠庆、施肇基等为救护伤兵、收容难民,组织中国红十字会国际委员会,财政部拨 100 万元交该会使用。

　　△　空军全体将士认购救国公债 20 万元。

10 月 25 日　最高国防会议密议停战问题,认为停战除于士气不利外,在现役部队补充、后勤补充、外交形势方面均对我有利。停战后再续战,在调整部队、整理补充、增筑工事以及整理后方等方面,于我亦较有利。故停战或短期停战,"在有利之条件下,自可接受;又为顾虑士气、精神上之影响,则外交上不妨避去停战口吻,而以'敌如撤退或退至某某之线则我不进'之方式出之"。

　　△　军事委员会命令第一集团军直属于第一战区,归程潜代司令长官指挥;以大名为根据,以一部活动于津浦、平汉两路中间地区,牵制日军;以主力协同正面友军,击破由平汉线南下日军,进击于石家庄方面,以利于我晋东方面作战。

　　△　日军猛攻我军大场、新泾桥阵地。日军大批战车掩护步兵冲

锋,日机群整日轰炸,我守军第八十八师敢死队苦战竟日,阵地终被突破。我江湾方面守军,遭日军自吴淞与上海两面夹击,退至苏州河南岸。

　　△　八路军第一二九师第三八六旅第七七二团第三营在山西平定七亘村设伏,毙日军 300 余人,缴获骡马 300 匹及大批军用物资。

　　△　国防参议会提出《工商业因战争所得之利益应分别加以限制或保护案》,建议凡制造或经管供军用或民用之必需品,全用土产为原料之手工业等,其利润受国家保护;凡贩卖军用或民用食米,或其经营方法有垄断居奇之弊者,政府限制其利润。受国家保护之工商业利润,免除一般税法以外之负担。

　　△　毛泽东会见英国记者贝特兰,与之进行长时间谈话,指出"中国的抗战不但为了自救,且在全世界反法西斯阵线中尽了它的伟大责任"。

　　△　周恩来电毛泽东、张闻天、张国焘,提出发展绥远游击战争的战略建议。

　　△　朱德率八路军总部抵山西寿阳宗艾镇,次日抵寿阳景尚村。

　　△　朱德、彭德怀、任弼时电毛泽东,建议晋、察、冀、绥四省八路军部署如下:平绥路以南,同蒲路以东,正太路以北,平汉线以西,为晋察冀军区,以聂荣臻为军区司令员兼政治委员;晋西北、察西、绥东,为晋绥察军区;正太路以南,同蒲路以东,平汉线以西,黄河以北,为晋冀豫军区;在晋西南成立军分区。

　　△　朱德与彭德怀发布对待日军俘虏政策四条:一、对于被我俘虏之日军,不许杀掉,并须优待之;二、对自动到来者,务须确保其生命之安全;三、在火线上负伤者,应医治之;四、愿归故乡者,应给路费。

　　△　国防参议会委员蒋百里访罗马,拜晤墨索里尼。

　　△　德驻华大使陶德曼在上海访问日大使川樾,晤谈甚久。

　　10 月 26 日　军事委员会令韩复榘以主力向德县、沧县进攻,与第一战区进攻石家庄方面的第一集团军相呼应,以牵制日军兵力。但韩复榘行动迟缓,日军得沿津浦线方面节节南下。

　　△　周恩来与阎锡山、傅作义、黄绍竑共商作战部署及山西持久战问题。

　　△　日军以出动 150 余架飞机狂炸为掩护,攻占大场镇,切断京沪铁路。我军撤至苏州河南岸。第八十八师孙元良部第五二四团谢晋元中校团附与该团第一营营长杨瑞符,率兵一营 800 人守大陆、盐业、中南、金城四行仓库。

　　△　娘子关方面,日军侵入我第三军右翼十字路、乱安村及固驿镇南端高地;我第一二二师在西回村遭遇众多日军。第二战区司令长官同意第二十六路军留少量部队守娘子关,主力转至巨城镇、移穰镇,以第一二四师一个旅推进石门口。是日,娘子关失陷,娘子关战役结束。

　　△　忻口日军猛攻我军左翼,突破我八十三师盟膳村阵地。中央阵地日军攻势未得逞。右翼日军攻灵山及南部下以南阵地,亦未得逞。

　　△　日军占福建金门县。

　　△　平汉路高邑车站伪军 100 余人,与我游击队取得联络后,举行反正。

　　△　财政部长孔祥熙出席行政院例会,报告国际情况。

　　△　监察院监察委员张华澜、朱雷章、郑螺生提出对豫皖绥靖主任刘峙弹劾案,谓刘峙“恇怯畏死”,未经激战,下令由琉璃河溃退至石家庄,又由石家庄退至彰德,“旬日之间败退几达千里”,“请将刘峙移付军事长官惩戒会,按战时军律速正典刑”。

　　△　北平伪治安维持会派定汉奸朱深等六人为伪河北行政委员会委员。该伪组织于 11 月初成立,统治河北省,另于平、津两地设伪特别市区。

　　△　日本宣布拒绝参加九国公约会议。

　　△　印度诗人泰戈尔函蔡元培,预祝我抗战胜利。

　　10 月 27 日　第二战区司令长官电令第十八集团军朱总司令,着第一一五师(欠一旅)及第一二〇师速开赴阳泉,归黄绍竑副司令长官指挥。日军步、炮联合 3000 余人,分进至移穰镇附近。

△ 朱德率八路军总部抵达和顺县马坊镇。

△ 忻口方面,日军由右翼阵地东、西荣花村向我西南贾村猛攻。日军在中央阵地采用坑道攻击法,逐渐近逼我军阵地。左翼阵地,我军与日军双方激战甚烈。八路军骑兵一部攻克广武,毙日军七八十名,毁汽车八九辆。

△ 我军在淞沪战场扼守真如、南翔、嘉定一线。

△ 日本海军特别陆战队占领闸北一带。

△ 李宗仁在南京对记者发表抗战意见称,组织民众与训练民众实为当务之急。

△ 周恩来与刘少奇电聂荣臻、罗荣桓转中共晋察冀党委及八路军各师政治部,阐明中共在敌占区、敌后游击区开展党的工作原则,努力争取公开地位,发动群众参军扩军。

△ 国民政府任命萨本栋为国立厦门大学校长。

△ 日军指使平、津伪组织谋夺取河北省银行。财政部电饬豫、鲁、晋、陕、甘、宁、青各省,对河北省所发钞票流出冀、察省区以外者,一律停止使用,并责成原发钞银行,设法负责整理收兑。

△ 伪德王在归绥召开"第二次蒙古大会",决定改伪蒙古军政府为伪蒙古联盟自治政府,并改归绥为厚和浩特(呼和浩特)市,为伪联盟自治政府驻地;伪主席为云端旺楚克,副主席为德穆楚克栋鲁普,最高顾问为日人金井章次。按:伪蒙古军政府民国二十五年 5 月 12 日成立于嘉卜寺,云端旺楚克任伪主席。

△ 德驻华大使陶德曼访晤上海市长俞鸿钧,并在国际饭店举行茶会,招待旅沪德侨,俞鸿钧、潘公展、王晓籁、刘湛恩等出席。

10 月 28 日 军事委员会委员长蒋介石亲往昆山前线巡视,召集第三战区师长以上将领训示对日作战注意事项。

△ 日军大举向第八十八师第五二四团孤守之四行仓库进攻,我

八百壮士予以迎头痛击,毙日军 80 余名。下午 6 时 30 分,第五二四团团附谢晋元宣布:"誓与敌拼死一周,永无遗憾。"上海各界市民前来慰问并输送食品。晚,上海女童子军杨惠敏受"八百壮士"精神感召,冒险送国旗于四行仓库,守军高悬于四行仓库楼顶。沿苏州河围观之中外人士,睹此莫不感奋。

△　驻守大场以西阵地之第十八师师长朱耀华,以阵地为日军突破,影响上海战局,举枪自戕殉国。

△　晋东方面,日军陷东小麻、会礼村阵地,日军七八百人陷我右翼巨城。我军圪套村阵地亦被日军攻破。另股日军攻陷我上庄附近阵地,我军伤亡奇重。日军 1000 余人攻破我石门阵地。攻移穰镇日军,已向我左翼乱流一带猛攻。至此,我军正面已成被包围之势。

△　忻口方面,日军炮击我军两翼阵地甚烈。左翼部队出击,斩获甚多。日军 1000 余向我中央阵地强袭,我毙日军 200 余,获步枪 10 余支。日军向我第十五师猛烈攻击,激战剧烈。

△　磁县县长杜某临战逃逸。游击队肃清残敌及汉奸后,召集各乡父老开会,商讨动员民众及安定地方事宜,公推田裕民暂行代理磁县县长,于彭城镇设立磁县办公处,组织民众,协助抗日部队。

△　日军占领金门西烈屿岛,在金门建海军根据地及飞机场;日机连日袭厦门。

△　上海市抗敌后援会召开全市农工商学各界及文化妇女救亡各团体联席会议,通过对九国会议宣言、文电,并发表告市民书,号召一致抗战到底。上海市学生界救亡协会,上海各妇女团体,浙江、同济、交通及暨南等大学校校长,均发表通电、宣言,要求九国公约会议主持公理与正义,制裁日本。

△　日本外相广田弘毅访晤德驻日大使狄克逊,希望德国说服中国政府,寻求中日和平解决争端。狄克逊即将广田意旨电达德外交部。

10 月 29 日　蒋介石在国防最高会议报告《国民政府迁都重庆与抗战前途》,指出淞沪战事处境艰难,北战场亦形势不利。"但就全局来观,我并未失败"。"军事上最要之点,不胜利要立于主动地位,就是退却也要在于主动地位"。"今天我们主动而退,将来可以主动而进,大体上说来是不足虑的"。

　　△　德驻华大使陶德曼访晤外交部次长陈介,对中国方面进行谋和试探,表示"中国和日本觅取解决的时机现在已经到了"。陈介表示,在中国答复之前,须先知道日本谋求妥协的条件。

　　△　第八十八师师长孙元良致书闸北四行仓库守军称:"余奉命经营闸北国防轴心,保我疆土,诸同志奋勇却敌,固守二月有半,倭敌终未能越雷池一步,所以保国,幸不后人。近以一发之动,全线西移,本军亦奉命转移阵地,而以最后守卫闸北之责,付托我忠勇之诸将士。诸同志能服从命令,死守据点,誓与闸北共存亡。此种坚毅不拔、临危受命精神,余与全军将士同致无上之敬意……(诸同志)不吝牺牲,早抱成仁之决心。此役杀敌致果,实开震天动地之史页。诸同志固守闸北已三日矣,敌之畏葸与我之勇敢,已为举世所共见,沪上中外人士交口钦佩,民众奔走援助,咸负如可赎也,人百其身之愿。此诚我中华民族之光荣,我中华民国之光荣,亦我国民革命军之光荣。"

　　△　苏州河以北日军企图渡河,为我军击退。沪西我军与日军激战,双方隔河用大炮互轰。

　　△　忻口方面,日军猛攻我军右翼阵地。中央阵地遭日空军与炮联合猛烈轰击。左翼日军向我盟腊村附近高地猛攻数次。经剧烈战斗,我军歼灭日军约200人。日军在南怀化、下王庄用野炮20余门猛轰,与我军激战终日。

　　△　晋东方面,日军约1000余人向我第四十二军阵地猛攻,另一部向阳泉方面前进。我王家庄附近守军与后方联系断绝。

　　△　军事委员会宣布,废止《剿匪区内文武官佐士兵惩奖条例》,但《陆海空军剿匪惩奖章给予规则》仍暂行适用,删去该项规则第二条及第十二条。

　　△　国民党陕西省党部负责人发表谈话称,中共陕西省委致国民

党陕西省党部的公开信,与中共中央 9 月 22 日宣言精神不符。

△　《解放》周刊西安分销处为西安警备司令部与公安局查封,《解放》周刊 7000 余份被没收,店员一人被带走。

△　天津日军图劫夺海关及长芦盐务管理局机关财产。

△　上海公共租界工部局制定报纸及会社等登记规则,规定报纸、刊物等非先行登记,不得在租界内印刷或发行。

△　苏联决定参加九国公约会议。

10 月 30 日　军事委员会任命张发奎代朱绍良为淞沪战场中央作战军总司令,刘建绪继任右翼作战军总司令。

△　日军续向苏州河南岸攻击,我军在新泾镇以南阻击日军。我四行仓库 800 守军已成孤军,退入公共租界。至此,我苏州河北岸阵地全部弃守。

△　日舰五艘、扫雷艇四艘驶抵江阴封锁线,遭我巫山炮台猛烈攻击,舰艇被击沉二艘,余舰艇逃窜。

△　晋东日军全线总攻,我军右翼伤亡重大,平定失守。

△　日军陷阳泉。

△　新四军军长叶挺飞西安。

△　国民政府宣布,本年度各机关人事考绩暂停举行。

△　财政部通令禁用日本军用币。

△　复旦及大夏两大学一部移贵阳设分校,贵州省政府补助开办费 1000 元。11 月 4 日,两校在贵阳成立第二联合大学,定于 12 月 1 日开学,5 日招考新生,15 日上课。教育部拨款三万元作开办费。

△　毛泽东电告八路军,应十分注意部队的纪律,不得乱拿工农一草一木。

△　中共中央举行会议,讨论西路军失败的教训,陈昌浩作检讨报告。毛泽东发言指出,张国焘路线的实质,是逃避主义、军阀主义与反党反中央的路线。

△　德国外交部电驻华大使陶德曼称,对于中日之间的调处,"至

少就目前而言,我们并不想超出一个递信员的地位"。

10月31日 蒋介石采纳军事委员会副参谋总长白崇禧及军事委员会作战组长刘斐的建议,下令淞沪前线我各部队向吴福线(吴江至福山)和锡澄线(无锡至江阴)既设阵地转移。同日,蒋介石嘉奖坚守闸北之第五二四团官兵,通令将该团各官兵晋升一级,并呈请政府给与荣誉奖章;命令该团放弃闸北最后阵地,撤离四行仓库,进入公共租界。

△ 日军继续强渡苏州河,占领据点数处。我军迭次反攻,日军凭借其优势炮火掩护,顽强抵抗;反复争夺近10日,双方死伤惨重。

△ 军事委员会调韩复榘第三集团军,宋哲元第一集团军,在平汉线进行部署。第一线兵团由内黄、楚旺、肥乡方面,第二线兵团由南乐、大名、广平方面,分别开始攻击前进。

△ 朱德与任弼时在寿阳会见黄绍竑、孙连仲等,在寿阳马村会见邓锡侯、孙震;黄、邓等人均表示对日军的进攻只能节节抵抗,望八路军能攻其侧背。

△ 国防参议会委员蒋百里抵柏林转比京,列席九国公约会议。

△ 日本通知英、美、法等国驻沪领事并转告南京各教堂、学校、机关,将于31日午轰炸南京,限令侨居该处各国侨民,即日迁移。

△ 陶德曼大使电德国外交部,谓已在上海晤德驻日大使馆陆军武官奥特,得悉日本参谋本部和平条件,将设法由其本人或德国军事顾问团团长法肯豪森将此条件转达蒋介石。

是月 至本月底,行政院、侨务委员会等处收到海外侨胞救济难民和认购公债汇款,共1990万元。

11 月

11月1日 蒋介石率白崇禧、顾祝同至南翔前线,召集师长以上将领开会,表示要收回10月31日成命,命令各军凡已撤退者,必须返回原阵地;未撤退者不得移动;并谓:"我要你们做更大的努力,在上海战场上再支持一个时期,至少两个星期,以便在国际上获得更有利的同情和支持。"

△ 第二战区司令长官阎锡山电令忻口第十四集团军总司令卫立煌撤出忻口,率所部在莱水坞、青龙镇、天门关之线占领阵地,准备歼灭进攻太原日军;并协助傅作义军,依城野战,防守太原。至是,忻口会战结束。

△ 军事委员会令防守平汉线安阳的第十三军汤恩伯部往晋东南,阻击沿同蒲线南下日军,策应太原作战。

△ 淞沪战场,日军突破我军苏州河防线,进据吴家库一带。

△ 日机袭徐州,为我军击落一架。

△ 日舰七艘、汽船 30 余艘,炮轰浙东青珠镇,掩护陆战队向健跳所登陆。青珠镇及三门近江墩各乡壮丁奋勇应战,将日军击退。

△ 晋东方面,我军在桑掌村与日军千余苦战,伤亡甚重。进占昔阳东冶头镇日军,与我第十八集团军对峙中。

△ 出席九国公约会议代表团抵达布鲁塞尔,驻法大使顾维钧任首席代表,驻英大使郭泰祺与驻比大使钱泰任副代表。我国外交部发表宣言,驳斥日本 10 月 28 日拒绝参加九国公约会议宣言,列举日本侵略者暴行;并声明日本如不撤退军队,无和平可言。

△ 军委会参谋次长杨杰与国民党中央执行委员张冲电蒋介石,报告在莫斯科承伏罗希洛夫元帅招谈,称在九国公约会议上,苏联决援助中国。

△ 中共中央向国民党中央与国民政府提议,立即召开临时国民大会,决定具体国防纲领,通过民主宪法,选举政府机关。

△ 国民政府特使蒋百里(蒋方震)在柏林会见德国纳粹党要人戈林,说明中国的抗战立场。

△ 资源委员会与英商华英商业银公司订立 75 万元借款合同,以开发湖南湘潭谭家山煤矿。借款年息六厘半,15 年还清;除以湘潭煤矿公司机器材料作抵押品外,并将该矿全部股票,交与英商作抵押品。

　　△　赣、闽、苏、浙、豫、鄂、皖七省省银行,在皖举行联席会议,商讨调节内地物产,增强抗战力量等问题。会议决定,即日成立省际内地物产联运处,并设办事机构于镇江。

　　△　国立长沙临时大学理、法、工三学院开始上课;文学院设衡山,定 15 日开学。到学生计 1250 人,另有他校转来借读生 220 名。

　　△　中苏签订第一次信用借款 5000 万美元,五年还本。

　　11 月 2 日　蒋介石电第一战区代司令长官程潜,转阎锡山东(即 11 月 1 日)电,希第一线各部队早日北上,断日军归路。

　　△　忻口方面,卫立煌第十四集团军于本晚全线撤退,向太原以北地区青龙镇东、西线既设阵地转进。

　　△　晋东方面,日军 4000 余人猛攻平定西南马道岭阵地,受我第一一五师陈光旅英勇抗击。我第一二九师主力与进犯昔阳日军苦战。

　　△　八路军第一二九师主力一部袭击昔阳以东黄崖头日军,激战终日,毙日军 470 余名、战马 200 余匹,缴获枪支 250 余支及军用品一车。

　　△　毛泽东与张闻天电林伯渠转周恩来、秦邦宪等称,中共决坚持山西抗战,即使太原失守,日军也不能安枕;国民党各军也不至轻易退至黄河以南。

　　△　阎锡山在太原召开军事会议,研究太原防守问题,周恩来应邀参加。周恩来对傅作义接受太原守城任务,坚持抗战精神表示敬意。

　　△　行政院为了解各省战时政情,特派员赴皖、赣、湘、鄂、粤、桂等省视察。

　　△　中央银行停止日汇挂牌交易,日商银行钞票、支票一律拒收。

　　△　行政院决议:在广西省转收盐税项下,每年提 120 万元为基金,发行整理广西金融公债 1700 万元;并拟定自本年 12 月 1 日起,桂钞一元折合法币五角。

　　△　四川省政府制订《四川后方国防基本建设大纲》,要求尽量开发动力、金属、化学、粮食等资源,创立或扩充钢铁、炼铜、兵工、机器、基

本化学、水泥、纺织、伐木和造纸工业,修筑宝成、成渝两铁路等。

△　中央研究院院长蔡元培及国立北京大学校长蒋梦麟、国立中央大学校长罗家伦、国立清华大学校长梅贻琦等电九国公约会议,呼吁阻止日本侵华,膺惩日本摧毁各大学及其他文化中心罪行。

△　蒋百里在柏林对德国记者称,日本将崩溃于政治与道德。

△　行政院决议,派陈公博为赴欧洲专使。

△　日本外相广田弘毅向德国驻日大使狄克逊和武官奥特少将提出对华和平条件,其要点为:一、内蒙古自治;二、华北不驻兵区域须扩大至平津铁路以南;三、上海停战区域须再扩大,由国际警察管制;四、停止排日;五、共同防共;六、减低日本货进口税;七、尊重外国人在华权利。广田并称如果中国政府现在不接受这些条件,日本决心继续战争,直至中国最后崩溃,届时再提更苛刻条件。

11 月 3 日　太原会战开始。是日,第二战区司令长官阎锡山呈请最高统帅部,特委任卫立煌为第二战区前敌总司令,所有第二战区各军均听该总司令指挥。同日,卫立煌部署太原防御计划并电呈阎锡山,其要旨为:以第十五军、第十七军(欠第二十一师)等为右翼兵团,以主力占领莱水埧、川套里亘前披迄窑子上南端之线;以第三十五军一部、第二十一师、第四十七师、第四十二师王旅、第五十四师、第七十二师、第七十三师、第一〇一师、第六十六师之第二〇六旅、第二〇三旅、独立第二、第三旅各部队原配属之炮兵、装甲车队为中央兵团,以主力于窑子上西北端亘青龙镇迄周家山之线;以第十四军、第六十一军一部、第七十一师、第九十四师、独立第七旅等部为左翼兵团,以主力占领观象坡、东青善、西青善及东瑪村亘欄岗村迄天门关之线。各兵团统限于 4 日占领阵地完毕。

△　蒋介石主持国防最高会议,决定我应协助各友邦力促九国公约会议成功,并使公约发生实效。蒋介石并对我国出席代表指示:一、对与会代表力持合作;二、破坏会议之责任应由日方负之。

△　德国外交部令驻华大使陶德曼将日本和平条件转达蒋介石。

蒋氏虽表示"决无遽尔接受斡旋之可能",但仍同意陶德曼进行联络。

△　蒋百里会见德国防部长白伦堡。

△　中华文艺协会、剧本作者协会、中华作曲者协会、戏剧界救亡协会等50余团体,组成上海文化界救亡协会,是日开成立大会,选举郑振铎、傅东华、田汉、欧阳予倩、陈大悲、赵景深、蔡楚生等45人为执行委员,郑振铎、傅东华、田汉、赵景深等21人为常务委员。

△　九国公约会议在布鲁塞尔正式开幕。参加者原签字国中、英、美、法、比、意、荷、葡八国,事后签字加入者有瑞典、挪威、丹麦、玻利维亚、墨西哥,非签字国苏联以及英属自治领与属地加拿大、澳洲联邦、新西兰、南非联邦、印度,共19国。我国代表顾维钧在大会发表演说,说明日本侵略我国事实。意大利充当日本代言人。英、美等国态度暧昧,互相推诿,不愿开罪日本。苏联代表团建议采取集体行动制裁侵略者。我国代表建议对日本实行经济制裁,亦未得到反应。

11月4日　国民政府明令修正公布《省警务处组织法》及《首都警察厅组织法》。

△　国民政府公布民国二十五年度国家普通岁入岁出第二次追加预算,岁入总计为1213.3659万元,岁出总计为1213.3657万元。

△　周恩来电朱德、彭德怀并告毛泽东:东线八路军应以一支队向山西榆次、太谷之线活动,抗击敌人,以掩护友军侧翼的运输和收容散兵。

△　晋东日军进至寿阳,与我守城部队激战;我军于晚间突围出城,寿阳失陷。

△　日军第五师团由忻县向太原进攻,是日陷太原外围关城镇。山西省政府迁临汾,第七集团军总司令兼第三十五军军长傅作义被任命为太原守备司令,防守太原。

△　日第十军司令官柳川平助中将率第六师团主力与第十八师团,于是日晚乘船进入杭州湾停泊地。

△　日机10余架袭漳河一带,为我军击落三架。日机六架袭嘉

定,为我军击落二架。

　　△　津浦线陵县凤凰店方面,日军 400 余名向郑家寨方面进犯,与我军在葛家堡一带发生激战。

　　△　平汉线日军陷安阳,第二十集团军商震部退守七里店至东尚庄一线,阻止日军南犯。

　　△　南京各界八万余人举行抗敌自卫暨拥护《九国公约》市民大会,通电九国公约会议,请采取有效办法制裁暴日,维持东亚之和平;并通电全国,拥护政府抗战到底。

　　△　青海农、工、商、教、妇女、青年等 10 余团体,联衔电请国联对日实行有效制裁。

　　△　上海教授与作家协会、中外文化协会、各大学教职员联合会、律师公会和会计师公会等发起组织中国国民外交协会,推选黄炎培等八人为理、监事。

　　△　中国红十字会国际委员会向中、日双方建议,在上海南市设难民区,收容被灾难民。上海市政府准其申请。

　　11 月 5 日　蒋介石派新生活运动促进会总干事黄仁霖赴首都医院犒赏负伤将士,将官每名 100 元,校官每名 50 元,尉官每名 10 元,士兵每名五元。

　　△　陶德曼访蒋介石与孔祥熙,传达日本所提和平条件。蒋介石表示须先恢复七七事变以前状态,方可进行谈判;并称日本如继续作战,中国亦不投降。

　　△　周恩来和彭雪峰等八路军驻晋办事处最后一批人员撤离太原。

　　△　日军第六师团与第十八师团由军舰多艘掩护,在杭州湾北岸漕泾镇、全公亭及金丝娘桥三处登陆。日舰向海盐、乍浦开炮轰击。我军在全公亭、金山咀之线,仅有第六十二师一部担任守备。日军登陆时,我军兵力单薄,无法阻止。日军登陆后,一路由全公亭攻新仓,一路由漕泾镇及金丝娘桥攻张堰镇。我淞沪战场右翼作战军阵地为日军突破。日军即迅速逼攻松江城。

△ 越过苏州河南犯的日军第三师团与第九师团,继续向淞沪战场我左翼作战军逼攻,至使我国守军在淞沪战场陷于两面作战困境。

△ 第一集团军骑兵占领南和、任县及邢台以北之官庄车站,步兵向邢台攻击。

△ 由忻口南移之我军一部到达青龙镇,未能完成掩护集中任务。卫立煌下令阵地移至太原北郊,第十四集团军各部队渡汾河西撤。

△ 日军陷阳曲,逼攻太原。

△ 晋东日军一部进至寿阳与太原间之大安、坪头,即由大安犯榆次,进迫东阳。

△ 教育部派员到河南调查,统筹救济战区流亡学生及教职员办法,在开封、许昌设招待处,收容平、津、冀、察、晋、绥流亡教职员与学生。

△ 中央研究院院长蔡元培、北京大学校长蒋梦麟、中央大学校长罗家伦、清华大学校长梅贻琦、北平研究院院长李石曾、中山大学校校长邹鲁、南开大学校长张伯苓、同济大学校长翁之龙、沪江大学校长刘湛恩、北京大学教授胡适等 102 人联名发表英文声明,历述日本破坏我国教育文化机关,毁坏大学已达 23 所,中、小学更不可数计,呼吁世界各国正义人士对日予以制裁。

△ 伪北平、天津联合维持会成立,汉奸雷寿荣充秘书长,划静海、独流镇等 40 村改设会川县。

△ 九国公约会议举行第二次会议。我国代表团发表公报,驳斥日本声明,指出日本声明不仅对中国有极多颠倒是非之处,且证明日本对国联与美国努力恢复和平工作,颇抱反感。

11 月 6 日 国民政府颁布《民国二十六年山东省整理土地公债条例》,定额为 250 万元。

△ 周恩来至交城,电毛泽东、朱德、彭德怀,请其电促卫立煌鼓励与督促傅作义积极防守太原,并请调八路军第一一五师徐海东旅至雁门关方面阻击日军增援。

　　△　毛泽东电秦邦宪称,叶挺已至延安,拟以项英为新四军副军长,新四军军部"暂住武汉,南昌、福州设办事处"。

　　△　广东各界成立广东人民购机抗敌筹募委员会,以汪精卫、宋子文、孙科、王宠惠、邹鲁等 30 人为常务委员。

　　△　中国劳动协会、上海市总工会、工界救亡协会、全国邮务总工会和上海印刷工人救亡协会等各业工会,以及汉口、无锡、苏州、宁波等地代表,举行中国劳动界救亡协会成立大会,并选举陆京士、朱学范等 81 人为委员,选陆京士、朱学范等 15 人为常务委员。

　　△　中华平民教育促进会举办抗战教育讲习会举行始业式。讲习会共有学员百余人,均具大学程度,经短期抗战教育课程训练后,即分派到各县进行民众训练工作。该会干事长为晏阳初。

　　△　第一集团军收复河北成安。

　　△　日军向太原城郊进攻,第五师团主力附伪蒙骑兵及坦克、装甲车 100 余辆,从东、北、西三面猛烈攻城,日机轮番轰炸城内。卫立煌令第七十一师及独立第七、第八旅增援,仅独立第八旅渡河进入西城,其余部队南撤。

　　△　日舰云集闽海,广东绥靖公署宣告再度封锁虎门,并修正封锁条例。

　　△　欧亚航空公司在昆明建总修理厂与机场。

　　△　国民政府派赴欧洲专使陈公博,13 日抵罗马,15 日会见意大利外长齐亚诺。

　　△　九国公约会议第二次对日发出邀请书。

　　△　德、意、日在罗马签定反共协定,三国轴心侵略集团正式成立。日本对华侵略更加猖狂。

　　11 月 7 日　蒋介石对外国记者谈话称:"主张中日直接交涉,无异于增加中国之危机,且与九国公约会议之精神完全相反……如由两国直接交涉,毫无其他保证,无论条件如何,其结果必使中国国家生命陷于随时随地可被消灭之危境,永无独立自由之机会。此不独中国所不能忍受,亦且为《九国公约》会员国所无法接受。"

△ 蒋百里在比利时布鲁塞尔宣称,外传中国请第三方面调停中日战争消息,实属不确。

△ 第十八集团军朱德总司令与彭德怀副总司令命令第一一五师副师长兼政委聂荣臻,于五台山地区成立晋察冀军区司令部,以该师杨成武独立团一个骑兵营与两步兵连为该军区的基本武力。

△ 八路军总部抵达和顺县石拐镇。

△ 平汉线正面,我军仍固守宝莲寺阵地,并收复顺德以北官庄车站及南和、巨鹿两县城。

△ 山西省政府及省属80多个军政机关、学校、团体移临汾办公。

△ 晋东日军川岸师团先头部队约1500余人,进至太原城南狄村附近,一部进抵双塔寺,与城东之晋北日军会合。太原已陷入日军包围之中。日军从东、北两面以密集炮火对太原轰击,步兵则乘势向城垣猛冲,日机竟日轰炸城内。我城外部队伤亡殆尽,城垣炮位多被轰毁。入夜,日军炮击更烈,城内潜伏的汉奸四处活动;电话随修随断,消息不通。

△ 日军分兵一部由店镇渡汾河,沿太原至汾阳公路南犯。

△ 淞沪战场,日军渡苏州河,后续部队增加,攻势愈猛,苏州河南岸我军陷入苦战。

△ 由杭州湾登陆之日军攻占金山。

△ 苏州河方面日军突破姚家宅、北新泾等处我军阵地。

△ 日机袭苏州,为我军击落一架;日机袭洛阳、广九路等地。

△ 日本陆军参谋本部为统一上海方面作战指挥,下达编成华中方面军命令,松井石根大将任方面军司令官,塚田攻少将任参谋长,下辖上海派遣军、第十军、第三飞行团;司令部设上海。方面军的目标,是"以挫伤敌之战斗意志,获得结束战局的机会为目的,与海军协同消灭上海附近的敌人",并规定"华中方面军作战地域为苏州——嘉兴一线以东"。

△ 德驻日大使狄克逊与广田谈与中国政府的和议条件,认为依

日本提案议和,希望甚微。

　　△　　比国驻日大使再请日本参加九国公约会议,又遭日本拒绝。

　　△　　北平伪华北开发公司成立。

11 月 8 日　第六十七军军长吴克仁率部驰援松江,与日军激战三日后,在松江指挥部队渡河时中弹牺牲殉国;此为我军在淞沪会战中牺牲之军阶最高将领。

　　△　　淞沪战场我军腹背受敌,放弃上海阵地,向苏州转进。

　　△　　太原巷战激烈。太原城被日军炮火摧毁数处,日军第五师团由豁口冲入,与傅作义部守军巷战竟日。因众寡悬殊,当夜傅作义率部突围,向南撤退。

　　△　　日军陷河北任县。

　　△　　日舰五艘炮轰厦门禾山及同安、澳头;又以小汽艇分载水兵百余人,企图在澳头、五通、何厝社三口登陆,为我守军击退。

　　△　　日机袭津浦路客车,毁车厢七节,乘客死伤 200 余人;又炸松江、济南、苏州等地。

　　△　　毛泽东电告八路军各将领,太原失守后,华北正规战争阶段基本结束,游击战争阶段开始;游击战争将以八路军为主体;吕梁山是八路军的主要根据地。

　　△　　周恩来建议八路军各部迅速派部队收集溃兵、散枪及一切资材,准备发动游击战争。

　　△　　汤恩伯与刘伯承会晤于晋东榆社。

　　△　　中共中央举行会议,讨论特区的选举与财政,毛泽东不主张实行行政、立法、司法的三权分立制。

　　△　　国民政府修正公布《陆海空军勋赏条例》,凡 24 条。

　　△　　山东大学决定迁皖,定于 12 月 5 日在安庆安徽大学校址开学。

　　△　　管理中英庚款董事会总干事称,明年将继续考送 25 名留英学生;除注重理科基本课程外,将特别注重国防工业及经济建设各项需要。

　　△　中国青年新闻记者协会在上海成立。

　　△　西南运输处开始由镇南关运输进口物资。

　　△　日军在绥远成立傀儡组织时，公乌审、鄂托、克乌喇特等旗坚不屈服；杭锦旗在伪组织成立后，通电表明拥护中央。

　　△　顾维钧在布鲁塞尔对美广播演讲称，意大利主张中日直接交涉，实属蔑视各国共同利益。

　　△　蒋百里等在布鲁塞尔与意大利出席九国公约会议代表阿杜鲁文迪会谈。

　　△　狄克逊电德国外交部，建议由德国在华军事顾问团迫蒋介石接受对日和谈。

　　△　美总工会与工业组织委员会 24 分会，会同华侨工会，组成抵制日货大会，并推定常务委员会，致电国务院与内政部，要求禁止军用品及附属军用品运往日本；并拟劝告美国各商家拒绝买卖日货。

　　11 月 9 日　太原失陷，太原会战结束。

　　△　松江失陷，我淞沪阵地侧面受重大威胁，实行全线撤退。中央作战军兵团开始向青浦、白鹤港一线转移，撤退秩序极形混乱。左翼作战军兵团被迫与中央作战军兵团同时向吴福线撤退，秩序亦极混乱。吴福线又告不守，左翼作战军兵团即向锡澄线撤退，经无锡、宜兴、广德，趋铜陵、大通、荻港，任江防守备。

　　△　日军进占虹桥机场及龙华镇。日军第一〇一师团佐藤支队占领黄浦江东岸浦东地区。

　　△　空军数队飞杭州湾轰炸，日舰一艘中弹。

　　△　日骑兵攻陷平遥。

　　△　"肇和"军舰舰长方念祖，玩忽职守，致该舰遭日机轰炸受损。军事委员会电令扣押方念祖，明令褫职查办。

　　△　应德驻华大使陶德曼的请求，德国军事顾问法肯豪森向蒋介石、孔祥熙与白崇禧等指出战局的严重性，称如果战事拖延下去，中国的经济将崩溃，共产主义就会在中国发生。

△ 行政院通过平、津、冀、察教育救济办法。由教育部与财政部补助经费,办理各该省、市教育救济事业,在豫、陕等省酌设中等职业学校、师范学校,收留流亡学生,安抚教职员。

△ 毛泽东电朱德、彭德怀等指出,华北正规战争业已结束,在游击战争转入主要地位的形势下,日军不久即将移主力向内地要点进攻。八路军"应在统一战线基本原则下,放手发动人民,废除苛杂,减租减息,收编溃军,购买枪支,筹集军饷,实行自给,扩大部队,打击汉奸,谅纳左翼,进一步发挥独立自主精神"。

△ 朱德、彭德怀令第一一五师一部开始南进,转移至吕梁山脉创建抗日根据地;令第一二九师依托太行山脉开展游击战争,建立抗日根据地。

△ 英国首相张伯伦发表演说,称英美合作方能解决中日问题。

11 月 10 日 驻美大使王正廷在波士顿演说称,中国以国联会员国地位,对中日争端准备用和平方式,并依照公理加以解决。

△ 侨务委员会收到侨胞捐款 56 万余元。暹罗华侨募集衣服数万件,救济药品 20 箱,已运抵香港。

△ 军事委员会解释及补充 8 月发布之《非常时期处理军事犯办法》,凡 12 项。

△ 陕西棉花因时局关系滞销,棉业总办事处在陕设棉业办事分处,咸阳、泾县、渭南设支处。

△ 日军对上海南市发动总攻。第三战区司令长官部命令上海守军向吴福国防线撤退,因保管国防线碉堡钥匙之保长逃亡,部队不得进入防线,遂极形混乱,纷纷退至锡澄线。枫泾镇失陷。

△ 日军陷河北庆云。

△ 日舰五艘、飞机一架袭击厦门,发炮 150 余发。我军击伤日舰两艘。

△ 日军在杭州湾登陆的第二梯队第一一四师团在金山卫登陆后,向嘉兴方向进攻。

△　英国红十字会主席宣布,伦敦市救济中国难民、伤兵基金捐款已达七万镑。

11 月 11 日　军事委员会委员长蒋介石会见国民政府主席林森,决定迁都重庆。

△　蒋介石电九国公约会议称,中国军队自上海撤退是战略关系,且为长期抗战打算;中国主权若一日受有威胁,则中国军队即当继续抗战一日。

△　上海市长俞鸿钧发表告上海市民书,指出:"沪市抗战三月,予敌人以巨大之损耗,博友邦诚挚之赞扬,今后当记取沪战之精神与经验,使全国数万万民众同守此信念而不渝";并告诫民众称:"今者为增强抗拒之战略起见,前线已离开市境","切望吾沪民众不可因战略转移而误滋沮丧,更当因环境较异而益矢忠诚。"

△　我国守军 4000 余人在撤退时,被隔绝于上海市内而撤至租界。日军即向上海市西方与南方推进。

△　周恩来至临汾,会见《伦敦先驱日报》记者贝特兰,指出组织华北民众抗战的主要任务将落在八路军身上。八路军总部决定:第一一五师除聂荣臻副师长仍留晋察冀坚持外,主力转移汾河流域与晋南,阻止日军前进;第一二〇师仍留太原附近,并担负开辟晋西北的任务;第一二九师到晋东南,开展游击战争,创造根据地。

△　空军一队飞往大戡洋面轰炸日航空母舰。

△　日军第十一师团陷南翔。同日,青浦、白鹤港失守,我守军第一七四旅旅长吴继光督战阻击日军,以身殉国。

△　上海公共租界当局,先后搜查我救亡团体上海救亡协会和抗敌后援会,逼令解散。

△　日机 10 余架轰炸南京,为被我军击落两架。

△　日本华中方面军司令官松井石根发表谈话称,日本愿成为上海主人翁,必要时可对租界采取任何行动。17 日,日本外务省发言人否认日本有占据上海公共租界之意。

△　平汉线方面日军陷大名，刘汝明部转进临漳。

△　日军陷山东惠民，继攻鹊山。

11 月 12 日　上海沦陷。自 8 月 13 日至 11 月 12 日，日本侵略军先后编成上海派遣军与华中方面军，下辖近 10 个师团的兵力，共约 28 万人，动用军舰 30 余艘、飞机 500 余架、坦克 300 余辆，大举进犯上海。我国先后调集中央部队及广东、广西、湖南、四川、贵州、云南部队，总兵力约 70 余师，海军舰艇 40 余艘、飞机 250 余架投入战斗。我军毙伤日军四万余人，坚守上海达三个月之久。淞沪会战在中国抗日战争和世界反法西斯战争中，具有重要的地位与深刻的影响。

△　毛泽东在延安党的活动分子会议上讲演称，国民党的片面抗战已经无力持久，中共的全面抗战还没有到来，目前正处在两者的过渡期中。

△　毛泽东与张闻天电秦邦宪、潘汉年等，部署上海失陷后的救亡运动与中共在上海的秘密工作。

△　杨杰与张冲电蒋介石，报告与斯大林晤谈情形。斯大林表示，若中国抗战不利时，"苏联可以向日开战"。

△　杨杰晤苏联国防人民委员伏罗希洛夫元帅，探询苏联对九国公约会议及会议后对我国态度。

△　第七战区司令长官刘湘抵南京；16 日，谒蒋介石陈述抗战大计，拟以川军大部进行游击作战，少部牵制日军，一方面扰敌后方；并建议焦土抗战。

△　四川省颁订《救济战区来川借读大学生办法》。

△　招商局与美商卫利韩公司订约，将全部企业在名义上移转该公司经营。

△　上海南市我国守军向法租界撤退。日军占领上海南市。

△　西南进出口货运贸易运输处在粤成立，办理全国对外贸易，曾养甫兼任处长。该处系统制性质，凡国营、民营农、工、矿产品，概归其统制经营。

　　△　日舰和日机连日窜扰连云港和日照等地海面；日舰三艘驶连云港，炮轰圩沟；又以飞机 13 架掩护水兵登陆，为我军击退。

　　△　日舰两艘突来潮阳海面，派小轮载水兵数十人，企图在广澳登陆。日舰六艘进犯虎门，向我要塞轰击 500 余炮，我虎门炮台还击，击中日舰两艘，迫日舰仓皇逃去。

　　△　日机 22 架袭洛阳，我空军起飞迎击。日机 28 架轮流炸宁波。日机复炸济南、徐州等地。

　　△　日本再次拒绝参加《九国公约》会议，竟称日本目前在华行为，乃针对中国挑衅行为而采取之自卫行为，故不在《九国公约》范围之内。

11 月 13 日　军事委员会委员长蒋介石筹定，"抗战最后地区与基本战线，将在粤汉、平汉铁路以西"。

　　△　顾维钧在九国公约会议演说，请各国停止对日本供给军火原料。

　　△　毛泽东指示八路军应积极参加特区大会选举。

　　△　毛泽东指示八路军总部及周恩来、刘少奇、杨尚昆并告八路军各师负责人，指出：正规战结束后，八路军应进一步发挥独立自主原则，与日军力争山西全省的大多数乡村，使之成为游击战争的根据地。

　　△　周恩来与卫立煌、黄绍竑谈部队的改造、战略战术的改变、政权和民运的开放、后方的补给、黄河北岸分区指挥、黄河南岸成立预备军区等问题。

　　△　商震电国民政府，请实业部会同财政部令中国、交通、中国农民等银行，继续贴放农村贷款，并指定专行承办棉花储押，以活动农村经济。

　　△　军事委员会委任第三军团长兼第四十八军军长庞炳勋为徐海警备司令，第一六七师师长薛蔚英为副司令。

　　△　非常时期难民救济委员会汉口支会成立，并制定救济办法。汉口支会办理该市及各地直接来汉或转道来汉之难民救济事宜。

　　△　沪杭线方面日军第六师团，由青浦越淀山湖西进，陷平望。同

日,日军陷嘉定。

　　△　河北广平、南和失陷,日军继续东向广宗、威县进犯。

　　△　山东济阳沦陷。

　　△　日军占领上海后,为切断我军主力退路,并策应第十军在杭州湾登陆,将华北调来的第十六师团在白茆口、浒浦附近登陆,向常熟进攻,企图切断我国上海守军退路。日军更集中七个师团兵力,沿京沪铁路南北两侧地区向吴福线进攻。

　　△　汉奸白坚武于上月在河北肥乡被擒,押往后方审讯后,在清丰县东门外伏法。

　　△　日驻意大利大使堀田与意外长齐亚诺进行长时间谈话,意政府愿意出面作中日交涉的调解人。

　　11 月 14 日　上海沦陷后,财政部令设在租界的中央、中国、交通、中国农民四分行照常执行业务,办理汇兑。

　　△　朱德率八路军总部抵达武乡县段村并电毛泽东称,太原已失,山西东、西两线友军溃乱不堪;山西正规战争已告结束,游击战争新阶段开始。

　　△　中共驻共产国际代表、共产国际执行委员会委员、主席团成员、政治书记处候补书记陈绍禹,中共驻共产国际代表、共产国际执行委员会候补委员康生等乘苏联军用飞机抵迪化,新疆边防督办盛世才会见陈、康,请中共中央派干部至新疆。

　　△　军委会工矿调整委员会、资源委员会,军委会第三部及第四部,军政、财政部、实业部代表组成厂矿迁移监督委员会,以孙拯为主任委员,林继庸为执行组长,全面接管厂矿内迁事宜。翁文灏派林继庸、顾毓琮往苏州、无锡、常州,金开英、朱谦等往浙江,陈世桢等往山东各处抢运物资,联系厂矿内迁。

　　△　建设委员会接办武昌水电厂,改为武昌水电公司,扩充股本为400 万元。

　　△　非常时期难民救济总会令各分会,将难民中少壮男子施以训

练,使之担任修筑各省公路工作。

　　△　我军袭击邯郸机场,炸毁日机六架。

　　△　常熟、太仓、嘉善失陷。

　　11月15日　毛泽东电告朱德等,目前在山西的工作原则,是在统一战线中进一步执行独立自主,不是绝对的独立自主。

　　△　朱德率八路军总部抵达沁源县开村,次日抵沁源官军村。

　　△　归绥失守后,绥远形势混乱,周恩来建议中共中央加强陕北防务,并派员至绥远发展游击战争。

　　△　冯玉祥函劝韩复榘及时反攻。韩复榘复电谓“努力自效”。

　　△　我军与日军在福山、常熟及沿江一带激战。

　　△　平汉线我军右翼克复沙河,并将附近桥梁、道路全部破坏。

　　△　财政部宣布,云南、西康、青海、新疆等省为统税区域。

　　△　日军发言人正式宣布,日陆军自8月23日至本日止,在淞沪战场作战死伤3.962万人,其中死9700人,伤2.992万人;杭州湾与扬子江区作战死亡者尚不在内。又海军死伤1200人;华北战区死伤人数约及淞沪区十分之八。日军在淞沪战场及华北战场共死伤达八万人。

　　△　日军陷山东鹊山后,韩复榘炸毁黄河铁桥,退守济南。

　　△　日机大举袭苏州,掷炸弹700余枚,该市遭极大破坏;苏州与南京电话、电报皆告中断。日机又袭南京、镇江、常州。

　　△　日本陆军省宣称,第三国之调停如能使中国停止抗战,日本亦愿从事和解;日军现在山西、上海已得胜利,如中国仍继续抗战,则军事上将旷日持久。

　　△　日本派往欧美游说使节伍堂卓雄等一行到达柏林。

　　△　九国公约会议通过宣言书,在道义上谴责日本,并为各签字国共同决定应付办法一层保留权利;但仍望日本改变态度,参加会议。

　　11月16日　国防最高会议决议迁都重庆,国民政府主席林森当晚乘舰西上。行政、立法、司法、监察、考试五院迁移重庆,财政、外交两部及卫生署迁往汉口,交通部迁往长沙,各军事机关仍设南京。

△ 国民党中央执行委员会常务委员会议决:国防最高会议代行国民党中央政治会议职权。

△ 周恩来与刘少奇联名电聂荣臻,提出抗日政权的建设问题:立即颁布临时分区组织法,向国民政府提议颁布劳动法、土地法等法令;准备公开晋察冀军区司令部。

△ 周恩来在临汾群众大会上,发表《目前抗战危机与坚持华北抗战的任务》讲演,指出坚持抗战,必须以坚持华北战争为中心;坚持华北战争,将以游击战为主体,华北游击战争将有胜利的前途;并强调八路军留在华北,是推动和领导华北持久战的重要因素。

△ 毛泽东、张闻天、萧劲光电高岗,为联合内蒙边境各旗开展抗日游击战争,任命高岗为八路军骑兵司令,率骑兵团与蒙汉支队向内蒙出动,北出乌审旗、鄂托旗,活动于靖边、定边、安边以北及沙漠以南地区,以"蒙汉两民族团结一致"、"保卫绥远"等口号,发动伊克昭盟各旗上层抗日。

△ 广东省政训战时工作队到达各县,发动全民抗战。18 岁至 45 岁男子,均编入各队工作。

△ 日本内阁会议正式通过设立大本营。大本营组成包括陆相、海相、陆军参谋总长及海军军令部总长,由日天皇直接管辖。

11 月 17 日 国民政府令:军事委员会委员长西安行营主任顾祝同另有任用,免去本职;特派蒋鼎文为军事委员会委员长西安行营主任。

△ 国民政府令:驻闽绥靖主任蒋鼎文另有任用,免去本职;特派陈仪兼驻闽绥靖主任。

△ 国民政府令:谢晋元、杨瑞符各给予青天白日勋章。

△ 毛泽东电叶剑英转告林伯渠,八路军仍在长城南北及同蒲路以东至平汉线作战,前锋迫近北平、保定、张家口,并未退回陕北。

△ 朱德率八路军总部抵达沁源县城。

　　△　中共中央军委与八路军后方留守处部署黄河河防。

　　△　淞沪战场日军右翼在白茆口登陆后占支塘;左翼日军自平望沿苏嘉公路进窥苏州。我军在昆山、苏州间阻击日军。日军占乍浦并陷平湖。

　　△　日军陷太原后,一路由和顺进犯榆社,一路趋汾阳。攻向临汾日军,沿铁道越祁县抵平遥;攻向汾阳日军占清源(今清徐)后,西犯交城、文水。

　　△　广西省政府会议通过《征收房屋税暂行章程》。

　　△　上海市商会电实业部报告,从8月至10月,上海资本10万元以上的工厂被毁15家,损失651.8914亿元。

　　△　中国航空公司派机试航重庆至香港航线。

　　△　日本天皇批准设立大本营为日军侵华最高统帅部。20日,日本大本营正式成立。

　　11月18日　张冲自苏联回国,行抵阿拉木图电蒋介石报告苏联国防人民委员伏罗希洛夫表示愿助中国抗战;并告称,伏罗希洛夫答应:“如中国抗战到生死关头时,苏当出兵,决不坐视。”

　　△　中央、中国、交通、中国农民四国家银行总管理处移设南京。沪行营业照旧,并照常办理国内外汇兑。

　　△　蒙旗宣化使章嘉呼克图离南京抵汉口,候轮赴重庆。蒙旗宣化使署将设重庆。

　　△　日军第十军主力攻占嘉兴。

　　△　日军陷山东烟台。

　　△　日机炸广九路天塘围及平湖两车站,为我军击伤一架。

　　△　日军占河北威县,宋哲元部转进卫河南岸。

　　△　北平燕京大学在日军压迫下暂时停课。

　　△　前清皇室载涛在北平组织“满洲协会”;汉奸何海鸣在天津组织伪记者协会。

　　△　苏联远东红军总司令布留赫尔(加伦)将军在莫斯科发表重要

宣言,表示:"苏联一到相当时期,非挺身而出公然援助中国不可。"

　　△　国联大会决定以瑞士法郎 200 万组成三个流动医药队,帮助我国防疫,定月末到中国。

11 月 19 日　财政部长孔祥熙密电日人山本称:"此次战起,使中国民气日益激烈,沪战及太原之战,双方损失皆巨,而现在日本已获相当面子,倘再事续进,则胜负无常。"

　　△　实业部派次长程天固等视察川、黔、滇、桂、粤、湘、鄂七省实业。

　　△　国民党中央宣传工作团抵汤阴,慰问前方战士,并召集各界谈话。

　　△　军政部电示,豫北的民众组织划一收编,黄河以南严禁借名组织民军。

　　△　受雇于荷商轮船的中国海员,不愿随轮赴日,先后已有三批共计 210 余人自动辞职回国。

　　△　临漳县长张志熙、武安县长吴明龙、涉县县长刘炎光,于日军进逼县境时,未奉命令,即先离职。河南省政府责令上述三人着先予停职,听候查办。

　　△　陈公博会晤意首相墨索里尼。

　　△　乍浦——平望——嘉兴国防线为日军突破,沪杭线日军由嘉善西侵。日军第六师团占据平望后,与嘉兴附近日军会合,沿太湖南侧地区西进。

　　△　日军攻占常熟、莫城镇、苏州,第三战区命令各部队撤向锡澄线,吴福线国防工事为日军占领。

　　△　南京英、美、苏及各国驻华大使馆决定迁往汉口,南京仅留少数人员办理善后事宜。

　　△　法外长台尔博斯在议会发表演说,表示信守法国所担负的约束,顾及法国在远东的利益,保持英、美、法之间恒久的联系。

11 月 20 日　国民政府发表宣言称,暴日举兵西进,逼我首都,挟其暴力,邀我为城下之盟,并郑重宣告:"国民政府兹为适应战况,统筹全局,长期抗战起见,本日移驻重庆。此后将以最广大之规模,从事更持久之战斗。"

△ 四川省政府电林森主席,欢迎国民政府移驻重庆。

△ 国民政府令:湖北省政府主席黄绍竑另有任用,免去本职;特任何成濬为湖北省政府主席。安徽省政府主席刘尚清另有任用,免去本职;特任蒋作宾为安徽省政府主席。贵州省政府主席顾祝同另有任用,免去本职;特任吴鼎昌为贵州省政府主席。湖南省政府主席何键调任内政部长,特任张治中为湖南省政府主席。实业部长吴鼎昌调任贵州省政府主席,派实业部次长程天固兼代。

△ 山东省政府移驻泰安。

△ 实业部棉产统制委员会发表本年全国产棉第二次估计报告,计棉田面积 6216.697 万市亩,皮棉产额 1336.6942 万市担。

△ 朱德率八路军总部抵达安泽县白素。次日,抵洪洞县苏村。11 月 25 日,抵高功村。

△ 延安中国人民抗日军政大学、陕北公学联合招收新生。凡志愿参加抗战,年龄在 18 岁至 28 岁之青年,不拘文化程度,均可投考就学。两校训练时间为两个月,开设抗日民族统一战线、抗日民运工作、抗日游击战争三门课程,训练后即上前线参加抗战。

△ 厦门大学迁尤溪开课。同日,暨南大学及附中迁赣,择定南昌西山万寿宫为校址。

△ 日军攻占浙江吴兴南浔镇。我军廖磊先头部队据升山阵地。刘湘部五个师集结于广德、泗安、安吉间。

△ 日军第二舰队与第三舰队合并组成中国海舰队,长谷川清任司令官,禁止中国政府与私人所有船只在中国领海航行。

△ 吴江及福山炮台陷落。日舰 119 艘驶入南通江面。

△ 日军向平汉线大名与清丰间增兵万人,向濮县进犯。

△ 日机七架袭南京,被我空军击落一架。无锡我军击落日机一架。

　　△　日本当局要求上海公共租界与法租界当局,允许日军自由通过两租界,取消上海国民党部,允许日本控制租界内的中国银行,排斥租界内行政机关中之中国人,镇压抗日分子。若上列各点得不到满意解决,日本保留自行处理的一切权利。

　　11 月 21 日　军事委员会委员长蒋介石为迁都重庆,电勉全国各将领作更坚决与更勇敢之奋斗,称:"国民政府移驻重庆,我前方军事不但绝无牵动,必更坚决奋斗;就整个抗战大计言,实为进一步展开战略之起点。"

　　△　蒋介石电顾祝同、陈诚、薛岳等,指出:"我前方将士浴血抗战,三月以来,挫敌凶锋,中外莫不称道。此次阵线转移,系由杭州湾方面影响为战略之运用之";"希望我忠勇将士,各奋神威,继续努力,无论如何困难,必须保现有阵地,及适时予敌以打击,则最后胜利必属于我。"

　　△　空军第四大队大队长高志航自兰州接飞机返航,过周家口机场加油,遭日机偷袭,遇难殉国。

　　△　津浦线方面,黄河北岸我游击部队在茌平、聊城、蒲台各地向日军袭击。

　　△　日军一路由常熟沿锡常公路西犯,一路循京沪铁路前进。

　　△　上海市社会局统计,上海有 5255 家工厂被日军炮火摧毁,损失达八亿元。

　　△　日本大使馆发言人宣称,日本拟接管上海公共租界及法租界的中国政府机关,如江海关、邮政局、电报局、法院等。同日,日本华中方面军司令官松井石根派陆军武官原田与日本驻上海总领事冈本,向公共租界与法租界当局提出五项要求:一、取缔一切反日机关,包括国民党各支部在内;禁止反日招贴、传单及一切反日文字;禁止无线电、戏剧、电影反日宣传;制止华方间谍活动及一切惩治汉奸之举;二、驱逐中央及地方政府机关及其代表;有效地监视中国党政领袖之活动;三、禁止华方邮电检查;四、禁止华方新闻检查;五、禁止未经许可的中国无线电通讯机关。

△　日特使大仓喜七郎谒意大利首相墨索里尼,面交近卫文麿函。

△　西班牙共产党中央委员会致电中国共产党称,你们反抗日本帝国主义,争取民族自由独立的斗争,就是我们的斗争。东京、罗马、柏林掀起的野蛮战争,将被中国与西班牙两国的民众力量加以扫荡。

△　英国各大学及神学院、工学院学生,募集英金1500镑,资助中国战区外籍大学维持会。

11月22日　蒋介石接见伦敦《泰晤士报》驻华访员称,中国愿与日本谈判和议,惟需根据《九国公约》。

△　顾维钧在九国公约会议发表沉痛演说,对日本侵略中国提出严重抗议,宣称中国"可向各国宣示者,即中国将继续竭力奋斗,非但尽其《九国公约》及《凯洛格公约》签字国家之一之义务,并将尽其为国际间爱好和平国家之一之天职"。

△　中华民国红十字总会移汉口。该会有医生80人,连同看护共300余人。

△　中央银行于桂林设分行,代理国库收支,发行钞票,办理汇兑,并协调地方财政金融。

△　吴兴失陷。日军两路会攻无锡。日机猛炸江阴及狼山炮台。

△　日机袭南京、丹阳、溧水、镇江、淮阴、周家口等地。南京我军击落日机一架,周家口我军击落日机二架。

△　日机在南京上空投函,劝蒋介石共同反共。

△　上海公共租界工部局发言人向《大陆报》称,局方拟于可能范围内,允许日方所提要求;租界内华方有关系人等,将请其离境。

△　伪蒙古联盟自治政府、伪察南自治政府、伪晋北自治政府在张家口召开代表会议,成立协商性机构伪蒙疆联合委员会,由最高顾问日人金井章次任总务委员会代委员长。

11月23日　军事委员会委员长蒋介石在常州召集守御锡澄线将领讲话,勉稳定锡澄线。蒋氏于当夜返回南京。

△　国民党中央政治委员会主席汪精卫由南京抵汉口,对记者发

表谈话称,国民政府之移驻重庆,主要意义,"一为不受敌人威胁,二能发动全民扩大抗战力量"。汪精卫称,中央党部必须属于国民政府所在地,故中央党部亦决移重庆。

△ 日舰猛攻江阴封锁线,并在狼山江面向刘海沙发炮;我空军飞临江阴江面,轰炸日军。

△ 上海公共租界工部局非正式通知中央通讯社及《时事新报》、《立报》、《民报》、《中华日报》、《神州日报》等停止发行。当晚,上海日报公会召开紧急会议。中央通讯社定 24 日停止发稿,《时事新报》、《立报》、《中华日报》、《神州日报》、《民报》定 25 日停止在沪发行,并发表联合宣言。《申报》、《大公报》、《时报》则未定;仅《新闻报》拟继续发行。

△ 日禁止中国政府和私人所有船只在中国领海航行。

11 月 24 日 国民政府特派唐生智兼南京卫戍司令长官,负指挥守备南京之责。

△ 中国共产党陕甘宁特区党委,提出在民主普选运动中的《特区政府施政纲领》。《纲领》共 15 条,主要内容为"动员特区一切人力财力物力实行抗日战争","实行民主普选制度","保证人民有言论、出版、集会、结社等民主自由","保证农民已分得的土地,实行耕者有其田","废苛捐杂税,减租减息,采用统一累进税","实行八小时工作制,改善工人的待遇","优待抗日军人家属","实行国防教育","帮助蒙、回民实行民族自决","严厉镇压汉奸卖国贼亲日派的活动"等。

△ 青岛戒严司令部成立,第三舰队司令谢刚哲任戒严司令,即日起实行戒严。

△ 冯玉祥手谕韩复榘称:"今日全国之舆论,即千百年后之历史根据,明轩(宋哲元)弟于平、津之殷鉴不远,万勿蹈其复轨。"

△ 空军飞机 15 架轰炸毛竹港口日舰,齐向日"长门"、"陆奥"两巨舰冲击,炸沉长门舰,另击沉大小日舰六艘。

△ 日军第十四师团一部 3000 余人由保定、易县出动,在飞机掩

护下向涞源进犯。

　　△　日机袭广州,炸死炸伤 400 余人,毁民房 100 余家。

　　△　上海公共租界工部局总裁费信惇,否认工部局曾命令任何人非正式通知中央通讯社及五种中国报纸停止发行。

　　△　华南公司向暹罗购进大米数万包,运抵上海。

　　△　九国公约会议通过第二次宣言,向中、日双方恳切建议停止战事,并改取和平程序;同时宣告无定期延会。

　　△　近卫内阁参议官宇垣对东京报界称,倘中国方面战事延长,而致日方蒙受重大损失,则日本政策势将改变。

11 月 25 日　军事委员会委员长蒋介石下令变更第三、第七战区的战斗序列,并规定两个战区的作战地域和任务:一、第三战区司令长官由蒋氏兼任,副司令长官顾祝同,辖第九集团军、第十九集团军与第十一军团、第十七军团、第十五军团、第十八军团。第七战区司令长官刘湘、副司令长官陈诚,辖第十五集团军、第八集团军、第二十三集团军与第十六军团、第二十三军团、第二十四军团、第二十五军团。二、第七、第三两战区之作战地境,以遂安、淳安、昌化、广德、蜀山镇之线为公界。三、第七战区以一部确保许村、张鹿、洛金镇、埭溪镇阵地,以川军攻击吴兴方面日军,并各以一部确保广德、孝丰各据点;应加整理之部队,着向兰溪及其西南地区转进。四、第三战区应以有力部队扼守锡澄线,保持重点于无锡方面,并各以一部确保南渡镇、溧阳、宜兴各据点,须与南京卫戍部队联系;应加整理之部队,着向徽州及其以西地区转进。

　　△　蒋介石命令南京卫戍部队迅速构筑工事,固守南京,并与第三战区密切取得连络。

　　△　蒋介石接见留京欧、美记者,谈及日机空投函件称,此函不载寄者姓氏,其内容希望早日停战,并声明日本不欲提出严厉条件,仅欲得中国防共之合作。此种言论,殊与事实相反。各记者询蒋氏感想如何及作何处置?蒋氏答称,本人对此类事件向置不理;并宣称,中国拟

维持决心抗战之政策。谈及停战之可能性时,蒋氏称此事决于日方。蒋介石对外国记者重申中国抗战决心,并深信公理必将战胜强权,并称:"抗战到底,至最后一寸土地与最后一人,此乃吾人固定政策。"

△ 重庆市政府奉令将曾家岩重庆高级工科中学改建为国民政府新址。

△ 海外华侨归国服务团已有 10 余批到南京。越南华侨成立越南归国服务团,分为救护、交通、消防及慰劳四组,共有男女青年团员240 人,分四批归国。第一批已于 25 日抵南京,听候派赴前方工作,其余将陆续归国。

△ 无锡失陷。我军放弃锡澄线,一部沿京沪线撤向常州,主力向浙、皖、赣边境退却。

△ 山东我军收复聊城与堂邑。

△ 周恩来和彭德怀回到延安。

△ 日本华中方面军司令官松井石根对外报记者声称,如果中国政府不停止抵抗,日军将继续进攻南京、汉口,甚至重庆。

△ 焦作工学院呈准教育部迁移陕西,在西安设立临时校址,正式开学。

△ 上海租界出版首家"洋旗报"《华美晚报晨刊》。创办人为上海工商界人士蔡晓堤,编辑为石招泰等,发行人与《华美晚报》同为美国人密尔士。该报凭借美国发行人身份,不受日伪管制,遂揭露侵华日军种种罪行,颂扬中国军民的英勇抗战,与沪上日伪报纸相对抗。该报后以经济困难,由八路军驻沪办事处派人秘密接办。自《华美晚报晨刊》创办后,至民国二十九年(1940),国共两党在上海租界出版"洋旗"报刊20 余种,成为"孤岛"上海宣传抗日的主力军。按:"洋旗"报刊挂名的外国人老板(发行人),不拥有报刊的任何股权,对报刊的经营管理不负任何责任,亦无权对报刊的言论作任何干预,实际仅是报刊雇来对付日伪的"守门神"。

△ 日军派赤谷田助任上海江海关副税务司,加藤桂一任税收主

任；28日，更派日人多人任海关职员。

　　△　居住南京的丹麦、法国、英国、美国侨民组织国际委员会，正式向中、日两国军事当局建议，在南京城内设立安全区，收容难民。

11月26日　国民政府主席林森率国民政府文官处、参军处、主计处三处职员一行800余人抵重庆。重庆市民10余万人夹道欢迎。

　　△　军事委员会颁布首都保卫军战斗序列：首都卫戍司令长官唐生智，第七十二军孙元良（第八十八师），第七十八军宋希濂（第三十六师），教导总队，宪兵部队约两个团，其他特种部队。唐生智策定南京城防御计划。

　　△　国民政府明令改组江苏、浙江两省政府，免去陈果夫江苏省政府委员兼省政府主席，任命顾祝同为江苏省政府委员兼省政府主席；免去朱家骅浙江省政府委员兼省政府主席，任命黄绍竑为浙江省政府委员兼省政府主席。

　　△　立法院长孙科自汉口飞香港。

　　△　毛泽东与彭德怀电朱德、任弼时，为防止日军进攻晋察冀边区与晋西北地区，应加强新部队的政治教育工作，加强军事与游击动作的训练，动员地方民众。

　　△　八路军总政治部发布《对伪满军工作指示》，加强对伪满军的宣传和争取。

　　△　湖北省难民垦殖团250余人，由西安赴青海都兰、共和两县，从事垦殖工作。

　　△　陶德曼在汉口访孔祥熙，转达德国政府调停中日战争之意。

　　△　上海公共租界工部局屈服日军要求，迫《时事新报》停刊。

　　△　日军陷长兴，刘湘部已到泗安。安吉我军三个师向突入日军攻击。日军以一部向泗安、广德、宣城、芜湖西犯，主力由郎溪会攻南京。

　　△　日本关东军察哈尔兵团一部约1400余人，由应县沿同蒲路南犯，晋察冀军区第一支队在浑源、广灵间设伏，歼灭日军200余人。

11 月 27 日   南京卫成司令长官唐生智对新闻记者表示:"本人奉令保卫南京,至少有两事最有把握,第一,即本人及所属部队誓与南京共存亡,不惜牺牲于南京保卫战中;第二,此种牺牲定将使敌人付与莫大之代价。"

△   江苏省政府委员兼民政厅长韩德勤代理江苏省政府主席;江苏省政府移驻扬州。

△   军事委员会委员长电奖第六十八军军长刘汝明,撤销处分前案。12 月 18 日,国民政府明令撤销对第六十八军军长刘汝明的撤职留任处分。

△   军政部令严禁征兵中贿买冒名顶替,倘有借端敲诈,受贿舞弊情形,一经查出实据,依照军律治罪。

△   我游击队克复山东乐陵。

△   日本近卫首相对记者发表谈话称,南京政府与蒋委员长如改变其对日政策,与日政府谈判,则日政府准备响应之。但若南京政府决计长期抗日,则日本亦准备接受其挑战。华北以及其他各地,将有独立的组织出现的可能,在明年 1 月必有一新的组织成立。日本现在不对中国宣战,但是如果局势有变化,或者有宣战的必要。近卫又称,日本对上海公共租界,或将有使用武力的必要。《九国公约》为欧美借以干涉远东的工具,到适当时机,日本将提议修改或废弃之。

△   日机 38 架,有系统地轰炸粤汉路,毁路轨颇长,毁桥梁一座。日机袭镇江、西安、洛阳、宣城、金坛及广九路等地,在镇江投弹 140 枚。金坛我军击落日机三架。

△   伪河南省自治政府在安阳成立,汉奸萧瑞宣任伪自治政府主席。

△   英、美、法国政府令其驻日大使通知日本政府,关于中国海关之任何办法,事先必须与该各国政府商议。英国政府对日企图管辖上海邮政及无线电,极表关切。

11 月 28 日   成都各界数万人举行欢迎林森主席莅渝大会,并表示拥戴政府长期抗战。

　　△ 军事委员会委员长蒋介石指示,希望南京防守能坚持两周以上。

　　△ 首都卫戍司令长官唐生智接见各国使馆、教会、报馆及商界代表,表示决与南京共存亡,并劝外侨撤离南京。

　　△ 蒋介石电令湖南省政府主席张治中,对征募员兵及摊派公债中之敲诈官员予以严办。

　　△ 军事委员会颁布《汉奸自首条例》。

　　△ 军事委员会特派军事参议院院长陈调元兼东北抚慰使。

　　△ 教育部长王世杰、次长段锡朋先后抵长沙,设教育部办事处。

　　△ 翁文灏派人分赴九江、芜湖、郑州、开封等处,劝导厂矿内迁。

　　△ 日军占广东台山县南之上川岛,又续占凌溪岛及中山县属三灶岛。

　　△ 日军陷宜兴,继向溧阳、广德进犯。

　　△ 日本强行接收我设于租界内之交通部上海电报局及交通部广播电台、上海各无线电报房、上海新闻检查所。上海与各地之公众电讯交通,已完全断绝。

11 月 29 日　陶德曼访孔祥熙、王宠惠,转达日本议和条件。蒋介石电孔祥熙约陶德曼面谈;并电知孔祥熙,此"为缓兵计,不得不如此耳"。

　　△ 四川省政府主席兼第七战区司令长官刘湘,因胃病加剧,奉命由南京飞抵汉口治疗。

　　△ 军事委员会第六部战时服务团100余人赴郑州、新乡一带,进行组织、训练、宣传、救护等项工作。

　　△ 赈济委员会于郑州设办事处,派员分赴豫、晋、鲁三省,视察难民救济事宜。

　　△ 国民党中央宣传部长邵力子在汉口新闻记者公会欢迎会上称:"今日之报纸当从有闻必录时代进而加以判断。予自服务中宣部

后,即决定不用可扣则扣之方针,而改用可不扣即不扣之方针"。

　　△　中共驻共产国际代表、共产国际执行委员会委员、主席团成员、政治书记处候补书记陈绍禹,中共驻共产国际代表、共产国际执行委员会候补委员康生,自苏联飞回延安。中共驻共产国际代表、中共驻新疆代表陈云,也同机到达延安。

　　△　犯江阴之日军,一路由锡澄公路侵入南闸镇,一路自常州——江阴公路进至周庄镇,迫近江阴。日舰一艘率炮舰 20 余艘驶至张黄港外,向江阴要塞猛攻。日机反复轰炸江阴城。

　　△　日军攻占常州,继向丹阳进犯。

　　△　英、美、法、苏、德、意、比等国大使馆及馆员,陆续到达汉口。

　　△　美国务院命驻日大使口头通知日本外务省,勿变更中国海关制度。

　　△　意大利违背国联会员国一致之决议,宣布承认伪满洲国,并在长春设立公使馆。我驻意大使即向意政府提出抗议。

11 月 30 日　蒋介石巡视南京四周防御工事。

　　△　军事委员会第六部颁布《抗战二十信条》。

　　△　陶德曼访铁道部长张嘉璈,请其转劝蒋介石与日本议和。

　　△　杨虎城在戴笠系统特务监视下,离港飞往武汉,转赴南昌,即遭囚禁。

　　△　成都国际电台支台建成,开始与伦敦、柏林、巴黎、莫斯科电台通报。

　　△　由长兴西犯日军,主力进攻广德,在飞机场一带与我军激战。我军第一四五师师长饶国华将军经两昼夜苦战后,弹尽援绝,亲书遗书后自戕殉国。其遗书称:"今后深望我部官兵,奋勇杀敌,驱寇出境,还我国魂,完成我未竟之志,余死无恨矣!"我旅长与团长三人亦受伤。广德遂陷。日军进据溧阳。

　　△　日机狂炸浙江萧山,城内死伤民众 500 余人。

　　△　日本内阁批准 1938 年至 1939 年战费预算 28.68 亿日元。

　△　英、法两国外长发表谈话,维护远东原有利益。

　是月　宋庆龄发表《关于国共合作的声明》称:"国民党和共产党为了团结抗日,奠定了正式合作的基础";"孙中山一生主张共同奋斗救中国。这就是他主张国共合作的原因。"

　△　由北平故宫博物院移至南京文物,正陆续运往内地。

12　月

　12月1日　行政院长蒋介石令各省地方官吏及保甲长,不得怠忽紧要工作,并犒赏各铁路员工10万元。

　△　国民政府在重庆办公;行政院电告各省、市政府,已移渝办公。

　△　国民政府颁布《民国二十六年整理广西金融公债条例》;公债定额为1700万元,22年偿清。

　△　日大本营大陆令第七号,下达华中方面军战斗序列,由上海派遣军、第十军组成,松井石根为华中方面军司令官。同日,下达大陆第八号"敕令":"华中方面军司令官须与海军协同,攻占敌中国首都南京。"

　△　日华中方面军下达攻占南京作战令:一、上海派遣军主力于12月5日开始行动,重点保持在丹阳、句容公路方面,击败当面之敌进入磨盘山山脉,以一部从扬子江左岸攻击敌之背后,同时切断津浦铁路及江北大运河。二、第十军主力于12月3日开始行动,以一部从芜湖方面进入南京背后,以主力击败当面之敌,进入溧水附近,特别须对杭州方面进行警戒。

　△　日军步兵一个旅团,重炮10余门,战车30余辆,沿常澄公路向江阴要塞推进。日舰60余艘泊段山以东,配合陆军进攻。

　△　日机袭诸暨,炸死平民700余人。

　△　西藏十世班禅额尔德尼大师由青海回藏途中,是晨圆寂于青海玉树;遗嘱全藏官民僧俗,努力汉藏和好。

△　外交部长王宠惠在汉口招待德、美大使及苏联临时代办,各使馆参赞、秘书,各国驻汉口领事;吴鼎昌、张嘉璈、张群、吴国桢等出席。

△　陈公博访法国总理旭丹及副总理勃鲁姆。

△　蒋百里访晤德国航空部长戈林。

△　日驻香港总领事胁迫香港政府制止在港华人抗日活动,谓"如再容忍此种活动,则恐香港终将陷入中日争端之漩涡"。

△　墨索里尼与日本访罗马使节接触以后,在报端发表文章,劝中国向日本求和。

△　德国外交部长牛赖特晤我国驻德大使程天放,希望中国接受日本和平条件。

12 月 2 日　陶德曼由外交部次长徐谟陪同到达南京,会见蒋介石。下午 5 时,蒋介石召集顾祝同、白崇禧、唐生智、徐永昌商谈,一致同意日本所提条件。蒋介石表示:一、日本所提尚不算是亡国条件,德国调停不应拒绝;二、华北政权要保存。5 时,蒋介石会见陶德曼,表示中国愿意接受德国的调停。陶德曼重述日本 11 月 5 日议和条件后,蒋介石表示如下意见:一、中国接受这些条件作为和平谈判的基础。二、华北的主权和完整及行政独立不得侵犯,但将派一个不反日的人担任最高首长。三、在和平谈判中,自始即由德国任中介人。四、在和平谈判中,不得涉及中国与第三国之间的协约。此外,蒋介石还表示,蒙古问题可以和日本谈判;要求日本政府保守秘密。蒋介石同意德方关于停止敌对行动的安排。

△　江阴要塞我军与日军激战五日后,因弹尽援绝,于昨夜撤守。是日,日军第十三师团陷江阴要塞。

△　空军一队飞临江阴要塞,炸毁日舰两艘;飞临上海,炸毁黄浦江中两艘日舰;我空军飞机六架炸福山港。

△　徐源泉第十军自湖北开抵南京。

△　日军第九师团沿沪宁公路西犯,攻陷金坛;同日,第十六师团攻陷丹阳。

　　△　日大本营免去松井石根上海派遣军司令官兼职,任命朝香宫鸠彦亲王为上海派遣军司令官,饭沼守少将任参谋长,辖第三、第九、第十一、第十三、第一〇一师团,重藤支队,野战重炮第三旅团及通信队、直属兵站等。

　　△　日机袭广州、南京等地;南京我军击落日机四架。

　　△　军政部颁布军民收缴械弹器材给奖办法,规定凡军民拾获各种枪炮弹械器材战利品及枪炮弹壳上缴等给奖,不得隐匿或私售。

　　△　毛泽东、周恩来、彭德怀电朱德、任弼时、邓小平等,阎锡山继续留在山西,八路军仍须巩固统一战线,注意与阎锡山之间处好关系。

　　△　邮政储金汇业总局由沪迁汉。

　　△　蒋百里至汉堡。同日,陈公博赴英国。

　　△　英国外相艾登在国会声明,国际无力制裁日本。

12月3日　军事委员会任命刘湘兼第二十三集团军总司令,唐式遵为副总司令。

　　△　财政部电各省、市救国公债劝募分会称,救国公债业经认募足额,劝募总会并经由部接管;此后经收款项、换发债票事宜,委托中、中、交、农四行办理。国内各劝募分会本月底一律结束,国外分会自明年1月起,改由中、中、交、农四行委托办理。同日,财政部电令各省政府,省银行或地方银行发行之钞券,只得在该省境内流通。

　　△　国民政府公布《特授空军将士复兴荣誉勋章条例》,凡12条。

　　△　汪精卫在汉口民众团体代表会上发言称,如愿开始讲和,不可失此机会。

　　△　行政院电各省、市速组救济难民分会,并注重疏散。

　　△　津浦线我游击队刘光廷部收复庆云、盐山。

　　△　平汉线我军向北进攻,左翼游击部队向南夹攻,日军溃退漳河北,我军克安阳。

　　△　中共陕甘宁边区党委发出《关于征收救国公粮的紧急指示》,号召各级党委抓紧征收工作。

△　西北青年救国联合会决定移驻云阳,并决定正式成立边区青年救国会。

△　侨务委员会委员长陈树人赴菲律宾宣慰华侨,事毕返国。

△　欧亚航空公司设西安至河内邮运及载客航线。

△　航空公路建设奖券停止发行,共计发行 40 期。

△　南京国际安全区委员会接日本方面通知,不同意该委员会保障难民安全的要求。

△　日军在上海公共租界游行,有人在南京路向游行日军投手榴弹一枚,伤日军四名;一外国人对日军表示义愤,当场撕毁日本国旗。

△　日本外相广田宣称,日本决心扫除国民政府之抗战根基,并加速各地伪政权的产生。

△　陶德曼与狄克逊电德国外交部,认为德国应把握时机,促进中日和谈。

△　斯大林及苏国防人民委员伏罗希洛夫电蒋介石称,时机未至,不便即对日出兵,决以技术援中国;对于德国出面调停中日战争事,应以撤回日军,恢复卢沟桥事变前状态为条件。

12 月 4 日　军事委员会委员长蒋介石巡视南京周围阵地,部署首都保卫战。

△　南京保卫战开始。军事委员会组成南京卫戍军,司令长官唐生智,副司令长官罗卓英、刘兴;辖第二军团,第六十六、七十一、七十二、七十四、七十八、八十三各军及教导总队、宪兵部队、江宁要塞部队、炮兵部队等,约 15 个师。作战地点为南京东南正面阵地(江宁镇、牛首山、淳化镇、汤山、龙潭之线)和南京复廓阵地(雨花台、紫金山、乌龙山、幕府山及南京城垣)。第一线、第二线兵团已占领阵地完毕,努力赶筑工事。

△　蒋介石电行政院及各省军政长官,对所有文武各级官佐,倘有贪污不法,舞弊营私或侵渔公款,或克扣军饷,或借端剥削索诈民财者,一经查出,悉以军法从事,无论职位高低,皆必严加惩处。

△　军事委员会电令苏、浙、皖、豫、鲁、晋、陕、鄂、湘、闽、赣、粤、桂、宁夏各省政府称，为肃清奸宄，维持治安，特由本会加委各县县长兼任军法官，遇有奸人、敌探以及敲诈勒索各项情事，应即依照现行陆海空军刑法暨战时军律，及惩治汉奸各项法令规定负责处理。

△　贵州省主席、前实业部长吴鼎昌对海通社记者发表谈话称，中国为一农业国，粮食已足自给，足衣问题亦可解决。中国在外国银行之存款，用以支付两年内之军火购买费，犹且有多。中国决心奋斗下去，除非得到最后胜利，或者日本提出可接受条件，从事和议，始肯与东京谈判。关于第三国调停是否接受问题，吴氏声称，如日本条件容许考虑，中国亦不拒绝为此。总之，中国领土主权之完整，必须获得保证，中国经济地位之平等，必须予以尊重。

△　陕甘宁边区政府颁布《抗日自卫军组织条例》及《抗日军人优待条例》。

△　日本华中方面军司令官松井石根，为上海南京路炸弹案照会公共租界工部局：一、日军有随时开入公共租界之权；二、英捕应防止类似事件发生；三、如工部局所采之办法不能满意，日军得采取必要之行动；四、如租界不取缔抗日行动，日军将保留检查行人及住宅之权。

△　日机袭兰州飞机场，炸毁营房及大型飞机四架，小型飞机 10 余架；日机轰炸南京及粤汉路等地。

△　陈济棠先后向财政部汇捐港币 700 万元，充作国防抗战之用。国民政府特令褒奖陈氏爱国热忱。

△　国民政府与法国政府就开辟昆明至河内航线达成协议，正式开航。

△　国立浙江大学迁江西吉安、泰和，开始上课。

△　驻国联代表胡世泽向国联秘书处递送照会，内附 2 日外交部长王宠惠致意大利大使抗议书，请求转知各会员国。抗议书指出，意大利承认伪满洲国，违反《九国公约》及《国联盟约》，与国联历次所通过关于中、日争端之决议案，亦互相抵触。

　　△　德国外长牛赖特电示德驻日大使狄克逊,将日方议和条件及陶德曼与蒋介石会谈情况、蒋介石的意见,写成记录性的照会交给日本政府;并了解日本政府是否愿意在此基础上进行停战协定的直接谈判,以及此后的和平谈判。如果取得中、日双方的此类意见的承诺,将由希特勒提出停止中、日双方敌对行动的郑重建议。

　　△　德国外交部将调停中日和谈经过备忘录送达日本,探询日本态度。

　　12 月 5 日　毛泽东对《大公报》记者发表谈话,指出:"目前抗战,虽遇挫折,但在此挫折中,吾人已获得伟大教训。全国久已普遍认识致败之弱点。今后极应实施战略的反攻,改革军队素质,提高政治自觉性,进行独立自主的运动战以歼灭敌人。敌在华北仅 20 万,愈深入后方愈空虚,予吾人歼灭之机会正多。"毛泽东并称,"此次抗战为革命战争,吾人誓死抗战到底,加强巩固全国团结,以争取民族解放最后胜利"。

　　△　汪精卫在汉口对海通社代表发表谈话称,"中日之间现在战争已经开始,中国只有继续战争,以觅取胜利,或至于败亡"。"但若日本真愿意要求和平,提出可接受条件,则中国亦可予以考虑从事停战"。

　　△　日军到达南京外围阵地。我军在句容与日军接触。土桥镇、牧马场等地发现日军。湖熟镇方面,日军骑兵与我前进部队有接触。索墅镇及禄口镇亦有日军骑兵出没。日机 10 余架,轮流轰炸南京大校场及明故宫机场。

　　△　我军克复广德。

　　△　粤海日舰于 2 日派兵在台山属之赤溪登陆;占据三象岛。

　　△　日机袭芜湖,居民死伤千余人;英国"德和"、"大通"二轮被炸毁。

　　△　行政院难民救济委员会拨给江苏、浙江难民救济分会各五万元,救济江、浙难民。

　　△　国立武汉大学停课,准备迁校四川乐山;该校珞珈山校址移作

我国抗战最高统帅部之用。

△　内政部制定迁移妇孺办法,规定在抗战时期,沿海、沿江、沿铁路、公路接近战区地域,重要城市或邻近要塞易受敌机空袭地带之居民,所有妇孺,应一律迁移疏散至乡村。

△　伪上海大道市政府在浦东警察局旧址成立;汉奸苏锡文任伪市长。

12月6日　国民政府令:任命顾祝同兼江苏全省保安司令,黄绍竑兼浙江全省保安司令,蒋作宾兼安徽全省保安司令,何成濬兼湖北全省保安司令,张治中兼湖南全省保安司令,吴鼎昌兼贵州全省保安司令。原兼江苏省保安司令陈果夫,兼浙江省保安司令朱家骅,兼安徽省保安司令刘尚清,兼湖北省保安司令黄绍竑,兼湖南省保安司令何键,兼贵州省保安司令顾祝同均免兼职。

△　蒋介石电令战区内各省之行政督察专员及县长守土抗战。凡战区各省、各县地方,如遇县城沦陷,则县政府应即迁至所属之乡区继续工作;或此乡再陷,则更迁至另一乡区;或竟全境皆有敌踪,仍应迁入邻县接境之地,但期工作决不中断。推而至于行政督察专员及省政府,亦复如是。驻县如有失陷,则应移至所属之他县;省会如受敌迫,即应另移适中之地点,继续督理所属办理一切善后,收容民众组训事宜,以为作战部队有力之协助。其在必须移动之前,所有当地壮丁及积存物资足为敌用者,尤应尽力设法一并迁移,不可仓皇委弃,任其资敌。

△　蒋介石电李宗仁、阎锡山及韩复榘称:"南京决守城抗战,图挽战局;一月以后,国际形势必大变;中国当可转危为安。"按:蒋介石所指"一月以后,国际形势必大变",即指杨杰来电所称"苏联最高苏维埃将在一个半月以后开会,届时可能会改变态度,立即出兵"。

△　国民政府迁渝后,举行首次扩大纪念周,中央及地方各机关长官并各学校校长等 500 余人出席;纪念周由林森主席主持。

△　国民党中央党部迁渝后,本日上午举行执、监委会常务委员联席会议,决议通告各级党部及各机关,即日起在重庆开始办公。

　　△　国防最高会议在汉口举行第五十四次常务委员会议,外交部次长徐谟报告陶德曼调停中日战争详情。

　　△　国民政府明令襄扬为抗战捐躯殉国的第九军军长郝梦龄,第五四五师师长刘家麒,第一九六旅旅长姜玉贞,独立第五旅旅长郑廷珍。郝梦龄追赠陆军上将,刘家麒、姜玉贞、郑廷珍各追赠陆军中将。

　　△　毛泽东、周恩来、彭德怀电朱德、任弼时、邓小平等,指出:"日寇正在进攻我军,企图引诱阎锡山及国民党之中右派分子分裂抗日阵线,我们无论在友军区域及敌人后方,均应执行民族统一战线的策略为基本方针。"

　　△　朱德召开中共中央军委华北军分会会议,讨论华北抗战形势与部署敌后游击战争。

　　△　句容方面日军约三个联队,以一部向我前沿阵地正面攻击,主力分两路向土桥镇、牧马场进攻,并由土桥向新塘市迂回,截断我句容部队归路,句容遂陷。向牧马场进攻日军,一部由九华山北麓侵入孟塘,随后又进据大胡山。由土桥镇进攻日军,进至索墅镇,向我淳化镇阵地进行威力搜索,并有大批日机竟日轮流轰炸该镇。由天王寺经上葛村前进日军约一个联队,进占湖熟镇;另有日军步炮纵队由溧水向南京进攻,其先头部队向秣陵关进攻;时日军骑兵绕道向江宁镇方向前进。

　　△　日机整日轰炸南京,淳化镇被炸为一片瓦砾。日机炸绍兴、杭州、广州等地。

　　△　冠县人民武装 5000 余人袭击县城,缴获日军机枪四挺、炮一门。

　　△　上海大夏、光华等大学教授郭佩弦、郭守经、彭绍青等抵新加坡,将去美国和欧洲各国,进行揭露日军在华一切罪行的宣传工作,使各国人士明了我国正在为自卫而战,为世界和平而战。

　　12 月 7 日　蒋介石于凌晨飞离南京,移驻庐山。

　　△　进攻南京日军突入汤水镇我军第一线阵地,傍晚我军撤至第

二线,固守汤山及汤水镇。龙潭、拜经台、保国山之线,亦到处发现日军,与我第四十一师发生混战。淳化镇日军以步、炮、飞机协同向我阵地猛攻,我部队伤亡甚大。秣陵关日军分两路向我进攻,已进至杜桥、杨山之线。日机八次轰炸我守军阵地。

△ 广东省银行发表广州市工商业受日机轰炸损失初步估计,共调查 86 行业 9625 家,平时全年营业额约 5.44458 亿元,店员人数约 10.7432 万人;因日机空袭而停业者共 1507 家,失业人数 1.3039 万人,损失总值达 106 万元。未歇业者以每日营业约三成半计,每日损失约 98.7 万元。

△ 国民党中央执行委员会、中央监察委员会电唁班禅逝世。

△ 中国航空公司湘鄂线开航。

△ 德驻日大使狄克逊将德国调停中日和谈备忘录面交日外相广田弘毅,广田认为情况已变,日本要求比以前更苛刻。

△ 英国外相艾登声明,中英条约仍当继续有效,绝不能因中日争端有所变动;如欲修改该条约,只能由中英两国直接谈判。

12 月 8 日 汤水镇、汤山、栖霞山、淳化镇、秣陵关、牛首山均失守;右侧我军退至板桥镇。我军东南正面阵地已失,退守复廓阵地。

△ 镇江、靖江、宣城失陷。

△ 日驻上海总领事致上海领事团备忘录,警告南京外侨立即离城。日本大使馆声明,日军不负南京国际安全区之安全责任。

△ 南京国际安全区开始悬挂特殊标志旗帜,首都卫戍司令部队离开安全区。国际安全区委员会已接受区内各处公共建筑,现进入安全区人民已达八万,将由红十字会设粥厂供应难民。

△ 天主教南京区主教于斌在比利时鲁文城,散发名为《关于远东战事,敬向全世界善良虔信人士发出呼吁》之小册子。

△ 教育部制定特种教育实施办法,规定志愿参加前方工作者,须加入军事学校训练,受军事机关之指挥、派遣工作;留校学生除修习课业外,一律加紧实施特种教育,预备从事后方服务。

12 月 9 日 日军向南京东南郊攻击,占领高桥门、七瓮桥及中和桥,于拂晓进至光华门外,将大校场、通光营房占领;随后攻破光华门,小部日军突入城内。牛首山方面日军进占大胜关,我军退守双涧镇至宋家凹一线。日军围攻栖霞山,我军将日军击退;双方伤亡达 4000 余人。日机六七十架在南京城内反复轰炸,投弹数百枚。

△ 日本华中方面军司令官松井石根,以飞机投下致唐生智之最后通牒,劝唐生智投降,限 10 日中午答复;并称"否则一切战争之恐怖,均将见于南京"。

△ 外交部发言人对海通社代表声明:蒋介石无论现在或将来,均无放弃领导全国责任之意。

△ 芜湖失陷,该专区专员与县长事前弃城逃走。日军进芜湖城后,在江边屠杀市民 2000 余人。

△ 徐特立与王凌波在长沙设立八路军长沙办事处;徐特立任八路军驻湖南代表,王凌波任八路军驻湖南通讯处主任与新四军驻湖南办事处主任。

△ 是日至 14 日,中共中央政治局在延安召开会议,陈绍禹(王明)作《如何继续全国抗战与争取抗战胜利》报告,反对坚持统一战线中的独立自主原则,反对强调游击战,主张"一切经过抗日民族统一战线,一切服从抗日"。11 与 12 两日,毛泽东在会上作两次发言,对陈绍禹的报告提出批评,一再强调中共在统一战线中的模范与领导作用,并称"如果没有共产党的独立性,便会使共产党降低到国民党方面去"。会议决定增补陈绍禹、陈云、康生为中共中央书记处书记,连同以前的张闻天、毛泽东、周恩来、王稼祥、秦邦宪五名书记,共八名书记。会议决定,由周恩来、陈绍禹、秦邦宪、叶剑英组成中共代表团,负责与国民党谈判;由周恩来、秦邦宪、项英、董必武组中共中央长江局,领导南方各省党的工作。

△ 晚,南京卫戍司令长官唐生智下达第三十六号命令:"各部队应以与阵地共存亡之决心,尽力固守,决不许轻弃寸地。"晚 9 时,南郊

将军山阵地守军击退日军多次进攻。

　　△　八路军配合山西盂县义勇军,围攻盂县日军,收复该城。八路军进攻堂邑日军,收复县城,歼日军 200 余名。

　　△　日机袭南昌,死伤居民 79 人,毁房屋 66 栋,炸损我飞机 20 余架。在空战中,日机击落我机 16 架;我击落日机一架。日机袭粤汉路、广九路。

　　△　广东省主席吴铁城对路透社记者称,如南京一旦陷落,华南拟加倍努力拥护中央政府。广州市长曾养甫亦谓,"吾人为中央政府之一部分,准备追随中央,抗战到底"。

　　△　阎锡山在临汾设立"民族革命青年训练学校",分大学、初中、高中三部,男女兼收,按其程度,随时指派担任抗战工作。

　　△　湘、黔边境苗族人民组织抗敌先锋队,参加抗战。

　　△　我国撤天津、秦皇岛两海关监督;日伪接管津、秦两海关。大批日本面粉入口不纳税,走私规模扩大,废铁出口绝无限制。

　　△　伪满洲国公布《贸易统制法》。

12 月 10 日　日军向南京雨花台、通济门、光华门及紫金山同时展开攻击。进攻通济门和光华门日军被我军击退,我军失去雨花台阵地前要点三数处,紫金山第三峰失守。日本大本营宣布,进攻南京司令官为天皇姻亲朝香宫鸠彦亲王中将。

　　△　日军在进攻南京途中进行疯狂野蛮大屠杀。东京《日日新闻》刊载随军记者报导《紫金山》一文,称日军第十六师团第九联队片桐部队所属向井敏明与野田岩两少尉,在无锡约定砍杀中国人 100 名比赛。是日,两人在紫金山相见,野田杀 105 人,向井杀 106 人;因不能确定谁先到 100 之数,两人决定不分胜负,重新再赌杀满 150 名中国人比赛。

　　△　日本举行五相会议,近卫首相、广田外相、贺屋藏相、米内海相、杉山陆相均出席。会议决定日军侵占南京,逼中国签订城下之盟。

　　△　汉口《大公报》发表社论《置之死地而后生》称,"全国同胞! 日本现在确切要把中国置之死地了,我们除非愿作朝鲜,就必须死里求

生……。大家都要和南京守城将士一样坚决,一样勇敢! 独立的中国只有死里求生的一条路了"。

△ 行政院副院长兼财政部长孔祥熙对《法兰克福报》特约通讯员发表谈话称,关于目前议和之说,乃纯粹决定于日方之事。

△ 蒋介石电告杨杰,苏联运华第一艘船在香港起货,并嘱向苏加购双翼驱逐机等项武器。

△ 周恩来与秦邦宪就浙江地区游击战争问题电任弼时转叶剑英称,必须注意与国民党方面合作,一切游击队应取得合法地位,力求依靠山地为根据地。

△ 青岛市长沈鸿烈与军事当局宣布,如日军攻击青岛,决抗战至死。沈氏语路透社记者称,吾人决保卫青岛至最后一息,日军如图攻青岛,必令费绝大之代价。

△ 行政院为协助地方政府或社会团体办理救护伤兵、疏散难民、指导民众事项,设非常时期服务团。其委员会由政府各部、会、署派员组织,团员则选择所属各机关疏散在外之人员中派充。

△ 德外长牛赖特电令狄克逊,如日本向中国提出屈辱和谈条件,"不能把日本自己在很短期间就说需要扩大的条件转递给中国"。

△ 巴达维亚(雅加达)华侨慈善事业委员会,先后募集捐款国币75 万元,奎宁丸 2213 公斤,救伤药品 27 箱,旧衣 28 箱,运寄回国。该会复组织华侨救护队,内有医生四人,救护员 14 人,救护车九辆,是日起程返国,转赴战区服务。

△ 伪山西自治政府在太原成立。

12 月 11 日　蒋介石两次电南京守军,如情势不能久持时,可相机撤退,以图整理,而期反攻。

△ 日军以主力继续向紫金山、雨花台攻击。日军攻陷紫金山后,即向和平门、太平门及中山门进犯,并由紫金山发炮轰击城内。雨花台我军右翼阵地为日军突破,中华门城门亦为日军炮火轰毁。一部日军攻占杨坊山及银孔山;一部日军由大胜关渡江至江心洲,向我第七十四

军攻击。

△　行政院通令所各属机关,今后星期日及例假,仍须照常办公,并应延长办公时间。

△　国民政府明令褒扬在广德牺牲殉国的第一四五师饶国华师长。

△　国民党中央政治会议秘书长张群,在汉口对海通社代表发表谈话称,即使南京失陷,中国政府亦决心继续抗战;中国能够支持数年之战争。在回答中国人民是否将武装从事游击战问题时,张氏答称:"此即最近第八路军总指挥所提议者,即使实行武装民众,亦必出以严格限制之办法。"

△　为开辟桂越交通线事,我驻越南河内总领事电外交部,略谓:"为发展越桂交通起见,除原有龙川同白(百)色间公路外,拟再造一副路。由靖西经化洞、岳圩,以达越边之上廓。而高平公路接通内越段,须由越方建筑,现越方派国联工程师冒克斯踏勘……惟须我中央同意……请接电宋委员(宋子文)接洽。"

△　朱德、彭德怀与任弼时电徐海东、黄克诚转聂荣臻、罗荣桓,为避免与晋绥军摩擦,徐海东与黄克诚部不向晋西南活动,改向晋东南活动。

△　中共中央机关刊物《群众》在武汉创刊。

△　《全民周刊》在汉口创刊,沈钧儒任社长。

△　日机袭粤汉路,为我军击落两架。

△　日本内阁会议批准五相会议的决定,其要旨为:一、不承认蒋介石政府;二、进行扩大战事;三、辅助"新中国"建立。

△　日军海军大将末次信正谈话称,为中国问题不惜与英国一战。

12 月 12 日　蒋介石手令甘肃省政府主席朱绍良称,今日西北实为中国存亡惟一之关键。其次,外交应特别注重。无论货物交代,行人来往,皆应用正式手续,不可漫无限制,致陷于无国界状态,造成东北第二。以后无论飞机、汽车或货物到兰后,必须由战区司令部接收经管;

向各地运出,必须请示于中正(蒋介石)许可后,方得放行。如其有欲飞向陕北或运往陕北之物品,更非得中正之许可与中央之护照,切勿擅自放行。

△ 蒋介石电湖北省政府称,征兵制度和摊派公债的做法,致使各级官员假借名义,从中勒索敲诈,致使人民不堪其苦。

△ 孔祥熙对国民社记者谈话称,凡能尊重中国领土行政完整之荣誉的和平,无论何时,中国皆准备接受。南京陷落之后,能否休战,此为日本方面之事。日本若能尊重中国领土行政之完整,则和平立可告成。关于中央政府能否接受以华北自治为基础之和议,孔祥熙答称,设华北脱离中国版图,则中国版图当然受其破坏。孔祥熙称,蒋介石在目前环境下,决不至放弃其责任,动摇中国抗战将士之军心。记者问中国政府究竟那一部分可以代表接受和议,孔祥熙答称,唯有整个政府始能考虑此点。

△ 国民党中央宣传部长邵力子以《我辈信心》为题发表广播讲话称,首都被日军围攻,实在是我们莫大的耻辱。但我们应格外坚定抗战的决心,千万不可稍有悲观失望,我们不怕失败,只怕气馁。我们对日抗战,本是从极端的困苦中求生存,求复兴。

△ 南京日军攻占雨花台主阵地及紫金山第一峰据点,并攻进中华门。中山门城垣被日军炮火击毁数处。我城外守军退入城内,秩序异常混乱。日军在水西门攻击入城。下午5时,南京卫戍司令长官召集各高级将领会议,决定按军事委员会委员长蒋介石命令撤退,大部突围,一部渡江。各部队于当晚11时开始突围。

△ 日机30余架袭广九路与粤汉路;并轰炸洛阳、南昌等地。

△ 邓锡侯率第二十二集团军孙震第四十一军开抵潼关,奉命集中徐州。

△ 海军总司令部下令青岛第三舰队所属"定海"、"永翔"、"楚豫"、"江利"、"镇海"、"同安"、"海鹤"、"海燕"八舰艇及"宏利"商船沉于青岛小港,封锁青岛港口;以"海鸥"、"海清"、"海骏"、"海蓬"四艇沉于

威海卫刘公岛港。

　△　江苏、安徽、山东、河南四省民众运动会之青年干部训练班在徐州开学,学员共 300 名,均为大、中学生。

　△　日机轰炸南京,并对芜湖英炮舰"蜜蜂号"、"瓢虫号"及商轮"瑞和号"投弹。

　△　美军舰"巴纳号"在安徽和县长江水域中被日机炸沉,死 26 人;美孚石油公司油船"美平"、"美夏"、"美安"三艘亦被炸沉。

　△　日本亲善专使石井对《星期日泰晤士报》访员谈话称,列强若能长此维持严格之中立态度,日本拟继续尊重列强在华之权益,以海关税收抵付外债,上海租界工部局权力所依据之地皮章程,仍将受日本尊重。

12 月 13 日　日军攻陷南京。上午,日军第六师团、第一一四师团从中华门首先入城,第九师团攻入光华门,第十六师团攻入中山门、和平门。下午 2 时,日海军第十一支队溯江抵达下关江面。下午 4 时,国崎支队沿长江北岸攻至浦口。同日,日军各师团按华中方面军司令官松井石根发布《攻占南京要领》规定,分别窜至各区,进行"扫荡",开始进行疯狂野蛮的南京大屠杀。当日,日军第十六师团中岛今朝吾师团长下令,将南京俘虏守军 1.5 万人,在太平门、仙鹤门等地进行集体屠杀。在南京城内,中山码头、下关火车站等处,日军对聚集江边的难民进行疯狂射击,枪杀我无辜同胞达数万人。

　△　军事委员会委员长蒋介石为南京沦陷发表通电,重申继续抗战决心,谓我军"退出南京,绝不致影响我政府始终一贯抵抗日本侵略原定之国策,其惟一意义,实只加强全国一致继续抗战之决心"。

　△　日舰占北海口外围洲岛,日舰多艘泊广州、香港间圣约翰岛。上下川岛及三灶岛等地,日军连日增兵数千人。

　△　日本大本营与日本内阁举行联席会议,作出关于同中国正式开始和平谈判的决定。

　△　国民党中央执行委员会中央政治学校迁长沙,陈果夫兼代教育长。

△ 湖南省教育厅长朱经农实施战时教育,对 4000 多高中和大学生及 400 名教职员,进行两周特种技术训练。

△ 美总统罗斯福直接致函日本天皇,为"巴纳号"被炸沉案向日本提出抗议。

△ 杜威、爱因斯坦、罗素、罗曼·罗兰联名发表宣言,请各国人民自动组织抵制日货运动,勿与日本合作,藉免助长日本侵略政策,并以全力援助中国,直至日军完全退出中国。

12 月 14 日 蒋介石自江西星子抵武昌;军事委员会迁至武昌珞珈山武汉大学内办公。

△ 首都警卫军副司令萧山令少将,12 日奉南京卫戍司令长官唐生智之命,兼任首都警察厅长暨南京市长,率宪兵两团掩护我大部队由城内撤出。萧山令率部在南京城内与日军反复冲杀,血战竟日,最后兵败,壮烈殉国。国民政府追赠萧山令为陆军中将。

△ 伪中华民国临时政府在北平成立,设议政、行政、司法三委员会。汉奸汤尔和为伪立法委员会委员长,汉奸王克敏、齐燮元、朱琛、王揖唐、董康、江朝宗、高凌霨为伪行政委员会委员,王克敏为委员长;汉奸董康为伪司法委员会委员长。伪中华民国临时政府采用红、黄、蓝、白、黑五色旗为"国旗"。王克敏与日本密约,伪政府行政、经济、军事、教育等大权均由日人控制;日本派出由平生剑三郎率领的顾问团任伪政府最高顾问团;伪政府一切行政事务,均需要事先征得该顾问团同意方得施行。伪政府成立后,伪冀东防共自治政府,平、津及河北各伪维持会均解散,河北、山东、山西、河南各省伪组织均属伪中华民国临时政府。

△ 日军渡过长江北岸,占浦口、浦镇、江浦、扬州。

△ 日军上海派遣军司令部移驻南京。

△ 日本在上海实施新闻检查,上海《大公报》、《申报》停刊。

△ 日本举行内阁及大本营联席会议,由近卫首相主持。出席会议的有多田骏参谋次长,有贺军令部次长,杉山元陆相,广田弘毅外相,

米内光政海相，末次内相，贺屋藏相，决定提出加重对华新条件。

　　△　意大利召回供职我国之军事顾问团及航空专家。我国驻意大使刘文岛亦奉召回国。

12月15日　日军在南京集体屠杀我徒手军民万余人，其中押往海军鱼雷营用机枪集体扫射9000余人；在挹江门外姜家园南首用机枪射杀或纵火烧毙居民300余人。在司法院难民所内外军民2000余人，被日军押至汉中门外用机枪扫射，并对已死或受伤者复用木柴、汽油焚烧。

　　△　北平伪中华民国临时政府攫取天津及秦皇岛海关。

　　△　英国政府为"瓢虫"、"蜜蜂"两舰及商船"瑞和号"被日军击沉事，向日本政府提出强硬抗议。

　　△　日本外相广田照复美国，对"巴纳号"被击沉案表示道歉，并允赔偿。

12月16日　行政院长兼军事委员会委员长蒋介石为南京沦陷发表告全国国民书，称："中国持久抗战，其最后决胜之中心，不但不在南京，抑且不在大都市，而实寄于全国之乡村和广大强固之民心。"

　　△　日军从南京安全区搜捕数万人绑赴煤炭港枪杀，将尸体抛入江中。同日，中山北路华侨招待所难民5000余人，被日军押往下关中山码头枪杀。

　　△　日军南京碇泊场司令部少佐部员太田寿男供称，是日到18日奉命处理尸体。太田寿男直接处理的尸体有1.9万具，经安达少佐处理的尸体有8.1万具；估计其他部队投入江中尸体有五万具；总数为15万具。

　　△　日军分三路犯苏、皖。日军由采石犯和县，拟经含山西犯合肥，在乌江一带与我军激战；由浦口沿津浦线北犯，在乌衣与我军接触。长江北岸登陆日军，陷靖江、泰兴、瓜洲、仪征，并协同海军陆战队分乘小艇猛烈北犯，企图沿运河北犯淮阴。

　　△　平汉线日军增援一个师团，分驻安阳、邯郸、磁县一带，拟联合

鲁西日军分四路南犯。一路取道武安、涉县犯我左翼林县;一路由安阳犯汤阴;一路由大名犯我右翼内黄;一路由鲁西犯我右翼濮县。我左翼在武安,右翼在卫河东岸,与日军激战。

△　第五战区正、副司令长官李宗仁、韩复榘发表告战区全体将士及民众书,要求本战区全体将士、党政公务人员暨各界民众,都必须激发忠忱,为国效死,严守纪律,服从命令。

△　周恩来至西安,与国民党陕西省党部负责人协商国共两党合作及参加民运事宜。

△　毛泽东与彭德怀电朱德、任弼时,趁日军在华北空虚之际,中共派两个支队至平汉路以东地区组织游击战争;一支由第一二九师一部组成,一支由聂荣臻军一部组成。其主要任务为侦察敌情,扩大抗日统一战线,发动民众组织游击队,破坏伪组织,收集遗散武器,用以扩大抗日力量。

△　中航公司新辟重庆至香港航线。

△　汉奸高凌霨任伪天津市长,汉奸江朝宗任伪北平市长。

△　日本内阁会议决定延长对华战争,并承认北平伪中华民国临时政府。

12 月 17 日　蒋介石在武昌召集军政首长谈话,谓南京失守,日军此后深入内地,其困难将更多。蒋氏勉众首长今后要多负责任,准备过艰苦生活。同日,蒋介石筹定在日军占领区域,发动游击战,使日军进退维谷,疲于奔命。

△　国民政府令:甘肃省政府主席朱绍良现已到任,兼代甘肃省政府主席贺耀组免代。

△　国民政府令:铨叙部长石瑛另有任用,免去本职;特任钮永建为铨叙部长。

△　国民政府公布《非常时期监察权行使暂行办法》,凡五条。

△　全国抗日大同盟成立,在汉口设立总部。

△　南京日军昨日在街头强奸数百名寻找避难所的妇女,旋又进

入安全区带走 100 余名妇女进行强奸。至是日,南京安全区 1000 名左右的妇女遭日军强奸,其中一名妇女被轮奸 37 次,另一名孕妇对日军进行反抗,被日军刺死。

△ 日本华中方面军司令官松井石根及日本中国海舰队司令长谷川清分别由中山门与下关举行侵占南京入城式。日天皇发布诏书表示"欣悦"。

△ 国际委员会致日本使馆公函称:"受敝处指挥的红十字会,在难民区收拾尸体时,卡车或被劫去……昨晚更有红十字会的工役 14 人被绑。难民区内的警察屡遭干涉。昨天驻在司法院内的警察 50 人被绑去,当时据(日)军官云,'拖去枪毙';午后又有志愿警察 46 人被捕去……奸淫掳掠种种暴行的报告,如雪片飞来……若干难民住宅,一夜遭日本兵闯入五次,或劫掠财物,或凌辱妇女。"

△ 日本中国海舰队司令长谷川清对外国记者团发表谈话称,日军虽已占领南京,但日本帝国决不满意今日之成功,因距总局的前途尚远。日军基于帝国之总意,希望到达彻底的目的。

△ 苏联飞机 50 余架及驾驶员多人抵汉口。

△ 军事委员会第六部电令各、省市党部,会同该部所派视察员指定人员,分区普遍登记战区失学、失业青年,予以短期训练,组织服务团,分别派送战地或农村服务,或至军事学校受训。

△ 交通部上海国际电台总管理处已迁往成都;原在沙逊大厦国际无线电台,由美国无线电交通公司接管,继续营业。

△ 日军接管上海全部海关行政,英国雇员表示放弃海关管理权。上海海关总务科行政税务司、税饷房主任、监察长等职务由日人担任。

12 月 18 日 军事委员会委员长蒋介石在南昌主持军事会报会,决定封锁马当要塞。

△ 日军将南京城郊难民及俘虏 5.7 万余人驱至下关草鞋峡,用机枪扫射,将尸体浇煤油焚烧。日军在下关南通路以北,将被俘军人及难民约 300 余人,集合至该处麦田中用机枪扫射,无一人幸免。在城内

大方巷难民区,日军将青年单辉亭等 4000 余人押至下关,用机枪扫射,无一人生还。

△　由南京沿津浦线北犯日军抵滁县。由芜湖渡江北犯日军占领裕溪口,在巢县以南与我军对峙。

△　湘桂铁路公司理事会在汉口成立,侯家源任总经理。

△　财政部通令,浙江兴业、中南、四明、中国通商、中国实业、中国农工商及湖北省银行各行钞票照常行使,对拒收者予以严惩。

△　陈绍禹、周恩来、秦邦宪、邓颖超等抵达武汉。

△　湖北省举办乡镇干部训练班,招收初中毕业以上学生或具有同等学力之青年,经两周训练后,分派至各县担任联保以下壮丁训练及宣传工作。

△　日本海军部宣布,日机已在中国中部各城市投炸弹 900 余吨。

△　日本华中方面司令官松井石根集合师团长训话称,日军在南京暴行,使日皇颜面扫地。

12 月 19 日　平汉线我军由内黄反攻,各县民众亦纷起自卫。冀南清丰民军收复县城。鲁西濮阳亦收复。

△　武汉文化界成立抗敌协会。

△　南京中山文化教育馆迁至重庆;职员及书籍 200 余箱同时抵达重庆。

△　日军由吴兴、崇德及沪杭路与钱塘江四路进犯杭州;主力集中于沪杭路及钱塘江两路。吴兴日军一部向德清进犯,一部图袭取新市,与崇德、石门湾日军联合犯塘栖。日军第九、第一〇一师团由青山市向我退守杭州附近刘建绪部进攻。

△　扬州日军 2000 余人分两路进袭邵伯,并推进至扬州甘泉山。日军增援机械化部队继续进犯,我军由仙女庙北退。津浦路日军攻占乌衣,我军退至嘉山以南。滁县失陷。

△　日军第十军下达分三路进攻杭州命令。在广德、泗安集结之第十八师团由安吉沿杭泗公路南犯;在吴兴(湖州)集结之第一〇一师

团,由武康、德清沿杭湖万路南下;在嘉兴之第一后备步兵团则沿沪杭铁路向杭州进犯。

△ 世界红十字会救济专员自南通、如皋、泰兴、宝应、靖江等处发函上报,苏州、常州、镇江一带战区难民聚集于江北各县者不下百余万。

12 月 20 日 国民政府发表宣言,否认北平伪中华民国临时政府组织,称此"为日本之傀儡,其参加此伪组织人等,应以国法惩处";并郑重声明:"在日本军队占领之北平或其他地方,发现任何伪政治组织,皆为日本侵犯中国主权及领土行政完整之暴行,其一切行为,对内对外,当然无效。"国民政府下令通缉汉奸汤尔和、王克敏、董康、齐燮元、王揖唐、朱琛等人。

△ 国民政府明令凡在日军非法占领区域,甘心附敌参加伪组织者,着军事委员会按照汉奸治罪条例,查明通缉,严行惩办。

△ 国民政府公布《民国二十七年江西省建设公债条例》,公债定额为国币 2000 万元,年息六厘,偿还期限为 15 年半。

△ 陈绍禹、周恩来、秦邦宪与陈立夫就国共关系进行商谈。陈立夫表示同意中共方面关于进一步调整两党关系和制定共同纲领的主张。陈绍禹与周恩来开始准备起草共同纲领,对时局宣言以及边区问题的协议条款。中共提出关于边区的意见:一、边区范围定为延安、甘泉、鄜县、洛川、延长、延川、安塞、安定、保安、靖边、定边、淳化、栒邑、宁县、正宁、镇原、固原、海原、靖远、盐池、环县、庆阳、合水 23 县。二、边区政府设边区行政长官一人,副长官一人,下设民政、财政、教育、建设、农工各厅及保安司令部。三、边区行政长官人选以丁惟汾为正,林伯渠为副;丁惟汾因公不能到任,由林伯渠代理;边区行政委员会委员为丁惟汾、林伯渠、张国焘、徐特立、高自立、马明芳、高岗、成仿吾八人,各厅厅长由委员分别担任。四、保安队依边区各县之大小而设一中队至一大队,另设八路军补充师。五、中央每月补助边区经费 10 万元。六、边区善后遣散费 30 万元。

△ 军政部命令,除征募常备兵外,开始征集国民兵役。

△　新疆边防督办盛世才正式颁发动员令,该省陆、空军均整装待命出发。马仲英部万余人,愿参加抗战。

△　上海市金融、工商、慈善、教育、文化及工界人士举行联席会议,决定发表宣言,"吾人为中华民国而生,亦愿为中华民国而死,在国军暂时撤退期内,誓当为国族增加光辉,为人间保存正气,断不靦颜事敌,苟且偷生",并表示誓不承认一切傀儡组织。

△　陇海铁路通车至陕西宝鸡。

△　上午,在南京下关龙江桥口,日军将被俘中国军民 500 余人绑扎后以机枪射杀,并纵火焚烧尸体,凡尚有气息者,更以刺刀刺死。

△　日军是日起在南京城内实行有计划的纵火暴行,市中心区太平路火焰遍布,至夜未熄,所有消防设备悉遭劫掠;市民有敢营救者,尽杀无赦。

△　日第一军参谋部第二课发表《关于全般的敌情判断》一文称,"朱德、彭德怀所率领的共产军主力在榆社宣城镇附近,其有力一部在五台及太原西方山地……民众有渐渐亲近他们的倾向,将来更联合各地残兵难民等,经过相当时期后,如果完成各方面的联络,势力一定会逐渐扩大。……假如我方停止于现在配备状态,山西后方的扰乱愈发加多,共产军等一定会协力夺回太原"。

△　伪中华民国临时政府设伪中央银行,以日人儿玉谦次与汉奸王克敏任正、副行长。该伪行总行设于天津,并在北平、通州、唐山、张家口、保定、归绥设分行。

△　英命原驻伊拉克大使卡尔,继许阁森为驻华大使。

△　英外相艾登在下院声明,英国决不承认北平伪中华民国临时政府。

12 月 21 日　周恩来、陈绍禹、秦邦宪等与蒋介石会谈。周恩来就成立国共两党关系委员会,商定两党共同纲领,出版《新华日报》,建立国防军事工业机关与征兵委员会,补充扩大和改造部队,协助政府组织扩大国防参议会为民意机关作出说明。陈绍禹就目前抗战形势,国共两党关系及合作任务,国际活动情形与共产国际提议作出说明;并向蒋介石转达苏联愿帮助中国政府组织 30 万机械化部队,建立与战争相适应的军事工业。秦邦宪谈陕甘宁边区,八路军设联络参谋,八路军办事处等问题。蒋介石表示,三人所谈极好,照此做法,前途定见好转;并告知今后两党关系与陈立夫共商一切。参加谈话者,在中共方面为陈绍禹、周恩来、秦邦宪、叶剑英;国民党方面为陈立夫、康泽、刘健群、张冲。这次国共两党会谈,就成立国共两党关系委员会达成协议。

　　△　军事委员会组设工厂迁移委员会,协助沪、汉等地工厂迁往四川等省。迁移工厂分为军需厂矿与普通厂矿。军需厂矿由政府命令迁移,给予迁移费、奖励金,介绍低利借款,拨给建厂地亩,免征各种转口税及落地税,减收运费及优先运输等便利。普通厂矿如自愿迁移,经主管机关核准后,给以免税免验,便利运输,代征地亩之便利。

　　△　四川省政府主席刘湘电令川省各县对沪、汉迁川工厂尽量予以便利。

　　△　工矿调整委员会为增加抗战实力,设法扶植民营工业,规定:"(一)对于战区厂矿设法迁移内地,辅助复工。(二)对于后方工厂设法增加资本,扩大产量。(三)对于新兴企业予以种种奖助,俾得创办。(四)对于工业材料之必须取于国外者,设法统筹购储,分配使用。(五)手工业上所需之技术员工,设法增求登记,分发服务。"

　　△　张闻天发表《巩固国共合作,争取抗战胜利》一文称,"争取抗战最后胜利的中心关键,就是在于扩大与巩固抗日民族统一战线"。

　　△　八路军收复涞源、紫荆关。日军为应付八路军及游击队,以大同为根据地组织蒙古游击军四队。

　　△　冀南、鲁西民军收复朝城、阳谷、观城等地。

　　△　天津电话局长张子奇率全体员工宣称,全体员工为保国家利益,国民立场,决不承认伪政权;倘遭武力压迫,不惜将价值百万元之公众交通利器忍痛毁坏。

　　△　日本内阁会议决定以更苛刻的条件为日中和平谈判的基础:

"一、中国应放弃容共和反抗日、满的政策,对日、满两国的防共政策予以协助。二、在必要地区设置非武装地带,并在该地区内的各个地方,设置特殊机构。三、在日、德、中三国间缔结经济合作协定。四、中国应对帝国赔款";并称:"如中国接受上述条件,必须表现出实行防共的诚意,并在一定限期内派遣媾和使节到日本所指定的地点进行谈判。"

△　世界反战反法西斯委员会在巴黎招待法国记者,请中共人士吴玉章报告《目前中国抗战形势及其前途》。

△　日本首相近卫宣言承认北平伪中华民国临时政府。

12 月 22 日　国民政府颁布《战时农矿工商管理条例》,授予军事委员会第三部和第四部如下权力:一、对各省、市、县农、矿、工、商主管官署处理战时农、矿、工、商事务,有指导监督之权。二、对各地农会、商会、工商同业工会、渔会及其他农、矿、工、商各业团体,得发布关于战时管理上必要之命令。三、对于生产或经营业经指定物品之各企业,在经济、材料、设备、动力及产品销售等方面予以协助;并对上述企业之生产或经营方法,原料之种类及存量,生产费用、运输及销售之方式,售价及利润等方面,规定适当之标准,同时有权命令上述企业增资或合并。四、对于业经指定之物品,得令其售出或储存,或定价收买,或规定办法支配之。

△　我军在津浦线南段青流关等地与日军激战,我左翼阵地被日军突破。嘉山失陷。

△　进攻杭州日军一部占莫干山,逼近武康;一部逼近余杭;另部日军向长安镇进攻。张发奎与刘建绪率部退守钱塘江南岸阵地。

△　驻太原日第二十师团长川岸文三郎集步骑兵 5000 余人,附平射炮、曲射炮 10 门,在飞机三架掩护下,向平定、昔阳、榆次、太谷地区八路军实行分进合击。八路军陈赓部接战后,发现日军不断增兵,主力即南移至独堆山进行侧击。日军尾追至南军城、马岩一带,遭陈赓部阻击后,伤亡惨重。

△　日军 800 人在大鹏湾登陆,为我国海防部队击退。

　△　日机袭南昌,为我军击落二架。

　△　南京日宪兵司令部发布布告,谓:"自 12 月 24 日起,宪兵司令部将签发平民护照……凡各平民均须向日军办事处亲自报到,领取护照,不得代为领取……。无护照者,一概不得居留城内。"

　△　自是日起,世界红十字会南京分会开始从事收埋尸体工作,收埋尸体人员共 160 人,分两班收尸。每天收到的尸体用汽车送到望江矶、汉西门和下关掩埋。在所收埋尸体中,绝大多数都是年轻人和年轻妇女。

12 月 23 日　蒋介石对德国记者谈话称,为了避免大量牺牲,今后对日作战战略,当着重游击战争。

　△　国民政府明令褒扬班禅,给治丧费一万元,特派戴季陶前往康定致祭。

　△　周恩来在汉口对美联社记者发表谈话称:"自中国农民六万人参加作战后,在山西方面之日军,已陷入进退维谷区域。""日军现在之目的,显为:一、占领津浦路及陇海路;二、占领扬子江流域一带;三、窥伺杭州、南昌及长沙,俾能切断粤汉路;四、占领广州。"

　△　中共中央代表团与中共中央长江局召开第一次联席会议,决定代表团与长江局合并,对外为中共代表团,对内为长江局。中共代表团与中共中央长江局,由项英、秦邦宪、周恩来、叶剑英、陈绍禹、董必武、林伯渠组成;暂以陈绍禹为书记,周恩来为副书记。长江局下设秘书处,李克农任秘书长;参谋处,叶剑英任参谋长;民运部,董必武任部长;组织部,秦邦宪任部长。会议认为,南方各地区的红军游击队应迅速集中,全部开赴抗日前线;作战地区,划浙赣铁路以北为第一作战区域;以南为第二作战区域。

　△　陕西省政府划定黄龙山、马兰镇容纳战区难民垦殖。

　△　北平故宫博物院大批文物及珍宝移存汉口。

　△　《中央日报》自南京移长沙,定民国二十八年(1939)元旦在该地继续出版。

△　欧亚航空公司开辟昆明至河内航线,与法国航空公司至欧洲航线联接;汉口经昆明与欧洲联接。

△　进犯杭州日军东路已越过长安镇,西路由余杭占长桥。我军与日军在杭州近郊激战。我军为阻止日军越过钱塘江南犯,派工兵团炸毁钱塘江大桥。

△　河北游击队克复大名。

△　伪南京市自治委员会成立,汉奸陶锡山为委员长。

△　日本外相广田将日本和平四条件以书面声明形式交德驻日大使狄克逊,并作口头说明:一、蒋介石政府必须以反共行动来表示接受这些基本条件的诚意。二、蒋介石须在规定的时期内派遣和平谈判代表至日本所指定地点。三、日本希望在本年底左右获得答复。四、当蒋介石已经声明愿意接受这些基本条件时,希望德国不要劝告日中停战,而建议双方直接谈判。

12 月 24 日　军事委员会委员长兼行政院长蒋介石电各战区司令长官:"凡在战区内之党政各级人员须受战区司令长官指挥。无论在任何情况下,(省)主席、专员、县长及各级党务工作人员不得擅离所属境地;如违,以军法论处。"

△　宋庆龄离上海赴香港。

△　第五战区副司令长官韩复榘晚离开济南赴泰安,留第二十五师守济南。

△　中共山东胶东特委书记理琪在文登县天福山发动起义,成立山东人民抗日救国军第三军。蓬莱、掖县、黄县亦相继起义。

△　杭州失陷。我军向钱塘江南岸转进。

△　日军第十军司令部驻杭州。

△　绥远日军退集大同,以便东、西策应张家口与归绥,并图控制我国雁北一带游击队与义勇军。绥远各盟旗王公组织伪游击队,接替撤防日军。由达密凌苏龙任防绥东;僧格林沁任防绥西南;潘德呿察布任防绥北;色楞布任防西山咀一带。

　　△　日本内阁会议决定《处理中国事变纲要》,宣布"今后不一定期望与南京政府谈判成功";处理华北的方针,"政治的目标是建立防共、亲日满的政权,经济的目标是建立日、满、华不可分割的关系……。逐步扩大和加强这个政权,使它成为重建新中国的中心势力。"处理上海方面的方针,"军事的占领区域内,在时机成熟时,建立与华北新政权有联系的新政权,但目前由治安维持会以及因需要而组成的联合会,负责维持治安"。经济方面,"目标以上海为据点,确立帝国向华中方面经济发展的基础"。《纲要》规定,以上海租界周围地区为特别市。

　　△　日本派谷正之为驻北平伪中华民国临时政府最高外交官。

　　△　《纽约时报》驻上海记者揭露南京日军暴行称,"日军入(南京)城后,恣意奸淫掳掠,实乃日本国家之国耻。美国炮舰'巴纳'横遭击沉,与美国军舰、商船遭轰炸,实桥本上校直接命令所致"。

　　△　伪新民会在北平成立,汉奸王克敏为会长;在北平中央指导部下设总务、教化、厚生各部;并于各省、道、县设指导部,由省长、道尹、县长任指导部长。按:北平伪中华民国临时政府政区建制,为省、道、县三级,道行政长官称道尹。

　　△　德国外长牛赖特电令陶德曼将日本提出的和谈四条件通知中国政府。

12 月 25 日　国民政府明令已故陆军上将唐继尧于洪宪叛变之际,首义滇疆,声讨帝制,保障民国。当此起义纪念之日,唐继尧应特予国葬。

　　△　项英自延安带来的干部与叶挺在汉口组织动员的医务、后勤人员,在汉口举行新四军干部大会。此为新四军军部机关举行的第一次会议,实际是新四军军部的成立会议。

　　△　国民政府派赴欧专使陈公博约集我国驻欧使节在巴黎集议,商讨如何运用外交支持抗战。集会由陈公博主席,到会有驻法大使顾维钧、驻英大使郭泰祺、驻德大使程天放、驻比大使钱泰、原驻意大使馆参事沈祖同(驻意大使刘文岛奉召返回)、李石曾、蒋百里、张彭春(南开

大学教授),共九人;并邀请杨光泩、谢寿康、郭秉文、吴玉章四人参加。

△ 军事委员会颁《抗战负伤奖励规则》。

△ 前北京政府总理熊希龄,于冬赴香港为抗战募捐,日夜操劳,是日病逝于香港。

△ 日军占领周村,分兵进逼潍县、博山。日本中国海军舰队司令长谷川清宣布,自即日起封锁青岛海上交通。

△ 日军在上海成立新闻检查所,强迫各报接受检查。上海日报公会所属各报,除《新闻报》和《时报》外,陆续自动停刊,拒绝送验。

△ 日伪筹建"中国联合准备银行",计划资本 5000 万元,日伪出资各半。该行将发行不兑换之"新法币";其汇兑营业,与日、"满"通货同价进出。

12 月 26 日 中共方面周恩来、陈绍禹、秦邦宪、叶剑英,国民党方面陈立夫、刘健群、张冲、康泽,出席国共两党关系委员会会议。会议决定每五天会商两次,推定周恩来、刘健群起草两党共同纲领。

△ 陶德曼以 12 月 2 日的日本议和条件递交孔祥熙与宋美龄。

△ 军事委员会第六部武汉办事处电告全国,要求在元旦日联合各界举行"尊敬伤兵"及"慰问难民"运动。

△ 广东绥靖主任余汉谋召集所属各军军长举行保卫广东军事会议,将所属防务重加配置。

△ 第五战区司令长官李宗仁及副司令长官韩复榘发布命令,禁止战区党、政、军各机关向民众强征劳役,强派捐款及物品;用强力逮捕办法征兵;干涉人民抗日救国之言论、出版、集会、结社、请愿的自由;向自耕农及佃农强征粮、款等。

△ 第二战区司令长官阎锡山设民族革命大学于临汾,开始招生。

△ 实业部重新颁发合作贷款办法,令各地合作机关及银行照办。

△ 苏联新任驻华大使奥莱尔斯基经兰州至汉口,次日会见外交部长王宠惠。

△ 江西省政府决定由江西裕民、建设、市立三银行,联合发行辅

币券,总额 400 万元。

　　△　上海暨南、同济、复旦、大夏等大学学生到南昌,是日作联合宣传,在街头演出话剧,唤起市民保卫国家。

　　△　国立厦门大学迁长汀。

　　△　日军由洀口、齐河、济阳等处陆续渡过黄河,对济南采取大包围形势。济南以西长清等地已发生战事。济南除军事机关以外,已分别移至泰安、单县、兖州各地。

　　△　南京日军宪兵司令部发布的平民登记,是日开始分别在金陵大学、宁海路、上海路、金陵神学院、金大附中等处进行。日军在金大网球场上集中 3000 多难民,欺骗说:"以前当过兵的或做过夫役的,都去到后面去……"有两三百人走出了队伍。日军将这两三百人押解出去予以屠杀。

　　△　南京崇善堂自是日开始掩埋日军南京大屠杀的尸体,截至 28 日,共收集与掩埋尸体如下:崇字掩埋队第一队在汉西门至估衣廊,收尸 124 具,内男尸 96 具,女尸 22 具,儿童尸体六具,掩埋于五台山。崇字掩埋队第二队在挹江门以东,收尸 392 具,内男尸 342 具,女尸 38 具,儿童尸体 12 具,掩埋于城墙根下。崇字掩埋队第三队在新街口以南,收尸 91 具,内男尸 83 具,女尸七具,儿童尸体一具,掩埋于五台山。崇字掩埋队第四队在中华门以东,收尸 404 具,内男尸 352 具,女尸 34 具,儿童尸体 18 具,掩埋于城墙根下。总计南京崇善堂崇字掩埋队四个队在三日之内共掩埋尸体 1011 具。

　　△　美总统罗斯福宣告延长之白银协定,将于明年 1 月 1 日前开始实行。

　　△　"巴纳号"事件结束。美国接受日方道歉及对政府与私人两方赔偿损失的办法。

　　12 月 27 日　蒋介石主持召开国防最高会议,会上有人主张接受日本苛刻条件,与日本和谈。蒋介石当即表明,"今日除投降外无和平,舍抗战外无生存"。

△ 孔祥熙访陶德曼，表示不能接受日本谈和新条件。

△ 陶德曼以 12 月 2 日的日本议和条件副本交外交部长王宠惠。

△ 蒋介石电各省维持民食和军粮。

△ 广东省党政军联席会议决定各县、市联乡自卫，推举陈铭枢、蒋光鼐、蔡廷锴等负责领导民众自卫，将沿海划为七个联防区；其余各县则划为 12 个普通区，统限于明年 1 月 1 日成立。

△ 军事委员会第六部武汉办事处发表《吾人应有的主张和努力的途径》，凡 21 条，包括"拥护中央，拥护统一，拥护蒋委员长，拥护抗战到底"；"健全保甲组织"；"整饬国家纪纲，制裁分散国力、破坏法纪之行动"，分送各新闻出版机关、文化宣传团体，作为今后宣传及实际工作之准备。

△ 军事委员会特派孙绳武在青海省政府宴请蒙、藏各王公，宣达中央抗战决心。

△ 国共两党双方协商同意新四军不隶属八路军，隶所在战区直辖；军以下不设师、旅、纵队，直辖四个支队，在南方各地区只设留守处、办事处，部队全部开赴抗日前线。

△ 周恩来在汉口接见《抗战》三日刊记者，分析当前的抗战形势，批驳所谓"我们打败固然是日本的，就是打胜也是苏联的"等谬论。

△ 我军扼守桐庐、分水、昌化各县，与皖南宁国我军联成一线。日军一路由富阳犯桐庐，一路自孝丰犯於潜，图渡新安江后再进犯衢州。日军前锋部队有五个联队，并附有机械化部队。

△ 济南失陷。我军与日军在胶济路潍县激战。韩复榘部第二十五师由城厢退至长清、白马山、千佛山、淄川一带。日军续向泰安进犯。

△ 中共党员姚仲明等在山东清河、长山发动起义，成立山东人民抗日救国军第五军。中共鲁东工委在昌邑、潍县、寿光发动起义，组成八路军鲁东游击第七、第八支队。

△ 财政部拨款 15 万元救济上海灾民。

△ "满洲重工业开发股份公司"成立，综合开发东北铁、煤和轻

金属等重工业资源,为从原料工业一直到制造飞机、汽车等高级机械工业的大规模的重工业公司。"满业"资本共 4.5 亿日元,"日产"和"伪满"各投资一半。"满业"建立后,把昭和制钢、满洲煤矿、满洲轻金属、同和汽车、满洲采金五个重工业公司,划入"满业"系统,作为子公司。

　　△　诺贝尔继任英国驻华舰队司令。

12 月 28 日　汪精卫、孔祥熙就陶德曼转来日本议和条件事会见蒋介石。蒋介石表示日方所提条件,妨碍国家生存,无从谈起;决定暂不正式答复,可将日方备忘录密知英、美、法、苏各国探其态度。蒋介石并称:"国民革命在求中国之自由平等,决不能屈服于敌人,与之订立各种不堪忍受之条件,以致我国家、民族永远受其束缚。只要我国民政府不签字于任何不平等条约之上,则我随时有收回国土、恢复主权之权也。"

　　△　蒋介石令铁道部长张嘉璈非正式告知德驻华大使陶德曼,对于日本所提的条件,中国无法接受。同日,会见苏联驻华大使奥莱尔斯基。

　　△　外交部奉命将日本议和备忘录电知各驻外使节转告各国政府,探其态度。

　　△　行政院决议故宫文物运各地保存。

　　△　毛泽东电复项英,同意新四军编为四个支队。

　　△　交通大学准备迁校桂林,后迁入上海法租界上课。金陵大学、金陵女子文理学院迁校成都华西坝。

　　△　我国巴达维亚侨胞组织救护队回国服务,内有医生四人,救护员 14 人,救护车九辆。

　　△　日本水兵 200 名在澳门南横琴岛登陆。

　　△　日本华中方面军司令官松井石根发表谈话称,如国民政府继续支持反日态度,日军将否认国民政府,攻取武汉、重庆。

　　△　日伪组织天宝山矿业公司与安波矿业公司。天宝山矿业公司

总公司设北平,资本 700 万元,专门开采天宝山之锌、铝、铜矿;安波矿业公司总公司设沈阳,专门开采安东之锌矿,资本 100 万元。

△　日本女间谍川岛芳子(金璧辉)潜至香港进行间谍活动。

△　日本外相广田答复英国抗议军舰被炸案,称系无意所致,英国对此不满。

12 月 29 日　行政院长蒋介石邀集监察院长于右任、司法院长居正、中央政治会议主席汪精卫等谈抗战方略称,"日本所提条件等于灭亡与征服,我们自无考虑余地,并应坚决表明,与其屈服而亡,不如战败而亡。至于国际形势,一时变化无望,仍当坚定方针,忍痛奋斗到底"。

△　国民政府特派孙科为特使,率立法院外交委员会委员长傅秉常,立法院经济委员会委员长吴尚鹰,立法委员夏晋麟等赴苏联访问,寻求外援。

△　山东省政府再移至兖州。

△　周恩来主持中共中央代表团与长江局临时联席会议,听取傅秋涛、高敬亭、张青萍汇报湘赣、鄂豫皖等边区红军游击战争及中共党组织情况。

△　贵州省政府主席吴鼎昌视察黔北各县后返抵贵阳称,贵州为国防后方要地,此后对各公路交通,首须整理完善。现中央再拨 300 万元,为本省增购车辆与建设桥梁、涵洞、路站之用。

△　卫生署、中国红十字会及华中万国红十字会日前举行联席会议,决定由军医署负责全国陆军医院工作,由中国红十字会负责救护队工作。教会医院及陆军医院以外的各医院,由卫生署津贴华中万国红十字会 20 万元,交由该会负责。华中万国红十字会现已积极扩充其工作范围,在豫、湘等省设办事处,并在广州及成都设立广东与四川万国红十字会,以便就地推行设立伤兵医院与救护难民等工作。鉴于该会武汉难民救济工作日益繁重,故特设立一难民救济委员会,与武汉其他难民救济团体合作,共同办理救济难民工作。

△　我军克复广德,分向长兴、泗安推进,进袭余杭,克复富阳。

△　日军最近在山西南部散发传单,劝阎锡山与日方合作,"中国临时政府(按:即北平伪中华民国临时政府),已在北京成立,进行河北、山东、山西各省之建设,吾人希望阁下脱离党军羁绊,复归太原,合作建设事业,兹提条件三项:(一)日军保障阁下与贵军将士之安全;(二)阁下应停止一切抵抗行为,将所有军队撤退至武乡、灵石、石楼以南地方;(三)驱逐蒋介石军队至山西省外,并与日军合作扫共"。

△　上海市民协会成立,会员百余人,多为商业界闻人。发起人为陆伯鸿、荣宗敬、姚慕莲、顾馨一等。

△　伪济南治安维持会成立。

△　比利时政府捐 10 万法郎,救济我国伤兵、难民。

12 月 30 日　蒋介石电赴苏联采购军火的军委会参谋次长杨杰,商请苏联政府大量供给我国所需飞机及武器称:"刻与俄大使谈话结果,关于武器及技术方面之供给:甲、三个月内,准备 20 师之全部武器数量,步枪及轻、重机枪与步兵战车防御炮亦皆甚重要,如其允许,应商量运输方法。乙、每月需飞机总数百五十架,如其最近无此数量,可否于一个月内供给驱逐机三个大队、轰炸机二个大队,请切商速复为盼。"

△　各战区设党政委员会。委员会主席由战区司令长官兼任,副主席由省政府主席兼任,下设秘书长一人,分党务、政务及国民军训三处。

△　国共两党关系委员会开会,国民党方面在会上请中共帮助达成苏联出兵援助中国抗日,未能讨论两党共同纲领草案。

△　中共中央代表团与长江局临时联席会议,讨论通过《中国人民抗日救国纲领》(《国共两党共同纲领》)草案;草案分为《争取抗战胜利纲领》与《初期建国纲领》两部。

△　八路军总部移驻洪洞县马牧村。

△　八路军规定聂荣臻部负责保定、石家庄一线;徐海东、黄克诚部负责石家庄、娘子关一线;第一二九师负责正太路全线;张宗逊、李井泉部负责阳曲、忻县一线;王震部负责忻县、雁门关一线;宋时轮部负责

雁门关、大同一线。

△　四川省政府主席刘湘表示,四川出产丰富,人口众多,确为最理想之抗战后方。希望全国各方领袖以及全国同胞,共同巩固充实此重要后方。但要开发四川建设四川,必须中央和全国同胞共同努力,在长期抗战国策之下,在政府整个经济计划之下,才能把四川建设成为长期抗战的经济根据地。

△　第五战区司令长官李宗仁呈准军事委员会,派丁惟汾、于洪起、钮永建、黄炎培、高一涵、吴忠信、梁漱溟、麦焕章为该战区党政委员会委员,潘宜之为秘书长。

△　军事委员会第六部武汉办事处制定《非常时期指导武汉文化工作暂行办法》,规定自即日起至明年1月6日止,各文化宣传团体、剧社,应各携带证明文件及名册、章程,前往该处第五组履行登记手续,逾期即停止其活动。以后新成立之文化宣传团体,亦须呈报该处检定;并规定今后凡集会、游行,播音或流通演讲、演剧,应于5日前将举行日期、地点、主持人姓名及工作大纲连同演词大意或剧本,呈送办事处备校。凡发行定期或不定期刊物,应以两份送办事处审查。凡散发或张贴宣传品,应事先呈办事处核准后发布。

△　国民政府公布中华民国二十五年度国家普通岁入岁出第三次追加预算经常门,岁出岁入之经济总计均为11.51880506亿元。

△　沿胶济路西犯日军过潍县,绕越高密。劳山、福岛、麦岛及灵山卫等处,日舰所载日军曾强行登陆。我军将青沪及烟台、佐世保间之海底电线缆头、船坞、修理厂、电报局、无线电台、自来水库、电灯厂及各机关电话等炸毁。

△　苏北日军攻陷邵伯。

△　荣宗敬告《大陆报》记者,上海市民协会纯为慈善机关。市民协会发起人之一陆伯鸿遇刺身亡。

△　德军事顾问团长法肯豪森告德驻华大使陶德曼,如中国军事部署正确,士气恢复,弹药充足,可再进行六个月战事。

12 月 31 日 国防参议议员名额由原来的 20 人扩充为 75 人。

△ 周恩来至武汉大学讲演《现阶段青年运动的性质与任务》称，中国青年今天努力的方向是到军队中去，到战地去，到农村去，到敌人占领的地方去，发动群众，组织群众，争取最后的胜利。

△ 财政部宣布，民国二十六年（1937）度我海关各项税收总数为 3.429 亿元，较上年增加 18.27 万元。

△ 实业部汉口商品检验局统计股发表民国二十六年 12 月份检验商业统计，本月汉口输出之合格商品总值为 1.15155008 亿元，较去年同期减少 14.41665204 亿元。

△ 民国二十六年度我进出口贸易总额为 17.91 亿元，较上年增加 1.44 亿元。

△ 资源委员会接办之陕西酒精厂开工，每日可出无水酒精 4500 公升；另有棉籽榨油厂，每日可制油二吨；并有以太锅二座，每小时可出以太 80 公升。

△ 长沙临时炼铜厂开工，每月可熔铜 150 吨左右。

△ 交通部开辟汉口至长沙间水运。

△ 教育部在河南、甘肃、四川、贵州设立国立中学，学生全部实行公费；并在四川、贵州设立中小学教师服务团。

△ 全国戏剧界抗敌总会在汉口成立，张道藩为主任常务理事。

△ 韩复榘弃守泰安，退驻济宁。泰安失陷。

△ 驻苏联大使蒋廷黻离莫斯科返国。

△ 日本外相广田发表谈话："日本政府深愿在迎接 1938 年之时，能与友邦中国开始新的和平，解决一切问题，则中、日大局，即可展开一新局面。"

△ 英国接受日本道歉，英国"瓢虫"、"蜜蜂"两炮舰及"瑞和号"商轮遭日军炮击一案告一段落。

是月 毛泽东会见李先念、李卓然等中共西路抵延安将领称，西路军是失败了，但西路军广大干部和战士是英勇的、顽强的。

△ 本年国库收入(债款收入不在内)为 5.58885955 亿元,支出为 21.03398216 亿元,亏短 15.44512216 亿元。支出总额中,军战费为 13.87556618 亿元,占 65.97%。

△ 国民政府本年关税收入为 3.4289739 亿元;盐税收入为 2.17705212 亿元;直接税收入为 211.6761 万元;货物税收入为 1.47742438 亿元。国税收入总计为 7.2846415 亿元。

△ 国民政府本年发行公债 10 亿元,关金、外币公债 1.3 亿美元。

△ 国民政府本年发行法币额为 16 亿元。

△ 国民政府本年举借外债计有:一、中苏易货借款,总额 5000 万美元,用于购买苏联货物,以中国茶叶等售价偿还,利息三厘;二、中英借款,总额 2000 万英镑,用于整理中国内债,年息五厘,抵押品为关税收入;三、中英广梅铁路借款,总额 300 万英镑,用于建筑广州至梅县铁路,年息五厘,抵押品为本路收入及盐税;四、中捷商业仅用借款,总额 1000 万英镑,用于购买工业用品。

△ 经济部工厂登记统计,本年全国工厂总数为 3935 家,资本总数 3.77 亿元,工人总数 45 万多人;主要分布于广东、浙江、江苏、福建、山东、河北和上海、天津、青岛、威海卫等地,占工厂总数 76%。上海、江苏、浙江地区工厂数,占总工厂数 56%。上海市一地工厂数,即达总数的三分之一。西南和西北地区仅有工厂 300 多家。

△ 我国本年生产生铁和铁合金 79.7 万公吨,钢 34 万公吨(两项均包括敌占区),煤 3194 万吨,石油 20.022 万公吨(其中敌占区 20 万公吨),钨砂 1.1927 万公吨,纸 2.43764 亿磅(其中东北 4376.4 万磅),发电 159.923 万千度(其中官营 153.3 万度,民营 5.8389 万度),皮棉 156 万市担。

△ 蔡元培等 688 人签名发表《我们对于推行新文学的意见》,主张废除方块汉字,推广拼音的新文字。

△ 东北抗日第一路军取得庙岭、老岭、本溪、长岗等战斗胜利,阻滞了日伪在此地区的资源开发。在松花江下游地区的东北抗日第三军

与第十一军,先后取得土龙山、青龙山、聚宝山以及通北、德都等战斗胜利。

△　月底,据内政部工作报告,本年底全国各省辖市、设治局如下:江苏省会镇江县,61 县,一连云市;浙江省会杭州市,75 县,一杭州市;安徽省会怀宁县,62 县;江西省会南昌市,83 县,一南昌市;湖北省会武昌市,70 县,汉口市、武昌市;湖南省会长沙市,75 县,一长沙市;四川省会成都市,135 县,成都市、重庆市、自贡市;西康省会巴安县(巴塘),46 县、二设治局(按:西康正式建省为民国二十八年);河北省会清苑县,130 县、二设治局;山东省会济南市,107 县,一济南市;山西省会阳曲县(太原),105 县;河南省会开封县,111 县;陕西省会长安县(西安),92 县;甘肃省会兰州市,66 县,一兰州市、二设治局;青海省会西宁县,17 县;福建省会闽侯县,62 县,一厦门市;广东省会广州市,97 县,广州市、汕头市;广西省会桂林县,99 县;云南省会昆明市,112 县,一昆明市、15 设治局;贵州省会贵阳市,84 县,一贵阳市;辽宁省会沈阳县,59 县;吉林省会永吉县,41 县、一设治局;黑龙江省会龙江县,43 县、10 设治局;热河省会承德县,16 县、二设治局;察哈尔省会万全县(张家口),16 县、三设治局;绥远省会归绥县(呼和浩特),16 县,一包头市、一设治局;宁夏省会宁夏县(银川),10 县、三设治局;新疆省会迪化县(乌鲁木齐),59 县、11 设治局。按:我国行政区划,此时另有蒙古、西藏两地方及东省特别行政区与威海卫特别行政区。特别市为南京、上海、北平、天津、青岛。此时全国行政区为 28 省、二地方、二特别行政区、五特别市、1949 县、17 省辖市、52 设治局。

△　至本年底为止,日本出动空军主力,海军第二、三舰队;死伤官兵七万余名,损失各种战车 1.8 万辆。

△　日本内阁制定 20 年内向中国东北移民 100 万户,合 500 万人移民计划。第一个五年移民 10 万户,第二个五年移民 20 万户,第三个五年移民 30 万户,第四个五年移民 40 万户。随日军所到关内之处,均有大量日本移民。

是年　日本拟定加紧掠夺中国东北金矿的计划,本年内计划开采值 1500 万元;五年计划采金矿值二亿元。

△　截至本年为止,外国在我国领土内有租借地三处:法国广州湾租借地,日本辽东半岛租借地,英国九龙租借地;外国租界 17 处与北平外国使馆区一处:上海公共租界,法租界;厦门日租界,鼓浪屿公共租界;广州沙面英租界、法租界;天津英租界、法租界、日租界、意租界;汉口法租界、日租界;杭州日租界;苏州日租界;沙市日租界;重庆日租界;福州日租界;北平东交民巷使馆区一处。此外,英据香港,葡据澳门,日据台湾省。

1938 年(民国二十七年)

1 月

1月1日　国民党中央常务委员会第六十二次会议议决,兼行政院长蒋中正辞职照准,选任孔祥熙为行政院长,所遗行政院副院长一职,选任张群继任。

△　国民政府调整中央行政机构:一、改实业部为经济部,建设委员会及全国经济委员会之水利部分,与军事委员会之第三部、第四部均并入该部;前军事委员会之农产调整委员会、工矿调整委员会,改隶经济部;二、铁道部并入交通部,全国经济委员会之公路部分亦并入交通部;三、卫生部改隶内政部,全国经济委员会之卫生部分,并入卫生署;四、海军部暂行裁撤,其所辖事务,并入海军总司令部办理。

△　国民政府令:免教育部长王世杰、交通部长俞飞鹏、铁道部长张嘉璈本职;特任陈立夫为教育部长,张嘉璈为交通部长,翁文灏为经济部长。

△　国民政府为推进军事、经济、行政及组织民众工作,决定扩大国防参议会,委员名额由原30名增至75名。

△　国民政府根据国防最高会议常务委员会第三十九次会议决议,下令裁撤反省院,在反省院受反省处分者准予取保释放。

　△　蒋介石命令组织武汉卫戍总司令部,任命陈诚为总司令,负保卫武汉之全责。

　△　全国庆祝开国二十七周年大会,国民政府主席林森于中枢庆祝会上发表演说,指出:"我们所要求的是最后的胜利,必须要长时间的抗战。在这长期抗战中,军事上的一时退却,仅是一个战场的得失,不足以影响战局的全部……我们要拖延敌人的战争时间,消耗敌人的兵力财力,使敌人的经济机构,军事形势,一齐崩溃。"勖勉国人同心同德,努力奋斗,完成复兴中华民族大业。

　△　德驻华大使陶德曼奉柏林训令访晤外交部长王宠惠,将德"与日方要人历次谈话所得的印象",转告王宠惠,其要点为:"关于第一条,承认满洲国,中国以积极证据表示反共诚意,但不要求加入反共协定。第二条,非武装区,日方意欲有三处:一为内蒙,一为华北,一为上海附近。关于特殊政权,(甲)内蒙自治,(乙)华北须有权力甚为广大之组织,但非自治,且仍属中国主权。惟关于此点,驻东京德大使尚未十分明了日方之意。(丙)上海两租界外,于不十分广大之地域内设立特殊政权。第三条,经济合作,指关税商约。第四条,赔款一部分为战费,一部分为日本财产损失,又占领费亦须中国负担。"

　△　驻苏大使蒋廷黻奉召回国。

　△　中共中央代表团与长江中央局召开联席会议,周恩来作关于战略问题和共同纲领的报告。会议认为目前应动员一切力量阻滞日军占领郑州、武汉,争取三到六个月的时间准备和组织新的抗战力量,为此应派大批干部到安徽、河南发动和武装广大民众。并建议中共中央加强西北工作和巩固西北交通。

　△　日军华北方面军第二军矶谷廉介第十师团一部侵入山东泰安,第三十九联队陷肥城。守军韩复榘第三集团军退守大汶口。次日,大汶口又陷。

　△　日军第二军中国驻屯步兵第二联队主力进入济南,担任警备。

　△　日机 47 架空袭粤汉、广九两铁路,投弹数十枚,路轨多处被

毁,平民死伤数十人。

　　△　截至是日止,日军伤亡人数计:一、海、陆、空军伤亡官兵共 19.8301 万人;二、军舰共伤 13 艘;三、飞机损伤 387 架;四、阵亡中少将五人,大佐 13 人。中国军队伤亡共约 50 万人。

　　△　江西省政府发行民国二十七年度江西省建设公债,定额 2000 万元,年息六厘,15 年还清,以省营钨砂盈余担保。

　　△　四川省政府规定:各机关经费依七五折发给;在田赋项下附征三成国难费;商人营业税率减少 20‰,并核定七项免税办法,即日起施行。

　　△　湖北省政府规定:各机关经费是日起按七折发给。

　　△　中国国民外交协会在汉口成立,方振武等 21 人为执行委员。

　　△　《中央日报》迁长沙出版。

　　△　郭沫若创办之《救亡日报》在广州复刊,夏衍任总编辑。

　　△　上海女子大学创立,校长吴志骞。

　　△　上海爱国志士在汉奸顾馨一法租界住宅门前,置手榴弹并附抗日救国大同盟传单。同日,上海公共租界亦发生炸弹爆炸案,日军三人受伤。4 日,日本陆海军及外务省代表就此事件向工部局总董费信惇提出抗议,并要求取缔反日活动,增加日籍巡捕,增聘日本职员担任要职,共同扑灭“恐怖分子”。

　　△　《中美白银协定》展期至是年 7 月 1 日。

　　△　驻朝鲜釜山领事馆遭日军搜查,领事及馆员被迫即日离境。

　　△　北平伪临时政府官员在外交大楼举行就职典礼,王克敏、汤尔和、董康分别就任行政、议政、司法委员会委员长。

　　△　北平伪临时政府以高凌霨充任河北省伪省长。

　　△　山西省伪省政府在阳曲成立,曾继纲充任伪省长,日军第一〇九师团长山冈控制一切。

　　△　伪“南京自治委员会”成立,陶锡山充任会长,程朗波、孙叔荣为副会长,马锡侯等八人为委员,并发表宣言。日本驻南京总领事深井亦同时发表宣言,否认国民政府,并嗾使各地组织联合亲日团体。

△　北平伪新民会主办之《新民报》创刊。该报系强行接收世界日报社而建立，由日人武田南阳充常任董事兼主笔，并代行社长。

△　伪满洲兴业银行成立。该行由朝鲜银行各支行、满洲银行、正隆银行本支各行 50 余家合并而成，资金 3000 万元，富田勇太郎任总裁，松原纯一为副总裁。

△　上海公共租界工部局公布《维持治安办法》，凡五项，规定："凡任何人对于公共租界如有犯罪行为者，逮捕后当即移送武装队伍，听其处分。"5 日，外交部照会英、法、美等国驻华使馆不承认上述办法，并声明："工部局倘将中国法院有权管辖之人民，移送任何武装部队，中国政府将认为违法之举动，并保留一切应有之权利。"

△　第三国际中国执行部机关报巴黎《救国时报》发表社论《1938 年的抗战任务》，提出发展充实的和巩固的民族统一战线、改善军事工作、广泛动员民众、反对亲日派汉奸、实行抗日外交等项任务。

1 月 2 日　第三战区第十集团军刘建绪部，与当地游击队配合反攻杭州，一度进至六和塔。

△　日军第十师团自泰安分两股南犯：一路沿津浦路犯兖州；一路图犯东平，南犯陇海线。同日，日海军陷山东大公岛。

△　日机 23 架入侵南昌上空，我空军迎战，击落日机一架。同日，我空军炸南京日机场，毁敌机两架。

△　外交部长王宠惠电令驻日大使许世英，续查日方所提和议基本条件之详情，"在政府未决定最后办法之前，执事可常与驻东京德大使联络谈话，听取其所述，勿表示具体意见。同时日方如有要人求见，勿予拒绝，而以同样态度应付"。

△　广东省党政军会议，通过《民团组织章程》。

1 月 3 日　国民政府与国民党中央党部在重庆分别举行纪念周，林森在国府纪念周上报告，要求各位以四川民众之勤劳作榜样，尽忠职守，以报国家。张继作《开发四川》之专题报告，力主协助四川的发展，促进"复兴中华民族根据地"之稳固，并将四川民众勤劳的精神普及全国,迅速实现我们国家的复兴。

△　蒋介石核定《统一兵员征募及补充方案》,并令豫、皖、赣、闽、粤、湘、鄂、川、陕九省先设军管区司令部。

△　晨,日军第十师团 5000 余人,炮 30 余门,坦克 50 余辆,侵至兖州北 15 里处,曲阜车站失陷。韩复榘部炸毁兖州北之铁路桥并将军队南撤。次日,兖州、曲阜失陷。

△　空军在芜湖江面炸沉日舰两艘。

△　驻绥东丰镇、集宁一带伪蒙军骑兵补充第七师达密陵苏龙部第八团团长侯镇国、第九团团长于年运率部反正。

△　武汉文化界行动委员会成立,宣布组织简章及各组长人选:教育组长周天放,新闻组长彭革陈,出版组长张九如,文艺组长陈西滢,电影组长罗刚,戏剧组长阳翰笙,音乐组长冼星海,图画组长梁鼎铭。

△　全民通讯社开始发稿,社长李公朴,社址设武昌。

△　台湾工党领袖高斐为反对日本当局抽调台胞对华作战,是日组织矿砂工数千人在宜兰举事,进攻日军司令部,焚毁火药库,缴夺大量军火,激战四小时后,退往阿里山地,与高山族人结合,建立抗日游击根据地。17 日,高斐率领游击队炸毁台湾久留米储油池,死伤日军 70 余人,可供六年需用之煤油全部烧毁。

△　日方强行接管上海公共租界内国民政府国际无线电台。5 日,国际无线电台华籍职工为反对日方接管,全体撤退。

1 月 4 日　新任行政院长孔祥熙、副院长张群及各部长通电就职。同日,行政院举行例会,决议豁免抗战被灾区域内二十五年度以前田赋旧欠暨二十六年度田赋附加,并重申前令,责成各级政府“救济难民,抚辑流亡”。

△　大成至圣先师奉祀官、孔丘第七十七代孙孔德成,因日军逼近曲阜,奉蒋介石令移居重庆,是日抵汉口。5 日,孔在汉口对记者发表谈话称:“愿随国人之后,尽我国民天职,以期于最短期内收复失地,重返故里。”并对所传日方建议其称帝一事,表示“不值一笑”。

△　日机炸武汉,平民死伤数十人。6日,日机再炸武汉,死伤百余人。

△　日军第一〇九师团本川旅团自山东新泰南犯,是日陷蒙阴。

1月5日　韩复榘部放弃山东重镇济宁,撤至运河西岸,以一部沿河扼守,主力退集于曹县、城武、单县一带。

△　第十一集团军开抵安徽寿县。该集团军(总司令李品仙)指挥第三十一军(军长刘士毅),下辖第一三一师(师长覃连芳)、第一三五师(师长苏祖馨)、第一三八师(师长莫德宏)。

△　参谋次长杨杰自莫斯科电蒋介石,胪陈与苏联商洽军援情形,称苏同意供给20个师的装备:11.5公分重炮80门,炮弹八万发;76公厘野炮160门,炮弹16万发;37公厘防战车炮80门,炮弹12万发;重机关枪300挺,轻机关枪600挺,共附枪弹1000万发。双翼驱逐机62架并附武器弹药。并谓:“全副飞机及轻武器弹药之一部已下令即日开始陆运,余仍租轮由海道运华。”

△　周恩来在汉口举行之全国救国会聚餐会演讲,驳斥“中国必亡”的汉奸理论,指出:“抗战的结果将是中华民族的独立、自由与光荣。”

△　中共中央革命军事委员会任命邓小平为八路军第一二九师政治委员。

△　湖北战时乡村工作促进会成立,并发表宣言:强调保卫湖北“不能单靠正规军的作战,或某一阵地的防守;而最重要的是必须在最短期间,发动湖北乡村的救亡运动,完成湖北乡村之适应战时需要的建设,从速把民众组织起来,尤其是武装起来,以成为一个颠扑不破的力量,才能措湖北于磐石之安,奠武汉于金汤之固”。

△　和成钱庄改组为和成银行,总资本60万元,稽祖为董事长,吴晋航为总经理。

△　伦敦中华运动委员会发表世界著名科学家、作家爱因斯坦、罗素、罗曼·罗兰、杜威等联合宣言,呼吁世界各国抵制日货,并以种种可能援助中国。

1 月 6 日　蒋介石命令韩复榘率部反攻兖州,不得擅退。

△　第五战区所部自行炸毁连云港港口,并将海州存盐运出,以防落入日军之手。

△　新四军军部由汉口移驻南昌,宣告新四军建制的确立。随后,江西、福建、浙江、湖南、广东、湖北、河南、安徽八省 13 个地区的红军游击队相继统一集结,整编为新四军四个支队:第一支队司令员陈毅,副司令员傅秋涛;第二支队司令员张鼎丞,副司令员粟裕;第三支队司令员张云逸(兼),副司令员谭震林;第四支队司令员高敬亭。全军共1.03万人。中共中央东南分局及中共中央革命军事委员会新四军分会同时成立,项英任分局书记兼军委分会书记,陈毅任军委分会副书记。

△　日军第十师团一部陷山东邹县。

1 月 7 日　川军第二十二集团军奉最高统帅部令,开赴山东临城以北津浦线正面,归第五战区司令长官李宗仁节制指挥。该集团军总司令为邓锡侯,指挥第四十一军(军长孙震),下辖第一二二师(师长王铭章)、第一二四师(师长孙震兼,副师长税梯青代);第四十五军(军长邓锡侯兼),下辖第一二五师(师长陈鼎勋病,副师长王士俊代)、第一二七师(师长陈离)。是日先头部队抵滕县,即在铁路正面布防,以第四十五军为第一线,防守香城、界河一带,由陈离任该军前方总指挥;第四十一军为第二线,驻守滕县,以王铭章为该军前方总指挥。

△　中共中央代表团与长江中央局召开联席会议,会议分析河南、湖南的政治形势,讨论党在这些地区的任务,指出河南将成为中日战争的重要地区,党的总任务是实行武装保卫;湖南已成为抗战的近后方或不久将成为前线,党的总任务是建立广大的抗日民族统一战线和发展党的力量。

△　晋北原平、崞县日军 1600 人,附装甲车、坦克车 10 余辆,向神山、大牛堡、施家庄地带进攻。八路军王震部第三五九旅主力配合地方武装与敌激战竟日,收复大牛堡。随后,敌又续攻大牛堡等地,至 11 日该地被敌屠杀及炮弹炸死炸伤者 500 余人,民房被毁 1100 余户。

△　国立东北大学自开封迁往川北绵阳。

△　北平伪临时政府任命前北平警察总监晋觫继江朝宗为北平市长，前河北省警察厅长潘毓桂为天津市长。

△　苏红十字会捐款33万余元，充中国难民医药费用，由苏驻华使馆送交外交部。

1月8日　蒋介石在汉口召开重要军事会议，研究作战计划，决定变更抗战策略，改守为攻。白崇禧、阎锡山、何应钦、陈诚、宋哲元等人出席，会后各携新计划分赴前线。

△　周恩来在《群众》周刊第一卷第五期上发表《怎样进行持久抗战》，提出争取持久抗战最后胜利的具体办法。

△　日军南北两路会攻徐州，北路逼近临城。第五战区司令长官李宗仁召集安徽省政府主席蒋作宾及山东省政府主席韩复榘之代表何思源到徐州开会，决以大军死守徐州。

△　青岛市长沈鸿烈奉命弃守青岛，退守诸城。

△　日军驻蒙古兵团编成，莲沼蕃中将任司令官，石本寅三少将任参谋长，直属天皇，辖第二十六师团及五个后备大队（至3月12日又将新编独立混成旅团编入属下），其任务是监视外蒙、宁夏、绥远，填补关东军与华北方面军间之空隙。

△　八路军第一二九师第三八五旅陈锡联第七六九团在晋东娘子关南设伏，击毁日军汽车25辆，毙日军40余人。次日，又在平定柏木井设伏，击毁日军汽车16辆。

△　冀南威县伪警备旅高希伯部向八路军投诚，改编为抗日独立第二师。

△　《东方杂志》迁长沙出版。

1月9日　上午，日机15架两度空袭南宁；下午，又五架第三度空袭，遭我空军迎击逸去。同日中午，日机36架空袭南昌，我空军及防空部队奋勇截击，击落其重轰炸机一架，机员七人毙命。

△　日内阁会议决定对华取强硬政策，"延长中日战争，继续进行

推翻反日的中国政府",并决定召回川樾大使。

　　△　全欧华侨抗日救国联合会第二次讲演会通过决议,慰问前方抗敌将士和殉国将士家属;请求国民政府立即对日绝交,肃清汉奸,武装民众,呼吁全欧华侨彻底抵制仇货,踊跃认购救国公债。

　　△　印国民会议主席尼赫鲁及领袖多人举行"中国日",援助中国抗战,在各地召开抗日会议并劝募赈济中国战区难民。著名诗人泰戈尔发表宣言声援中国。

　　1 月 10 日　国防最高会议常务委员会特任何应钦任军事委员会参谋总长,白崇禧任副参谋总长,徐永昌任军令部长,何应钦兼任军政部长,白崇禧兼任军训部长,陈诚任政治部长。

　　△　军委会特派联络参谋刘移山视察第一战区部队后,向军令部长徐永昌报告,列举该战区部队种种弊端:一、官兵畏敌,不肯为国效命;二、捏造情报,夸大敌情;三、虚报损失,以减轻作战任务;四、军队溃乱,骚扰地方;五、缺少侦察,不知敌情;六、通讯断绝,失去联系;七、指挥不统一,乱成一窝蜂;八、义勇军、游击队,抗敌无济,扰民有余,后方秩序无法维持。建议以重赏、严罚、私查、克饷、治罪等办法加以整饬。

　　△　晋察冀边区军、政、民代表大会在河北省阜平县召开,出席大会的 140 多名代表,代表着边区部队和 39 个县的 1200 万人民,代表中有"动委会"、"救委会"、"自卫会"等群众团体和工、农、商、青、妇各界群众组织的代表。大会历时六天,代表们通过有关边区的政治、军事、经济、财政、文教、民运等决议案,并经民主选举产生晋察冀边区临时行政委员会,宋邵文、聂荣臻、刘奠基、吕正操、胡仁奎等九人为委员。

　　△　毛泽东、陈云等致电朱德、彭德怀、任弼时,提出前方部队目前不足的给养,主要应依靠民众的自愿援助来求得解决。

　　△　青岛失陷。日海军陆战队配以飞机 50 余架在青岛东之沙子口登陆,开入市区,并枪杀警察 600 余人。

　　△　日军第五师团鲤城支队入侵山东潍县。

　　△　空军两次轰炸安徽广德日军机场,第一次炸毁日机 10 余架,

第二次炸毁新建汽油库。

　　△　日机袭广西南宁、柳州，江西吉安、南城、玉山及粤汉路之琶江、横石等站，在江西投重磅炸弹百余枚。在柳州被击落一架。

　　△　《战时青年》在武汉创刊。创刊号刊载周恩来所撰《现阶段青年运动的性质和任务》一文。

　　△　日驻德大使东乡茂德拜访德外交部长牛拉特。德外长向东乡指出：如果战事延长下去，日本也会有危险。东乡表示：日政府决心战事坚持到底。战事越延长，和平条件也就愈苛刻。

　　△　伪北平"新民会"创办之新民学院开学。王克敏任院长，日人佐藤三郎为教务长。

　　1 月 11 日　军事委员会在开封召开第一、五两战区团长以上军官会议。蒋介石在会上报告《抗战检讨与必胜要诀》，承认过去几个月的失败主要是由于高级将领缺乏攻击精神，望风退却，步步后撤；提出当前的策略是"东面要保持津浦铁路，北面要保持道清铁路，来巩固武汉核心的基础"。会间，蒋介石以第三集团军总司令兼山东省政府主席韩复榘不遵命令，擅弃国土，下令将其撤职逮捕，次日解押汉口。

　　△　军事委员会武汉卫戍总司令部成立，陈诚为总司令，武汉警备司令郭忏兼参谋长，军长刘绍先兼总参议。下辖第二军（军长李延年）、第七十五军（军长周嵒）、第六十军（军长卢汉）、第五十四军（军长霍揆彰）、第十三师（师长吴良琛）、第一八五师（师长郭忏）、第七十七师（师长彭位仁）、第四十九军（军长刘多荃）、江防总司令（刘兴）、海军陆战队、第五十七师（师长施中诚）、第十四师之一旅，共 14 个步兵师，一个步兵旅（不含其他特种部队及江防守备部队）。

　　△　周恩来、叶剑英致电毛泽东、朱德、彭德怀：蒋介石认为目前作战重心应移黄河西岸，正在重新部署兵力。建议将刘伯承师及徐海东旅逐渐移太行、太岳山脉。

　　△　日军第十师团攻入济宁，第五十五军曹福林部与日军巷战，至晚退出，济宁遂陷。

　　△　日机 34 架袭武汉,在飞机场附近投弹百余枚。六架袭南宁,在柳州上空被击落两架。

　　△　日舰四艘由芜湖经鲁港上驶荻港,我空军闻报即派飞机数架前往荻港上空轰炸,命中日舰一艘。下午 4 时,复向鲁港江面日舰投弹,日舰一艘中弹下沉。

　　△　中共中央长江局机关报《新华日报》在武汉创刊,社长潘梓年。

　　△　武汉工界战时服务团成立,田亚丹等九人为主席团。

　　△　日本御前会议决定"处理中国事变的根本方针",其要点为:决定对华继续用兵,对中国政府不再与之谈判,"如果现中国中央政府不来求和","帝国采取的政策是设法使其崩溃,或使它归并于新的中央政权"。

　　1 月 12 日　国民党中央常务委员会第六十四次会议决议:国民政府委员班禅逝世,遗缺选任陈济棠充任。

　　△　军令部长徐永昌访国民党中央政治会议主席汪精卫,汪谓日人催我答复所提四项议和条件,"恐三五日无确复,即将大举西来,且微闻英将与日进行妥协,前途愈不乐观"。徐谓:"今日之事寻求延宕途径如何?"汪谓:"蒋先生(介石)果用其行,此途径并不难求。"

　　△　日机 42 架炸南昌,投弹百枚。同日,海南岛海口及粤汉路军田、源潭、琶江、英德等站和广九路南岗站亦遭日机轰炸,共死伤平民 50 余人。

　　△　八路军总部号召全军"坚持华北抗战,与华北人民共存亡"。

　　△　第三十六军军长周浑元在重庆病逝。28 日,国民政府明令褒扬,追赠陆军上将。

　　△　教育部决定筹设国立贵阳医学院,派李宗恩、朱章赓、杭立武为筹备委员。

　　△　山西侯马工人武装自卫队先后捕获汉奸 21 人,是日在侯马举行民众大会,处决其中张云池等七名。

　　1 月 13 日　蒋介石电令各战区、各绥靖区、各省政府严禁奸民假借游击队名义扰民,略谓:"近闻各地奸民,假借游击队名义,恃众横行,扰乱秩序,妨害治安,种种弊害,不胜枚举,是未见困敌,先以自扰,殊失全民抗战之本意。应由各司令长官及各主任、主席等一律勒令取消,不得稍涉瞻徇,并严饬地方军警,禁止组织类似游击队名目,以杜祸乱。”

△ 第三战区顾祝同部进攻安徽广德日军,安徽宁国及浙江三市岭游击队亦分路围攻,日军外援断绝,旋即退走,广德遂告收复。

△ 军事委员会任命徐源泉为第二十六集团军总司令,孙桐萱为第三集团军副总司令。

△ 行政院院长兼财政部长孔祥熙对路透社记者发表谈话,略谓:“中国虽军事迫切,政府财政亦感困难,但已迅速履行应付内外公债之义务,今后仍拟履行之。”

△ 中午12时,外交部长王宠惠访晤德驻华大使陶德曼。陶德曼转达日本最后通牒,限中国政府本月15日以前答复和议条件,否则“日本政府须保留自由行动”。下午,王宠惠再晤德使陶德曼,宣读一项声明答复日本所提和平基本条件,略谓:“经过适当的考虑后,我们觉得:改变了的条件范围太广泛了。因此,中国政府希望知道这些新提出的条件的性质和内容,以便仔细研究,再作确切的决定。”

△ 国民政府公布《修正商会法》,凡九章44条;《商业同业公会法》,凡11章59条;《工业同业公会法》,凡11章60条;《输出业同业公会法》,凡11章62条。

△ 方振武、沈钧儒、郭沫若等百余人在武汉发起组织战时儿童保育会。

1月14日 国民政府修正公布《行政院组织法》第一条条文,规定行政院设内政、外交、军政、财政、经济、教育、交通七部及蒙藏、侨务两委员会;公布《经济部组织法》,规定该部设立农林、矿业、工业、商业、水利各司;修正公布《交通部组织法》,规定该部“规划建设管理经营国有铁道、公路、电政、邮政、航政并监督公有及民营交通事业”。

△ 第十二军军长孙桐萱、第五十五军军长曹福林二人通电就职,表示决率所部,抗战到底。

△　津浦线北段正面邓锡侯部第二十二集团军克复山东邹县。同日,津浦线南段日军攻陷安徽巢县。

△　陈诚电告蒋介石,晋中各军"气势极坏,转移一月有余,多属涣散颓唐,不能作战。高级将领不振作,不负责任,是为主因",要求派员视察整理。

△　中共中央代表团与长江中央局召开联席会议,研究鄂豫边工作,决定河南省委须以这个地区为中心发展工作。

1 月 15 日　蒋介石自洛阳电令经济部长翁文灏,从速拟定以川、黔、湘西为主之战时军需工业方案,及西南、西北战时经济建设方案。

△　国民政府特任阎锡山、冯玉祥、李宗仁、程潜、陈绍宽、李济深为军事委员会委员。

△　孔祥熙接见德使陶德曼,声明:中国仍然抱着与日本达成真正谅解的愿望,希望知道日本所提出的基本条件的性质和内容。

△　南京《新民报》在重庆复刊。

△　国民党 CC 派机关刊物《血路》创刊,陶百川任主编。

△　北平伪临时政府任命赵琪为青岛市长;张化南为烟台市长。马良自任济南维持会长。

△　日本大本营、政府联席会议,以中国政府"不求和",通过政府方面"否认蒋政权"之主张。

1 月 16 日　日本近卫内阁发表第一次对华政策声明,内称:"日本政府于南京陷落后,对于中国国民政府予以反省其态度之最后机会,而至今日,国民政府依然不解日本真意,策动抗战","因此,日本政府今后不以国民政府为对手,期望真能与日本提携之新政府成立且发展,而拟与此新政府调整两国国交。"

△　蒋介石令各省组织动员委员会,以各绥靖主任或省府主席兼任主席。

△　孔祥熙发表《论中日战争与中国财政》的谈话,指出:"在财政上,中国支持长期战争的能力,并不次于日本。"

△　菲律宾华侨组织青年战时服务团,积极开展抗战宣传,并组织回国服务队参加抗日工作。

1月17日　国民政府公布《修正军事委员会组织大纲》,凡15条,其中规定:"国民政府为战时统辖全国军民作战便利起见,特设军事委员会,直隶国民政府,并授权委员长,执行国民政府组织法第三条所规定之职权。""本会设委员长一人,委员七人至九人,由中央政治委员会选定,由国民政府特任之。此外参谋总长、副参谋总长,军令部、军政部、军训部、政治部四部长,及军事参议院长,为当然委员。"

△　蒋介石在洛阳第二战区团长以上军官会议讲演《认识抗战真谛与建立必胜基础》,指出:"我们这几个月来,在战阵上、形式上虽然失利,但在战略上与精神上实在是成功! 可以说,我们最后胜利和革命最后成功的基础,已完全在这初期抗战中建立起来了! 没有这初期的苦战,就不能打破敌人侵略的野心;没有这初期的挫失,也就得不到伟大成功的教训!"

△　八路军将领朱德、彭德怀、林彪、刘伯承、贺龙在洛阳会见蒋介石。蒋介石对八路军出师以来积极支持正面战场,屡创日军的行动表示慰勉,并称赞朱、彭、林、刘、贺五将领,说林彪在平型关打得好,刘伯承智计过人,不愧是军事家。

△　孔祥熙在武汉就日本政府16日声明对记者发表谈话表示:"中国从未欲有战事,故无论何时,日本停止军事行动,中国可准备议和。"

△　国民党中央执行委员丁惟汾在重庆国民党中央党部总理纪念周报告《对于四川的感想与希望》,就四川的地形、人民与物产,来说明四川"的确具备了做复兴中华民族根据地的种种条件",并指出,广东自从做了革命根据地,做了政务、党务的重心,经总理领导同志,努力整饬以后,终以此为根据地,完成了统一的大业。"现在四川既成为国民政府驻在地,在各方面经过一番整饬刷新后,其发展是不可限量的。我们既有这样好的根据地,只要全国上下同心同德,艰苦奋斗,则打倒强暴

日本,复兴中华民族,一定可以成功的"。

△　立法院长孙科抵莫斯科,开始与苏政府会谈中苏合作问题。

△　广东人民自卫团统率会成立,并在下午开会,议决于短期内将 60 万民众组织起来,保卫广州。

△　四川省政府颁布《四川省节食运动实施规则》,凡 11 条,其中规定各专员及各市、县长应以身作则,并督励所属各级公务人员、保甲人员及学校学生,实行一日两餐,期以节省粮食,支持长期抗战。

△　全国歌咏协会在汉口成立,冼星海、吕骥、贺绿汀等 35 人为执行委员。会后,举行盛大音乐会,以全部收入捐助冀北人民抗日游击队。

△　武汉新华日报社营业部被便衣暴徒二三十人捣毁。该报社社长潘梓年为此致函国民党中央宣传部,要求彻查严办。

△　日本外务省声明:日本与国民政府断绝外交关系,但并未对华宣战。

△　德国外交部致电陶德曼大使称:调解中日战争的工作已难进行,"我们的递信员身份目前已经终止了"。21 日,日驻德大使东乡茂德拜会德外长牛拉特,说明日本认为中国的中央政府已不再存在,日本准备应付一切事变,并且知道怎样承担一个为时颇久的战争。

△　日本前文相平生钊三郎任北平伪临时政府顾问;平、津、冀伪政权组织之日本顾问分别为粟屋秀次、高桥东雄、难波精一。

△　日军第十三师团攻占明光,刘士毅第三十一军扼守池河西岸梁家山、马家岗至三河集一线及池河东岸的池河镇、藕塘,与铁路西侧珠龙桥的日军对峙。

1 月 18 日　国民政府发表《维护领土主权及行政完整的声明》,指出:"中国抗战目的为求国家之生存,为维持国际条约之尊严。中国和平之愿望,虽始终未变,而领土主权与行政之完整,既为我独立国家应有之要素,又经有关系各国以神圣之条约允予尊重,自不能容许任何国家之侵犯。中国政府于任何情形之下,必竭全力以维持中国领土主权与行政之完整,任何恢复和平办法,如不以此原则为基础,决非中国所能忍受。同时,在日军占领区域内,如有任何非法组织僭窃政权者,不论对内对外,当然绝对无效。"

△　蒋介石电军令部长徐永昌,对各战区联合作战之整个计划,应制成各式方案,以备练习实施,计:一、以确保武汉为中心,豫南、鄂东、鄂南、湘东、皖北、赣西各驻军之部署与协同动作;二、以牵制津浦路南北段之敌军,确保徐州、蚌埠之计划,即联合鲁、皖、苏、豫各部队作战协同动作之部署;三、为确保郑州交通之枢纽,使豫北、豫西、皖北、鲁南、苏北各部队作战协同动作之部署;四、为确保南昌与长沙各据点,使浙东、皖南、闽北、湘东、赣南各部队作战协同动作之部署。

△　行政院颁布《优待出征军人家属办法》,凡17条,规定出征抗敌军人家属"除担负法定赋税外,得酌量减免其摊派各项临时捐款";"应准免服劳役,并准尽先享受一切公益设施";对于有下列情形之一者,计"(一)家庭赤贫不能维持生活者,(二)患病无力治疗者,(三)死亡不能埋葬者,(四)生产子女无力抚养者,(五)遭遇意外灾害者"得由保甲长或径向优待委员会请求救济,经查明属实后,"应酌量予以金钱或物品予以扶助及权利之保障"。抗敌军人因作战阵亡或重伤致残者,"其家属并得继续享受本办法所规定之权利,至其子女成年为止,无子女者,至其配偶死亡为止,无配偶及子女者,至其父母死亡为止"。同日,又颁布《维持各级学校学生服务训练办法》。

△　孔祥熙对海通社记者谈话称:对日本声明惟一的答复是增强应战力;同时又表示,只要日本有和平诚意,中国愿以友谊态度与之合作。

△　中共中央代表团与长江中央局召开联席会议,听取彭德怀报告前方情况及参加国民政府军事委员会在洛阳召开的军事会议情况和罗世文关于四川工作的报告。建议中共中央派干部赴川主持党的工作。

△　守备合肥、定远、明光等地之韦云淞第三十一军,自1月以来

与日军在张八岭、岱山铺、珠龙桥、藕池一带对峙。日军屡次增援,是日,明光失陷。

△ 湖北省政府主席何成濬以该省吏治不修,地方行政人员违法舞弊之案层出叠见一事,诰所属专员:"嗣后各专员、县长对于所属务须随时认真考核,勿稍放任,关于本府饬查案件尤应彻查明确,切实具复,本府当详为钩稽,或派员复查,如发觉有敷衍徇庇情事,定予从严惩处,不稍宽贷。"

△ 山东省政府由河南太康迁返山东曹县办公。

△ 上海浦东一带近日游击队活动甚烈。是日,日军发言人称:"浦东全区正进行军事行动,期扫除该区游击队 3000 余人,故不得不杜绝交通,外商堆存浦东货物,暂不准前往搬运。"

△ 天津市 122 个民众团体上书国民政府,并发表致驻津各国领事宣言,声明北平伪临时政府"纯系日本军阀侵略行动之附庸机关,凡我中国国民俱无条件地坚决予以否认"。

△ 中华公教进行会在汉口天主教堂举行大弥撒,追悼阵亡将士及死难平民并祈祷和平。会前散发传单,号召天主教友积极支持抗日战争。

△ 日本首相近卫发表补充声明:"所谓今后不以国民政府为对手,较之否认该政府更为强硬……所以更不需要发布宣战布告。"

△ 日本政府令驻华大使川樾回国。31 日,川樾返抵东京。

△ 意大利与伪满洲国互派公使,伪长春市长徐兆祥为首任公使。

1 月 19 日 军事委员会委员长武汉行营正式宣布韩复榘之罪状:一、不遵长官命令,擅自撤退;二、强迫鲁西人民购买鸦片;三、强征捐税;四、侵吞公款;五、没收人民武器。

△ 交通部长张嘉璈抵河内,与法国银行团代表沙第、中法银行代表刘符诚、中国建设银公司协理刘景山等,商议中法合作建设南宁至镇南关铁路事宜。

△ 教育部制定《战区专科以上学校教员及学生登记办法》,并分

令湖北、湖南、广东、江西、河南、陕西等省教育厅办理登记;同时决定在天水设临时中学一所,派吕志伊筹办,在兰州及陕西招收学生 1000 人。

1 月 20 日 第七战区司令长官、川康绥靖主任、第二预备军司令长官、四川省政府主席刘湘在武汉病逝。弥留之际,曾口述遗嘱,略谓:"今后惟希我国军民在中央政府暨最高领袖蒋委员长领导之下,继续抗战到底,尤望和川中袍泽一本此志,始终不渝,即敌军一日不退出国境,川军则一日誓不生还,以争取抗战最后之胜利,以求达到我中华民族独立自由之目的。"22 日,国民政府明令褒扬,追赠陆军一级上将,发给治丧费一万元,并派内政部长何键致祭。2 月 14 日明令国葬。

△ 军事委员会公布抗战以来受奖惩将领名单。明令嘉奖者六人,其中有上海孤军团附谢晋元及已殉职之第九军军长郝梦龄、第二十九军副军长佟麟阁等。受惩办者 41 人,其中处死刑者八人,受其他处分者 33 人,其中主要者为:第九集团军副司令香翰屏,指挥失当,记大过;第六十一军军长李服膺,贻误战机,放弃守土,处死刑;第三十九军军长刘和鼎、第二十三军军长潘文华,作战不力,撤职留任,戴罪图功;第一四八师师长陈万仞,畏缩不前,撤职查办;第一五四师师长巫剑雄,不遵命令,影响战事,撤职查办;第四十六师师长戴嗣夏,不尽职责,撤职;第五十五师师长李松山、第一七〇师师长徐启明、第一四七师师长杨国桢,作战不力,撤职留任,戴罪图功;第三十三师师长冯兴贤,作战不力,撤职;第一五六师师长邓龙光,指挥失当,记大过;旅长高仰如,临阵退缩,处死刑。

△ 驻日大使许世英偕驻横滨总领事及旅日华侨数百人,乘"亚洲皇后号"邮船离日返国。

△ 山西民族革命大学在临汾开学,校长由阎锡山兼任。

△ 日本陆相杉山元对全军发出长期持久战之准备的训令:"当需要有关有形无形各种长期持久战的准备与对策时,全军官兵应一致团结,以坚忍持久的精神,对任务集中其最佳的努力。"

1 月 21 日 国民政府公布《修正西康建省委员会组织条例》,凡 12

条。规定:"西康在省政府成立前设西康建省委员会,筹备建省事宜并执行政务";"西康建省委员会直隶于行政院并受中央主管部会之指导监督。"

△ 行政院公布《特许川滇铁路股份有限公司条例》,规定该公司股本总额为国币 2000 万元,分为 20 万股,每股 100 元,由铁道部认 10 万股,云南、四川两省政府各认五万股,用以修筑昆明至叙府铁路干线及其他支线,营业期限为 30 年。

△ 陈绍禹、周恩来、秦邦宪、彭德怀、叶剑英致电中共中央,报告同国民党当局交涉关于陕甘宁边区所辖地域、政府组织等情况:国民党方面坚持管理县份限于 18 县,不允许增加。周恩来等坚持要求增加西线各地直达黄河右岸。关于边区政府组织,国民党提出派丁惟汾任正职,林伯渠任副职并代理正职,下设民政、财政、教育、建设四厅,不允许设农工厅,并要派两人来做事。23 日,收到中共中央书记处电:陕甘宁边区问题请设法争取下列各点:一、增款;二、增地;三、给陕北部队以名义;四、边区政府可以丁惟汾正,林伯渠副,但不须派人。

△ 中国电影制片厂成立,总厂设昆明,成都、武汉设办事处,郑用之任厂长。

△ 中共陕西省委机关刊物《西北》周刊在西安创刊,李初梨主编。

△ 日本华北方面军总司令部由天津移北平。总司令寺内寿一声明,决以全力消灭中国军队。

1 月 22 日 国民政府任命张群为四川省政府委员兼主席。

△ 夜,刘湘部属钟体乾、彭焕章等,以刘湘新故,中央即命张群主川,实属趁火打劫,意图宰割四川,即在成都全城张贴标语,组织游行示威,表示反对。留川将领由彭焕章领衔,率同朱果、刘哲雄、周成虎、唐华等 17 名旅长联名致电蒋介石,请收回成命。

△ 川军将领第四十四军军长王缵绪、师长廖诚孚、汪杰、严啸虎、郭昌明、廖震、陈兰丹、许绍宗等 35 人联名致电蒋介石,表示愿继刘湘遗志,"誓竭忠诚,在中枢暨钧座领导之下,继续抗战到底"。

△ 中共中央代表团与长江中央局召开联席会议,讨论鄂豫皖特

委的工作。决定鄂豫皖特委主要任务是:在巩固和扩大统一战线基础上尽力扩大部队;尽可能在最近期间集中队伍加以训练后参加抗战,留一部分队伍保护后方根据地。

△ 八路军第一一五师徐海东第三四四旅第六八八团在晋东伏击井陉开出之日军千余人,毙伤 200 余人,团长陈锦秀牺牲。同日,八路军东进支队将驻冀中高阳日军板垣师团第四十联队第三中队诱出城外,击毙中队长日川丹志,毙伤日军 60 余人,俘 10 余人。

△ 财政部在成都设造币厂,并令川、鄂造币厂加紧制造辅币,每日 20 万枚,以应社会急需。

△ 北平伪临时政府公布华北新税则,宣布 23 日起实施。新税则对日本进出口货税率均行减低,并规定伪满洲国及关东州租借地按外国待遇,其海关附加税予以取消。23 日,财政部发表声明,宣布北平伪临时政府擅定之关税税则无效,并令总税务司转饬华北各海关拒绝执行。

△ 叶青在《血路》第二期发表《关于政治党派》一文,鼓吹"一个党,一个主义",称"国民党是一切党派中的骄子,它以外的党派,根本不能与它讲平等","都没有独立存在的理由"。

△ 日本首相近卫及外相广田在七十三届国会上宣布对华政策。近卫声称:中日战事离结束之期尚远,中日事件之解决尚须长久时日,故今后须准备忍受更大之牺牲。广田说明德国调解中日战争之经过,第一次透露日本通过德国向蒋介石提出的四项议和条件:一、中国政府须放弃联共以抵抗日本及"满洲国"之政策,而与日、"满"合作,反对共产主义;二、在某些必要区域内,建立非武装地带,并建立特殊政权;三、中、日、"满"经济合作;四、中国对日赔款。

△ 日本海相米内向贵族院报告称:从去年 8 月 13 日到今年 1 月 3 日止,日本飞机曾向中国军队、交通线、军事建筑轰炸 1.3 万次,仅淞沪区域即轰炸 6000 次,轰炸南京 1200 次,轰炸广州 500 次,粤汉、广九两路 900 次,津浦、陇海 660 次,其余为湖南、湖北、河南、广西等处。

1 月 23 日　蒋介石令前线长官"不得闻警先逃,否则即以军法从事"。

△　国民政府以韩复榘违反战时军律,明令褫夺陆军二级上将原官及一切荣誉勋典,交军事委员会提付军法审判。

△　蒋介石令组高等军法会审韩复榘,派何应钦为审判长,鹿钟麟、何成濬为审判官,徐业道、贾焕臣为军法官。

△　国民政府令免山东省政府主席韩复榘本兼各职,任命沈鸿烈为山东省政府主席。

△　国共两党关系委员会召开会议,康泽等诬蔑八路军在华北"游而不击"。次日,陈绍禹、周恩来等致电中共中央书记处,提议用争取八路军新胜利等办法给以回击。

△　国际反侵略运动大会中国分会在汉口成立。通过《章程》、《宣言》、《告世界人民书》,推选朱家骅、陈立夫、张冲、周恩来、郭沫若、潘梓年、陶行知、邓颖超、张仲实、方治、董必武等 129 人为分会理事;决定派宋庆龄、蔡元培、陶行知、吴玉章、胡适等 19 人为出席伦敦代表大会代表。

△　苏新任驻华大使奥尔斯基在重庆向国民政府主席林森呈递国书,25 日返回武汉。

△　日本首相近卫在众议院答复议员质询,阐明日本对华方针四点:一、不论在任何情况下,日本均不与国民政府交涉;二、日本为阻止外国军火输华,仍可对华宣战;三、日本对华北政府处于监护地位;四、绝对不容许第三者出面调解。

△　美国旧金山海员工会七万余人集会,要求政府禁止军火运往德、日、意三国。

1 月 24 日　韩复榘被判处死刑,宣判书谓:"该被告并不尽守职责任及抵抗能事,对于本会委员长先后电饬移师应援德州及进击沧州敌军等五点之命令均不遵奉;后因敌军渡河,擅先放弃济南,撤退泰安。委员长续令该被告坚守鲁南防地,又不奉命,节节退往鲁西济宁,致敌军跟踪侵入,陷军事上重大损失。据该管长官等先后分别检举,并以被告尚有借势勒派烟税，强索民捐，侵吞公款，收缴民枪各情事，一并检报到会，经委员长饬将该被告拿获讯办。经审理终结，判处死刑。"晚7时在武昌执行枪决。

　　△　国民政府主席林森在国府纪念周报告，驳斥近卫16日之声明，指出：此声明"不过是自欺欺人的表示，除了因此使我们政府与人民的抗战决心更加坚定和在国际上暴露敌人野心及引起严重的反响之外，实在没有什么效用"。

　　△　第二十三集团军总司令唐式遵、军长潘文华、师长郭勋祺等自皖南前线通电表示在最高领袖领导下，"苟一息尚存，倭寇一日未去，拼将热血，溅我河山，抗战到底誓不生还，以副甫公(刘湘)殷拳之训，而报国家食养之恩"。

　　△　军令部特派员袁德性视察第一战区宋哲元部和南战场后，自汉口向军令部长徐永昌报告称：宋哲元自弃守大名"赴京领训后，对于过去之错误觉悟甚速"。考其失败原因，乃该部将领缺乏"自我牺牲精神"，为"保存实力，逃避责任"，相互之间"不能联合作战"以及"暗派侦探，互相监视"等。又谓：南战场第一○五师军纪败坏，"溃伤兵士，抢掠奸杀，无处无之"，"凡经过之城镇，未有不为之抢掠一空者"。

　　△　津浦线南段日第十三师团冒雪分三路强渡池河，一路在明光对岸的梁家山、马家岗；一路在三河集；另一路由珠龙桥攻池河镇，第三十一军奋勇还击，开展池河阻击战。

　　1月25日　津浦线战局吃紧，第五战区司令长官李宗仁赴前线视察，部署防务。

　　△　池河前线战事日趋激烈，日军后援部队增至2000人，终日向我梁家山一带阵地猛烈炮击，并以机枪掩护步兵于黄昏渡河，我第三十一军第八○九团官兵奋起还击，将渡河之敌百余人悉数歼灭。

　　△　日机袭厦门、广州等地，于厦门炸沉民船及海关巡逻艇各一艘，广州东山意大利领事馆被震毁。

　　△　八路军杨成武支队在冀北王安镇设伏，击溃由紫荆关西犯之

日军 800 余人。

△ 四川省政府秘书长邓汉祥等政界官员,拟定欢迎张群主川电文,保安处长王陵基拒绝签字,并于是日发出通电,公开提出异议,由张群主川引起之纠纷继续扩大。

△ 成都市商会暨 105 个同业公会,致电张群欢迎其来川主政。

△ 重庆士绅朱叔痴、伍非白、陈长蘅等八人联名发表《改造四川刍议》一文,批评四川军事、政治之不良,提出:一、"彻底修明政治";二、"实行统一军事";三、"厉行财政公开";四、"加紧经济建设";五、"普及全民教育";六、"保障言论自由"六项急要措施。

△ 英商办中文《文汇报》在上海创刊。3 月 5 日,该报由一大张改为两大张,7 月 14 日改为四大张,12 月 1 日开始发行《文汇报》晚刊。

1 月 26 日 国民政府任命李宗仁为安徽省政府委员兼主席,原任蒋作宾应免本兼各职。

△ 新任安徽省政府主席李宗仁宣布治皖方针。略称:"皖省为抗敌前线,武汉屏障,关系重大,不言而喻,今后工作之艰苦,自在意中。""至于施政方针,总求政治与军事打成一片,政府与人民打成一片。"并提出在民政方面,使吏治清明,贪污绝迹,迅速清剿盗匪;教育方面,厉行普及教育,组织民众,训练民兵;财政方面,公平负担,量出为入,金融周转,商货流通;建设方面,改良农产,提倡副业,开发军用资源,建设防御工事。

△ 军事委员会任命李品仙为第五战区副司令长官;罗卓英为第十九集团军总司令。

△ 空军数队轰炸南京日军机场,毁日机 20 余架。据日方宣布:袭南京之华机,被击落三架,其中一架有苏联机师遗骸。

△ 池河前线日军机炮联合作战,先是飞机 10 余架对我军池河两岸阵地狂轰滥炸,继以重炮密集射击,使我军阵地工事遭受严重毁坏,日军随之在明光、汤郢铁桥、西街等处同时渡河,一度攻入我河西阵地。我守军第三十一军第八二四团与渡河日军肉搏 10 余次,卒于次日在第

八○九团协助下,收复阵地。与此同时,三河集至池河镇一带战事激烈展开。

△ 经济部派员接收汉冶萍公司所办之萍乡煤矿。该矿原归江西省政府经营,现移与资源委员会合办。接收改组后,日产煤增至800吨。

1月27日 蒋介石出席在汉口召开之各战区部队参谋长和参谋处长会议,讲述《部队长官与参谋人员的责任和修养》,勖勉与会军官整饬幕僚,改进司令部并提高修养以完成抗日大业。要求参谋人员:一、要不避劳怨,不计功过;二、要恩威并用,宽猛相济;三、要有坚强的意志和大无畏的精神。

△ 第四十军庞炳勋部会同前临沂专员张里元,在当地民团配合下,进攻蒙阴,激战三日,敌不支后退,是日攻克蒙阴城。

△ 国民政府特派沙克都尔札布为蒙旗宣慰使,并在榆林组设蒙旗宣慰使公署。

△ 军事委员会任命杨森为第二十七集团军总司令,潘文华为第二十八集团军总司令,王缵绪为第二十九集团军总司令。

△ 国际反侵略大会中国分会举行全体理事会,推选邵力子、杭立武、周鲠生、邓飞黄、钱俊瑞、邓颖超等23人为常务理事,邵力子为主席。次日,召开首次常务理事会,推邓飞黄、杭立武为副主席,并确定总务、组织、宣传、财务等各部人选。

△ 日机24架袭宜昌,击毁我机六架。

1月28日 蒋介石电勉四川各将领服从中央命令,安心服务,努力工作,勿信谣言而懈其素志,并表示"甫澄(刘湘)之部属,即中正之部属,爱护之诚,罔间始终"。

△ 国民政府派刘文辉、段班级、向传义、李万华、任乃强、叶秀峰、周学昌、王靖宇、韩孟钧为西康建省委员会委员,以刘文辉为委员长。

△ 军事委员会委员长重庆行营副主任贺国光偕留守川军将领赴成都,宣达国民党中央处理四川政局善后意旨,并与王陵基、邓汉祥等

作进一步之会商。

△ 八路军总部炮兵团在山西临汾成立,武亭任团长。

△ 《反攻》半月刊在汉口创刊,东北救亡总会主编。

1 月 29 日 行政院决议:新任四川省府主席张群未到任前,省政暂由省府秘书长邓汉祥代理,川康绥靖主任暂由绥署总参议钟体乾代理。

△ 第三战区顾祝同部收复六合,越二日复陷。

△ 池河前线日军由西街强行渡河,第三十一军第四○五旅阵地受敌人机炮联合猛击毁坏殆尽,官兵伤亡甚重,遂由梁家山向五里墩阵地撤退。日军千余人渡河,占领梁家山,续向五里墩进攻。同日,池河镇方面日军增至二三千人,并以飞机 10 余架、坦克 10 余辆掩护进攻,第三十一军第四一二旅与敌血战半日,因伤亡过大,向池河镇西岸转移。

△ 中华全国电影界抗敌协会在武汉成立,张道藩、方治、史东山、田汉、蔡楚生等 72 人为理事。

1 月 30 日 蒋介石致函美国总统罗斯福,要求在经济与物质上予以有效援助。略谓:"中国鉴于中美间之非常友谊,在此并力奋斗、国家存亡千钧一发之时,其希望美国之援助,尤属势所必然。中正用敢重向阁下要请,尽力设法务使日本之侵略,能得从速终了,俾贵、我两国所确信之主义得以实现。吾人迫切之愿望,则美国即于此时在经济上及物质上予中国以援助,俾得继续抵抗。"

△ 日机 30 架袭洛阳,被击落三架。

△ 华北伪政权"冀东防共自治政府"与"中华民国临时政府"签订合并协定。次日正式合并。冀东 22 县编入河北省。

△ 菲律宾马尼拉市各界 5000 余人集会,支持中国抗战。

1 月 31 日 国民政府军事委员会及行政院承认并批准晋察冀边区委员会及委员人选,委任宋邵文为主任委员,胡仁奎为副主任委员。

△ 夜,第五战区李宗仁部为阻止日军北犯,自动炸毁蚌埠淮河铁桥。

△　日军第十三师团占领池河镇，第三十一军向西撤退至定远、凤阳一带。津浦线南段池河阻击战结束。是役，我第三十一军伤亡过半，歼敌近 2000 人，其中在池河镇歼敌三四百人，在三河集、马家岗两处歼敌二三百人，在明光方面歼敌约千余人。

△国际反侵略大会中国分会向伦敦大会提出四项议案：一、全世界各国公民宣布日本军阀为人类公敌；二、各国公民及团体实行抵制日货，停止对日供给及援助；三、各国公民及团体给中国抗战以物质供给与援助；四、请求国际实施制裁侵略国之条约，否认日本占领区之伪政权。

是月　中共陕甘宁边区委员会召开讨论内蒙古抗日工作会议，确定内蒙古工作的中心任务是发动各阶层人民与全国各民族人民团结一致，共同抗日，并决定组成内蒙古抗日民族统一战线。

△　毛泽东两次会见梁漱溟，就抗战前途、中国政治问题进行长时间谈话。

△　周恩来多次会见史沫特莱，赞扬她的国际主义精神。同时，会见加拿大共产党员白求恩率领的加拿大美国援华医疗队，感谢他们援助中国革命。

△　八路军香港办事处成立，对外称"粤华公司"，由廖承志负责。

△　国民党中央宣传部以汉口国货日报社、大光报社、中国新闻通讯社、大声通讯社等 16 家报纸和通讯社停刊甚久，决定注销登记。

△　由彭一湖、孙伏园、晏阳初、瞿菊农、雷震等人主持之中华平民教育促进会长沙总办事处成立。该会倡导"乡村建设"、"政教合一"主义，曾受湖南省政府之委托，主办湖南地方行政干部学校三期，培训县长、县督导长及保、甲长万余人。

△　日本组织"华中电气公司"接收上海电力公司，统制华中电业，资金 4500 万元。

△　日本指使伪晋北自治政府没收西北实业公司在大同所设兴农酒精厂（资本 100 万元）和西北洋灰厂（资本 200 万元），并设蒙疆木材

公司(资本 100 万元)、蒙疆制粉厂(资本 200 万元)。伪蒙疆自治政府
与日本三井、大仓共集资 20 万元,设立出口公司,垄断平、绥驼毛、羊
毛、皮革、蛋粉、油脂等原料,向欧美出口。

2 月

2月1日 蒋介石通电全国,以韩复榘为例,警告各级将领:"今后
如再有不奉命令,无故放弃守土,不尽抗战为能事者,法无二例,决不
宽贷。"

△ 国民党中央执行委员会函令:凡现任县、市党务以上委员职
员,在任职期间予以停役。

△ 毛泽东为武汉《自由中国》创刊题词:"一切爱国人民团结起来
为自由的中国而斗争"。

△ 日军 2000 余人配以侦察机数架,自山西忻县向县西三交镇进
攻。八路军第一二〇师第三五九旅一部与敌激战竟日,毙敌 200 余人,
迫敌当晚退回忻县,三交以东村庄尽被敌焚毁。

△ 日军在冀中高邑东大营强奸妇女,被民众击毙二人。日军派
兵报复,打死民众百余人,烧房千余户,妇女被迫投河者百余人。同日,
日军在藁城梅花镇肆行淫掠,被民众击毙数十人。日军报复,打死民众
千余人,全家被杀绝者 30 余户,村舍被焚毁。

△ 中共陕甘宁边区委员会机关刊物《团结》在延安创刊。

△ 马来亚东马岸日人所办铁矿的华工,发动大规模反日罢工。5
月 14 日,该矿全体华工退出矿场。

2月2日 第五战区司令长官李宗仁电召第五十一军军长于学忠
前往徐州接受任务,增援津浦线南段,令其开往淮河北岸,接替第三十
一军防务,阻敌前进。

△ 津浦线南段日军二万余人由明光、池河向淮河前进,是日起一
路犯凤阳、定远,一路犯临淮关,对蚌埠取包围态势。我官兵奋力拼搏,

终因工事尽毁,无险可守,蚌埠、临淮关及凤阳均告失陷,我军退守淮河以北。

△　国民政府明令改组河南省政府,河南省政府委员兼主席商震,委员兼民政厅长李培基,委员兼建设厅长张静愚均免本兼各职,任命程潜兼河南省政府主席,龚浩兼建设厅长,方策兼民政厅长。

△　蒋介石令税警总团改编为陆军第四十师,以黄杰为师长。

△　第三战区顾祝同部再克六合。

△　国际联盟行政院讨论远东形势,通过决议鼓励各会员国单独向中国提供援助。

2月3日　国民党中常会决定3月29日举行临时全国代表大会,讨论和制订国民党领导抗日战争的路线、方针和政策。

△　第五战区下达作战第三号命令:"战区决对津浦南段之敌,拒止于淮水以南地区,由其侧方连续予以打击,渐次驱除肃清之。同时巩固鲁南山地。对津浦北段及陇海东段,取侧击之势,牵制敌之南下或西上,以拱卫徐州。"命令又将战区兵力划分为四个兵团及四个游击区,分别在淮河南北两岸安庆、合肥等地布防及担任津浦、陇海、江岸、东海、鲁南、鲁西游击。第五十九军集结宿县待命。徐州会战揭幕。

△　国民政府明令重申公务员不得支领兼薪。

△　内政部于青海省增设称多县,5日经行政院呈奉国民政府指令准予备案。

△　周恩来为《救亡日报》题词:"巩固和扩大救亡阵线,动员起千万万的群众,赶走日本强盗出中国!"

△　日军第五师团自青岛侵占烟台。

△　日军第五师团攻陷蒙阴后,并有会同津浦路方面日军进攻徐州之势,是日,第五战区为增强鲁南兵力,令第四十军庞炳勋部迅速出临沂协同由青岛退至诸城、沂水之沈鸿烈部,于鲁南积极进行阻击。

△　北平日使馆通知各国使馆,要求居留长江以北、中国海岸线以

西及自青岛经兖州至太原之线以南区域内之各国侨民,即日撤退。上海日使馆亦通知外侨撤退,对仍居留上海之外国人员住所,要求悬明标帜,并将所在地点通知日方。

△ 日本外相广田在众议院宣称:"中国国内现并无日本所承认之中央政府,中日两国现已入于战争状态。"

2 月 4 日 蒋介石通令指示各军,对使用新式武器日军的取胜之道,不仅斗力,必须斗智。"故我各级将领,只要能精研学术,锻炼技能,则智勇兼全,抗战未有不能得最后之胜利也"。

△ 蒋介石电武汉卫戍总司令陈诚,规定武汉附近阵线工事应照新式野战筑城构筑,限期完成。

△ 军政部长何应钦通令各师管区及各部队实现兵役法制精神,停止募兵,所需新兵概由各县、市义务壮丁常备队征调,入营编练;若再有募兵情事,即由地方制止。

△ 第五十一军军长于学忠率部开抵淮河前线,军部驻固镇,该军下辖第一一三师(师长周光烈)、一一四师(师长牟中珩)。

△ 津浦线北段日军陷山东诸城。

△ 津浦线南段日军第十三师团陷安徽怀远。

△ 八路军第一二〇师第三五九旅一部,在晋北崞县、原平间之定风庄伏击日军汽车队及增援兵车两列,毙敌百余,击毁汽车 16 辆,当夜袭占原平,残敌溃退忻县。

△ 驻日大使许世英抵武汉,次日分别向蒋介石及外长王宠惠述职。

△ 同蒲铁路工人第一次代表大会在曲沃侯马镇开幕,除各站工人代表外,并有牺盟总会、各救亡团体代表多人参加。7 日闭幕,通过拥护蒋、阎抗战到底电、慰问抗战将士电及致全国各铁路工友书等。

△ 北平伪临时政府公布:行政委员会下设行政、治安、教育、司法、赈济五部,各部总长分别为王克敏、齐燮元、汤尔和、朱深、王揖唐。

2 月 5 日 军事委员会公布蒋介石 1934 年 7 月在庐山军官训练

团所作《抵御外侮与复兴民族》讲演稿,长达三四万言,自是日起在各报发表,并由电台陆续播发。

△　孔祥熙偕陈光甫等赴香港,召集中国、中央及交通银行经理洽商应付伪华北联合准备银行之对策。

2月6日　军事委员会政治部成立,陈诚任部长,黄琪翔、周恩来任副部长,张厉生任秘书长,郭沫若任第三厅厅长。

△　第五战区司令长官李宗仁电令第三集团军:"第三集团军(欠第五十一军)由孙桐萱代行总司令职权,率所部第十二军及第五十五军,以主力约三个师驱逐运河西岸之敌,向济宁正面攻击,以两个师由开河镇方面迂回,占领汶上,向济宁、滋阳(兖州)间侧击,策应主力之战斗。"

△　第二十一集团军开抵合肥。该集团军(总司令廖磊)指挥第七军(军长周祖晃),下辖第一七〇师(师长徐启明)、一七一师(师长杨复昌)、一七二师(师长程树芳);第四十八军(军长廖磊),下辖第一七三师(师长贺维珍)、一七四师(师长王赞斌)、一七六师(师长区寿年)。同日,该集团军第七军由定远攻津浦线,遮断日军后方联络线。第四十八军协同第十一集团军第三十一军攻击刘府、考城、蚌埠之敌。

△　蒋介石电令西安行营主任蒋鼎文取缔共产党"非法"活动。

△　《扫荡报》刊载茹春浦《一个主义,一个信仰,一个最高统帅》一文,谬称"在共同信仰三民主义之下,就不应该有'国共合作'的名词";"游击队只能受正规军节制而动作,绝对不能独立自由的动作",否则,就"破坏信仰统一、军令统一","危害到战争本身"。

△　国际反侵略运动宣传周分宗教、妇女、青年、儿童等项,逐日在武汉举行宣传大会。是日为宗教日,武汉基督教徒为国难举行祈祷。王宠惠、冯玉祥、邵力子、张道藩、吴国桢及各界代表、外领、外侨等千余人参加。大会通电吁请"全世界同道,本基督舍身救世之精神","继续与我密切合作,以期正义伸张,和平实现"。

△　中共中央代表团与长江中央局召开联席会议,提议建立民族革命联盟以巩固统一战线。

△　中国回教青年会以济南伪维持会长马良背叛国家,为贼作伥,电请全国同胞、全体教亲一致加以声讨,并表示"吾人愿本回教徒决不与日本人妥协之精神,拥护中央,抗战到底"。

△　上海《社会晚报》被日方禁止发行,经理蔡钧徒被害,人头在法租界发现,附条上书"对抗日分子之警告"。

△　日本内阁决议组织华北发展公司,接管津浦、平汉、平绥、胶济、同蒲、正太六铁路及各海港,并控制华北公路交通。

2 月 7 日　蒋介石发表《抗战必胜的条件与要素》,阐述"用空间换取时间"的战略方针。略谓:"我们这次抗战,是以广大的土地来和敌人决胜负,是以众多的人口来和敌人决生死。本来战争的胜败,就是决定于空间与时间,我们有了敌人一时无法全部占领的广大土地,就此空间的条件,已足以制胜侵略的敌人。"并谓:"我们现在与敌人打仗,就是争取时间。我们就是要以长久的时间,来固守广大的空间;要以广大的空间,来延长抗战的时间,来消耗敌人的实力,争取最后的胜利!"

△　第三军团长庞炳勋奉第五战区司令长官李宗仁命由海州移防临沂。该军团下辖第四十军(军长庞炳勋兼)第三十九师(师长马法五)第一一五旅、一一六旅,共五个团的兵力,兵员 1.3 万人。

△　日军第十四师团 2000 余人,自河北大名犯南乐,至晚占领该城。8 日,继续南犯,陷清丰。

△　《扫荡报》发表题为《强固统一》的社论,诬蔑中国共产党、陕甘宁边区、八路军和新四军为"封建割据","必须一律将其取消"。并谓:"欲使国家趋于绝对统一之途,必须一党专政","如有反对一党专政者,即无异于反对统一,即无异于破坏抗日。"

△　是日为国际反侵略运动宣传周妇女日,武汉 3000 名妇女举行宣传大会,推举宋庆龄、李德全等 35 人为主席团,会后游行。同日,西安、厦门、兰州、长沙、贵阳等地亦分别举行反侵略大会。

△　孙科自莫斯科电蒋介石,告以苏联不拟单独对日争战,但愿以器材、技术援助中国,"一面促进英、法、美对我行动一致"。并谓:斯大林并言明苏对外蒙、新疆绝无领土野心。

△　中苏签订《军事航空协定》。

2月8日　蒋介石以八路军在晋东南连战皆捷,特电第十八集团军武汉办事处叶剑英转朱德、彭德怀总、副指挥嘉奖。

△　八路军晋察冀军区陈漫远第三支队夜袭河北定县,占领县城,歼敌300余。

△　下午,日机24架在淮河北岸小蚌埠上空狂轰滥炸。入夜,日军在炮火掩护下连续三次强行渡河,小蚌埠阵地守军第一一三师第三三七旅第六七三团奋起还击,淮河阻击战开始。

△　是日为国际反侵略运动宣传周青年日,在武汉举行宣传大会,到各青年学生等50余团体代表二万余人。主席彭文凯致词,强调全国青年应团结一致,抗战到底,争取最后胜利。会后举行游行。

△　经济部资源委员会与江西省合办天河煤矿投产,日产煤700吨。

2月9日　国民政府特派鹿钟麟为军事委员会军法执行总监,原任唐生智免职;特任陆军中将张钫为军事参议院副院长。

△　许世英在汉口招待新闻记者,否认自东京带回和平条件,略谓自去年年底至本年1月17日以前,德国驻华、驻日大使曾出面调解,而日方当时则一面希望结束战争,一面希望吾国接受投降条件,本人当即拒绝谈判,于是日本16日发表宣言宣称不以中国政府为交涉对手。

△　毛泽东致电八路军总部、长江局并告北方局,指出:以雾灵山为中心的区域有广大发展前途,那是独立作战区域,应派精干部队去。

△　八路军总指挥朱德在武汉《新华日报》发表《八路军半年来抗战的经验与教训》一文,强调指出开展抗日游击战争,发动广大的民众深入敌后打击敌人以及发展抗日民族统一战线的重要性。

△　晋察冀军区八路军分七路夜袭平汉线日军,占领定县、望都、

新乐等地及清风店车站,破坏铁路 20 余里,击毁火车两列。

　　△　八路军第一二九师孙继先津浦支队及秦基伟游击支队成立。10 日,张贤约先遣支队成立。15 日,津浦支队开赴津浦路沿线活动。

　　△　日机首次袭长沙,并袭六安、南阳、樊城及广东三水、增城等地。

　　△　《大众报》在汉口创刊,江凌主编。

　　△　日本政府派前驻奥公使谷正之到上海主持外交事务;前驻瑞士大使白鸟敏夫任外务省中国事务局局长。

　　2 月 10 日　蒋介石密电孔令侃转其父孔祥熙,调解孔、宋(子文)间之派系斗争,要求孔、宋"均当委曲求全,以利大局"。

　　△　蒋介石会见周恩来,表示与各党派愿意融成一体,以试探中共方面的态度。周恩来明确表明:国共两党都不能取消,只能从联合中找出路。

　　△　原第五十九军军长张自忠被撤销查办,恢复军长职,是日自商丘率部参加淮北作战,接替第五十一军第一一四师防务,归于学忠指挥。第五十九军下辖第三十八师(师长黄维纲)、一八○师(师长刘振三),兵员 2.1 万人。

　　△　八路军晋察冀军区陈漫远第三支队在正定伏击日军汽车 20 余辆、装甲车 10 余辆,毙敌百余人。

　　△　拂晓,日军飞机、大炮轮番轰炸小蚌埠,我军阵地尽成焦土。日军千余名遂强渡淮河。上午 10 时,我军同登岸日军展开白刃战,第五十一军第三三七旅第六七三团几全部牺牲。第三三七旅第六七四团奉命前来增援,在小蚌埠街市进行巷战,敌我几进几出,反复争夺。旋第三三七旅第六七八团赶来增援;白刃战持续达四小时。小蚌埠失而复得。

　　△　实业家荣宗敬在香港逝世。17 日,国民政府明令褒扬。

　　△　北平日陆军司令部宣称:现有外籍人员 651 名协助中国作战,内英籍 57 人,美籍 152 人,法籍 124 人,苏籍 315 人,其中大半为航空队员。

　　△　巴黎《救国时报》因全体办报人员回国参加抗战,宣布停刊。该报共出刊 152 期。

　　△　伪满洲国公布《总动员法》。

　　2 月 11 日　国民政府任命张群兼四川全省保安司令,沈鸿烈兼山东全省保安司令,李宗仁兼安徽全省保安司令。

　　△　国民政府修正公布《内政部组织法》,凡 26 条。规定"内政部管理全国内务行政事务";"内政部对于地方最高行政长官执行本部主管事务,有指示监督之责"。

　　△　平汉线第五十三军新六师高树勋部与日第十四师团土肥原部激战四昼夜,我汤阴阵地被冲破,是日退至淇河以西,濮阳、内黄、清丰一带均陷敌手。

　　△　淮河战场日军再陷小蚌埠,第一一三师第六七四团守军伤亡殆尽,最后之殉国官兵均高唱《救亡进行曲》慷慨赴难。

　　△　第五战区令第五十九军第三十八师速向怀远、涡河北岸推进;第一八〇师即向宿县、固镇间推进,并速在固镇附近占领阵地,阻敌北进。

　　△　第三十一军第一三八师自津浦线南段西侧渡过高塘湖,将上窑日军五六百人包围,数度冲入圩内与敌白刃相拼,歼敌百余人。

　　△　毛泽东在延安反侵略大会演说,指出:"中国一定能够战胜日本侵略者,新中国的创设是必然的。"

　　△　教育部战时教育问题研究委员会在武汉召开第一次会议。出席委员朱家骅、李书华等 24 人,陈立夫主持,顾毓琇报告教育部最近主张:一、三育并重;二、文武合一;三、农工并进;四、政教沟通;五、尊师重道;六、重视母教;七、培养师资;八、注重女子教育。并决定成立教育计划组,委员为朱家骅等七人;师资组,委员为李书华等八人;教材组,委员为陶希圣等七人;训练组,委员为张厉生等八人。

　　△　北平伪临时政府所设中国联合准备银行在北平成立,汪时璟任总裁,3 月 10 日正式开业,资金一亿日元,由日本银行团供给,发行

纸币与日币同价,并宣布一年后废止法币。

2 月 12 日　国民政府调整行政院所属部、会机构:一、农产、工矿两调整委员会及资源委员会改隶经济部;农产调整委员会归并于经济部之农本局,但农产输出国外之贸易事宜则划归贸易调整委员会办理;二、原属财政部之粮食运销局归并于经济部农本局;三、贸易调整委员会、对外易货委员会及重庆行营所辖之禁烟督察处改隶财政部;四、原属经济部之国际贸易局归并于贸易调整委员会;五、农产、工矿、贸易三调整委员会所设之运输联合办事处,改隶交通部;六、禁烟委员会改隶内政部,解除军事委员会委员长所兼禁烟总监职务,原派各省之禁烟特派员一律撤销,其职务交由各省民政厅办理。

△　国民政府特派陆军中将邓锡侯为重庆行营副主任。

△　上午 8 时,第五十九军开抵小蚌埠津浦线两侧,抢先占领阵地。9 时 40 分,我空军飞机 12 架飞临津浦线南段上空助战,轰炸敌军占领之临淮关、蚌埠车站及淮河南岸敌军驻地。

△　第三十一军第一三五师自考城同上窑逃窜之敌三四百人接仗,敌大部被歼。旋日军从凤阳、怀远派兵 2000 余人增援高塘湖,第一三一师与当地红枪会联合,集合 6000 余人,在凤阳一带与敌展开游击战,曾攻入怀远古西门。

△　第三集团军于上午 10 时自曹县下达攻击令,各部开始进攻,同日晚,第十二军第二十二师第六十四旅由大长沟向济宁攻击,次日晚占领济宁北关,逼进城垣,第五十五军第四三九、一七一两团亦迫近南围子门,游击队刘耀庭部一度攻入车站。

△　日军第一〇九师团山冈重厚部自太原及清源附近西犯。13 日,在交城县遭第二战区阎锡山部袭击,百余人被歼。15 日,该敌三路犯文水,与阎锡山部第十九军第四〇五团第三营激战,第三营损失过半,文水失陷。

△　全国战时教育学会在汉口成立,选举张申府等 19 人为理事,通过宣言及会章,决议设重庆、西安、长沙、广州等分会,并通过《全国战

时教育实施要则》,凡 19 条,提供政府采纳。

　　△　国际反侵略大会在伦敦开幕,到 22 个国家的代表 800 余人。中国派顾维钧(代表宋庆龄)、蔡元培等 19 人出席。顾维钧演说吁请各国以集体行动抵制日货。次日大会闭幕,通过斥责日本侵略的决议,号召各团体尽力援助中国,要求各国政府停止对日借款、供应军火及物资。

　　△　蒋介石致电伦敦国际反侵略大会,呼吁各国伸张正义,采取具体步骤,促使日本结束侵华战争。

　　△　原南京市长马超俊为日军蹂躏南京难民区事,致函南京难民区国际委员会主席艾拉培,略称:"日军于入据南京之后,竟在难民区内,屠杀非武装之民众二万余人,其士兵以杀人多寡为竞争,并奸淫 11 岁至 60 岁之妇女","近更闻难民区内 20 万人之粮食、菜蔬及医药品均已告罄,贵会吁请各方输出接济,而日方拒绝不允,立欲将我 20 万无辜难民陷于饿毙绝境",请求该会"向日军严重交涉"。

　　2 月 13 日　第三集团军第十二军第八十一师第二四一旅第四八一团攻汶上,由城西北攀登,一度攻占北门,旋即入城同日军展开巷战,第四八二团由城东攀登,在东门附近同日军展开激烈争夺战,第二四三旅第四八六团由城南门攀登,与敌在城内激烈巷战,我军营长沈岐山阵亡。

　　△　第三十一军克复安徽凤阳。

　　△　日军第十四师团主力犯淇县,万福麟第五十三军以工事全毁,弃守淇县。第十四师团另一部进占长垣,至 15 日占封丘,即急转西犯,图与沿平汉线南犯之主力相会合。宋哲元部与日军相持数日,于 15 日向新乡转移。

　　△　日军第十三师团分由临淮关及蚌埠渡淮北侵,于学忠亲赴前线率部反攻,激战四小时,部属伤亡约两千,迫使日军不得前进。

　　2 月 14 日　第二十二集团军第一二七师在曲阜、邹县山区开展游击战,是日,日第十师团少将中岛荣吉偕卫队 40 余人乘车途经曲阜九龙山下小雪村,被我游击队伏击,激战半小时,毙敌 15 人,中岛少将受伤被俘,在押送路上拔枪自毙。

△　第二十二集团军开展滕县外围战,是日该集团第四十五军第一二五师在地方红枪会数百人配合下,夜袭两下店,逼近日军主阵地,因敌火力过猛,工事坚固,攻击未能奏效。

△　津浦线南段定远日军以飞机、坦克为掩护西进,第五战区凤(阳)定(远)别动队司令方昭舟部在能仁寺与敌激战。方部下辖六个大队,共 2000 余人,利用有利地形顽强抵抗,入夜对敌实行夜袭,毙敌数百人,缴获军用品甚多。

△　第三集团军第十二军第二十师以第一二七、一二八两团攻入济宁城内,同日军激烈巷战,南关之敌千余人增援;反复攻击,我军伤亡甚重,遂撤回原阵地。第五十五军趁敌大部入城之际,续攻南关,刘耀庭游击队再攻车站,均无进展。

△　平遥失陷。11 日,日军川岸文三郎第二十师团自山西太谷附近沿同蒲路南犯,是日陷平遥。

△　日机 12 架袭郑州,投弹 68 枚,民众死伤百余人。

△　周恩来会见军事委员会副委员长冯玉祥,交谈对时局的看法,向他介绍中国共产党的全面抗战的主张。

△　中共领导之胶东抗日救国军,冲入牟平县城,召开群众大会,枪决伪县长宋健吾。下午,在城郊雷神庙与日军激战,毙敌 50 余人,击毁汽车三辆,击落日机一架。

△　伊斯兰教徒在汉口举行反侵略祈祷大会,到全国各地教徒代表千余人,白崇禧讲话,号召全国 5000 万回教徒,以实际行动参加抗战。

△　日本解散华中方面军、上海派遣军及第十军的战斗序列,三军司令官松井石根、鸠彦王、柳川平助均返国;另在南京建立华中派遣军司令部,以畑俊六陆军大将为司令官,辖藤田进第三师团、稻叶四郎第六师团、吉住良辅第九师团、荻洲立兵第十三师团、牛岛贞雄第十八师

团、伊东政喜第一〇一师团、天谷直次郎步兵第十旅团和值贺忠治第三飞行团。波田支队（支队长波田重一）、步兵第十旅团先后于 22 日、26 日从华中派遣军战斗序列中解除，归还第十一师团。

△ 世界国联同志联合总会在伦敦开会，出席者有 14 个国家代表，中国亦派代表出席。大会通过两项决议案：一、扩大抵制日货运动；二、请求国联会员国自动采取一切外交上、财政上及经济上之有效方法，制止日本之侵略行动，并使此种共同行动"发生效力"。

2 月 15 日 中共中央代表团与长江中央局召开联席会议，决定在长江、黄河间设立一个军区，下设四个军分区，由彭雪枫负责新设军区的军事工作。

△ 两下店日军 700 余名在坦克、大炮配合下，夜袭第二十二集团军第一二五师滕县外围峄山、郭山阵地，被击退。

△ 教育部颁布《处理战区退出各级学校教职员及社会教育机关工作人员办法大纲》，规定各战区因受战事影响，不得继续服务者，可向教育部或各省、市教育厅登记，专科以上学校教职员得依照志愿、专长介绍于有关机关，中小学及其他社会教育机关人员则介绍于军事机关。

2 月 16 日 第五十九军第三十八师第二二四团攻占涡河对岸之小街。次日，日军炮火向小街阵地射击，掩护日军 300 人强渡涡河，被击退。

△ 第二十二集团军第一二五师派三个连组成敢死队续攻滕县外围两下店之敌，入夜进入集镇，同日军巷战。旋该师再派 760 余人增援，我军占据镇中两座楼房，敌军轮番攻击，激战至次日凌晨 3 时，我军 360 余人突围出镇，其余 400 人壮烈牺牲。

△ 淮北我军三路反攻：东路攻临淮关，中路沿津浦正面攻曹老集，西路攻怀远、凤阳。另一部攻淮河南岸左翼的考城、上窑一线，切断淮河沿岸与定远日军的联络线。日军自淮河北岸南撤，敌我双方隔河对峙。

△ 日军第十四师团主力陷豫北辉县,守军宋哲元第一集团军万福麟部第五十三军西撤。

△ 外交部以兰州当中苏交通要冲,为便于处理两国间外交事务,决定在兰州设特派员办事处。

△ 日本御前会议通过《中国事变陆军作战指导纲要》,规定至本年夏季的对华方针是:"确保"占领区,不扩大战区,不进行新战区作战。

2 月 17 日 蒋介石令驻防河南的蒋在珍部新八师炸毁郑州黄河铁桥,以阻日军进攻。

△ 军事委员会任命卫立煌为第二战区副司令长官。

△ 日军第十四师团主力犯新乡,万福麟部第五十三军弃城西撤至获嘉、修武、焦作、沁阳一带防守。

△ 日军第一〇九师团先遣队 3000 余人由山西文水攻陷汾阳。同日,日军第二十师团犯孝义,第十九军四〇五团邱营坚守抗敌,营长负伤,突围至兑九峪,是日孝义失陷。

△ 日军第一〇八师团经豫北武安、涉县犯东阳关,与李家钰部第四十七军激战,李部腹背受敌,是日东阳关失陷。

2 月 18 日 日机 38 架空袭武汉,苏联空军志愿队配合中国空军第四大队,在武汉上空与日机激战,击落日机 11 架,创武汉空战纪录。第四大队大队长李桂丹、队长吕基淳、队员巴清正、王怡之、李鹏翔五人殉国。

△ 国民政府明令褒扬抗日阵亡之陆军第十七师副师长兼旅长夏国璋、第一七三师旅长庞汉祯、第一七一师旅长秦霖,各追赠陆军中将。

△ 第五十九军第一八〇师第六七八团夜袭小蚌埠,与日军巷战,毙伤日军甚重,我军收复小蚌埠。

△ 为配合第二战区各部友军反攻太原,八路军前总决定:晋察冀军区部队破击平汉路,第一二九师破击正太路,第一二〇师破击同蒲路。是日至 27 日,第一二〇师共破坏桥梁八座,破路 10 余公里,攻击平社、豆罗车站和麻会、石岭关、关城镇等日军据点,控制麻会到高村间

铁路 20 余公里,炸毁日军火车三列。

△ 八路军第一一五师陈光部第三四三旅在山西蒲县伏击日军800 余,激战至次日晨,毙日军 600 余,俘 60 余,击毁战车六辆。

△ 八路军第一二〇师决定,陈伯钧、王震第三五九旅北上,阻止日军向岢岚、兴县进犯;彭绍辉、罗贵波第三五八旅主力侧击由离石西犯之日军。

2 月 19 日 蒋介石为纪念新生活运动四周年发表广播讲演,宣称:"新生活运动的目的,在于革新国民的生活习惯,振作国民的道德精神","越是在这非常时期,越要实践礼义廉耻,越要注意日常的生活,在任何情形之下,都要守纪律、重秩序,保持我们良好的道德,以宏毅坚决的气概来担当御侮救国的事业。"

△ 周恩来约见冯玉祥商谈抗战问题。周恩来在谈话中强调河南现处重要地带,应发动民众保卫河南。

△ 第五十九军第三十八师第二二四团小街阵地终日被敌机轰炸,日军百余名渡过涡河,敌我双方激战,小街失陷。我军第三营乘夜逆袭,次日拂晓攻入小街,与敌激战,伤亡惨重,遂退出小街,在朱家岗占领阵地,与敌对峙。

△ 日军第二十师团续犯晋西,迫近川口(隰县北)。第十九军军长王靖国在石口指挥对敌作战。20 日,第七十师第二一五旅旅长赵锡章奉命率部增援川口,在隰县杨村堡与日军激战,赵锡章七处负伤,英勇殉国,官兵 120 余名壮烈牺牲。3 月 28 日,国民政府明令褒扬赵锡章,追赠陆军中将。

△ 日军第十四师团一部陷豫北修武。同日,封丘、延津、原武间激战,日军 300 余人企图于竹林乘皮筏强渡黄河,被击退。

2 月 20 日 武汉各界在汉口总商会公祭李桂丹、吕基淳等殉国空军将士,蒋介石主祭。次日,武汉三镇举行盛大空战祝捷及追悼殉国空军将士大会,孔祥熙、于右任、冯玉祥及中共中央、八路军代表陈绍禹、周恩来、叶剑英、邓颖超等出席致祭,会后两万余群众执绋送葬并举行盛大游行。

△　军事委员会任命宋哲元为第一战区副司令长官。

△　武汉卫戍总司令陈诚颁布武汉附近防御工事构筑计划,将国防永久工事分为 10 个区,由各连队分别负责兴建,同时对整个阵地编成与兵力部署、大炮配置等,亦均有所决定。

△　第五十九军军长张自忠奉到李宗仁司令长官皓(19 日)电令,停止攻击当前之敌,所有防务交第五十一军接替后,全部由固镇向鲁南临城一带集结待命。

△　日军第一〇八师团自东阳关经黎城、潞城直犯长治,守城部队李家钰第四十七军一个团与日军巷战,全团将士殉国,团长自戕,居民被屠杀者达千余人,长治遂陷。

△　日军第五师团片野支队主力陷日照、莒县,庞炳勋部第四十军退守临沂。

△　日机 18 架分别空袭兰州和宁夏省中卫县,与我兰州空军第十七队发生激烈空战。

△　希特勒在国会宣布德国承认伪满洲国,撤退驻中国军事顾问团,放弃援华政策。

2 月 21 日　蒋介石以各路日军攻势已馁,令各军全线反攻。

△　空军一队飞杭州笕桥机场,投弹 30 余枚,毁日机 10 架。

△　日机 61 架袭广东,于韶关被击落一架。同日,宜昌、衡阳、绍兴、黄河各渡口及巩县车站亦分别遭日机轰炸,毁巩县车站火车七节。

△　孙科离莫斯科赴法国访问。

△　《少年先锋》半月刊在武汉创刊,茅盾、叶圣陶等主编。

2 月 22 日　国民政府令准免监察院监察委员吴瀚涛、李嗣璁、杨亮功、刘莪青本职,任命苗培成、戴愧生、李培基、黄少谷、燕树棠、张其昀、杜重远、谢树英为监察院监察委员。

△　陈长捷部第六十一军 1.6 万余人,奉命驰援隰县第十九军,与日第二十师团激战三日,损失 8000 余人。26 日,隰县失陷。

△　第五战区第一游击司令刘震东少将在山东莒县与日军作战中阵亡。3月9日，国民政府明令褒扬，追赠陆军中将。

△　八路军第一二九师陈赓部第三八六旅在冀西井陉长生口设伏，消灭日军井陉警备队一部，击毙荒井丰吉少佐以下130余人，击毁汽车五辆。

△　八路军第一一五师陈光第三四三旅在同蒲路以西之石口、川口附近与日军第二十师团一部激战，毙敌200余人。

△　日军第十四师团2000余人，沿道清路西犯，突破沁河，占领沁阳，旋即以一部陷孟县。

△　国民党陕西省党部宣布解散西安文化协会等13个抗日救亡群众团体，后因遭各方激烈反对，未能实行。

2月23日　最高统帅部电令第三集团军："此后该集团军应避攻坚战，改取监视并游击，牵制敌军沿津浦线南下之行动。"25日，第三集团军以主力向相里集、孟家屯、大义集、羊山集、独山集、巨野之线转进，即在该线占领阵地，继续抵抗，并以一部向城武附近集结。

△　空军远征台湾告捷。晨，我空军数队集合飞往台湾，在台北及台湾西部各投弹10余枚，炸毁台北日军机场飞机数架及机场油库，午后安全返航。

△　日机36架自山西运城机场起飞，进袭兰州，我兰州空军第十五队、第十七队共13架飞机迎战，两天共击落日机18架。

△　日军驻蒙兵团一部进攻晋西北，占宁武、神池；26日占偏关；28日占保德、河曲。何柱国骑兵第二军退河西。

△　日本参谋本部第二课课长河边虎四郎大佐到北平，旋又经张家口、长春、龙山等地，分别向华北方面军、驻蒙兵团、关东军、朝鲜军传达《中国事变帝国陆军作战指导纲要》。华北方面军司令官寺内寿一不满中央意图，向河边提出进行徐州作战要求。

△　英新任驻华大使卡尔抵上海。

△　英驻华大使馆以郑州及黄河南岸其他城市中国军事目标，"危

害附近外国人之财产",是日致函外交部,要求"迅速设法去除"。3 月 2 日,军事委员会下令撤除。

△ 第三国际发表《告红军书》,号召苏联工人阶级与国际工人阶段尽速一致行动,援助中国和西班牙,打击法西斯侵略,维护世界和平。

2 月 24 日 国民政府任命程潜兼河南全省保安司令,原兼河南全省保安司令商震应免兼职。同日又令豫皖绥靖主任公署裁撤。

△ 国民政府令:林伟俦给予青天白日勋章。

△ 国民政府公布《赈济委员会组织法》,凡 15 条。

△ 外交部照会驻华德使馆,抗议德国政府承认伪满洲国。

△ 周恩来、陈绍禹回到延安。

△ 日军第二十师团向晋西灵石发动总攻,自是日至 27 日,敌我双方反复争夺,肉搏血战,至为激烈。28 日,灵石守军总指挥卫立煌以临汾失陷,下令主力部队撤离同蒲线。

△ 空军一队轰炸新乡日军机场,毁日机四架。

△ 日机 10 余架轰炸广东南雄,被我击落两架,一架落始兴,一架落增城。下午 3 时,日机两架在增城附近之沙塘乡低飞,被我击落一架,当场焚毁,另一架受伤迫降,被我拿获,毙机师四人,生擒一人。

△ 伪蒙军李守信部 3000 余人占领绥远清水河,并与偏关日军会合。

2 月 25 日 毛泽东复电朱德并告彭德怀:必须使用全力歼灭由府城西进之日军。

△ 日军第十师团长濑武支队,突破济宁前线重围,以主力渡过运河,向嘉祥、金乡进攻。第三集团军孙桐萱、曹福林部与敌苦战三昼夜,嘉祥失陷。

△ 日军第十四师团自沁阳分南、北两路进犯。南路酒井支队西犯济源,是日济源失陷。北路黑石支队于陷天井关后续犯晋城,次日晋城失陷;守军宋哲元第一集团军石友三第一八一师及万福麟第五十三军西撤。

　　△　日军第一〇九师团自汾阳分两路西犯,陷中阳、离石。27日,该敌占黄河东岸军渡、碛口,并炮击西岸八路军第一二〇师第三五九旅文年生第七一八团阵地。

　　△　日机59架袭南昌,我空军机队起飞迎战,击落日机八架。

　　△　日本天皇批准日本非常战费预算48.5亿日元。

　　2月26日　军政部长何应钦告诫办理兵役人员务宜各尽心力,唤起国民壮丁,乐于应征,“如有怠忽职务,乘机舞弊者,务须随时切实检举,从严究办”。

　　△　刘汝明第六十八军一部攻克豫东长垣。

　　2月27日　中共中央召开政治局会议,讨论抗战形势、国共两党关系和抗日军事问题。是日,陈绍禹作政治报告。28日,毛泽东就抗日军事问题作发言。周恩来就抗战形势等问题作发言。会议决定由周恩来起草对国民党的军事建议书。

　　△　临汾失陷。日军第一〇八师团犯山西省政府临时驻地临汾,在曲亭与决死八纵队激战,八纵奉命转移到翼城一带,是夜临汾失陷。

　　△　德驻沈阳领事诺尔,奉本国政府令通知伪满总理张景惠,德国正式承认伪满洲国。

　　2月28日　国民政府公布《经济部资源委员会组织条例》,凡14条。规定该会职掌如下:一、“创办及管理经营基本工业”;二、“开发及管理经营重要矿业”;三、“创办及管理经营动力事业”;四、“办理政府指定之其他事业”。

　　△　蒋介石以第三集团军孙桐萱、曹福林部在嘉祥奋勇抗敌,鲁西转危为安,特电嘉奖。

　　△　日军第十四师团继续西犯,南路酒井支队陷垣曲,北路黑石支队陷阳城。宋哲元第一集团军万福麟部第五十三军向西撤退。

　　△　日机50余架分10批轮番轰炸广州、黄埔、军田、惠州等地。我空军起飞迎战,击落日机一架,坠于黄埔石榴乡。同日,襄樊、宜昌亦遭日机袭击。

是月　第五战区拟定保卫武汉右翼兵团作战计划;判定皖北集结于黄梅、宿松间之日军第三师团,集结于潜山、太湖间之主力第二师团及第三师团一联队,由二套口登陆向黄梅移动之第五、第十一师团,有续行西犯以策应其长江南岸作战之企图;集结于合肥之荻洲立兵师团,其一部有向霍山、六安山地威胁之可能。拟于长江北岸宿松县黄泥湖至二郎河一线阻止日军西进,以机动转取攻势,将日军压迫于长江方面而歼灭之。

△　行政院颁布《非常时期各地实行联保连坐注意要点》,规定凡已办保甲之市县"应依原有联保切结方式,加紧工作,并于原定联保切结文内加列'同保各户绝不作汉奸、间谍、盗匪及扰乱地方等情事,并随时共负防范搜查之责'等字样","以期运用保甲机构,防止汉奸,消弭匪患"。

△　国民党中央宣传部副部长周佛海派高宗武到香港建立情报机关。高在香港太子行以宋记洋行名义办理商务,实际上负责对日联络与收集情报。

△　毛泽东会见美国合众社记者王公达,说对中国抗战的前途完全是乐观的。

△　日商在包头设中纺毛织厂,资本200万日元。

△　国联为协助中国防疫,特派卫生专家穆塞教授、劳勃生博士、兰斯特将军等多人来华,组成三支防疫队,分赴西北、华中、华南工作,所需经费由国联及中国分担。

3　月

3月1日　中共中央向国民党临时全国代表大会提出三项提议:一、建立包括各抗日党派共同参加的抗日民族统一战线,各党派仍保持其政治上和组织上的独立性;二、建立真正代表公意的全国民意机关;三、成立统一的全国性的民众运动领导机关,以动员和组织民众共同抗日。

　　△　蒋介石通令各师长，训练下级干部应严格注重精神教育与品格修养。

　　△　中华民族解放行动委员会（后改为中国农工民主党）在武汉召开第三次临时全国代表大会，通过抗战时期政治主张，选举章伯钧、彭泽民、朱蕴山、方振武、陈启修等 25 人为委员。

　　△　日军第十四师团黑石支队陷山西沁水。20 日晚，青年抗战决死队袭击沁水县城，毙日军 89 人，伤 20 人。

　　3 月 2 日　国民政府令：特派邓锡侯为川康绥靖主任。

　　△　国民政府与苏联政府在莫斯科签订《关于使用 5000 万美元贷款之协定》，规定：贷款用于购买苏联工业品及设备，年息三厘，自 1938 年 10 月 31 日起，分五年用茶叶、皮革、兽毛、锡、锑、锌、钨、桐油等 13 种商品作价偿还。

　　△　国民政府明令褒扬赈济委员会委员长熊希龄，并予公葬。

　　△　国民政府派许世英、张伯苓等 23 人为内政部禁烟委员会委员，并指定甘乃光、李仲公、吕苾筹等为常务委员。

　　△　航空委员会主席宋美龄辞职，由宋子文继任。

　　△　国民政府公布《民国二十七年广东省国防公债条例》，债额 1500 万元，3 月 1 日发行，年息四厘，自 1941 年 2 月起分 19 年偿清。

　　△　朱德、彭德怀致电《新华日报》，揭露日军在华北的暴行，略称："最近日寇在平津线屡经挫折，恐慌之余，继以烧杀，完县、唐县、曲阳三县城及沿平汉线东西五万余民房商店，悉成焦土，20 万以上人口痛遭荼毒，割耳穿心，奸淫掳掠，少壮被戮，骨肉成灰，哀声遍野，惨不忍睹。"

　　△　日军驻蒙兵团自山西保德炮击陕北府谷，并有二三百日伪军自河曲、保德间渡过黄河侵入府谷县城。次日，中共陕甘宁边区委员会和陕甘宁边区政府发表《告民众书》，指出日军已经进攻到边区的边境，号召边区军民誓死抵抗。

△　日军驻蒙兵团陷晋西北五寨,次日又陷岢岚。

△　为纪念朝鲜独立运动十九周年,流寓中国的朝鲜革命党人发表宣言,决心参加中国抗战,完成朝鲜民族解放。

△　暹罗华侨义勇队 119 人回国参加抗战,是日乘"中美号"轮抵香港。

△　《申报》出刊香港版。

3 月 3 日　行政院通令各地工商企业"加紧生产,调节物品,以期充实后方,增加抗战力量"。

△　重庆市丝业同业公会具呈经济部,要求疏销川北滞留蚕丝约 2200 担。

△　教育部公布《战区内专科以上学校处理办法》,规定凡战区专科以上学校未经部核准者,不予承认;业经核准者,用特种办法加以考核;办理不合格者,得随时撤销。

△　毛泽东、张闻天、任弼时致电朱德、彭德怀,指出:八路军主力留在山西攻击日军后路,必须是在黄河、汾河不被隔断的条件下,否则对于整个抗战及国共关系是非常不利的。

△　八路军晋察冀军区一部袭占代县,活捉伪山西省府委员、雁门关以南七县维持会长王维堂。

△　八路军第一一五师陈光第三四三旅收复晋西柳林、军渡、大宁、蒲县。

△　晋察冀边区农民抗日救国会、工人救国会及妇女救国会同时成立。

△　日机轰炸海南岛海口,海面并有日舰一艘游弋;同时,日水兵侵入台山县属之高澜岛,渔民被洗劫一空。

△　日军驱逐舰一艘进犯广东虎门,炮击要塞,遭还击后退去。同日,日军占据距香港口外 35 浬之山樵岛,并在岛上建筑飞机场。

3 月 4 日　国民党中央常务委员会第七十一次会议议决陈立夫辞国民政府委员职照准,选任马麟为国民政府委员。

　　△　蒋介石电奖川军邓锡侯部,略称:"该部战士,忠勇奋发,转战数月,屡挫凶锋,颇著勋劳,良用嘉慰,并望随时激励所属,以竟全功。"

　　△　江西省政府设立参议会,聘请王又庸、罗隆基、王造时等七人为参议,是日召开首次会议,研究"革新"计划。

　　△　日军第二十师团河津支队自临汾进陷汾城,随即沿汾河西犯,6日陷禹门口,抵黄河东岸。

　　3月5日　国民政府任命马步芳为青海省政府主席,原任马麟免职。

　　△　刘汝明第六十八军骑兵一部夜袭河南汲县,激战四小时,日军500余退入城内,刘军占领城关及车站。次晚,日军增兵千余人,战车九辆,配合飞机四架反攻,激战数小时,刘部撤回防地。

　　△　八路军陕甘宁边区留守兵团与第二战区骑兵第二军何柱国部配合,击退自晋西北渡河之日伪军,收复府谷县城。

　　△　日军第五师团坂本支队攻陷汤头镇,企图进犯临沂,遭庞炳勋军团马法五第三十九师及沈鸿烈海军陆战队反击,未获进展。

　　△　日军第十四师团南路酒井支队经闻喜犯运城,是日,运城失陷。同日,第十四师团北路黑石支队陷翼城。

　　△　日机11架袭郑州,投弹10枚;七架炸禹县,于飞机场投弹10余枚。

　　△　国民党中央宣传部发布《解析汉字拉丁化问题通令》,宣布改变取缔中国字拉丁化运动之方针,但只允许"在纯学术之立场加以研究","不宜任其流行",防止"有反动分子用此为宣传工具"。

　　△　日方派邮件检查人员22人进驻上海邮政管理局,检查各国邮件。次日,英、美驻沪总领事分向日方提出书面抗议,否认日方有检查英、美邮件之任何权利。

　　3月6日　毛泽东电令八路军贺龙第一二〇师集中主力打击日军一路,以打破日军进攻晋西北根据地迫使八路军西渡黄河的企图,保卫晋西北根据地。同日,致电朱瑞并告八路军总部及北方局:晋豫边很重要,望有计划地部署沁水、翼城、曲沃、垣曲、济源、博爱、晋城地区的游击战争,配合主力在西、北两面之行动。

△ 川省军政界官员钟体乾、邓汉祥、王缵绪、潘文华、王陵基联名电蒋介石,拥护任命邓(锡侯)、贺(国光)主川,并表示:"谨率所部,翊戴钧座,服从命令,抗战到底。"

△ 日军第十四师团黑石支队陷晋南曲沃。

△ 中华基督教徒全国联合会成立,选举蒋介石为名誉会长,冯玉祥为会长,钟可托、张伯苓等九人为副会长。

△ 北平伪临时政府任命马良为伪山东省政府省长。

3 月 7 日 日军陷山东威海卫。

△ 日军第二十师团一部陷晋西南永济,直抵黄河北岸。

△ 前国民革命军第二十六军军长、汉奸周凤歧,在上海遇刺毙命。

△ 金陵大学自南京迁成都正式开课。

3 月 8 日 八路军贺龙第一二〇师主力包围晋西北岢岚日军。10日,击溃企图由河曲西渡黄河之日军,收复岢岚县城。11 日,乘胜前进,追至三井镇,歼敌 300 多人,敌退五寨。

△ 日军第十四师团南路酒井支队陷晋西南芮城。

△ 国民政府在重庆公祭班禅大师,考试院长戴季陶主祭,到各机关团体代表二万余人。

△ 国民党中央党部武汉办事处通令各省党部:各抗日团体一切集会讲演,应先期呈核,否则予以取缔。

△ 陕甘宁边区各界妇女联合会成立。

△ 陕西省政府水利局局长、前黄河水利委员会委员长、著名水利学家李仪祉在西安逝世。28 日,国民政府明令褒扬。

3 月 9 日 军事委员会任命刘峙为第一战区副司令长官。

△ 军令部通令改善士兵生活,务期"乐于从军,杀敌致果"。

△ 毛泽东致电朱德、彭德怀,指出:政治局决定之战略方针,目前

阶段,八路军在不被日军根本隔断条件下,应配合友军坚决作战。为了保障将来转移时便利,必须巩固吕梁山脉的转移枢纽,并布置太岳山、王屋山工作。

△　日本驻沪外交代表谷正之发表谈话,声称:"蒋介石政权行将崩溃,但仍须继续加紧战争,促蒋政权垮台,并使第三国放弃援蒋企图。战争以外之法,如能使蒋氏议和,则耗费较少,效力更大。"

3月10日　国民政府明令改组青海省政府,原任省府委员姚钧、魏敷滋、杨希尧、马步荣、谭伯敏、马步青均免本职;兼青海省民政厅长姚钧、兼财政厅长魏敷滋、兼教育厅长杨希尧、兼建设厅长马步荣、兼秘书长谭伯敏均免兼职;任命罗经猷、谭伯敏、马绍武、马骥、谢刚佣、马步勋、郭学礼、陈显荣为青海省府委员;任命罗经猷兼青海省民政厅长,谭伯敏兼财政厅长,马绍武兼教育厅长,马骥兼建设厅长。

△　军事委员会任命毛秉文为第十一军团军团长。

△　中国妇女慰劳自卫抗战将士总会筹设之战时儿童保育会在武汉成立,史良、李德全、邓颖超、宋美龄、刘清扬等51人为理事,邓颖超任常务理事,宋美龄任理事长。

△　空军袭南京,炸毁日机10余架。

△　伪蒙军游击司令奇凤鸣部刘盛五、贾海岸两团600余人,在绥远托克托县南向马占山部投诚,旋共同反攻托县。

△　北平伪临时政府颁布《扰乱金融暂行处罚法》,以判处一万元罚金、无期徒刑等重罚严行禁止民众使用法币。

3月上旬　周恩来、陈绍禹回到武汉。

△　日本华北方面军第二军向大本营申请增加兵力,以"驱逐眼前之敌",旋经统帅部批准。至此,日本御前会议通过之《中国事变陆军作战指导纲要》乃无形废弃。

3月11日　军事委员会军法执行总监部发布维护治安布告,宣称嗣后各部队如有"强拉民夫,私宰耕牛,奸淫掠夺,扰乱地方"及"抢劫民财,绑架勒赎"等项情事,定以军法从事。

△ 日机 30 架四次分袭西安,我空军起飞迎击,日机在郊外投弹 10 余枚后,向东逃逸。

△ 中央广播电台迁重庆播音。

3 月 12 日 军令部在武汉行营开军事会议,研究山西作战问题。军令部长徐永昌提出作战方案,要旨为:"甲、任务。一、政方面:推行行政令,组织民众;二、军方面:子、对于一个师之敌人,我有四师即应取硬性作战(如我一师对敌一个联队亦然);丑、消灭其一切物质;寅、牵制敌人渡河。乙、范围。为军食问题战区东方可推至平汉线。丙、编组。指导其派出挺进军等。丁、补给。"周恩来、叶剑英亦出席会议,对于政治方面发表了意见。

△ 延安各界举行纪念孙中山逝世十三周年和追悼抗日阵亡将士大会,毛泽东发表讲话说:孙中山的伟大在于他的三民主义的纲领,统一战线的政策,艰苦奋斗的精神。并说:我们真诚地追悼抗日阵亡将士,表示永远纪念他们。

△ 周恩来在《新华日报》上发表《怎样纪念孙中山先生的伟大》,指出要学习他对国共两党合作所具有的一个伟大的现代政治家所应有的诚挚和亲密的态度。

△ 国民政府主席林森电促川康绥靖主任邓锡侯即日视事。同日,川军将领刘文辉、孙震、李家钰亦联名电促邓早日视事,共主川政。

△ 国民政府明令实行外汇编制,规定请核办法三条及购买外汇请核规则六条,并指定中央银行从 3 月 14 日起负责办理,以限制外汇流入日伪之手。

△ 日军板垣第五师团坂本支队在临沂以东之杨公庄(沐河、沂河间)迂回奇袭,拟夺取临沂。是日,张自忠第五十九军奉命开抵临沂附近,与临沂守军庞炳勋部协力反攻。

△ 上海日军中发现反战传单,上书"要求回国","变对华战争为对内战争"等。日本政府密令严查。

△ 香港学生赈济会发起三日节食节用运动慰劳抗日将士,至是

日得款 4700 余元。

　　△　国际反侵略大会在伦敦举行反日援华特别大会,并发表宣言,谴责日本军阀侵华暴行,敦促各团体尽其所能帮助中国,要求各国政府停止对日合作,并吁请日本人民反对本国军阀侵华行径。

　　3 月 13 日　蒋介石在武汉对党、政、军官员训话,动员各级官员保卫武汉,巩固后方。

　　△　蒋介石电临沂第三军团长庞炳勋:"此次鲁南莒、沂诸役,该集团军作战以来,艰苦奋斗,至堪嘉尚。今后希与张军长自忠确切协同,捕捉突进之敌而歼灭之为要。"

　　△　军政部长何应钦电饬各省、军、师管区司令切实实行征兵宣传,扫除征募兵役积弊,严禁借故求贿及苛待壮丁,并切实遵照法令实行抽签。

　　3 月 14 日　日军华北方面军第二军司令官西尾寿造指挥两个师团向鲁南进攻。左路为板垣第五师团,自青岛直趋临沂;右路为矶谷第十师团,从两翼南下图夺取台儿庄。在第五战区司令长官李宗仁指挥下,台儿庄战役在津浦线北段临沂、滕县同时揭开序幕。

　　△　第五战区司令长官李宗仁电令第二十军团派第八十五军一个师增援滕县。第二十军团(军团长汤恩伯)指挥第五十二军(军长关麟徵),下辖第二师(师长郑洞国)、第二十五师(师长张耀明);第八十五军(军长王仲廉),下辖第四师(师长陈大庆)、第八十九师(师长张雪中);第十三军(军长汤恩伯兼),下辖第一一〇师(师长张轸)、独立骑兵团(团长李之山)。共 7.2 万人。

　　△　晚,第二十军团奉蒋介石电话:"为策应津浦北正面作战,该军团所属第八十五军即晚准备商丘乘车,经徐州向临城输送,务于 17 日拂晓前到达临城前集中完毕。第五十二军即开商丘集结待命,该军团长先到徐州指挥。"

　　△　临沂战斗开始。13 日,日军板垣师团主力 5000 余人自余村(距临沂 12 里)向庞炳勋第四十军进攻。是日拂晓,张自忠、庞炳勋两

军协力反攻,张率 11 个步兵团强渡沂水至东岸,占领徐太平、小太平、郭家太平、李家太平、沙岭、大太平等村,与日军展开激烈争夺战;庞炳勋率部沿沂水东向北全线反攻,占杨公庄。

△ 日军第十师团濑谷支队出骑兵 3600 余人,配合飞机、战车,于是日拂晓分四路进犯第二十二集团军第四十五军普阳山、黄山、界河、石墙等阵地,重点指向黄山,实行两面包围,我各路守军奋起反击,滕县之役开始。

△ 八路军第一一五师陈光第三四三旅在晋西大宁县午城、井沟一带与日军第二十师团作战。18 日,在井沟设伏,围歼日援军第一〇八师团一部。

△ 新四军北上抗日,第四支队到达皖西霍山县流波疃地区集中,第一、三支队到达皖南徽州(今歙县)岩寺集中。

3 月 15 日 蒋介石及李宗仁电令第二十二集团军:滕县为津浦北段要点,关系全局,务应竭力死守,支持时间,以待增援。

△ 日军续攻界河,另以 3000 余人向我第二十二集团军第一线右后方的龙山、普阳迂回包围,与我第一二七师展开激烈争夺,未能得手。当晚,日军由东沙河进攻滕县东门,被我第一二二师第三六六旅严翊营一一击退。

△ 晨,第二十军团军团长汤恩伯偕军团参谋长万建蕃由亳县抵徐州,接受李宗仁的指示。上午 8 时,汤恩伯向第五十二军军长关麟徵、第八十五军军长王仲廉、第十三军副军长鲍刚、第一一〇师师长张轸下达命令:"八十五军着即日由归德乘车开临城集中,相机策应第二十二集团军作战;五十二军着于 15 日由亳州出发,限 16 日到达归德,乘车开徐州集结待命;一一〇师仍在蒙城集结警戒待命;鲍副军长率两骑兵团于剿匪任务完成后速开亳州集结待命。"

△ 日军偷渡沂水到达西岸,进攻第五十九军左翼阵地茶叶山,张自忠急调第三十八师迅速撤回河西,阻击过河日军。

△ 国民政府令阎锡山兼代山西省府主席,原省府主席赵戴文请

假就医照准。

△ 军事委员会通令陆、海、空军各部队,于各军事学校设署政治部主任及团、连指导员,各军医院派遣监理员。

△ 军事委员会政治部在武汉举行抗敌动员日。第一日为新生活运动日,第二日为抗敌日,第三日为建国日。陈诚发表广播讲话,论新生活运动与精神动员。

△ 财政部令中央银行设香港办事处。

△ 天津各中外银行停办外汇。

△ 中共中央"为了担负起扩大与巩固抗日民族统一战线以彻底战胜日本帝国主义的神圣任务",作出大量发展党员的决定。

△ 《华侨动员》杂志在汉口创刊。

3 月 16 日 八路军刘伯承第一二九师在晋东南黎城神头岭设伏,歼灭日军 1500 余人,并破坏长(治)邯(郸)公路。

△ 河北濮阳专员丁树本率众 3000 余克濮阳。20 日,行政院明令褒奖,并颁发犒赏及抚恤费 5000 元。

△ 莒县日军千余人增援临沂,在敌炮火猛攻下,茶叶山失守。该山东南之刘家湖,经一天争夺,日军突入村内占据东半村,我第五十九军据守村西半部。同日,第四十军展开全面攻击,占领沂水东岸之张家寨子东、西水湖崖等地。

△ 日军第十师团濑谷支队向滕县城东关猛烈攻击,炮火将城墙轰开一个缺口,城内落弹万余发。敌机 30 余架分批凌空轰炸,城内四处燃烧。敌步兵冲入城内,敌我双方展开肉搏战,我守军先后打退敌军 11 次冲锋,城东门失而复得。

△ 日军分两路沿津浦线及其以东南犯,第八十五军第八十九师第二六七旅在官桥、南沙河间与一路日军激战,该军第四师与另一路日军恶战于虎山、龙山、党山、三山、落风山一带。

△ 开滦煤矿赵各庄工人,为反对矿方实行井下记工制举行罢工,旋即扩大为开滦五矿三万多工人的同盟大罢工。4 月 16 日,罢工获

胜,资方答应提高工人工资。

3 月 17 日　滕县失陷,王铭章殉国。晨,日军第十师团濑谷支队向滕县城关东、南、北三面猛攻,敌机轮番轰炸,炮弹、炸弹如倾盆大雨,全城一片火海,遍地皆成焦土。日军先头部队由坦克掩护,从东南角缺口冲入城内。守军第一二二师师长王铭章率参谋长赵渭宾、团长王麟、县长周同等登城应战,指挥 3000 余守城军警与敌肉搏,多次击退日军。城内居民亦拿起武器同军警并肩作战。下午 3 时,王铭章电告孙震军长,"决以死拼,以报国家"。旋日军窜入西城,赵参谋长和王团长战死,王铭章腹部中弹。至 5 时,王知大势已去,危城难守,即以手枪自戕,城内 300 名重伤兵亦互以手榴弹爆炸殉城。敌入城后,余部五六百人仍集合与敌巷战,且战且退。至晚,滕县失守。此役,我军自王铭章师长以下官兵死伤 7000 余人,连同城外第一线之第四十五军之伤亡人数,总计在万人以上。日军官兵死亡 2000 余人。

　△　日军第十师团濑谷支队第六十三联队陷临城,直逼韩庄至台儿庄运河一线。同日,日军向官桥进攻,被第八十九师第二六七旅击退,旋又迭次增兵,激战至晚,官桥失陷。

　△　日军续攻临沂崖头、茶叶山、刘家湖,第三十八师与敌激战,双方展开肉搏,刘家湖失而复得者四,崖头失而复得者三,茶叶山一度被占,旋又夺回。刘家湖之战,毙日军旅团长长野及第三大队长牟田,全歼第三大队。张自忠派第一八〇师增援第三十八师,发起攻击,歼敌大部,残部分向汤头、白塔方向逃窜。同日,第四十军向敌侧背攻击,夺取敌军后方兵站尤庄。

　△　夜,蒋介石电李宗仁、庞炳勋、张自忠,谓:"临沂捷报频传,殊堪嘉慰。仍希督励所部,确切协同,包围敌人于战场附近而歼灭之。如敌脱逸须跟迹追击,开作战以来之歼敌新纪录,借振国军之士气,有厚望焉。"

　△　行政院明令嘉奖山东省第六区行政督察专员范筑先率领团队坚守所辖区域,并颁给犒赏抚恤费 3000 元。

　　△　　日军第二十师团分路围攻晋南乡宁、吉县,19 日吉县失守,22 日乡宁失守。

　　△　　日机 38 架袭韶关、军田,炸毁番禺糖厂;56 架袭南昌,投弹百余枚;八架炸吉安,投弹 20 余枚;15 架袭漳州,投弹百余枚;八架炸铜陵、大通,被击落一架。

　　3 月 18 日　　临沂大捷。临沂战场,我军乘胜追击,以第三十八师为左翼,占领袁家庄,绕至前湖崖,从北侧包围汤头;以第一八〇师为右翼,攻取汤佛崖,占领李家五湖,从南面包围汤头。同时,第四十军从东、西水湖崖一带向北进至书家庄一线,并以一部向贾家庄一带迂回,从东侧包抄汤头。日军残部突围,分向莒县、泗水败退。临沂之役,共毙伤日军 4000 人以上,相继收复蒙阴、莒县。自此,右翼阵地得以巩固,与台儿庄正面孙连仲集团军互为犄角。

　　△　　滕县陷敌后,日军濑谷支队长令第六十三联队第一大队为右追击队向韩庄追击,第二大队为左追击队向峄县追击,主力集结于临城。同日,第二十军团第五十二军抵韩庄、利国驿,沿运河布防,以阻止日军直下台儿庄与徐州。

　　△　　蒋介石急调第二集团军自河南巩(县)、洛(阳)迅开归德待命,归李宗仁指挥。第二集团军(总司令孙连仲)指挥两个军:第三十军(军长田镇南),辖第三十师(师长张金照)、第三十一师(师长池峰城);第四十二军(军长冯安邦),辖第二十七师(师长黄樵松)、独立第四十四旅(旅长吴鹏举)。总计兵员 2.4 万人。

　　△　　日军陷江苏南通及崇明岛,次日陷如皋。

　　△　　北平伪临时政府第二次减低出口税率,以利日本独吞华北资源。

　　△　　日本内阁通过在华设立"华北开发公司"案,乡城之助任委员长。

　　3 月 19 日　　第八十五军第四师与日军第十师团濑谷支队在峄县激战,第四师第十二旅第二十三团团长陈纯一率队坚守峄县城,因寡不敌众,以身殉职,峄县失守。

　　△　晨,第五十二军第二师第六旅在沙沟,第二师第四旅在利国驿车站,分别与日第十师团濑谷支队激战。旋日军千余人由 10 辆战车掩护自韩庄向我军猛攻,企图强渡运河,第二师师长郑洞国命令第四旅冒着日军炮火跑步沿运河南岸布防,与敌隔河激战。敌援军源源而至,向我军猛攻,我战防炮营立即发炮猛烈还击,敌前进受阻,不敢贸然渡河。双方隔河炮击,至晚方息。

　　△　第二集团军第三十军第三十一师奉命由信阳开抵徐州。师长池峰城至第五战区长官部晋见李宗仁接受任务。李宗仁命令:"第三十一师开台儿庄驻守韩庄至运河防线,坚决在台儿庄堵住南下之敌,迨第二十军团迂回敌侧背时,聚而歼之。"

　　△　当晚,汤恩伯军团长到第二师师部视察,并转达了第五战区长官部的作战命令,其要旨为:"(一)第二集团军孙连仲部及第二十军团第一一〇师接第五十二军防务,沿运河南岸布防,扼守台儿庄正面阵地。(二)第二十军团主力第五十二军、第八十五军让开津浦路正面,在峄县东北之兰陵、向城一带集结、迂回,诱敌深入,待日军主力进攻台儿庄,企图一举夺取徐州时,即行南下,积极向临枣地区日军之侧背攻击,断敌退路,会同第二集团军将敌压至微山湖畔歼灭之。"

　　△　川康绥靖主任邓锡侯发表谈话,表示"川、康继续出兵抗日"。至是因刘湘之死及张群主川所引起之川局纠纷暂告平息。

　　△　八路军贺龙第一二〇师连日袭击宁武阳方口日军,是晨,日军退朔县,阳方口收复。同日,保德日军全部肃清。

　　△　何柱国骑兵第二军克河曲,旋追至三岔、井坪以东,相继收复偏关、老营、水泉堡、清水河各地。

3 月 20 日　日军第十师团濑谷支队右追击队攻陷韩庄。

　　△　《战地》文艺半月刊在武汉创刊,丁玲、舒群主编。

　　△　天津美孚油行、亚细亚火油公司、华北公司及德士古洋行,因受日伪华北联合准备银行发行新币之影响,均于是日停业。

3月21日　孙科在法国对记者声明:中国决心抗战到底,无中途妥协之余地,为生存而战,必能获得最后胜利。

△　第二集团军第三十一师在台儿庄以南车幅山下车,集结完毕。入夜,池峰城师长率部进驻台儿庄构筑工事,该集团军独立第四十四混成旅到达台儿庄以南大运河一线,接替第五十二军防务。

△　日军濑谷支队长令第六十三联队长福荣真平进入峄县,指挥左追击队,搜索台儿庄及兰陵镇方面敌情。次日,福荣率联队主力抵峄县。

△　张自忠奉李宗仁令停止攻击日军第五师团,着留一旅归庞炳勋指挥,拒止临沂以北之敌,余即开赴费县,攻击第五师团左侧背,策应台儿庄正面作战。是日下午,张率第五十九军向费县前进。

△　卫立煌部由河南陕县渡过黄河,以炮火掩护,将北岸日军包围,日军逃窜,平陆收复。

3月22日　蒋介石抵郑州视察军事。

△　军事委员会以临沂告捷,通令勗勉前线各军将领努力作战。令曰:"津浦北段,临沂之役,为开战以来不可多得之胜利,正面之敌受我主力军团反击,敌已顿挫,即可歼灭。望各励所部努力。"

△　第二十军团军团长汤恩伯于台儿庄发布作战命令:"(一)本军团以歼灭峄县、临城、枣庄敌人之目的,拟于敬(24)日开始攻击。(二)五十二军由台儿庄以东渡河向兰陵镇、洪山镇一带集结,限明漾(23)日集结完毕,敬日拂晓以前展开于王山、马山、车庄、鹅山头之线,开始向峄县附近之敌攻击前进,务于有(25)日拂晓前完全解决,如敌退据峄县城固守时,即以三十一师监视该敌,相机歼灭之。该军即进出凤凰山、黑山,向临城之敌侧背攻击,规复临城。(三)八十五军明(漾)晚移至台儿庄以北及山口一带山地,以一部对临城、滕县方面严密警戒,主力于敬日拂晓前解决枣庄附近之敌,并确实占领之,俟我五十二军攻略峄县后,该军即派一部向龙山、虎山一带前进,牵制滕县附近之敌,掩护我五十二军进出凤凰山、黑山、青山头之线,攻取临城,该军主力同时向谷

山、东集、马头一带移动,为军团预备队。"

△ 濑谷支队以右追击队为韩庄守备队;以左追击队和野炮一个大队为基干组成台儿庄派遣队,确保台儿庄附近运河一线;支队主力集结于峄县附近。

△ 皖南宣城日军第六师团一部与长兴日军千余人,分东、西两路攻陷广德。25 日,第三战区部队反攻,激战竟日,26 日收复广德。

△ 八路军第一二〇师第三五八旅在晋西北义井东凤凰山设伏,歼灭日军 300 余,残敌逃向神池。23 日,收复神池县城,日军逃向朔县。

△ 河北伪省政府召开县长会议,伪省长高凌霨及北平伪临时政府治安部总长齐燮元出席,仅到县长 11 人,决议:"一、与皇军妥实联络;二、爱护铁路交通;三、查验商民自备枪支;四、催交赋税;五、禁种高杆稼禾,实行治安联防。"

3 月 23 日 拂晓,第三十一师乜子彬第九十三旅王郁彬第一八五团及骑兵连自台儿庄北上峄县诱敌,与自峄县出发沿台枣支线南下的日军第十师团濑谷支队台儿庄派遣队骑兵 200 余人,步兵 600 余人,坦克六辆、炮四门,在康庄(峄县南三公里)发生遭遇战。台儿庄保卫战爆发。

△ 上午 10 时,日军自康庄继续南下,与我军激战数小时,至下午 5 时半,敌相继占领赵庄、獐山、泥沟、北洛。我军退守南洛、贾家口。

△ 日军第十师团濑谷支队长于当夜发布命令:"(一)支队以一部派往沂州方向策应坂本支队,主力确保韩庄及台儿庄附近的大运河一线。(二)沂州支队(步兵第十联队第二大队为基干)24 日从临城出发,向沂州方向前进,策应坂本支队作战。"

△ 第五战区司令长官李宗仁电令第二集团军,要旨为:一、孙连仲总司令即赴台儿庄指挥;二、驻贾汪之第二十七师星夜徒步向台儿庄附近集结;三、附属汤军团之第三十一师归还建制。

△ 夜,第五十二军自台儿庄开抵向城,第八十五军向抱犊崮(峄

县以北 30 公里、枣庄以东 15 公里)山区集结。次日,第五十二军到达洪山镇、兰陵镇后,于当夜亦转向抱犊崮山区。

　　△　李宗仁以庞炳勋临沂告急,是日急电张自忠:"第五十九军全部开赴临沂,协力庞军肃清临沂以北之敌。"24 日,张率部自费县开抵临沂。

　　△　日本反战作家鹿地亘及夫人池田幸子抵汉口,对记者谈话指出:中国抗战,乃为东亚之和平,最后胜利必属于中国。

　　3 月 24 日　蒋介石到徐州视察军事,决定抽调武汉附近兵团北上增援徐州,以黄杰、桂永清、俞济时、宋希濂、李汉魂各军于豫东归德、兰封一带,巩固第五战区后方;一、五战区应更大地消耗敌人,争取更多之时间,以利全局;并令随行之副参谋总长白崇禧、军令部次长林蔚组织临时参谋团,留驻徐州,协助李宗仁策划作战。

　　△　晨,日军台儿庄派遣队由北洛向南洛和台儿庄以北的园上村进攻,中午占领园上。下午,第三十一师第一八五团自南洛反击日军,占领刘家湖(距台儿庄北三公里)、邵庄,傍晚,日军 2000 人以飞机、大炮掩护突破台儿庄城墙东北角,从突破口冲入 200 人,遭到庄内守军第一八六团反击,团长王震受重伤,后入城日军被歼灭。

　　△　第二战区东路军总、副指挥朱德、彭德怀召集东路军将领会议,着重指出:一、必须改造旧政权,实行民主政治;二、军队要实行战时的政治工作;三、要武装民众,发动游击战争;并对于俘虏政策及汉奸政策作了详细说明。

　　△　毛泽东、刘少奇致电八路军总部等,指出:必须立即组织八路军游击兵团。同日,毛泽东、张闻天、刘少奇致电朱瑞并朱德、彭德怀等,指出:当前冀晋豫全区的中心任务,是以最快的速度创造冀晋豫边区成为坚持抗战的巩固根据地。

　　△　蒙古联盟自治政府第一任主席云王去世。

　　△　孙科到伦敦,28 日访英国外相哈立法克斯。

　　△　日本议会通过《国家总动员法》。该法于 4 月 1 日公布,5 月 5

日起实行。此次议会并通过总额超过 80 亿日元的预算(其中临时军费48 亿日元)。

　　△　日本内阁通过"华北经济发展会社"及"华中经济复兴发展会社"组织草案。前者定资本为 3.5 亿日元,总社设于东京,将投资资助统制华北之运输与交通事业、建筑船港、经营电力、矿务、制造业;后者定资本为一亿日元,总社设于上海,将在运输与交通事业及公用事业(包括电力、煤气、自来水在内)、开矿等方面投资。

　　3 月 25 日　关麟徵部与日军大战于郭里集。24 日晚,日军临沂支队主力 3000 余人到达枣庄以东郭里集。同晚,汤恩伯部第五十二军军长关麟徵率部向枣庄、峄县一带前进,配合池峰城师迂回攻击日军。是日拂晓,关部到达郭里集,即向日军发起攻击,日军据守碉楼村寨顽强抵抗。关军将敌包围,一面肉搏,一面火攻,恶战一日,全歼该敌第二大队。同日,王仲廉第八十五军陈大庆第四师攻击枣庄,经六小时激战,是日攻占中兴煤矿公司的水塔及附近的三座碉楼,与敌对峙。经郭里集、枣庄之役,牵制濑谷支队主力于峄、枣一带五六天不敢南下。30日,濑谷支队主力始由郭里集出发,向台儿庄前进。

　　△　日军向台儿庄以北的南洛进攻,第三十一师主动出击,该师第三营同日军在刘家湖激战,营长高鸿立率领 500 健儿,誓夺敌坦克 20辆,敌步兵千余从正面扑来,敌我双方拼死搏斗,王郁彬团长率部增援,掩护高营脱离战场,经数小时鏖战,王郁彬、高鸿立均负伤,官兵牺牲过半。南洛、刘家湖、邵庄失陷。

　　△　第二十军团第十三军第一一〇师于 3 月 18 日奉命自河南临汝出发,是日到许昌乘火车抵徐州。师长张轸到第五战区长官部晋见李宗仁后,即拨该师归第二集团军孙连仲总司令指挥,接替第五十二军担任至韩庄以南大运河的河防任务。

　　△　日军板垣第五师团坂本支队猛攻临沂三官庙、胡家庄一带,板垣师团自汤头镇方面增援,白塔、沙子岭、尤家头、桃源相继失陷。庞炳勋部在桃源损失甚大,临沂危急。张自忠率部自临沂反攻,经彻夜激

战,次晨敌自桃源退去,张军进至沂水西岸。坂本支队第二十一联队陷义堂集,警戒费县方面。

△　空军分三路轰炸封丘、焦作、临城日军。同日,归德上空空战,击落日机四架。

△　日军陷河南长垣。

△　国民政府公布《战地守土奖励条例》,规定对于抵御外侮、尽力守土有功将士,给予晋级、授职、建造纪念坊塔、颁赠奖章匾额、发抚恤金、免遗族学费等项奖励办法。

△　毛泽东、刘少奇致电朱德、彭德怀、朱瑞等,指出冀鲁豫地区工作十分重要,目前急需建立军事、政治的统一指挥与领导。

△　中国学生救国联合会在武汉召开代表大会。各地学联73个单位123名代表出席,陈诚、邵力子到会讲话,周恩来为大会题词。

3月26日　日军台儿庄派遣队仍处于我军优势兵力包围中,第十师团长矶谷要求濑谷对台儿庄采取果敢攻势。上午7时,敌机六架轰炸台儿庄及南、北站;园上之敌在炮火掩护下继续攻台儿庄,被我军击退。台儿庄右翼,我第二十七师向上村、张楼附近集结,该师一部向刘桥日军攻击,并派主力向高家庄西邵里前进,准备协同攻敌侧背,断敌归路。杜聿明第二〇〇师战车防御炮第五十二团第八连(炮四门)开抵台儿庄南站,配属于第二十七师及三十一师。

△　日机11架袭徐州,投弹34枚;五架袭开封,投弹12枚;三架袭郑州,投弹三枚。

△　第一战区程潜部在空军配合下进攻封丘日军,敌势不支,退守长垣,封丘收复。

△　第二战区第六十一军陈长捷师连日反攻,日军东退,是日收复吉县。

△　日军陷江苏东台。

△　国民政府特派何键为国民大会辽宁、吉林、黑龙江、热河四省及自由职业团体代表选举总监督,准免原任蒋作宾本职。

△ 财政部发行准备管理委员会第二十八次检查公告:四行发行总额为 16.79187771 亿元。其中:中国银行为 6.5 亿余元,中央银行为 4.4 亿余元,交通银行为 3.1 亿余元,中国农民银行为 2.6 亿余元。

△ 财政部为防止法币无限制流入战区,明令九龙、厦门、温州等处海关,限制现钞由各该处运往上海、香港数额,并制定限制办法三项。

△ "日华经济协议会"在北平成立,王克敏为会长,平生钗三郎为副会长。次日,日本华北方面军司令部与北平伪临时政府发表共同声明,谓该协议会依经济产业部门而设立各部、会,并起草各部、会之计划,一切事项悉经协议会审核后实施。

3 月 27 日 蒋介石再莅台儿庄视察,李宗仁、钱大钧陪同前往。

△ 台儿庄西北门被日军炮火击毁,突入 300 人,我守军将敌歼灭大半,残敌退入城内东南碉楼及大庙。上午 9 时,敌图再举,台儿庄城内敌我双方展开了犬牙交错的拉锯战,战斗异常激烈。连日来第三十一师牺牲官兵 2800 人。下午,敌坦克 11 辆由刘家湖直趋台儿庄西北角,被我军战车防御炮击毁六辆,余即仓皇逃窜。

△ 汤恩伯军团下令关麟徵、王仲廉两军长指示作战部署,授第五十二军与孙连仲集团军协同夹击歼灭台儿庄日军之任务;令第八十五军扪枣峰之敌背,掩护第五十二军之攻击行动。当夜,各军、师奉命后,从抱犊崮山区出发,向指定地点前进。

△ 蒋介石派陈调元赴徐州前线劳军,庞炳勋、张自忠各记大功一次。

△ 孙桐萱第十二军、曹福林第五十五军与地方游击队配合,猛攻大汶口,日军不支,退守附近飞机场。曹部旋派敢死队百名夜袭机场,毁日机五架,并焚毁其油库、弹药库,大汶口至兖州间路轨全部被破坏,敌增援部队被阻于泰安,无法南进。是夜,另一部攻入济宁。

△ 日机 40 架袭武昌南湖及汉口机场,投弹 40 余枚,死伤平民 200 余人。同日,日机 54 架分袭广州及粤汉路军田、英德等地。

△ 日军一部在广东小琳岛登陆。

　　△　外交部亚洲司司长高宗武及第一科科长董道宁在香港与日方代表西义显、松本会谈后返汉口,向蒋介石报告日本对华政策之真意。蒋表示:"我们决不是绝对反对和平,但不能在反共以后再进行和平。只要能够停战,必然进行反共。"并再次派高宗武等赴香港与日方继续进行协商。

　　△　中华全国文艺界抗敌协会在武汉召开成立大会。邵力子为总主席,周恩来、郭沫若、冯玉祥、张道藩到会致词。周恩来在致词中祝贺文艺界的大团结,号召文艺工作者深入战场和内地,更多接近群众,对抗战文艺、民族文艺、世界文艺作出贡献。会议选举郭沫若、老舍、茅盾、邵力子、成仿吾、巴金、张天翼、郑振铎、朱自清等45人为理事。大会通过《宣言》、《告世界文艺作家书》及《告日本文艺作家书》。

　　△　南京伪"中华民国维新政府"在日军操纵与监视下在南京成立,举行典礼后仍返沪办公。该伪政权设行政、立法、司法三院,行政院下设七部及议政委员会。梁鸿志任行政院长,温宗尧任立法院长,许修直任司法院长。内政部长陈群;财政部长陈锦涛;外交部长陈篆(后被刺,由梁鸿志兼任);绥靖部长任援道;教育部长陈则民;实业部长王子惠;交通部长梁鸿志(兼);司法部长胡礽泰。

　　△　伪满洲国政府拒付中东路最后一次欠款600万元,苏联政府分别向日、"满"提出抗议。

　　3月28日　蒋介石视察台儿庄前线后返抵汉口,下令晋、豫、鲁、皖、苏、浙各省同时实行反攻,并颁令嘉勉汤恩伯、张自忠、庞炳勋,拨款二万元抚恤师长王铭章遗族,五万元抚恤其余殉国官兵家属。

　　△　第二集团军第三十军第三十师于3月19日奉命自河南氾水开赴徐州,师长张金照晋见李宗仁司令长官,受命在台儿庄阻击敌人。26日,李宗仁电话命令该师以一团兵力车运台儿庄,在车辐山下车,归第二集团军总司令指挥。其余即开茅村镇附近集结。是日该师进驻台儿庄两侧的顿庄闸,第四十四旅附属于该师,驻龚庄,与三里庄之敌对峙。

△ 日军第十师团台儿庄派遣队步、炮兵猛攻台儿庄,日机整日狂炸,围墙、车站、煤厂和附近村落被炸成一片瓦砾。台儿庄城内我守备队在炮火掩护下,向碉楼及大庙展开猛攻,与日军激烈巷战,演成同室而战,隔墙而战的"室战壁战",敌我双方一墙一室争夺惨烈。入夜,台儿庄西北角被摧毁,日军一部从缺口处冲入城内。

△ 第五战区游击队司令李明扬率部攻入临城,与日军巷战数小时,歼其大部,焚敌辎重、弹药、粮秣后,至上午6时乃退出。

△ 日军第十四师团一部围攻豫北浚县,久攻不下,乃由安阳调援军千余附重炮12门,再度猛攻,城内已成一片焦土。30日晚,第一战区守军弃城向内黄、濮阳方面撤退,浚县失陷。

△ 日机12架袭徐州,59架分九批狂炸粤北、增城、从化及粤汉路河头、韶关等地。

△ 外交部对报界声明:南京伪维新政府完全系日本之傀儡,其一切行为对内对外当然无效。

△ 国民政府明令褒扬武训。

△ 军事委员会任命万福麟为第二十六军团军团长。

△ 伪满洲国前总理郑孝胥病死于长春。

3月29日 上午,中国国民党临时全国代表大会在重庆国民政府礼堂举行开幕典礼,林森主席,丁惟汾宣读蒋介石之开幕词。下午8时,在武昌珞珈山武汉大学召开预备会议及第一次会议,出席代表255人,中央执监委员98人,列席候补中央执监委员50人,大会推选蒋介石、汪精卫、居正、于右任、李宗仁、冯玉祥、陈果夫、孔祥熙、周恩来等17人为主席团。蒋介石致词,略谓:这次大会"负有非常重大的责任。关于抗战大计,以及政治、军事与战时经济、教育种种方面,当然要根据检查过去的结果,定出精详的方案,来共同努力,以求实现。但最根本而首要的,还在于恢复本党的健全","开辟新的生机,重振我们的革命精神,奋勇无前的向着革命救国之大道而前进"。

△ 蒋介石电令孙仲连第二集团军全力保卫台儿庄:"台儿庄屏障

徐海,关系第二期作战至巨,故以第二集团军全力保守。即有一兵一卒,亦须本牺牲精神努力死拼,如果失守,不特该军全体官兵重惩,即李长官、白副参谋总长、林次长亦有处分。"

△ 第二集团军奉蒋介石电令后,下令全力猛攻台儿庄当面之敌,派冯安邦、田镇南两军长,分赴台儿庄右翼第二十七师、左翼第三十师、第四十四旅督战。

△ 晨5时,第三十一师副师长康法如率第三十师第一七六团向台儿庄城西北角进攻,王冠五督率第一八六团攻击台儿庄内大庙及东南之敌,进行激烈巷战,6时,敌被驱入大庙及东、南、西、北各碉楼内,边退边纵火燃烧,阻我前进。夜11时,台儿庄城西北角之敌企图夺我西门,遂又展开巷战,各部队均固守原巷战线,顽强抵抗,敌未得逞。

△ 台儿庄左、右两翼向日军分别发起猛烈进攻。右翼,凌晨3时,第二十七师第七十九旅攻占裴庄,并向邵庄、园上之敌进攻。日军使用燃烧弹烧毁房屋抵抗。4时,该师第八十旅向刘家湖日军进攻,与日军激战于岔路口、秦庄一线。同时,日军以坦克六辆、装甲车10余辆向邵庄我第七十九旅阵地攻击,我军还击,毁敌坦克二辆,装甲车数辆,牵引车一辆,我战防炮被敌炮火击毁。左翼,第四十四旅于拂晓向三里庄之敌进攻,日军以坦克为先导反击,我攻击受挫。当夜,第四十四旅由板桥向三里庄、鱼林日军攻击,因刘家湖日军增援,退回原阵地。是役毙敌约二三百人,我军伤亡200余人。同时,第三十师第一七五团夜袭南洛日军,占领该村。

△ 关麟徵军长率第五十二军由女峰山经兰陵镇向台儿庄东北沙江凹转进,展开于腰里徐、柿树园之线猛烈攻击,自峄县南下之敌在马庄、大庄、张楼、贾家埠一带顽抗。王仲廉第八十五军占领平山、傅山、石城岗、女峰山一带高地,一面对临沂方面搜索警戒,一面佯攻峄县,以掩护第五十二军两侧。

△ 第五战区司令长官李宗仁在徐州对外国记者谈津浦线战况,指出:"目前我在津浦线两端,已由被动地位改为主动地位,昔则我据守

一村一寨一城以防敌,今则敌据守一村一寨一城以防我","敌已成强弩之末,我已获得战局之控制权。"

△　日军第十师团长矶谷令濑谷支队长,应以主力迅速击败台儿庄附近之敌。次日,矶谷率师团主力自峄县附近南下,于晚间到达台儿庄西范口附近。

△　日军华北方面军第二军因濑谷支队在台儿庄方面战况吃紧,命令板垣第五师团前往救援。是日晚,坂本支队奉板垣师团长命令中止攻击临沂,撤兵南下。

△　缪澂流第五十七军第一一一师第三三三旅、汤恩伯第二十军团骑兵团分别开抵临沂。同日,张自忠发布第五十九军全线出击令,并令前来增援之缪军第三三三旅沿祊河、汤军骑兵团向艾山、义堂集追击。当夜,日军第五师团因主力增援台儿庄,余部退走汤头。

△　张自忠率部自费县返临沂后,连日来同日军在桃园、小岭激战,损失惨重。是日电告李宗仁:"职军两日以来伤亡两千余人,连前此伤亡达万余人。职一息尚存,决与敌奋战到底。"

△　八路军朱德、彭德怀总、副指挥通电全国,揭露日军施放毒菌弹屠杀边区军民的罪行,吁请全国各界以防毒器材援助边区军民。

△　经济部资源委员会与瑞士巴登卜郎比公司签订技术协作合同,协助机器制造厂生产发电机等各种机器,有效期 10 年,报酬不少于 75.5 万瑞士法郎。

△　中山学社所编《中山周刊》第七期登载《国民党往何处去》一文,认为其他政党的存在乃是既成事实,当此非常时期应允许"党外有党","国民党可以联合各党,统帅各党,借以增厚实力,共挽危局",同时"可使民众得到发挥政见的机会,减少他们对本党的误会",并"缓和一般国民急不能耐的心理"。

3 月 30 日　国民党临时全国代表大会在武昌举行第二次会议,居正主席,何应钦作军事报告,孔祥熙作财政报告,通过《非常时期经济方案》、《战时各级教育实施方案纲要》以及推行兵役制度等要案。

　　△　国民政府明令撤销张自忠撤职查办处分。令曰："张自忠前经明令撤职查办,兹据军事委员会呈称,此次临沂之役,该员奋勇歼敌,树立奇勋,拟请撤销前令,以资鼓励等情。张自忠撤职查办处分应准撤销。"

　　△　蒋介石接见英国《泰晤士报》记者称:"有充分理由可信中国经长时期最惨烈之牺牲后,已能找到出路,击败其不讲公道专务侵略之邻人。"

　　△　蒋介石为王铭章殉国电李宗仁,准给特恤 1.2 万元,转请国府特予褒扬,追赠陆军上将。

　　△　上午 9 时,台儿庄内日军分两路经北大街、东大街向我第一七六团攻击。11 时,日机 12 架空袭台儿庄,城内房屋几全部被毁,康法如副师长负重伤,我官兵伤亡 300 余人,城北大庙日军乘机向城东南攻击。傍晚,日军攻占台儿庄东南部,抵达大运河。当晚,王冠五组织第二十七师增援部队第八连由连长王范堂率领 57 人的敢死队,向城西北角袭击日军,与敌短兵相接,肉搏一个多小时,夺得掩蔽体五座,房屋数间。敌一部被歼,另一部向北逃窜,战斗胜利结束,敢死队仅 13 人生还。

　　△　拂晓,第二十军团各部先后到达兰陵镇、青山、石城岗附近集结。上午 11 时,第五十二军向官庄、河湾、大庄、马庄之敌攻击,至下午4 时,完全占领上述各村,敌退据郝庄、贾家埠、小集、张楼一带。我第二十军团另一部由獐山、天柱山附近向敌背后突袭,主力亦由右翼续行猛攻,激战至日暮,即攻至贾家埠附近,敌退守兰成店、小集一带与我军对峙。

　　△　关麟徵军长向台儿庄第三十一师发出通报:"军以防务关系,不克及时南来,殊引为憾,现奉命以全部攻击台儿庄敌之侧背,卅(30日)午后即可与敌接触,我辈铁血男儿,决当与敌一拼也。"

　　△　晚 8 时,李宗仁电令第二十军团迅速南下:"敌主力似南下,其一部绕出台儿庄东侧二十七师背后,另一部企图由万里闸方面渡河包

围孙军后方。着贵军团长以一部监视峄县,亲率主力前进,协同孙军肃清台儿庄方面之敌。并限世(31)日拂晓前到达,勿得延误为要。"

△　八路军第一二九师骑兵团由冀南威县西进,占领广宗县城。

△　上海各民众团体通电声讨南京伪政权,表示:"汉奸梁鸿志等甘心附敌,丧心病狂,卖国求荣,既自绝于国人,亦不齿于人类,全上海市民誓不承认此种傀儡僭窃之组织。"

△　中英庚款董事会设科学事业临时协助委员会,由李四光、周鲠生、傅斯年等七人组成,决定以 10 万元协助自然科学,三万元协助人文科学,五万元协助其他科学,另以 50 万元补助西安、长沙两临时大学,五万元补助贵阳医学院。

△　日军华北方面军变更战斗序列:仍以寺内寿一陆军大将为司令官,辖第一军(香月清司陆军中将为司令官)、第二军(西尾寿造陆军中将为司令官)及方面军直辖兵团。第一军辖土肥原贤二第十四师团、川岸文三郎第二十师团、下元熊弥第一〇八师团、山冈重厚第一〇九师团;第二军辖板垣征四郎第五师团、矶谷廉介第十师团;方面军直辖中岛今朝吾第十六师团、末松茂治第一一四师团、山下奉文中国驻屯兵团(中国驻屯混成旅团改编)、新编独立混成第三、第四、第五旅团;重新编成德川好敏临时航空兵团。

3 月 31 日　国民党临时全国代表大会在武昌举行第三次会议,戴季陶、丁惟汾主席,通过《组织国民参政会案》及《改进党务案》。《改进党务案》中决定改建总裁制,设立三民主义青年团,增设中央调查统计局。

△　李宗仁电蒋介石,台儿庄告急。电称:"昨午后 6 时,孙(连仲)部告急。台儿庄东西被敌包围,且街市敌人又突破第二道防御线,有不支之势。"又据一一〇师师长张轸报称,"午后 3 时,敌于运河万里闸以坦克车数辆侦察渡河点"。"敌飞机,下午以来在万里闸、顿庄闸间之沿河村落大施轰炸,似有由此袭入,向西截断台儿庄或直南下徐州之企图"。

　　△　李宗仁以台儿庄战事告急,电请军令部将第六师、第十三师、第九十三师次第开徐州。

　　△　李宗仁电令第二十军团:"汤军团以关军与孙连仲联系,向峄县前进。王军主力向枣庄、峄县压迫,并适时进出于枣庄北方山地,断敌北窜。一部歼灭向城之敌后跟进。"

　　△　上午9时,台儿庄我守备队向板桥附近出击。日军以野炮20余门向台儿庄轰击,城内守备队第一七六团伤亡惨重,由第一七五团入城接替第一七六团。晚,日军500人冲入台儿庄北门,沿大街与我军肉搏,城东北部日军突入第一七六团防线,城西北角日军向西关进攻。城北门塌10余丈,我军各部建制陷入混乱,台儿庄保卫战面临严重时刻。

　　△　凌晨,第五十二军发起总攻,经12小时激战,至下午3时先后攻占马庄、大庄张楼、贾家埠、小集、兰成店、三佛楼等地,战线前进四公里,收复村庄10余座。同日,第八十五军由水湖、王庄一带向峄县佯攻,至下午2时该军第八十九师大部越过峄县东北之马山、九山,迫近峄县东郊。

　　△　日军第五师团坂本支队自临沂进抵向城附近爱曲一带,攻击第五十二军侧背。下午3时,汤恩伯军团根据敌情变化决定变更作战部署:第五十二军主力依洪山镇为轴,向向城、爱曲、秋湖进攻,第八十五军向南桥、鲁坊一带之敌扫荡,掩护第五十二军向右旋回。

　　△　八路军第一二九师在副师长徐向前指挥下,在晋东南黎城、豫北涉县间响堂铺设伏,毙伤日军第一○八师团森本少佐以下400余人,击毁汽车180余辆。

　　△　日机28架分七批袭扰粤北。

　　△　驻朝鲜汉城总领事范汉生,随习领事张义信通敌叛国,国民政府明令撤职查办。

　　△　中国青年新闻记者协会在汉口成立。次日,该会会刊《新闻记者》在汉口创刊。

是月　空军前敌总指挥部撤销,另设三路司令部:第一路司令部驻南昌(11 月移驻衡阳),协同第三、第五战区作战;第二路司令部驻广州(后移柳州),指挥驻粤、湘、黔空军部队,协同第四战区作战;第三路司令部驻西安(先后转移南阳、襄阳、老河口、荆门、沙市、南郑),指挥驻豫、鄂等省空军作战。

△　军事委员会政治部在武昌召开政工会议,决定:抽调整训之师政治部,一律派设连指导员;前方作战部队,充实政治工作队;留驻敌后部队,增设政治工作队。并决定于各战区及行营政治部出刊《阵中日报》,各师出版不定期的油印《阵中日报》。蒋介石到会作《改进军队政训工作的基本任务》的讲话。

△　军政部兵工署将原重庆钢铁厂定名为二四二厂,年产钢锭2300 吨、钢品 500 吨。

△　经济部资源委员会与军政部兵工署合组四川钢铁厂迁建委员会,并合资将四川綦江民营铁矿收归官营,资本 100 万元。同月,合办南桐煤矿(该矿因位于南川、桐梓交界处而得名)。

△　经济部探勘四川漳腊县金矿。

△　孔祥熙等发起筹建中央制药厂,孔自任董事长,颜福庆任副董事长兼总经理。

△　国民党中央宣传部在汉口创办独立出版社,由叶楚伧、陈立夫等发起,叶楚伧任董事长,潘公展任经理,卢逮曾任副经理,陈立夫、陈布雷、吴铁城、陈诚、叶溯中等为董事。每月出书约二万余册,由正中、文化、青年三书局包销。

△　毛泽东会见白求恩,支持建立战地医疗队的提议。

4　月

4 月 1 日　国民党临时全国代表大会在武昌举行第四次会议,蒋介石、冯玉祥、孔祥熙主席,决议:一、制定《抗战建国纲领》;二、选举蒋介石为国民党总裁,汪精卫为副总裁;三、成立国民参政会;四、设立三民主义青年团。大会通过宣言,蒋介石作题为《对日抗战与本党前途》的闭幕词,旋即闭幕。

△　蒋介石电令李宗仁等:"对于台儿庄之敌务须歼灭。倘兵力不足可用援军,并须注意步炮协同。"

△　蒋介石于汉口召见王缵绪、王陵基,听取对川事意见。

△　军事委员会政治部第三厅在武汉成立,郭沫若任第三厅厅长。

△　日军濑谷支队长令赤柴步兵第十联队自北洛出发攻击关麟徵部第五十二军,关军逐步退却,该联队进抵石桥。次日,日军步兵第六十三联队长福荣大佐以台儿庄战事无进展命令进入台儿庄西北角之日军撤退,集中攻击台儿庄东部。

△　下午3时,孙连仲总司令命令第二十七师:"着该师挑选奋勇队二百五十人,继以得力步兵一营,跟随冲进台儿庄寨内,该奋勇队如能爬进城垣,冲杀该敌,准赏洋五千元。如能助三十一师肃清城内之敌,准赏洋两万元。"

△　午夜12时,第二十七师奋勇队200人由台儿庄东北角爬城向城内之敌猛攻,至次日凌晨4时,将城内之敌击溃,占领东北隅、东门,下午2时,占领台儿庄南门,与第三十一师取得联系。

△　周碞第七十五军黄光华第一三九师自河南开赴台儿庄战场,是日抵岔河镇掩护炮四团开邳县。

△　马占山部挺进骑兵第六师师长刘桂五率部挺进绥北,在武川附近与日军千余人及伪骑兵一师附装甲车70余辆遭遇,激战数小时。旋又在大青山一带,被日军步、骑、炮联合部队包围,激战五昼夜,方突出重围。

△　广东省政府财政厅以防止敌方吸收内地资金为由,自是日起开始征收沦陷区特产入口税,如津梨、汾酒、东北大豆等一律课税。

△　福建省政府发行短期库券90万元。

△　武汉各界11个团体举行茶会,欢迎日本反战作家鹿地亘及夫

人池田幸子,郭沫若等出席。

△　《自由中国》杂志在武汉创刊,臧云远主编,周扬、夏衍等为编委。

△　北平伪临时政府增设实业部,王荫泰为总长。

△　通(县)古(北口)铁路通车,全长 135 公里,南与北宁、平汉、平绥路相连,北接承古路。此为日本对苏、对华之重要军事交通线。

△　日本在天津筹设华北盐业公司,资本 2000 万元。

4 月 2 日　蒋介石致电第二十军团军团长汤恩伯:"临、峄、台、韩间之敌,经我军连续猛攻歼灭过半,其退路断绝,增援无望,尚作最后之挣扎。临沂方面之敌,苦战之余,放弃战场,竟分兵向台儿庄转进;淮南之敌,不顾侧背危险,向蚌、淮集结;晋南、豫北之敌,不惜放弃既得地区,抽出兵力,以图策应,均足证明敌人对于鲁南会战之重视,及其危殆之程度。仰我英勇战士,其各认清本会战之重要性,并我军将获全胜之现状,严令所属作最大之努力,为战略上适切之协同,促成绝对的胜利,以利全局。"

△　蒋介石电令:"第五十九军一面阻止莒县、沂水方面之敌前进,一面确实封锁台儿庄、临沂及台儿庄、费县间交通,保障台、峄方面我军之胜利。"

△　第五战区司令长官部下达命令,其要旨为:"本战区以迅速合围歼灭敌人之目的,决于明(3)日开始全线总攻击,保持重点于第二十军团之右翼,将敌包围于台儿庄北侧地区而歼灭之。"并对所属各部队之任务部署如下:一、第二十军团(含第七十五军)以一部消灭洪山镇北方之敌,以主力于 3 日保持东南正面,向台儿庄附近之左侧背攻击,逐次向左迂回,务在台儿庄左侧地区将敌捕捉歼灭之。因战况之进展,须随时遮断敌自峄县之退路,并对向城方面增援之敌严密警戒;二、第二集团军右翼与第二十军团联系,于 3 日全线攻击,消灭台儿庄之敌;第一一〇师准备以一旅由万里闸附近渡河,向北洛附近敌之右侧佯攻;三、第三集团军前敌总司令曹福林指挥张测民支队五个团及游击总指

挥李明扬部,为堵击兵团,迅速南下向枣庄、临城合围。

△ 台儿庄左翼,我军炮火猛击城西北角,第二十七师吴明林团第三营冲入城内展开室战、壁战与敌死拼,敌所据碉楼多被我炮火摧毁,第三营第七连张连长率先登城,敌越城逃遁,我军收复西北角。

△ 台儿庄右翼,日军三四百人由刘家湖向第二十七师第八十旅彭村、上庄等阵地猛攻,其主力骑兵千余人由三河口向萧汪迂回第二十七师后方,敌我双方激战一个多小时,敌且战且增,炮火更为猛烈,我潘坠、雷草燏、燕子景、彭村、石佛寺一带阵地尽成灰烬。孟庄、裴庄、陶沟桥、五圣堂、王窑路、辛庄等处发生激战,我官兵伤亡甚重。下午6时,日军步、骑3000余人,战车20余辆围攻五路窑、陶沟桥、小庄等地,且攻入园上、孟庄、五圣堂与我军肉搏,我军逐次退至边庄、赵庄、纪庄、丁家桥、五路窑、火石埠一线顽强抵抗。是役,日军伤亡66人,我军官兵250人壮烈牺牲。

△ 财政部核准设立上海外汇通讯处,银钱业兑外币、现金买卖不受限制。12日,开始办理中外银行申请外汇事宜。

△ “长沙临时大学”迁昆明,文、法两院设蒙自,理、工两院设昆明,并更名为“国立西南联合大学”。

△ 毛泽东、张闻天、刘少奇致电陈光、罗荣桓并杨尚昆,部署第一一五师建立以吕梁山为中心的晋西南抗日根据地和发展抗日民族统一战线事宜。

△ 中国妇女慰劳自卫抗战将士会菲律宾分会捐款一万元慰劳八路军,朱德致函表示感谢。

4月3日 日军猛攻台儿庄:赤柴第十联队陷南门外的黄庄,妄图偷渡运河。边庄、孟庄被炮火炸平。福荣第六十三联队攻占东南门,进入庄内约百米,同时投掷催泪瓦斯弹,守军死伤十之七八,仅剩西关一角,形势危急,几不能保。

△ 第三十一师师长池峰城向孙连仲总司令请求转移阵地,退至运河南岸防守。孙连仲报告第五战区长官部,李宗仁指示,已令汤恩伯军

团迅速南下,援军不日可到,严令该部死守,不许后撤。李宗仁悬赏 10
万元,令孙连仲组织敢死队,实行夜袭台儿庄之敌。孙连仲表示:服从长
官命令,绝对照办。旋命令池峰城死守台儿庄:"士兵打完了,你就自己
上前线去;你填过了,我就来填进去。有谁敢退过运河者,杀无赦!"

　　△　第二十军团向日军第五师团坂本支队发起总攻击。第五十二
军主力向向城附近迂回包围秋湖、作字沟之敌,再经兰陵镇一带向西南
席卷,占领凤落、作字沟及敌军司令部所在地刘庄,刘庄步骑千余,大部
被歼。第八十五军夺回小洪山、前烟头,乘胜自四户镇向南扫荡。至
此,汤军团胜利结束了爱曲、兰陵间的扫荡,同时也肃清了向城至秋湖
路上的残敌,取得了截击坂本支队的胜利。

　　△　南京伪维新政府行政院院长梁鸿志、绥靖部长任援道,赴北平
会见日本华北方面军司令官寺内,并与王克敏会谈两伪政权合流条件,
无结果。此后,两伪政权分别在东京设立办事处。

4 月 4 日　李宗仁司令长官、白崇禧副参谋总长赴台儿庄前线督
战。最高军事当局令李仙洲第九十二军吴良琛第十三师用一团作运河
预备队,三团到台儿庄作第二集团军总部预备队,又令李仙洲第二十一
师由郑州开徐州,周嵒第七十五军甘丽初第九十三师到时开兰封。

　　△　汤恩伯军团对台枣支线发起攻击,敌我双方在底阁、杨楼及大
顾珊激战。第五十二军占领甘露寺至杨楼、陶墩之线,当晚占领兰陵
镇。第八十五军占领蔡庄,大顾珊之敌死守不退,经我军三面夹攻,敌
始不支,旋即逃窜,我军遂占大顾珊。

　　△　孙连仲连颁两道手令,晓谕全军:"(一)今日我们创造光荣之
良机,也是生死最后关头,不死于阵前,即死于国法。本总司令将以成
仁之决心,与台儿庄阵地共存亡,亦必执行连坐法,以肃军纪。死为光
荣而死,生为光荣而生,希我官兵共此努力。(二)训令本集团军:慎保
本军守无不固之精神,发挥娘子关歼灭敌七十七联队之伟绩,今只有前
进,绝无后退之途,过河者死,誓以破釜沉舟之决心,深信必操必胜之
信念。"

△　汤恩伯电令关麟徵、王仲廉及周碞三军长并全体将士,要旨为:"全体将士再接再励,奋勇猛攻,务在战场内将敌捕捉歼灭,毋使生还。万一敌突围逃逸,各军可不待命令断行猛烈果敢之追击,绝对不容其在鲁南立足。本战役为国家民族生死关头,本长官亲临前线督战,决按军律明罚,望共勉之。"

△　日军重炮 30 门猛轰台儿庄,投掷燃烧弹,房屋付之一炬。日军乘大火向城内东南部我军进攻,北门日军亦发动进攻,均被击退。下午,日军攻台儿庄西北角,又被击退。晚上,台儿庄守备队(第一七五团余部),中央守备队(第一八一团、第一七六团余部)选奋勇队 200 人,在重炮掩护下,夜袭日军,攻占了大庙。

△　日军攻我台儿庄右翼禹王城,企图强渡运河,我军坚守阵地,予以截击,敌数次强渡,均被击退。台儿庄左翼第一一〇师,自运河南岸渡河向北洛、泥沟进攻,右翼我第七十五军张琪第六师及第四十二军黄樵松第二十七师,分别向火石埠日军进攻。第七十五军黄光华第一三九师由岔河镇、马甸向贺庄、耿庄进攻,占领戴山、胡山。

△　日军第五师团坂本支队在萧汪附近受我第七十五军包围攻击,陷入苦战。同日,板垣师团长令坂本支队向临沂转进。

△　日军对晋东南发动九路围攻:以第一〇八师团为主力,并有第十六、二十、一〇九师团等部共 10 余个联队,西面自洪洞;西北面一自太谷,一自榆次;北面两路自平定、昔阳经和顺、皋落分向辽县;东北面自河北元氏、赞皇;东面自豫北涉县;南面一自长治、襄垣,一自屯留,向晋东南进行大围攻。朱德指挥八路军第一二九师主力和第一一五师第三四四旅,在高桂滋第十七军及朱怀冰第九十四师等部配合下,与日军展开激战。

△　阎锡山部第六十一军克复吉县,日军退乡宁。

△　山东省第六区行政督察专员范筑先率部收复鲁西北范县。

△　新四军军部由南昌进驻皖南徽州(今歙县)岩寺。

△　中国青年记者学会在汉口成立,郭沫若、张季鸾、沈钧儒、杜重

远、邹韬奋、潘梓年、阎宝航及美国作家史沫特莱出席,范长江致开会词。

△ 重庆市儿童发起捐购"中国儿童号"飞机。12 日,"中国儿童号"飞机全国筹备会在重庆成立。

△ 北平伪临时政府教育部在北京师范大学旧址改设师范学院,王汉为院长,是日开学。

△ 日驻苏大使重光葵往访苏人民外交委员李维诺夫,抗议苏以飞机援华。李维诺夫严予驳斥,指出:"苏联政府对出售军火以及飞机与中国问题之见解,完全依照一般公认之国际法标准。"

4 月 5 日 蒋介石电汤恩伯:"台儿庄附近会战,我以十师之众对师半之敌,历时旬余未获战果。该军团居敌侧背,态势尤为有利,攻击竟不奏效,其将何以自解? 急应严督所部,于六、七两日奋勉图功,歼灭此敌,毋负厚望,究竟有无把握,仰即具报为要。"次日,汤恩伯奉电后立即电复蒋介石,立下军令状:"本军团今(6 日)12 时若到不了台儿庄,恩伯愿受军法处分。"

△ 汤恩伯军团长电第三十一师:"明日(6 日)决将台儿庄之敌击溃,与贵师会合,如不成功甘当军令。"池峰城奉电谕后,当即激励官兵奋起报国精神,协力友军,誓歼当面之敌,令各部准备明日全力反攻拼此一战。

△ 拂晓,日军炮轰台儿庄城内我军守备队,向大庙发起攻击,被击退。城外右翼第二十七师夜袭占领黄林庄、头沟,向边庄、沧浪庙进攻,日军在火石埠一带发起反击,双方混战至黄昏,日军退去。同日,该师占领孟庄、裴庄、邵庄、彭村、沧浪庙一线,日军向西北和东北方向退却。

△ 第一战区司令长官程潜奉命抵徐州督战。当日,程潜命令:"(一)本长官奉命特来徐州督战。(二)台儿庄之敌限自鱼(6 日)起至齐(8 日)止,三日内务捕捉歼灭。(三)树立首功者奖洋 10 万元,否者师长以上定予重惩。"

　　△　上午 8 时,汤恩伯军团长向第五十二军、第八十五军、第七十五军、第五十七军下达作战命令,要求全军官兵"继续向泥沟、北洛、台儿庄之线攻击前进,迫敌于运河北岸一带而歼灭之"。

　　△　李仙洲第九十二军由韩庄向峄县进攻;第一一〇师占领獐山。同日,孙桐萱部占领官桥。

　　△　第五十二军在台儿庄以东底阁、杨楼与日军第五师团坂本支队及濑谷支队作战。该军由兰陵镇、洪山镇进入底阁、杨楼边缘,造成合围阵势。敌以坦克掩护突围,我军以猛烈火网封锁出口,几经肉搏,将突围日军消灭。敌突围不成,遂增固村寨阵地死守,我军组织敢死队分批攻击,摧毁敌阵,嗣后进入村寨巷战,敌我双方展开激烈争夺。同日上午,日军增调步骑千余人,炮四门,猛攻大顾珊,我军力不能支,大顾珊陷入敌手。当晚,我军反攻大顾珊,数度冲入寨内,牺牲綦重,仍未能攻下。

　　△　日军第五师团进攻临沂西南重镇朱陈,临沂城告急。张自忠、庞炳勋派兵迎击,包围朱陈日军。次日,朱陈日军欲突破包围,遂向湖南崖、湖西崖、王庄进击,激战竟日,我军收复上述各村,日军退回朱陈。

　　△　姚景川骑兵第十三旅由晋南开抵临沂增援第五十九军,张自忠令该旅主力加入攻击朱陈日军,余部向后方搜索,破坏交通,扰敌运输。

　　△　国民党中央党部及国民政府派中央委员蒋鼎文、陕西省府主席孙蔚如在黄帝陵举行扫墓典礼,500 余人参加。

　　△　张国焘代表陕甘宁边区政府参加祭黄帝陵后逃至西安。7日,在胡宗南保护下,到武汉投靠国民党。17 日发表声明脱离共产党。18 日,中共中央作出《关于开除张国焘党籍的决定》。

　　△　据行政院工作报告称:截至是日止,后方各地战区内迁厂矿,复工者 66 家,其中承造军需用品者 44 家。

　　△　孙科在英国下院演说,呼吁列强援助中国抗战,供给中国军火,并表示:日军一日不离开中国,中国决不议和。

4 月 6 日　第二集团军总司令孙连仲察觉日军已全线动摇,是日中午 12 时下达总攻击令,其要旨为:一、敌受包围消耗极大,我汤军团定于本(6)日下午 8 时至 12 时由岔路口、刘庄一带总攻敌人;二、着第二十七师派队于本(6)日晚 8 时向孟庄、裴庄、园上地区进击,协同汤军之作战;三、第三十师应集结有力部队,同时向南洛进击,协同作战;四、第三十一师应同时向三里庄以南之敌出击,并将台儿庄寨内之敌包围而肃清之;五、第四十四旅除担任河防、防敌窜渡外,应相机协助第二十七师战斗。

△　下午 3 时 30 分,日军第十师团濑谷支队长下令于当晚从台儿庄向北撤退。晚 8 时,我军开始全线总反攻,汤恩伯军担任台儿庄外围,孙连仲集团负责正面清扫。当晚,园上日军弹药库被我重炮击中爆炸,敌兵纷乱四窜。台儿庄城内日军一部自西北门增援园上,我军乘机收复西北门,旋即沿城上直趋北门,夜 11 时收复北门。同时,我第三十一师第九十三旅入台儿庄,协同第九十一旅占领东门。深夜台儿庄内之敌被我全部肃清。

△　第五十二军击败坂本支队,收复底阁、杨楼。同日,第八十五军第八十九师师长张雪中督率第五二九团进攻大顾珊,下午 5 时,该团团长罗芳珪殉国,次日上午收复大顾珊,敌 2000 余人,大部被歼。

△　国民党五届四中全会在汉口举行,通过《三民主义青年团组织要旨》及《改进党务并调整党政关系》等案。7 日,通过《国民参政会组织条例》。8 日,蒋介石讲述《改进党务与调整党政关系》,选举中央常务委员及各部部长。中央常务委员为:丁惟汾、居正、于右任、戴季陶、孔祥熙、孙科、阎锡山、冯玉祥、叶楚伧、邹鲁、陈果夫、何应钦、李文范、白崇禧、陈公博。各部部长为:组织部长张厉生,宣传部长顾孟馀,社会部长陈立夫,海外部长陈树人,秘书长朱家骅。旋即闭幕。

△　曹福林第五十五军为策应台儿庄战役,经汶上、宁阳反攻济南,8 日,至党家庄被日军阻击退回。

△　国民政府明令褒扬在滕县抗战殉国之第一二二师师长王铭

章,追赠陆军上将。

4月7日　台儿庄大捷。凌晨,我军冲出台儿庄向北追击,刘家庄、三里庄日军大部被歼,残敌向峄县、枣庄退走。我军毙伤敌军万余人,缴获步枪万余支,轻重机枪 931 挺,炮 77 门,战车 40 辆,大炮 50 门。我军伤亡三万余人。

△　蒋介石电全国军民祝贺台儿庄大捷,略谓:"此次台儿庄之捷,幸赖我前方将士之不惜牺牲,后方同胞之共同奋斗,乃获此初步之胜利;不过聊慰八阅月来全国之期望,稍弭我民族所受之忧患与痛苦,不足以言庆祝。来日方长,艰难未已,凡我全体同胞与全体袍泽,处此时机,更应力戒矜夸,时加警惕,唯能闻胜而不骄,始能遇挫而不馁,务当兢兢业业,再接再厉,从战局之久远上着眼,坚毅沉着,竭尽责任,忍劳耐苦,奋斗到底,以完成抗战之使命,求得最后之胜利。幸体此旨,共相黾勉为盼。"

△　蒋介石、李宗仁、程潜拨款 30 万元,犒赏台儿庄前线将士。蒋介石特派俞飞鹏赴台儿庄前线劳军。

△　国民党中央执行委员会第四次全体会议致电第五战区司令长官李宗仁,祝贺台儿庄大捷。

△　武汉三镇热烈庆祝台儿庄大捷,户户悬旗,各报馆散发号外。晚,10 余万人集会祝捷,通过电蒋介石致敬、电慰李宗仁及全体抗战将士等提案,旋开始火炬大游行。武昌黄鹤楼下,人群水泄不通,轮渡乘客无法下船,歌声、口号声、鞭炮声彻夜不绝。

△　下午 6 时,第五战区司令长官部下令追击自台儿庄撤退之日军,其要旨为:一、台庄附近经我孙、汤两军击溃之敌,现向峄县方面逃窜中;二、汤军以一部肃清战场,以主力由台枣支路(不含)以东,沿夏庄、马山、九山、潭山以南地区向峄县追击前进;三、孙军指挥张轸师由台枣支路(含)向峄县追击前进;四、曹福林应于峄县以北地区截击敌人,勿使窜逸;五、敌如退据峄县城,孙、汤两军各以一部占领峄县东、西方高地。主力协同击灭城外敌之野战军后,围攻峄城;六、敌如以峄县

城为后卫阵地,孙、汤两军各以一部监视之。主力尾敌穷追;七、孙震军应由新闸子渡运河,追击韩庄方面之敌;八、李仙洲师应继续经作城向东,扫荡临沂以西之残敌,向临沂前进,到达后归张军长自忠指挥。

△ 日大本营下达徐州作战令:华北方面军应以一部有力部队击败徐州附近之敌,占据兰封以东陇海线以北地区;华中派遣军以一部协助华北方面军作战,击败徐州附近之敌,并占据徐州及徐州以南的津浦线及合肥附近地区。同日,大本营陆军部制定《徐州附近作战指导要领案》,将徐州作战开始时间预定为 4 月下旬。

△ 中华民族解放先锋队总队部在武汉成立,总队长李昌,组织部长于光远,宣传部长丁浩川。

△ 蒙汉回族联合慰劳团在武汉献旗劳军,并通电全国,决心团结抗日,保卫国土。

△ 上海沪江大学校长刘湛恩因拒绝担任南京伪维新政府教育部长,是日在沪被刺殒命。20 日,国民政府明令褒扬。

△ 上海公共租界工部局副总董包德尔失踪多日,是日在黄浦江发现尸体。

△ 英国援助中国委员会致书中国人民,祝贺中国抗战取得的胜利,表示支援中国人民坚持抗战直至最后胜利。

4 月 8 日 台儿庄我军向峄县溃退之敌全面追击。第二十军团以第五十二军为右翼、第八十五军为左翼,分别向傅山口、九山方向和低石桥、兰成店方向追击。第九十二军转为总预备队,第七十五军在底阁、甘露寺一带待命。第二集团军以第三十师为追击队向南北洛进攻。第二十七师占金陵寺一带堵击退却之敌。第三十一师及第四十四旅在台儿庄附近整顿。

△ 李宗仁通电全国军民对台儿庄祝捷致谢。略谓:此次台儿庄之役,"小获胜利,迭承各方纷电贺捷,殊感愧交并……惟有秉承委座'闻胜不骄,遇挫不馁'之训,临渊履深,戒慎恐惧,以期完成抗战之使命"。

△ 第九十二军吴良琛第十三师开抵临沂,归张自忠指挥。旋张

令该部加入围攻朱陈日军战斗。

△　空军飞临沂、诸城、济南、泰安、兖州等地散发传单和通行证，敦促日军弃战归国。

△　湖南长沙各界五万余人举行"湖南各界庆祝前方抗战胜利大会"，会后冒雨游行。

△　伪华中复兴公司成立华中铁矿公司，开采苏、浙、皖等省铁矿。

4月9日　蒋介石电汤恩伯令再接再厉，克竟全功。谓："台儿庄胜利，寇敌就歼，军心不振，为我最后胜利之开始，我将士奋勇牺牲，致此战役堪为我民族战史上留光荣一页，披翻捷报，殊深感慰，惟有再接再厉，勿以初步胜利而骄矜，务当倍矢勤劳，益加惕励，努力继续追击，克竟全功。"

△　第二十军团第五十二军攻占马山、土山和九山，夜间攻击双山受阻。第八十五军攻占苏家埠、潘家巷一带，迫进峄县城。因受左翼日军盘据的制高点獐山、天柱山的轰击，攻势无进展。第九十二军第十三师与第七十五军第一三九师抵傅山、青山、石城岗一线掩护第二十军团侧翼，并以一部围攻向城日军。

△　第二集团军第三十师、第十三军第一一〇师、第七十五军第六师分三路夜袭獐山、天柱山，无进展。

△　国民党中央监察委员会决定恢复李济深、陈铭枢、方振武、谭平山、陈启修、徐谦、刘震寰七人党籍。

△　上午，飞机一架轰炸峄县城东南潭山敌炮兵阵地。下午，我飞机19架到达峄县城上空，发现城西南敌军逃匿，当即投弹，并以机枪扫射。

△　冀中吕正操部华北人民自卫军击败板垣师团第四十三联队第一大队，占领高阳、安国县城。11日，收复大城、献县。

△　八路军第一二九师骑兵团攻占冀南平乡县城。

△　宁夏省豫旺县更名同心县，是日行政院呈奉国民政府指令准予备案。

△　行政院颁布《难民服役纲要》,分兵役、工役两项,工役为筑路、治水、垦荒、运输等。

4 月 10 日　广州市 30 余万人举行台儿庄祝捷大游行。

△　临沂前线,张自忠指挥第十三师一团向朱陈进攻,未能奏效。艾山方向日军前来增援,与第十三师另一团在黄土堰、庙山激战。后日军退入朱陈。

△　台儿庄追击战,第七十五军第六师攻占赵庄、郭庄、李庄,第三十师被阻于泥沟,第一一〇师仍在白山西一带与日军对峙。

△　八路军第一二九师孙继先津浦支队攻占鲁西北恩县城。

△　日机炸广州,缝纫厂死伤女工百余人。同日,日机 27 架炸长沙,岳麓山下湖南大学师生及附近农民被炸死 30 余人,伤 70 余人。湖南大学图书馆被炸毁,损失 200 余万元。

△　延安鲁迅艺术学院成立。

4 月 11 日　军事委员会电令各省军政机关维护后方生产,无论过往与驻守,不得妨碍农民耕作,不可占用工厂。

△　军事委员会政治部副部长周恩来在武汉各界第二期抗战扩大宣传周发表广播讲话,号召全国军民加强团结,争取抗战更大的新胜利。

△　第五十九军第一八〇师与第九十二军第十三师各一部续攻临沂朱陈,我军攀登入寨,旋以中断联络撤出。

△　第二集团军第三十师向獐山、北山猛攻,占领北山、草山。该师第八十九旅第一七八团攻占天柱山,旋敌乘我立足未稳,多次反攻,该山陷入敌手。第一七八团二营攻獐山,伤亡过半,未能奏效。

4 月 12 日　蒋介石电李宗仁,限令一二日内将残敌全歼:"台庄之捷已逾五日,峄、枣、韩、临尚未攻下。踌躇审顾,焦虑至深。以乘胜之军更加主力部队追援绝溃惫之寇,不急限期歼灭,一旦敌援赶至,死灰复燃,是无异隳已成之功而自贻将来之患。万望激励将士,努力进攻,一面分途堵击,务于一二日内将残寇全数歼除。庶敌兵再至,我更有以待之。如何盼速报。"

△　国民政府公布《国民参政会组织条例》,凡 15 条,规定:国民参政会为咨询性机关,"在抗战期间政府对内对外之重要施政方针于实施前应提交国民参政会决议";国民参政会有听取政府施政报告暨向政府提出询问案之权;参政员由国民党遴选产生;现任官吏不得为国民参政会参政员;正、副议长由国民党中央执行委员会选任。

△　英新任驻华大使卡尔在重庆向国民政府主席林森呈递国书。

△　北平伪临时政府在东京设驻日办事处,处长孙蔔。

4 月 13 日　李宗仁、白崇禧以台儿庄追击战阵线过广,甚难成效,是日致电军令部提出改变作战方法,"拟在包围阵线上仅配置少数监视兵,将主力分别集结于便于机动之位置,一面破坏敌后交通,一面以小部先游击,诱敌人于阵地外求决战"。越二日,蒋介石电复李、白:"所拟机动攻势案甚妥,应速实施。"

△　李宗仁电令所属各军:"现当决战紧要关头,各部应不顾一切损害,奋勇猛攻,以使主力决战有利。"

△　蒋介石电孙连仲、汤恩伯:"仍盼督部迅歼残敌,限两日内攻下峄、枣。"

△　商震第三十二军黄光华第一三九师围攻山东向城,毙敌 200 余名,敌据寨顽守。15 日,又以火攻,遂克向城。

△　徐州各界举行台儿庄祝捷大会。入夜举行提灯会,万人空巷,盛况空前。次日,举行台儿庄战果展览。

△　日机 22 架袭粤,我空军 19 架起飞迎击,经激烈空战,敌机被击落七架,我机亦被毁三架。

△　日本华中派遣军为进行徐州会战,令第九师团在凤阳附近集结,第十三师团在蚌埠、怀远间集结;21 日,令第一○一师团江北部队抽出兵力向阜宁方面前进;23 日,令第六师团沿和县、巢县、合肥一线作战。

△　军事委员会任命张自忠为第二十七军团军团长,任命桂永清

为第二十七军军长。

△ 国家社会党(即民社党)张君劢致函蒋介石、汪精卫,申述该党主张与三民主义最高原则在精神上并无二致,表示愿在最高领袖领导之下,精诚团结,共赴国难。15 日,蒋、汪复函慰勉。

△ 美国务院政治顾问贺伯克就英国提议调解中日战争事,复函英外务部次官贾德干,称:中国在目前绝不会同意有利于日本的任何安排,美国或英国,或者英、美两国的联合,或是任何集体行动来谋解中日纠纷的时机还没有来临。

△ 美官方宣布:自中日战争开始至今,美国所购中国白银共值 523.2 万美元,中国换取外汇多系向美购买军火及各种商品之用。

4 月 14 日 蒋介石电程潜、阎锡山、薛岳、蒋鼎文等,略谓:"敌自鲁南惨败后,自晋绥、冀豫、江淮各方抽调兵力增援鲁南,以图挽救,仰各战区本前颁游击计划,严督所属积极行动牵制敌人,使鲁南作战容易,用期彻底歼灭该方面敌军,以收最后胜利为要。"

△ 第九十二军第十三师派一团协攻朱陈,余开向城。

△ 第十三军第一一○师攻占八里屯(峄县城西四公里)、老虎寨。次日,日军发起三次反攻,均被击退。

△ 蒋介石电令第六十军调归德、兰封一带集结,18 日,复命径向台、徐输送,归第五战区长官指挥。该军军长卢汉,下辖第一八二师(师长安恩溥)、第一八三师(师长高荫槐)、第一八四师(师长张冲)。

△ 第二战区部队和八路军配合,与进犯晋东南之日军连日激战,是日,高桂滋第十七军克沁源,赵世铃师收复屯留、壶关。日军苦米地旅团一部陷辽县,其主力陷沁县、武乡,进取榆社,遭八路军秦基伟支队及第一一五师徐海东旅截击,又退回武乡。

△ 成都市各界通电声讨汉奸梁鸿志组织南京伪政权。

4 月 15 日 李宗仁电令右翼兵团(第二十军团):"即行停止围攻计划",台儿庄战役结束。

△ 宋庆龄、何香凝联名发表《拥护抗战建国纲领,实行抗战到底》

一文,提出重振党纪,实行民权,停止党派斗争,贯彻抗战建国目的,严惩汉奸及改善庶政等主张。

△ 日军第一军令土肥原第十四师团准备在兰封、范县间渡黄河,协助第二军参加徐州作战。

△ 中国战时儿童救济协会在武汉成立,许世英为理事长。

△ 西安临时大学改称国立西北联合大学,校址移设陕西南郑。

4月16日 八路军刘伯承第一二九师主力,在武乡长乐村截击由榆社退回之日军苫米地旅团主力3000余人,将敌分割为数段,各个击破,并击退从辽县、蟠龙来援之敌2000余人。经一昼夜激战,毙伤日军2200余人,取得粉碎日军九路围攻晋东南的决定性胜利。是役,第一二九师第三八六旅第七七二团叶成焕团长殉国。

△ 日军第五师团国崎支队进犯临沂,与张自忠、庞炳勋部激战,逐次占领城外阵地。至18日,临沂被敌三面包围,形势危急。

△ 行政院设液体燃料管理委员会,秦汾任主任委员。

△ 皖南游击队进袭当涂,炸毁汽油库一座。

△ 《文艺阵地》在广州创刊,茅盾主编。

△ 高宗武、董道宁自汉口到香港,向日方代表西义显、伊藤芳男转达蒋介石对中日和谈的条件:"蒋委员长认为:东北与内蒙问题,可留待他日再谈,惟河北省应即交还中国,长城以南中国的领土与主权完整,日方应予尊重。上项条件如获日方谅解,则先行停战,再行商谈细则。"

△ 日本内阁会议决定《华北及华中政权关系调整要纲》,规定以北平伪临时政府作为伪中央政府,尽快使南京伪维新政府与之合并统一。

4月17日 第二战区副司令长官卫立煌赴洛阳开会道经延安访问。当晚,延安各界代表数百人举行盛大欢迎晚会,毛泽东致欢迎词,卫立煌等发表讲话。次日,卫立煌离开延安。

△ 李宗仁电令第十三师、第二十一师合编为第九十二军,以李仙

洲为军长,克日经寨子开往马厂湖,归张自忠军团长指挥。

△ 周恩来同张国焘谈话,向张提出回党脱党问题。当晚,张以书面形式声明脱离共产党。

△ 第一八〇师、第十三师两度攻袭朱陈之敌,均未得手,仍在原线监视日军。

△ 北平伪临时政府决定:池宗墨改任河北伪省长,高凌霨改任天津伪市长,改北平为北京,增设警察总监。

△ 日军各部在济南开碰头会讨论徐州作战。华北方面军作战课长下山大佐主持,到大本营派遣班桥本群少将、第一军参谋友近美晴中佐、第二军参谋长铃木少将、华北派遣军副参谋长武藤大佐、临时航空兵团参谋田中友道大佐等人,会期两天。与会者对于徐州作战以歼灭敌人为目的抑以占领要地为目的,以及攻击时间问题有不同意见,未趋一致。

4 月 18 日 日军向徐州进攻。10 日,日第十师团长矶谷廉介自兖州抵枣庄,指挥作战,15 日决定师团转入攻势,下达作战令。是日拂晓,坂本、长濑两支队自郭里集附近,濑谷支队自峄县附近,分别发起进攻。19 日,坂本支队攻入向城,长濑支队向兰陵镇方向进犯,濑谷支队被阻于獐山以东,与周嵒第七十五军第六师激战。

△ 重庆举行国民政府建都南京十一周年纪念会,林森号召一定要"在最短期间,把敌人逐出中国,恢复我们的首都,恢复我们全国土地"。

△ 中共中央决定开除张国焘党籍。

△ 于学忠第五十一军及川军孙震第四十一军一度攻克韩庄。

△ 福建省政府以不堪敌舰威胁,是日经行政院批准迁永安。

△ 上海闸北四行仓库价值 1000 万元以上的存货,被日军劫运回国。

4 月 19 日 临沂失陷。晨,日军国崎支队猛攻临沂,至 9 时城西门及西北角城墙被攻陷。张自忠、庞炳勋部与日军激战终日,于晚间撤离该城,在临沂西南继续抵抗。是役张、庞部伤亡官兵 1300 余人,国崎支队遗尸 2180 具。

　　△　蒋介石致电慰问第五十九军及第四十军："两军苦战逾月,迭奏肤功,以战机切迫,未能调回休养补充,至为轸念,仰即转谕慰劳,并体念时艰,以最后之努力,完成两军光荣之战绩为要。"

　　△　八路军第一二九师骑兵团收复冀南曲周县城。

　　△　前外交部长陈友仁自欧返国抵香港,表示拥护抗战建国。

　　4 月 20 日　张自忠第五十九军奉第五战区长官部电令,以台(儿庄)潍(县)公路为中心,分别对敌游击、截击。

　　△　济南日军司令部组织伪山东省长公署,马良任省长,下设总务、民政、财政、建设、教育、市政、警察七厅,置鲁东、鲁西、鲁南、鲁北四道。

　　△　全国战时教育协会理事会正式成立。补选王卓然、范文澜、黎锦熙、顾颉刚等人为理事。决议:发动全国战时教育运动,并通电世界教育界,发起反侵略运动。

　　△　经济部工业司司长吴承洛宣称:成都、昆明、桂林、贵阳等地兴建之七处电厂建成。

　　4 月 21 日　蒋介石到徐州指示作战方略,次日视察台儿庄战场。

　　△　蒋介石电令第四十六军:"着樊崧甫所编野战军团开赴徐州,归第五战区司令长官李宗仁指挥,参加鲁南作战,限 23 日前到达。"该军军长为樊崧甫,下辖第二十八师(师长董钊)、第四十九师(师长周士晃)、第九十二师(师长黄国梁)。

　　△　国民政府公布《民国二十七年国防公债条例》,定额国币五亿元。同日公布《民国二十七年金公债条例》,该公债为收换金类外币、外汇、国外有价证券而发行,定额关金一亿元,英金 1000 万镑,美金 5000 万元。

　　△　国民政府聘请颜惠庆、施肇基、冯炳南、刘瑞恒、徐采丞、朱恒碧为中华民国红十字会理事,周诒春、汤飞凡、李规庸、汤志雄为监事。

　　△　第六十军第一八三师抵车辐山,第一八四师抵台儿庄,同日奉

李宗仁电令暂归第三集团军总司令于学忠指挥。次日,李宗仁复令第六十军归第二集团军总司令孙连仲指挥。23 至 24 日,第六十军于萧汪、辛庄、东庄、丁家桥、马家窑之线布防。

△ 日军第十三师团自蚌埠、怀远渡淮河、涡河北犯。22 日,渡河日军达千余人,与廖磊部血战两日,24 日晨退回淮河南岸。

△ 日军坂本支队自向城南犯,向岔河镇、四户镇攻击,22 日进入泥沟,受到我军反击,陷于苦战,未获进展。

△ 第五战区令庞炳勋第四十军开赴郯城整顿,张自忠第五十九军即转峄对口、黄店一带对敌游击。

△ 毛泽东、张闻天、刘少奇电刘伯承、徐向前、邓小平,发出“在河北、山东平原地区大量发展游击战争”的指示。

△ 左舜生代表中国青年党致函蒋介石、汪精卫,申述该党主张与三民主义相同,表示拥护国民党之纲领。24 日,蒋、汪复函慰勉。

4 月 22 日 蒋介石通令前方将士,务当再创鲁南来犯之敌。

△ 第五十九军复奉第五战区长官部电令,转向长城、四户镇方面,保持重点于右翼,夹击第二十军团当面之敌。

△ 卢汉第六十军在台儿庄东北之陈瓦房、邢家楼、五圣堂与敌遭遇,发生激战,陈瓦房失陷,第六十军第一八三师守军一个营营长以下 500 余官兵阵亡。

△ 八路军第一二九师于武乡长乐村获胜后,奋起追击,是日至 27 日,相继收复辽县、黎城、潞城、襄垣、屯留、沁县、沁源、高平、晋城、长治等 18 座县城,将日军逐出晋东南。

△ 骑兵第六师师长刘桂五率部撤退绥远固阳,日军板垣混合部队附装甲车 60 辆,配合飞机三架,分途来袭,刘率部迎击。29 日,刘桂五在作战时中弹殉职。

△ 国民政府转发国民党临时全国代表大会通过的《为达成长期抗战之目的必须一致努力推行兵役制度案》,训令各机关一体遵照。该案主要内容有:统一健全区乡(镇)保甲组织;迅速确实调查户口,限期

举办户籍;公务员、党员应劝勉子弟服任兵役,各级党政机关、学校、法团均应协同兵役宣传,唤起民众乐尽兵役义务;防止办理兵役人员舞弊;除失陷省区及战地外,不得组织游击队及类似组织,以免妨碍役政。

△ 国民政府派刘瑞恒、陈其采、宋子良、马锡尔、戴乐仁为管理中英庚款董事会董事。

△ 为修筑湘桂铁路南宁至镇南关段,交通部长张嘉璈在河内与法国银行团代表及中国建设银公司正式签定南(宁)镇(南关)铁路借款草约。由法国银行团提供材料款 1.2 亿法郎及现款 3000 万法郎。另由法国银行团及中国建设银公司合组中法建筑公司承包该筑路工程,规定二年内完工。

△ 财政部公布《商人运货出口及售结外汇办法》,凡五条。

△ 伪上海大道市政府改组为上海市政府督办公署,苏锡文任督办。

△ 北平伪临时政府在清河设陆军军官学校,齐燮元任校长。

4 月 23 日 日本华北方面军下达徐州会战令:第二军尽快开始攻势,在徐州以西作为决战地,并占领徐州;第一军应以有力一部渡过黄河,迅速切断兰封、归德间的陇海线并向归德挺进,与华中派遣军密切配合,使第二军作战顺利进行,另以一部在兰封以西黄河沿岸佯攻牵制敌人;临时航空兵团应以主力协助陇海线地区作战。

△ 日军国崎支队主力于攻占临沂后续犯郯城,22 日抵大埠,与关麟徵第五十二军一部激战,是日陷大埠并猛攻郯城。

△ 日军第六师团坂井支队自芜湖北犯,24 日渡长江占和县,26 日占含山,30 日占巢县。

△ 马占山部东北挺进军攻入绥远凉城,与日军展开激战后复退出城外。

△ 国民政府特任孔祥熙兼赈济委员会委员长,杜月笙、王晓籁、曾镕浦、陈访先、黄伯度为常务委员。

△ 国民政府转发国民党中央执行委员会通知:国民党临时全国

代表大会通过《战时各级教育实施方案纲要》、《于经济部下设立合作事业管理局》、《遴选本党青年同志充任各省县长》、《抗战烈士遗族免费入大中小学求学》各案,训令行政院转饬各部遵照。

△　财政部特准进口大米 75 万担,以济广东民食,是日首批进口大米运抵广州。

4 月 24 日　日军濑谷支队自兰陵镇南犯台儿庄东萧汪、后堡地区。卢汉第六十军与敌激战,旅长陈钟书在邢楼殉职。此后,日军逐次进入胡山、禹王山地区,与卢部胶着混战,至 26 日,日军伤亡达 1500 余人。直至 5 月 12 日,双方仍处于激战中。

△　日本华中派遣军制定徐州作战计划,其要旨为:"(一)方针:军与华北方面军相策应,将徐州附近之敌捕捉消灭在徐州以西地区,决战时间大概定为 5 月中旬;(二)指导要领:军预定于 5 月 5 日左右开始前进,根据情况,预期在 4 月底以后有可能开始进行。"

△　日军第五师团国崎支队沿临沂、郯城大道进犯马头镇,是晨陷郯城,是晚复陷马头镇,关麟徵第五十二军退郯城以南继续抵抗。

△　日军以飞机六架协同步兵向第五十二军第二十五师之碾官庄、连防山、米步、店子、虎皮山一带阵地猛攻,该师奋勇迎击。连防山发生巷战,该师高团全部牺牲,团长高鹏殉国。

△　日军第一〇一师团佐藤支队自苏北东台北犯,26 日陷盐城。

△　四川省 70 余县民众代表到重庆,向行政院吁请废除苛捐杂税。

4 月 25 日　陈诚电蒋介石报告鲁南战场情况,略称:鲁南会战指挥混乱,第七十五军第十三师吴良琛部"参战未及兼旬,八易指挥","建制过于分割,征调实觉频繁",以致牺牲甚重。第六师张琪部,自 4 月 22 日至 25 日晨,日军对该师正面红家庄、前城之线昼夜猛攻,官兵牺牲殆尽,每连只剩战斗兵 20 余名,上尉以上军官只余六名,全师共存残部二营余,中级以下干部伤亡殆尽。"若非加以整理,恐难达成任务"。

△　八路军第一二〇师一部收复晋北山阴,另一部在绥南凉城县

厂汉营,随后又在该县香火地争取伪军及保安队共千余人反正。

4月26日　国民政府训令各机关及学校于抗战期间每日工作时间增为10小时以上。

△　蒋介石电令西安行营主任蒋鼎文、重庆行营代主任贺国光、川康绥靖主任邓锡侯等,严防共产党员"冒充伤兵入川"。

△　樊崧甫率第四十六军军部自潼关抵达鲁南侯家集(陇海线东段炮车车站西15公里)。次日,白崇禧以庞炳勋所部第三十九师败退红花埠,电令樊指挥该军第九十二师沿运河布防。

△　章伯钧代表第三党撰文《我们对抗战建国纲领的意见》一文,希望"将抗战建国纲领变成指导全国人民意志和行动的活的纲领",而不能"长期的停留在原则的宣传阶段"。

△　军事委员会通电各战区,详列本月18日至20日日军在芜湖、溧阳、宜兴、繁昌、荻港等地大量施放毒物、毒气及军民受害情况,令各战区注意防范。

△　八路军第一二九师副师长徐向前率所部第三八五旅陈锡联第六七九团、第一一五师第三四四旅韩先楚第六八九团及曾国华第五支队开赴冀南,5月2日到达。

△　赈济委员会在武汉正式成立。原行政院难民救济会及内政部所属各救济机构均合并于该会,孔祥熙所兼委员长旋经行政院令派许世英代理。该会委员除原任命九人外,另又聘任委员70余人。

△　新加坡华侨胡文虎电告林森,捐助国币200万元,作为创设抗战残废军人疗养院及阵亡将士遗孤教育费用。

4月27日　蒋介石为防止鲁南战场各军久战之后精神弛缓贻误战局,电李宗仁并转所属各总司令、各军团长、各军长、师长,严令所属"以最后五分钟坚忍之精神","不得稍堕志气放弃任务,致干罪戾"。并谓:"本委员长决本信赏必罚用达民族复兴之目的,望各勉之。"

△　国民政府特派潘文华为川康绥靖副主任,王缵绪为四川省府代理主席;胡世泽为出席国际联合会第二十三届禁烟会议代表。

△ 《时事新报》自上海迁重庆复刊。

△ 日本政府与北平伪临时政府订立《政治技术指导协定》，规定由日本派顾问辅佐官掌握政治指导权。

△ 日军在长江口枪击英商怡和公司"通和号"轮，重伤中国水手一人，并将该轮扣留 36 小时。

4 月 28 日 蒋介石对国际反侵略大会代表、法国《巴黎晚报》记者色斯谈话指出：中国"党派之争，现已不复存在，国民政府在孙总理各项原则不受破坏下，愿与各党派携手合作，以对付共同敌人"。又谓："日军业已变更战略，足证中国军队抗战之烈，实非日本始料所及，长此以往，日本已无获胜把握，至就吾方而言，则天然资源与人力接济，均极充足，当可抵抗到底。"

△ 蒋介石电令余汉谋调陆军第六十四军军长李汉魂统率第一五五师陈公侠部、第一八七师彭林生部北上增援，与第六十六军叶肇所率粤军第一五九师谭邃部、第一六〇师华振中部，一同参加中原会议、武汉会战。

△ 白崇禧电樊崧甫，告以日军侧攻张自忠第五十九军，现抽出第二十八师（师长董钊）归还第四十六军建制，着速率第二十八、九十二两师向郯城马头镇前进驰援。

△ 军事委员会任命王陵基为第三十集团军总司令。

△ 日军第十师团长矶谷因濑谷支队在台儿庄北被孙连仲部所阻，乃令配属该师团之第十九旅团长草场辰已少将组成草场支队，在濑谷支队右侧向台儿庄以西推进。30 日，草场支队向峄县西南白山地区进攻，为第五战区李宗仁部优势兵力所阻，至 5 月 3 日无法进展。9日，草场支队解除第十师团之配属，仍归第十六师团长指挥，向济宁方向撤退。

△ 日机炸徐州，投弹百余枚，平民死伤百余人。

△ 新四军军部为向苏南敌后作战略侦察，于下旬成立先遣支队，司令员粟裕。是日，粟裕率领先遣支队自岩寺西北潜口出发，6 月上旬

进入苏南战场。

△ 国立武汉大学迁四川乐山正式上课。

4月29日 武汉空战告捷。日机36架空袭武汉,苏联志愿空军与我国空军机队起飞迎战,击落日机21架,我损失飞机二架。空军飞行员陈怀民以负伤之坐机猛撞日机,与日机同归于尽,壮烈牺牲。此次空战同时牺牲的飞行员还有张效贤、杨慎贤、孙金鉴。5月4日,蒋介石致电武汉市国民党党部祝贺空战告捷。

△ 国民党总裁蒋介石下令取消党内派别小组织。略谓:"方今寇患方殷,内忧未已,而本党适已改制,领导有人,时势既殊,步伐宜齐,嗣后本党内再不得有所谓派别小组织,举凡以前种种小组织,应一律取消","如有阳奉阴违或固执不改,定于从严制裁,以肃党纪。"

△ 日军第二方面军下达徐州作战之准备命令,其要旨为:"(一)军企图早日击败徐州方面之敌军,占领徐州。(二)第五、第十师团要确保现在进入线附近的要地,随时粉碎敌之反击,并准备进攻。(三)第十六师团集结于曲阜、济宁附近准备前进。(四)第一一四师团及独立混成第五旅团继续执行现在军后方地区的警备任务,同时计划和准备随第一线兵团的前进而推进警备地区。"

△ 日军国崎支队于陷郯城后西犯北劳沟地区,被关麟徵部包围,粮弹缺乏,伤亡惨重。是日,第五师团长板垣进入郯城,调片桐支队、大槻部队及留守胶济路之四个中队增援国崎支队,直至5月11日仍与关部胶着混战,日军以伤亡太大,放弃北劳沟地区。是役,日军仅第四十一、四十二两联队伤亡即达1411人。

△ 八路军晋察冀军区部队一部克冀西涞水,另一部克涿县,歼灭日军300余人。

△ 八路军第一二九师陈赓第三八六旅在邢台西歼灭汉奸申国栋、曹桂芝部百余人。

△ 国民政府训令直属各机关:嗣后各机关团体,非经行政院核准,不得擅自派员向海外侨胞募集捐款或征集物品。

4 月 30 日 蒋介石函勉国民党各地方党部与当地官民合作抗敌，略谓:"本党各县地方之党委党员,奉行主义,许身党国,处此国家、民族生死存亡之关头,冒险犯难,应以牺牲为天下倡;务当格外奋发,勇往直前,一切动员抗敌事宜,必须与当地官民通力合作";"对于地方公正贤明负有声望之绅耆,尤应倾诚推重,敦请主持,号召民众,共同抗敌。"

△ 日机六架袭福建长汀,投弹 10 余枚,炸毁迁至该地之厦门大学。

△ 经济部农本局在川、黔、湘、桂增设合作金库,资金约 200 万元。

△ 东久迩宫稔彦王接替西尾寿造任日本华北方面军第二军司令官,5 月 5 日抵济南就任。

△ 侵华日军舰队总司令长谷川调任横须贺海军基地司令官,东京海军航空署长及川甲子郎继任侵华日本舰队总司令。

是月 军事委员会制定《非常时期各省军管区组织大纲》,规定:军管区司令以省主席兼任为原则,必要时得以驻省之绥靖主任兼司令,省主席兼副司令;军管区直隶军政部,并增设兵役及国民军训二处。

△ 行政院公布:自"七七"抗战至是月底,侨民献金总额计国币 1370 万余元,港币 1.5 万余元,英币 4000 余镑,美金 1.5 万余元,荷币 800 盾,暹币 180 余铢。

△ 中国国货联营公司成立。该公司为国家资本垄断国货市场之独占机构,下设各地分公司及新加坡中国国货商行。

△ 北平伪临时政府任命萧瑞臣为河南省伪省长。

△ 日本创设中支蚕丝组合,资本 300 万元,垄断中国沦陷区蚕丝业。后因收益不大,又在江苏无锡组织惠民公司,以低价强收丝茧。

5 月

5 月 1 日 国民党中央训练委员会成立,陈诚、陈立夫、贺衷寒、万耀煌等为委员,筹设中央训练团。

△ 樊崧甫第四十六军黄国梁第九十二师上月 28 日在郯城狼子湖与自临沂南下之日军第五师团激战,敌我双方各占狼子湖之半。至是日,敌军共发动三次攻击,我军阻击,卒将敌击退。

△ 军事委员会任命孙震为第二十二集团军总司令,李家钰为副总司令。

△ 战时临时儿童保育院在武汉成立,蒋介石到会讲话。

△ 中共鲁西北特委机关报《抗战日报》在聊城创刊。

△ 北平伪临时政府行政委员会委员长王克敏抵日本,次日与日首相近卫商谈南北伪政权合并事。近卫表示:日本决不与蒋介石谈判和平。

5 月 2 日 财政部贸易委员会实施《出口贸易外汇集中办法》,所有出口贸易外汇,一律归中国、交通两行购进,转中央银行承受。

△ 国民党中央宣传部代理部长周佛海对中央社记者谈国民党宣传方针四项原则:一、以民族精神对抗强敌;二、以民主制度集中国力;三、以国防计划建设经济;四、以科学原理健全思想。

△ 日本首相近卫在地方长官会议上演说,宣称:"为推翻蒋政权,铲除东亚祸根,虽费数年光阴,亦所不惜。同时,全国国民应极力援助华北、华中两亲日反共政权。"

5 月 3 日 行政院举行第三六一次会议,议决:"台儿庄一役,孙总司令连仲指挥所部,固守该地各村落,沉着应战,予敌重创,使友军达成包围任务。汤军团长恩伯指挥主力军队,迂回枣、峄等处,侧击敌军,获取胜利之基础。该总司令、军团长忠勇奋发,指挥恰当,应呈请国府,明令颁给青天白日勋章,以昭懋赏,而资鼓励。"

△ 国民政府奉国民党中央执行委员会函:嗣后后方报纸凡登载沦陷区同胞附逆消息,"务须力求翔实,自非参加伪组织及附逆有据者,勿得率加伪逆之名。其有觍颜事仇、自残同气者,是自绝于国人,除尽法严捕以惩奸顽外,尤当暴其罪状,勿使清议为之混淆,庶几是非

明而邪慝不作"。是日训令直属各机关遵照。

△　国民政府颁布《审计法》,凡五章 56 条,规定"中华民国各级政府及其所属机关财务之审计,依本法之规定"。审计职权为:"一、监督预算之执行;二、核定收支命令;三、审核预算、决算;四、稽察财政上之不法或不忠于职务之行为。"

△　军事委员会任命李文田为第二十七军团副军团长。

△　第三战区顾祝同所部克当涂。

△　日、英在东京签订《战时中国关税抵付外债办法协定》,规定将中国日占区海关所有税收悉存日本横滨正金银行。6 日,驻英大使郭泰祺致牒英外交部,声明中国绝不受英国与日寇所定办法之束缚,保留中国在海关事件上行动之完全权利与自由。

5 月 4 日　毛泽东致电项英,发布《关于新四军进行游击战的指示》,指出新四军主力在苏南广德、苏州、镇江、南京、芜湖之间,以茅山为中心的广大地区建立根据地,组织民众武装,发动群众进行抗日游击战争。

△　军事委员会政治部致电广东省军政机关,略谓:奉蒋介石手谕,对于当前时局,应作如下认识:一、台儿庄之役,仅为第二期抗战中初步胜利,切戒闻胜而骄,方能遇挫不馁;二、长期抗战,端在消耗敌人力量,以争取最后胜利,勿因一城一市之得失,而影响持久抗战之心理;三、本党临时代表大会宣言及抗战建国纲领,具有重大意义。务须尽力阐扬;四、宣传宜重实际,勿作过分夸张;五、责难敌人,应限于日本军阀,对于日本皇室及民众,勿擅加攻击。

△　国民政府任命李宏锟为重庆市市长;派李平衡为出席第二十四届国际劳工大会国民政府第一代表,林康侯为雇主代表,朱学范为劳工代表。

△　四川省北川、天府、中福三公司联合开发川北煤矿,资本 220 万元。

△　中华全国文艺界抗敌协会会报《抗战文艺》(三日刊)在汉口创

刊,由孔罗荪、姚蓬子、楼适夷、冯乃超等主编。

　　△　日本华北方面军司令部为攫取华北资源,拟定《华北开发方案》,设立华北开发股份有限公司,交北平伪临时政府遵照采行。

　　△　法国 52 个团体为援助中国抗战,发起组织中国人民之友联合会,中国国民外交协会为此致函表示感谢。

　　5 月 5 日　蒋介石致电斯大林,洽商军火货物交换办法。30 日,斯大林复电蒋介石,表示愿以军火交换中国之茶叶、羊毛、生皮、锡、锑等货物。

　　△　毛泽东会见卡尔逊。毛泽东说:只要人民有志气忍受困难,有决心继续抵抗,中国就不会垮台。

　　△　日本华中派遣军徐州作战部队主力开始北犯,第九师团沿北淝河南岸向板桥集前进。10 日进入板桥。第十三师团沿涡河西岸北犯,6 日陷龙亢,8 日在飞机配合下猛攻蒙城,与廖磊第二十一集团军一部血战。

　　△　八路军第一一五师陈光第三四三旅与第一二〇师一部,在山西汾阳、离石间截击日军,毙敌百余,击毁汽车 40 余辆,并击溃汾阳援军 300 余名。

　　△　日军土肥原第十四师团千余人攻陷濮县、范县。山东第六区行政督察专员范筑先率部在范县痛击敌人,将其逐出范县,旋又包围濮县日军。

　　△　伪冀察保安司令杨振兰率部 2000 余人通电反正。

　　△　德国红十字会代表团到汉口,赠送中国药品 400 余箱。

　　5 月 6 日　日本华中派遣军令担任南京周围警备任务之第三师团迅速向蚌埠、怀远地区集结,参加徐州会战。

　　△　南京伪维新政府所派江海关监督李建南通知税务司,接管上海海关。全体华籍关员一致反对,于 7 日举行罢工,并组织上海海关华籍职工保卫海关协会,决心为保卫海关奋斗到底,并派员赴汉口向财政部报告。

5 月 7 日　日军第二军下达徐州会战令:其要旨如下:"(一)第十六师团 5 月 9 日从济宁附近出发,击败当面之敌,首先迅速进入砀山、唐寨方面。(二)第十师团扣住当面之敌,随着作战的进展,准备逐步向临城附近转进。(三)第五师团扣住当面之敌,随着作战的进展,准备向徐州东面地区前进。(四)随着第十六师团的前进,变更警备地区。"

△　日军第一〇一师团佐藤支队自盐城北犯,是日陷阜宁。9 日,蒋介石电斥第二十四集团军副总司令兼第八十九军军长韩德勤,略称:"查阜宁之敌不满三千,长驱千里,如入无人之境,目下竟有窥东海遮断陇海路之趋势。该副总司令所部兵力优敌五倍,而丧师失地,影响主力军侧背之安全,将何以自解?"

△　行政院拨款 15 万元,派战区赈济专员曹仲植救济台儿庄战区难民。曹仲植称:中央为纪念台儿庄大捷,准备改建台儿庄为模范市。据曹统计,台儿庄原有居民二万,战后仅余六人,其中五人为妇女,一人为 85 岁之老翁。

△　北平伪临时政府任命李福和为皇协军第一路总司令。

5 月 8 日　徐向前率领东进的八路军袭威县,毙敌伪 500 余人。同日,另一部攻克南和县。

△　王铭章师长灵柩运抵武汉。武汉各界 6000 余人在汉口大智门车站隆重举行公祭,蒋介石派铨叙厅厅长吴思豫代为宣读祭文,武汉行营主任何成濬、市长吴国桢及中共中央代表吴玉章、董必武,八路军代表罗炳辉等均往参加迎灵和公祭仪式。公祭后,全体群众送王铭章遗像至汉口市总商会大礼堂,送灵队伍延长数里。11 日至 14 日,由党政军各机关、团体、学校分别公祭,15 日,灵柩运川。

△　毛泽东对来延安参观的平汉铁路工人破坏大队讲话,希望工农迅速组织起来,工人要在抗日中做先锋。

△　凌晨,重庆临江门码头大火,延烧沿江一带房屋达七小时之久,被焚 7000 余家,无家可归者三万人,死伤百人以上,损失不下 200 万元。

5 月 9 日　蒙城失陷,日第十三师团自涡河西岸地区向蒙城进犯,突破第四十八军第一七三师数道防线,进入蒙城。该师副师长周元及以下官兵 2000 人壮烈牺牲,日军亦伤亡千余人。旋敌继续向北前进,廖磊率部西撤。第五战区调冯治安第七十七军自徐州到宿县阻敌北上。

　　△　国民政府令:对于逃亡士兵,无论前方后方,一律以敌前逃亡论罪,并从重科刑。

5 月 10 日　第六十四军军长李汉魂飞抵汉口。蒋介石、陈诚以陇海线战局紧张,面命该军即调开封、归德,星夜驰援。12 日,蒋介石以前方军情紧急,又面谕李即晚率队向商丘输送。

　　△　日本大本营下令抽调关东军混成第三旅团(旅长田村原一少将)、混成第十三旅团(旅团长森田正范少将)编入华北方面军,参加徐州作战。

　　△　国民政府以孙连仲、汤恩伯在台儿庄作战有功,明令颁给青天白日勋章。

　　△　第一、五战区变更作战地境,所有原属第五战区之鲁西、豫东部队均改归第一战区指挥。

　　△　日机五次袭徐州,投弹 200 余枚,毁房 4000 余间,死伤民众300 余人。

　　△　中国代表顾维钧在国联行政院第一〇一届大会发言,要求国联将盟约第十七条付诸实施,并向国联提出日军使用毒气作战部队将领之姓名。14 日,国联行政院通过决议案,敦促各会员国尽最大之努力,实行大会及行政院各决议案,并对日本使用毒气作战方法提出警告。

　　△　王克敏与日各界首脑会谈完毕,是日自东京回国。

　　△　南京伪维新政府江苏省长公署在苏州成立,日人鹰亭为高等顾问。

　　△　北平伪临时政府教育部恢复北京大学医学院、农学院及艺术

学院,鲍鉴清、庞敦敏、王石之分任院长。

5 月 11 日 蒋介石以日军于陷蒙城后向徐州作包围运动,电程潜、李宗仁、白崇禧、李品仙作如下部署:第五战区应对鲁南之敌暂取守势,以优势兵力先行击灭超越淮河之敌;第一战区应集中精锐兵团击灭侵入鲁西之敌;刘汝明军应转向津浦南段,以期迅速击破敌人;调第三战区前敌总司令薛岳任第一战区第一兵团总司令,指挥黄杰第八军、俞济时第七十四军、李汉魂第六十四军、宋希濂第七十一军,以消灭鲁西日军主力;其原在鲁西各部均交孙桐萱、商震指挥,担任迟滞敌人及固守沛县、鱼台、金乡、巨野、菏泽各点掩护攻势兵团之集中与展开。

△ 第三战区前敌总司令薛岳奉调北上,是日由安徽屯溪抵汉口,次日谒蒋介石,旋经郑州向第一战区司令长官程潜请示方略后,于 12 日夜至商丘,开始指挥作战。

△ 毛泽东会见国民党老党员施方白,说抗战的必胜是有把握的。12 日,为施方白题写赠言。

△ 日军土肥原第十四师团酒井支队为掩护该团主力渡黄河,于上月 28 日由新乡出发,是月 8 日在济宁集结,是日攻陷郓城,李必蕃第二十三师撤守菏泽。

△ 日机七批轰炸徐州,投弹 200 枚,毁房千余间,死伤民众百余人。

△ 厦门失陷。10 日晨 4 时,日机 18 架配合舰艇 11 艘猛炸厦门附近何厝一带,日军随即乘汽艇 30 余艘在五通登陆,何厝、江头、禾山相继失陷。是晨,日军、日舰配合猛攻白石、胡里山、盘石三炮台,守军伤亡惨重,下午 4 时,厦门失陷。

△ 武汉警备司令部枪决日特汉奸周华山。

5 月 12 日 蒋介石自汉口赴郑州部署军事。

△ 蒋介石电令李宗仁调整作战部署:"(一)国军决先击灭淮北及鲁西之敌。(二)鲁南方面在敌抽调兵力转用鲁西之情况下,除应以有力部队增强右翼防敌包围外,须即刻设法抽出三四师兵力位置徐州,为

该战区预备队,必要时用于蒙城方面之攻势。(三)鲁南方面即决心取守势,于必要时依运河逐次抵抗,至不得已时则固守徐州国防工事线,以获得攻势方面决胜之时间。(四)总之五战区第一任务在击灭蒙城方面之敌,使全盘态势有利,否则保有鲁南阵地亦属无益。希当机立断,速决实行具报。"

　　△　毛泽东、张闻天、刘少奇等复电陈绍禹、周恩来等,指出:我们首先应承认,三民主义青年团为国民党三民主义青年团。我们的目的是,使三民主义青年团实质上成为各阶级、各党派广大革命青年的民族联合;经过三民主义青年团去改造国民党。

　　△　日军第九、第十三师团陷永城。第十三师团岩仲机械化挺进队炸毁陇海路李庄铁桥,次日占领黄口车站。

　　△　军事委员会任命李铁军为第一军军长。

　　△　郓城陷后,第十一集团军总司令李品仙奉李宗仁命驰赴曹县指挥鲁西各军还击南下之敌,是日到达曹县,尚未部署停当,永城即陷于敌手,徐州顿受威胁。李宗仁复命李品仙即日赶赴皖西指挥皖中各军防敌西进,并掩护第五战区各军向平汉线撤退。

　　△　国民党中央政治会议各专门委员会经过调整,归并为法制、财政、经济、教育、外交五个专门委员会,王世杰、徐堪、陈公博、邵力子、王宠惠分任主任委员;甘乃光、彭学沛、萧铮、段锡朋、周鲠生分任副主任委员。

　　△　国民政府特任杨杰为驻苏大使,原任蒋廷黻免职。

　　△　吕正操所部华北人民自卫军收复青县。

　　△　日机54架炸徐州,18架炸郑州,郑州34条街巷被毁,死伤百余人。

　　△　绥远凉城伪军团长慕新亚率部1200余人通电反正。16日,行政院长孔祥熙复电慰勉。

　　△　德与伪满洲国修好条约在柏林正式签字,决定建立外交关系,互派领事,并继续商订通商条约。

5 月 13 日 第五战区长官部在台儿庄召集各集团军总司令、军团长及有关各军长开会,军令部次长林蔚、该部第一厅厅长刘斐传达了蒋介石调整作战部署的命令,并作出了相应的决定。李宗仁发表孙连仲、于学忠为鲁南兵团总、副指挥官,汤恩伯、刘汝明为陇海兵团总、副指挥官,韩德勤为苏北兵团总指挥官,廖磊为淮北兵团总指挥官,李品仙为淮南兵团总指挥官。并指示如陇海路被截断时,鲁南兵团在陇海兵团与淮北兵团掩护下由永城、蒙城间向太和、亳州转进。

△ 合肥失陷。月初,徐源泉第二十六集团军由合肥向东侧击津浦线之日军,日军第六师团反攻,是日陷合肥。29 日,陈诚电蒋介石陈述合肥失陷经过,略称:攻城日军不过两千,守城之宋世科第一九九师出现叛军,一触即溃,军长徐源泉、师长徐继武害怕牺牲,仓促逃命,参谋长张恩全指挥无方,为合肥失陷之主因。

△ 新四军军长叶挺致电第二十三集团军副总司令上官云相,抗议该军余宗陈部阻止新四军先遣支队北上抗日。

△ 八路军一部袭占北平、昌平间之橐桥镇,俘伪军百余人。

△ 八路军第一二〇师在晋北崞县田家庄与日军激战,毙敌百余,烧毁火车三辆。

△ 北平伪临时政府与南京伪维新政府成立关税、盐税、统税协定。

△ 德国政府下令其在华军事顾问回国。是日,德国外交部电令驻华大使陶德曼转告法肯豪森等:"迅速准备回国,一切旅费均由政府负担。"

5 月 14 日 蒋介石以日军逼近陇海线,但兵力不足而深入重地,为我歼敌良机,是日电李宗仁、白崇禧指示陇海线防卫,略谓:"刻已另调两军向东,如鲁南汤部亦能如计抽调三四师由东向西,则必操胜算。而我淮北各部不顾一切,努力向北压迫,更为急要,务望兄等督励所部完成使命,中必在此主持一切,为兄等解除一切顾虑,中决不负我袍泽,请为我转达于全体将士为幸。"

△ 李品仙率第十一集团军总部经归德、亳县、阜阳,是日返抵六安,当即接获统帅部电报,谓据报徐源泉军已放弃合肥,令查明情况着速回报。旋又接获第七军军长张淦电报,称合肥已为日军占领,徐军去向不明,无法联络,请示行动办法。李乃令第七军主力速取道向合肥以西之大蜀山附近占领阵地,阻敌西进,另留置田家庵之一师即退至寿县附近防守,同时将徐军擅自退避情形回报统帅部。

△ 毛泽东、张闻天、刘少奇致电八路军第一二〇师并总部、北方局等,请朱德、彭德怀及贺龙等在集合更多忍无可忍的材料之后,公开致电有关方面抗议对八路军的谣言。

△ 毛泽东指示八路军第一二〇师在平绥路以北,沿绥远省境内大青山脉建立游击根据地。

△ 中共中央书记处发出《关于新四军行动方针的指示》,要求新四军"利用目前的有利时机,主动的、积极的深入到敌人后方去","在大江南北创立一些模范的游击根据地"。

△ 陈毅率新四军第一支队自岩寺出发,挺进江南敌后镇江、句容、丹阳、金坛地区,是日抵安徽泾县茂林镇,6月14日到达茅山。

△ 八路军第一二〇师攻占晋北定襄县高城村,毙敌百余。另一部袭北场村,击毁汽车10辆,获汽车三辆。

△ 日军第十四师团在濮县城南董口强渡黄河,进袭兰封,企图阻断第五战区李宗仁部西撤后路,是日陷菏泽,第二十三师师长李必蕃殉职。

△ 日军第十六师团主力自济宁西犯,是日陷金乡、鱼台,孙桐萱部无险可守,节节撤退。

△ 日军第二军令第十师团将台儿庄附近兵力交第五、第一一四师团指挥,主力迅速集中于夏镇(今微山县城),西渡微山湖。15日夜开始渡湖,次晨在对岸登陆。

△ 日机70余架狂炸徐州,交通银行、花园饭店、伤兵医院、电灯厂、邮政局中弹,火药库、动员日报馆化为灰烬,东北北关一带几成平

地,民众死伤 700 余人。

△ 第六十四军军长李汉魂抵归德,即晤第一战区第一兵团总司令薛岳,讨论陇海线形势。

△ 国际反侵略大会执行委员会通过决议加紧援助中国,呼吁各国加紧抵制日货,停止对日供应军火。该会并致电蒋介石,对中国人民英勇抗日表示支持。

5 月 15 日 徐州前线各部奉命突围。为摆脱徐州会战不利态势,最高统帅部决定:除留第二十四集团军在苏北,第六十九军及海军陆战队在鲁南、鲁中坚持外,第五战区主力部队是日起向西南转移,以刘汝明第六十八军为掩护,其余各部分五路突围:一、李宗仁长官司令部及廖磊集团军由徐州沿津浦路南下,至宿县折向西南,于界沟过涡河封锁线;二、汤恩伯部及机械化兵团由陇海路运河车站向西推进,于符离集北越过津浦路,突破宿县、永城封锁线,在涡阳突破涡河封锁线;三、孙连仲部及张自忠部由台儿庄向西南退却,自徐州南越过萧县以西封锁线,在永城附近突破封锁线;四、关麟徵部及川军一部由徐州越陇海路,向西北退却,突破黄口、李庄封锁线;五、孙震部由津浦路柳泉向东南退却,越陇海路,经泗县折西南行,在固镇、蚌埠间过津浦路,于怀远以西突破涡河封锁线。下旬,各军安全撤抵皖西、豫南地区。

△ 关麟徵第五十二军及黄维纲第三十八师自徐州向西突围,于夜 11 时许行抵李庄附近宿营。其时,日军进攻徐州之先头部队香月部 3000 余人,附装甲汽车 50 余辆、坦克 30 余辆,已进犯至李庄,准备向东进击。次日凌晨,与关军发生遭遇战,双方激战至天明,敌不支溃退,关军遂突破封锁线继续向西撤退。是役共毙伤敌千余人,内有联队长仓田一人,中队长一人,击毁战车 14 辆。

△ 日军第五师团自郯城西向徐州东南面追击,17 日在运河附近遭到阻击,至 19 日主力进入宿县境,向宿县东北地区追击。

△ 日机百架狂炸徐州市区。同日,广州、福州、开封、兰封、民权等地亦被炸。

△　上海《时报》载：自抗战以来,上海内迁工厂达 152 家。日军已宣布将华中盘踞区内之我国公私工厂一律没收。现被敌接收之工厂计有江南造船厂、龙华水泥厂、龙潭水泥厂、上海五大面粉厂、浦口化工厂等。

5 月 16 日　陈诚在汉口举行外国记者招待会,揭露日军使用毒气、毒物残害中国军民的罪行。

△　张淦第七军主力到达合肥附近大蜀山,与日军接战,歼灭敌之一部,占领大蜀山。

△　八路军第一二九师副师长徐向前指挥所部在冀南南宫东南张马、甘狼冢一带粉碎六离会万余人的进攻。

△　军令部长徐永昌电聂荣臻嘉奖晋察冀军区八路军。

△　新四军高敬亭第四支队在安徽巢县蒋家河口伏击日军,江北首战告捷。

5 月 17 日　日军炮击徐州城,第五战区长官司令部中弹。晚 7 时,李宗仁率司令部自徐州突围。21 日,经宿县安抵涡阳。

△　汤恩伯部掩护机械化重炮队自运河东撤,担任中路突围任务,18 日夜,横穿津浦铁路,秘密通过宿县、永城封锁线,至 20 日晨,安全突过浍河,到达指定地点。

△　蒋介石电令第二十九集团军总司令王缵绪率部出川抗战。

△　孙科自巴黎返抵莫斯科,访苏联外交人民委员会远东部委员莫洛托夫,次日受苏联最高苏维埃主席团主席加里宁接见,29 日返回巴黎。

△　前北京政府总统曹锟在天津病故,6 月 14 日,国民政府明令褒扬,追赠陆军一级上将。

△　重庆市人力车夫数千人罢工,反对车行增加车租。

5 月 18 日　蒋介石在郑州令第二十七军、七十一军由兰封向东扫荡仪封一带之敌;令薛岳率豫东兵团主力由归德向西夹击日军第十四师团,留置一部于砀山、归德一带迟滞敌主力之西进;另令第二十集团军商震向东侧击敌人。

△　日军迫近徐州,掩护部队刘汝明第六十八军在陇海线两侧与日军不断发生激战,徐州城内及归德、徐州间车站、桥梁尽被日军炸毁,第一、五战区各部队均按计划先后撤离。

△　日军第九师团陷萧县城,县长王雪琴殉职。守军第九十三军第一三九师突围。

△　国立北平故宫博物院理事任期届满,行政院改聘蔡元培等 27 人为该院理事。

△　四川省政府决定成渝铁路续征股本 200 万元。

5 月 19 日　徐州会战结束。刘汝明第六十八军掩护各部撤退完毕,于是日放弃徐州。徐州会战结束。旋蒋介石以刘汝明部掩护撤退有功,特电嘉奖,并对最后撤离战区、沿途与日军作战迭获胜利并掩护各军之张自忠第五十九军奖洋三万元。

△　日军第十三师团自永城向徐州突进,17 日占霸王山,是日进入徐州。

△　沛县失陷。日军第十师团渡微山湖后,以一部攻沛县。是晨第四十军与敌遭遇,军长庞炳勋与师长马法五被围,旅长朱家麟自戕,沛县失陷。25 日,该军突围至商丘县境,伤亡惨重,余枪不及 2000,4000 新兵逃亡过半。

△　薛岳以确保陇海、徐郑间交通,策应第五战区作战,是日在商丘部署兰封会战。其要旨为:一、令李汉魂为第一路军总指挥,率领第六十四军及第七十四军向旧考城、民权一线前进;二、宋希濂为第二路军总指挥,率领第七十一军及王敬久第二十七军确保民权、兰封交通;三、关麟徵第五十二军置于柳河附近为总预备队;四、预定于 21 日拂晓开始总攻击,夹击敌于旧考城、民权、兰封、考城间而歼灭之。同时并电第三集团军副总司令孙桐萱确保单县、城武、定陶、曹县诸要点,掩护攻击军之安全。并令曹福林第五十五军及第二十集团军总司令商震,截断敌归路。

　　△　空军第十四队队长徐焕昇、副队长佟彦博各驾飞机一架,自宁波夜飞日本长崎、佐世保散发《告日本国民书》等六种共 120 万份传单。次日上午 11 时返回汉口,武汉各界千余人举行大会,欢迎徐、佟胜利归来。

　　△　日军第十四师团在兰封东南方遭受从考城及内黄西南面宋希濂第七十八军攻击,自晨至午激战数小时。

　　△　日军第三师团自南坪镇北渡浍河犯宿县,与廖磊部激战,是日陷宿县,廖磊部向阜阳一带撤退。

　　△　日军森田支队沿津浦路北上,是日攻陷固镇。

　　△　上海复社所编《鲁迅全集》开始预约发售。全集由蔡元培、茅盾、许广平、许寿裳等编辑,蔡元培作序,许寿裳撰年谱。全书计 500 万字,插图 200 余幅,32 开本,精装 20 册。6 月开始出书,8 月出齐。

　　5 月 20 日　徐州会战各参战部队已全部撤至安全地区,并以一部沿陇海路阻击日军。东京、南京、北平、天津各地日军先后大肆庆祝攻占徐州,并宣称:中国政府今后必归屈服。

　　△　第十军团谭道源部自徐州突围后,经两日行军,是日转战尹集,与向宿县推进之日军第五师团国崎支队铃木大队遭遇,军团司令部被袭击,军团长谭道源化装脱险,其副官被俘后死亡,因其貌似谭,日人误为谭道源阵亡。

　　△　日海军在连云港登陆,进入市内。

　　△　宋美龄邀集全国各党派妇女领袖 50 余人在庐山举行谈话会,会期五日,25 日结束。决定成立全国妇女团体总机构,制定《动员妇女参加抗战建国大纲》,号召全国妇女奋起救国。会议期间,邓颖超、孟庆树联名作《我们对战时妇女工作的意见》及《关于陕甘宁边区妇女运动概况》的报告。

　　5 月 21 日　参谋总长何应钦、军令部长徐永昌联名密电第一战区司令长官程潜转呈蒋介石(时在郑州),部署皖北、鲁南撤退、阻敌西侵作战计划,其要点为:"一、应迅速结束鲁西作战,免为敌算。二、以皖北、鲁南、鲁西作战军,各以一部与敌保持接触,一面以寿县、董家集、涡阳、亳县、归德、考城为游击据点,并定计划在此线以东地方扩大积极游击战,迟滞敌之前进及掩护尔后之作战。第五战区应积极规复合肥、蒙城,至少亦须阻止该方面之敌不得西进,一面以主力军向固始、新蔡、确山、罗山三角地域,以有力兵团向扶沟、开封、许昌三角地域撤退。以一部向周家口撤退,准备尔后之作战。三、令陈诚卫戍总司令速布长江、大别山脉之防,布防重点置于武胜关方面。四、令第三战区除牵制当面之敌不得他移外,尽量抽转兵力协助江防并北渡作战。五、如敌打通津浦线后向西方冢突冒进,应开放确山、许昌间平汉线,以上记之一部向豫西撤退,吸引多数敌兵于同方面由南北夹击之。若敌专向信阳、郑州一方突进时则由南北互相策应以击其背,用符长期作战方针。"

△　兰封会战开始。日军第十四师团主力由菏泽进入内黄地区,准备进攻兰封。薛岳部于野鸡岗、内黄一带布置歼敌。是日,第六十四、七十四两军合击该敌,克内黄。日军一部袭铁道北毛姑砦,主力转犯西南马道府,与第二十七军一部激战,陷罗王车站。第二十、二十二、三十九师各一部夜袭考城西土山集日军司令部。

△　蒋介石派西南行营参谋长程泽润赴广州,会晤第十二集团军总司令余汉谋、副总司令香翰屏、广东省府主席吴铁城,商讨保卫华南计划。

△　驻华德使陶德曼通知外交部长王宠惠,德国政府决定召回在华军事顾问。

5 月 22 日　陈诚在武汉接见外国记者,略谓:徐州为敌占据,并非我方失败,乃纯系我军战略上自动之撤退;徐州一战,非为决战,仅为持久战中之一阶段;失陷一城,并不能解决中日问题,而益将增强我抗战之信心。

△　周恩来、陈绍禹、吴玉章等代表中共中央和八路军办事处慰问在19 日驾机前往日本长崎、佐世保散发传单胜利归来的中国空军一队。

△　第四十军军长庞炳勋电蒋介石,报告徐州会战及突围情况,略

称:该军在临、郯战役死伤逾 6000 人,所余战斗兵不满 3000 人,后在沛县被敌包围,在突围时朱家麟旅长阵亡,电台被炸毁,九万元经费全部被敌劫去,请先借若干,以应急需。

△　日军一部由陈留口渡河与第十四师团会合,控制该口为日军补给线。

△　日本华北方面军司令官寺内寿一对记者宣称:"徐州被我攻陷,但战争并未因此停止",并表示下一步将进攻汉口,然后进击重庆或昆明。

5 月 23 日　兰封失陷。薛岳兵团各部连日在兰封附近追逐堵截日军第十四师团。是夜,该敌一部乘兰封守军沈克第一〇六师之不备,攻占兰封。

△　福建省政府发行民国二十七年短期库券 90 万元。

5 月 24 日　李宗仁率部抵皖北阜阳,设总司令部,收集徐州突围各部队。

△　蒋介石派汤恩伯担任第一战区第二兵团总司令,指挥在归德地区之冯治安第七十七军、庞炳勋第四十军、黄杰第八军、李延年第二军、李仙洲第九十二军、刘汝明第六十八军及罗奇、李英各师。

△　李汉魂奉薛岳令受任第一战区第一兵团第一路总指挥,当即将所属各部部署为三路:一、中央军为桂永清第二十七军统李良荣第四十六师、沈克第一〇六师,宋希濂第七十一军辖蒋伏生第三十六师、钟松第六十一师;二、右翼军为俞济时第七十四军率沈友藻第八十七师、龙慕韩第八十八师;三、左翼军由李汉魂自兼,领陈公侠第一五五师、冯圣法第五十八师,统一指挥,负责陇海线内黄、仪封、兰封一带军事。

△　日军第十六师团自徐州进陷砀山,黄杰部西撤。

△　经济委员会常委宋子文由汉口抵广州,与余汉谋、吴铁城、曾养甫商谈稳定金融办法。

△　福建安漳各县旅厦同乡会鼓浪屿分会电呈蒋介石,控告厦门市官吏通敌及弃城逃匿罪行,略称:日特侦悉第七十五师与第八十师调

防,乘机策划在押汉奸 300 余人反监及台湾籍壮丁叛变。水上警察大队长邱铮通敌,自焚警艇与敌联络。公安局长沈觐康临阵退缩,市长高秋弃城逃匿,致使厦门失陷。要求枪毙邱、沈、高等人并尽快收复厦门。

△ 王克敏抵济南,同寺内寿一商讨南北两伪政权合并问题。

5 月 25 日 薛岳兵团拟以优势兵力全歼聚集兰封及周围地区之日军第十四师团,晨 4 时开始总攻,第七十一军主攻兰封,第一军、六十四军、七十四军、新三十五师各部围歼兰封周围之敌。第一五五师、五十八师在罗王砦及罗王车站与日军激战。同日,蒋介石严令限本晚 9 时攻克各要点,每师赏银 5000 元;攻击不力者严办。

△ 蒋介石由郑州回汉口,在车上分析全盘战局,决定"敌如大举攻武汉,或并粤汉,吾皆应有准备。有利则固守进攻,否则暂时避战,与敌作持久战,盖敌惟求速战速决,我能与之持久周旋,彼即失败,我即胜利"。

△ 安藤利吉中将继板垣征四郎任日第五师团长。

△ 潘公展在《民意》周刊发表《拥护领袖有绝对性》一文,称:"拥护领袖抗战到底"是一句有"阴谋"的口号,"仿佛是说,如果领袖抗战到底,就拥护他;反之就不拥护"。认为拥护领袖"要像德国人之拥护希特勒,意人之拥护墨索里尼"。

△ 《战时文化》半月刊在武汉创刊,张申府主编。

5 月 26 日 毛泽东在延安抗日战争研究会上讲演《论持久战》,至 6 月 3 日结束。讲演驳斥了亡国论和速胜论,具体分析了中日双方的特点,得出"最后胜利是中国的"及"战争是持久的"正确结论;预见持久战的三个阶段,即:一、战略防御阶段;二、战略相持阶段;三、战略反攻阶段;强调"兵民是胜利之本",指出:"战争的伟力之最深厚的根源,存在于民众之中。日本敢于欺负我们,主要的原因在于中国民众的无组织状态。克服了这一缺点,就把日本侵略者置于我们数万万站起来了的人民之前,使它像一匹野牛冲入火阵,我们一声唤也要把它吓一大跳,这匹野牛就非烧死不可。"

　　△　国民党中央革命勋绩审查委员会在重庆开始办公,推选林森为主任委员。

　　△　第一、五战区遵蒋介石令,以归德、亳县、阜阳、颍上为据点,构成第一道防线,以开封、扶沟、周口、潢州为据点,构成第二道防线,阻止西犯日军。

　　△　国民政府任命屈映光为赈济委员会副委员长;派王缵绪兼代四川省保安司令。

　　△　军令部何成璞向军事委员会建议在河南考城以西决黄河堤,以阻止日军进攻。

　　△　八路军第一一五师韩先楚第六八九团、曾国华第五支队、第一二九师东纵二团在临清附近消灭伪军张殿卿、冯午桥部千余人。

　　△　周恩来致信《大公报》采访主任范长江,对战地记者表示关切。后于6月7日、11日又两次致信范长江表示关切。

　　△　日军第十六师团混成第三旅团自鱼台南犯,是日陷虞城。

　　△　国际反侵略大会代表毛那抵汉口,次日发表广播讲话,支持中国的抗日战争。

　　△　日本近卫内阁改组。主张“不以南京政府为对手”的杉山陆相和广田外相退出内阁。任命前朝鲜总督宇垣一成为外相,前日本银行总裁池田成彬为藏相兼工商相,法西斯皇道派军人、前陆相荒木贞夫为文相,主张不扩大中日事变的板垣征四郎为陆相,完成了恢复和谈的体制。

　　5月27日　宋希濂军克兰封,李汉魂军克罗王车站,陇海铁路恢复交通,火车42列安全西撤至郑州。至此,日军主力被薛岳兵团迟滞在豫东之归德、兰封一带,以便第五战区主力乘隙安全撤退至皖西和豫南地区。

　　△　蒋介石委薛岳为第一战区第一兵团总司令,仍指挥李汉魂、俞济时、宋希濂各军及桂永清第二十七军、李铁军第一军。

　　△　俞济时军第五十一师师长王耀武以陇海线作战调动10余师

之众,竟未能歼灭敌第十四师团一事,电蒋介石陈述原因,指出陇海线战事存在谍报夸大敌情;互相推诿,不肯向前;纵横联络太差;秩序异常紊乱;视敌如虎,致机会常失;未分追击与堵截,常失重要据点等项缺点。并谓:"以上各点,如不亟予改正,终归失败。"

△　军事委员会密令颁布《后方勤务部组织条例》,规定该部承军事委员长之命,并受参谋总长之指挥,综理全国作战部队兵站攸关之一切事宜。该部设参谋、秘书、副官、运输、汽车管理、经理、军械、卫生各处,并随战争之推移设立各地兵站。

△　国民政府令免吴鼎昌、蒋作宾、俞飞鹏、徐廷瑚农本局理事职,派翁文灏、何键、谢家声、邹琳、何廉继任。

△　东北抗日联军猛攻伪三江省宝庆、同江,日军指挥官久保安三郎被击毙。

△　中国代表王海镜在世界和平大会上提出报告书,揭露日军侵华罪行,要求世界各国抵制日货,禁止各种原料运日。

5 月 28 日　蒋介石电令第二十四集团军副总司令韩德勤等开展游击战:"着樊军长指挥所部、周喦指挥吴良琛、王文彦及其他零星部队依情况以游击之目的分途向铁路以西转进,否则断然分向大江以南并苏鲁边区及津浦南段游击,牵制并吸引敌人。"着韩德勤副总司令仍指挥缪澂流军,实行分区游击。

△　日机 71 架分三批狂炸广州市区,共投弹 50 余枚,毁房 600 余间,炸死民众 600 余,伤近千人。次日,日机 36 架分两批袭广州,炸毁学校、民房 300 余间,死伤民众 500 余人。30 日,日机再袭广州,炸死民众 400 余人,伤 700 余人。

△　财政部禁止铜币出口,违者以汉奸论处。

△　广州丝业研究所主席吴谷五暨全体丝商致电财政部,称:自财政部统制生丝出口外汇后,广东丝商亏损不下 20 万元,现行价格不敷成本,如不改变,势必生产减缩,影响全局。吁请政府对于粤省出口生丝每担补助国币 100 元,出口废丝每担补助 20 元。

5 月 29 日　归德失陷。27 日,日军第十六师团混成第三旅团自虞城进入归德北面,第十六师团主力向归德以南之柳林集附近移动,与第三旅团相呼应,合力攻击归德城,是日归德陷落。

△　薛岳接程潜转发蒋介石俭(28)日手令要旨:"东路敌军,必于二三日内向西急进,由周口直出许昌、郑州,后方堪虞。望速抽调六师以上兵力,在侧后方作总预备队,指定李铁军、李汉魂、俞济时三军负责扫荡兰封附近残敌。"薛岳即令骑兵第二旅、孙桐萱军一部、第一〇二师、一八七师、八十七师、八十八师进入宁陵、睢县、民权、淮阳、太康一线阻敌西犯。

△　日军第十六师团自归德西犯,是日陷宁陵,31 日陷睢县,一部沿陇海路,主力沿陇海路南侧西进,与第八军、第五十五军在柳河、睢县间激战。

△　八路军第一二九师骑兵团占领河北永年县城。31 日,克复肥乡县城。

5 月 30 日　蒋介石委薛岳为第一战区前敌总司令,指挥汤恩伯、商震、孙桐萱、胡宗南、曹福林各部。同日,蒋介石又令程潜回郑州策划,薛岳负责指挥豫东作战。

△　日军第十师团自徐州进入永城,配属该师团之混成第十三旅团自丰县南下,22 日晚与师团主力会合。是日,师团以第十三旅团攻陷涡阳,主力犯亳县,31 日亳县陷敌。

△　孔祥熙在汉口答美国记者霍华德称:"现实尚无和平可言。中国为防卫而战,战争之终结,只有待日本停止其侵略战争。"

△　川军王缵绪第二十九集团军、王陵基第三十集团军两部奉命出川对日作战,重庆各界举行欢送会并献旗。

△　日本陆军部次官梅津美治郎中将继香月清司中将任第一军司令官。

5 月 31 日　武汉第三次空战,击落日机 15 架,空军分队长张效贤、杨慎贤及队长陈怀民、孙金鉴壮烈殉国。

△　为避免在豫东平原与日军决战,第一战区程潜部主力奉命向平汉路以西转移,以商震指挥第三十二军与第三十九军在开封、中牟一带阻击敌军,掩护大军转移。

△　行政院第三六五次会议决议褒扬台儿庄、临沂两战役有功将领。台儿庄一役为:军长田镇南、冯安邦,师长黄樵松、张金照、池峰城,旅长吴鹏举,团长张广厚,参谋长王范廷;临沂一役为:参谋长李正奂,师长刘振三,旅长朱春芳,团长马福荣,营长常惠考、宿之杰、邓之霖、金文生,均分别颁给各种勋章和奖章。

△　日机三架炸安徽颍上,投弹 40 余枚,毁民房 800 余间,死伤民众 70 余人,另有日机多架炸阜阳,投弹 70 余枚,烧民房万余间,死伤民众百余人。同日,日机 24 架炸河南驻马店,烧毁民房 5000 余间,死伤民众 500 余人。

5 月下旬　中国回民救国协会成立。白崇禧为理事长,时子周、唐柯三为副理事长,马鸿逵、马鸿宾、马步芳、马步青、艾沙等 32 人为事理,达浦生等八人为监事。通过建立全回民反日统一战线,武装回民参加抗战等八项纲领。

是月　周恩来同到武汉的项英研究新四军工作。并陆续介绍青年学生赴新四军工作。

6 月

6 月 1 日　蒋介石在武汉召开最高军事会议,决定豫东守军向豫西山地作战略转移;同时秘密决定决黄河堤,以阻日军西进,并指定由第二十集团军总司令商震负责督工实施。

△　薛岳抵开封,按程潜电令部署兵团各军,其中以孙桐萱、商震等部分任郑州、开封之守备,薛亲自指挥;张自忠、李延年、陈大年、冯治安、刘汝明、罗奇、梁凯各部分任许昌、郾城、驻马店、周家口、淮阳、沈丘、商水各地之守备,受汤恩伯指挥。平汉线以东野战部队为罗奇、刘

汝明、冯治安、黄杰、张占魁（以上为汤指挥）、沈克、马彪等部（薛自指挥）。游击部队石友三、曹福林两部依情况分别转移于鲁西、鲁东。转用部队为宋希濂（向禹、郏两县）、胡宗南（向汜水、巩县等地）、李汉魂（向密县）、桂永清（向洛阳）、黄杰（向襄城、叶县）、俞济时（向泌县）等部。商震、万福麟、彭进之等部守备河防。

　　△　第四十一军军长孙震部自徐州突围抵泗县。同日，第六十九军石友三部抵鲁中泰安、青州、潍县等地游击。

　　△　日本华中派遣军命令第六师团从合肥附近南下进攻安庆，并由波田支队协同海军沿长江溯江会攻。

　　△　日机空袭粤汉路，广州整天处于警报之中。2日续袭粤汉路。至3日复入广州市区空袭，炸毁船只10余艘。

　　△　八路军第一二九师第三八六旅击退向彭城进攻之日军，毙伤日军300余人。

　　△　财政部第一次金融会议在武汉召开，讨论改善地方金融机构之实施办法，孔祥熙到会讲话。3日，闭会。有关政策之重要决定为：一、继续推行贴放事宜；二、扶助内地必需品生产事业，并推广农村贷款；三、限制敌占区汇款，但应设法畅通内地汇兑；四、提倡节约，奖励储蓄；五、增设内地金融机关，完成金融网；六、奖助出口事业，便利侨胞汇款回国；七、继续努力收集生金银；八、训练金融人才。

　　△　云南耀龙电力公司成立（由原耀龙电灯公司与纺织公司电力厂合并而成），资金100万元，卢汉、缪云台、陆崇仁为董事，有职工340人。

　　△　北平、南京两伪政权同时宣布开始实施新税则，日货进口税大减，对日出口矿石、棉花等免税。次日，国民政府发言人声明，为应付日本继续侵犯我国主权，将考虑必要之措施。

　　△　驻国联代表胡世泽就日机连续轰炸中国不设防城市、残杀和平居民事，致牒国联秘书长艾文诺，要求制止日军暴行。

　　△　美国政府令驻日大使格鲁照会日本政府，抗议日军劫夺美国

在华利益,强占美国教会在上海所办之沪江大学及在校内设军用机场,并要求准许美侨返回日占区。12 月 29 日,日海军发言人对记者发表谈话,拒绝美国要求。

6 月 2 日 国民政府任命鹿钟麟、谷钟秀、陈国梁、王承曾、李炘、张荫梧、王德乾、丁树本、李杏村为河北省府委员;任命鹿兼省府主席,谷兼民政厅长,陈兼财政厅长,王兼教育厅长,李兼建设厅长;免冯治安、张吉墉、贾玉璋、李金藻、王景儒、谷钟秀、魏书香、李炘河北省府委员本职;免冯省府主席兼职,张民政厅长兼职,贾财政厅长兼职,李教育厅长兼职,王建设厅长兼职。

△ 日本华北方面军将第十四师团配属第二军并令第二军向兰封以西进犯,第二军即令第十四师团犯中牟,第十六师团犯尉氏,第十师团犯柘城。同日,第十四师团自三义砦突围,向开封进犯。

△ 八路军第一二九师骑兵团收复河北广平县城。

△ 美芝加哥华侨 5000 余人游行反对日本侵略中国,支持祖国人民抗战到底。

6 月 3 日 国民党中央监察委员会决议:恢复陈其瑗、陈独秀、张国焘、彭述之、史鹏展、郭寿华、周恩来、刘清扬、于国桢、查人伟、包惠僧、罗贡华、林祖涵、于树德、吴玉章、毛泽东、董必武、邓颖超、高语罕、彭泽民、叶剑英、郭沫若、陈友仁、陈耀盤、林植夫、黄琬 26 人国民党党籍。同日,毛泽东、周恩来、林祖涵、吴玉章、董必武、邓颖超、叶剑英以"国共两党虽在政治上已告合作,但组织上两党关系是否恢复到民国十三年之办法并未商定",且事前更未通知与征求本党中央及各人意见,郑重声明不予承认,并要国民党中央于次日公开登报。几经交涉,最后由国民党中央声明撤销此案。

△ 日军再陷兰封。日军第十四师团一部犯兰封,激战两日,是日晚新三十五师弃城,西移临汝待命,兰封再陷。同日,日军第十六师团一部攻占杞县,第十三混成旅团攻占通许,第三混成旅团经杞县东北西犯,第十师团攻占柘城。陈留亦告失守。

　　△　傅作义部反攻绥远失败,被日军追击。八路军第一二〇师贺炳炎第七一六团为掩护傅部撤退,在平鲁西坪口设伏,毙伤日军 200余名。

　　△　国民党中宣部及政治部为"六三"禁烟九十九周年发表《禁烟纪念告国人书》,揭露日本帝国主义在中国种植、生产、贩卖烟毒,存心亡我国家、灭我民族的罪行;呼吁全国同胞禁绝烟毒,肃清烟贩,打倒日本帝国主义。

　　△　中苏文化协会俄文专修学校在武汉成立,校长张冲,并决定以后迁重庆,在桂林、贵阳、昆明成立分校。

　　△　中国劳工代表朱学范在第二十四届国际劳工代表大会发表演说,要求制止日军侵略。大会决议谴责日、德、意三侵略国轰炸中国和西班牙和平居民的暴行。

　　△　台湾革命党发表宣言,表示:台湾 500 万同胞,不愿以中华神胄沦于异族,决心复仇雪耻,抗战到底,收复故土,争取自由。

　　△　板垣征四郎中将接替杉山就任日本陆相。

　　6 月 4 日　军事委员会任命刘汝明为第二十八军团军团长。

　　△　日军第十三师团自蒙城南犯,是日陷凤台,第四十八军退守淠河西岸。

　　△　日军第十四师团总攻开封,与宋肯堂第一四一师激战;第十六师团主力侵入尉氏。商震部在中牟、尉氏、扶沟、周口一线阻敌西犯,以保平汉线之安全。

　　△　日军第六师团一部 3000 余人自合肥附近大蜀山猛攻第十军阵地,该军于晚间退守六安。同日,敌陷正阳关。

　　△　商震第二十集团军奉命派第五十三军一个团在河南中牟县境赵口决黄河堤,并限当夜 12 时放水,未获成功。

　　△　日军三路围攻晋西北偏关,傅作义部败退。5 日,偏关失陷。6 日,傅作义、何柱国、门炳岳等部与八路军第一二〇师协同反攻,激战甚烈,敌不支溃退,偏关收复。

△ 日机 61 架分两批冲入广州市区狂炸,投弹百余枚,毁民房 200 余间,死伤民众 2000 余人。

△ 《民主》半月刊在武汉创刊,彭文应主编。

△ 中国代表胡世泽在日内瓦国际禁烟委员会上,揭露日本在中国贩卖鸦片的罪行。会议决定讨论日本贩毒问题。

6 月 5 日 第一战区拟定《作战指导纲要》,拟乘日军沿平汉线南犯之机,在许昌、确山间将敌包围歼灭。同日,战区前敌司令部发布作战令:以汤恩伯、俞济时、王仲廉、张轸、李延年、刘汝明、庞炳勋、黄杰、关麟徵、张自忠、李仙洲各部为右地区兵团,在二郎庙、郏县、鄢陵、太康、柘城一线(线上属右)以南占领既设阵地待敌;以胡宗南、宋希濂、李汉魂、李铁军、桂永清、宋肯堂、李英、商震、刘和鼎、万福麟、彭进之、石友三、孙桐萱、曹福林各部为左地区兵团,相机阻敌,适时转入攻势,与右地区兵团协同,南北聚歼日军。

△ 蒋介石电令李汉魂为第二十九军团军团长。15 日,该部由河南调守江西。

△ 日军第十四师团 3000 余人,在密集炮火掩护下猛攻开封,先后多次爬城。至夜 12 时,日军一部由西北角爬上城墙,与宋肯堂第一四一师展开激战,宋部团长以下官兵伤亡甚重。

△ 日军第三师团于上月 30 日自怀远附近西犯,3 日占淮南煤矿,是日攻占寿县。

△ 武汉各界二万人开会追悼张效贤、杨慎贤、陈怀民、孙金鉴空军四烈士。蒋介石主祭,航空委员会主任委员钱大钧至悼词,于右任、孔祥熙、何应钦、陈诚、陈绍禹、周恩来、秦邦宪、朱德、彭德怀等送了挽联。

△ 黄河赵口决堤工程未能如期完成,商震奉蒋介石令严厉督促,加派第三十九军一个团协助,并悬赏千元,要求迅速放水。

△ 日机 34 架炸广州,死伤民众 600 余人,中山大学文、理、法学院均被炸毁。一周来,广州民众被炸死炸伤 5000 人。

6月6日　开封失陷。凌晨,日军第十四师团以重炮轰毁开封北城,旋以坦克掩护步兵冲入城内,开封遂陷。宋肯堂师退向中牟,日军随即向中牟急进。

△　蒋介石"麻(6日)电"颁布武汉卫戍区战斗序列,任命薛岳为武汉卫戍区第一兵团总司令,自10日起,解除第一战区前敌总司令职,今后战局转趋长江两岸,兰封会战结束。

△　日本华北方面军令第二军结束兰封会战,逐次将兵力集结于开封、杞县、亳县、宿县一带,准备下期作战,第三、第十三混成旅团准备返回原建制。15日,两旅团在野鸡岗附近乘火车运返东北。

△　第二十集团军新八师师长蒋在珍以赵口决堤工程失败,建议在该师防区内郑县花园口另行决口,被采纳,并得赏金2000元。当晚,蒋在珍即布置所部准备在花园口决堤。

△　日机40余架狂炸广州,投弹100余枚,灾区遍及全市,房屋被毁700余栋,死伤民众2000余人。广东省府主席吴铁城对中央社记者发表谈话,谓:抗战以来,日机袭广东达2000次以上,袭广州市亦逾800次,死伤民众5000人以上,此仇此债,惟有报以血战。同日,蒋介石致电余汉谋、吴铁城,对广州市民表示慰问。

△　陈诚接见各国记者,告以日机轰炸广州惨状,并谓:中国政府已书面提请国联立即加以制止。

△　第八十三师师长刘戡自山西前线致电蒋介石,请示作战机宜,并称:退入山西之各军,麇集于晋东南及晋西南各山地中,窃窥过半首长南渡之心似箭,徒以未奉明令,畏怯而止,似此数十万大军徘徊于不战不退之歧途,拖延日久,将呈瓦解之势。

△　国民党陕西省党部查封西北青年救国联合会、中华民族解放先锋队西北总队部、新文字研究会等13个抗日救亡团体,逮捕该三团体负责人何志诚、于志元、蔺克义。西安各界民情激愤,纷纷探狱慰问,强烈要求释放。该三团体通电全国,请求援助。陕甘宁边区及山西、成都等地民众团体通电声援,并对陕西省党部表示抗议。

△　全国美术界抗敌协会在武汉正式成立,同时举办抗敌美术展览会。蔡元培、冯玉祥、郭沫若、何香凝等为名誉理事,张善子、徐悲鸿、吴作人等 43 人为理事。

△　法驻日大使亨利就日机轰炸广州事向日本政府提出抗议。

6 月 7 日　黄河花园口决堤开工。蒋在珍移驻花园口,监督决堤工程。

△　军事委员会任命孙桐萱为第三集团军总司令,曹福林为副总司令;于学忠为第五集团军总司令。

△　日军第十四师团步骑兵千余猛攻中牟,守军第一一九师第七二三团与日军激战,第一四一师自开封增援,激战至晚,中牟失陷。

△　国民政府决定将四川省改划为 10 个区,各区专署分别设绵阳、乐山、江北、泸县、南充、万县、阆中、茂县、雅安、西昌。

△　国民党陕西省党部将查封西北青年救国联合会、中华民族解放先锋队西北总队部、新文字研究会等 13 抗日救亡团体一案呈报国民党中央党部。26 日,社会部复文批准。

6 月 8 日　军事委员会军令部拟定保卫武汉作战计划,其中规定第五战区:确保大别山主阵地,积极击破沿江及豫南进犯之敌;第九战区:确保德安、箬溪、辛潭铺、通山、汀泗桥要线,以维持全军后方,尤须先击破经瑞武路及木石港西进之敌;武汉卫戍部队:准备改守沿江要点及核心阵地,应以现有兵力之一部(第十三师)推进准备使用于五战区,(第五十五师)使用于第九战区与敌决战;第一、二、三各战区积极向敌袭击,以牵制敌向武汉转用兵力。计划并规定第九战区应指定八个师以上兵力在大别山分区设立游击根据地,向安庆、舒、桐、六、合及豫东、皖北方面挺进游击,尤须积极袭击沿江西进之敌;苏北兵团应以有力部队向淮南游击,破坏交通。第九战区以四个师以上兵力在九宫山建立游击根据地,向敌后游击。

△　外交部发表声明,宣布驻日使馆已无法执行职务,决定自本月11 日起停止办公,全体馆员启程返国。11 日,驻日使馆参事杨云竹等

离东京至横滨乘轮回国。

△ 军事委员会任命汤恩伯为第三十一集团军总司令。

△ 周恩来同陈诚交涉,要求释放在国民党查封汉阳兵工厂抗敌工作团事件中被拘留的陈公朴,并将情况函告沈钧儒。不久,陈公朴获释。

△ 日军第十六师团一部2000余人突破我第一四五师孟庆云旅舒城桃溪镇阵地,是日陷舒城,该旅退七里河。

△ 自开封西犯日军一股侵至白沙,郑州告急。

△ 国民政府派郭泰祺为互换中爱(爱沙尼亚)友好条约全权代表,顾维钧为互换中利(利比亚)友好条约全权代表。

△ 日机50余架分批昼夜狂炸广州,岭南大学、美华中学及西村电厂被炸,全市停电。9日,美国政府抗议日机炸毁岭南大学。

△ 八路军宋(时轮)、邓(华)纵队奉命由平西挺进冀东,途中连克昌平、延庆、永宁县城,歼敌数百人。21日到达蓟县。

△ 东北抗日联军4000人在牡丹江奎山与日军及伪警察激战获胜。

6月9日 蒋在珍部在花园口决堤成功,是日放水。随后又连日扩大决口,水势愈来愈猛,决口逐渐扩至370余公尺。郑县、中牟、尉氏、扶沟、太康、睢县、商丘、开封等17县一片汪洋,水头冲越陇海路并泛滥至安徽境内,沿贾鲁河夺淮河而下。140万灾民无家可归。日军约四个师团陷于泛区,损失达两个师团以上。尔后敌我即沿贾鲁河黄泛对峙,达六年之久。

△ 蒋介石在武汉对外国记者谈目前抗战形势,略谓:"现在战局关键,不在一城一地之能否据守,最要紧的是一方面选择有利地区,以击破敌人主力,一方面在其他地区以及敌军后方,尽量消耗敌人的力量。……长期抗战,此为最大要着。今后战事,即将转入山地与湖沼地域。"希望各友邦尽其对华援助义务,制裁日军暴行。

△ 驻武汉国民党党、政、军机关开始撤退,党政机关移重庆,军事

机关移湖南。

　　△　国民政府下令拆迁武汉工业,各类大小工厂,凡对军需民生有用者均在拆迁之列。凡来不及拆迁之工厂皆予炸毁。

　　△　山东省第六区行政专员范筑先部两个支队会同八路军第一二九师第七六九团及第一一五师第六八九团进攻高唐县李俊兰部伪军,范部从西、南两面进攻,八路军在城外截击,是日克高唐,消灭伪军 300余人。

　　△　国民党中央执行委员会密函行政院,请转饬禁止延安各界民众自动制作、悬挂共产党党旗。11 日,行政院长孔祥熙密电西安行营主任蒋鼎文及陕西省府主席孙蔚如,令其严饬查禁。

　　△　经济部长翁文灏在武汉欢迎世界学联代表团时讲话表示:日本资源贫乏,抵制日货为制止侵略的有效方法。

　　△　四川政府决定:自 7 月 1 日起,实行每年两次征收田赋,国难捐不含在内。

　　△　日拒绝英、美开放长江之要求,英、日在上海举行的开放长江谈判失败。

　　6 月 10 日　蒋介石电令第二十七集团军总司令杨森督率所部川军确保安庆。

　　△　日军第十四师团骑兵联队一部在郑州南破坏平汉铁路。12日,第十六师团挺进队在新郑东南炸毁平汉铁路桥。

　　△　王新亭、许世友率八路军第一二九师一部由太行进抵冀南永年、肥乡、成安一带。

　　△　日本内阁会议决定设立五相会议,首相近卫、外相宇垣、陆相板垣、海相米内、大藏相池田参加,为决定内阁方针之机构。

　　△　法各党派众议员 188 人组织同情中国委员会,公推急进社会党亚波香为主席,决议抗议日本轰炸广州,呼吁各国政府干涉,要求世界各大城市市政当局赞助。

　　6 月 11 日　日舰 40 余艘、商轮 13 艘、汽艇 80 余只、木船数百只,载波田支队在空军掩护下大举进攻安庆,图在枞阳镇(安庆以东)、大王庙登陆,被击退。

△　八路军第一二九师骑兵团一部占领冀南成安县城;另一部袭入津浦路山东平原车站。

△　国际反侵略大会通过援华议案,各国分会请政府予中国贷款,供应中国医药、食品,加强抵制日货并禁止军火汽油及工业原料运日。

△　美总统罗斯福发表谈话称:自日机大肆轰炸广州后,美政府已设法制止美制飞机售日。同日,国务卿赫尔亦表示:美国政府决以劝请方法阻止美制飞机售日作为轰炸中国平民之用。

6月12日　安庆失陷,武汉会战开始。晨3时,日军波田支队在安庆南北两岸分别登陆,6时占领安庆机场,旋冲入城内。守军第一四六师第八七二团及保安队伤亡过重,第二十七集团军受无为方面敌军牵制,无法应援,安庆弃守。

△　日本海军当局通告驻汉口各国领事,宣称即将进攻武汉,要求撤退芜湖至湖口间各国兵舰及商轮。

6月13日　日军第六师团坂井支队步兵第四十七联队陷桐城。

△　日军第十四师团一部在中牟为洪水所困,第二军调工兵一个联队六个中队前往救援。

△　新编第五师师长檀自新经高等军事法庭会审,以"抗命谋叛,违犯军律"罪判处死刑,经蒋介石批准,是日在武汉执行枪决。22日,国民政府明令褫夺檀自新官位及勋章。

△　《前卫文化》旬刊在武汉创刊,嵇文甫主编。

6月14日　蒋介石命令编组第九战区,派陈诚为司令长官,仍兼辖武汉卫戍司令部。该战区防守长江以南皖、赣、鄂、湘四省,下辖26个军70个师,总兵力38万人。

△　国民政府任命何成濬为军事委员会军法执行总监,原任鹿钟麟免职。

△　军事委员会任命卢汉为第三十军团军团长,万耀煌为第十五

军团副军团长。

△　国民党西安当局逮捕中华民族解放先锋队西北总队长李连璧,并勒令《救亡》杂志停刊。

6 月 15 日　国民政府任命陈诚为湖北省府主席,原任何成濬免职;任命蒋鼎文为陕西省府主席,原任孙蔚如免职;任命王郁骏代理黄河水利委员会委员长,原任孔祥榕免职;特任陈介为驻德国大使,原任程天放辞职照准。

△　中共中央代表团陈绍禹、周恩来、秦邦宪联名在《新华日报》发表《我们对于保卫武汉与第三期抗战问题的意见》,阐述保卫武汉和有效地进行第三期抗战在军事、政治、经济方面需要采取的步骤和方法。

△　豫东杞县猪皮岗守军粤军彭林生第一八七师所部团长张鼎光擅自撤退;师参谋长张淑民屡次煽动退却并弃职潜逃;旅长谢锡珍首先退出阵地,乘车南逃;旅长叶赓常临阵失踪,化装逃武汉。蒋介石电令何应钦分别予以惩处。

△　八路军第一二九师第七七二团攻占彰德(今安阳)水冶镇,毙、伤、俘日伪军 200 余人。17 日,攻占彰德观台镇,毙、伤、俘伪军百余人。

△　粟裕所部新四军先遣支队在南京与镇江间的下蜀街破击沪、宁铁路,使敌一列火车越轨,沪、宁交通中断数小时。

△　乌盟东公旗女王巴云英(已故额王之福晋)致电第二战区司令长官阎锡山及八路军副总指挥彭德怀等请缨杀敌,略谓:"云英虽属女流,深知日寇毒计","绥包事变后,即率旗兵潜伏武(川)固(阳),伺机杀敌,响应国军",请求予以弹、装接济,并告已派代表到五原联系。

△　经济部资源委员会与瑞士温脱多机车厂签订技术合作合同,制造各种柴油机、煤气机、水上柴油机之油齿轮具,有效期 10 年,报酬不少于 45.5 万瑞士法郎。

△　日本御前会议决定攻占武汉,以企控制中国,迫蒋介石屈服,结束侵华战争。

　　△　日军第十六师团在尉氏附近被洪水围困,第二军调工兵一个联队、二个中队及船只前往救援,并派飞机投送食品。

6月16日　蒋介石以三民主义青年团团长名义,发表《为组织三民主义青年团告全国青年书》,略谓:"中正受命于党国艰危之际,负责于民族存亡之交,视本团之组织,为吾国家、民族生死存亡之所系之唯一大事。"并谓:三青团的任务是:第一、积极参加战时动员;第二、实施军事训练;第三、实施政治训练;第四、促进文化建设;第五、推行劳动服务;第六、培养生产技术。同日,国民党中央公布《三民主义青年团团章》,凡15章71条。

　　△　程潜电告蒋介石,黄河决口后,日军仍继续进攻。

　　△　空军在广东仁化击落日机六架。

　　△　财政部划定川滇、黔桂、陕甘宁青、湘鄂、浙赣、苏皖豫鲁、闽粤七个督察区,每区设税务督察专员一人,督征国税。

6月17日　陈绍禹、周恩来、秦邦宪致电中共中央书记处,谈徐州失守后中国军队的战略方针,认为战略中心应是保卫大武汉。战略总的方针是将正规军主力组成许多野战兵团,依托太行山、嵩山、伏牛山、桐柏山、黄山、天目山一带开展大规模山地战,以阻击日军西侵,加强长江防务。同时抽出一部分正规军组成挺进队,深入敌后,发展敌后游击战,造成战略夹攻形势,大量消耗敌人,争取时间,建立新的军队,以便战略上实施反攻。

　　△　潜山失陷。安庆陷落后,日军坂井支队奉命南下攻潜山,与第二十七集团军杨森所部激战,是日上午陷潜山城,杨森部撤退至潜水(潜山西面)对岸设防继续抵抗。

　　△　蒋介石以第八十八师师长龙慕韩在守备兰封任务中,两次不遵命令,致误战机,令组高等军法会审,判处死刑,是日在武汉执行枪决。

　　△　国民党中央训练委员会议决设立中央训练团,以现有之军官训练团改组而成,隶属于国民党中央党部。

△　军事委员会任命关麟徵为第三十二军团军团长。

△　新四军先遣支队在镇江西南 30 里之卫岗伏击日军车队,激战半小时,击毁汽车五辆,刀斩日军少佐土井,毙伤敌大尉梅津武四郎以下 30 余人。

△　日本新任外相宇垣向外国记者声明:"中国方面有根本变动时,可能考虑和平问题。"同日,递信大臣永井发表谈话称:"目前政府之对华政策,在于打倒蒋政权,援助新政府,建设新中国,奠定东亚永久之和平。其他政策亦须沿此路线进行。"

△　日本大本营陆军部制定《第二期谋略计划》,企图通过起用唐绍仪及吴佩孚等一流人物,酿成建立强有力政权的趋势;使蒋政权统治下的杂牌军瓦解归顺,削弱其威力;利用李宗仁、白崇禧使桂系军队回避参加抗战,并建立反蒋、反共、反战的地方政府;依靠各地银行的周转,使法币崩溃等谋略;导致国民政府倒台和蒋介石下野,早日解决中日战争。

△　日本政府新任外相宇垣首次对外国记者谈话,暗示中日将有议和可能,大局根本变动时也可重行考虑态度。并声称日本同英国今后将尽力重建"传统友谊的特殊关系",甚至"更为接近密切"。

6 月 18 日　北平伪临时政府与南京伪维新政府分别发表"和平"通电,提出只要国民政府放弃"焦土抗战政策",蒋介石"自行下野",北方抗日将领"回返其梓里",两伪政权即可停止战争,恢复和平。次日,国民政府发言人称:该两伪政权无人承认,所发表之和平拟议,系由日方所授意,不值驳斥。

△　日本大本营发出准备进攻武汉令:海军舰队准备攻占武汉;华中派遣军在长江及淮河正面逐次前进,与海军配合,伺机占领黄梅、九江一线;华北方面军以一部兵力向郑州方面推进,牵制第一战区程潜部,策应华中派遣军向武汉进攻。

△　日本大本营海军部令日海军舰队攻占九江。同日,华中派遣军令波田支队配合海军攻占湖口及九江地区。

△　筱原义男中将继矶谷廉介中将任日军第十师团长；第十四师团长土肥原中将调日军参谋本部专事对中国的谋略（策反），其遗缺由井关隆昌中将继任。

△　经济部制定《奖励输出物品办法》，并在香港设立办事处，以促进对外贸易。

△　教育部、财政部为压缩外汇，制定《限制留学生办法》，规定选派留学生一律暂以有关军事国防目前急切需要者为限。

6月19日　周恩来将中共中央同国民党交涉的十条意见交蒋介石。

△　伪浙江省及杭州市政府成立，伪省长何瑞闿，伪市长何瓒。

△　上海江海关华员护关会具呈蒋介石，要求发挥自主外交，否认英日海关协定，维护主权完整。

6月20日　军事委员会任命第二十三集团军总司令唐式遵为第三战区副司令长官。

△　为推动蒙旗抗战，蒙旗总动员委员会在陕西榆林成立，荣祥为委员长。

△　北平伪临时政府任命苏体仁为山西省伪省长。

6月21日　国民政府公布：国民党中央常会选任汪精卫为国民参政会议长，张伯苓为副议长，定于7月1日召开国民参政会。同时公布《修正国民参政会组织条例》第三、四条，将参政员名额由150名增加为200名，并公布参政员名单：计各省、市88名，蒙古、西藏地方六名，海外侨胞六名，其他各方面人士100名，其中有共产党参政员毛泽东、陈绍禹、秦邦宪、董必武、吴玉章、林祖涵、邓颖超七人。

△　军事委员会任命孙蔚如为第三十一军团军团长；李默庵为第三十三军团军团长。

△　日本海军陆战队在潮汕前卫南澳岛登陆。

△　孔祥熙、戴季陶、丁惟汾被聘为大成至圣先师奉祀官孔德成之导师。

△　南京伪维新政府各机关自上海迁南京办公。

6 月 22 日　第五战区司令长官李宗仁就黄河泛滥后,敌我情势之变化,提出作战对策,略谓"此时对策,应充分采用内线作战原则,迅速集中绝对优势兵力,先于太湖、宿松、英山、广济间狭隘地区,将溯江西进之敌聚而歼之,然后转移兵力,将敌各个击破"。提出于宿、松、英、广间使用五个整师,选择有利阵地,拒止敌人,另以五至七个整师兵力,控置于潜山、英山间地区而侧击之。

△　国民政府特派王世杰、彭学沛为国民参政会正、副秘书长。

△　军事委员会政治部发表《对全国民众宣传大纲》及《实施宣传办法》,以拥护蒋介石及实行抗战建国纲领为宣传中心内容。

△　日军汽艇 10 余艘在日舰掩护下进迫马当防线,遭海军炮击,沉其三艘,旋遁去。25 日,日以巡洋舰率驱逐舰多艘,复迫马当,巡洋舰被击中起火。

△　开封农民散发传单发起联庄自卫团奋起抗战,提出:"凡我乡亲,各备武器,保卫桑梓,阻止敌军前进,以待国军布防。"定于是日在辛庄大庙集会,共筹办法。

△　谷口元治郎中将继下元熊弥中将任日军第一〇八师团长。次日,牛岛实常中将继川岸文三郎中将任第二十师团长。

△　教育部制定《民国二十七年度全国国立各院校统一招生办法》,规定 9 月 1 日至 4 日在武昌、长沙、吉安、广州、桂林、贵阳、昆明、重庆、成都、南郑、福州等 21 个城市举行招生考试。

△　国民政府明令褒扬汉口复兴公司捐款 10 万元赈济难民及新加坡华侨李俊承捐款 10 万元购买救国公债。

△　中国侨港渔民协会及全国渔会致电军事委员会称:日军侵占广东,渔民垂危待毙。自去年 9 月 12 日到今年 5 月 31 日,香港渔船被击沉与焚毁 412 艘,死亡 8490 人,财产损失达 500 万港币。现停港渔船 3000 余只,生活无计,请求救济。

6 月 23 日　日军波田支队乘舰艇九艘在日机掩护下自安徽东流

驶近马当要塞窥察,被击退。同日,我空军三次飞东流轰炸,日舰三艘中弹。

△　日军步、骑兵千余名由安徽凤台向田家庵撤退,次日下午凤台城南 10 余里山区残部日军百余名,被我当地民兵发现后,予以全歼。

△　孔祥熙密令其秘书乔辅三赴香港与日本总领事中村丰一会面。乔代表孔祥熙向中村表示:"孔祥熙和汪精卫、何应钦都是好朋友,和各党派也亲密,至今毫无改变地是个和平主义者。不用说,蒋介石本人内心也希望和平,可是在他的立场上不能说出口。"并谓,孔祥熙表示希望英、美两国居中"斡旋"。

6 月 24 日　日军波田支队先头部队配合海军第三舰队及潜艇队一部,在飞机掩护下在马当下游香口强行登陆,占香山、黄山,守军周启铎第五十三师及薛蔚英第一六七师激战后撤退。

△　军事委员会委员长武汉行营裁撤。

△　军事委员会任命上官云相为第三十二集团军总司令。

△　日舰 18 艘抵海南岛之海口,企图登陆。法舰 10 艘前往监视。法国外交部发言人称:法、日 1907 年条约有关于海南岛之规定,若日本违约侵占,法定干涉。

△　八路军宋(时轮)、邓(华)纵队进入冀东蓟县一带后,当地共产党发动伪自卫团 300 余人哗变,参加八路军。

△　日本五相会议决定,集中国力直接解决中日事变,本年度以内达到战争目的;对第三国友好的调停,不妨根据条件予以接受。

△　国际红十字会通过议案,要求各国制止日机轰炸,并望迅速成立协定,保护平民。

6 月 25 日　军事委员会副参谋总长白崇禧自长江北岸广济电蒋介石,谓"以目下形势论,南岸危迫万状",恳速令马当东北之第三战区部队星夜驰往增援,"且督罗(卓英)总司令迅速前往指挥,俾可挽救危机于万一"。

△　陈沛第六十师奉命增援马当,发起反攻,一度克香口、黄山。

6 月 26 日　马当要塞失陷。23 日,日军波田支队在巡洋舰、驱逐舰多艘支援下,续向长江天险之马当要塞进攻。冷欣第五十二师、薛蔚英第一六七师配合要塞部队第十六军李韫珩部在香山、黄山一带与敌反复争夺,终以敌占优势,旋得旋失。是日马当失守。

△　白崇禧经与第九战区第二兵团总司令张发奎、第五战区副司令长官李品仙会商后,是日自广济电蒋介石,提出武汉会战部署:"(一)以宿松之汪之斌师向宿松、太湖间地区推进,以策应望江、太湖,同时以七十军李觉部防于宿松、太湖,以阻敌西进。(二)以八十四军控置于广济附近,三十一军控置于太湖西北高地,作为攻击兵团,俟机攻击敌人。(三)以杨(森)集团控置于岳西,徐(源泉)集团控置于潜山西北高地线,一面从事整理。"仍请罗卓英第十九集团军总司令速赴长江南岸指挥。

△　第一战区程潜部于 25 日晚开始反攻河南尉氏县城之敌,与日第十六师团 4000 余人激战一昼夜,是晚克尉氏县城。

△　绥蒙临时会决定组织蒙古民众抗日动员委员会,成立抗日军队。

△　日本驻香港总领事中村丰一受外相宇垣电令,于是日及 28 日两次与孔祥熙私人代表乔辅三密谈,安排孔祥熙赴日议和事。宇垣拟向孔提出六项条件:一、承认"满洲国";二、中日在华北与内蒙古共同防共;三、中日"满"文化、经济合作;四、日本驻兵于若干地区;五、中国聘请日本顾问;六、中国赔偿日本之损失。

6 月 27 日　武汉卫戍总司令陈诚自湖口电蒋介石,已着罗卓英第十九集团军总司令督率第十六军、第四十九军及第十师、十六师等部迅速恢复香山、马当要塞阵地而确保之,并规定攻克香山及马当要塞区者赏洋五万元。如有作战不力,畏缩不前者,即以军法从事。

△　国民党中宣部、军事委员会政治部颁发《抗战一周年纪念宣传大纲》,提出"保卫大武汉"口号。

△　国民政府公布《惩治贪污暂行条例》,凡 11 条,规定对于克扣军饷,从购办军工军用品中舞弊,盗卖军用品,强占强募财物,以军舟、

军马、航空机装运违禁漏税物品,有意图利扰乱金融,违令收募税捐公债,擅提截留公款者,判处死刑、无期或 10 年以上徒刑。

△ 军事委员会任命彭进之为第十七军团副军团长。

△ 日机炸郑州,死伤民众百余人。

△ 伪山西省公署在太原成立。

△ 伪华北开发股份公司在日本首相官邸召开成立大会,太谷尊为总裁。资本 3.5 亿元,下有子公司 13 个,拥有资本 4.122 亿元,华北地区矿山、煤炭、制铁、发电、交通运输、盐业、纺织、面粉等重要经济部门均归其垄断。

△ 英国外务次官巴特勒在下院声称:"如果中日两国同意,英国乐于单独或与其他国家共同努力,为实现和平担任调停工作。"

△ 英法两国政府令两国驻日大使通知日本政府,日军侵占海南岛,必将引起纠纷,英法决合作应付一切。

6 月 28 日 陈诚以香山已由我军克复,为继续扫荡马当要塞之敌,是日电蒋介石报告已下达作战命令,其要旨为:一、"第四十九军即防守香山、香口并确保之,以掩护我军对马当之攻击"。二、"着第五十三师周师长待四十九军防妥当后,即指挥现在香山之第五十三师、第一六七师之部队,继续由东向西夹击马当要塞之敌"。三、"着第一六七师薛师长指挥在青山坝方面之第五十三师、第一六七师之部队,继续由西向东夹击马当要塞之敌"。四、"夹击马当之部队务密取联络"。

△ 凌晨,第四十九军第一〇五师第三一三旅向马当下游之香山攻击,战至上午 8 时,敌不支而退,我军收复香山。当晚,该旅自香山西攻香口残敌,反复肉搏至次日凌晨,敌增兵 2000 人,敌机、敌舰助战,致未奏功。香山、香口两役,我军伤亡 600 余人。

△ 第二战区第一六六师收复济源,日军进入王屋镇。

△ 日军在苏北决运河大堤,以图阻止韩德勤、缪澂流部反攻其后方,致使苏北数县尽成泽国。次日,日方广播诡称系中国自己所为。

△ 国民政府为厦门大学被日机炸毁,明令褒扬该校捐资创建人

陈嘉庚、陈敬贤、林文庆。

　　△　伪厦门市政府成立,南京伪维新政府派张铭任市长。

　　△　意大利更换驻华大使,柯赍奉调回国,马其欧继任。

6 月 29 日　彭泽失陷。日军波田支队主力乘装甲汽艇 40 艘自安庆上驶,是日越过封锁线在彭泽下游将军庙强行登陆。周启铎第五十三师与敌激战数小时,阻击无效,退守娘娘庙,彭泽遂陷。

　　△　蒋介石电潢川第五战区司令长官李宗仁,指示"各派一部进入正(阳关)寿(县)方面,威胁安庆及蚌埠,并任编组民众武力,扫荡伪组织,破坏交通线,袭敌辎重及小部队,扩大游击战"。

　　△　军事委员会任命王东原为第三十四军团军团长。

　　△　第五战区副司令长官李品仙电呈军事委员会副参谋总长白崇禧,称:第五战区之游击部队"士兵饷只有六元,不足一饱","现存弹药不足","每一移动,必结队逃走",要求增加经费。8 月 19 日,何应钦代蒋介石复电不准,谓:"第五战区游击队经费每月约 50 万元,如能善为支配,已足敷用。"

　　△　第五战区第二集团军总司令孙连仲电蒋介石,陈述徐州溃退中,"官长不明任务,擅离职守,单独行动,士兵脱离队伍,抛弃装械,甚或携械潜逃"。30 日,蒋介石电令李宗仁"迅速彻查清理,明定赏罚,以别是非"。

　　△　八路军第一一五师第三四三旅政治委员萧华率领八路军第一一五师曾国华第五支队和第一二九师孔继先津浦支队开赴津浦路东,协助当地共产党组织开辟冀鲁边区抗日根据地。

　　△　日军第二军在徐州举行联合追悼会,该军共战死 7452 名。

　　△　范筑先在聊城隆重欢迎山东省府主席沈鸿烈,省府即移驻寿张县张秋镇。

6 月 30 日　蒋介石在武昌对英国《每日快报》记者谈话,宣称:"中国军队之后退,绝不能谓为日本之胜利。反之,日军之人数方面及经济方面,均将因之更感困难。我必坚守武汉,即由武汉撤退,此亦无关重要。外传英、法、意、瑞典、瑞士等驻华外交代表均将来汉口,企图斡旋和平,但苟非将主权完全恢复,绝不欢迎任何国家调停。中国在政治上已全部统一,中国人民抗日之决心,亦与日俱增","抱勇往直前之精神,共赴国难,中国绝不能为日本所战败。"

△ 海军在鄱阳湖口之兔子山、鲸鱼山、姑塘等处布雷,防日舰自鄱阳湖西渡匡庐,直取南昌。

△ 韩德勤第八十九军一部克苏北阜宁。

△ 行政院设农村促进委员会,聘请前实业部次长穆藕初主持,以翁文灏、叶琢堂、何廉等 15 人为委员。

△ 上海文化界国际宣传委员会发表日机轰炸中国统计资料:自1936 年 7 月至 1938 年 6 月底,日机对中国江苏、浙江、安徽、江西、福建、广东、河北、山东、山西、湖南、湖北、甘肃、广西、河南、四川、陕西 16个省、257 个城市、18 条交通线共 275 处,出动飞机 1.671 万架次,进行2472 次轰炸,投弹 3.3192 万枚,炸死居民 1.6532 万人,炸伤 2.1752万人。破坏外国在华机关 17 次,炸死外国人 77 人,伤 25 人。

△ 南京伪临时政府驻北平伪维新政府代表鲍观澄,会见伪维新政府行政委员会委员长王克敏。

△ 日本政府声明实行官民一体确立长期持久的战时体制,以集中国力进行战争。

是月 周恩来会见艾黎,告之组织"工合"的主要任务必须是推动蒋介石抗战,并尽可能多争取国际的支持。

△ 中共伊盟蒙古工作委员会迁至伊盟中心桃力民,八路军陕北留守兵团骑兵第一团随同前往,开展抗日运动。

△ 军事委员会办公厅致电军令部,转发张允荣所拟定之《今后关于华北共产党之对策》一件,要点为:一、搜罗华北反共人才,成立专门机关,充实第一战区司令部,指导与中共的斗争;二、在山西及晋东建立华北军事根据地,充实晋省交通,大量囤积粮秣弹药,以备反共之用;三、收买、安抚华北失败将领,如石友三、丁树本、孙良诚及所存军队,作

为反共主力;四、派专门人员进行筹划,网罗民间反共人才及反共组织。

△　国民党中央社会部电令浙江省党部取缔浙江省文化界抗敌协会,并禁止群众集会。

△　长沙士绅宁坤等以何键主湘九年,横征暴敛,"额外诛求人民至数千万元",先后于 4 月、6 月两次具呈行政院,要求严令何键将"帐目迅速交出清算,以肃纪纲,而崇法治"。

△　日本昭和研究会中国问题研究所提出《关于处理中国事变的根本办法》的报告,主张对国民政府"以击溃为根本方针"。为此,必须攻下汉口、广州,实行海上封锁。在占领区,要"确立长期占领的阵势",首先要"摧毁抗日战争的最大因素——国共合作势力"。加紧在中国各地建立伪政权,建立以日本为中心的"日满华的政治体制",向形成"日满华的经济集团、通货集团"的目标推进。

△　日本组织"华中水电公司",资本 2500 万元,华中沦陷区各地水电公司财产悉被攫夺。

7　月

7 月 1 日　国民政府公布《民国二十七年赈济公债条例》,定额国币一亿元,年息四厘,自公布日施行。同日公布《民国二十七年湖南省建设公债条例》,定额国币 1800 万元,年息六厘,自公布日施行。

△　国民政府与苏联政府在莫斯科签订《关于使用 5000 万美元贷款协定》,规定该款用于购买苏联工业品及设备,年息三厘,自 1940 年 7 月 1 日起,五年内以茶叶、皮革、兽毛、锡、锑、钨、桐油、棉花等 13 种商品折价偿付。

△　国民党中宣部及军事委员会政治部联合通告全国各省、市于抗战周年纪念日设置献金台。

△　中共中央召集欢迎世界学联代表团的干部会议,毛泽东在欢迎词中说:中共中央以万分诚意欢迎世界学联派遣代表团来华考察,感

谢世界学联对中国的衷心援助。

△　第九战区陈诚部向彭泽日军进攻,占领该城南尖山、双尖峰之高地线,逼进彭泽东门,毙敌中队长井上正吾一名。

△　海军"咸宁"舰击落日机两架,后在搬运伤亡、抢救舰体时,被炸沉于武穴。

△　新四军军部进驻皖南泾县云岭。

△　夜,新四军陈毅支队袭击镇江、丹阳间之新丰车站,火烧车站日军营房,歼灭日军一中队百余人。10日,又在南京、句容间伏击日军,毙敌40余人,击毁汽车四辆。

△　天津电话局局长张子奇就英、法、意领事馆强行接收该局事,向三国领事馆提出书面抗议。

△　伪蒙古联盟自治政府在厚和(呼和浩特)举行第三次蒙古大会,蒙古各旗王公、日本代表及伪满洲国、察南、晋北等伪政权代表到会,德王(德穆楚克栋鲁普)被推为伪蒙政府主席,李守信为副主席。同日,德王发表就任宣言,声称力行"强化防共"、"民族协和"。

7月2日　国民政府令颁《中国国民党抗战建国纲领》,令曰:"本党临时全国代表大会为集中意志、统一行动起见,特制订《中国国民党抗战建国纲领》,经大会议决公布在案,今后政治上一切措施,自应以纲领为最高准绳,各主管机关应就职掌范围以内悉心研究,以求贯彻。"《纲领》凡七章32条。总则规定"三民主义及总理遗教为一般抗战行动及建国之最高准绳";"全国抗战力量,应在本党及蒋委员长领导之下,集中全力奋励迈进"。在各章中还规定了"反对日本帝国主义侵略势力,制止日本侵略","组织国民参政机关","推行战时税制","发动全国民众"以及"在不违反三民主义最高原则及法令范围内,对于言论、出版、集会、结社,当与以合法之充分保障"等有关抗战的外交、军事、政治、经济、民众运动的具体纲领。

△　蒋介石电各省府主席及各战区司令长官,重申:"凡战区内或邻近战区地方之县长、专员及其他负有地方责任之官长,一律不准擅离

治区,不得托故先离县城,形同潜逃,如有未奉附近高级军事长官之命令而擅自先退者,一经查明,即按军法惩处。"

△ 毛泽东在延安接见世界学联代表团柯乐满等,指出:坚持抗战,坚持统一战线,坚持持久战,是目前中共的基本主张。

△ 军事委员会任命曾万钟为第三十五军团军团长。

△ 日机六架轰炸广东汕头,历三小时,民众死伤 300 余人。同日,日机炸广州、福州、九江各地,福州美办协和医院被炸。

△ 第二战区阎锡山部向山西蒲县日军发动攻击,破日军数道防线,毙下元第一〇五师团第一一七联队 700 余人。

△ 第五战区韩德勤第二十四集团军第八十九军,分兵两路包围盐城,袭击数次,毙敌百余人,是日克盐城。

△ 武汉卫戍总司令部政治部召集各党部负责人会议,决定整顿民众团体,凡"名不符实"、"企图不明"之"不正当之组织",一律解散。

7 月 3 日 第九战区江防军刘兴部由黄土岭进攻彭泽,在流澌桥(彭泽西 10 里)一带同日军激战,是日克流澌桥。

△ 空军出动四次,炸芜湖、马当、东流、香口日军阵地、机场及敌舰,炸沉舰五艘,伤二艘。在马当、香口与日机发生空战,均将敌机击退,安全返防。

△ 第二战区阎锡山部克同蒲线安邑、运城。同日,日军陷山西阳城。

△ 日军下元第一〇五师团于晋城与卫立煌第十四集团军所部激战四日,是日撤至河南博爱县。

△ 刘汝明第六十八军第一四三师开湖北浠水时,沿路鸣枪拉夫,征发给养,间有强奸掳掠,所至民众逃避一空,惶恐万分。是日,军令部电第九战区令饬刘汝明整军。

△ 广东省政府兼财政厅长曾养甫向财政部呈称:自 5 月 9 日奉部令实行《运货出口售结外汇办法》以来,广东丝业群情惶惶,不可终日。各丝厂有闭歇之势,百万蚕桑农民,无可谋生。望赐予维持,于管

理外汇之中,妥筹救济办法,迅速施行。

△ 英国驻华大使卡尔自沪经港到汉口,对记者谈话,否认英国调解中日战争事。10日,蒋介石在汉口接见卡尔,表示:中国和日本一样希望和平,可以接受调停;但如果没有英国政府的同意,中国政府不会做任何事。

7月4日 湖口失陷。日军波田支队乘装甲汽艇自彭泽西犯,2日在湖口附近强行登陆,与刘雨卿部第二十六师激战竟日,并施放毒气,湖口炮台多被轰毁。守军凭危城坚守,又用火力逆袭,予敌重创,彭城以东日军被迫后退。3日,敌复水陆并进,犯湖口东之影桥,终以敌海、陆、空占优势,至是日湖口失守。

△ 军事委员会政治部长陈诚在武汉招宴外国记者,发表谈话称,目前保卫大武汉之战,将成为对敌决战的开始,要愈加消耗敌人的力量,击破敌人的主力。并向记者说明保卫大武汉之阵容:在军事方面,已在武汉四周配置大量精锐部队,并不断派遣空军轰炸长江中之敌舰,加强沿江要塞和封锁线的防务;在民众运动方面,已组成宣传、慰劳、征募、工程、运输、侦察、技术、救护、消防、向导10种工作队及各种民众团体,正在武装民众,"在军民合作的严密阵容下,准备给予敌人以彻底的歼灭"。

△ 国民政府明令规定每年7月7日为抗战建国纪念日。

△ 国民党中央决议拨款10万元赈济黄泛区灾民,同时决定举行全国捐款一日,扩大募捐救灾运动,并发表告党员、民众书,号召全国各地同志、同胞推衣解食,踊跃输将。

△ 范筑先部同日军在黄河南沿河展开激战,范军由濮县、范县、寿张出击,在东阿、黄庄附近设伏,击毁敌辎重车20余辆,敌自毁15辆,其余八辆皆被范军缴获,并毙敌30余人。克复东阿城。

△ 日机11架炸洛阳,投弹130余枚,住宅及商业区惨遭破坏,民众死伤200余人。同日,南昌遭日机空袭,空军起飞迎战,击落日轰炸机一架。

△　日本首相近卫与陆相板垣会谈,板垣认为帝国政府应按照今年1月16日声明之根本方策,向彻底消灭蒋政权的道路迈进;当蒋政权尚存在之时,中日间无和平之可能。

△　日本大本营发布命令,变更华中派遣军及第二军战斗序列,编组新的第十一军。华中派遣军辖第二军和第十一军。派遣军司令官为畑俊六大将,第二军司令官为稔彦王中将,第十一军司令官为冈村宁次中将。第二军辖第十、第十三、第十六三个师团,第十一军以第六、第一〇一、第一〇六三个师团及波田支队为基干。至此,日军进攻汉口的作战态势业已完备。

△　朝鲜青年战时服务团在汉口成立,团长李健宇,有男女团员68名。该团以演剧、歌咏、壁报、演讲等方式,深入民间,从事抗日宣传工作。

△　伪上海总工会副会长周柳五被刺毙命。

7月5日　行政院举行茶会招待国民参政会全体参政员,到汪精卫、张伯苓等150余人。孔祥熙代表政府致词表示诚挚欢迎,希望各位参政员"本精诚团结,共赴国难之旨,随时匡助政府之不逮"。张伯苓致答词,表示此次参政会将以开诚布公、团结一致之态度,帮助政府,推动一切。

△　中共参政员毛泽东、陈绍禹、秦邦宪、董必武、吴玉章、林祖涵、邓颖超在武汉《新华日报》发表《我们对于国民参政会的意见》,其中包括动员军力、人力、物力、财力保卫大武汉,改革征兵制度;改善人民生活,普遍发动民众、组织民众,确保人民言论、集会、出版、结社之自由及保证各抗战党派之合法权利等项内容。

△　毛泽东电贺即将召开国民参政会第一届一次会议,电报说:寇深祸极,"转旋之术多端,窃谓以三言为最切:一曰坚持抗战,二曰坚持统一战线,三曰坚持持久战"。

△　蒋介石电程潜、阎锡山、顾祝同、李宗仁,指示第一、二、三、五战区开展游击战,谓:"查敌现倾注全力进攻武汉,并以大部出关防俄,

一部救援晋南,东抽西调,不敷分配,故在京沪杭、津浦、平汉北段沿线及鲁、苏、皖北、豫东、晋、绥等处,兵力极为薄弱,现值青纱帐起,正游击最好时期,各该战区指定担任游击部队应积极行动,努力袭击敌人,尽量破坏交通、通信,以分散进攻武汉兵力。若认为游击实力不足时,须酌量增派,务使彻底遮断敌交通线为要。盼速拟定部署,确切实施具报。"

　　△　第九战区第一兵团总司令薛岳致电九江江防总司令刘兴、第八军军长李玉堂、星子第二十五军军长王敬久、瑞昌第二十九军团军团长李汉魂、第七十军军长李觉、德安第七十四军军长俞济时、南昌副总司令叶肇、赣省府主席熊式辉两电:一、南昌、长沙、武汉三地安危,即国家安危,敌第三期作战,必以主力先犯南昌、九江,次犯长沙、武汉,"凡我军人务共下必死决心,必胜之信念,与此三地共存亡,宁为战死鬼,勿作亡国奴";二、江南山地作战,利于我,不利于敌,令各部运用打蛇之法,以守备兵团钳制敌首,以野战兵团击敌之腰,以游击兵团击敌之尾。

　　△　第九战区第十九集团军总司令罗卓英率彭善第十一师、何平第十六师由彭泽及湖口以东反攻湖口,至 8 日将波田支队 2000 余人压迫于沿江地区,终以武器不足,未能将敌一鼓歼灭,功败垂成。

　　△　日本华中派遣军司令部派作战主任参谋公平中佐赴大本营联系汉口作战问题,是日返回南京司令部,带回大本营关于汉口作战要点:一、作战目标主要是攻占要地;二、主攻部队为第十一军;三、主攻方向为长江沿岸;四、作战开始日期为 9 月上旬;五、航空兵团(德川兵团)主力归华中派遣军指挥;六、汉口作战结束后,进行广东作战。

　　△　国民党中央执行委员会修订《省党部组织条例》,规定各省党部设主任委员,各省党部主任委员得参加省政府会议。是日,国民政府明令转知各省政府遵行。

　　△　行政院令各省政府拟具发展农业、工业、手工业、矿业等项增加生产的详细实施方案,呈院核夺。

　　△　行政院赈济委员会制定《难民输送纲领》,指定湘南、湘西、广

西、鄂西、川东北、赣南、陕中、陕南等地暂时安顿难民,并办理小手工业及流动性生产事业。俟垦殖事业决定后,再分别移往各垦区。

△ 日机 12 架袭信阳,被击落二架。

△ 汪精卫指使外交部亚洲司司长高宗武辞职并派其密赴日本。是日,高抵横滨,旋会见陆相板垣及首相近卫。高要求日本政府改变"不以国民政府为对手"方针,把中国看成对等的国家,以利于汪精卫为首的和平派进行议和活动,并要求近卫首相保证"日本政府愿以汪精卫为和平运动的中心"。9 日,高宗武返香港,向周佛海报告并转报汪精卫。

△ 谭平山于汉口《大公报》刊登启事,声明与第三党无关系,略谓:民十六年曾集合同人组织中华革命党,揭櫫三民主义为党纲,此即当时社会所称为第三党;至民十九年春,由同人议决自动解散。至现在之第三党当属另一组织,与本人更无关系。

△ 伪满洲国与意大利《修好通商航海条约》及日、"满"、意三国《通商协定》同时在东京签字。

△ 德国军事顾问团 26 人,由团长法肯豪森率领离汉口回国。

△ 法国派兵占领西沙群岛。次日,法国驻华大使馆发言人称:法国派军警到西沙群岛系为保护灯塔及气象台,便利国际航行及渔业。11 日,法国海军在西沙群岛海岸布雷,禁止往来商船停泊。

△ 国际反侵略大会抗议日本空军轰炸中国广州及不设防城市,呼吁世界各国舆论一致奋起谴责,并要求各国政府一致向日本提出抗议。

△ 曾任九一八事变国联调查团团长之英人李顿爵士致函《泰晤士报》,呼吁英国政府为本国利益计,应援助中国,安定中国之通货,并主张英国人士与中国合作开发西南各省资源。

△ 美国务院制成《中国输入军火备忘录》,其中指出:自卢沟桥事变以来,自各国运入中国的军火中有 75％经过香港,其他路径是越南、缅甸、澳门、广州湾、中俄边境等地;供应军火的国家有美国、英国、德

国、苏俄、荷兰、丹麦、挪威、意大利、法国、比利时、瑞士、瑞典诸国。从步枪至重炮、飞机、高射炮、战车防御炮、坦克车、载重汽车、探照灯、防空武器等无所不包,其中以德国制品占大宗。中国人自己说已有的军火武器可用一年以上,美国人估计至少也可以维持四个月的用途。

7月6日　国民参政会第一届一次会议在汉口开幕。议长汪精卫、副议长张伯苓、秘书长王世杰及参政员张一麐等136人出席,蒋介石、冯玉祥、白崇禧、孔祥熙、居正、于右任等各院、部、会长官到会。汪精卫致开幕词。副秘书长彭学沛宣读林森贺词。蒋介石致词指出:"此次参政会最重大的意义和唯一的目的,就是要集中全民族的力量,对侵略的势力作殊死的斗争,以求得抗战的胜利和建国的成功";为达此目的,必须完成加强团结、巩固统一及建立民主政治的基础两项基本任务。

△　蒋介石电慰为国殉难同胞家属,同日并令各战区司令长官及各省、市政府,调查抗战殉职壮烈牺牲事迹,呈报军事委员会,以备抚恤。

△　汪精卫为纪念七七事变一周年发表广播演说,诡称:"牺牲是极惨痛的事,但比牺牲更惨痛的是什么? 是屈服。屈服之后,做人奴隶,做人牛马,任人鞭策,任人宰割,仍然不免于牺牲。""起先舍不得自己,所以忍心害理,将国家民族断送了去。谁知到了后来,自己仍然不免随之断送,卖身之后,仍然不免杀身之祸。这种牺牲,真可谓毫无代价。"

△　武汉三镇民众12万余人举行抗战周年纪念大会并举行火炬大游行。游行队伍高唱《义勇军进行曲》,高呼"打倒日本帝国主义",决心保卫大武汉。

△　第九战区司令长官陈诚电令第二十九军团军团长李汉魂负责九江防务,指挥第八军李玉堂部,着即先赴浔部署,同日,李抵浔并往访江防总司令刘兴及李玉堂筹商一切。

△　薛岳以九江三角地带驻兵九师之众,恐遭敌困,是日致电蒋介

石、陈诚,建议王敬久部控制一师于江村、王家涧间山地,李玉堂部控制一师于朱公桥、马宿岭间山地,李汉魂部控制一师于十里铺、妙智铺间山地,均以牯岭为依托,对星子、九江强行登陆之敌,可举强有力之逆袭,击敌于江湖之中。

△ 驻法大使顾维钧晤法国外长庞莱,声明中国将保持在西沙群岛之主权。

△ 冀东丰润、滦县、迁安、遵化、蓟县、乐亭、通县等 21 县和开滦矿工共有 20 多万人,举行抗日大起义,成立抗日联军,由滦县民团负责人高志远任司令,国民党员洪麟阁和共产党员李运昌任副司令。经过 10 余天战斗,粉碎了日军的围攻,大量破坏了敌人的铁路、桥梁、汽车、电线以及矿山,给日本掠夺冀东的计划以沉重打击。

7 月 7 日 蒋介石发表《抗战周年纪念日告全国军民书》,要求全国军民"一切的言论动作,完全以'国家至上、民族至上'为前提,以'军事第一、胜利第一'为目标,忍受牺牲,积极奋斗,团结一致,各竭其能,各尽其职,以求自存"。"一切的奋斗,要以巩固武汉为中心,以达成中部会战胜利为目标"。同日,蒋介石发表《抗战周年纪念日告世界友邦书》和《告日本国民书》。

△ 蒋介石对美联社记者表示:"吾人若未将日军全体逐出,誓不停止战争。"

△ 国民政府主席林森发表《纪念七七,要坚定抗战必胜、建国必成的信念》的广播讲演。

△ 国民党为"七七"抗战周年纪念发表《告国民书》及《告本党同志书》,号召战区民众对于日寇及傀儡组织予以反攻和打击;要求党员组织民众,训练民众,使"救国建国之工作,庶由吾辈及身而成"。

△ 国民参政会第一届会议继续举行,内政部长何键、外交部长王宠惠、教育部长陈立夫、财政部长孔祥熙分别作内政、外交、教育、财政报告。会议通过决议:参政员于七七纪念日一律献金;成立宣言起草委员会,吴玉章、黄炎培、陶希圣等九人为委员,张季鸾为召集人。

△　武汉各界为纪念"七七"抗战一周年举行抗战阵亡将士及死难同胞追悼大会,居正主祭,汪精卫、孔祥熙及国民党党政各机关长官及学校、团体代表莅会公祭。同日,广州、南昌、福州、洛阳等地均举行"七七"周年纪念活动。

△　武汉各界抗战建国周年纪念大会献金运动举行开幕典礼,武汉三镇分别设置献金台。上午 9 时起,各献金台前不断有人讲演、唱歌,各阶层市民纷纷来到献金台踊跃捐献。蒋介石、宋美龄两次献金共 1.9451 万元,行政院暨所属各部、会全体公务人员献金 10 万,参政会全体参政员献金共三万,综计全天共献 16 万元。同日,国民政府主席林森在重庆献金鼎一座(重 17.44 两)、金戒子四枚(重 1.35 两)。

△　延安各界举行追悼抗日阵亡将士及死难同胞大会,并举行抗日阵亡将士纪念碑奠基礼。毛泽东出席并献挽词:"抗战到底,浩气长存。"

△　绛县、闻喜失陷。7 月初,日军第三次扫荡晋东南,一路犯邵源,一路犯沁水,与自曲沃、侯马向垣曲方面及自运城、安邑向闻喜方面突围之日军相呼应。是日,沁水方面日军先头部队陷绛县、闻喜。

△　甘肃洮惠渠完工放水,可灌溉临洮县农田 3.5 万亩。

△　邹韬奋、柳湜编辑的《全民抗战》三日刊在武汉创刊。前出《全民》、《抗战》两刊停办。

△　《前进日报》在汉口创刊。

△　日本外务次官照会驻日法使亨利,要求尊重日本在西沙群岛之开采利益。13 日,亨利复照外务省声明法国已占领西沙群岛,但不干涉日本在西沙捕鱼、采磷。

7 月 8 日　外交部长王宠惠发表广播演讲,呼吁世界各国采取切实步骤制止日本侵略,勿以物资助日,指出:"道义上之援华与物质上之助日,绝不相容。"

△　空军五次轰炸安庆、芜湖日军机场及湖口日舰,炸毁日机 20 余架,重创日舰 10 余艘。

△ 军令部派苏籍顾问余罗夫抵九江视察第二十九军团李汉魂部防务,并协助规划作战方略。

△ 卢沟桥事变英勇抗日之团长吉星文,升任陆军第三十七师师长。

△ 日军第一〇八师团 2000 余人,自河南沁阳犯济源,经多次激战,是晚陷济源城。

△ 日本五相会议作出《中国现中央政府屈服的对策》和《中国现中央政府不屈服的对策》:当国民政府屈服时,"帝国将其作为一个政权……使其合并于新兴中国中央政权之下"。屈服的条件:一、"合并或参加建立新中央政权"。二、"改称及改组旧国民政府"。三、"放弃抗日容共政策,采用亲日、满与反共政策"。四、"蒋介石下野"。当国民政府不屈服时,"帝国须更加集中国力,即以作战、内政、外交、经济、策略、宣传等一切努力,都集中于击溃中国现中央政府或使其屈服"。

7 月 9 日 三民主义青年团在武昌成立。同时,成立三青团中央临时干事会,蒋介石指定陈诚等 31 人为临时干事,以陈诚、陈立夫、朱家骅、谭平山、张厉生、段锡朋、陈布雷、甘乃光、贺衷寒九人为常务干事,陈诚为书记长(由朱家骅代)。

△ 蒋介石举行茶话会招待参政员,席间演说称,战事有绝对把握。茶毕,参政员黄炎培将所拟揭发政府与社会间积弊之提案面交蒋介石。

△ 国民党中央党部及国民政府在重庆联合举行北伐十二周年纪念日。林森致词,谓:十二年前誓师北伐与今日之长期抗战,为国民革命过程中之先后一环,革命一日不成功,我辈之奋斗一日不能终止。

△ 中共中央、八路军总部热烈参加武汉民众献金运动。中共中央拨出党费 1000 元,八路军总部将八路军指战员节食所得 1000 元,分别委托中共驻武汉代表团及武汉八路军办事处,请代献作救助受伤将士、抗敌军人家属及难民同胞之用。同日周恩来将任政治部副部长的当月薪金全部献出,中共参政员陈绍禹、秦邦宪、董必武、吴玉章、林伯

渠、邓颖超各献月薪 350 元。

△ 薛岳致电南昌熊式辉、叶肇,委曾戞初为鄱阳湖警备司令,李白澄为副司令,指挥湖防部队及水上警察,任湖防之守备;南昌警备司令赖伟英指挥城防部队,任南昌市守备,统归叶肇指挥。

△ 英伦敦、曼彻斯特等 13 个城市的市长联名通电,抗议日本空军轰炸中国,并呼吁英国各城市及各国人民一致反对日本暴行。

7 月 10 日 国民参政会第一届会议通过胡景伊等所提《拥护政府长期抗战国策案》及邹韬奋、沈钧儒等所提《具体规定检查书报标准并统一执行案》,修正通过邹韬奋等所提《调整民众团体以发挥民力案》。

△ 薛岳致电阳新孙桐萱,瑞昌李觉,九江李汉魂、李玉堂,星子王敬久,南昌叶肇,以作战三事相告,其中第三点为:"战胜要诀:必死则胜,必生则败。我各级长官应严督所部,与敌决死,则战胜之功,定操左券。"

△ 武汉"七七"献金运动结束,献金者达 50 万人以上,献金总额100 万元。

△ 空军三次轰炸东流、彭泽、湖口一带日舰,击沉二艘,伤四艘。

△ 日机 16 架炸潼关,投弹 200 余枚,死伤民众 50 余人。

△ 冀东游击队克乐亭。

7 月 11 日 国民参政会第一届会议继续举行。经济部书面答复参政员关于经济部之询问九件;兼财政部长孔祥熙答复参政员对财政部之询问七件;政治部长陈诚报告关于民众组织训练事项;行政院副院长张群说明国民政府交议之《节约运动大纲》,并获通过。

△ 第四战区余汉谋部及南澳县长洪之政率领之广东民众抗日自卫团第九区第四大队渡海突破敌舰防线,分向隆澳等处袭击,居民亦纷持刀械冲杀,卒将敌击溃,遂克南澳县城。次日撤出南澳。

7 月 12 日 国民参政会会议讨论郑震宇等 28 人所提《精诚团结,拥护抗战建国纲领案》、陈绍禹等 67 人所提《拥护国民政府,实施抗战建国纲领案》、王家桢等 21 人所提《拥护抗战建国纲领案》。一致通过

《拥护抗战建国纲领决议》。

△　日机 68 架狂炸武汉,投弹百枚,学校、医院及美国传教士住宅被炸,死伤民众 650 余人。同日,日机炸广州,死伤民众 300 余人。

△　11 日,马当附近香口之日军增援部队向香山攻击,一度占领,是晨第九战区一部反攻获胜,收复香山。

△　空军在安庆、贵池、东流一带江面炸沉日舰三艘,并与日机空战,各损失飞机一架。

△　北京大学校长蒋梦麟等全国各大学校长联名通电全世界,呼吁制止日机轰炸中国不设防城市、屠杀和平居民的暴行。

△　伪冀东保安队长周维新在滦县率队反正,次日通电宣布脱离日伪,组成华北人民抗日联军第三军区第二路第九总队,表示"在华北人民抗日自卫委员会领导下,誓为援助国军收复失地而奋斗"。

△　浙江省以新《危害民国紧急治罪法》已将旧法规定之"宣传与三民主义不相容之主义"罪一项删去,今后宣传共产主义是否法无明文,不加处罚,于 6 月 12 日呈请行政院核示。是日,行政院指令称:宣传共产主义仍按《危害民国紧急治罪法》严加取缔,不必函中央核示。

△　日本五相会议制定武汉作战期间的《对华谋略》,其要旨为:"(一)起用中国第一流人物,削弱中国现中央政府和中国民众抗战意识,同时酝酿建立巩固的新兴政权的趋势。(二)促进对杂牌军的拉拢和归顺工作,设法分化、削弱敌人的战斗力。(三)利用、操纵反蒋系统的实力派,使在敌人中间建立反蒋、反共、反战政府。(四)推进回教工作,在西北地方划定由回教徒形成的防共地区。(五)设法造成法币的崩溃,取得中国在国外资金,由此在财政上使中国现中央政府自行消灭。(六)为了便于完成以上工作,应进行必要的策略性的宣传。"

7 月 13 日　　行政院副院长张群出席国民参政会会议,口头答复参政员张申府等关于抗战建国具体计划之询问案,通过审查报告案,其中计有钟荣光等请派飞机制止广州轰炸案及李圣五注意德、意邦交案,对李案争执激烈。

△　蒋介石电令第三、九两战区作战地境改为湖口、都昌、鄱阳、管栎市、东乡、金溪、南城、黎川之线,线上属第三战区。

△　蒋介石下令拿办马当作战贻误战机之第一六七师师长薛蔚英。8月15日,军法执行总监部判处薛蔚英死刑,在武汉执行枪决。

△　第一战区程潜部克鲁西巨野、菏泽、定陶,日军向济宁撤退。

△　第五区战李宗仁部克安徽涡阳,16日克蒙城。

△　冀东游击队克宁河县,次日克宝坻。

△　国联同志会在哥本哈根举行大会,决议吁请各国予中国以财政、经济补助,实行抵制日货,并致电中国总商会等团体,对中国人民英勇抗战表示同情与赞扬。

7月14日　国民参政会第一届会议通过《设立省、县参议会》及《加速完成地方自治条件》等议案,并决定在国民参政会闭会期间设置驻会委员的选举办法。

△　日本华中派遣军司令官畑俊六分别向第二、第十一军发出汉口作战之准备命令,令第二军将部队集结于合肥附近,伺机占领六安、霍山,准备沿大别山北麓作战;第十一军攻占黄梅及九江,接着占领瑞昌—德安一线,准备以后的作战。

△　日机向守卫鄱阳湖口雷区之"海宁"炮艇袭击,该艇猛烈迎击,日机受创遁去,旋再来袭,"海宁"炮艇被炸沉。

△　日机狂炸广州,14层之新亚酒楼被炸,民众死伤近千人。

△　空军在东流江面炸沉日舰四艘,并击落日机一架。同日,日舰进窥鄱阳湖,被击沉二艘。

△　第一战区程潜部克河南太康。

△　日军第一〇八师团主力自济源陷垣曲。

△　八路军第一二九师秦基伟支队在井(陉)平(定)公路石门口设伏,毙伤伪军百余人,击毁汽车三辆。

△　中国出席第二届世界青年大会代表团一行15人,由团长杨福攸、副团长徐佩君率领,离武汉经香港赴美国。

△ 伪满洲国外务局就所谓苏联士兵 30 余人侵入"满领"张鼓峰"构筑阵地"之事,训令北满外交技术员向苏联代理总领事库茨莱索夫提出严重抗议。次日,日驻苏代办照会苏联代理外交人民委员,要求从张鼓峰迅速撤回苏军。

7 月 15 日 国民参政会第一届会议闭幕。选举张君劢、左舜生、沈钧儒、董必武、陈绍禹、秦邦宪等 25 人为驻会委员。通过宣言,略称:参政会一致决议,"拥护抗战建国纲领,作为国民政府抗战时期施政方针","中国民族必以坚强不屈之意志,动员其一切物力人力,为自卫、为人道与此穷凶极恶之侵略者长期抗战,以达到最后胜利之日为止"。呼吁世界各国"以一切可行之方法,孤立日本"。郑重声明:中国是"独立自由之国家",南北傀儡组织"乃敌阀之俘囚","在国际法上且远逊于丧失独立后之被保护国之地位"。并指出:"中国今日全国一致,各党各派在抗战建国纲领基本方针之下,共同奋斗","以统一与团结为一切行动准绳","树立民主政治之基础","厉行节约运动","集中一切智力、资财,增进生产,加速建设,务期巩固金融,开发资源,以求军需之自给,并为民生之保障","尽一切努力,忍一切牺牲,以求贯彻抗战之唯一目的。"

△ 军事委员会任命许绍宗为第二十九集团军副总司令。

△ 第九战区第二兵团总司令张发奎自瑞昌抵九江视察,同第二十九军团军团长李汉魂、第七十军军长李觉、第八军军长李玉堂筹商九江防务。

△ 《中美白银协定》再次延长。美国财政部长摩根索在华盛顿对记者宣布:《中美白银协定》原定本月 15 日为有效之终止期,现双方同意继续延长。按:该协定为 1937 年 7 月 8 日签订,为期半年,上年 12 月已延长一次,此为第二次延长。

△ 日本五相会议通过《建立中国新中央政府的指导方针》,决定:为在中国建立一个亲日的中央政权,必须尽快使"临时"及"维新"两政权合作,建立联合委员会,并使内蒙联合委员会与之联合,逐渐吸收各

种势力,使之成为真正的中央政府。新中央政府建立的时机,要依据占领武汉后蒋政权的情况而定,如国民政府改组或蒋介石下野,就不建立,否则就建立;如国民政府分裂或改组,就把它作为组成新中央政府的一个成员。

△　日本驻朝鲜军司令官小矶国昭大将卸任,遗缺由中村孝太郎大将继任。

△　上海伪"大民会"在四川路新亚酒楼成立,每月由日本特务机关拨经费二万元。该会前身为"兴亚会",由日人北原雄龙主持,当腋少佐及大西为顾问,三浦为指导。南京伪维新政府立法委员高朔、张韬,实业部司长叶鼎新及其他一些重要官员均为该会之成员,其势力遍及江、浙沦陷区。

7月16日　军事委员会制定《难民移置办法》,规定凡长江北岸之难民,应沿汉水向陕南、陇南移置;其在江南各地者,应沿湘黔公路向贵州移置;如交通工具缺乏,则由救济机关统率步行,沿途设站供应茶水食宿并保护安全。是日,分电有关各省遵照。

△　薛岳以杭、吴方面之敌已抽出二万余人向长江中部转移,电陈诚商请抽调第三战区数师兵力转用于鄱阳湖东岸作战。

△　薛岳电南昌第八集团军副总司令叶肇:"请派约一连兵力之游击队,位置于乐化东北之金塘桥,以此为据点,发动该方民众武力,专任盘龙岗、金盘架、顾村、河头铺地区之湖防;一为拒止敌军登陆,一为将来袭击敌军侧后,请饬办具报。"

△　日机30架袭武汉,我空军起飞迎击,战于汉阳上空,日机被击落一架。

△　山东汶上日军向济南退去。是日,汶上县长率保安队收复县城。

△　陕西安边县保安队于是夜袭击八路军驻安边警备第二团。22日,朱德、彭德怀电蒋介石提出抗议,指出:"大敌当前,一切力量应集中抗日,该县此种行动,实属有意破坏团结,自损国力。"要求速电制止,并

"*严禁此等事件继续发生*"。

7 月 17 日　第九战区第二兵团总司令张发奎召集各军、师长至九江开会,到第二十九军团军团长兼第六十四军军长李汉魂、第一五五师师长陈公侠、第一八七师师长彭林生、预备第九师师长张言传、第八军军长李玉堂、第三师师长赵锡田、预备第二师师长陈明仁、预备第十一师师长赵定昌、第二十五军军长王敬久、第五十二师师长冷欣、第一九〇师师长梁华盛、第七十军军长兼第十九师师长李觉、第一二八师师长顾家齐、第十五师师长汪之斌、炮十团团长彭孟缉。张发奎以各部军纪甚坏,精神尤欠紧张,重致训诫。

△　军事委员会任命白崇禧代理第五战区司令长官职,是日白于商城城北之岳家祠堂就职。

△　第二战区阎锡山部在八路军协同下反攻日军,收复垣曲,日军退皋落镇。

7 月 18 日　毛泽东、朱德致电巴黎法国《人道报》转国际和平大会,请求大会号召和组织各国人民,给正在英勇反抗法西斯侵略的中国人民和西班牙人民以更大的同情和更有力的援助。

△　日机 27 架袭南昌,我空军起飞迎战,激战于洪都上空,击落日机四架,日空军航空大尉南乡(日空军飞行员"四大天王"之一)被击毙。

△　开滦马家沟、林西、唐庄子 7000 矿工,在冀东七县大起义影响下,由共产党员周文彬、节振国领导,举行抗日武装起义,攻占赵各庄矿区警察局,攻入唐庄子矿区。后遭日军镇压,一部分人转入山区,参加冀东抗日联军。

7 月 19 日　日机 39 架狂炸武汉三镇,投弹 200 余枚,并投烧夷弹。徐家棚车站及居民区被炸惨重,毁房 400 余栋,死伤民众 1000 余人。

△　云南省府主席龙云奉召赴武汉向蒋介石报告滇政,并请示抗战大计及后方建设事宜。28 返回昆明。

△　第三战区顾祝同部袭击浙江武康,与日军渡边部 600 余人激

战数小时,于是晚收复武康城。次晨,敌大批增援部队开到,步、骑、炮各兵联合反扑,顾祝同部旋即退出县城。是役毙敌 400 余人。

　　△　日本五相会议通过《从内部指导中国政权大纲》,提出对中国抗战力量进行分化瓦解,以达到"确立日满两国不可分割的友好关系","促进日华两民族合作"统治中国的方针。在军事上,促使中国军队投降,反蒋反共,支持"新政府";在政治上,控制华北、华中、蒙疆伪政权,摧毁抗日容共政权;在经济上,抓住铁路、水运、航空、通讯等交通事业,开发中国资源;在文化上,排斥、打击共产党,而对国民党则应修正三民主义,使之逐渐适应新政权的政策。

　　△　美驻华大使馆一等秘书沙里司伯从北平报告美国国务院:唐绍仪已成为日本选中的人物,并已和日人约定:一、保证汉口落入日本手中;二、在南京建立一个融合各方的新政权;三、这个新政权有遵循孙中山三民主义的自由。

7 月 20 日　第九战区司令长官陈诚由南昌抵九江,嗣后由星子转观音桥赴莲花洞,设行营于莲花洞。

　　△　日机终日在九江一带上空盘旋,向沿江李汉魂部阵地投弹 200 余枚,李部死伤 10 余人;敌舰七艘,由杨家湾上驶,并以三舰开炮掩护,炮战二时许,被击退。下午又由湖口炮击狮子山及灰山,李部部分工事被毁,人员无大损失。

　　△　日机空袭岳阳,创"民生"、"江贞"二舰。

　　△　美波士顿大学学生 500 余人同市民举行示威游行,声援中国抗战,并将日货投入海中。

7 月中旬　日军第六师团全部及第二、三师团各一部、台湾佐滕旅团主力并配合机械化部队共约七万余人,向大别山南麓潜山、太湖、黄梅、广济、田家镇一线大举进犯。第五战区长官司令部以王缵绪集团军第四十四军四个师、李品仙第四兵团 12 个师占领黄梅西北一带山地侧击西进之敌,以李延年第二军四个师守备田家镇要塞,刘汝明第六十八军守备黄梅、宿松沿长江各据点,兵力共约七万余人。武汉会战大别山南麓战役开始。

7 月 21 日　国民政府公布《民国二十七年河南省六厘公债条例》，定额国币 500 万元,32 年还清,自公布日施行。同日公布《民国二十七年甘肃省建设公债条例》,定额国币 200 万元,16 年还清,自公布日施行。

△　国民党中央常务会议第八十六次会议议决改组湖北省党部,派陈诚为主任委员,喻育之等 11 人为执行委员。陈诚未到任期间,由喻育之代理职务。

△　财政部以第二十四集团军副总司令韩德勤私吞军费 45 万元,电请军委会派员详查追回。

△　第九战区司令长官陈诚在莲花洞召集师长以上军官训话,并讨论作战问题。

△　第五战区克舒城。自皖北涡阳、蒙城等地克复后,日军 4000 余人困守舒城,第五战区李宗仁部会同游击队两师于是日猛攻舒城,敌不支溃逃,舒城克复。

△　八路军第一二九师第三八六旅袭入河南辉县,歼灭伪军百余人。

△　日舰 20 余艘在飞机掩护下再陷广东南澳,该县县长洪之政率部退入山中继续抵抗,终以寡众不敌,被迫坠崖。

△　日驻苏大使重光葵访苏联外交人民委员李维诺夫,要求从满洲境内撤退苏联边防军,否则日本当诉诸武力。李维诺夫依据 1869 年《中俄珲春条约》所附之地图,指出张鼓峰属苏联领土,苏联政府决不以重光葵毫无根据之要求而变更苏联部队之驻扎地点。

7 月 22 日　蒋介石致电世界反轰炸不设防城市大会,谴责日机轰炸广州及其他城市,呼吁大会采取措施"保卫老弱与非武装平民之安全,并促进国际间之和平与秩序"。同日,国际反侵略大会中国分会会长宋子文、副会长邵力子致电反轰炸大会,要求各国采取集体行动,制止日军暴行。

△ 行政院长孔祥熙对军官训练团讲演《敌我财政现状之比较观》,着重指出,"我们可以断定,在长期作战之下,日本的财政经济必趋于崩溃,这是毫无疑义的"。但是,"在目前阶段中,我们绝不能把日本的力量估计的过低,加以忽视,松懈了我们的奋斗"。并谓:"现在我们已切实作到全民抗战了,但还有许多宝藏无法运用,许多人力均被浪费⋯⋯我们如果要应付长期抗战,争取最后胜利,我们还需要更大的决心,更大的毅力,刻苦耐劳,忍辱负重。对于人力物力,务须极力节省,以达长期支持之目的。"

△ 国民政府公布修正《矿业法》,规定"矿业权设定后得准许外国人入股合组股份有限公司经营矿业";对"以诈欺取得矿业权或违法私自采矿者,判处三年以下之有期徒刑或科以三千元以下之罚款"。

△ 内政部核准将四川雅安、芦山、天全、荥经、汉源、宝兴、越隽、冕宁、西昌、会理、昭觉、盐边、盐源、宁南、金汤、宁东 16 县改隶西康省。

△ 第一战区程潜部克豫北涉县,日军退邯郸。

△ 韩德勤电呈蒋介石、孔祥熙,报告第八游击司令曾锡珪"庇纵部下为非","收纳土匪","擅撤国防前线部队","意图叛变",请即派员接替该司令之职务。

△ 日本陆军参谋总长指示侵华各军:土肥原被派往中国执行《适应时局实施第二期谋略计划》,现地各军应予以必要的配合和援助。

7 月 23 日 日军在姑塘登陆。凌晨,日军波田支队七八百人分乘汽艇 70 余只,在日舰 10 余艘掩护下,由湖口驶入鄱阳湖鞋山附近,分两路向西岸姑塘以北地方强行登陆,遭李汉魂部各要隘守军强烈抵抗,日汽艇被击沉 10 余只。至天明,敌机 20 余架凌空轰炸,投弹 400 余枚,敌舰复以排炮轰击,李部沿湖阵地悉遭破坏,预备第十一师崩溃,乃调第十五师一团由左翼增援,调第七十军第一二八师会攻姑塘,均遭敌阻。由星子北进之第一九〇师,在吴障顶止步不前。反攻未能奏效,姑塘终陷敌手。

△ 代理四川省府主席王缵绪奉召飞汉,向蒋介石报告省政。

△ 薛岳以日军在姑塘登陆,电南昌叶肇特别注意湖防,并指示保安团及第六十六军应严密守备之要点,请即配备赶筑坚固工事。

△ 第一战区程潜部克山东曹县。

△ 南京伪维新政府任命倪道烺为安徽省伪省长。

7 月 24 日 日军进攻九江。姑塘陷后,波田支队与一〇六师团会同进攻九江。是日拂晓,一〇六师团在海军炮舰及第三飞行团海空掩护下,以一部在胡家、马家附近湖岸,主力在殷家庄登陆,经塔顶山南侧地区,向九江西南攻击前进。同日,李汉魂下令撤退三角地带之第三师、第十五师、第一五五师沿湖部队,分三路向南转击,敌以突受腰击,其势顿挫,九江形势暂趋和缓。

△ 副参谋总长兼代第五战区司令长官白崇禧电蒋介石,报告皖北民众抗日自卫武装情形。谓:"皖北民风强悍,从军者极众。此次受敌摧残,多起而组织自卫武力,到处游击,时有效果,且向与驻军感情融洽,数逾 10 万。兹欲向合、巢、淮、蚌一带,发动广大正面攻击,拟以正式军队一师以上配合民众武力,以专人统一指挥,以期切实收效,则消极可截敌之南北交通,使其疲敝,积极可牵制敌军力,使江南作战容易,且免地方壮丁被敌征用,所费甚少,其益甚大。"

△ 冀东游击队克清河,旋日军由北平增援,反攻甚烈,游击队遂退出该城。28 日,冀东游击队再克丰润县。同日,夜袭唐山,捣毁伪冀东银行。

△ 国际反轰炸不设防城市大会通过反对轰炸不设防城市之决议,呼吁各国加以制止,并主张按国际公约援助中国,抵制日货,停止以军火供日,反对任何与中国独立、主权及领土完整相抵触之解决中日战争之办法。

7 月 25 日 国民政府公布《民国二十七年福建省建设公债条例》,定额国币 800 万元,年息六厘,15 年还清,自公布日施行。

△ 蒋介石兼任第四战区司令长官。

△ 河北省府主席鹿钟麟自洛阳发出《告河北民众书》,提出四项

施政方针,其中对于民众方面,则表示"一面普遍发动河北省广大民众之抗敌组织,一面对河北省现有之各民众组织及武装力量予以适当之整理";并称:"尤注意系统之指挥及相互之联系,务使其行动一致,配合适当,而消灭一切无意识之磨擦,总期团结整个民族力量以一致打击共同之敌人。"

7月26日 九江失陷。25日晨,日舰开始炮击九江,11时直驶九江江面,飞机猛烈轰炸并投燃烧弹焚毁市区,旋由马厂湖及洋油厂分途登陆,且抄至上八里坡。第八军左翼极受压迫,九江侧背更属危险,第四军赶到,未能立即投入战斗。25日夜,日军冲进九江城内,同李汉魂部守军展开激烈巷战。至是日晚7时半,九江完全失陷,守军奉命向牛头山、金官桥、钻林山亘成湖之线转进。

△ 小池口失陷。25日,日舰28艘炮击九江对岸小池口刘汝明第六十八军阵地,并以飞机70余架掩护海军陆战队四次登陆,均被刘部击退。是日,日军继续猛攻,守军伤亡过半,小池口失陷。

△ 太湖失陷。日第十一军第六师团冈本联队及台湾军佐滕旅团主力沿潜(山)太(湖)公路犯太湖,与第五战区李品仙第四兵团韦云淞第三十一军激战,韦部向太湖以西之高地转移,日军遂陷太湖。

△ 蒋介石电令国民党各级党部及中央各院、部、会,要求赴内地各省之中央党政人员,厉行节约,一切衣食住行之生活,务循简单朴素之原则。同日,并电国防最高会议秘书长,严禁公务人员兼职并兼薪。

△ 国民政府公布《民国二十七年浙江省六厘公债条例》,定额国币1000万元,25年还清,自公布日施行。

△ 薛岳以九江失陷致电张发奎及瑞昌霍揆彰、孙桐萱,请速令瑞昌、九江部队将九江、瑞昌间之余庄、阎家渡、官湖港、张家渡、老渡口、项家铺江堤、湖堤彻底破坏,引江水、湖水灌成泛滥,阻敌机械化部队西犯。

△ 战时日本研究会会刊《战时日本》在武汉创刊,宋斐如主编。

△ 国民参政会参政员、前北京政府总理张绍曾在汉口病逝。

△　南京伪维新政府任命江洪杰为交通部长,原任行政院长梁鸿志免交通部长兼职;任命交通部次长胡祁太为地方行政部长。

△　日本五相会议决定设立"对华特别委员会",专门负责对华重大谋略(按:指政治、经济谋略,不包括直接作战)及建立"中国新中央政府"的执行机关,受五相会议领导;该委员会由土肥原(陆军部代表)、津田静枝(海军部代表)、坂西利八郎(外务省代表)组成。后因受土肥原具体控制,又称为"土肥原机关"。

7 月 27 日　蒋百里自欧洲回国,由香港飞抵汉口,是日,向蒋介石报告赴欧考察经过,并对记者谈话谓:世界各国热切同情中国,抗战前途殊可乐观,切盼全国人士咸抱必胜之信心,抗战到底,雪耻复仇。

△　薛岳致电湘省主席张治中,请其速令各专员、县长发动当地民众,于 9 月底以前完成蒲圻——长沙线、通城——朱溪厂——长沙线、万载——长沙线、萍乡——长沙线、莲花——遂川——衡阳——耒阳线等公路、铁路线上之城市圩站,择要构筑一旅或一团兵力守备之据点工事,以备将来作战之用。

△　军事委员会任命石友三为第十军团军团长。

△　第一战区程潜部克豫北济源,日军向沁阳退去。

△　《大众报》(豫东版)在河南扶沟创刊。

△　英国外相哈里法克斯在上院宣称:政府决定保护在华利益,克莱琪大使已奉命向日方严重交涉;关于对华信用贷款各项建议,决予分别考虑。

7 月 28 日　第一战区程潜部克河南柘城。次日进逼安徽亳县,与日军竟日激战。

△　河北民军总司令张荫梧在汉口对记者谈该军概况,称:现河北民军总指挥部辖 16 个干部大队,10 个民军团并划为六个民军区,共有 1.2 万余人,有组织之民众四万余人,有抗日机关之县份计有 54 个,不脱离生产之广大群众 10 万人,分布于各铁路沿线与八路军协同,打击敌人。

△　北平日伪当局因近日游击队活跃,出动全部警察在全城挨户搜查,并出动坦克六辆及机关枪队沿西城各街来往巡逻。警察局并发出传单称,大量日军及坦克、飞机已开到北平,要求居民对日军采取"友好态度"。

△　日商上海内河轮船公司成立,8月6日开始营业。黄浦江及苏州河等内地航业均由该公司垄断经营,华商各轮船公司被迫完全停业,所有船只多被日方没收。

7月29日　第五战区第二十四集团军韩德勤部克江苏东台。

△　空军在湖口炸沉日舰一艘,在鄱阳湖内鞋山炸沉日舰三艘、汽艇二艘。

7月30日　第二战区卫立煌部克晋城、沁水。山西日军自阳城、河头东窜,卫部在川底附近截击,是日收复晋城。同日,沁水之日军将城厢附近村庄焚毁后,倾巢西窜,卫部占领该县城。

△　外交部秘书周珏、驻日本神户总领事王守善叛国降日,外交部予以撤职查办。

△　日本驻朝鲜军第十九师团向张鼓峰苏军阵地发起猛攻,战争突然爆发。次日占领张鼓峰、沙草峰(张鼓峰北二公里)。据日方统计,张鼓峰之战,苏军伤亡估计为200至300名,炸毁坦克10辆;沙草峰之战,苏军伤亡200至300名,毁坦克七辆。日军两个大队共死45名,伤135名。

△　波兰驻日大使罗梅尔正式通知日本政府,波兰承认伪满洲国,互派外交代表。

7月31日　第九战区第二兵团总司令张发奎奉命调回瑞昌方面,南浔军事概由第一兵团总司令薛岳负责。

△　蒋介石对保卫武汉之各部队长官讲演《发扬革命历史的光荣保卫革命根据地的武汉》,强调保卫武汉的重要意义,指出:"此次保卫武汉的战役,乃是我们国家前途和整个抗战局势最重要最紧急的关头。"要求各部队长官:第一、高级将领应抱定必死的决心,誓与武汉共

存亡;第二、各级主官应始终不离部队,誓与士兵共患难同生死;第三、高级将领应有坚决的企图心,虽天崩地裂,此志不移,誓死求其贯彻。

△ 蒋介石电令李汉魂固守南浔线之牛头山、金官桥、十里山、鸡公岭亘城门湖之线,如有退却者就地枪决;某部溃退,即惟某部长官是问。

△ 日本大本营陆军部为提前进行汉口作战和广州作战,提出《以秋季作战为中心的战争指导大纲》,制定"统一加强总动员和军需总动员"和"抓住结束战争时机"的方针,规定:夺取汉口,以"摧毁蒋政权的最后的统一中枢";攻占广东,以"切断蒋政权的主要补充线",并"迫使国民政府和某第三国提出议和","及时结束这次事变"的战略目标。同时规定"下一时期的军备对象,确定是苏联"。

△ 伪华北电报电话会社成立,资本 3500 万元,由日、"满"、伪三方承担,主要经营有线、无线电报电话,控制天津、北平、山东、上海等地电讯事业。同日,伪"华中电气交通公司"在上海成立。

7 月下旬 周恩来、林伯渠先后会见蒋介石、何应钦,讨论扩大八路军编制事。蒋、何以 200 师已满额,不愿给师的番号。

是月 程潜在徐州会战的总结中指出:"此次徐州会战,我军虽四倍于敌,但主动地位已失,终于失败。"其原因为:一、指挥官视敌如虎,精神衰颓;二、士兵为强迫,极易潜逃;三、缺乏训练,战斗毫无韧性;四、情报不良,甚至伪造敌情;五、指挥官图避损失,不服从命令,阳奉阴违;六、缺乏协同,即使有利亦按兵不动;七、新式武器不会用、滥用、妄用,造成无谓的牺牲。

△ 新四军张鼎丞第二支队挺进江南敌后江宁、当涂、溧水、高淳地区;谭震林第三支队进入皖南前线抗敌。

△ 经济部资源委员会与浙江省建设厅合办浙东电厂成立。该厂系将浙江原碧湖、丽水两厂改组并吞并若干小厂而成,资金总额 120 万元,共七个分厂,发电容量 500 瓩,总经理赵曾珏。

△ 资源委员会与湖北大冶源华煤矿公司合办湖南辰溪煤矿公司

成立。贺衡夫为董事,孙守五为经理,资本 40 万元。

△　资源委员会将湖南湘潭、湘乡、邵阳三煤田划为国营,成立湘乡恩口煤矿局,并强行收买瑞丰公司斜井两口。该局共有资金 17.4 万余元,资源委员会副委员长钱昌照兼任董事长,黎重光任总经理。后因战局影响,于 1939 年结束,将设备转让于云南明良煤矿局。

△　经济部与四川省合办四川酒精厂,设于内江,资本 20 万元,月产酒精三万加仑。

△　《共产国际》7 月号发表《共产国际执行委员会主席团的决定》,声明完全同意中国共产党的政治路线,批准中国共产党开除前中央委员张国焘的党籍,号召国际无产阶级、共产国际各支部及一切热诚拥护民主与和平的人民,用一切方法加紧援华运动,制止日本侵略,打倒日本帝国主义。

8　月

8 月 1 日　蒋介石带领中央临时干事会及三青团中央团部全体人员 182 人,在武昌举行第一入团宣誓礼。随后,三青团全体干部在团长监视下,集体宣誓。同日,军事委员会战时工作干部训练团第一期学员 4000 人,举行毕业典礼,并由蒋介石监视宣誓,集体入团。

△　汪精卫在武汉宣布国民党中央决定:中央党部及国民政府各院、部、会驻武汉办事处一律撤销,限期迁移重庆。并谓:武汉已成卫戍区域,一切以军事为重。

△　第九战区第一兵团总司令薛岳,是日奉命指挥南浔线作战,乃重新部署:第二十五军守备盛家咀亘星子一带湖防;第七十军占领牛头山、金官桥之线;第八军占领十里山、钻林山之线;第四军构筑车轮北端山、鸡公岭、皇天脑线预备阵地;第六十四军控制中岩、大岩、茶子山、胡罗婆尖一带山地;第七十四军控制德安附近;第六十六军控制乐化附近,旋转进至金官桥阵地。

　　△　军事委员会第三厅下属的抗战演出队和抗战宣传队举行成立大会,周恩来讲话要队员坚持艺术为抗战服务的方向。

　　△　第十八集团军高级参议宣侠父在西安自八路军办事处回家途中,被国民党特务绑架,当晚即惨遭杀害。

　　△　伪蒙疆联合委员会在日人金井章二操纵下改组。原总务、产业、交通、金融等专门委员会改组扩大为总务、产业、财政、保安、民生、交通六部,各部均由日人担任顾问,掌握实权。改组后,蒙疆联合委员会由协商性机构变为高于蒙古、察南、晋北三伪政权之上的指导机关。该伪政权地域北接外蒙,南达陕西、宁夏,人口 270 余万,其中蒙古族约 25 万。

　　△　日伪成立上海公产会社,以控制上海城市建设与发展计划。

　　△　苏联发表张鼓峰事件公告,略谓日军炮队协同步兵攻入苏联领土四公里之内。数小时后,苏联军队援兵开到,将日军驱退。日军死伤 400 余人,苏军死 13 人,伤 55 人。

　　△　英国从印度、澳大利亚、新加坡所调警卫部队陆续到沪,至是日,驻沪英军由 2000 增至 1.5 万人。同日,英驻沪总领事为日军屡次侮辱英侨事,向日驻沪总领事提出抗议。

　　8 月 2 日　国民政府令免军事委员会委员长重庆行营主任顾祝同本兼各职,特派张群继任,并免去其原任四川省府委员兼主席张群本兼各职;任命王缵绪兼四川省府主席。

　　△　宿松失陷。7 月 30 日,日军第六师团由望江、宿松公路向宿松大举进犯,8 月 1 日同第五战区第六十八军刘汝明所部守军发生激战,日军两个联队被歼。是日,日军陷宿松,守军退至黄梅防线。

　　△　九江方面日军在沙河车站受阻,不得南进,乃于是日绕向南浔线以西之赛湖(沙河西北)南岸冲入瑞昌县境,经第九战区第三十集团军王陵基所部守军迎头痛击,被歼过半。

　　△　第二战区卫立煌所部自上月 29 日起,在晋南沁水县王寨、固镇杨家山及东、西邬岭间截击由沁水西犯之日军第一〇五师团藤勇及

加岛部 2000 余人,激战五昼夜,至是日,毙敌 1500 余人,生俘 40 余人,夺汽车 200 余辆、装甲车四辆,残敌 400 余西窜。3 日,又于上李家坝、上吴村间毙敌 50 余人,并克翼城。

△　山西沁水之徐济部伪军六个大队,携轻机枪七挺、步枪 5000 余支全部反正。

△　日军 4000 余人附汽艇 64 艘,分由高桥、海宁、宁桥沿江边公路犯浙东海盐,是晚海盐失陷。

△　第九战区总动员委员会在武汉成立,通过该会组织规程,推定贺衷寒为秘书长。

△　海关巡逻舰"江星号"在汉口下游被日机炸沉,舰长英国人克罗莱及华籍职工二人被机枪射死。

8 月 3 日　南浔会战开始。九江陷后,日华中派遣军司令官畑俊六率 30 余万人溯江窥武汉;而以第一〇一师团、第九师团、第二十七师团、近卫师团一部,配合波田支队,兵舰 80 余艘,飞机数十架,水陆呼应,自湖口、九江南下,图先略德安、南昌,再西趋长沙,歼灭长江南岸第九战区军队,截断粤汉路,对武汉形成大包围。第九战区第一兵团总司令薛岳率第二十五军、第七十军、第八军、第四军、第六十四军、第七十四军、第六十六军,担任星子一带湖防亘南浔正面金官桥、德安等地之守备。是日,盘踞九江之日军第一〇六师团向金官桥一带攻击,薛岳所部第七十军、第八军、第四军迎击来犯之敌,发生激战。

△　蒋介石会见周恩来、陈绍禹、秦邦宪,就国共两党团结、保卫武汉等问题交换意见。蒋答应中共中央代表团和中共湖北省委代表参加保卫武汉的工作及动员委员会。

△　日机 68 架袭武汉,在机场附近投弹数十枚。中国空军与苏联空军志愿队起飞迎战,在武昌及黄石港上空激战,击落日轰炸机一架、驱逐机 11 架。同日,日机 28 架炸汉口机场,弹落人口稠密之居民区,居民死伤颇多。

△　空军炸安庆日军机场并炸毁江面日舰一艘。日机 19 架起飞

迎战,被击落二架。

　　△　第二战区阎锡山部克晋西离石,日军退守中阳。

　　△　经济部长翁文灏在重庆对新闻界人士谈战时经济政策,要点为:首应顾及抗战建国之需要,实行门户开放,中外合作,以加速发展各种事业为前提,而不造成某一国势力范围;以自给对封锁,以公开合作对一国专利,既为我国自主之要计,亦为远东和平之基础。当前,以开发西南、西北各省最为重要。

　　△　武汉战时节约运动宣传周举行开幕式,社会部长陈立夫任总主席并作报告,大会通过电请全国各界厉行节约运动等三项要案。各宣传队深入街道进行宣传,李德全、郭沫若等分别在电台演说。7 日,蒋介石以宣传成绩良好,致电嘉勉。

　　△　武汉卫戍总司令部政治部发表文告,劝导武汉民众积极疏散,避免无谓之牺牲。次日,国民党湖北省党部发表《为疏散武汉人口劝告民众书》。

　　△　国民政府任命蒋志澄为重庆市长,原任李宏锟免职。

　　8 月 4 日　黄梅失陷。2 日,日第六师团先头部队 3000 人沿宿松、黄梅公路,向黄梅进犯,与第五战区第六十八军刘汝明部、第一三五师苏祖馨部在潘家铺、徐家桥、凉亭河、二郎河等地激战,另一部约 4000 人与刘汝明部主力在双河口、掂林铺渡河桥及独山镇激战。刘部伤亡过半,撤守苦竹桥之线,日军进迫黄梅城郊,向下河桥、鲍家山之线猛攻。至是日午后,敌由北门突入,与刘汝明守城部队进行激烈巷战,因敌陆续增加,守城部队除少数突围外,余皆壮烈牺牲,黄梅失守。

　　△　拂晓,九江方面日军 3000 余人,由纱帽山、南昌铺、沙河之线进攻,被击退。次日上午日军再度来攻,配有坦克,来势凶猛,与薛岳兵团所部守军激战于牛头山、马鞍山、沙河一带,日军死亡在 2000 人以上。午后,日军第一〇六师团全部加入火线,战斗愈益激烈,薛部生力军增援反攻,敌卒未能得逞。

　　△　国民政府驻汉口各行政机关全部迁移重庆。

△　国民党中宣部、军事委员会政治部、湖北省暨武汉市党部、武汉卫戍总司令部政治部联合成立"武汉各界纪念'八一三'保卫大武汉宣传运动委员会",决定开展大规模的宣传运动,动员和组织民众积极参加保卫大武汉之各种工作。

△　新生活运动妇女指导委员会联络委员会在武汉召集妇女团体座谈会,商讨保卫大武汉工作,武汉30余个妇女团体代表42人出席。联络委员会主任史良主席并致词,刘清扬、邓颖超、孟庆树分别在会上发言。会议决定成立武汉各界妇女团体联合办事处。

△　日机两批共27架侵入南昌上空,投弹百余枚,死伤民众260余人。南昌市民为避日机轰炸,连日纷纷迁出,城内居民已由30余万减至8.5万人。

△　八路军在南宫县成立冀南行政主任公署,杨秀峰、宋任穷分任正、副主任。

△　八路军第一二〇师一部袭击晋北同蒲路榆林车站,毙日军150余名,毁火车一列。

△　日本驻苏大使重光葵同苏联外交人民委员李维诺夫于莫斯科举行正式会谈。重光葵表示,日政府愿意和平解决张鼓峰事件,以外交谈判结束纷争。李维诺夫提出以停止进攻苏联领土,撤退日军为谈判条件;并声明:如日军一日不撤退,则苏联当保留行动之自由。重光葵允将苏联政府之意见报告本国政府。

△　英国驻日大使克莱琪与日外相宇垣会商长江及内河航务以及实业、铁路诸案。17日,双方再度接洽,日方希望英国不予中国任何协助,并与日合作,防止中国共产党活动。19日,驻英大使郭泰祺以日方拟向英提出允许日在华北有自由行动权,则日愿将长江提供英经营一事访晤英外交部,声明中国决不接受。

8月5日　第九战区拟定保卫武汉作战计划:拟以一部配置于沿江各要地及南浔线,尤须固守田家镇,以主力控置于德安、瑞昌以西及南昌附近地区,侧击并歼灭深入西犯之敌,务立于外线地位,确保机动之自由;万不得已时,则以卫戍部队固守武汉,以有力部队于沿长江各点随时侧击敌人,阻其西进,其主力应转移于武汉外围,夹击聚歼敌人。计划将整个战役分为三个作战时期:以敌犯瑞昌或德安为第一时期;以敌占瑞昌或德安后为第二时期;以敌占田家镇要塞后以主力进犯武汉为第三时期。各兵团任务及行动,则依三时期之变化随时部署。

　　△　汪精卫自武汉抵重庆,当日接见记者发表时局谈话,略称:倭寇对于我国因深入而益陷于困势,对国际因树敌而益陷于不能自拔之境,惟望同志、同胞益自策励,前方、后方联成一气,以努力争取最后之胜利。

　　△　军事委员会任命吴奇伟为第九集团军总司令,李延年为第十一军团军团长,樊崧甫为第十二军团军团长,俞济时为第三十六军团军团长,王敬久为第三十七军团军团长。

　　△　湖南省政府发行建设公债 1800 万元,年息六厘,期限 20 年。

　　△　吕正操部攻克保定东北之容城,全歼守敌 200 余人,俘敌百余人。

　　△　香港英文《孖剌西报》首载日本向中国提出的五项议和条件,下午各晚报均转载。五项条件为:一、日军退出占领区,但中国也不得驻军;二、承认"满洲国";三、上海虹口、闸北、江湾租给日本;四、赔偿战争损失;五、共同防共。

8 月 6 日　蒋介石电第九战区陈诚、万耀煌总、副司令,略谓:"武汉附近各部队在其阵地附近须储积二个月之粮弹,必须作固守二个月半以上之准备,待野战军增援时反攻,以期在武汉附近内外夹击,歼灭敌军。"

　　△　蒋介石以日军主力沿长江两岸西犯急攻武汉,电军令部长徐永昌,指示:"我应调集各处兵力,集结主力于田家镇南北两岸,拒敌西进,相机歼敌,以一部固守鄱阳(湖)两岸延缓至相当时日,敌必自溃。""发动各地游击队,扰敌后方,并设法封锁长江马当下游,断敌运输归路。"

△ 毛泽东、张闻天等致电周恩来、陈绍禹、秦邦宪等,指出:保卫武汉重在发动民众,军事则重在袭击敌人之侧后。在抗战过程中巩固蒋之地位,坚持抗战,坚决打击投降派,应是我们的总方针。

△ 薛岳兵团李觉第七十军同日军第一〇六师团在南浔线之金官桥鏖战,连续两日,阵地失而复得者数次,毙日军第一一三联队队长田中贞造,毙伤日军 1200 百余名,开姑塘退守以来未有之例。

△ 日机 63 架袭炸武汉,投弹百余枚,被武汉防空部队击落一架。

△ 中华民族解放先锋队总队部召集武汉地方全体队员大会,总队长李昌报告当前时局,号召队员一致动员保卫大武汉,并布置工作。会议选举毛雍如、顾文华等七人为负责人,成立民先武汉三镇地方队部。

△ 《抗敌新闻》在武汉创刊,张申府、陈北鸥主编。

△ 南京天主教主教于斌奉蒋介石电召自欧洲返国,是日抵武汉。

△ 苏联步兵第四十师和机械化第二旅所属一个坦克营、步兵第三十二师和机械化所属一个坦克营,在重炮及重型轰炸机 200 余架次配合下,从南、北方向对张鼓峰及沙草峰发动猛烈进攻,经五天激战,至 10 日苏联获胜,日军被逐出张鼓峰及沙草峰。

8 月 7 日 蒋介石下令疏散武汉人口,限是月 15 日前撤出居民 50 万人。

△ 蒋介石电西安行营主任蒋鼎文饬第十七军团军团长胡宗南,准备将所属最坚强的三个师第一师李正先、第七十八师李文等,随时听调,准备增援武汉。

△ 立法院长孙科在巴黎发表谈话,指出:中国抗战,亦即维护世界和平;中国抗战之获胜,仅系时间问题,他国若能在必要时加以援助,则获胜之期自必因之提前。

△ 日机 18 架袭南昌,投弹 60 余枚,死伤平民 150 人,毁房 290 余栋。

△ 朱德、彭德怀电蒋介石,抗议暂编第五十九师、十五师、预备三

师袭击陕西淳化八路军保安队并大举进犯边区,侵占爷台山野猪咀八路军防地及村庄 40 余座。

△ 伪皇协军第一军副军长兼参谋长徐靖远率部 7000 余人在河南彰德水冶镇反正。该部原为骑兵第五师,师长李福和于 3 月 30 日在河南林县投敌,改编为皇协第一军,任军长。该部副军长徐靖远、第二师师长吴朝汉、第三师师长黄宇宙三人,不甘附逆,密谋反正。是日,乘李福和与日军寺内部长川少将参谋自彰德来该军驻地水冶镇之机,以列队欢迎为名,当场击毙李福和、长川少将、彰德日特务机关长洛合大佐、伪皇协军军事高等顾问植田大佐及尉官 16 名、士兵 32 名,率部反正。嗣后,军事委员会拨款五万元嘉奖。

△ 北平伪临时政府公布旧币贬值令,自 8 日起,所有在华北流通之中国银行、交通银行之纸币,按其票面金额九折流通。

8 月 8 日 南浔线日军第一〇六师团自金官桥向南转攻河洲上西北高地,同薛岳兵团第八军第三师赵锡田部反复争夺,得失四次,至次日晚 7 时,卒为赵部占领。是役第三师伤团长一,营长二,连、排长伤亡 51 人,士兵伤亡 1163 人。毙日军大队长二人,日第一四五联队全部被歼。

△ 空军炸香口、彭泽一带日舰,炸沉汽艇 10 艘,伤大型舰六艘。

△ 国民党中央改组江西省党部,派熊式辉为执行委员会主任,范争波为书记长,是日,熊、范等人到省党部视事。并举行首次全体委员会。

△ 武汉卫戍总司令部公布《民众团体高级组织法》,规定各民众团体均须联合为高级组织,由卫戍司令部指定负责人并派员指导;各负责人均须宣誓服从政府命令,如有违背,予以严厉制裁。

△ 日机狂炸广州,死伤民众 700 余人。法国天主教堂亦被炸毁,避难妇孺死伤百余人。11 日,法国驻日大使亨利向日本政府提出抗议,并索赔款 20 万法郎。

8 月 9 日 国民政府特派张群、李国钦为中央银行理事,原常务理事孔祥熙、宋子文、张嘉璈、陈行、叶琢堂、唐寿民、徐堪,理事叶楚伧、王宝仑、钱永铭、陈光甫、周宗良,监事李铭、虞洽卿、林康侯、贝祖诒、徐陈冕、秦润卿、谢铭勋任期届满,均着连任。

△　武汉各救亡团体及民众 1.5 万余人举行火炬游行,高唱《义勇军进行曲》、《大刀进行曲》,决心保卫大武汉。

△　日机 48 架轰炸广州市区,死伤平民 160 余人,毁民房 200 余间。

△　冀南临漳伪军李正修部 600 余人反正。

△　国立江苏医学院由江苏省立医政学院与南通学院医科于四川北碚合并成立。

8 月 10 日　日军波田支队由飞机、舰炮掩护,在港口(瑞昌东北)强行登陆,向平顶山、望夫山(瑞昌以北)进攻,与第九战区第二兵团第三集团军孙桐萱部激战至晚,陷平顶、望夫两山。次日拂晓,第九战区援军赶到,联合守兵猛烈反攻,收复两山头。其后,该二山复陷敌手。

△　日本为统制中国沦陷区丝业,在上海成立华中蚕丝株式会社。

△　日本驻苏大使重光葵同苏联外交人民委员李维诺夫在莫斯科再次会谈,双方于午夜正式签订停战协定,规定:苏日两军自 11 日中午(张鼓峰时间)起,停止攻击。13 日,苏日双方交换遗尸,日军死亡 600 人,伤 2500 人;苏军死亡 236 人,伤 611 人。日方公布:苏军伤亡 4500 人,毁坦克 66 辆,击落飞机三架;日军伤亡 1440 人。

8 月上旬　武汉卫戍总司令部发布《武汉民众团体战时行动规约》,凡八条,规定一切民众团体如召开大会,须于三日前呈请核准派员指导,并禁止民众团体开办训练班及讲演会。

△　上旬至中旬,日军第十三师团、第十师团濑谷支队、第十六师团之第三十旅团及第十四师团一部共约 10 万余人,集结于合肥、舒城一带,图犯六安、霍山,取道豫南,占据信阳,包围武汉。第五战区令第三兵团(辖六个军,共 13 个师另一个独立旅,计 10 万人)总司令孙连仲进驻商城督战。武汉会战大别山北麓战役开始。

8 月 11 日　被困于上海胶州公园之"四行仓库孤军"第八十八师八百壮士,为纪念"八一三"抗战一周年悬挂国旗,与公共租界白俄商团发生冲突,被商团击毙二人,伤 94 人,团附谢晋元等 16 人被扣留。

△　日机 70 余架分三批狂炸武昌、汉阳,投弹 200 余枚,死伤民众 800 余人,华中大学被炸。次日,日机 72 架炸武昌、汉口,投弹 350 余枚,死伤民众 700 余人。

△　空军炸九江日舰,炸沉三艘,重创五艘。

△　青海省举行祭海大典,到各蒙、藏王公等 2000 余人,青海省政府主席马步芳主祭并讲话,号召各民族精诚团结,一致抗战。

8 月 12 日　第六十九军石友三部及范筑先游击队奉命反攻济南,爬入城内与日军展开激烈巷战,双方死亡达 300 余人,日军退往洛口。入夜,石、范两部占领济南,后安全撤退。旋蒋介石特令嘉奖。

△　国民政府特派顾维钧、郭泰祺、钱泰为出席国际联盟第十九届大会代表。

△　晚,新四军陈毅支队袭击苏南句容县城,毙日伪军 40 余人,摧毁该伪县政府。

△　上海"四行孤军"绝食抗议白俄商团之暴行,同时将上海各界捐助之钱款 281 元转捐作保卫武汉之用。

8 月 13 日　蒋介石发表《告沦陷区同胞书》,指出:抗战 13 个月来,已取得战略上、政略上、精神上和外交上四个方面的胜利,要求沦陷区同胞坚守信念,不动摇,不畏怯,奋斗到最后一息。

△　蒋介石电令行政院交涉保护"四行孤军"爱国官兵,同时派员请英国代办葛凌蔚转电在沪之英大使卡尔主持正义。同日,"四行孤军"继续进行绝食斗争,团附谢晋元致函公共租界工部局提出质问。

△　武汉各界在武昌、汉口分别举行代表大会纪念上海"八一三"抗战一周年,大会通过呈蒋介石致敬及电慰前方将士等三项提案。同日,重庆、成都、西安、南昌、长沙、广州等地均举行纪念"八一三"大会或游行。

△ 晚,第九战区第二兵团第三集团军孙桐萱部自瑞昌分三路反攻港口登陆之敌,一路攻丁家山,二路攻马鞍山、望夫山,三路攻平顶山,战斗异常激烈。次日凌晨克丁家山、马鞍山。旋日军施放毒气,孙部中毒者甚多,乃被迫分三路撤退,固守蜈蚣山、周家垄之线。

△ 日机百架三次炸湖北阳新,每次投弹 800 枚以上,图炸毁第九战区长官司令部,该司令部及党政机关均迁往城外。阳新城被炸后大火延烧达一日之久,民众死伤 1300 余人。

△ 第三战区游击队 300 余人,夜袭上海虹桥飞机场,机场内日军全部被歼,机场被占,旋于次日凌晨撤退。

△ 钱塘江沿岸浙西游击部队收复富阳。

△ 山东胶东抗日根据地《胶东大众报》创刊。

△ 中华职业教育社机关刊物《国讯》在重庆复刊,编辑委员会及发行人为黄炎培、江恒源、杨卫玉、叶圣陶、孙起孟、孙凡伊等。

△ 前驻华德国军事顾问团团长法肯豪森在柏林发表谈话,认为:中国绝不会为日本所败,"中日两国若交战至五年之久,日本当局即当被迫而撤回在华军队,并听任中国军队规复前此所放弃之区域",日军将复蹈拿破仑一世所统大军进攻俄国之覆辙。

8 月 14 日 薛岳兵团所部分由庐山、金官桥两路袭击南浔线正面之敌,是晚金官桥一部冲入敌阵地,拼力厮杀,毙敌千余人,日军向九江方面撤退。

△ 上海纳税华人会、市商会及上海地方协会等七团体代表到"四行孤军"住地劝慰,八百壮士即日起复食。

8 月 15 日 国民政府颁布《修正惩治汉奸条例》,凡 19 条;废止《食粮资敌治罪暂行条例》。

△ 国民政府任命陆军中将谭道源为军事参议院参议。

△ 瑞昌战事重心转向赤湖以西之大树下。是日,港口方面日军 400 余人,在飞机配合下沿江堤进犯大树下,双方炮火猛烈,第三集团军孙桐萱部守军不支,转移至大树下西侧朱庄附近。17 日,孙军向朱

庄进攻,将敌逐至唐家坡。18 日,日舰 10 余艘向朱庄反扑,未得逞。

△ 第五战区第三兵团孙连仲部向黄梅进攻,在城北商河桥、柘林铺之线与日军发生激战,敌势不支,乃由宿松调千余人应援,陷柘林铺,旋被击退。

△ 第五战区李宗仁部克皖北蒙城,日军退往宿县。

△ 北平伪临时政府在北平设邮政总局。

8 月 16 日 第三战区游击队一部收复浦东川沙县城,伪军弃城逃遁。

△ 日军第九师团自镇江进入江西九江,受第十一军司令官冈村宁次指挥。是日,第十一军下达命令:"第九师团在登陆后,陆续将兵力集结在九江以南地区,应向瑞昌附近前进。"

△ 日机 81 架分两批袭武汉三镇,投弹 260 余枚,毁房 300 余栋,死伤平民 300 余人。

△ 保定伪军刘大林、杨子威部 500 余人反正,是日抵达满城与八路军聂荣臻部会合。

△ 丁福保等人发起创办之中国流通图书馆在上海正式开幕,藏书 10 万余册。

△ 伪满洲国任命吕宜文为首任驻德国公使。

8 月 17 日 川军将领邓锡侯、刘文辉、潘文华等自渝抵蓉,联合发表讲话,表示拥护中央,抗战到底。

△ 毛泽东、张闻天、王稼祥、刘少奇致电聂荣臻并告朱德、彭德怀,就边区货币的稳定、数目、准备金、比价等提出政策原则。

△ 永济失陷。16 日上午,日军第二十师团千余人猛攻晋南永济,并以飞机轮番轰炸。晚 7 时,日军自东北面攻入城内,守军张希文奉命堵截,与日军反复肉搏五次,营长张希文及全营官兵全部战死,永济陷落。

△ 武汉卫戍总司令部下令解散武汉青年救国团、中华民族解放先锋队、蚁社等抗日救亡群众团体。旋各该团体分别发表宣言和启事,

向当局提出抗议,并表示将继续努力从事抗日救亡运动,呼吁各界给予援助。20 日,武汉《新华日报》发表社论,对武汉卫戍总司令部此举提出抗议,要求立即恢复三团体活动的自由。

△ 日机 18 架袭长沙,投弹百余枚,毁民房 300 余栋,炸死民众 200 余人,伤 500 余人。

8 月 18 日 上海"四行孤军"被辱事件,经上海各界抗争,公共租界工部局被迫赞同恢复 8 月 11 日以前状态,严惩肇事者,抚恤被难士兵,"四行孤军"今后自由悬挂国旗,不得干涉。

△ 日机 27 架袭衡阳、宝庆,我空军起飞迎击,击落日机四架。同日,空军与日机六架在黄冈、鄂城上空激战,击落日机二架,俘敌飞行员一名。

8 月 19 日 日机轰炸星子城。日军进攻金官桥受挫以后,乃以第一〇一师团配合海军,图由鄱阳湖畔重镇星子沿德星公路再犯德安,包围第九战区右侧背,切断南浔路,是日开始进犯,以飞机 20 余架轮番轰炸星子城。第五十二师小有损失,薛岳兵团乃以第六十六军仍守德安,移第八军至箬溪柏林构筑预备阵地。

△ 武汉警备司令部布告实施军事征用法,于市区及四郊构筑防御工事。

△ 国民政府据内政部呈请国葬已故上将唐继尧,是日指令照准。

△ 西康建省委员会组织科学考察团,由袁复礼、刘国钧等人主持,对西康自然地理以及宗教、民俗、婚礼、人口、社会组织、土地和土司制度等项进行综合考察。

8 月 20 日 星子失陷。拂晓,日舰数艘、艇 20 余只炮击星子城,续以飞机六架轰炸,旋第一〇一师团千余人陷大、小定山,复炮毁星子城工事。入晚突破城东南,同薛岳兵团第五十二师冷欣部守兵混战。至 10 时城陷,冷师退扼樟树桥、玉筋山。

△ 第九战区司令长官陈诚巡视长江两岸防线后发表谈话,称:"日军困难,十倍于华军","日军除为疫症所苦外,且于地理上亦处于不

利地位,每日进攻辄多损折。华军士气,今已复振。"

　　△　监察院长于右任由汉抵渝,对记者谈话,强调战时行使监察权之必要,并谓已令各监察使、监察委员巡回视察,严防贪污,辅导地方行政设施。

　　△　中共冀热边区委员会致电朱德、彭德怀总、副指挥并转呈蒋介石,报告 7 月 9 日冀东七县抗日大起义及 7 月 18 日唐山 7000 矿工抗日大起义之经过,并说明两次起义均为国共两党党员共同领导,祝贺国共两党团结抗日的新胜利。

　　△　八路军第一一五师徐海东、黄克诚第三四四旅消灭豫北修武伪军高永之部 300 余人。

　　△　国民党下令解散在中国共产党领导下的青年救国团、民族解放先锋队、蚁社三个团体。次日,《新华日报》发表社论表示抗议,因而被勒令停刊两日。后经周恩来严厉交涉才得以照常出版。

　　8 月 21 日　蒋介石接见伦敦《每日捷报》记者发表谈话,指出:保卫武汉必将获得成功;日军之对华战争,并非对付共产主义,而纯为侵略中国;并谓:"战争愈展开,流动之游击队将愈占重要地位,在未来保卫武汉之决战中,游击队必将有巨大之贡献。"

　　△　日军 1700 人,附炮 20 门,向星子北面玉筋山大举进犯。薛岳兵团第五十二师冷欣部与敌反复争夺,阵地失而复得,伤亡一营以上。同日,鄱阳湖内敌舰艇分别强登星子西南牛屎墩及流星子,均未得逞。次日,敌突破玉筋山同冷师激战,23 日玉筋山失陷,冷部退守东孤岭。

　　△　晨,由九江方面开来之日第九师团,向赤湖东、北两岸发动猛烈进攻。东岸方面,日军主力 2000 人在飞机 20 余架掩护下,自胡家荡(距瑞昌 18 里)向周家垄、蜈蚣山一带进犯,与孙桐萱部第三集团军展开激战,敌军施放毒气,孙部伤亡甚众,下午 2 时,孙部撤退至曹家山、钻天山、戴家垄之线。北岸方面,日军接连进攻朱庄,双方激战四小时,敌舰以猛烈炮火将朱庄守兵阵地摧毁殆尽,午后朱庄失陷。

　　△　八路军第一二九师骑兵支队伏击由大名开往邯郸的日军汽车

50 辆,毙敌百余人,毁汽车 11 辆。

　　△　宋庆龄在广州对在纽约召开的世界青年大会发表广播演说,指责美国将军火供给日本进攻中国,并指出美国政府抗议日本轰炸中国不设防城市,只是一种伪善。

　　△　行政院特设贸易调整委员会、工矿调整委员会、农产调整委员会,陈光甫、翁文灏、穆藕初分任主任委员。

　　△　中苏文化协会广州分会成立,余汉谋、吴铁城等七人为名誉会长,钟天心等 15 人为理事,廖承志等七人为候补理事。

8 月 22 日　前外交部长陈友仁在香港对美国记者发表谈话指出:只有将中国政府及国民党内一切与北平"临时政府"及南京"维新政府"声气相投之分子全部肃清,而后中国抗战力量在物质上、精神上始能突飞猛进,始能运用中国无尽之人力、物力,驱逐日人于境外,而争取最后之胜利。

　　△　日本大本营发出攻占汉口命令:华中派遣军协同海军攻陷并占据汉口附近要地;华北方面军策应华中派遣军作战,"努力牵制敌人"。

　　△　日机 46 架袭广九路新塘,被击落一架。另 18 架袭粤汉路株洲。

　　△　日军 4000 余人,第一次"扫荡"皖南当涂县小丹阳地区,26 日被新四军第二支队粉碎,毙伤敌 50 余人。

　　△　伪满洲国国务会议通过《暂行资金统治法》及米谷管理制度。

8 月 23 日　新四军与友军配合,在苏南丹阳夹击日军汽艇六艘,毙敌 50 余人。同日,新四军一部在金坛、丹阳间珥陵镇截击日军运兵汽艇七艘、拖船 10 余只,全歼所载敌兵数百人。

　　△　八路军一部攻占冀西满城县,伪军石振声部 400 余名反正。

　　△　《救中国》周刊在武汉创刊,胡绳主编。

　　△　新加坡"南洋客属总会"(会长胡文虎)以祖国抗战,是日举行该会成立十周年纪念大典暨游艺筹赈大会,筹款国币 30 余万元,救难赈灾。

8 月 24 日   瑞昌失陷。19 日,日波田支队主力从九江出发往攻瑞昌,23 日进入瑞昌北面及东北面约四公里地方。是日,配合波田支队同攻瑞昌之第九师团丸山支队亦自九江抵瑞昌附近。当晚,日军陷瑞昌,第二兵团张发奎部退守瑞昌西北地区。

△ 日军在鄱阳湖畔牛屎墩登陆,图与星子之敌成犄角之势,夹击东孤岭。25 日,薛岳兵团第五十二师师长冷欣亲率该师一部及华振中第一六〇师一个团自星子西面烂泥塘猛攻牛屎墩,与敌激战数小时,是日拂晓克牛屎墩。

△ 日军自瑞昌方面向马回岭方面进犯,刘若弼新十三师及范南煊新十四师节节后退,连失新塘铺、岷山大屋等阵地。

△ 立法院长孙科结束对英、法、苏、荷、比、瑞士等国之考察,是日返抵武汉,对记者谈话,略谓:世界各国对中国抗战深表同情。我国人民须痛切认识,此次抗战乃民族、国家生死存亡之关头,为民族解放,为国家独立,为世界和平,必须忍受长期痛苦,始能达到长期抗战之目的。

△ 财政部在重庆召开第二次金融会议,讨论制止伪政权增发伪钞、投资西南国营事业、开发西南宝藏、发展边省经济、救济农村、提高农产品价格及巩固国币地位等问题。

△ 外交部发言人否认英国所传意大利调解中日战争已与汪精卫达成初步谅解事,重申:“我国此次抗战乃为争取民族之独立自由,非至敌人放弃其侵略政策,绝无和平可言。”次日,驻英大使郭泰祺在伦敦亦作同样之声明。

△ 中国航空公司班机“桂林号”自港飞渝,途中被日机截击,坠毁于广东中山县海面,乘客 12 人遇难,内有浙江兴业银行经理徐新六、交通银行董事长胡笔江及美籍乘客一人。

△ 陕鄂边区警备司令部在汉中成立,祝绍周任司令。

△ 广东省顺德县龙江镇 7000 余户蚕农具呈广东省政府建设厅蚕丝改良局,略谓:自本年 3 月财政部实行生丝出口外汇统制,丝价每担 782 元,政府只发 510 元,实亏 272 元,致使蚕农破产,丝业凋残,请

求政府统筹兼顾,迅予救济。

8 月 25 日　朱德为纪念八路军成立一周年发表《告国民书》,指出:一年来,八路军与日军交战 600 余次,毙伤日军 3.4 万余人,俘日军 2000 人,对所谓八路军"游而不击,领饷不作战"的诬蔑之词,予以有力的驳斥。

△　外交部发言人向中外记者说明中国航空公司"桂林号"飞机遭日机袭击之真相,愤怒谴责敌军有意蔑视国际公法,残杀无辜,企图造成恐怖之残暴行径,吁请世界爱好和平人士群起制止敌寇暴行。

△　日机 40 架袭南昌,投弹 50 余枚,死伤民众 40 余人。同日,日机 18 架炸长沙,在市区投弹 60 余枚,死伤民众 60 余人。

8 月 26 日　瑞昌日军第一〇六师团 3000 人,附炮八门,向笔架山、鲤鱼山(均瑞昌西南)进犯,与第二兵团第七十二军王陵基部新编第十三师守兵激战,是日陷笔架山,次日陷鲤鱼山。

△　关麟徵第五十二军驰援瑞昌,与日军在桃村、郎君山一带发生遭遇战,日军伤亡六七百人,关军将大路口一带山地夺回。31 日晨,关军乘敌阵地未稳,向大尖山(瑞昌以西七公里)一线之敌大举反攻,血战竟日,歼敌 3000 余人,日军攻势顿挫。

△　日本汽艇数十艘载日军 500 余人,在炮火掩护下从浙东乍浦、海盐附近强行登陆,乍浦、海盐失陷。31 日,第三战区游击队克复乍浦、海盐。

△　日机炸长沙、广州、梧州等地,梧州广西大学被炸。

8 月 27 日　蒋介石接见路透社记者称:所传意大利调解中日战争事,纯系谣言,决不能破坏中国的团结及与英、美、法、苏之合作。29 日,汪精卫亦在重庆国民党中央纪念周讲演,否认此事。

△　国民政府在重庆举行祀孔典礼。林森主祭,国民党中央委员、国民政府委员、五院院长、内、教二部部长、行营主任及孔奉祀官陪祭。此为国民政府迁渝后之首次祀孔大典。

△　八路军第四纵队、冀热边特委和抗联的主要负责人在遵化县

铁厂召开会议,决定成立冀察热辽军区,推选宋时轮为司令员,邓华为副司令员,下设五个军分区,坚持冀东抗日游击战争。

△ 日军第六师团及第三师团一部在其先头部队掩护下,沿潜山、黄梅大道西进。26 日,李品仙兵团第四十八军乘敌主力通过之后自侧面发起攻击,经一昼夜之战斗,是日收复潜山、太湖。

△ 星子日军佐藤支队及伪皖保安团一部,附炮 20 门,连日协同日海、空军迫东孤岭东麓,附近鄱阳湖湖面敌舰 11 艘,汽艇百余只,不断炮击沿岸,图登陆,薛岳兵团第一〇六师钵盂山、桃花尖工事悉毁,继以机炮护步兵分犯各军阵地,终未得逞。

8 月 28 日 蒋介石电第一、二、三战区司令长官程潜、阎锡山、顾祝同、山东省府主席沈鸿烈、河北省府主席鹿钟麟及第二战区副司令长官卫立煌、第五战区代司令长官白崇禧、第十八集团军总司令朱德等人,指示积极开展游击战略谓:"敌溯江西犯,决战之期已迫。我主力军各方面战况良好,各游击部队亦迭奏奇功,殊堪嘉慰。所望百尺竿头更进一步,各尽最大之努力,督饬所属各游击部队积极游击,其在北部队特应向津浦南段不断袭击,策应第五、九战区之作战为要。"

△ 李品仙兵团自潜(山)、太(湖)乘胜前进,是日再克宿松,日军向望江、安庆溃退。

△ 风陵渡失陷。23 日,日军 3000 人进犯风陵渡,26 日起,第二战区阎锡山部与日军在赵村、田村、凤凰山激战,团附一人及营长二人殉职。是日,风陵渡陷落。

△ 刘汝明第六十八军与覃连芳第八十四军攻黄梅,日军据城顽抗,双方伤亡甚重。29 日晚,刘、覃两军向广济西北高地转移。

△ 中国回民救国协会青年服务团在汉口成立。到团员百余人,发起人马占山。该团任务为进行抗战宣传及救护伤病官兵与被炸之平民。

8 月 29 日 六安失陷。26 日,日第十师团犯皖西六安,被第五战区于学忠第五十一军牟中珩第一一四师击退。28 日,日第十师团 3000

人,附炮 10 门,在飞机、坦克掩护下,自东南城角攻入城内,与第五十一军周光烈第一一三师守兵激战。是日,六安陷落,守兵撤至淠河西岸。

　△　霍山失陷。27 日,日第十三师团 2000 人,沿舒(城)霍(山)公路犯霍山,与第五战区宋希濂第七十一军激战。28 日晨,日第十三师团增至 3000 人,冯治安第七十七军所部张凌云第三十七师、王长海第一三二师奉命增援宋军,至午后日军续增 1000 余人,并以飞机协同进攻。是日,日军 2800 余人复自舒城增援,日机数架狂炸霍山城,日第十三师团攻入城内,与守兵激烈巷战,入夜,霍山陷落。

　△　第七军、第十一军自黄梅以北对被包围于黄梅一带之日军发起猛烈攻击,经两日激战,歼敌甚多。日军不断增援,并以海、空军助战。次日,敌军展开反扑,复经两昼夜之激战,该两军因缺乏空军掩护,死伤累累,被迫后撤。

　△　日机 48 架分两批狂炸湖北京山县,投弹 200 余枚,并投燃烧弹,毁房 700 余栋,死伤民众 1000 余人。

　△　孙科在武汉报告访欧经过,略谓:全世界除德、意外都同情中国,“只要我们全国上下一致,抗战到底,一定可以取得最后的胜利”。

　△　周恩来、陈绍禹、秦邦宪、徐特立等离武汉返延安。

　△　湖北战地服务团在汉口行宣誓礼,即日出发沿江战区分担运输、交通、救护、特务、宣传等项工作。

　△　朝鲜民族战线联盟为纪念国耻二十八周年在武汉发表宣言,强调与中华民族建立抗日联合战线,积极参加中国抗战,共同打倒日本帝国主义,争回祖国的独立自由。

8 月 30 日　第九战区张发奎第二兵团向瑞昌以西之大尖山全线反攻,同日军血战竟日,击溃两个联队,击毙敌联队长一人,克复大尖山,敌残部退向瑞昌。

　△　军事委员会任命王家烈为第二十军团副军团长。

　△　日军一部在霍山淠河以西独山镇一带与张凌云第三十七师、王长海第一三二师激战,以掩护其主力向豫鄂边界叶家集进犯。

△ 日机 11 架袭广东南雄,空军起飞迎击,击落敌机一架。

△ 伪"东亚文化协议会"在北平成立,到王克敏、汤尔和、日人酒井忠正及各机关、学校代表共千余人。推汤尔和为会长,通过该会宣言。

△ 上海南市伪维持会长陈浵遇刺毙命。

8 月 31 日 第一战区程潜部分头进攻豫北济源、沁阳,日军向济源以东撤退,我军收复济源、沁阳。

△ 星子日军与薛岳兵团冷欣部在东孤岭、桃花尖一带激战,敌因屡攻不下,乃施放大量毒瓦斯,并以飞机与机械化部队配合猛攻。

△ 八路军第一二九师第六八九团、新一团及东进纵队一部,分四路进袭河南临漳以南贾河口、秤钩湾,消灭伪军苏启明、郭清部 2000 余人,生俘苏启明。

△ 国民党中宣部设立党报社论委员会,由叶楚伧、周佛海任正、副主任,陈公博、潘公展、彭学沛、陶希圣、程沧波被聘为委员。

△ 日本女作家绿川英子在武汉发表《致中国前线将士书》,表示愿留武汉从事有益于抗战的工作,希望前线将士无情打击侵略者。

是 月 中国工业合作协会成立,孔祥熙任董事长,蒋廷黻、俞鸿钧、杭立武为常务董事。

9 月

9 月 1 日 拂晓,星子日军向桃花尖、钵盂山进犯,华振中第一六〇师与敌争夺五次,毙敌四五百名,旋敌施放毒瓦斯弹,并以飞机 10 架狂炸,守兵多中毒倒毙,阵地尽被摧毁,团长梁佐勋阵亡,伤亡 700 人,桃花尖、钵盂山失陷,梁部退守东孤岭。

△ 日军第九师团一部沿瑞(昌)德(安)公路窜扰南浔线之马回岭,冯圣法第五十八师奉令于马回岭以西阻击日军。

△ 八路军宋(时轮)邓(华)纵队在冀东迁安消灭伪军一个营,俘

营长以下军官七名、士兵 80 余名。

　　△　中国青年记者学会在武汉纪念记者节,沈钧儒、胡愈之、田汉等百余人出席,范长江主席,郭沫若、王芸生、吴克坚、蒋百里、鹿地亘等演讲。大会致电世界新闻界,吁请以舆论援助中国抗战。

　　△　国民党中央社会部、妇女运动指导委员会为动员妇女保卫武汉,于武汉市党部招待各妇女团体,史良等 200 余人出席,宋美龄致词。

　　△　中国青年党第九次全国代表大会发表宣言,提出拥护政府抗战;促进民主政治;厉行全国总动员;在不妨碍国家独立、统一原则下,联合各党派共同奋斗;策动友邦,实行制裁暴日等六项政治主张。

　　△　南京伪维新政府为调查战区物产需求状况,组织商货输出及转运,是日正式成立通济局。

　　△　德国政府撤销驻伪满新京(长春)商务代表处,改为驻"满洲国"公使馆。

　　9 月 2 日　皖西边境叶家集失陷。大别山北麓日军自六(安)叶(家集)公路西犯,1 日,其先头部队进迫叶家集。是日,与第七十一军宋希濂部守军激战,中午叶家集失陷。同日,另一股日军往叶家集以南开顺街向第五十一军于学忠部守军进攻,午后于部弃守开顺街。当晚,两股日军强渡史河进犯豫境。

　　△　日军进攻广济,是日突破刘汝明部青石桥(黄梅城西二里)防地,并陷第一七六师区寿年部防地魏家凉亭。3 日,陷刘部防地笔架寨、莲花塘及覃连芳第一三一师防地普天寺、李家塘,王缵绪部防地双城驿。4 日,陷何绍周第一〇三师防地笔架山,牟廷芳第一二一师防地石门山。

　　△　日军增兵一个联队续犯马回岭,王耀武第五十一师与第五十八师夹击日军,黄维第十八军亦奉命自瑞(昌)武(宁)路增援。

　　△　周恩来、叶剑英指示中共河南省委将工作重点移向豫东,开创豫皖苏鲁边界抗日新局面。

　　△　八路军第一二〇师李井泉支队与杨植霖部袭击绥远陶林城,

歼灭伪军 700 余人。10 日,攻克绥北乌兰花,全歼守敌。

△　新四军在皖中棋盘岭伏击开往桐城之日军汽车 80 余辆,击毁 30 余辆,毙敌 40 余人。

△　豫北济源伪军王兴焕杀死日军官兵 60 余名,率部千余人反正。

△　日机炸南昌,民众死伤百余人。

△　上海美商会致电美政府,要求采取坚决态度和有效措施,维护美国在华利益。

9 月 3 日　日军第九师团陷南浔线马回岭。俞济时部第七十四军改守德安以北各线。

△　生活、商务、中华等 20 余家书店联名具呈蒋介石,要求撤销对战时图书杂志的审查。

△　国际反侵略大会中国分会主办《反侵略》周刊,在武汉创刊。

9 月 4 日　大别山北麓日军犯固始、潢川、光山。敌在富金山受挫后,乃以第十师团濑谷支队北趋固始,并抽调寿(县)、凤(阳)一带日军 3000 余人,配以汽艇百艘,由正阳关溯淮西上,直趋乌龙集(息县境)乃至踅子集(潢川境)一带水陆并进,遥与进攻固始日军呼应。第五战区饬第七十一军分兵守固始,并令张自忠军团长派骑兵一旅由潢川星夜驰援,复令该军两师布防于固潢公路拒敌西进。3 日,日军到达石佛店。是日,日军犯固始,固、潢、光之战由此开始。

△　国民政府通令将行政年度改用"历年制",即从每年 1 月 1 日至 12 月 31 日为一年度,以与会计年度相一致。

△　新任驻苏大使杨杰向苏联最高苏维埃主席团主席加里宁呈递国书。

9 月 5 日　东孤岭失陷。4 日,星子日军第一○一师团在飞机军舰配合下,由牛屎墩、樟树桥两路攻击东孤岭(隘口以东),占领二五○九高地。梁华盛第一九○师会同冷欣第五十二师反攻无效,是日午夜,东孤岭完全失陷。

　　△　军事委员会任命高荫槐为第三十军团副军团长。

　　△　八路军第一二〇师王震第三五九旅在察南桑乾河与日军600余人、汽车16辆遭遇,发生激战,毙敌300余人。

　　△　浙江国民抗敌自卫第五支队司令郑器光率队自绍兴渡过钱塘江,进入杭嘉湖一带,开展敌后游击战。

　　△　欧亚航空公司17号飞机由香港飞昆明,在广东英德县佛岗上空遭日机三架追击,机身中弹,被迫降落柳州。6日,日机又在湖北嘉鱼上空击落欧亚公司17号飞机。

　　△　国际反侵略大会中国分会致函谴责国联未能采取措施,制止日、德、意侵略,要求国联号召一切爱好和平国家,发动全世界规模的反侵略运动,实施《国联盟约》及决议案,以制止侵略,实现集体安全,保卫世界和平。

　　△　出席国联代表顾维钧、郭泰祺根据外交部训令,照会国联秘书长艾文诺,请即对日实施《盟约》第十七条。

　　△　日本政府照会英、美、法、德、意五国驻华大使,声明日方愿尊重汉口之"特别区域",但又无端要求该区域不得作为中国军事行动据点,不得有中国军队及军火通过。

　　9月6日　广济失陷。5日,防守广济之第八十四军及第三十一军反击来犯之敌,夺回郑公塔、彭家湾、双城驿。旋敌对广济猛烈轰炸,并施放毒气,猛扑大佛寨、后湖寨、五峰山,守军伤亡甚重,防地相继失守,于是夜向广济西北一带高地撤退,李品仙兵团总部则转移至西河驿。

　　△　固始失陷。4日,日第十师团一部自石佛店附近强渡史河,当日即占南大桥。5日,敌陷王小桥、罗台子,是日拂晓突破华祖庙阵地,宋希濂部改守固始南门外一带高地。下午,敌自击关(固始城东门外街市)向城内发炮。入夜,敌军爬城同守军激战,随即攻陷固始。

　　△　大别山北麓富金山战斗激烈。叶家集日第十三师团欲直趋商城、潢川,进据信阳,以达包围武汉之目的,3日起即进攻富金山。4日,日第十三师团治德田重旅团长于富金山战场负伤。是日,日军三面猛

攻,宋希濂第七十一军顽强抵抗,富金山第三峰一度失陷,当经第三十六师师长陈瑞河率部猛烈反攻,将敌击退,陈师伤亡七八百人。次日,日军向富金山施放催泪瓦斯,并增兵 5000 余人,仍被击退。

△　日军自豫北孟县分三股以坦克掩护攻陷温县。10 日,第一战区程潜部反攻,克温县,毙日军 400 余人。

△　日机 18 架袭南昌,被击落二架。

△　国民政府通令各军政机关"切实保障人民合法权利",并随令附发国民参政会第一次会议通过之沈钧儒等人所提《切实保障人民权利案》。

△　中国国联同志会会长朱家骅致电国联秘书长艾文诺及国联同志会总会长波烈尔,要求国联实施《盟约》第十七条,有效制裁日本侵略者。次日,国民外交协会主席陈铭枢致电国际反侵略大会,提出同样要求。

9 月 7 日　日军自广济西犯,与曹福林第五十五军在四顾坪、白凤山激战。是晨,日军 800 余人,以飞机 10 余架掩护,向曹部猛攻。第二十九师第八十六旅旅长陈德馨率部冲杀,中弹负伤,至 12 日在汉口医院逝世。

△　南浔线马回岭附近日军千余人,向东侧击蜘蛛山,与薛岳兵团第一五九师谭邃部激战两小时,敌不支北退,死伤 180 余人,谭部伤亡七八百人。

△　八路军第一一五师第三四四旅第六八九团及冀南新一团攻占冀南临漳以南回隆、楚旺、吕村集,消灭伪军王自全一部及郭青残部 300 余人。

△　日军千余人分由石家庄、正定犯灵寿,至 13 日,被八路军一部在曲阳集伏击,毙敌 300 余人,余敌退走。

△　黄河防汛新堤落成典礼在郑州举行。新堤长 70 余里,可屏卫 600 万亩土地,160 万人口,为 83 年来黄河史上之新绩。

△　国民政府向国联提出牒文,揭露侵华日军四个月来使用毒气

11 次之实据,请求制止日军暴行。是日,国联秘书处将牒文公布并分送各会员国。

9 月 8 日　李品仙兵团第八十四军及第三十一军自黄婆凹方面向敌侧背攻击,盘据广济之敌仓惶败走,广济克复。

△　海军漂雷队在新洲击沉日舰二艘。

△　军事委员会政治部制定《非常时期新闻检查规程及违检惩罚暂行办法》,规定各报社将所发全部稿件,于发行之前一律送新闻检查所检查;违者罚以停刊一日、三日、一周,以至永久性停刊,是日通令施行。

△　全国 102 家报纸联合发表《全国报界共同宣言》,要求政府对七年来的外交政策速作彻底检查;呼吁国联赶速援助中国,制裁日本。

9 月 9 日　国联行政院会议开幕。武汉、重庆、长沙、南昌、昆明、成都、贵阳、西安、兰州、宁夏、迪化等城市举行盛大集会和游行,发表通电,强烈要求国联制裁日本,援助中国。

△　日军第九师团自瑞昌沿瑞昌——马头镇及瑞昌——阳新公路向西北进犯,图北取马头镇,西窥阳新,是晚陷尖山坡阵地。10 日,续向磨刀山猛攻,与汤恩伯集团军所部守军激战,陷狮子山、磨刀山、大风山,守军退马鞍山、和尚脑之线。

△　八路军晋察冀军区部队出师察南桑乾河,击溃自大同来犯之日军 600 余人及援军 500 余人,毙伤敌 500 余人。同日,八路军第一二〇师王震第三五九旅在广灵附近与日军激战,毙敌百余人,俘敌五人。

△　日本五相会议决定《中华民国联合委员会树立纲要》。同日,侵华日军召集北平伪临时政府与南京伪维新政府代表王克敏、朱深、温宗尧、王揖唐、梁鸿志、陈群及德王在大连开会,筹商建立"中华民国联合委员会"具体办法。

9 月 10 日　星子日军第一〇一师团攻陷华振中第一六〇师烂泥塘防守阵地,华师退守鸡笼山、袁家坂。

△　八路军冀南部队第六八九团、新一团、青年纵队等攻占临漳以

南崔家桥、大韩集、豆公集,消灭伪军李台部及王自全残部 1300 余人。伪团长王自全在临漳率部投诚。

△ 上海恒产股份有限公司成立,日伪合办,资本日金 2000 万元,经营都市及港湾建筑事业、不动产之买卖、租赁、信托、管理及其他有关事业。

△ 南京伪维新政府在上海复旦大学旧址成立维新学院,日人原田熊吉少将任院长。

△ 暹罗逮捕华侨 4700 余人。外交部电驻暹商务委员查明原因,设法营救。

9 月 11 日 富金山失陷。凌晨,日军续攻富金山,第三十六师守军仅余 850 人。下午,敌以大炮、飞机及窒息性瓦斯掩护,发动猛攻,富金山除最高峰外皆陷敌手,第三十六师伤亡殆尽,黄昏时富金山陷敌手。综计富金山之战,宋希濂部守军阵亡军官 137 员,士兵 2481 名,负伤军官 238 员,士兵 1.2163 万名。日第十三师团伤亡千数百名。

△ 八路军一部在豫北许良镇西伏击由沁阳向博爱撤退之日军,毙敌 200 余人。

△ 日军陷晋西柳林。14 日,第二战区阎锡山部袭柳林,击毙敌联队长石田。

△ 军令部长徐永昌以晋南各县地方团队勒派苛索,官吏压榨至深,电阎锡山拟具彻底整顿吏治及团队办法,呈候核准实施。

△《国民公论》半月刊在武汉创刊,张仲实主编。

9 月 12 日 西孤岭失陷。5 日,星子日军陆、海、空联合猛攻西孤岭(星子西 10 公里),梁华盛第一九〇师与敌激战八日,敌进犯 20 余次,施放毒气六次,梁部三面被围,阵地屡得屡失,是晚西孤岭陷于敌手。

△ 日舰犯田家镇炮台,被击伤二艘。21 日,日汽艇 14 艘上驶扫雷,被击沉八艘。

△ 新四军一部在舒(城)合(肥)公路花子岗伏击日军汽车 150 余

辆,击毁 51 辆,毙敌 80 余人。

9 月 13 日　蒋介石在汉口接见英国代办葛凌蔚。葛向蒋探询中国在原则上可否同意在汉口设安全区,并面陈日本所提之苛刻条款。蒋介石答称:"凡有中国军队驻守的地方就是安全区",断然拒绝日方无理要求,并强调指出:中国抗战是自卫,也为保卫国联盟约,英、法既同为会员国,应彻底同中国合作,驱逐此人类公敌;此种无理条款,英国根本不应转递。

△　新四军一部在安庆高河铺伏击日军汽车 80 辆,击毁汽车七辆,毙敌 20 余人,俘敌三人。另一部消灭安庆西洪家铺一带伪维持会数处,枪决汉奸 10 余人。同日,新四军一部在合肥至六安公路伏击日军汽车,击毁汽车二辆,毙敌 50 余人。

9 月 14 日　长江要塞马头镇失陷。是日,日波田支队主力进入马头镇西南五公里附近地区,自九江进攻马头镇之该支队永井大队亦抵该镇附近。在海、空军协同下,波田大队大举进攻马头镇,该镇附近已成一片焦土,第四十九师李精一部退守西侧高地,马头镇失守。

△　国民政府军事发言人为日方污蔑中国军队放毒一事郑重辟谣,指出:敌军冒天下之大不韪,施放毒气,经我一再暴露,自知将受全世界之谴责,惶惑之余,造此谣传,企图蒙蔽世界,不啻自画供状,欲盖弥彰。

△　中共中央在延安召开政治局会议,由从莫斯科离任回延安的中共驻共产国际代表团团长王稼祥传达共产国际的指示:中共一年来建立了抗日民族统一战线,政治路线是正确的,中共在复杂的环境和困难的条件下真正运用了马克思列宁主义,在中共中央要以毛泽东为首解决统一领导问题。

△　八路军一部在山西汾西伏击日军汽车 28 辆,毙敌百余人,俘敌三人;另一部在介休、离石间击毁日军火车一列。

△　伪满洲国与德国政府签定通商协定。

9 月 15 日　晨,日军第六师团自广济进攻田家镇要塞,在铁石墩击败李延年第二军,于当晚进入要塞前沿阵地松山口附近。

△　军事委员会任命蒋百里为陆军大学代理校长。

△　范筑先率部进攻济南,其次子、抗日青年挺进队队长范树民在齐河坡赵庄作战中英勇牺牲。

△　《中央日报》自长沙迁重庆出版,原长沙版仍旧。

△　西北青年救国联合会机关刊《青年战线》周刊(新一号)在西安出版。

9 月 16 日　商城失陷。日军第十师团濑谷支队自樟柏岭、方家集分头进犯商城,迭次猛扑第五战区左翼兵团孙连仲部守军阵地,均被击退。是日敌进迫商城城郊,以机炮猛轰城垣,守军弃城向西南方向转移。

△　日军数百人在广济龙坪镇至武穴一线登陆,李延年第二军守兵一营与敌激战,全部殉国,武穴失陷。

△　日军波田支队进攻鄂东南长江要塞富池口,萧文铎第十八师在东富湾被围,孤军奋战。次日,要塞东南高地刘家山、邓家山、竹林塘、鸡笼山各据点相继失陷。18 日,该师主阵地移至大岭、朱婆山、鲤鱼山一线固守待援。

△　瑞昌日军第二十七师团在第三航空兵团配合下沿瑞(昌)武(宁)公路南犯,谋攻武宁、箬溪;次日,进入冯家铺(瑞昌西南 20 公里)。18 日,陷茶园铺、白石崖,旋与黄维第十八军接战。

△　八路军青年纵队、第六八八团、第六八九团及新一团奉命组成漳南兵团,由杨得志、王新亭指挥,执行肃清豫北濬县、滑县、汲县地区伪军的作战任务。

△　新四军伏击由合肥开出之日军汽车 40 辆,炸毁七辆,毙敌 30 余人。

△　郭沫若率领武汉各界慰劳前线抗敌将士委员会代表团赴前线劳军。17、18 两日,分别到第九战区司令部及第二兵团司令部驻地,向战区司令长官陈诚及兵团总司令张发奎献旗。

△ 顾维钧在国联发表演说,提出三项要求:一、实施《盟约》第十七条以制裁日本;二、实施国联禁运军火往侵略国及在财政、物资上援助中国之决议案;三、采取有效措施阻止日军使用毒气及轰炸普通人民。

9月17日 蒋介石命令田家镇要塞改属第五战区,以便就近指挥。

△ 日军进犯大别山。15日,日华中派遣军第二军命令第十三、第十六师团突破大别山,是日该两师团派出先遣队,自商城出发,分头向新店(商城南20公里)、沙窝(商城西南25公里)一带窜犯。

△ 广济日军3000余人向曹福林部防地松杨桥进攻,因萧之楚军一部增援,日军失利;后日军继续增援,猛攻界山岭阵地,曹福林部与敌激战后撤守高山铺。18日,曹部在萧之楚部协同下反攻界山岭成功,敌退往广济。同日,日军复由广济向松杨桥反攻,并施放毒气,陷松杨桥。

△ 日机30架炸广州、柳州、梧州。梧州死伤民众300余人,广西大学校舍被炸毁。

△ 国民政府特任胡适为驻美国特命全权大使,前任王正廷准免本职。

△ 陈诚在第九战区司令部对武汉各界慰劳代表谈话,介绍该战区军事概况与民众动员,最后谈及保卫武汉的前途,指出:如果我们持久消耗的对策,打破了敌人速战速决的预定计划,"那末一时一地之得失,于我们的抗战前途可谓不发生严重的影响"。

△ 国民党中央社会部通告全国文化团体,每半年须向当地国民党党部报告会务,否则即以停止活动论。

9月18日 蒋介石为纪念九一八事变七周年发表《告东北同胞书》,号召"东北三千万同胞,为国家、民族、为自身积极奋勇,殊死奋斗,拼我们的血肉,来争取光明的前途"。

△ 武汉、重庆、广州、贵阳等地举行集会游行纪念"九一八"七周

年。同日,旅汉东北同胞举行纪念大会,阎宝航主席,国民党中央党部秘书长代表杨公达、中共湖北省委负责人董必武、朝鲜民族战线代表等发表演说。大会通过提案,要求政府恢复东北政权机构及致电东北前线将士,最后在"打回老家去"、"收复失地"的口号声中闭会。

△　潢川失陷。17 日,日军第十师团 2000 余人,附炮六门,进迫潢川城西关,施放烟幕,守军多失自由,北城及西、北两方为敌炮火轰塌。第五十九军张自忠所部守军与冲入之敌巷战,争夺数小时,敌后续部队大增,潢川全城陷于敌手。据日方报道,商、潢两战,中国军队死亡 1.2 万人,被俘 450 人;日军死亡 550 人,负伤 2000 人。

△　进犯田家镇之日军第六师团主力及第三师团一部共 8000 余人,附炮 30 门,由松山口攻击沙子脑,与何绍周、郑作民两师战于松子口附近。同日,日军千余人由老鹳巢附近登陆向湖北湾以东进攻,被击溃后又转犯乌龟山、沙子脑、鸭掌庙,与李德生部守军激战。

△　日机分袭柳州、梧州及粤汉路、广九路。广九路南岗站被炸,省港火车停开。

△　西藏哲蚌寺大格西喜饶嘉错大师发表《告蒙藏人士书》,揭露日本法西斯军阀标榜信奉佛教,却完全违背佛教教义,烧杀抢掠,放火放毒,危害众生之罪行。

△　河南省赈务会主席张钫向国民政府赈济委员会呈报黄河决堤被灾情况称,河南受灾达 18 县,据 15 个县统计,被淹面积 2.61 万平方里,财产损失 6390 余万元,待赈灾民 137.7 万余口,灾区人民无以为生,坐以待毙。

9 月 19 日　第九战区以连日瑞武路西犯之敌第二十七师团与黄维军激战于冯家铺、白石岩附近,是日移唐永良第一四一师至武宁增援,直隶于司令长官陈诚。

△　新四军在合肥、舒城间伏击日军汽车 10 余辆,毙敌数十人。同日,伏击六安开出之日伪军千余人,毙敌 200 余。

△　国联行政院会议决议接受中国之申请,援用《盟约》第十七条,

电请日本政府接受国联裁判。

9月20日　蒋介石令武汉卫戍总司令部改由军事委员会直辖,以罗卓英为总司令,陈诚专任第九战区司令长官,全力指挥江南战事。

△　鄂东田家镇剧战。蒋介石以该处为武汉之门户,保卫武汉之决战要地,下令死守。

△　第五十九军第三十八师黄维纲部防地光山县失守。

△　商城日军第十三师团、第十六师团沿商(城)麻(城)公路南犯,进攻武汉。是日起,在沙窝(光山县境)一带同宋希濂、孙连仲等部鏖战月余,至10月23日守军奉令向平汉铁路以西撤退时为止,战事方告结束。

△　第八十六军何知重部克松山口阵地,毙敌700余人,击溃四个联队,田家镇形势暂趋稳定。

△　八路军第一一五师第三四三旅在晋西汾阳、离石间吴城镇伏击日军600余人及增援骑兵300余人,毙敌500余人,保卫了晋西抗日根据地。

△　武汉民众战时工作队总队部成立,聘请郭忏为总队长,康泽为副总队长,下辖五个分队,凡适龄壮丁一律编组,全力保卫武汉。22日,该部发表告民众书,呼吁武汉同胞一致起来踊跃参加保卫大武汉。

△　国民参政会推定李璜、黄宇人为代表,赴第九战区劳军。

△　国民政府以驻日大使馆二等秘书兼理领事事务孙湜叛国投敌,接受伪命,下令褫职听候查办。

9月21日　罗山失陷。日第十师团、第十六师团一部自潢川西犯罗山,连日来经第十七军团胡宗南部、左翼兵团孙连仲部夹击,激战甚烈。潢川日军以主力向罗山附近第一二五师守军阵地猛攻。19日,该师退守罗山东十里墩附近,第一二四师则固守七里井。20日晚,敌进迫罗山东南,守军反击无效,是日凌晨,罗山失陷。

△　日军千余人由黄泥湖攻陷乌龟山郑作民师防地。次日,铁石墩、四重山萧之楚部防地相继失守。22日,田家镇北面之敌数千,亦向

黄泥湖、马口湖阵地猛攻,陷马口湖、沙子脑。

　　△　日军第一○九师团、第二十六师团铃木兵团及伪蒙军五万余人,从平汉、正太、同蒲各线及北面阳原、广灵对晋察冀边区开始大举进犯。

　　△　第二战区阎锡山部于 17 日再次围攻柳林敌军,敌溃窜离石,是日克复柳林城。

　　△　国民政府委员、前中山大学校长经亨颐在上海病逝。27 日,国民政府明令褒扬,发治丧费 5000 元。

　　9 月 22 日　第一战区程潜部夜袭济宁,自南门缺口冲入市内,与日军彻夜巷战,日军退去,济宁克复。

　　△　第九战区以瑞武路之敌续南犯,第十八军陈沛第六十师退扼横坑脑亘杨扶尖之线,彭善第十一师退扼乌沙岭,令饬柏辉章、陈荣机、张德能、冯占海、傅立平各师严阵以待,护卫左侧,移何平第十六师至武宁,直隶司令长官陈诚。

　　△　石家庄伪军岳鹏部 3000 人反正,并击毙日军 340 余人,俘日军军官 34 人,占领石家庄及正定、元氏等县。

　　△　香港妇女慰劳会派代表 16 人至江西德安前线劳军,次日,武汉文化界慰劳前线将士代表沈钧儒、邹韬奋等亦抵德安向第二十九军团献旗。

　　△　行政院通过《积极充实后方交通案》,内容有整修西北、西南公路,修浚河川,增辟航线,增加车辆船舶设备,统一经营管理等项计划。

　　△　北平伪临时政府与南京伪维新政府在日本特务机关主宰下实行合流,在北平成立"联合委员会"并发表宣言。委员南北各三,北为王克敏、王揖唐、朱深,南为梁鸿志、温宗尧、陈群,由王克敏任主席委员,下设事务部,由伪维新政府外交部长陈篆为部长。

　　△　日本外相宇垣致电国联秘书长艾文诺,日政府拒绝国联援引《盟约》第十七条之邀请。

　　9 月 23 日　日军沿瑞(昌)阳(新)公路西犯阳新,19 日起开始攻朱婆山,李宗鉴第一九三师奉命增援。21日,朱婆山阵地半陷敌手,是日完全陷落,守军退向半壁山。

△　军事委员会任命叶肇为第三十八军团军团长。

△　外交部长王宠惠就日本拒绝国联邀请事发表声明,要求国联立即实施《盟约》第十六条制裁日本。同日,中国国联同志会会长朱家骅电国联提出同样要求。

△　国民政府公布战时军律补充条文两条,规定:部队长擅离部属者处七年以下有期徒刑,因而发生事变或贻误战机者死刑;冒领、浮报军实者死刑或无期徒刑。

9月24日　汤恩伯集团军第一九三师师长李宗鉴弃职潜逃,富池口要塞失陷。

△　由瑞武路南下之敌第二十七师团由冯家铺、白石崖进逼杨坊街、白水街,威胁武宁、德安。薛岳决由南浔线抽调第九十师、第一四二师、预六师、第六十师、第一四一师、第十六师六个师,由第二十九军团长李汉魂指挥,于是晚出发,分别进占坐牌山、乌纱岭、马塞山、风雨岭及大洼山、白水街、麒麟峰、昆仑山、覆血山等地,举行反击,薛岳、李汉魂分别进至白槎、山下王(虬津西五里)督战。

9月25日　麒麟峰、覆血山(阳武路东西两侧)发生剧战。是日,日第二十七师团进犯麒麟峰,同薛岳兵团预六师吉章简部发生剧烈争夺,第六十师陈沛部增援,战至次晨,敌铃木联队全部覆没,守军伤亡团长杨家骝以下700余人。同日,瑞昌——武宁路上,日军德川联队长被我军击毙。

△　八路军漳南兵团占领滑县县城及道口镇。次日,在汤阴西南歼灭伪军扈全禄部,俘旅长以下1400余人,漳南战役胜利结束。27日,第三四四旅旅长杨得志率第六八八团、第六八九团返平汉路西归还建制。

△　日军自广灵出动步、骑兵4000余人,在飞机掩护下向灵丘进攻。八路军第三五九旅奉命阻击,在广灵、灵丘间与日军激战六昼夜,

毙日军联队长正亚以下 800 余人。

　　△　经济部与西康省合作筹备开发西康金矿,叶秀峰、林雾青等为筹备委员会理事,林并兼西康金矿局局长。

　　△　黄河水利委员会拟定"治本工作计划",共分测验、测勘土壤、冲刷实验、荒山造林、草籽繁殖诸项。

　　△　《青年生活》月刊在重庆创刊,许晓轩主编。

　　9 月 26 日　　国民政府公布《省临时参议会组织条例》及《市临时参议会组织条例》,规定省、市参议会均为咨询性机构,其决议案对同级政府均无约束力;参议员由国民政府遴选产生,正、副议长由行政院提请国防最高会议决定。

　　△　浙东富阳告捷,歼敌千余人。19 日起,日军自杭州增兵富阳,20 日在富阳境内与刘建绪第十集团军所属陶广第二十八军激战。23 日,日机配合陆军作战,战斗激烈,刘建绪、陶广亲赴前线指挥。26 日,全线反攻,日军退往杭州、富阳。是役毙敌 1000 余人,刘部伤亡营长二人及官兵 600 余人。

　　△　日军进犯万家岭。日军第十一军以薛岳兵团抽调德安有力部队加强瑞武方面作战,遂命第一〇六师团进入德安以西地区,乘虚从侧背攻德安,进窥南昌。是日,第一〇六师团自马回岭向西实行秘密大迂回,向万家岭(德安以西 50 里)攻击前进。

　　△　日军以陆、海、空联合由田家镇东、北两面进攻要塞,北面之敌突破第五十七师黄马湖阵地,进占黑家山、八峰山,南面之敌以飞机炮火掩护,由阮家湾向周家山、芦家咀、兔山、苍谷老猛攻。同日,另一部日军自上洲头猛攻,被击退,守军团长龙子育殉职。

　　△　日军第一〇一师自星子沿庐山南麓向德安进攻,是日在飞机、大炮掩护下,向胡思咀、招贤观、隘口一带总攻,并施放毒气,第七十九师陈安宝部守军奋力苦战,胡思咀、招贤观失陷,五个连守军伤亡殆尽。28 日,敌师团长伊东中将中弹负伤,佐藤少将指挥该师团,续攻至隘口以北。

9 月 27 日　瑞武路方面日第二十七师团陷麒麟峰,是役日军广部、上田、高木三联队队长被我军击毙。新十三师刘若弼协同第六十师陈沛部乘夜反攻,敌施放毒气,刘部损失颇大,未能得手。

△　进犯万家岭之日军第一〇六师团先头部队 1000 余人,窜抵面前山、竹坊桂,薛岳兵团第四军截击来犯之敌,首挫其锋。

△　国民政府公布《民国二十五年度岁入岁出第五次追加追减预算书》,计追加数为 1.4669 亿余元。

△　日本五相会议决定设立对华中央机关。10 月 2 日,该机关正式成立,定名"对华院",由首相任总裁,外、藏、陆、海相任副总裁,另设总务长官一人,下设经济、总务、文化三部。

9 月 28 日　进犯田家镇之日军数百人于上洲头登陆,猛攻上公、陈家咀之线,第五十七师守军一连伤亡殆尽。下午,田家镇要塞最高峰玉屏山失陷,同时,日军数百复由盘塘登陆,血战逾时,盘塘沦陷。晚 7时,日军乘夜暗各面同时猛冲,与第五十七师守军发生混战。至夜半,守军被压迫至冯家山以西地区扼守待援。

△　沿瑞(昌)阳(新)公路西犯阳新之日军,在飞机掩护下强渡富水河,与汤恩伯第三十一集团军、万福麟第五十三军、霍揆彰第五十四军、王仲廉第八十五军、卢汉第六十军、周喦第七十五军各部在阳新湖及富水河一带激战。次日及 30 日,日军两次企图在半壁山前登陆,均被击退,敌舰一艘被击伤。

△　军事委员会以日舰增开海南,饬余汉谋增强国防,并召广州行营参谋长程泽润北上面授机宜。

△　日机九架袭昆明,被击落三架。同日日机炸吉安,毁房 30余栋。

△　财政部发言人发表声明,称:一年以来,日本虽将占领区之所有盐税全部截留,但国民政府对于以盐税为担保之借款,均应按时偿还;在日本暂时占领区中之税款未能收到以前,本月份到期之克利斯浦借款及英法借款还本部分,将暂行缓付。

9 月 29 日 国民政府令免李宗仁安徽省府主席职,以廖磊继任。

△ 国民党中央改组四川省党部,以陈公博为主任委员,黄仲翔为书记长。

△ 军事委员会任命邓龙光为第二十九军团副军团长。

△ 中共中央在延安召开扩大的六届六中全会,12 名中央政治局委员、五名中央委员、40 名中央各部门和全国各地区的主要领导干部参加。张闻天致开幕词,王稼祥传达共产国际的指示,毛泽东作题为《论新阶段》的政治报告和会议总结。这次会议基本上克服了王明(陈绍禹)右倾投降主义的错误,统一了全党的步调,为实现党对抗日战争进行全面的战略规划,推动了各项工作的迅速发展。于 11 月 6 日闭幕。

△ 第三战区顾祝同部夜袭皖南宣城,日军仓促应战,肉搏达一小时,次日拂晓,日军不支,向芜湖撤退,宣城克复。

△ 日军陷田家镇要塞。旋蒋介石下令依法惩办要塞司令杨宗鼎。

△ 傅立平第一四二师、冯圣法第五十八师反攻麒麟峰,同日军第二十七师团激烈争夺,歼敌数百,残敌二三百窜朱家塘,麒麟峰于是日下午 6 时克复。

△ 缅甸华侨救护队一行 35 人,由陈雅云率领回国参加抗战,是日经香港赴汉口。

△ 日本外相宇垣一成因对华政策与军部不合辞职,首相近卫兼任外相。

9 月 30 日 国民政府明令规定国民参政会第二次大会于 10 月 28 日召开。

△ 国民党中央改组贵州省党部,以王漱芳为主任委员。

△ 第一战区程潜部克豫北武陟,毙敌 350 余人,俘三名,残敌撤回修武、新乡。

△ 日军 4000 余人由晋北盂县经柏兰镇犯五台,在耿家庄山谷被

八路军赵尔陆、熊伯涛两支队包围，激战三昼夜，至 10 月 2 日，日军残部在毒气掩护下向五台突围。是役击毙日军联队长清水，毙伤日军 120 余人；晋察冀军区副参谋长唐延杰负伤，800 余官兵伤亡。

△　国民党中央委员、国民政府委员、前北京政府总理唐绍仪，在上海法租界寓所被国民党军统特务暗杀。10 月 5 日，国民政府明令褒扬，拨给治丧费 5000 元。

△　浙江省铁工厂成立，资金 300 万元，专生产工作母机，由省府主席黄绍竑为董事长。

△　交通部于重庆化龙桥筹建汽车配件制造厂，钱大钧为理事长。

△　军政部兵工署第二八二厂筹建，设重庆磁器口，生产合金钢，周志宏为厂长。

△　阿泰尔率领印度医疗队来华，是日抵汉口。

△　国联行政院通过报告书，呼吁会员国勿采取任何足以削弱中国抵抗能力之行动，并应实行"个别援华"；认为日本违反《九国公约》和《非战公约》，已拒绝国联邀请，各会员国应"个别决定"应否援引《盟约》第十六条。

是月　周恩来致电彭雪枫，要他速去豫东发展游击队。彭接电后即率部挺进敌后，开展游击战争。后来，新四军的第四、第五师在此基础上发展起来。

10 月

10 月 1 日　蒋介石以第二十集团军总司令商震在江西瑞昌、武宁及鄂东南阳新湖一带阻击日军有功，传令嘉奖。同日，第一兵团总司令薛岳以第一四二师师长傅立平在南浔线以西麒麟峰作战有功，令记大功一次并赏洋 5000 元。

△　外交部致电驻美大使胡适告以政府对美方针，其要旨为：一、英美对于远东合作素为我国所期待。我应与美成立谅解，请美严促英

国勿与日本妥协;二、促美总统实行其隔离侵略者之政策,对日采行远距离的封锁;三、促成美国修正中立法,区别侵略国与被侵略国;四、日本实行战时封锁前,仍望美国避免施用中立法;五、日本断绝中国交通时,应请美实施对日禁止军火及军用品之输出及财政援助;六、努力促美于最短期间助成对华现金或信用之借款;七、商请美扩大劝商民勿以军用品售日,除不以飞机售日外,美油、钢铁亦不售给日本。

△　军事委员会任命龙云为第一集团军总司令。

△　新疆省第三次民族代表大会在迪化开幕,到全疆 14 个民族 669 人,林森、蒋介石、毛泽东等 16 人被选为名誉主席团。5 日,新疆督办盛世才作政治报告。6 日,新疆省府主席李榕作行政报告。9 日,通过《组织民众运动委员会》等七项提案。

△　周恩来返抵武汉。

△　第一战区程潜部克豫东民权,并围日军于睢县附近。是役毙伤敌近 500 人,俘敌 24 人。

△　八路军第一二〇师三五九旅夜袭察南广灵南日军 300 余人,毙敌 50 余人,残敌逃向山崖,遭八路军追击,百余敌坠岩毙命。

△　八路军第一二九师在晋南皋落镇西北击溃日军 600 余人,毙敌百余人。

△　新四军彭雪枫游击支队在河南确山竹沟成立,向豫东敌后挺进。27 日,在淮阳窦楼击退日军骑兵队的进攻,首战告捷。

△　浙江国民抗敌自卫第五支队收复海盐,毙伤日军数百名。

△　资源委员会与贵州省政府合办贵州矿务局,决定出资 60 万元开办汞矿,其中 40 万元充勘采选炼费,由资源委员会承担。杨公兆为理事长。

△　中央图书杂志审查委员会在重庆正式成立,开始办公。该委员会由宣传部、社会部、教育部、内政部、政治部派员组成。云南、贵州、兰州、浙江地方图书杂志审查委员会,亦于本月上旬陆续成立。

△　《扫荡报》重庆版发刊。

　　△　北平中法大学因不堪日人压迫,宣告停办。

　　△　伪维新政府在沪各院、部长,是日均已抵达南京。至此,该伪政权各院、部在沪部分已全部迁宁。17 日,伪外交部将该维新政府全部迁宁事,通知日、美、英、法、德、意、苏、比、荷、丹、葡、古、波、挪、智、秘、捷、瑞士、瑞典等 22 国大使、公使和代办。

10 月 2 日　日军自皖西调兵增援豫南战场,第五战区第三兵团孙连仲部乘虚克潜山。

　　△　第五战区第四兵团李品仙部,为截阻日军沿罗(山)信(阳)公路进窥平汉铁路,向罗山东南之日军左翼进攻,是日克光山,毙敌 500余人。

　　△　日军 3000 余人自田家镇北犯蕲春,于该地东南之梁湖同第三兵团孙连仲部守军接战。

　　△　薛岳兵团部署万家岭歼灭战。是日,日第一〇六师团全部窜至万家岭、哗唢街、老虎尖、石堡山一带山地,薛岳兵团决定包围聚歼敌于万家岭地区,抽调德星、南浔、武瑞三方面兵力,计:第六十六军、第四军、第七十四军、第一八七师、第一三九师之一旅、第九十一师、新十三师、新十五师之一旅、第一四二师、第六十师、预六师、第十九师等部队,断行围歼,至 6 日部署始定。

　　△　陕甘宁边区青年代表大会在延安召开。边区政府主席林伯渠到会讲话,号召边区青年到军队中去,到农村中去。

10 月 3 日　张发奎兵团克复木石港。2 日,日军波田支队及海军陆战队以一部自长江北岸渡江至富池口,增援在木石港(阳新南)及排市塘(阳新西南)附近之第一〇六师团两个联队。是日拂晓,第九战区司令长官陈诚以敌势已疲,令长江南岸各部队开始总攻,第二兵团张发奎部当即派兵绕袭,一举克木石港。

　　△　沿滹沱河两岸东犯之日军,是日陷山西五台。同日,八路军第一二〇师彭绍辉第三五八旅,在五台高洪口间滑石岭设伏,日第一〇九师团蚋野大队 700 余人,除数十人突围外,余皆被歼。

　　△　进攻晋察冀边区西路日军占灵丘。5 日,东路日军占阜平。

　　△　山西抗日决死队在晋东寿阳破坏石太路一段,日军火车一列出轨,毙敌 50 余人。另一部在太原北炸铁桥一座。

　　△　云南商民李茂兴先后捐助抗日军费滇币 150 万元(折合法币 15 万元),是日行政院明令嘉奖,颁给金质奖章。

　　△　日本首相近卫接任外相兼职后,对记者宣称,"不以国民政府为外交对手"之对华根本方针,"毫不变更"。

　　10 月 4 日　赣北半壁山失陷。3 日,田家镇、富池口日军以海、陆、空联合,掩护舰艇,图在陆家墩、半壁山强行登陆,经第九十八军反击,卒未得逞。是晨,日军复大举进犯,以日舰 20 余艘,掩护汽艇六七十只,载兵五六千,在上下口、陆家墩登陆,同时以机炮猛烈轰击,第九十八军两营守军与阵地俱殉,半壁山失守。是役日军中武、满雄两联队长被击毙。次日,日军陷马鞍山。8 日,煤山复陷。

　　△　薛岳在白槎与李汉魂、叶肇、俞济时等彻夜商讨万家岭作战事宜。次日,李汉魂指挥各军奉命转移到杨家山、洼山、排楼下、河浒之线。

　　△　周恩来在武汉会见蒋介石,说明中共中央六届六中全会对抗战问题和统一战线问题的意见,转交了毛泽东给蒋介石的信。

　　△　日机九架首次袭重庆,在牛角沱、广阳坝投弹后,又飞梁山及湖北老河口等地轰炸。

　　△　八路军宋(时轮)邓(华)纵队于晚间攻占察哈尔省赤城,消灭守敌 200 余人。

　　10 月 5 日　日军第二十七师团于 10 月 1 日自天桥河向箬溪进攻,是日陷箬溪,德安、修水间交通被切断。

　　△　日军由排市老虎洞,向第三十军团所部守军猛攻,仰天窝阵地被突破,守军退往李家湾、大王尖之线。

　　△　周恩来在武汉记者学会举行的晚会上发表讲话,指出:"十五个月的抗战使中国有了空前的巨变和绝大的进步,这些进步给我们抗

战以有力的保证,使我们相信能够取得最后胜利。我们英勇战斗的事实,粉碎了妥协投降的空气。"并强调指出:中国共产党及其所领导的武装部队,正为着保证长期抗战及建国工作而努力,不怕一切挑拨、离间、破坏的谣言;我们必须坚持长期抗战,巩固国内团结。

△ 经上海纳税华人会等团体交涉结果,上海公共租界工部局决定,致函纳税华人会向"四行孤军"道歉。7日午后,谢晋元团附及其14名被扣壮士由白俄商团护送回营,并由工部局拨款3000元抚恤死难士兵家属。

△ 南京伪维新政府行政院准免任援道南京督办兼职,以高冠吾继任。

△ 日方公布:7、8、9三个月,日伪军与东北抗日联军作战321次,参加之联军达1.6653万人。

10月6日 国民政府任命察哈尔省建设厅长张厉生为代理察哈尔省府主席。

△ 国民党中央执行委员会第九十五次会议,选任内蒙古地方自治政务委员会委员长沙克都尔札布为国民政府委员。

△ 国民政府修正公布《非常时期农矿工商管理条例》,规定政府可以对各类企业实行"代管"、"投资合办"及"收归政府办理",并规定"各企业之员工,不得罢市、罢工或怠工",违者课以千元以上的罚金或判处徒刑。同日,公布《遗产税暂行条例》,规定对遗产5000元以上者,除依法免除者外,征税1%以上。

△ 日军汽艇百余艘载日兵于率洲(阳新县境)附近强行渡过富水,突破卢汉第六十军第一八二师守军阵地,10日陷老虎头、白石岩、太白顶一带。11日,第九战区司令长官陈诚令周嵒第七十五军反击渡河之敌,于富水左岸歼敌于排市、率洲间,终因日军势大,未能实现。

△ 日军第十师团自罗山西犯,是日陷信阳南柳林车站,切断平汉铁路,信阳、武汉间联络中断。

△ 八路军晋察冀部队在冀西华法附近伏击进犯阜平日军4000

余人,毙敌 300 余人。同日,在察南涿鹿石门附近击溃进犯日军 700 余人,毙敌 500 余人。

△ 美驻日大使格鲁以日侵害美在华之权益,违反门户开放原则,向日政府提出严重抗议。11 月 18 日,日外相复牒美使,否认日本有妨碍中国门户开放原则及侵害美在华权益之情事。

10 月 7 日 薛岳兵团向万家岭总攻,与日第一〇六师团在长岭、张古山一带高地激战,卒将该敌击溃,克复张古山、长岭。

△ 八路军晋察冀部队击溃由正定犯灵寿之日军 2000 余人,毙敌 200 余人。同日,进犯晋察冀边区日军骑兵联队,在寿阳遭截击,毙联队长清小喜代美大佐,该敌溃退。

△ 国民政府依据国民党中央之决定,是日明令全国党政机关人员按工薪扣交寒衣捐,以一个月为限。

△ 经济部制定《内移各厂矿限期复工办法》,规定:凡逾期不能复工而又未经呈报准予展期者,给予各种不同处分。

△ 《新华日报》以社论形式发表周恩来撰写的《论目前抗战形势》,文章连载至 9 日。文章指出:保卫武汉重要,坚持持久战更重要。

△ 日本五相会议决定对土肥原发出指示:一、树立新政府:联络吴佩孚、靳云鹏、旧东北军、沟通唐绍仪的余党。二、分化蒋政权:沟通萧振瀛和高振武,联络李宗仁、白崇禧。

10 月 8 日 蕲春失陷。日第一一六师团志摩支队进犯蕲春,第三兵团第一九九师罗树甲所部营长谭灿华率全营守兵奋起抵抗,终以寡不敌众,全部殉国,蕲春陷落。

△ 万家岭日军第一〇六师团反攻张古山,与薛岳兵团守军争夺激烈,双方死伤极重,张古山复陷。同日,薛兵团右翼由杨眉尖、公母岭进攻王家山、老虎尖,左翼由马鞍山进攻雷鸣鼓刘村(日军第一〇六师团司令部驻此村)。

△ 胡宗南第十七军团反攻豫南柳林,歼灭伪军刘桂堂部千余人。9 日晚克柳林东南之新集,10 日克柳林车站。

　　△　台湾爆发反战运动。是日及 11 日,台湾六甲、高雄等处先后发生袭击日警之反战运动,击毙员警数十名,全台日警悉数出动,进行镇压,岛民被杀者 200 余人,被捕者四五百人。

　　10 月 9 日　德星路方面隘口失陷。2 日,日军第一〇一师团攻击隘口第七十九师陈安宝守军阵地。7 日,日军除正面续攻隘口外,并以一部攻隘口右侧背,第七十九师以兵力过少,苦战多日,无力支持,是日隘口失守。

　　△　蒋介石令:限薛岳兵团于是日肃清万家岭日军第一〇六师团,否则总司令以下,俱受处分。

　　△　薛岳电令各师选派敢死队数百名,于下午 6 时再行攻击万家岭日军。当晚,将万家岭、墩上郭、雷鸣鼓刘村完全占领,合围圈逐渐缩小,敌凭借田步苏、箭炉苏据点工事死守待援。同日,敌机狂炸第一八七师阵地,旅长李明伤足,旅部人员死伤甚多,阵地官兵损失更大。

　　△　政治部长陈诚撰文谈第三期抗战中敌军的兵员损失,指出,自 6 月始,日军向武汉进攻,共使用 22 个师团以上,兵力 60 万以上。自 6 月 12 日至 9 月 30 日,敌军在各战场死伤在 27 万人以上。其中在各战场伤亡较大者为:南浔线马回岭三万;东西孤岭二万;隘口 25 万;瑞昌以西山地三万;麒麟峰、覆血山二万;广济、田家镇二万;豫南叶家集、富金山三万。

　　△　晚,第一战区程潜部进攻山东兖州,日军 300 余人据城顽抗,城内伪军反正,开西门接应,遂克该城,俘敌军官三人。

　　10 月 10 日　全国各地庆祝国庆节。武汉各界召开庆祝大会,蒋介石检阅武汉三镇防护团、战时工作队及民众 10 万余人。空中并有飞机散发万家岭捷报之传单,国民党中央及国民政府在重庆联合举行纪念典礼,林森、汪精卫、孔祥熙等 300 余人参加。林森发表广播讲话。同日,国民党中央执行委员会发表《告全国同胞书》,国民政府发表《勖勉前方将士书》,蒋介石发表《告全国国民》。

　　△　万家岭方面之敌复陷长岭、张古山。9 日,敌机狂炸张古山,

继以猛犯,第七十四军第五十一师、第五十八师作战不力,是日长岭、张古山不守。

△ 第一战区程潜部袭泰安,是晨敢死队自西门攻入城内,与日军展开巷战,毙敌 90 余人,遂克泰安。

△ 第二战区阎锡山部在山西省皋落、垣曲间毙日军 300 余人,获汽车 300 余辆,击毙敌第二十师团第七十七联队长野间六郎,并收复垣曲县城。

△ 晚,新四军一部在舒(城)合(肥)公路椿树岗附近伏击日军汽车 300 辆,击毁汽车 60 余辆,毙敌 200 余人,俘队长一名。另一部在六(安)合(肥)公路之刘家圩附近伏击日伪军 200 余人,激战三小时,毙敌 98 人,俘敌 30 余人。

△ 晋察冀军区杨成武支队在冀西王家镇伏击涞源日军步兵 500 人、骑兵 200 人及大车 300 余辆,歼敌 500 余人,俘敌 30 余人。

△ 叶剑英在《新华日报》发表《论晋察冀边区粉碎敌军进攻的初步胜利》一文。

△ 新疆迪化二万余民众举行提灯大会,决议捐购飞机 10 架,并发起募捐百万件皮衣运动。

△ 国民政府设立西南经济建设委员会,从事建设新西南,开发矿业,并与金融界合作筹法币 3000 万元。11 日,西南经济建设委员会在昆明举行会议,张嘉璈、何墨林、何北衡等出席。

△ 中苏文化协会兰州分会成立,会长为曾扩情。

△ 《申报》在上海复刊。其《复刊辞》中声明:"今兹复刊,自当仍以正义为依归,作中国人民之喉舌,并一本已往不屈之主张,与艰苦环境相奋斗。"按:《申报》自去年 12 月 15 日起被迫停刊,至是日复刊,中辍 298 天。

△ 天津《益世报》在昆明出版周刊。同日,《译报》在上海创刊。

△ 朝鲜义勇队在武汉成立,并发表宣言,宣布参加中国抗日战争,并在抗战过程中争取祖国独立。

△　南洋华侨筹赈祖国难民总会在新加坡正式成立,出席四五十埠代表 168 人,陈嘉庚被选为总会主席。陈在致词中指出,自抗战以来,华侨汇款回祖国近一亿元,平均每月 700 余万元,家信汇款每月平均 1800 万元,合计每月汇回 2500 万元。大会发表宣言,并通过决议"拥护国民政府及蒋委员长抗战到底"。该会分支机构共有 85 个。

10 月 11 日　南浔线正面马回岭发生激战,是日,薛岳兵团克马回岭。

△　重庆各界民众开万家岭祝捷大会,到 300 余个团体,2.5 万余人,胡文澜主席,重庆行营郭一予报告歼敌经过,通过呈蒋介石致敬电及慰劳前方将士电等案,会后火炬游行。

△　新疆省第三次民族代表大会闭幕。上午,大会通过宣言及决议案;下午,盛世才致闭幕词,表示决心巩固抗日民族统一战线,动员全疆 400 万民众上前线。大会通电向蒋介石、毛泽东、陈诚等致敬。

△　日军第十一军司令官冈村宁次抵广济第六师团司令部视察,决定该师团自 16 日起向汉口发动攻击。

△　日机 18 架分四批夜袭衡阳,投弹 120 余枚,死伤民众百余人,日机被击落四架。

△　晋西北农救会第一次代表大会在岢岚召开,通过《晋西北农救会工作纲领》及减租减息等项提案,18 日闭会。

10 月 12 日　毛泽东在中共六届六中全会作政治报告《抗日民族战争与抗日民族统一战线发展的新阶段》,指出:"支持长期战争与争取最后胜利的唯一正确道路,在于巩固与扩大全民族的统一团结,在于力求进步以发动全民族的生动力量,在于依靠民众以克服困难。""坚持抗战,坚持持久战,力求团结与进步——这就是十五个月抗战的基本教训,也就是今后抗战的总方针。"同时提出:"在今后的抗日形势中,从政治上反对右的悲观主义,将是头等重要的;但是在同时,反对'左'的急性病,也仍然要注意。"

△　周恩来向国民党军事当局提出《对日寇进攻华南的初步分析

及建议》。意见书受到国民党军事当局的高度重视。

△ 日军在大亚湾登陆。日军为策应武汉会战,并切断中国海上国际联络,在台湾集结兵力四万余人,拟犯广州。是日凌晨 2 时,日军第十一、十八及一○四师团编成第二十一军,乘军舰数十艘,以飞机百余架掩护,在南海大亚湾平海、稔山、澳头、下桶等处强行登陆,当晚攻陷淡水,第八十三军第一五一师师长莫希德部守军退往惠阳。同日晚,蒋介石电令余汉谋自中山、琼崖、花县等地调兵保卫广州。

△ 信阳失陷。2 日,日军第三师团自潢川向罗山以西推进,进犯信阳,第十师团负责策应。6 日,第十师团抵柳林(信阳南 20 公里)附近,切断平汉路,旋即进入信阳南面。9 日,第三师团进入大洋河镇(信阳东北 15 公里),续向西进,将平汉路切断,11 日进入信阳东面。第三、第十师团在攻击途中与胡宗南军多次激战,是日第三师团在炮兵支援下,首先攻陷信阳。据日方统计,信阳之役,日军战死约 550 名,负伤约 1560 名,中国军队遗尸 1.3 万具。

△ 第九战区第一兵团总司令薛岳以南浔会战以来各军苦战三月,援敌大至,箬溪日危,乃调整战线,以第四军,扼烟包山亘狮子岩线及老黄娇铺亘大金山各据点;拨第一一八师王严部暂隶第六十六军,扼郭背山亘乌龟山线及孤山亘红山各据点;第六十六军移乌龟山亘柏林线及叶家坳亘田家坞各据点;第十九师扼柏林及对岸沙田巷亘罗墩线拒敌渡河;第七十四军及第六十、第一四二师、预六师、新十三师、又第一八七师及第一三九师各一旅扼狮子崖亘河浒线,仍进击长岭、张古山、杨家山、丰桂尖,并搜索白阳堆敌情;置冯占海第九十一师于徐家坳、牛车盘线待机使用,炮兵第一团之两连及第二团之一营以全力封锁大鳌、上棋、曹家坳各隘路,支援李汉魂军团西、北两面之战斗。

△ 黄颡口、沛源口失陷。8 日起,日第一一六师团高品支队,在海军配合下,自半壁山溯江而上,向石灰窑下游之黄颡口、沛源口进犯,与第二兵团守军激战后,是日攻陷。

△ 青海抗敌后援会捐募羊皮 10 万张,价值 25 万元,以供前线将

士御寒。是日,蒋介石电青海省府主席马步芳予以嘉奖。

　　△　日本首相兼外相近卫照会驻日各国大使,宣布日本在华南战事开始,要求各国避免一切助华行动,勿于自汕头至北海区域中调动其军队军舰与飞机;如有调动,请于 10 日前通知日本当局。

　　△　驻日英使克莱琪以日本侵犯华南,危及英国经济及政治利益,向日本政府提出警告。

10 月 13 日　国民党中央发表《告广东全省军民书》,号召团结一致,抗击日军,保卫广东。同日,第四战区副令长官余汉谋亦发表《告广东同胞书》,呼吁保卫广东。次日,蒋介石致电海外侨胞,吁请援助广东。

　　△　蒋介石令张治中部预备兵团增援广东。次日,又令长沙警备司令丁炳权赴粤作战,以酆悌接任长沙警备司令职。

　　△　军事委员会任命张自忠为第三十三集团军总司令。

　　△　浙江国民抗敌自卫第五支队收复吴兴县新丰镇,旋于 11 月中旬在崇德县马家桥之役中毙伤日军 100 余名。

　　△　日军自淡水、澳头、稔山等处三路北犯惠阳。莫希德部守军及佛子坳炮兵指挥部均先行撤退。当晚,日军进抵惠阳城外。

　　△　第四战区司令长官部宣布封锁珠江口,并限令广州市民老弱及公务员眷属于两日内疏散。

　　△　日机百余架分 19 批炸广州、军田、连江口、曲江等地。

　　△　国立重庆儿童教养院成立,行政院派屈映光为主任委员。

10 月 14 日　蒋介石会见周恩来,说关于中共党员公开加入国民党和三青团问题,必须由国民党中央常委会讨论;三青团章程可改变,中共党员可加入。蒋还说武汉作战方针已改为消极防御,新的注意力在西南、西北。

　　△　日军进攻广东惠阳城,守军第一五一师何联芳旅及师直属队撤往博罗,惠阳失陷。

　　△　广东省政府及广州市政府决定移粤北翁源。19 日,省府主席

吴铁城及市长曾养甫赴翁源。29 日,省府再移连县。

△　外交部以日军开始攻击华南,直接威胁英、法、美在远东之地位与商务利益,是日电令驻美大使馆速商美政府,深望有关系国采取联合积极步骤,以制止侵略。

△　葡萄牙新任驻华公使李玛向国民政府主席林森递交国书。

△　行政院颁布《人民守土伤亡抚恤实施办法》,凡 15 条,规定凡因参加抗敌战斗、扰乱敌人后方及侦察敌人行动、协助军队工作或执行军队命令、保卫村镇抗拒敌人而伤亡者,应予以抚恤。

△　邢台伪皇协军 2000 余人由王子猷率领反正,俘日军 40 余人。

△　南京伪维新政府发表上海特别市制令,任命傅宗耀(筱庵)为市长。

10 月 15 日　广东博罗失陷。13 日,日机狂炸博罗。14 日,日机复炸,城内数处起火,守军第一五一师补充团团长林君勘率部弃城先遁,县长黄仲榆亦于晚间率职员逃象山。是日,博罗失陷。20 日,第四战区司令长官部以第一五一师师长莫希德作战不力,丧师失地,予以撤职查办。

△　第九战区司令长官陈诚严令各部利用山地节节抵抗,务必于10 月底以前确保德安、武宁及通山、金牛、保安、鄂城一线。

△　国民政府公布《非常时期难民移殖规则》,规定由经济部会同内政部、财政部、赈济委员会成立中央垦务主管机关,各省设垦务委员会;以国营、省营、民营三种方式举办垦殖事业,安置全国难民;并规定难民登记、移送、垦殖各项具体办法,计 37 条。19 日,行政院废除《难民垦殖实施办法大纲》。

△　马来亚华侨汽车工人服务队抵汉口,旋赴八路军前线参加抗战工作。

10 月 16 日　国民党中央执行委员会发表《告广东全省党员书》,号召负起责任,率先奋斗,殊死战斗,保卫疆圉。

△　日机 18 架袭岳阳,被击落三架。

10月17日　广州市各界民众七万余人举行游行示威,决心保卫广州。

△　第四战区以第六十五军军长李振球为前敌总指挥率部增防东江,保卫广州。李以钟芳峻第一五三师等部在福田、罗浮山一线击溃向增城进犯之日军。钟芳峻奋勇作战,使日军攻势受挫,但因与后方联络中断,官兵伤亡甚重,各友军不能配合作战,悲愤自杀。日军受挫后退往博罗,李振球亦退往增城整理部队。

△　石灰窑失陷。12日,日军第一一六师团高品支队在海军协助下,于沛源口登陆,开始向石灰窑前进。是日,敌机数十架凌空轰炸,敌舰猛烈轰击,甘丽初第六军守兵伤亡奇重,石灰窑遂告失守。

△　阳新日军分两路犯三溪口(阳新东北面),第五十三军守军与敌激战竟日,因日军炮火过猛,卒告失陷。

△　道士袱失陷。15日,沛源口日军溯江至石灰窑下游道士袱,与第二兵团守军战于沉家湖一带,是日道士袱陷落。

△　日军第六师团牛岛支队沿松阳桥(广济西五公里)、西河泽、浠水大道进攻汉口。广济西面及西北面李品仙兵团一部,向浠水方面退却。

△　日机150架轰炸湖南株洲、岳阳等地。

△　第二战区阎锡山部收复山西平定、昔阳两县城。

△　国民党河北省党部主任委员鹿钟麟致电国民党中央社会部长陈立夫,告以河北民众运动早已为共产党所领导,各县区民众战地动员委员会及各救国会等民众团体,"皆为共产党分子把持",请示民运工作办法。12月5日,陈立夫复电,指示以"联络上层友谊,建立下层基础"为其工作方针,"于工作绝不可稍事退让"。

△　武汉《大公报》迁重庆出版。

10月18日　阳新失陷。17日,日军波田支队主力进入盐埠头,是日陷阳新。

△　辛潭铺失陷。7日,日军第二十七师团主力自箬溪向鄂东南

辛潭铺前进,13 日先遣部队进入辛潭铺对岸。是日,会合师团主力渡过富水攻陷辛潭铺。

10 月 19 日 日军第一一六师团高品支队配合海军于黄石港强行登陆,第六军甘丽初部守军与之激战,卒不支而退,黄石港失陷。

△ 日机 45 架三次袭长沙,市民死伤 300 余人。

△ 八路军第一二九师在晋东南平定南设伏,毙日军 80 余人,击毁汽车一辆。同日,晋察冀军区部队击溃由涞源犯插箭岭日军 900 余人,毙敌百余人。

△ 中华全国文艺界抗敌协会和鲁迅纪念委员会在重庆举行鲁迅逝世两周年大会,郭沫若主席并致词,周恩来发表讲演,号召学习鲁迅的精神和作风,为实现抗战最后胜利而奋斗到底。

10 月 20 日 日军第十八师团主力在数十架飞机掩护下猛攻广东增城,李振第一八六师、陈崇范炮兵团向钟落潭撤退,增城失陷。日军第十八师团另一部攻陷正果圩,击溃陈勉吾独立第二十旅,并以主力进击从化、花县,图截断广州至韶关之联络。同时,增城方面日军沿增(城)广(州)公路直下广州。是晚,余汉谋在广州召开军事会议,决定在广增公路两侧福和、石桥和石滩以北之线布防。次晨 2 时接蒋介石电令,将部队撤至粤北重新部署,以阻日军北上。

△ 日军波田支队自阳新向西进犯大冶,并以飞机掩护猛攻,大冶已成一片焦土,是日大冶失陷。同日,第六军吕国铨第九十三师被围,军长甘丽初亲率队援救,苦战突围,退往保安以东收容整理。

△ 晋察冀军区八路军在冀西党城王村击溃日军 600 余人及后续部队 200 余人。同日,另一部在察南冯家沟伏击开往灵丘日军汽车队,俘汽车 25 辆,毙敌 10 余人。

△ 教育部在重庆召开高级师范教育会议,各师范学院院长及主任导师等出席,研讨关于师范学院之一切问题。教育部次长顾毓琇任主席,宣读蒋介石贺词后,各院长相继报告各师院筹备概况,22 日会议闭幕。会议期间议决要案 20 余件。行政院长孔祥熙出席闭幕式,并指

示教育原则四项：一、学以事人；二、学以致用；三、学以造示；四、学以识时。

△　侨务委员会为日本侵犯华南发表《告侨胞书》，指出："侨胞在华南抗战中所负之责任，最重要者仍为输财输力……侨胞过去接济物资与筹赈伤兵难民，确曾尽其最善之努力，抗战一年五个月之支持，侨胞实有不可磨灭之功绩。今后仍本与国内之同胞作同样牺牲之决心，踊跃捐输，以厚军实，以救乡救国。"

10 月 21 日　广州弃守。晨 4 时，余汉谋奉蒋介石之命，下令总司令部沿广（州）花（县）公路向清远撤退。余本人亦离广州往清远。市内各公署、工厂及公共建筑均已破坏，市民扶老携幼向四乡疏散。广（州）增（城）公路线上，第一五二师师长陈章率邓其昌旅在太平场同日军激战。梁世骥师卜汉池旅在莲塘同敌小有接触，后陈师、梁师各向北撤；曾友仁第一五八师师部与张浩东旅在龙眼洞附近溃散；张简苏独立第九旅退走太和，旋即溃散；第一五三师师长张瑞贵率钟芳峻旅越广增路北撤。至此，惠（阳）广（州）战役（自 10 月 12 日开始至是日止）结束。日军第十八师团未遇抵抗，沿广增公路向广州推进。下午 2 时，日军机械化部队 3000 人侵入广州。23 日，日军第十八师团主力全部进入广州市。

△　广东省府主席吴铁城发表《告同胞书》，宣布日寇逼近省垣，省府迁地办公，望全省同胞有枪者加入自卫团，无枪者投身兵役，有钱者踊跃输将，驱敌出境，共保家乡。

△　浠水失陷。18 日，日军第六师团牛岛支队主力自广济附近出发，突破西河驿附近李品仙兵团防守阵地，当夜进入界岭（浠水东南 20 公里）。同日，佐野支队进入漕河镇以南地区，并编入牛岛少将指挥下。19 日晚，牛岛支队突破界岭，是日上午渡过浠水后，攻陷浠水城。

△　日军第十一军石原支队攻陷兰镇溪（浠水西南），24 日陷黄冈，第五十五军曹福林部守兵退往巴河沿线。

△　第九战区鄂南部队奉命撤向湖南沅陵、常德一带，第五战区江

北各部奉命撤向鄂西。同日,湖北省政府向宜昌迁移完毕。

△ 汤恩伯第三十一集团军总司令部自鄂南通山西撤。同日,日军一部沿富水犯通山,进抵通山东石马铺、韩家铺一带。

△ 日军陷广东龙门。同日,日机狂炸珠江沿岸,毁船数百艘,死伤船户逾千人。

△ 中共党员曾生在广东组织人民抗日武装海员游击大队(后发展为广东东江抗日游击纵队),以淡水为中心,建立抗日根据地。

△ 八路军第一二〇师王震第三五九旅,在察南觉水泉伏击日军300余人,毙敌80余人,残敌退往灵丘,灵丘日军500余向广灵撤退,在义泉岭遭八路军伏击,被击毙200余人。

△ 国民政府任命王景岐为驻波兰特命全权公使,谢维麟为驻瑞典兼驻挪威特命全权公使;免魏宸组驻波兰公使职及王景岐驻瑞典兼驻挪威公使职。

△ 汪精卫对路透社记者谈话,再次鼓吹与日议和,略谓:"如日本提出之议和条件,不妨碍中国国家之生存,吾人可以接受之,为讨论之基础。"并谓:"就中国方面言,吾人未尝关闭调停之门户。"

△ 行政院第三四八次会议决定将重庆市改为直属市。

10 月 22 日 日军第一一六师团高品支队在海军陆战队配合下攻陷鄂城。同日,第六师团牛岛支队攻陷上巴河。

△ 日军突破大别山。是日,日第十三师团突破大别山,24 日,第十六师团亦越过大别山,25 日、26 日该二师团先后抵麻城地区。据日方统计,在突破大别山战斗中,第十三、十六两师团战死约 1000 人,负伤约 3400 人;中国军队遗尸约 1.5 万具。

△ 朱德在周恩来陪同下,于汉口会见蒋介石,报告八路军一年来在华北抗战的战绩及建立抗日根据地等情况,提出扩大八路军编制,增发经费与补给弹药等要求。

△ 国民党中央派吴铁城为广东省党部主任委员,曾养甫为广州市特别党部主任委员。

　　△　国民政府公布《优待出征抗敌军人家属条例》,修正公布《抗战功勋子女就学免费条例》。

　　△　国民政府任命白鹏飞为省立广西大学校长。

　　△　梅思平由香港到重庆,和汪精卫、周佛海等人密商降日条件与办法。汪派高宗武、梅思平和日方举行秘密谈判。

10月23日　新洲失陷。22日,日军牛岛支队自上巴河向林山河急进,是日到新洲东侧,同李品仙兵团万余名守军激战后,攻陷新洲。

　　△　武汉警备司令部颁布戒严令,规定:凡散布谣言危害民国,为敌利用破坏民众运动,代敌宣传不利抗战前途,聚众鼓噪不服军制,破金坏融,以物资敌,为敌间谍,乘机抢劫,伤害外侨者,处死刑。

　　△　日机在长江城陵矶江面炸沉"襄阳"轮及铁壳大煤船,乘客及难民千人遇难。

　　△　广东珠江虎门要塞司令郭思演弃守虎门。

　　△　绥远伪自卫军苏元龙于归绥(今呼和浩特)东白塔山率百余人反正。伪西北边防自治军第三师旅长武毛率部2200余人反正。

　　△　驻美大使胡适致电军事委员会委员长侍从室主任陈布雷转呈蒋介石称:"广州不战而陷,国外感想甚恶。据最可靠友人报告:罗斯福总统已悟事势非高论所能挽救,正苦思切实援助步骤,盼望我能坚持一两个月。"

　　△　广东旅渝同乡会召开救国救乡大会,到邹鲁、罗文幹等400余人。马超俊倡组敢死队回乡杀敌。会议致电余汉谋、吴铁城,责问余、吴准备年余,何以不及十天广州遽陷。

　　△　《新华日报》留汉人员乘船撤向宜昌,在嘉鱼附近江面遭日机轰炸,记者李密林、潘美年等16人及八路军武汉办事处张海清等八人遇难。

10月24日　统帅部下令放弃武汉,并令撤退武汉外围部队:长江以南各军撤至湘北及鄂西一带;长江北岸部队,第三十三集团军撤至荆门、宜城一带,第三十二集团军撤至襄阳、樊城、钟祥一带,第十一集团军撤至随县、唐县镇、枣阳一带布防;汤恩伯第十三军进入桐柏山,刘和鼎第三十九军进入大洪山担任游击。第二十一集团军及徐源泉第十军统由廖磊指挥进入大别山担任敌后游击。第五战区长官部移往樊城。

△　黄陂失陷。日军第六师团陷黄陂,沿汉(口)黄(陂)公路图攻汉口。当日下午,日军先头部队陷横店,向汉口城郊戴家山前进。

△　日军第十师团冈田支队攻陷湖北应山。

△　日机轮番炸长江金口以上、城陵矶以下全港道,"楚同"舰在嘉鱼受伤,"中山"舰在金口沉没,"中山"舰长萨师俊以下官兵 20 余人牺牲。

△　全国救济会秘书处宣布:自抗战以来至是日,日机空袭中国城市 3318 次,计有 19 省 314 个城市被炸,共炸伤平民 3.7222 万人,炸死 2.9868 万人。

△　晋察冀军区八路军克复涞源。

△　上海美商有利银行受中央银行委托,将价值 900 万元之白银装入"柯立芝总统号"轮船,拟于是日由沪运美,被日方指使南京伪维新政府财政部截留,后经日美双方交涉,乃将白银卸下,重新装入银库。

△　美国务卿赫尔向美报界发表谈话,声称:关于调解中日战争一事,"美国态度未变","即在当事双方表示赞成调处之前,不拟讨论调处问题,或自动出而斡旋"。

10 月 25 日　汉口弃守,武汉会战结束。上午,日第六师团佐野支队在飞机大炮配合下,向汉口市郊之戴家山进攻,武汉卫戍区郭忏部第一八五师守军阵地多被炮火摧毁。下午 6 时,日军强行渡河,攻陷戴家山,守兵后撤,日军连夜进入汉口市街,次日全部进入汉口市内。武汉会战,历时四个半月,大小战斗数百次,日军使用 12 个师团,死伤达 10 万以上;中国交战部队计 133 个师又 13 个团,遗尸 14.3493 万具,被俘官兵 9581 人。

△　军事委员会发言人接见中外记者,说明自动放弃武汉原因,略谓:中国抗战方针为持久抗战,不在一城之得失,亦不在一时之进退。半年以来,消耗敌人之目的已达,掩护后方之任务已毕,武汉已失其重

要性,决定转移兵力,另作部署,与日军周旋。

　　△　李品仙第十一集团军总部奉第五战区长官部之命自上巴河西撤,26日退至荆门,旋移驻枣阳。该集团直辖各军亦依次向西越过平汉路转进至指定地点。

　　△　日军石原支队以巨舰10艘,掩护其陆军4000余人,于湖北阳逻下游登陆,与第二十六军萧之楚部守军激战后,陷阳逻。

　　△　进犯德安之日军第一〇一师团强渡德安河,与第一九〇师梁华盛部激战于心佛寺、巫家山附近,心佛寺、尖嘴壁、烟包山相继失陷。

　　△　日舰20艘侵入珠江虎门。同日,陷中山县城。

　　△　国民政府任命熊庆来为国立云南大学校长。

　　△　《新华日报》自武汉迁重庆出版。

　　△　国民党中央代理宣传部长周佛海下令查禁宋庆龄著《中国不亡论》。

　　△　日本法西斯组织东方会议,通过决议,要求政府在华组织全国性傀儡政权,对全世界宣布"新中国"产生,并令其收回租界,收回海关税收,统治盐税,镇压反日活动与助蒋活动。

10月26日　武昌失陷。24日,日军波田支队自鄂城进犯葛店,25日陷葛店,是晨陷武昌。

　　△　刘汝明第六十八军奉统帅部之命扼守平靖关,掩护大军通过平汉路向西转移。该部在花园、应山间与越平靖关南进之敌激战一昼夜,将敌击退,使各军得以安全西撤,是日始通过应山,到达随县一带整理。同时田镇南第三十一军亦奉命在汉掩护全军安全西撤。

　　△　日军第九师团陷鄂东南金牛镇,次日陷贺胜桥,粤汉铁路被切断。

　　△　日军第一〇一师团陷德安城西南之仪封山北端,炮毁该城西、北两门及各工事,并施放毒气及烟幕,第一九〇师梁华盛部损失奇重,李兆锁师一部来援,与敌相持于仪封山南。

　　△　第四战区余汉谋部弃守佛山(南海)、三水。

　　△　阜平日军 400 余人出城北犯,被晋察冀军区八路军击退。是夜,八路军袭入城内,与日军激战。27 日,日军弃城东撤,遭八路军截击,被击毙百余人,日机八架投大量毒气弹掩护日军向王快逃窜,八路军收复阜平。

　　△　英国援华委员会致电蒋介石及国民参政会,以英国人民之名义,对于中国抗战表示加倍援助之意,并深信中国必胜。

10 月 27 日　外交部告外国记者,武汉之放弃,广州之沦陷,在六个月以前,业已料及。并谓:中国国策决不改变,国民参政会第二次大会亦不讨论国策问题。

　　△　宋庆龄、何香凝、陈友仁、徐谦、彭泽民、罗翼群等人,联名致电国民党中央,表示拥护抗战到底,反对汪精卫主和言论,建议施行加强中枢政治机构、遵守总理所制定的外交政策、发动全国民众力量、迅速起用知兵宿将保卫广东等四项抗战方针。

　　△　周恩来经澧县抵长沙。

　　△　国民政府颁布《查禁敌货条例》及《禁运资敌物品条例》。

　　△　日军第一一六师团高品支队及第六师团牛岛支队,相继攻陷汉阳。

　　△　日机八架炸鄂北应城,平民死伤 400 余人。

　　△　新任驻美大使胡适向罗斯福总统递交国书。

　　△　上海金融界和各界团体分别致电参政会二次大会,切望坚持抗战国策,誓死反对妥协议和。

　　△　中华台湾革命大同盟发表《告同胞书》,号召全体台湾同胞奋起反抗日本帝国主义。

10 月 28 日　国民参政会第二次大会在重庆开幕。汪精卫、张伯苓及参政员 128 人出席。林森、孔祥熙、孙科、居正、于右任等到会。林森、汪精卫致词。蒋介石未出席,致电大会望参政会研讨大计,冲破难关。大会通过致蒋介石及前方将士两电。

　　△　德安弃守。27 日晨 4 时,日军炮击德安城垣并大量施放毒气

及烟幕,梁华盛第一九〇师伤亡过重。下午3时,日军攻入城内,奉命前来增援之李兆锳第一三九师与敌军激烈巷战,城内大火。是日,日军增兵猛攻,团长王启明率部死守,德安城已成一片焦土,四周高地亦为日军所占,守军伤亡过重,卒弃守德安。南浔会战结束。

△　日军第十师团冈田支队攻陷鄂北德安县(今安陆)。

△　八路军第一二〇师王震第三五九旅在广灵以南邵家庄、张家湾地区设伏,毙日军第二混成旅团长常冈宽治少将以下360余人,烧毁汽车五辆。

△　四川省党、政、军界要人邓锡侯、潘文华、陈公博、王缵绪、刘文辉、杨森、唐式遵、王陵基、孙震等联名电呈蒋介石,表示拥护抗战国策,集中全川人力物力,坚持抗战到底。

△　参政员孔庚、秦邦宪、罗隆基、梁漱溟、沈钧儒、史良等发表谈话,一致要求政府抗战到底。

△　国民政府公布《非常时期过分利得税条例》,规定对资本在2000元以上之公司、商号、行栈、工厂或个人,其利得超过资本额15%者及财产租赁之利得超过其财产价额12%者,除依照《所得税暂行条例》征税外,加征非常时期过分利得税。同日,公布《非常时期特种考试暂行条例》。

△　国民政府公布《民国二十七年陕西省建设公债条例》,定额为800万元,年息六厘,15年还清。

△　日本首相兼外相近卫召见驻日法使亨利,要求法国禁止军火经越南输华,否则日将采取必要手段。

10月29日　国民参政会第二次会议继续举行,孔祥熙、王宠惠、张群、何键分别作施政、外交、军事、内政报告。

△　日军第二十七师团攻陷咸宁,张发奎兵团所部守兵退往汀泗桥。

△　广东江防司令部派"执信"、"坚如"、"仲恺"等六舰,驶往三水河口、思贤滘一带阻止日军前进,驶至思贤滘附近,即与岸上日军激战,

击毁日炮台四座,"执信"舰中弹沉没,副舰长以下 23 人阵亡,15 人受伤,舰长李锡熙重伤不治身亡。其余各舰退回肇庆峡。

△ 日本首相近卫辞所兼外相及拓相职,有田八郎任外相,前"满铁"副局长八田嘉明任拓相。

10 月 30 日 蒋介石抵南昌,批准薛岳兵团撤至修水南岸之计划,饬第九集团军总司令吴奇伟统一执行。

△ 国民参政会第二次会议继续举行。孔祥熙作财政报告。会议通过设全体审查委员会,审查重要议案。

△ 国民政府召开西南各省公路、水路交通会议,决定由扬子江水利委员会、导淮委员会、江汉工程局、珠江水利局、华北水利委员会等机关,分别办理西南各省水道的疏浚工程;并决定利用全国人力、兽力运输,以弥补机械运输的不足。

△ 四川省党、政、军界张群、贺国光、邓锡侯、潘文华、陈公博、王缵绪、刘文辉、杨森、唐式遵、王陵基、孙震等人,电请蒋介石驻节四川,统筹全局。

△ 应城、孝感失陷。28 日,日军冈田支队从湖北德安南下,是日陷应城。同日,日军第十三师团陷孝感。

△ 日军攻陷汀泗桥。

10 月 31 日 蒋介石发表《为放弃武汉告全国同胞书》,指出:"我国抗战之根据,本不在沿江海浅狭交通之地带,乃在广大深长之内地……盖抗战军事胜负之关键,不在武汉一地之得失,而在保持我继续抗战持久之力量。"号召全国同胞继续贯彻持久抗战、全面战争、争取主动之一贯方针,更勇猛奋进,造成最后之胜利。

△ 张嘉璈、陈立夫分别向国民参政会第二次会议作交通、教育报告。同日,60 余参政员联合提出《目前兵役问题之解决办法案》。

△ 国民政府明令省、市参议会两《组织条例》自 11 月 1 日起施行。

△ 陈诚在江西桂口张发奎总司令部召集高级将领会议,决定今后行动方针:迅速培养第二期作战力量,在修水、武宁、通山、小岭、官塘

驿以南地区作持久战,消耗敌人。

△ 日机炸南昌,投弹数百枚,民众死伤 300 余人。

△ 日军在福清登陆,福州开始疏散人口。

△ 云南各界 10 万人举行大会,追悼滇省第六十军参加台儿庄战役阵亡将士,龙云亲临致祭。

△ 兰州烟酒局局长李国安贪污达万元之巨,被处死刑。

是月 蒋介石密令朱绍良、胡宗南调集军队驻守各险关隘口,包围、封锁陕甘宁边区。朱、胡在天水、双石铺各设预备指挥所。

△ 朱德在中共六届六中全会上报告八路军一年来的抗日经过,略谓:八路军和游击队在华北的活动,牵制了日军,使华北日军无法渡过黄河,向南进攻。日军损失已达 3.4 万余人,八路军伤亡 2.5 万人。

△ 绥远伪西北自治军旅长康德胜、团长左文玉、张福义及伪蒙军连长袁海才、苗福才等部 1600 余人先后反正,已抵固阳一带待命整理。

△ 经济部地质调查所与四川省地质调查所合组石油调查队,往四川威远、荣县、资中、屏山、宜宾等地调查石油资源。

△ 陕西黑惠渠动工,计划引黑河水灌溉周至县约 10 万亩农田。

△ 资源委员会成立湖南祁零煤矿局,将商民所办煤矿收为官办,以供湘桂铁路用煤。

△ 菲律宾华侨组成四批服务团回国:第一批为汽车司机和修理工 15 人;第二批为侨生童子军 22 人;第三批为华侨救护队 27 人;第四批为华侨飞行员。

11 月

11 月 1 日 国民参政会第二次会议继续举行,经济部长翁文灏报告经济建设及三个月来之工作。会议将参政员张一麐、胡景伊、王明、陈嘉庚、王造时所提五案合并讨论。通过决议:"拥护蒋委员长所宣示全面抗战、持久抗战、争取主动之政府既定方针。今后全国国民应在蒋委员长领导之下,坚决抗战,决不屈服,共守弗渝,以完成抗战建国之任务。"在讨论陈嘉庚等 22 人所提"在日寇未退出我国土之前,凡公务员对任何人谈和平概以汉奸国贼论"一案时,汪精卫反对,竟说:"总理常说和平救国,如果谈和平就是汉奸国贼,那么总理也是汉奸国贼了。"参政员对此群起驳斥,唯有余家菊、梁实秋为汪辩护。

△ 第十九集团军罗卓英部于长江南岸掩护武汉大军撤退。是日,罗部以两师兵力与自汉犯湘之敌前锋两联队战于小界岭(咸宁至通山公路间一峻岭),毙敌甚重。

△ 南浔线日军第一〇一师团于 31 日自德安南犯,是日攻陷永修及虬津市,与修水河对岸之薛岳兵团隔河对峙。

△ 日军冈田支队自应城出发,以一部攻陷长江埠,4 日另一部攻陷皂市。

△ 湖南警备司令部查封《长沙晚报》。

△ 北平伪临时政府与南京伪维新政府在南京召开第二次联合委员会,梁鸿志、王克敏、朱深、王揖唐等参加,日军顾问原田、喜多少将到会。3 日闭会,决定诱劝伪蒙疆政权加入该联合会,并发表《反共救国宣言》,谬称:"非反共讨蒋不能恢复和平,和平不能实现,则无由救全国人民于死亡。"

△ 日本大藏省向在华各日本银行发出通告,在华中、华南实行"军用券",用以代替日本银行纸币流通。13 日,日华贸易协会会长儿玉谦次在上海与浙江伪省长汪瑞闿、江苏伪省长陈则民、安徽伪省长倪道烺磋商"军用券"流通及使用办法,决定在各处遍设收兑机关,贬值吸收法币,以法币一元换"军用券"六角、七角不等。

11 月 2 日 国民参政会第二次会议通过胡景伊等 21 人所提《确立战时新闻政策,促进新闻事业发展案》,送请政府采择施行。另通过《职业教育实施案》、《调整农业金融机构案》、《重建战时经济政策案》,并根据钱端升提议,决定设置特种审查委员会,审查管理外汇及对外贸易。

　　△　参政员喜饶嘉措、麦斯武德在重庆分别对记者谈话,希望各民族精诚团结,一致抗敌,并望国人对边疆予以深切注意和帮助,使边疆成为强有力的抗日根据地。

　　△　军令部以八路军"忠实奋发,迭予敌重创",致电朱德、彭德怀对所有出力部队"传谕嘉奖"。

　　△　周恩来、叶剑英、潘汉年联名致信《救国时报》,控诉日军侵略解放区的暴行,宣传八路军在敌后的战绩,动员广大华侨支援抗战。

　　△　日军抽调由鲁南下之百川部队,配以连云港方面之五个陆战队谋犯苏北,是日,蒋介石电令江苏省政府主席韩德勤,着加注意。

　　△　日军石原支队自汉阳出发,是日分别以一部攻陷蔡甸、汉川、黄陵矶。

　　△　财政部颁布《黄金买卖条例》,禁止银楼购买土产黄金。同日,四川省下令禁止白银外运。

　　△　汉口伪维持会组织之"公共协会"成立,前商会长石兰洲充任会长,由日本特务机关操纵。

　　11月3日　日本近卫内阁发表第二次对华声明,宣称决消灭国民政府,建设"东亚新秩序"。其要点为:一、国民政府已为一地方政府,如继续抗日,则在该政府歼灭以前,决不停止军事行动;二、日本之目的,在于建设东亚长治久安之新秩序,即日、"满"、华三国提携树立政治、经济、文化等项互相连环之关系;三、"至于国民政府,倘能抛弃从来错误政策,另有其他人员从事更生之建树,秩序之维持,则帝国亦不加拒绝"。

　　△　第四十二军军长冯安邦在湖北襄阳遇日机空袭殉难。旋国民政府令发治丧费一万元,按上将阵亡例给恤。

　　△　八路军五台告捷。八路军第一二○师第三五八旅黄新廷第七一六团,夜袭五台山东虎阳河日军。次日,聂荣臻部赵尔陆支队全歼该敌500余人。五台日军200余增援,被击溃。

　　△　国民参政会第二次会议继续举行,特种审查委员会开始审查

外汇管理及对外贸易案,财政、经济、交通三部及贸易委员会均派代表列席说明。

11 月 4 日　国民政府发言人驳斥日本近卫内阁第二次对华声明,指出:日本之声明"实欲中国牺牲其自由独立国家之神圣权利,中华人民对此决抗拒到底"。

△　国民参政会第二次会议继续举行,邹韬奋所提《请撤销图书杂志原稿审查办法,以充分反映舆论及保障出版自由案》,连署者达 74 人,占出席人数半数以上,获通过。同日,大会还通过《请团结边民,增强抗战力量案》、《加速完成地方自治案》、《请政府迅速制定并实施充实县政府组织法规案》、《请政府招致沦陷区技术人员案》、《请办工业生产合作机关,救济失业民众,调和供需案》等。

△　军事委员会顾问兼代理陆军大学校长蒋百里在广西宜山逝世。

△　鄂南蒲圻、嘉鱼失陷。日第九师团自攻陷贺胜桥后,先后于 10 月 31 日及 11 月 1 日派出两股部队进犯蒲圻、嘉鱼。11 月 2 日,第九师团一部进入蒲圻东侧的陆水河(蒲圻河)一线,同第九战区守军激战。是日,蒲圻、嘉鱼相继失陷。同日,日军陷通山。

△　凌晨,余汉谋所部粤军反攻三水,自卫团四出包抄,日军闻风先遁,县城收复,广三路之日军纷向佛山以东溃退。

△　日军在飞机、坦克掩护下进犯广东清远,第四战区余汉谋部选敢死队千余人,将日军击退。

△　日本华中派遣军总司令畑俊六向柏林《金融报》记者发表谈话,承认中国军队善于作战,并宣称日军将追击至重庆、昆明。又谓:长江为军运之主要路线,暂不开放。

△　日军汽艇在上海码头扫射英商太古、怡和公司之"瑞和"、"棠乔"轮,死伤乘客 40 余人,货物损失甚重。

△　日机炸粤北英德、连平、翁源。同日,日机 18 架袭汉中,投弹 200 余枚。

△　资源委员会组织嘉阳煤矿公司,开发川西煤矿。

△　上海浦东川沙县伪维持会委员瞿木香献媚日军,残害百姓,是日被当地游击队捕获处决。

11 月 5 日　国民参政会第二次会议通过林祖涵等所提《严惩汉奸傀偏案》、吴玉章等所提《加强国民外交案》、陈绍禹等所提《关于持久抗战争取胜利案》、梁漱溟等所提《改善兵役实施办法案》、史良等所提《从速发展农村事业,以应抗战建国之需要案》等 14 项提案。

△　毛泽东在中共中央六届六中全会作结论报告,共讲五个问题。第一、六中全会的成功;第二、广州、武汉失守后形势;第三、统一战线的长期性;第四、战争与战略问题;第五、其他问题。同日,全会通过呈蒋介石致敬电,并致八路军、新四军慰问电。

△　国民党中央执行委员会决定将重庆市党部改由中央直辖。12 月 26 日,洪兰友被任命为重庆市执行委员会主任委员。

△　经济部通令严禁水银出口,并规定违禁处罚办法四条。

△　上午,侵粤日军 500 余人自太平犯怀德,东莞团队司令即以参议邓赋棠、邓迈千及大队长麦定唐各率一部团队分头防守,并饬佛子坳集训大队及赤龙、白博、石马等乡集结团队分头出击,困敌于黄田山附近。至中午日军增援 500 余人,附钢炮 10 余门袭击。团队腹背受敌,激战竟日,杨西、建平、金桔等乡团队闻讯前往增援,下午 6 时将敌击退。此役参议"二邓"及队员 60 余人牺牲,日军伤亡甚重。

△　东江民团袁华兴围攻石龙,茶山自卫团助攻日军之背,与日军激战半日,毙敌 270 余人。

11 月 6 日　国民参政会第二次大会闭幕。大会选举周炳琳、黄炎培、董必武、吴玉章等 25 人为驻会委员。汪精卫致闭幕词。

△　中共六届六中全会闭幕,全会通过《中共扩大的六中全会政治决议案》,批准中央政治局的路线。全会决定撤销长江局,设立南方局和中原局,东南分局改为东南局。

△　日军第二十七师团攻陷鄂南崇阳。

△ 浙西太湖沿岸游击队女英雄蔡一飞率游击队道经长兴被日军围攻,激战一昼夜,终以寡不敌众,以身殉国。

△ 国民政府颁行《农矿工商管理条例》。

△ 日伪合办华中渔业公司在上海成立,资金 500 万日元,以统制上海及华中渔业。

11 月 7 日 林森在国民政府举行的总理纪念周上就征收过份利得税事发表讲话,略谓:现时抗战期间,工商业中一部分人,抬高时价,大发横财,使人民负担倍增;这种过份利得,应当缴交国库去做抗战经费一部分的财源才合理,也是调剂贫富、抑平物价的一种好方法。

△ 重庆举行庆祝苏联十月革命节大会,到行政院长孔祥熙、苏驻华大使奥莱尔斯基及各界群众 2000 人。孙科主席并发表演说,指出目前中国抗战环境远胜于昔日之苏联,唯有艰苦奋斗求达建国目的。

△ 日军坦克四辆、装甲车 53 辆、步、炮兵五六百人猛犯苏北睢宁,被第三战区顾祝同部击退。同日,固镇日军小川部队三四百人自灵璧攻陷泗县。

△ 河北鹿钟麟部骑兵团胡和道部,指使封建会道门白极会包围冀南枣强县城,扬言"驱逐八路军"。

△ 新四军第一、二支队合并,于溧阳西村成立新四军江南指挥部,陈毅、粟裕分任正、副指挥。

△ 兰州造币厂开工铸币。

△ 英、美、法三国致牒日本政府,要求重行开放长江,以供各国船只自由航行。

△ 日本政府与日商合股开设"华中发展会社"于上海,日华贸易协会会长儿玉谦次任总裁,资本日金一亿元,以垄断铁路、水电、航矿、电报、电话、无线电等事业。

△ 日本政府统制华北棉业,青岛禁运原棉出口。

11 月 8 日 周恩来在湖南衡山会见蒋介石,谈今后抗战的军事方案。蒋介石对周的意见表示原则同意,要求拟订具体方案,并答应速办游击干部训练班。

　　△　第四战区余汉谋部收复佛山、博罗。

　　△　日机18架首次袭成都,投弹百余枚,空军20余架起飞追击,击落敌机一架。

　　△　日机自鄂、赣、粤三省分六批袭湘,出动109架次,空军起飞迎击,发生猛烈空战,击落日机二架。

　　△　冀东游击队进抵杨柳青车站,与日军接战三小时始退,拆毁津浦路杨柳青至静海路轨,火车停开达五小时。

　　△　日外相有田通知各国驻日使节,日本在华战区扩大,自陕西至广西,自徐州至甘肃,湖北之巴东、云南之大理,皆将受日机之轰炸。该地区之外国人须将房屋标明国籍,禁止中国军队使用,并将地点通知日本当局。

11月9日　第四战区余汉谋部自东江、西江及粤汉线分三路反攻广州。是日,北路部队自银盏坳长驱南下,进抵广州北郊之江村。

　　△　成都各界五万人举行大会,纪念川军出师抗战一周年。邓锡侯主席并报告川康军出师抗战经过。大会通过呈林森、蒋介石致敬电及致川康军前线将士慰问电。

　　△　日军第十一师团两个联队自崇阳沿湘鄂公路猛烈南犯,在通城北郊经一昼夜激战,是日陷通城。同日,鄂南羊楼洞亦告不守。

　　△　湖南临湘失陷。6日,日第六师团今村大队从汉口出发,是日攻陷临湘。

　　△　财政部电广东省府主席吴铁城,请严令各地驻军保护国税机关,不得强占或接收关税机关及攫取国税税款。

　　△　国民政府颁给担任江防出力人员陆军第二十三军军长陈万仞等10员华胄荣誉奖章。

　　△　日军陷豫北滑县城及道口镇。

　　△　英国外务次官白特勒在下院宣称,英决与美取共同立场,不承

认以片面行动改变国际条约所规定之在华地位,并谓英政府愿以经济援华。

11 月 10 日　第四战区副司令长官余汉谋通电誓死雪耻,宣布现已部署就绪,即行大举反攻,决心恢复广东精神而慰国民。

△　日本海军陆战队在洞庭湖口城陵矶登陆,第九战区陈诚部退往岳阳。

△　日机狂炸湖南浏阳,全城大火,民众死伤千人。常德、桃源、平江等地亦遭轰炸。

△　孔祥熙派樊光、褚民谊等人在上海与日方代表今井武夫秘密会见,讨论"和平"问题。樊光极力说明日本政府要求蒋介石下野是错误的。

△　司法行政部以"反省院"取消,向国民党中央建议:凡合乎《反省院条例》规定之送"反省院"者,不论刑期已否届满,一律准予取保释放。是日,国民党中常会议决不准,仍须一律送回监狱,依原判执行。

△　国民党中山学社所办《中山周刊》,改为半月刊在重庆出版,梁寒操为发行人。

△　华北 23 个民众团体致电蒋介石拥护抗战到底,表示决以热血头颅捍卫祖国,完成复兴大业。

△　德国驻伪满洲国大使华格纳到任。

11 月上旬　月初,汪精卫电召陈公博自成都到重庆,与周佛海、陶希圣、梅思平等人在汪寓所秘密策划叛国降日出逃行动计划。

△　日军 2000 余人围攻绥中区,被八路军第一二○师李井泉大青山支队击退。

11 月 11 日　日军第六师团今村支队自城陵矶向岳阳进犯,是日深夜陷岳阳。

△　国民党中央改组青海省党部,以马步芳、马绍武、郭学礼、谭克敏、翟玉航等六人为执行委员,马步芳任主任委员,李晓钟为书记长。

△　蒙古乌盟西公旗召开楚格拉大会,13 日闭会。16 日,该旗女

王奇俊峰电何应钦转呈蒋介石,表示拥护抗战建国。

11月12日　国民党中央党部、国民政府联合举行孙中山诞辰纪念典礼。汪精卫、林森、孔祥熙、于右任、孙科、居正及中央委员、国府委员、各部、院、会长官共300余人出席。林森讲述"总理伟大人格和精神",指出:解救当前国难,应效法总理为榜样。

△　第四战区余汉谋部,连日分三路猛攻从化,是晨克复该县县城。

11月13日　长沙大火。12日上午9时,蒋介石密令湖南省府主席张治中,在长沙临近战区时焚毁市区,实行"焦土抗战",以阻止日军之行动。旋张召集长沙警备司令酆悌、省保安处长徐权密议,决以警备第二团团长徐崑为总指挥,纵火焚毁长沙。午夜时分,即派出300余人,组成24个纵火队在全城各处点火。是日凌晨1时后,市内二三处起火。2时半,全城数千处同时纵火,长沙顿时成为一片火海,熊熊大火延烧三天三夜,全城被烧十分之九,烧毁房屋五万余栋,烧死二万余人。

△　三民主义青年团中央团部移设重庆。

△　新四军在苏南丹阳袭击修路日军,毙敌40余人,并破坏桥梁三座。

△　资源委员会与云南省政府合办滇北矿务局,开采滇北铜矿,资本200万元。

△　中国自然科学社第十一届年会在四川巴中举行,宣读论文35篇,决议组织西北及西南科学考察团。

11月14日　第九战区陈诚部克复咸宁。日军北溃,遗尸百余具。

△　赈济委员会为发展难民垦殖事业,组织滇西考察团,共23人,由团长林崇墉带领,自昆明出发前往边地进行考察。

△　日本政府复照英、美、法三国驻日大使,以商轮航行长江,妨碍日本军事行动,且沿江满布中国游击队,时对日舰攻击,并常置水雷于江中,于航行诸多危险为理由,拒绝开放长江。

11月15日　蒋介石以第四战区副司令长官兼第十二集团军总司

令余汉谋在广(州)惠(阳)一带作战,"指挥失当,失守广州",明令予以革职留任处分;第八十三军军长兼第一五一师师长莫希德革职查办;第一八六师师长李振、第一五四师师长梁世骥各记过一次;广东宪兵司令李江未见日军踪影先行撤退,又复畏罪潜逃,通缉归案究办;旅长叶植南、李如枫扣留;旅长陈勉吾、何联芳撤职留任;虎门要塞司令郭思演、工兵指挥郭汝津通缉归案究办。

△ 聊城失陷,范筑先殉国。先是阳谷、平阴、茌平等地封建会道门"忠义团"、"黄沙会"暴动,配合日军第一一四师团千叶联队 300 余人自东阿突袭聊城,范筑先率部与日军血战竟日,日军迂回包围县城。是日拂晓,日军以飞机二架掩护,向范部猛攻,范部奋勇抵抗,毙敌百余人。旋因寡不敌众,日军攻破城门,聊城县长郑佐衡、秘书长赵玉坡、总参议(中共党员)张郁光、政治部副主任姚第鸿、营长林金堂等守城军民 700 余人壮烈牺牲。时范筑先在东城门督战负伤,见日军入城,举枪自戕,英勇殉国,聊城遂陷。

△ 第五战区李宗仁部围攻盘踞六安日军,敌势不支,向东北溃退,六安收复。

△ 日军独立第三混成旅团及第一一四师团各一部共 3700 余人,对冀南进行第一次全面扫荡。日军占隆平、故城、武城、恩县等县城。16 日,占夏津、高唐、永年县城。17 日,占南宫、临清县城。

△ 日军 4000 余陷皖南宣城,第三战区顾祝同部退往孙家埠。

△ 日机 17 架再袭成都,投弹百余枚。

△ 国民政府公布《民国二十六年度普通岁出第一次追加预算》,追加数为 551 万余元。

11 月 16 日 蒋介石自南岳到长沙。18 日,蒋介石为平息民怨,下令逮捕长沙警备司令酆悌、警备第二团团长徐崑、省会警察局长文重孚,交军法会审。

△ 行政院官员宣布,日军侵及中国大陆九省,占领 59 县,仅占全数 7%。另有 248 县处于日军半占领中。

△　全国救济委员会秘书在重庆记者招待会上宣布,抗战以迄本年 10 月 24 日,日机空袭中国城市 3318 次,被炸城市 314 处,平民死伤 6.6 万余人(其中炸死 2.9968 万人)。

△　日机 21 架狂炸柳州,投弹百余枚,全城大火,死伤甚重。

11 月 17 日　国民党中央改组河南省党部,程潜为主任委员,袁守谦为书记长。

△　第五战区李宗仁部围攻合肥,敌势不支,向东退去,合肥收复。

△　军事委员会在湘西设立绥靖公署,任命陈渠珍为主任。

△　周恩来指派洪深等政治部第三厅人员和抗敌演出队、抗敌宣传队,进行长沙善后救灾工作。

△　第三战区第二十三集团军唐式遵部再克皖南宣城。

△　第一战区程潜部克河北大名,歼灭日军 500 余人。

△　日军陷湖北罗田。

11 月 18 日　第四战区余汉谋部反攻广州主力部队于粤汉线东攻克白云山(距广州 10 公里),分向广九路及广州东北面挺进,粤汉路正面克黄沙车站(广州西南郊)。

△　沪杭铁路日军慑于中国游击队之活动,组“铁路防护团”,是日在杭州成立,万良钦、高宗英分任伪正、副团长,顾问为宫岛等六人。

△　华南日本派遣军总司令古庄干郎调参谋部,由第五师团长安藤继任。

△　日机袭宜昌,法国天主教堂内中弹,院内难民被炸,死伤 50 余人。

△　日本大本营陆军部、陆军省及参谋本部决定指导战争的一般方针:“尽力处理当前的中国事变,扩充国家的整体力量,特别是军备,准备对苏中两国作战。”

△　日本外相有田发表声明,要求修改《九国公约》。

△　意大利与“满洲国”正式建立外交关系,所订友好条约亦在罗马换文。

11 月 19 日　国民政府明令废止《反省院条例》。

△ 国民党中宣部及军事委员会政治部发表长沙大火经过真相，声称："12 日夜长沙大火，实为地方军警误信流言，自卫民众激于义愤之所造成。"

△ 第四战区余汉谋部围攻三水，日军突围，三水收复。

△ 第九战区陈诚部克湖南平江、麻塘及鄂南云溪车站。

△ 日军陷湖北英山。

△ 陆军第一九〇师师长梁华盛在南浔线右翼屡挫敌势，国民政府颁给华胄荣誉奖章。

△ 鹿钟麟冀察游击总司令部指挥的津浦游击纵队赵云祥部在新河城东之仁让里，将八路军工作队、战委会、基干队包围缴械。同日，濮阳专员丁树本在濮阳南中寨将八路军黄河支队 200 余人包围缴械。

△ 日本政府设立中央东亚事务处，主办对华政治、经济、文化事务，近卫首相任总裁。在华设北平、大同、上海三个支部，分由陆、外、海省负责。

△ 法国驻华大使那齐亚调任驻苏大使，驻希腊公使戈默升任驻华大使。

11 月 20 日 湖南省政府于长沙召开临时会议，议决：一、设长沙市火灾临时救济委员会，推尹任先为主任委员，田汉、席楚霖为副主委。二、发放救济费 50 万元。三、长沙市长席楚霖对于火灾疏于防范，应予免职。同日，湖南省府奉行政院令移沅陵办公。

△ 长沙警备司令酆悌、警备第二团团长徐崑、省会警察局长文重孚，分别以渎职殃民及放弃职守罪判处死刑，是日于长沙执行枪决。

△ 湖南省府主席张治中发表《为长沙大火敬告全湘同胞书》，检讨其"用人失察"之过，表示愿待罪补过，望全湘同胞"督责赞助"。

△ 汪精卫派高宗武、梅思平与日方代表影佐祯昭、今井武夫在上海重光堂秘密会谈，签署《日华协议记录》、《日华协议记录谅解事项》、《日华秘密协议记录》，规定：日、华共同反共，缔结防共协议，承认伪"满洲国"，承认日人在华有居住、营业自由及治外法权，日、华经济提携，汪

精卫与蒋介石断绝关系,俟机成立新政府。汪精卫叛国行动计划亦秘密拟定。

　　△　广东东莞失陷。日军自石龙犯东莞,何煜坤部人民自卫团奋勇抵抗,激战四日,何部寡不敌众,东莞失守。

　　△　日军沿广九铁路南犯,24日晚抵樟木头,与第四战区余汉谋部发生激战。

　　△　潮汕市民宣誓卫国。潮汕抗敌后援会鉴于广、惠陷落,为加紧民众团结,于是日正午召集各机关团体负责人、保甲长、联保主任等举行市民总宣誓,开会以鸣炮为号,由该会派出之工作队员引导民众,分赴指定地点,举手宣读誓词,签名于誓书上。下午,后援会将全市查封之日货,一律纵火焚毁。

　　△　日机七架炸延安,死伤民众30余人。次日,日机再炸延安。12月12日,第三次炸延安。

　　△　日机炸宜昌,江面英国轮船中弹起火。

　　△　甘肃夏阿拉卜楞一○八寺及所属藏族各部落僧民慰劳团抵重庆,26日向国民政府主席林森献旗,旋赴前线劳军。

　　△　日军第一○一师团、第一○六师团及台湾波田支队、山下兵团,在华久战疲惫,是日奉命返国。

　　11月21日　蒋介石致电孔祥熙并转呈林森,详述长沙大火原因及处理经过,声称:长沙地方当局误信谣言,一部民众激于义愤,"以为敌寇将至,不如先行自焚其室,遂至一处起火,到处发动波及,不可收拾"。并称已亲临灾区视察,一面彻查肇事祸首,一面遴员派队,救济灾民,恢复交通。

　　△　重庆行营分令各军政机关,严禁文武官员避居香港、上海。

　　△　第五战区别动队克湖北皂市,日军退回应城。

　　△　武汉警备司令、第九十四军军长郭忏向蒋介石报告:第五十五师团长贺纪绪谎报遇敌,擅将部队渡江逃避,请将该团长交军法执行总监部法办。

11 月 22 日　　行政院举行第三〇九次会议,孔祥熙报告拨款救济长沙灾民情形,通过张治中革职留任处分及西康省府元旦成立等议案。

△　汪精卫就长沙大火事,在重庆《中央日报》发表《为什么误解焦土抗战》一文。

△　第四战区师长黄涛率所部克福和墟,日军向广州方面退守。

△　虎门失陷。日军以飞机、军舰同时进犯虎门,先占大角炮台,再向虎门推进,并将威远炮台包围,第四战区余汉谋部守军寡不众敌众,虎门陷落。

△　日军自东莞分兵进袭石龙,与第四战区游击队激战竟日,是日再陷石龙。

△　日本海军在广东宝安县大鹏湾和南头登陆,是日攻陷大鹏城。

△　第五战区李宗仁部猛攻商城,与日军 500 余人激战数小时,敌不支溃退,商城收复。

△　日军陷宿迁。自 19 日起,苏北日军接连进犯宿迁,是日拂晓,日军 1500 余人以飞机六架配合,再度猛攻北门,城内四处起火,日军乘虚冲入,与守军发生巷战,经八小时鏖战,宿迁失陷。

11 月 23 日　　国民政府为长沙大火明令张治中革职留任,略谓:"此次长沙大火,灾情惨重,公私损失,不可胜计。……至湖南省政府主席张治中……乃以用人不当,酿此巨变,事前既漫无防范,临时又不能制止,祸及闾阎,苦我湘民,自应即予革职,并着暂行留任,责成办理灾区善后事宜,以观后效。一面由行政院转饬赈济委员会从速派员前往施放急赈,妥筹救济。"

△　日机猛炸西安回民区,毁民房 150 余间,死伤民众 200 余人。

11 月 24 日　　张治中就长沙大火及善后问题发出通电,宣布设立长沙市火灾善后建设委员会,自兼主任委员,在二十七年湖南省建设公债项下,指拨 1000 万元以充基金。并表示:本抗战建国之方针,"一面加强推行省政,继续支持抗战,一面筹划省会之善后建设……俾得赎罪于万一"。

△ 《申报》刊载：华侨及国内要人陈嘉庚、陈立夫、陈果夫、贺国光、缪云台、潘公展等人，发起组织华西垦殖公司，规定该公司资本定为500万元，在四川设总筹备处，开发滇、甘、川、康、青、新等省农矿业。

△ 驻日英使克莱琪访晤日外相有田，告以英政府不能承认日本所称不开放长江之理由为有效。

11月25日 军令部在湖南南岳召开军事会议，到第三、九战区总司令、军团长、军、师长共百余人。蒋介石主持开幕式并致词，略谓：这次抗战依照预定的战略和政略可以划分为两个时期，从卢沟桥事变到武汉撤退、岳阳沦陷为第一时期，从今以后是第二期。第一期的战略，是消耗敌人，诱敌深入于有利于我军决战的阵地，第二期是转守为攻，转败为胜的时期。战争的教训证明，敌人的力量决不能消灭我们，我们的力量足以打破敌人的侵略。希望各将领"将以往抗战所得的经验和意见，尽量贡献出来，殚精竭虑，研究讨论，制成具体方案，会后切实执行"。周恩来、叶剑英与会，并就举办西南游击干部训练班事同国民党方面达成协议，由周恩来任训练班国际问题讲师，叶剑英任训练班副教育长。

△ 国民参政会驻会委员开会，汪精卫报告政府对于长沙大火处理经过，并称："此次政府及各界民众，对于长沙事件均极痛心，惩前毖后，对于焦土名词误解及滥用，应加倍注意。"

△ 中共中央军委命令第一一五师师部率第三四三旅迅速进入山东、淮北。

△ 深圳失陷。日关东军4800人、坦克120辆、骑兵600人、飞机80架自大鹏分三面猛犯深圳，第四战区余汉谋部守军不敌，是晚，深圳失守。

△ 深圳居民为躲避日军，自22日起连续四日纷纷涌向深圳新界（属香港），至是日人数达10万以上。27日，赈委会委员长许世英前往新界难民区视察。

△ 第五战区李宗仁部克复湖北罗田。

△　重庆市钱价上涨,中央银行发行局为补救钱荒,发行大批铜、镍辅币。

△　厦门日军搜查中华书局及商务印书馆,没收书籍数万册,悉予焚毁。

△　上海英、美、法、比、加拿大等八国侨商发表共同宣言,抗议日本侵害外侨在华权益,并向日方提出保护外侨权益等八项要求。

11 月 26 日　南岳军事会议继续举行,蒋介石在听取新编各师师长报告后,指示应特别注意之事项 11 条,其要者为:注重学习,提倡研究;整理各指挥部与司令部;注重通讯联络;整顿军纪军风;发扬官兵的企图心;建立彻底统一的国军。

△　日军自深圳分兵进犯深圳墟和沙头角,炮火蔓延至香港边境,炮弹纷落英界,日军一度冲入英界,是晚陷深圳墟。

△　第五战区李宗仁部克复湖北英山,毙日军百余人。

11 月 27 日　蒋介石在南岳军事会议上讲话,指出要注重分析日军优点,注意效法;提出"废人利用"、"废物利用"、"废时利用"、"废地利用"四句口号,要求贯彻到底。

△　第五战区李宗仁部自英山沿英罗公路追击日军,是日克复濛山,日军伤亡数百人。

△　第一战区程潜部克豫北延津,毙敌 200 余人。

△　鹿钟麟宣布取消冀南行政主任公署。

△　上海民众慰劳团九人抵达皖南,谒第三战区司令长官顾祝同献旗致敬。

11 月 28 日　蒋介石在南岳军事会议上报告整军建军。指出:这次会议最大的目的,"就是要整理军队,建立军队";今后抗战建国"必须以建军为中心",拟分三期轮流整训全国军队,限期完成,以确立第二期抗战胜利的基础。蒋介石认为,抗战以来最大的挫失是:日军从杭州湾金山卫登陆、南京的失败、马当要塞的失守及日军从大鹏湾登陆,"我统帅职责所在,实在不能辞其责"。是日,闭会。会议期间,蒋介石主持制订《抗战四要实施纲领》、《第二期抗战工作、整军作战应特别注意各点》、《第二期抗战之要旨》、《学校机关与部队的教育之重点》以及《第一期第三阶段抗战过程中所得血的教训与今后的改进》等文件。会议决定调整战区:第一战区,以卫立煌为司令长官,辖河南及安徽之一部;第二战区,以阎锡山为司令长官,辖山西及陕西一部;第三战区,以顾祝同为司令长官,辖苏南、皖南及浙、闽;第四战区,以张发奎为司令长官,辖两广;第五战区,以李宗仁为司令长官,辖皖西、鄂北及豫南;第八战区,以朱绍良为司令长官,辖甘、宁、青及绥远之一部;第九战区,以陈诚为司令长官(薛岳代),辖鄂南及湘、赣;第十战区,以蒋鼎文为司令长官,辖陕西省;鲁苏战区,以于学忠为总司令;冀察战区,以鹿钟麟为总司令;取消西安、广西、重庆各行营,另设天水、桂林两行营,以程潜、白崇禧分任主任,统一指挥南北战场。

△　日军陷广东沙头角,并从台湾调后备队来粤,于澳头登陆。

△　南京伪维新政府召开"促进树立中央统一政权"代表大会,到苏、浙、皖各伪政权代表480余人,30日闭会,发表宣言,主张设联邦政府,以统辖地方政权。

△　北平伪临时政府公布《棉花输出许可暂行条例》。

△　日本"华中开发公司"总裁儿玉谦次、副总裁平泽抵沪,图谋引诱中国金融、实业各界加入开发公司。

△　苏联外交人民委员李维诺夫对驻苏日使东乡表示,所谓"满洲国"独立事件,系日军占领满洲之结果,完全违背《朴茨茅斯条约》,苏联政府不予承认。

11月29日　行政院第三九一次会议议决通过财政部《节约建国储金条例》;福建省参议会限元旦成立;聊城专员范筑先父子殉国,呈请国府明令褒扬。

△　日陆、海军当局发表公报,宣称日方非至华中战争结束,第三国船只决不准在长江内航行。

△　日、英两国代表就日军攻占深圳事在深圳香港交界处举行会

谈。英方代表为香港陆军总部李夫中校、米杜息第一营司令官纽咸中校,日方代表为深圳日军司令长及驻港日总领中村,英代表提出英方主权问题,请日方注意。

11 月 30 日 蒋介石下令中等以上学校组织学生军,蒋自兼总司令,教育部长及军委会军训部长为副总司令,各省主席为各区司令,各校校长为分队长。

△ 第四战区第一五三师张瑞贵部攻入深圳,日军沿广九路北撤。

△ 八路军第一二九师冀南反扫荡作战结束,16 天作战 28 次,毙伤日军 600 余人。除宁晋、隆平、恩县、永年、高唐、故城外,冀南中心区均已收复。

△ 第五战区李宗仁部收复豫南商城、潢川。

△ 日本御前会议决定《调整日华新关系的方针》,内容是:一、制定以互惠为基础的日、"满"、华一般合作的原则,特别要制定善邻友好、防共、共同防卫和经济合作的原则;二、在华北和蒙疆划定国防上、经济上(特别是有关资源的开发利用方面)的日、华紧密结合地区,在蒙疆地方,除上述外,特别为了防共,应取得军事上、政治上的特殊地位;三、在长江下游地带划定日华在经济上紧密结合地区;四、在华南沿海的特定岛屿上取得特殊地位。并根据上述原则规定了对华交涉的具体事项及实行经济提携的具体方案。

△ 日机 51 架狂炸桂林,伤亡百余人。

是月 蒋介石再次重申要"以四川作为最后的根据地,北固陕西,南控滇、黔、桂诸省。稳扎稳打。同时促进国际变化,以求盟友。如此日本一定多行不义必自毙"。

△ 中共中央军委将中共山东地方党于山东沦陷后组织起来的抗日游击队,整编为正式八路军。任命张经武为山东纵队总指挥,黎玉为政委,下辖刘涌第二支队,马耀南第三支队,廖容标第四支队,高锦纯第五支队,张北华第六支队,王培汉第七支队,马保三第八支队,王林肯第九支队,董穆仲第十二支队,苗培诚挺进支队,钟辉陇海支队,郭子化第

四团等,共三万余人。

△　教育部颁布《青年守则》,凡 12 条,规定以"忠孝仁爱信义和平"为"国训",令全国各级公私立学校一律遵行。

12　月

12 月 1 日　国民政府以西康建省事宜筹备告竣,颁令于民国二十八年(1939)1 月 1 日成立西康省政府。

△　蒋介石由衡阳抵桂林。

△　第四战区余汉谋部自从化南攻,越神冈墟,是晚克太平场。

△　新四军总部在安徽泾县云岭举行群众大会,欢迎上海民众慰劳团,新四军副军长项英发表演说,民众代表向新四军献旗。

△　《大公报》由汉口迁重庆,是日出版。

△　梅思平带着汪精卫同意的复信,回到香港,会见西义显,面告:一、汪精卫已同意《日华协议记录》;二、汪预定 12 月 8 日离重庆,经成都,于 10 到昆明,希望近卫于 12 日左右发表声明。

△　北平伪临时政府颁发之《棉花输出许可暂行条例》是日起实施。

△　伪山东省"官民满洲帝国视察团"由团长、伪省财政厅长唐仰杜率领,自济南启程,7 日抵伪满洲国新京(长春),8 日受伪满总理张景惠接见,15 日返回济南,发表《满洲国视察报告书》。

△　华北日军特务机关长土肥原自东京返抵北平,图谋拼凑中国"新政府"傀儡政权。

△　伪"东亚文化协会"在东京召开第二次会议,仍推汤尔和为会长,加推日本人为副会长及各部长或副部长,并通过提案多种,推行奴化教育。

△　国联决议拨款 150 万瑞士法郎协助中国进行防疫。

△　英国政府向日本政府再次抗议日军封锁长江。

12 月 2 日   日机轰炸桂林,投弹 70 余枚,延烧半日,死伤千余人。柳、邕、梧、龙、色、浔、贺各县亦遭袭炸。旋国民党桂省党部发表《告同胞书》,号召坚持长期抗战,争取最后胜利。

△   《申报》2 日电称:李宗仁、白崇禧为侵粤日军图犯桂省事,发表《告广西民众书》,要求全省人民沉着应战,对日军侵略作最后之抵抗,全省男子一律应投效正规军或加入游击队。

△   经济部令中国茶叶公司开辟川、滇、黔、桂诸省新茶区,并与云南省府合作设茶叶实验区及实验茶厂,由卓宣谋、寿景伟主持。

△   曾琦、左舜生、余家菊、陈启天为纪念中国青年党成立十五周年,在重庆宴请各界人士,重申该党 8 月 12 日第九次大会所发表的六项主张。董必武在宴会上致词,希望各党派更加团结一致。

△   伪"中华民国联合委员会"在南京开第二次会议,议决召开全国代表大会方法。

△   日军参谋总长戴仁亲王发布第二四一号大陆命令,声称大本营的意图在于确保占领地区,扑灭抗日势力。

12 月 3 日   军事委员会委员长桂林行营成立,白崇禧兼主任。

△   晚,第四战区便衣队 80 余人,自观音庙附近潜入广州市内,在花塔附近与日军巷战三小时始退。同时,进入市内之游击队向省府及教育厅等处投弹。日军大起恐慌,晚 7 时起戒严。

△   朱德、彭德怀电告蒋介石,八路军"前在晋所获敌机一架,昨已修理完毕,飞往西安"。

△   宁波防守司令王皞南,因铺张结婚,玩视法令,积罪甚多,蒋介石饬第三战区司令长官顾祝同查明严办,是日在金华执行枪决。

△   中国经济学社在重庆举行第十四届年会,马寅初任主席,集中讨论外汇管理与经济建设问题。

△   香港崇正总会以日军南侵,广州陷落,是日召集会董叙会,议决组织崇正总会救济难民会,发动海内外募捐,响应捐赈者为数甚众。计先后分拨港、九、新界各施赈、救伤、医疗、服务等机构款项,并组崇正

救护队赴东江一带工作,又分拨惠阳、博罗、番禺、新会、鹤山、潮汕、增城、梅县、西江六邑、东安港等地救济会、第九集团军总司令部、游击指挥部等款项,共数万元。

△ 日本首相近卫宣称:"中日冲突有解决之望,只须蒋介石将军向国民政府辞职,而参加行将成立之中国新中央政府。"

12月4日 桂林行营主任白崇禧离湘赴桂,巡视桂林(7日)、柳州(14日)、南宁(25日)、贵县(30日)一带防务,指示增强民众抗日力量。

△ 广东宝安县长兼游击队指挥官梁宝仁率官兵千余,于2日晚分三路反攻,将宝安县失地收复,是日电余汉谋报捷。

△ 中苏文化协会贵州分会成立,吴鼎昌为名誉会长,王伯群为会长,王漱芳等10人为理事。

12月5日 国民政府明令褒扬山东省政府委员兼第六区行政督察专员范筑先。令称:范筑先"自客岁暴日侵鲁,留驻河北孤军抗战,卓著功勋。前于反攻济南时,命其幼子亲率挺进队直扑敌营,致罹于难。此次聊城之役,又复躬领卫士,以寡御众,血战竟日,慷慨捐躯。聊城县县长郑佐衡,警察局长林金堂,亦各尽忠职守,以身殉城。范筑先、郑佐衡、林金堂临难不苟,志节堪嘉,应予特令褒扬"。

△ 国民党中央宣传部副部长周佛海以视察宣传工作名义逃出重庆飞抵昆明。7日,蒋介石侍从室主任陈布雷电周立即返任。周以视察工作尚未结束为由,拒绝返渝。

△ 甘肃省府主席朱绍良在兰州市各机关举行之扩大纪念周报告称,西北具有天时地利之优长,日军如若来犯,实为歼敌最合理想之地。

△ 四川省中江县农民因不满政府征粮及乱抓壮丁,聚众围城。邓锡侯派兵前往镇压。

12月6日 蒋介石同周恩来就国共关系问题进行会谈。蒋表示:一、最好合成一个组织;二、如果此点可谈,拟约毛泽东面谈;三、可否以一部分中共党员加入国民党而不跨党。周恩来答:一、国、共终究是两个党;二、跨党,时机未到;三、加入国民党,退出共产党,这是不可能和做不到的；四、少数人退出共产党而加入国民党，不仅失节失信仰，而且国家有害无益。

△　安徽亳县县长熊公烈督率团队苦战三月，收复县城，是日行政院颁褒扬令，并给奖金千元。

△　日军千余人在坦克和飞机掩护下，由广东平潭向惠阳撤退，并将桥梁破坏。

△　南京伪维新政府顾问常玉清所组织的"中国安清同盟会"在上海成立。该会系反动帮会组织，以"反共倒蒋"为宗旨。

△　日本陆军省参谋部决定《昭和十三年秋季以后对华处理办法》，规定"不企图扩大占领地区"，"而将占领区划分为以确保治安为主的治安地区和以消灭抗日势力为主的作战地区"，并且"必须在各方面减少驻屯的兵力和驻地兵力的消耗"，以应付"下次国际形势的转变"。

12 月 7 日　蒋介石视察西江，并向该地各指挥官面授机宜。次日，在桂林主持召开军事会议，决定收复广州及防卫西南策略。

△　军令部以八路军在晋察冀边区"迭挫顽寇"有功，致电朱德、彭德怀传令嘉奖。

12 月 8 日　国民党中央常务委员会拟定《中国国民党党员特许登记办法》，规定凡自同盟会时期加入国民党者，只要有证件或二人以上证明者，皆可重新登记。同时决定，在陆军中设党务特派员，以政治部主任兼任；在宪兵、海军、空军、保安队、军校内，设特别党部。

△　国民政府特任宋哲元为军事委员会委员。

△　财政部发言人在重庆招待外国记者称：抗战以来共举国债 15 亿元，合美金 4.5 亿元，英金 9100 万镑。

△　日军为解除广州之威胁，自 5 日起接连北攻，与第四战区余汉谋部在从化附近激战，是日陷太平场。

△　日本外相有田分别会见英、美驻日大使，谈建立"东亚新秩序"问题，并要求修改《九国公约》。英、美大使向有田提出开放长江的要求，无结果。

12 月 9 日 蒋介石飞返重庆,同日并邀孔祥熙、汪精卫、王宠惠、叶楚伧等讨论今后抗战要计。蒋介石表示:"不论国际形势如何,我国必须作自力更生、独立奋斗的准备。"汪精卫称:"现在中国之困难在如何支持战局,日本之困难在如何结束战局。两者皆有困难,两者皆自知之及互知之,故和平非可无望。外交方面,期待英、美、法之协助,苏联之不反对,德、意之不作难,尤期待日本之觉悟;日本果能觉悟中国之不可屈服,东亚之不可独霸,则和平终当到来。"

△ 粤军克惠阳。8 日,第四战区张瑞贵第一五三师温淑海旅三面围攻惠阳,同日军激战二小时,敌不支,率骑兵 400 人、坦克 32 辆、装甲车 15 辆、步兵 1500 人,弃城撤向博罗,是晨张师温旅进入惠阳城。

△ 八路军第一二九师先遣纵队在鲁西北冠县成立,李聚奎任司令员兼政委。

△ 广州陷落时,人民因仓猝避难,携带大宗钞券、金饰出口,致被海关查扣。财政部以此事实属情形特殊,不能视为违法,是日电令两广各关税务司即予发还。

△ 重庆青年集会纪念一二九运动,要求国民政府以一二九为全国学生节。

△ 国立西北农学院在陕西武功正式上课。

△ 日本大本营宣布:任命杉山元为华北方面军司令官,原任寺内寿一调回本国。次日,派前参谋本部次官多田为在华作战日军指挥官。

△ 中国国民外交协会致电英国国会及外交部,请坚持《九国公约》,切实联合各国援华制日。

12 月 10 日 第四战区余汉谋部克广东博罗、宝安。

△ 八路军冀南军区司令员宋任穷与河北省府主席鹿钟麟会谈。同日,河北民军张荫梧部解散八路军新河县民族革命战地动员委员会,另行组织动员委员会,并在藁城杀害五名共产党员。

△ 外交部长王宠惠就日本外相有田对英、美大使之谈话发表声明,表示:《九国公约》不容废止。

△　广东伪"治安维持会"在广州成立,彭东原为会长,吕春荣为副会长。

△　国社党头目张君劢发表《致毛泽东先生一封公开信》,扬言要中国共产党将陕甘宁边区行政权交还国民政府,将八路军、新四军的训练与指挥权交给蒋介石,并"请共产党人暂时忘却马克思主义,而致其全力于全国抗战"。

△　天津电话局总工程师朱彭寿因拒绝为日人服务,被敌杀害。1939 年 1 月 3 日,国民政府明令褒扬,发给恤金 5000 元。

△　上海金融界人士杜月笙、钱新之等七人抵重庆,计划设立造纸厂、纺织厂,发展西南实业。

△　武昌中华大学迁重庆复课。同日,浙江大学迁广西庆远复课。

12 月上旬　西安回教同胞四万余人发表《告全世界伊斯兰弟兄书》,揭露日军暴行,呼吁全世界伊斯兰弟兄携手团结,消灭共同的敌人。

12 月 11 日　财政部公布《限制私运黄金出口办法》,规定限制黄金及金类禁止携运出洋或运往沦陷区域。

△　八路军第一二九师陈再道东进纵队第五支队一团袭占冀中晋县,毙敌 50 余名,缴获步枪 30 余支,毁汽车四辆。

△　《新华日报》桂林版出刊。

△　旅渝归国华侨协会成立,通过组织章程,发表宣言,选举胡万里等九人为理事,郭威白等五人为监事。

12 月 12 日　蒋介石在重庆国民党中央党部纪念周演讲,指出:"中国抗战的前途愈形光明,各战线的中国军队已退入山地,能够阻止日军的进攻,形势更于我方有利。""总之,抗战已使全国统一,国民团结,任何强敌均不足惧。"

△　蒋介石会见中共代表陈绍禹、董必武、秦邦宪、吴玉章,谈国共两党合作关系问题,中共代表提出处理国共两党合作关系的跨党办法,蒋不同意,并谓:我的责任就是要将两党合并成一个组织,这个意见"至

死也不变的"。中共代表拒绝了合并的主张。

△ 重庆《大公报》发表该报主编张季鸾手撰《灭亡的平和与奴隶的平和》社评,针对"中国要荣誉的平和,反对屈辱的平和"的议论,指出:"今天敌人是以消灭中国主权为其作战目标,简单说:敌人期待于中国者,是灭亡的平和,奴隶的平和。这'平和'二字的解释就是征服,是亡国。换句话说:中国即使求屈辱的平和亦不可得,何况荣誉的平和。"强调现时必须先以坚强善战,打倒侵略,才能不灭亡,不做奴隶,然后始有平和之望。

△ 国民党中央宣传部副部长周佛海在云南国民党省党部扩大纪念周演讲抗战形势,声称,中国抗战之目的,始终为和平,合乎正义、光荣的和平,吾人不应反对。

△ 美国驻华大使詹森离渝返国,报告远东时局。

△ 万国红十字会中国分会在贵阳成立筹备委员会,聘请吴鼎昌为名誉会长,周诒春为会长,何辑五及英牧师吉净生为副会长。该会分布于中国各省,有红十字会医院70处。

△ 北平伪临时政府与南京伪维新政府会同日本华北及上海两特务机关在沪召集紧急联席会议,土肥原主席,讨论促成伪政权之发展及早日结束中日战争等案。14日结束。

12月13日 重庆市各界义卖献金运动委员会成立,公布义卖献金办法。

△ 上海南市、浦东日军3000余人进犯南汇县,在浦南闸港强行登陆冲入新场、鲁家汇等处,鲁家汇、张江栅、召家楼三处已成一片焦土,民众死伤数百人。

12月14日 武汉卫戍总司令罗卓英抵南昌,与薛岳换防。

△ 财政部发言人在重庆招待外报记者,阐述财政设施。略称:为调整国内经济开发事宜,设贸易、农产、工矿三调整委员会,分别主办其事,于战后复兴建设亦予以注意。

△ 陈赓率八路军第一一五师第三四四旅田守尧、刘震之第六八

八团进抵鲁西北朝城之张鲁集,并指挥先遣纵队协助鲁西北地方党恢复与开展抗日工作。

　　△　英国外务次官白特勒在下院声明,不能承认片面修改《九国公约》之行动。

　　12 月 15 日　中美成立桐油借款 2500 万美元协定,由美联邦进出口银行贷款,用以购买美农工产品,并由中国输入桐油,作为偿付贷款。该借款由中国中央银行担保,定期五年偿还。

　　△　中英 1000 万英镑信用借款协定原则上成立,用以建设自湘、桂两省通往缅甸边界之铁路,其中 600 万镑为建造费,400 万镑向英国购买器材。借款由英国私人方面垫付,并由商务部出口信用局予以担保。

　　△　中国财政代表团团长陈光甫在华盛顿对记者称:中美间之信用贷款完全为商业性质,用于购买美之汽车、汽油、食粮,毫无军事目的。

　　12 月 16 日　蒋介石应汪精卫之请,扶病同汪单独晤面,谈约半小时。汪以彼此政见不合,提出"联袂辞职,以谢天下"逼蒋,遭拒,谈话不欢而散。

　　△　国民党中央常会决定:全国各省之县党部均改为书记长制。各县党部书记长对于全县党务负完全责任,并为县党部委员会议主席,对会议之决议有提出复议之权。

　　△　第四战区余汉谋部克广东淡水、平山。

　　△　新任驻德大使陈介向希特勒递交国书。

　　△　广东江防司令部改编为广东舰务处,黄文田任处长,隶属于广东绥靖主任行署。

　　△　日本对华中央机构"兴亚院"(前称"对华院")正式成立。日首相近卫称:以后日本政府整个对华政策,将以该院为枢轴。"兴亚院"设总裁、副总裁和四部:总裁由内阁首相兼任;副总裁由外务、大藏、陆军、海军四相兼任;政务部长为铃木贞一;文化部长为柳川;经济部长为日

高;技术部长为官本武之辅。

12 月 17 日　国民政府任命刘文辉、段班级、李万华、叶秀峰、韩孟钧、王靖宇、格聪呼图克图、杨永濬、黄述为西康省府委员;任命刘文辉兼西康省府主席,段班级兼民政厅长,李万华兼财政厅长,韩孟钧兼教育厅长,叶秀峰兼建设厅长,王靖宇兼保安处长。

△　国民政府派许世英为中央救灾准备金保管委员会委员长。

△　程潜电蒋介石报告,土肥原拟迫使吴佩孚出任伪职,已遭吴氏拒绝,故此事已不进行。

△　日军陷江苏南汇县,县长于陶生率队不战而逃,城内大火,精华区域尽毁。

△　日本与北平、南京、蒙疆三伪政权合组之"中华航空公司"成立,资金 600 万元。

12 月 18 日　汪精卫偕其妻陈璧君自重庆出逃昆明。

△　蒋介石电胡适并转陈光甫祝贺中美"桐油借款"成立,略谓:"借款成功,全国兴奋。从此抗战精神必益坚强,民族前途,实利赖之。"

△　立法院长孙科在重庆对美联社记者谈话,指出:中日开战以来,在华日军死亡已达 50 万人,应付苏联军力业已在华消耗殆尽,各线日军疲惫已极,南、北两线均已失却继续攻势能力,此后国军将采取攻势。

△　周恩来在《新华日报》上发表为义卖献金日撰写的代论《论今后敌人的动向》。文章说:我军今后要加紧布置,到处打击敌人,以增加敌之困难,争取有利于我们的时机到来。

△　胶东伪军赵保原率部 3000 余人反正。旋山东省府主席沈鸿烈复电照准,并赏洋 5000 元。

△　经济部筹组川南煤矿公司,由翁文灏任理事长,唐子章任经理。

12 月 19 日　汪精卫叛逃河内,周佛海、陶希圣、陈璧君同往。旋国民政府派正在河内的外交部长王宠惠见汪,又派陈布雷前往河内劝汪改弦易辙,被汪拒绝。

△　蒋介石在陕西武功召开军事会议,讨论作战指导方针。21 日及 22 日蒋介石在会上讲评各次作战之缺点及以后应注意改正之处。各战区主官报告此次战斗经过。23 日闭幕。

△　林森在国府总理纪念周演讲《个人光荣的牺牲》,介绍范筑先父子殉职事实,号召全国军政人员效法他们,"抱定与国土共存亡、临难不苟的精神",博得最后的胜利。

△　日本外相有田对外国记者声明:美、英对华贷款"不合时宜",日本将巩固所谓"东亚新秩序",以对付美、英之经济压力。并称:《九国公约》若干规定因时局改变,"已不适用"。

△　美财政部长摩根索宣布:《中美货币协定》决予延长。按:该协定于 12 月 31 日期满。

12 月 20 日　蒋介石飞往西安视察军事,在西安接到云南省府主席龙云电报,报告汪精卫忽飞昆明,欲与日本谈判和平,询蒋曾否预闻其事。蒋复电称:此事事先并未预闻,目前绝无谈判和平之余地。

△　行政院第三九四次会议议决改组广东省政府,任命李汉魂为省府主席兼民政厅长;通过广西省二十七年度地方概算;准陕、甘、粤三省临时参议会展期至明年 3 月 1 日成立。

△　陈诚抵渝对记者谈话,谓:抗战第二期战略为在山区进行主要决战,同时在敌军后方增强游击战术活动。

△　外交部发言人接见中央社记者驳斥"有田声明",指出:美、英对华贷款无论纯系商业或者含有政治作用,"日本均无权反对";《九国公约》不能因任何一国宣言废止而失效。并谓:所谓"东亚新秩序","其手段在于以武力破坏中国独立完整,关闭中国门户,其目的在于独霸东亚,垄断中国利益,此与第三国在东亚利益,根本不能相容"。

△　八路军第一一五师政治部主任罗荣桓,率陈光部第三四三旅杨勇部第六八六团由晋西到达晋东南。

△　东北义勇军王德林将军在原籍山东沂水病逝。

　△　国民党四川省党部主任委员陈公博自成都飞昆明,即转飞河内,追随汪精卫叛国。

　△　苏北游击司令张英士密赴徐州向日方特务员松本雄奇及伪绥靖部副处长李紫东投敌。

12月21日　八路军第一二九师师长刘伯承率该师师直及第三八六旅补充团到达冀南南宫。

　△　日军指使汉奸成立伪"广东省政府",伪省府正、副主席彭东原、吕春荣在广州举行"就职典礼"。

12月22日　日本首相近卫发表第三次对华声明,阐明日本政府同"新生的中国"调整关系总方针,重申"武力扫荡抗日的国民政府",其要点为:一、中、日、"满"三国,以建设"东亚新秩序"为共同目的,相互善邻友好,共同防共和经济合作;二、中国与"满洲国"建立完全正常的外交关系;三、缔结中日防共协定,在特定地点驻扎日军进行防共,以内蒙作为特殊防共区域;四、中日经济提携,帝国臣民在中国内地有居住、营业之自由,在华北及内蒙予日本以开发与利用资源之便利;五、中国保证为履行建设新秩序事分担部分责任,日本"尊重中国的主权,允许考虑交还租界,撤废治外法权"。

　△　八路军第一二〇师师长贺龙率该师主力第三五八旅从山西岢岚县向冀中挺进。

　△　北平、南京两伪政权在北平召开第三次"联合委员会"会议。

12月23日　国民政府令免广东省府委员兼主席吴铁城本兼各职,宋子良、许崇清、徐景唐、欧阳驹、李照寰、胡继贤、陈耀祖广东省府委员本职,财政厅长宋子良、教育厅长许崇清、建设厅长徐景唐兼职;任命李汉魂、顾翊群、许崇清、王应榆、胡铭藻、曾养甫、朱晖日、何彬为广东省府委员,李汉魂兼主席并兼民政厅长,顾翊群兼财政厅长,许崇清兼教育厅长,王应榆兼建设厅长。

　△　国民政府令免立法院立法委员周纬、补英、达赖、李登辉本职,任命冯兆异、黄金涛、张肇元为立法委员。

△　外交部发言人驳斥近卫内阁 22 日对华声明,指出:此次声明与以前日方历次声明无异,破坏中国独立完整之基本政策未变。

△　重庆各界 600 余人举行范筑先追悼会,孔祥熙、丁惟汾参加,林森、蒋介石、朱德、彭德怀、吴玉章、董必武等送挽联。

△　军委会别动队总司令熊剑东率游击队袭击京沪路沿线昆山、太仓、常熟、嘉定四县日军,连续三日战斗,毙敌 300 余,内有联队长一人。

12 月 24 日　蒋介石自西安飞返重庆,请顾问端纳通知英、美两国大使馆,汪精卫绝对无权和任何人谈判和平。并谓:"中国不但没有想到与日本谈和,并且现在正准备作大规模之抵抗。"

△　国民政府特派驻智利国公使张谦为出席第十一届国际邮政会议全权代表。

△　陈诚在招待国民党中央各部、院及重庆市各界代表席上讲话,略谓:目前日军不积极进攻,绝非停止侵略,我辈必须加倍努力,实行兵役动员、参战动员、物资动员,以图对付敌人新的进攻。

△　军委会将第四路军各师及在粤新编各师合并为第十二集团军,以张发奎为总司令,余汉谋、叶肇为副总司令。

△　陈赓指挥八路军第六八八团及范筑先原属张维翰第十支队,在山东馆陶西北东目寨歼灭顽军王来贤部 5000 余人。

△　中共陕西省委机关刊物《西北》周刊被国民党西安当局迫令停刊。

12 月 25 日　军事委员会任命张发奎为第四战区代理司令长官。

△　重庆五万民众集会纪念云南护国起义二十三周年,抗敌后援会委员郭一予主席,通过建议以"一二二五"为民族复兴节等三项提案。会后火炬游行。

△　中国文化服务社成立。该社由国民党中宣部发起创办,王世杰任董事长,刘百闵任社长,程希孟任总编辑,总社设重庆,各地分支社共 616 个。

△ 中苏文化协会在重庆召开第二届年会,修正通过会章,推定孙科为会长,邵力子、陈立夫为副会长,蔡元培、于右任、冯玉祥、颜惠庆、潘友新(苏联大使)为名誉会长。

△ 中华全国音乐界抗敌协会在重庆召开成立大会,盛家伦、贺绿汀等当选为理事。

△ 汪精卫自河内致电驻英大使郭泰祺,宣称:"日方所提尚非亡国条件,应据以交涉,谋和平而杜共祸,拟向中央以去就力争,故暂离渝。"

12 月 26 日 蒋介石在重庆国民政府总理纪念周发表长篇演说驳斥近卫第三次对华声明,指出:"这是敌人整个的吞灭中国、独霸东亚、进而以图征服世界的一切妄想阴谋的总括;也是敌人整个亡我国家、灭我民族的一切计划内容的总暴露。"并对汪精卫离渝有所解释,略谓:汪精卫"此次离渝而赴河内实为转地疗养,纯系个人行动,毫无政治意味,此行不仅与军事委员会无关,即于中央与国民政府亦皆毫无关系"。

△ 国民政府分布《建筑法》,凡五章 47 条,规定该法适用于市、已辟之商埠、省会、聚居人口在 10 万以上者及其他经国民政府定为应施行该法之区域。上述地区外之有公有建筑造价逾 3000 元者亦适用。

△ 八路军第一二九师师长刘伯承在冀南南宫与河北省府主席鹿钟麟会谈,争取其团结抗日。

△ 英、美驻日大使分别访问日外务大臣有田。英大使克莱琪就日本歧视在华外侨一事提出交涉;美大使格鲁抗议日本摧残美侨在华财产。

12 月 27 日 陈诚在渝发表广播演说,批驳近卫 22 日声明,并告全国国民,时至今日,"根本谈不上和战,更不必计较成败利钝",当加强抗战力量,提前完成最后的胜利。

△ 第九战区代司令长官薛岳对记者谈话,略谓:目前武汉、九江日军无进犯之力,士气颓丧;我军将士精神奋发,抱必胜信念,如敌来犯,"某当躬率百万雄师与敌决死,誓以血肉保卫国土"。

△　八路军总部转移到潞城县北村。

△　八路军第一一五师第三四三旅彭明治第六八五团到达山东微山湖西地区,改称苏鲁豫支队。29 日,在苏北丰县崔庄、韩庄一带消灭伪军王献臣部 800 余人。

12 月 28 日　王世杰致电胡适,转达蒋介石嘱托,请按下列三点恳劝汪精卫:一、请汪先生勿作反乎国策公开表示;二、请其勿与中央断绝关系;三、请其勿住港,但不妨暂赴欧。

△　国民政府特派蒙藏委员会委员长吴忠信会同热振呼图克图主持第十四辈达赖喇嘛转世事宜。

△　财政、经济两部电令全国各海关严禁日货输入,如经查获,立予没收。

△　日本华中派遣军派该军特务部长原田熊吉少将充任南京伪维新政府最高顾问,谷川幸造大佐担任首席绥靖顾问,五十岚翠中佐担任内政顾问。日本共派 27 名顾问控制该伪政权的一切事务。

△　伪天津商会会长兼华北盐运使王行林被刺毙命。

△　汪精卫从河内发出《致中央常务委员会、国防最高会议书》,要求接受近卫声明三原则,与日本恢复"和平"。

△　缅甸政府声明,不干涉军火取道缅甸输入中国。

12 月 29 日　汪精卫在河内致"中央党部蒋总裁暨中央执监委员诸同志"的叛国"艳(29 日)电",诡称日本首相近卫 22 日对华第三次声明,"惟欲按照中日平等之原则,以谋经济提携之实现,则对此主张应在原则上予以赞同,并应本此原则,以商订各种具体方案",要求国民政府和蒋介石"应以此为根据,与日本政府交换诚意,以期恢复和平"。按:"艳电"由陈公博、周佛海、陶希圣三人通过林柏生发表于 31 日的香港《南华日报》。

△　日军千余自冀南邢台及其以西山区扫荡,被八路军第一二九师张贤约部先遣支队击退。

△　日机 27 架狂炸桂林,投弹百余枚,全城大火,毁房 1500 余栋,

难民万余人无家可归。

△　伪满洲国致牒苏联政府,要求从速移交中东铁路。

△　日本在上海组织"华中水产株式会社",资本 30 万元。

12 月 30 日　中国复兴公司董事陈光甫、世界贸易公司总经理席德懋在纽约与美方代表签订中美购售桐油合同,规定五年内售给美国桐油 22 万吨。

△　八路军总部任命倪志亮为晋冀豫军区司令员,王树声为副司令员。

△　中苏文化协会召开理事会,加推宋庆龄为名誉会长,推定梁寒操、吴玉章等 25 人为常务理事,并议决筹办中苏文化学院。

△　新任驻瑞典公使兼任驻挪威公使谢维麟向瑞典国王巨斯达夫五世呈递国书。

△　美国政府照会日本政府,声明《九国公约》不可废止,要求日本政府遵守"门户开放"、"机会均等"原则;并谓:美国在华利益如遭妨害,决不予同意。

12 月 31 日　周恩来接受张群邀请,同张群、黄炎培、张君劢、梁漱溟等共同讨论抗战动员问题。提出动员组织的原则是:统一领导,统一计划,联合组织,分工合作。

△　何香凝在香港著文驳斥汪精卫"艳电",要求国民党中央开除汪精卫之党籍。在香港之参政员张一麐、胡景伊、陶行知等联名电蒋介石、林森,请除汪精卫各职。

△　陶百川在《血路》第十四期发表《日本极欲罢战媾和》一文,提出以恢复七七事变以前状态为条件的议和主张。

△　上海海关报告:1938 年对外贸易,进口 8.8619 亿余元,出口 7.6264 亿余元。入超 1.1355 亿元。

△　日本大本营公布:自战事开始至是日,日本陆、海军飞机损失 710 架,不堪使用者 300 架。

是月　周恩来率中共中央代表团经衡阳、桂林到达重庆,担任中共中央代表和南方局书记。

　　△　新四军江北游击纵队成立。张云逸任总指挥,谭震林任政委。

　　△　国民党中央调查统计局拟定《推进陕甘宁边境党务办法》,将陕甘宁边区诬为"恶势力盘踞",划分为四个"督导区",由国民党中央派人进行"秘密调查分化"工作,以"根绝恶势之存在",并规定各反共组织的组成及经费等事项。

　　△　资源委员会令设甘肃油矿筹备处,以严爽为处长,选定玉门县老君庙进行探勘。次年 4 月开始钻井出油。

　　△　伪满洲国加入德、意、日三国所订立之《防共协定》。

　　是年　本年度国家普通岁出入总预算及追加数各为 12.93588753 亿元。

　　△　本年度国库收入(因改历年制仅以 7 月至 12 月为一年度)总计 11.8056085785 亿元;支出总额为 11.6895231404 亿元。

　　△　国民政府设立之移垦区计有:陕西黄龙垦区移民一万余人,垦地 200 万余亩,经费 11.1 万元;江西吉安垦区移民 1300 人,垦地 4000 余亩,经费 7.35 万元;福建崇安、泰宁、建宁三垦区,移民 3000 余人;河南邓县垦区,计划移黄河灾民 5000 余人,经费 10 万元;湖南沅陵垦区移民 1000 人,经费 8.6 万元;四川平武北川垦区移民 2000 人,经费9.8万元;西康西昌垦区正筹办中。

　　△　广东省惠阳、宝安、琼崖抗日游击纵队相继成立,分别由曾生、冯白驹等任队长。

1939 年(民国二十八年)

1 月

1月1日 国民党中常会决议:永远开除汪精卫党籍,并撤除其一切职务。13日,国民政府明令公布。

△ 国民政府重申严惩民族叛逆令,对民族叛徒、厕身傀儡、潜作汉奸、敢冒天下之大不韪、宁为国人所共弃者,责成军事委员会切实查明,按照《惩治汉奸条例》严缉惩办。

△ 国民党中央宣传部及军事委员会政治部就汪精卫"艳电"发表联合声明及对内指示,指出:"艳电"只代表极少数意志薄弱、甘心为敌利用者之怯懦卑劣心理,对整个抗战前途决无任何影响。汪"虽未必甘心媚日,附和汉奸,而客观上显属投降敌人,出卖祖国,在吾党革命历史上,将永为最大之污点"。

△ 国民政府颁布授勋令,授予陈辉德、陈行、叶琢堂、钱永铭、周寿臣、宋子良等10余人及部分友邦人士各种采玉勋章。

△ 国民政府公布《优待出征抗敌军人军属条例》。

△ 军事委员会委员长西南行营主任白崇禧在桂林发表《元旦告军民书》,指出:要由军事抗战到政治抗战,由军事动员到全民动员,以最大努力唤醒民众,组织民众,训练民众,运用民众。

　　△　西康省政府成立,省府主席刘文辉宣誓就职。

　　△　鄂东游击队总指挥部成立,湖北第二区行政督察专员程汝怀兼总指挥,第一七二师师长程树芬兼副总指挥。

　　△　皖南我军游击队攻克繁昌。

　　△　八路军第一二九师和第一一五师一部,对平汉、正太、道清铁路实施破击,共破毁铁路三公里、桥梁二座,颠覆火车四列、装甲车二辆。

　　△　日军攻占黄河沿岸之马头关、凉水岩、泥金滩等地,随后准备渡过黄河。八路军留守兵团一部以猛烈火力阻击,给渡河日军以杀伤,迫敌于 4 日、5 日向原防撤退。

　　△　日机七架空袭延安,投弹 20 余枚。

　　△　汉奸周作人在北平遇刺。

　　△　日方因汉奸王竹林在天津法租界遇刺,宣布自本日起封锁天津法租界。

　　1 月 2 日　蒋介石致电云南省政府主席龙云,告知中央对汪精卫案处置之经过,希勉所部洞察奸人阴谋,坚守国策。

　　△　周恩来在重庆对路透社记者发表谈话,指出汪精卫在其政治生涯中,时常改变趋向,于时势辣手时辄叛卖其友。“汪第一次对日媾和运动,见于去年十月广州失守后,汉口沦陷前。当时汪已表示准备对日媾和”。“其实汪之行动既不能破坏中国内部团结,也不能损害中国抗战力量”。

　　△　《新华日报》发表社论《汪精卫叛国》。社论批判汪精卫之流对抗战前途丧失信心的亡国论调。

　　△　沈钧儒、张申府、邹韬奋、胡愈之、史良、张仲实、王炳南、沈兹九、沙千里等 20 人发表声讨汪精卫通电,并指出今后凡属言论妥协动摇倾向之分子,均应随时揭发,严加制裁,以巩固革命阵营。

　　△　东北救亡总会通电声讨汪精卫,指出汪精卫叛党叛国,党纪之外,应绳之以法。其他妥协动摇分子,亦应予以有效制裁。

△　中华民族解放行动委员会在重庆发表讨汪声明。

△　香港群众愤怒声讨汪精卫,汪之机关报《南华日报》几被示威者捣毁。香港救亡团体等联名通电讨汪。

△　鲁南保安团队克复蒙阴县城。

△　康、藏间数十年久悬未决之大金寺案获得解决。西康省代表章镇中、范昌元,藏方代表汪清代本、汪廷选是日在德格县签订和解条约。

△　美国照会日本政府,不承认其所谓"东亚新秩序"。

1 月 3 日　行政院长孔祥熙发表谈话,指斥日本近卫声明之阴谋,为遂其吞噬我国之祸心。

△　陈诚、顾祝同、薛岳、商震、罗卓英、龙云、杨森等将领联名通电,拥护永远开除汪精卫党籍。

△　国民党中央党部任命叶楚伧为中央宣传部代理部长。

△　军事委员会任命张凌云为第六十七军军长。

△　国民党陕西省党部改组,蒋鼎文为主任委员,郭紫峻兼书记长。

△　冀察战区总司令鹿钟麟派津浦纵队赵云祥部进占河北枣强,将八路军晋冀鲁豫军区战委会赶出县城。

△　日方组织扬子江轮船公司,备轮 16 艘专驶长江,独占沦陷区长江航业。

△　加拿大、菲律宾两国政府密令商人停止向日本运送军火。

△　美国参议院外委会主席毕德门宣称:美国要求保持对中国门户开放政策,如日本拒绝,则美国政府应完全禁止日货输入。

1 月 4 日　国民政府宣布:因战事关系,闽、皖、豫、甘、粤等 15 省临时参议会展缓两月成立,川省展缓至 4 月成立,康省本月成立,苏、察二省展缓。

△　广西省政府主席黄旭初等致电中央,应通令全国严缉汪精卫。

　　△　张澜、黄炎培、梁漱溟、冷遹、江恒源在重庆联名发表声讨汪精卫宣言，并呼吁全国同胞认清利害，同心协力，增强抗战力量，争取最后胜利。

　　△　全国文艺界在重庆集会，欢迎郭沫若、胡风等，并发起开展讨汪肃奸运动。

　　△　杜重远自重庆飞往迪化，就任新疆大学校长。

　　△　江南抗日义勇军克复江苏扬中县城。

　　△　日本近卫内阁总辞职，平沼骐一郎组织新阁。同日，国民政府外交部发言人宣称："敌阁改组显示其政府侵华政策愈趋急进，平沼将坚持反华政策，加紧军事行动，企图在短时间内结束战事。中国已充分准备应付新发展之任何结果。"

　　△　美国总统罗斯福斥责日本侵略行为，宣称将修改《中立法》。

　　1月5日　中共中央发出《关于汪精卫出走后时局的指示》，要求各级党组织用一切方法打击卖国叛党的汉奸汪精卫，批评他的汉奸理论。

　　△　中共中央书记处会议讨论汪精卫叛国投敌问题。毛泽东指出：我党对目前整体的方针是拥蒋反汪。会议还决定将华南及西南各省合并成立一中央局，定名为南方局，以周恩来为书记。

　　△　李宗仁、白崇禧联名电请中央明令通缉汪精卫。张发奎、余汉谋等亦在前线通电拥护开除汪精卫，要求国民政府将汪通缉归案，并提出"拥护抗日民族统一战线"等口号。

　　△　国民党中央党部特命令各级党政机关长官，率先送子弟参加兵役，踊跃从戎。

　　△　军事委员会密电通令，严禁各地文化团体举行拥护国策示威游行。

　　△　军事委员会任命陈大庆代第八十五军副军长。

　　△　日本平沼骐一郎新阁组成，板垣征四郎留任陆相，有田八郎留任外相，木户幸一任内相，石渡庄太郎任藏相，米内光政任海相，近卫改

任枢密院议长兼内阁无任所大臣。

1 月 6 日 广东省政府主席李汉魂暨省府全体委员通电，指斥汪精卫媚敌求和，罪迹昭著，请下令通缉。

△ 国民党陕西省党部在陕北设榆林区党务指导委员会；并决定在陕北设榆林、绥德两党务工作督导团。

△ 第四战区余汉谋部攻克广东增城，续攻石龙、东莞、新塘等地。

△ 豫东鹿邑县长魏某率部收复县城。

△ 八路军第一二○师一部在河北定县东十里处伏击日军汽车13 辆、坦克两辆，毙敌 50 余人。

△ 新四军第二支队一部在安徽当涂博望镇附近袭击"扫荡"日军，毙敌 20 余人。

△ 日本平沼骐一郎新内阁发表声明，承认日本前途荆棘满布，表示继续执行侵华政策。

△ 英国当局商讨对日经济报复，英报主张联美制日。

1 月 7 日 军事委员会任命卢汉为第一集团军总司令。

△ 孙科在重庆招待文化界人士，发表中苏关系与抗战前途的讲话，称："我们国家的外交路线非常公开，就是英、美、法、苏的路线，是和平国家的路线。"

△ 第二战区一部在晋西反击日军第二十、第一○八师团"扫荡"获胜，本日攻克大宁，次日克吉县。至 10 日，相继攻克蒲县、乡宁，日军退据河津。

△ 新四军第二支队一部伏击由苏南水阳折返宣城之日军，收复水阳。

△ 日军第十师团主力与第二十七、第一一○、第一二四师团及伪军共三万余人，开始对冀南地区进行"扫荡"。是日，侵占平乡县城。

△ 日机 24 架空袭宜昌，旋复分两批轰炸重庆。

△ 日本陆军参谋总部发言人高岛在东京对记者谈话称："中国事件已进入长期战争阶段，日本现正开始于百年战争。"

△　法国政府允在越境代我运货,并帮助订购军火。

1月8日　第四战区余汉谋部攻克广东三水东北之杨梅墟。

△　第二战区一部克复晋西吉县。

△　八路军第一二九师先遣第二支队一部袭击邢台以西皇寺镇,毙伤敌70余人。

△　八路军第一二九师为争取第十军石友三部团结抗战,派政治部副主任刘志坚到河北南宫与石会谈。

△　新四军第二支队在苏南江宁县横山地区,粉碎日军500余人的进攻,毙伤敌50余人,并乘胜解除了陶吴伪绥靖队70余人的武装。

△　汪精卫在河内发表第二次声明,同时发表其1938年12月29日《致国民党中央常务委员会及国防最高委员会信》,再次鼓吹与日本直接讲和。

1月9日　国民政府令各省组织垦荒委员会办理规划垦区、确定开垦计划、招徕垦民、保卫垦区等各项工作。

△　军事委员会任命卫立煌为第一战区司令长官、孙连仲为副司令长官,商震为第九战区副司令长官,罗卓英为前敌总司令。

△　广东省第四区游击司令蒋光鼐辞职,遗缺由李章达继任。

△　第四战区所部袭入广州市郊,攻克石牌车站。

△　江苏省崇明县县长陈庚尧率部与日军作战三昼夜,本日晨攻克启东。

△　苏南我军攻克溧阳,并破坏溧阳、句容公路。

△　日军侵占河北晋县。

1月10日　军事委员会任命陈沛为第三十七军副军长。

△　第二战区一部克复晋西蒲县、乡宁。

△　空军轰炸广东虎门要塞,毁日军高射炮阵地及停泊珠江口日舰二艘。

△　八路军第一二九师第三八六旅副旅长许世友率徐深吉第七七一团,袭击日军在鲁西北据点高唐县城,毙日伪军100多人。

△　日机 11 架轰炸重庆。

△　日军公布华北方面军战斗序列:司令官陆军大将杉山下辖驻蒙军、第一军、第十二军、直辖部队及飞行第六十四、二十七、九十战队等。

△　冀南行政公署在河北广宗县召开冀南行政座谈会,讨论建立民意机关,通过《冀南人民代表大会组织大纲》。

△　《救亡日报》在桂林复刊,社长郭沫若,总编辑夏衍。

△　《中爱(爱沙尼亚)友好条约》互换批准书。

△　法国新任驻华大使高斯默赴任前与中国驻法大使顾维钧谈话,透露其使命称:鉴于欧洲和远东局势,通过对远东特别关心的国家之间的合作,使目前的中日冲突得以有效而公正地解决的紧迫性正在加剧,其时机似乎就要到来。

1 月 11 日　军事委员会重新划分部分战区:河南及皖北为第一战区,卫立煌为司令长官;浙江、福建及苏南、皖南、赣东为第三战区,顾祝同为司令长官;皖西、鄂北、豫南为第五战区,李宗仁为司令长官;山东及苏北一部分为鲁苏战区,于学忠为总司令,韩德勤为副总司令。同日,命令八路军第一一五、第一二九师归第二战区建制;游击部队分别归冀察战区及苏鲁战区指挥。

△　军事委员会任命叶肇为第十二集团军副总司令,董宋珩为第二十二集团军副总司令,郭勋祺为第二十三集团军副总司令,郭忏为第三十三集团军副总司令,关麟徵兼第三十七军军长,宋肯堂为第三十二军军长,傅立平为副军长,安恩溥为第六十军副军长。

△　我军经激战力克豫东柳林集,歼敌 300 多人。

△　日机 18 架空袭桂林,投弹 100 余枚,居民死八人,伤 50 余人。

△　盘据湖北新洲城日军至潘河乡搜索一抗日游击队长,未获,杀害村民 21 人,烧民房 20 余间。

△　汉口法租界当局逮捕中国居民 27 名,据称与汉口反日运动有关。经讯问后,17 人被释,其余 10 人被拘押。日方要求法方将该 10

人引渡,法方表示若日方不能提出充分证据证明确有反日行为,则不予引渡。日方为此宣布继续封锁法租界。

△ 中、菲当局成立协定,允许中国难民在中日战争期间前往菲境居住。

1月12日 粤境我军攻克石龙,围攻东莞。

△ 第二战区所部续克山西离石、中阳等地。

△ 我军马德五部于苏北淮阴以西之大于集大捷,歼敌900余人。

△ 国民党中央党部密函重庆市党部派员打入中国学生救国联合会等抗日救亡团体,进行控制和破坏。

△ 日机27架轰炸衡阳、株洲。其中以衡阳遭受轰炸最惨,居民死伤200人以上,生命财产之损失为该市历次受空袭时所未有。

△ 中国向美国贝伦飞机公司定购新式轰炸机200架。

1月13日 毛泽东、王稼祥复电周恩来、秦邦宪、何凯丰并告朱德、彭德怀,指出:"我们必须坚持与争取向鲁、皖及华中开展,但在目前磨擦很多、军委会严令禁止八路军入中原的时候,我正规部队可暂缓去华中。"

△ 第二战区所部攻克山西稷山,进迫新绛。

△ 日本御前会议决定攻占海南岛。

1月14日 国民政府任命石友三为察哈尔省府主席,原任刘汝明免职。

△ 军事委员会任命朱绍良为第八战区司令长官、傅作义为副司令长官,蒋鼎文为第十战区司令长官兼第三十四集团军总司令,胡宗南兼第三十四集团军副总司令,鹿钟麟为冀察战区总司令,于学忠为鲁苏战区总司令、沈鸿烈为副总司令,杜聿明代新编第十一军军长,彭杰如为第十四军副军长,田温其为第六十八军副军长。

△ 八路军第一二九师刘伯承师长再次与鹿钟麟会谈。

△ 八路军第一二九师第三八六旅第七七二团袭击河南武安伯延镇,毙伤敌200余人。

　　△　南洋华侨 270 余人乘一艘英轮回国,在汕头口外遭二艘日军潜艇拦截,乘客 200 余人被杀害,仅 20 余人生还。轮船主亦受重伤,所载货物被劫一空。

　　△　美、英、法三国政府共同发表对日声明,否认所谓"东亚新秩序"。

　　△　英国政府照会日本政府,要求解释关于取消各国在华治外法权、收回租界等远东新政策,并重申英仍主张中国"门户开放"及"机会均等"。

　　△　国民党中委陶百川在 CC 刊物《血路》第四十期发表文章攻击讨汪运动,指责某些人阴谋乘机扩大反汪运动"来打击中国国民党一部分最忠实最勇敢的同志"。

　　1 月 15 日　财政部发表通告,宣称因日军扣留关税,不能按期偿付以关税担保之债务。同日,财政部发言人就上述通告招待外籍记者,透露关税担保之债务总额等于国币 25 亿元,其中外币借款约六亿元,庚子赔款约一亿元,国币借款约 18 亿元。3 月 26 日,财政部部长孔祥熙宣布:以盐税担保之债务亦不能按期偿付。

　　△　沙克都尔札布、荣祥、白海风等蒙古王公,联名通电声讨汪精卫,斥汪为党国罪人,全民公敌,要求从严惩处。

　　△　军事委员会政治部部长陈诚在重庆招待记者谈第二期抗战战略,指出今后战事用正规军固守要点,巩固国家政权根据地;在敌人后方以游击战为主,着重摧毁伪组织,肃清汉奸,以及动摇伪军为其任务。

　　△　张治中致电行政院,请辞湖南省府主席职。

　　△　行政院拨款 500 万元设立中国工业合作社,并于西北、西南、东南及华中四区各设办事处,办理工业恢复与发展事宜。

　　△　八路军总政治部主办的《八路军军政杂志》创刊号在延安出版。发表毛泽东撰写的发刊词,指出:八路军在一年半抗战中,执行了基本的游击战的正确的战略方针,坚持与发展了华北的游击战争,创建了许多敌后抗日根据地,配合了正面主力军的抗战,兴奋了全国的人

心,打破了民族失败主义者与悲观主义者的错误观。

△　日机 27 架空袭重庆,投弹 58 枚,毁房 20 余栋,居民死伤 200 余人。

1 月 16 日　八路军第一二九师发布反"扫荡"命令。同日,八路军第一二九师政治委员邓小平与石友三会谈。

△　中共中央南方局在重庆成立;另设办事处于桂林,联络湘、赣、粤、桂及香港工作。

△　第十八集团军总部任命宋任穷为冀南军区司令员,王宏坤为副司令员。

△　鄂赣边游击队攻克崇阳。

△　我军克复绥西萨拉齐县。

△　日伪军千余侵占山东省掖县,至下旬分批屠杀城内居民和军政人员 440 余人。

△　国联行政院常会在日内瓦开幕,讨论中日争端等问题,中国代表顾维钧、郭泰祺出席。17 日,顾维钧在大会发言,吁请各国对日禁运并从经济上援助中国。19 日,国联决议,由远东局势直接有关之会员国协商个别援华。

△　伪满洲国国务总理张景惠发表声明,宣布伪满参加德、意、日三国所谓《防共协定》。

1 月 17 日　陕甘宁边区首届参议会在延安召开,边区政府主席林伯渠致开幕词,指出:"参议会的任务是:(一)发扬抗日民主精神;(二)推动抗战动员工作;(三)负起责任,坚定信心,为独立、自由、幸福的新中国开辟一条康庄大道。"毛泽东讲话,指出:抗战一定要有民权主义与民生主义。2 月 4 日,选举高岗任边区参议会议长,林伯渠任边区政府主席,即宣告闭幕。

△　湖南省政府改组,薛岳代张治中任省府主席。

△　国民党云南省党部改组,龙云为主任委员,陇体要为书记长。

△　军事委员会任命薛岳为第九战区副司令长官(代司令长官职

务），关麟徵为第三十一集团军副总司令。

　　△　财政部核定《收兑金银通则》，凡 26 条。

　　△　原北京大学教授、著名学者钱玄同在北平病逝。7 月 18 日，国民政府明令褒扬。

　　△　新四军第一支队在江苏丹阳东南昌城附近，击溃日军 100 余人，击毙 30 余人。

　　△　香港《南华日报》社长、汉奸林柏生在香港被刺受伤。

　　△　日本首相平沼对重庆进行诱降演说，称："国民党政府方面，若有巨眼人士要与帝国合作，而成为更生中国之基石，则将欢迎之，共同从事东亚新秩序之建设。"

　　1 月 18 日　山东省夏津县县长李桂岭于敌犯县城时，率队警抗战，以身殉国，是日国民政府明令褒扬。

　　△　八路军晋察冀部队一部袭击易县塘湖之敌，毙伤敌 100 余人。

　　△　日机 30 余架轰炸西安，死伤居民 200 余人，毁民房 300 余间。

　　△　侵占湖北新洲的两名日军追逐一妇女至乡下，被群众打死。日军百余人分三路直扑林家大湾，抓捕 160 多名百姓，加以杀害。

　　△　伪满设立产业开发委员会。

　　1 月 19 日　蒋介石发表《告全国士绅及教育界同胞书》，要求各地士绅及教育界人士尽力协助推行兵役，开发地方资源。

　　△　行政院侨务委员会公布抗战以来侨胞捐款情况：捐款总额逾 1 亿元，其中以马来半岛最多，个人以胡文虎最多。

　　△　军事委员会任命香翰屏为第九集团军副总司令。

　　△　八路军第一二九师先遣支队一部袭击河北磁县彭城镇，毙伤敌 100 余人。

　　△　日机 11 架轰炸陕西宝鸡，投弹 58 枚，死伤 147 人。同日，日机三架轰炸广东和平县城，死伤 45 人，毁房 159 间。

　　△　日本大本营发出进攻海南岛指令。决定作战兵力，分别以陆军饭田支队及海军第五舰队为基干部队，行动时间为 2 月中旬。

△　法国照会日本,不容片面废除《九国公约》。

1月20日　国民党中常会以汪精卫业经撤职,决议推蒋介石任国民参政会议长。

△　蒋介石约见周恩来,再次询问中共中央对关于统一国共两党的意见。周恩来表示"不可能",并要蒋解决自上年秋以来,国民党在河北、山东、陕甘宁等地制造摩擦反共捕人事。蒋要周恩来就两党合并事再电延安。

△　国民政府特派驻英大使郭泰祺为出席航空燃料及油类免税事项国际会议全权代表。同日,明令嘉奖巴黎华侨古玩商卢静斋,表彰卢以其在伦敦国际艺术展览会展出之六朝石佛赠与政府。

△　毛泽东为《论持久战》英译本撰写序言,阐述了中国抗战的性质、抗战的必然规律、抗战与外援的辩证关系。

△　军事委员会任命庞炳勋、刘汝明为第二集团军副总司令,沈克为第四十军副军长。

△　第二战区所部攻克山西翼城。

△　八路军第一二九师一部袭入河北巨鹿县城,毙伤敌100余人。

△　日军陆战队300余人在海南岛乐会登陆被击退。

△　汪精卫派高宗武自河内到香港,策划卖国活动。

△　日本内阁会议提出本年度预算总额90亿日元,其中55亿日元为侵华战费。

△　国联行政院通过对华决议,但内容空疏。

△　美国前国务卿史汀生等组织"不助日为虐之美国委员会"。

△　美国加州海港货轮二艘拟载废铁运日,华侨群众3000余人结队游行抗议,码头工人亦拒绝装运。

1月中旬　日军包围山西省乡宁县仅有七户51人的柏木村,用毒气等杀害44人,四户绝门。

1月21日　国民党五届五中全会在重庆召开,到中央执监委员155人。推举王法勤、丁惟汾、居正、于右任、冯玉祥等11人为主席团。

朱家骅为秘书长。蒋介石致题为《以事实证明敌国必败,我国必胜》的开幕词,表示"一定要持久抗战到底"。确定了相持阶段国民党的内外方针。

　　△　国民政府明令改组湖南省政府,任薛岳、陶履谦、杨绵仲、朱经农、余籍传、李扬敬、谭道源、仇鳌、刘兴为省府委员,薛岳兼省府主席,陶、杨、朱、余分别兼任民政、财政、教育、建设各厅厅长。

　　△　国民政府明令改组陕西省政府,任王德溥、朱镜宙、王捷三、孙绍宗、杜斌丞、周伯敏、刘治洲、张炯为省府委员,王、朱、王、孙分别兼任民政、财政、教育、建设各厅厅长。

　　△　军令部第二厅厅长郑介民转报苏籍顾问关于日军占领武汉、广州后对华政策情报称:莫斯科所得日军对华方案:一、停止进攻,以准备对俄战争;二、继续进攻,消耗中国兵力,使之不能反攻;三、准备长期作战,占领全中国。

　　△　董必武、黄炎培、曾琦等出席在渝参政会茶话会,并被推举起草欢迎蒋介石兼任参政会议长电文。

　　△　军事委员会任命李兴中为第九十六军军长、王根僧为副军长,赵寿山为第三十八军军长,陈公侠为第六十四军副军长。

　　△　蒋介石令各省政府,严禁适龄壮丁假借公务员名义规避兵役。

　　△　八路军第一一五师一部于本日至 26 日,在河北东光县灯明寺连续袭击、伏击日伪军,共歼敌 400 余人。

　　△　八路军第一二九师第三八五、第三八六旅等部,于和顺、辽县地区抗击日军"扫荡"。26 日,在辽县寒王阻击战中,毙敌 200 余人。28 至 29 日,在辽县林业粟城地区,歼敌 200 余人。至 2 月 1 日,共歼敌 1000 余人,并收复辽县县城。

　　△　新四军第二支队一部奇袭日军芜湖机场外围官陡门伪军据点,全歼伪军 300 余人。

　　△　日本首相平沼骐一郎在国会演说,表示日本"无意在经济或文化上排斥第三国,希望彼能理解日本真意,协力建设东亚新秩序"。外

相有田八郎要求英、美承认日本在东亚优越地位,并抨击法、苏援华。

1 月 22 日　军事委员会任命周喦为第三十一集团军副总司令。

△　第三战区顾祝同部克复浙江富阳、余杭。

△　八路军第一一五师一部于盐山县韩家集伏击日军,歼敌 100 余人。

△　日军独立第四混成旅团等部集中约三个步兵大队,配以伪军 3000 人,向山西和顺、辽县地区"扫荡",企图占领和辽公路。次日,陷和顺。29 日,陷辽县。

△　伪蒙古自治军于志谦部第四团反正,击毙日军指挥官一名后,退向绥远固阳县东。

1 月 23 日　蒋介石在国民党五届五中全会作《唤醒党魂,发扬党德,巩固党基》秘密报告,指出党魂是党的主义,党德就是智、仁、勇,党基就是党魂、党德、党史、党纪四要素。宣称这是中华民族固有的道德。

△　交通部设水陆运输联合委员会,派宋子良为主任委员。同日,部令公布《交通部监理木船运输章程》,凡 11 条。

△　军事委员会任命杨汉域为第二十军军长。

△　第二战区所部越汾河,攻克同蒲路中段赵城。

△　我军收复苏北窑湾、曹家庙等地,俘敌 200 余人,击毙百七八十人。

△　空军袭击涠洲岛,炸伤日军舰三艘。

△　美国运 9000 吨小麦到上海,救济中国难民。

1 月 24 日　中共中央致电国民党五届五中全会,希望严整抗战阵容,密切军民联系,刷新政治,发展民运,以巩固国共两党长期合作之基础。

△　第二战区所部攻克山西绛县。同日,苏鲁战区所部攻克苏北宿迁。

△　八路军第一二九师第三八六旅、东进纵队各一部袭击由河北宁晋出犯大杨庄日军,毙敌 60 余人。同日,第一二九师另一部在河北

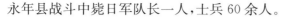

永年县战斗中毙日军队长一人,士兵 60 余人。

△ 晋南中条山我军击退犯黄龙岭之日军,歼敌六七百人。

△ 新四军一部袭击京沪铁路下蜀车站,歼敌数十人,破坏铁道数十处。

△ 日机九架空袭洛阳,一架被击落。

△ 中英两国就开辟中缅新航线达成协议,是日在重庆换文。

1 月 25 日 中共中央发出《中共中央为国共关系问题致蒋介石电》。提出国共两党应坚持团结抗战,但共产党绝不能放弃马克思主义之信仰,绝不能将共产党组织合并于其他任何政党。并指出摩擦现象最近尤甚,不应任其发展,致陷国家民族于不利。

△ 广东省政府主席李汉魂发表《告广东各界同胞书》,呼吁各界同胞参加抗战,以保持独立主权,收复既失领土,湔雪奇耻大辱。

△ 经济部公布《川康铜业管理规则》,并由资源委员会成立川康铜业管理处,管理及收购铜。同日,公布《经济部汞业管理规则》。

△ 国民政府令免军事委员会委员长西安行营主任蒋鼎文本职。

△ 军事委员会任命俞济时为第二十集团军副总司令,刘尚志为第三十九军副军长。

△ 周恩来、董必武、邓颖超参观胡厥文等开办的合作五金厂。

△ 八路军第一二〇师主力到达河北省河间县惠伯口地区,与冀中军区部队会合。八路军第一二〇师师长贺龙向黄敬、吕正操等冀中领导人传达中共中央指示,并商谈部队行动问题。

△ 第五战区所部攻克湖北京山,并绕攻皂市。

△ 日机 18 架空袭洛阳,投弹数十枚,商店平民遭炸者不可数计,为洛遭空袭以来最惨重之情况。

1 月 26 日 蒋介石在国民党五届五中全会报告外交方针与国策。

△ 军事委员会任命孙魁元为新编第五军军长,夏威兼第四十六军军长、何宣为副军长。

△ 日军犯中条山西玉泉寺等地,守军团长李家骥负伤,自戕

殉职。

　　△　中央大学校长罗家伦、北京大学校长蒋梦麟、清华大学校长梅贻琦等 12 所大学校长，联名电谢美国参、众两院议员，并希望美继续采取行动使侵略者屈膝。

　　△　杭州伪市长何瓒遇刺毙命。

1 月 27 日　毛泽东、王稼祥致电周恩来等，指出国民党对新四军的诬蔑，这是对新四军之可能的新的压迫之准备，望将新四军作战经过及胜利材料广为公布，并痛斥新四军游击不得力之说。

　　△　原黄埔军校第四期毕业生汤化平组织的广州区游击别动队，狙击伪广州市公安局长练演生，将练当场击毙。

　　△　山西吉县西郑坦村民众，在山顶以砖、石击伤进犯该村之日军数人，日军冲上山顶，将民众 20 余人杀害。青年妇女为敌所掳后不甘受辱，亦惨遭杀害。

　　△　伪西北边防自治军骑兵第二师师长萧进堂等，率部 2000 余人在绥远固阳县西反正。

　　△　法国、瑞士、荷兰、英国、美国、加拿大等 16 个国家和地区共产党发出号召，呼吁援助中国、西班牙等国，反抗德、意、日侵略势力。

1 月 28 日　重庆、成都、昆明、贵阳、宜昌、长沙、南昌、桂林、西安、兰州、上海等地，分别集会纪念"一二八"淞沪抗战七周年。

　　△　行政院核准施行《取缔敌伪钞票办法》。

　　△　财政部分电施行《吸收侨汇合作原则》、《银行在国外设立分行吸收侨汇统一办法》。

　　△　军事委员会任命陶广为第十集团军副总司令。

　　△　八路军第一二〇师一部伏击由河北献县开往大城日军，毙敌百余，毁汽车 20 余辆。

　　△　大青山游击队一部在绥远陶林附近进击伪军萧顺义、夏军川部，俘百余人，解救被掳妇女 200 余人。

　　△　日机五架空袭河南陕县会兴镇，被当地驻军以机枪击中一架，

坠落山西平陆,日空军上尉山田清野、驾驶员大森清藏被俘。

　　△　国际反侵略运动大会在伦敦举行。27 日,蒋介石致电祝贺,并谢支持抗日。

1 月 29 日　蒋介石在国民党五届五中全会报告整顿党务要点,提出在最近半年中必须"增加有组织有训练的党员,至少要照现有党员总数扩充五分之一"。

　　△　八路军第一二九师第三八五旅一部在粟城镇与日军交战,毙伤敌百余人,敌被迫退回辽县。

1 月 30 日　国民党五届五中全会闭幕。全会决定设置国防最高委员会,由蒋介石任委员长,推叶楚伧为中宣部部长。此外,又秘密通过党务报告决议案,在国共两党关系上确定了"溶共、防共、限共"的基本方针。会后秘密设立"防共委员会",并陆续制定《防制异党活动办法》等秘密文件。

　　△　国民党中央宣传部密订《各地战时服务团体管理取缔办法》,规定凡限期未立案者一律停止活动;凡有宣传违反"国策"之言论行为者应即予取缔或惩处。

　　△　社会部拟订《抗战时期文化团体指导工作纲要》,决定限期举行文化团体登记。

　　△　吴佩孚在北平会见记者,坚拒日本威胁利诱为傀儡。

　　△　军事委员会任命梁华盛为第二十五军副军长。

　　△　日军陷湖北天门、豫北阳武。

　　△　汉奸王克敏、梁鸿志、王揖唐、温宗尧、朱深、陈群等,在北平发起组织伪和平救国会。

　　△　伪满公布《劳动统制法施行规则》。

1 月 31 日　大青山骑兵支队一部在绥远武川县土城子消灭土匪康德胜部,俘 80 余人,解救被掳妇女百余人。

　　△　国民党重庆市党部就沈钧儒等发起组织游击区抗敌工作协进会向社会部密报,需切实防范。

　　△　日机"天皇号"在湖北沙洋镇被当地驻军击落,乘员陆航空兵大佐渡边广太郎、少佐藤田雄藏等六人毙命。

　　△　"满铁"将兴中公司全部股份转让给华北开发公司。

　　是月　国民政府确定军务费预算,自本月起每月约 3000 余万元,国防建设费每月约 2000 余万元,战务费每月约 5000 余万元,共计一亿元以上。

　　△　中国回教近东访问团访问阿拉伯、埃及、伊朗、土耳其等九国后,返抵重庆。

　　△　中共中央决定成立中共中央北方局,彭真为书记。

　　△　周恩来领导建立八路军重庆办事处。

　　△　李先念率领新四军独立游击大队,向豫鄂边之四望山、应山、京山地区挺进,开展游击战争,创建豫鄂边抗日根据地。

　　△　中央社本月起发行英文《中国半月刊》,任玲逊主编。

　　△　日本华北方面军开始推行《1939 年治安肃正计划》,自 1939 年 1 月至 1940 年 3 月,分三期施行"肃正作战"。

2　月

　　2 月 1 日　军事委员会委员长重庆行营结束,另设委员长成都行营和西昌行营。

　　△　军事委员会政治部政工会议召开,讨论执行五中全会及南岳军事会议政训工作决议,于 13 日结束。

　　△　中国边事协进会在成都成立,白瑞等为理事。

　　△　我军克复晋东辽县。

　　△　广州区游击别动队在广州市郊袭击日军,救出被掳妇女多人。别动队员 50 多人潜入白云山麓,图炸日军天河机场未遂,刺死卫兵二人。

　　△　八路军第一一五师和第一二九师各一部在反"扫荡"中,于曲

周县古城营、后旧店、燕张葛等地抗击日军进犯,毙伤敌 100 余人,毁汽车两辆。

　　△　八路军陇海南进游击支队攻克苏北邳县以西宿羊山伪军据点,全歼伪军一个中队。

　　△　八路军前方总部编辑的《前线》半月刊在延安复刊。

　　△　成都市 8000 多人力车工人为反对车主增加车租全体罢工,并派代表向市政府请愿。

　　△　日方通告各国领事,限江西牯岭外侨于本月 10 日前撤退。牯岭外侨计有英籍 37 人,美籍 12 人,德籍九人,其他国九人。

　　△　汪精卫私人代表高宗武从香港抵河内,向汪报告在港活动情况,并密商组织伪中央政府办法。汪精卫提出:一、如果日本和蒋介石妥协,他将努力协助;二、如果由王克敏、梁鸿志、吴佩孚等组织中央政府,他将以在野地位加以协助;三、如果由他收拾时局,则要求:(一)由他以国民党的名义组织反共救国同盟会,重新建军,组编 12 个师的军队;(二)在日军迫近西安、宜昌、南昌时,他将再次发表声明,宣布由他组织政府,担当与日本实现和平的负责人,并号召西南将领通电响应;(三)以 10 月 10 日为期,在南京组织新国民政府,并取消“临时”、“维新”两政权;(四)与日本协商借款二亿元;在此之前,日本每月供给活动费 300 万元。4 日,高宗武携带汪致近卫函件赴日,21 日抵长崎,旋即赴东京与平沼、有田会谈。

　　2 月 2 日　延安召开党政军生产动员大会。毛泽东讲话指出:今天的生产动员大会,也就是实行民生的大会。

　　△　陈诚在重庆招待记者谈扩大兵役动员称:兵役动员重在宣传,而宣传重在下乡。

　　△　冀南我军收复威县。

　　△　八路军第四纵队一部于宛平县东、西斋堂和上、下清水地区,抗击日伪军 2000 余人五路合击。经一周作战,毙伤敌 200 余人。

　　△　八路军第一二〇师第三五八旅一部在反敌第三次围攻中,于

河间县曹家庄附近袭击日伪军。战至 3 日,共歼敌 150 余人。

　　△　八路军独立第二支队收复河北任丘县城。

　　2 月 3 日　周恩来致电毛泽东、王稼祥并转项英:叶挺抵渝已见蒋,表示回新四军工作。我准备和叶挺同往新四军。

　　△　四川资阳县 3000 多农民为反对拉丁抽税举行武装示威,全县 18 个联保主任被杀死 17 个。县长派保安队镇压,死伤 700 多人。

　　△　伪满发行第二次华兴债券 1000 万元。

　　2 月 4 日　蒋介石以新四军袭击敌军"成果甚大",致电嘉奖。

　　△　财政部规定取缔日伪钞票办法八条,通行全国军政各机关依照办理。

　　△　湖北省政府主席陈诚因公离省,由省民政厅长严立三代行职务。

　　△　国民党四川省党部主任委员陈公博辞职,由黄季陆继任。

　　△　中华工商协进会在重庆举行成立大会。孔祥熙、翁文灏、张道藩、黄中及会员 400 多人出席。孔祥熙讲话指出,该会任务是:一、谋工商业的改进及健全各机构;二、调整工商、技术、金融各界意见;三、协助工商团体训练干部和人员;四、联络海外华侨协助国内工商业的发展。大会选举温少鹤、蒋志澄、胡子昂、王延松等 13 人为理事,何北衡、康心如、洪兰友等六人为监事。

　　△　军事委员会任命陈万仞为第二十一军军长、宣铁吾为副军长。

　　△　八路军第一二〇师第三五八旅一部在反敌第三次围攻中,于河间县大曹村抗击日军进犯,歼敌 300 余人。至此,第一二〇师主力和冀中军区部队经旬日作战,共歼敌 900 余人,打破敌人这次围攻。

　　△　日机 18 架轰炸贵阳,投弹 100 余枚,死伤 500 余人。文化机关如商务、中华、世界、北新等大书局均被炸毁。难民数万露宿山区。同日,四川万县、浙江诸暨等地亦遭轰炸。

　　△　日军宣布封锁珠江,并限制广州汇兑。

　　△　天津市民致书英国驻华大使卡尔,呼吁英政府援华抗日。

△　南京、北平伪组织所派驻日人员强占我东京使馆。

△　日本驻台湾总督府决定开辟厦门为自由港，以夺取英国在远东以香港为中心之商业利益；并在厦门设拓殖会社，移民垦殖开矿。

2 月 5 日　山东省政府主席沈鸿烈在沂水鲁村召开全省军政会议。中共方面派代表张经武参加。沈指出：一、统一划分防线，八路军防线划在津浦路东侧之滕（县）泗（水）宁（阳）地区；二、"枪不离人，人不离乡"，"统一行政，军不干政"；三、经济粮秣统筹统支。

△　中苏空军轰炸山西运城日军机场，毁日机 40 架。同日，又在湖北钟祥以东迫降日轰炸机一架，机师被活捉。

△　日机空袭广西宜山，迁至该地之国立浙江大学校舍被炸毁。

△　日军侵占皖南繁昌。

△　日本伪造法币，在各沦陷区内使用。

2 月 6 日　军事委员会任命李家钰为第四集团军副总司令，王靖国为第十三集团军总司令。

△　国民政府派戴笠为中央警校校务主任委员。

△　教育部拨款 500 万元救济战区各校师生。

△　陕甘宁边区政府举行第一次联席会议，确定政府副主席及各厅、处长人选：副主席高自立，财政厅长张慕尧（代），建设厅长刘景范，保安处长周兴，粮食局长曹胜祥，审计室主任曹力如。于 8 日结束。

△　八路军第一二九师第三八五旅主力于昔阳桃躯村歼日军 150 余人。

△　新四军游击支队一部在豫南永城县双桥歼伪军王福来部，俘伪军参谋长以下 100 余人。

△　空军袭武昌，炸毁大批日军用物资。

△　日本华中派遣军司令部作出《对南昌作战要领》，指示第十一军作好作战准备，于 3 月上旬开始进攻南昌。

△　日军陷河北威县。

2 月 7 日　国防最高委员会成立，蒋介石兼任委员长，常委为五院院长、外长、正副参谋总长及中常委三人共 11 人,秘书长张群。

　　△　行政院例会通过《非常时期保甲长待遇及奖励办法》和《非常时期评定物价及取缔投机操纵办法》,并决定方策代理河南省府主席。

　　△　程潜电蒋介石报告华北驻军贪污勒索、积压粮秣、浮领奖金以及谎报军情、捏构战绩等流弊,请明令改正。

　　△　军事委员会任命孙蔚如为第四集团军总司令,曾万钟为第五集团军总司令、刘茂恩为副总司令,孙楚为第八集团军总司令,冯钦哉为第十四集团军副总司令,王敬久为第三十二集团军副总司令,韩德勤为鲁苏战区副总司令,周祥初兼第八十七军军长。

　　△　中共中央决定组织冀中军政委员会,贺龙任书记。随后又成立冀中区总指挥部,贺龙、吕正操分任正、副总指挥,关向应任政委。

　　△　川、陕实业界人士在川、陕两省设立战时物产运输调整处,总处设西安,重庆设办事处,办理川省糖、盐运陕及陕省药材、棉花运川事宜。

　　△　延安《新中华报》由陕甘宁边区机关报改为中共中央机关报,并改五日刊为三日刊。

　　△　空军轰炸粤海涠洲岛,炸伤日舰二艘。

　　△　日伪军分三路自徐州东犯,图扰淮海。

2 月 8 日　国民政府派贺国光为军事委员会委员长成都行营主任。

　　△　军事委员会宣布除刘文辉第五军团外,其余各军团番号一律撤销。同日,任命李默庵为第十四集团军副总司令。

　　△　绥境蒙政会委员长沙克都尔札布飞抵重庆述职,并就任国民政府委员。15 日,在国际宣传处招待中外记者,揭露日本分裂蒙旗阴谋。17 日,宣誓就任国民政府委员。

　　△　重庆妇女团体联席会议举行妇女参政问题讨论会,邓颖超、史良、胡子婴等先后发言,一致认为妇女解放与民族解放有不可分离的关系,妇女参政极为重要。

　　△　第四战区所部攻克广东宝安。

△　新四军第一支队一部夜袭宁杭公路东湾镇日军据点,击毙日军大尉中队长以下 79 人,伤日军 32 人。

△　日军陷河北阜城、武邑、束鹿等县城。

△　日军台湾混成旅团由第五舰队护卫,从万山港启航,准备进犯海南岛。

△　印度医生安德华率印度援华医疗队一行五人到达西安,12 日抵延安。

△　中美桐油借款合同在华盛顿签字,总额为 2800 万美元。

2 月 9 日　军事委员会任命黄壮怀为第九十四军军长。

△　空军轰炸芜湖日舰,一机负伤后俯冲日舰,舰、机同归于尽。

△　甘地、尼赫鲁、泰戈尔在印度马德拉斯举行的世界教会会议发表谈话,表示支持中国抗战,愿以物资援华。

2 月 10 日　日军登陆海南岛,陷海口。随后,又占领定安、清澜港。守军退守五指山。

△　军事委员会任命夏守勋为第七十八军军长。

△　八路军第一二九师和第一一五师各一部,于曲周县香城固地区伏击日军,歼敌 200 余人,毁汽车八辆。同日,第一二〇师一部在河北武强县唐旺地区,歼敌 150 余人。

△　广东省政府发行省短期金库券,定额国币 480 万元。

2 月上旬　毛泽东会见美国合众社记者罗伯特·马丁。毛泽东说:中国需要民主才能坚持抗战。

△　丹阳游击纵队进驻扬中县,控制了向北发展的"跳板"。

2 月 11 日　蒋介石就日军登陆海南岛对外籍记者发表谈话称:"日军进攻海南岛,无异造成太平洋上之'九一八'。"

△　军事委员会任命陈烈为第五十四军副军长。

△　河南省政府主席程潜因公离省,由民政厅长方策代行职务。

△　国民党情报人员韩振声向中央党部密报"八路军在河北民运方面活动情形"称:八路军到达河北后即在各县组织民族革命战争战地

动员委员会,"其中之组织部、武装部最为重要,各县此种部长几全为共产党员所担任,掌实际民运权"。该组织"任务:(一)积极组织民众,训练民众,武装民众。(二)实行合理负担,改善人民生活"。"实际八路军借此领导群众,发挥力量,代替政权,现该会俨如太上政府"。

△ 我军克复皖南繁昌。

△ 八路军晋察冀军区部队一部袭击满城县城之日伪军,毙敌300余人。另一部击溃驻绥远凉城厂汉营敌200余人,毙50余人。

2月12日 国民参政会第一届第三次大会在重庆开幕,蒋介石致开幕词。秘书长王世杰代读林森训词,胡元倓代表全体参政员向新任议长蒋介石致欢迎词。

△ 日机29架空袭兰州,中苏空军与之展开激战,日机被击落七架。

2月13日 第三次国民参政会举行全体会议,听取孔祥熙、何应钦分别作的政治、军事、外交报告。

△ 八路军第一二〇师一部克复河北省饶阳、肃宁。

△ 国际反侵略运动大会中国分会就日军登陆海南岛电总会,指出日本控制世界之野心将难以遏止,有关各国必须共同起来制裁。

△ 英、法驻日大使克莱琪、安利各奉本国政府命令,就日军侵占海南岛后英、法在华利益问题,向日外务省提出交涉。

△ 我驻日使馆产业,被北平、南京两伪组织非法占据。

2月14日 第三次国民参政会继续举行全体会议,是日至次日听取何键、翁文灏、顾毓琇、孔祥熙、张嘉璈分别作内政、经济、教育、财政、交通报告。

△ 国民政府派张笃伦为军事委员会委员长西昌行营主任。

△ 军事委员会任命焦其凤为第二十六军副军长。

△ 豫南我军反攻,先后克复潢川、商城、固始、光山、罗山、经扶等县。

△ 日军在三亚港登陆,三亚、榆林、崖县均被侵占。尔后,日军南

北对进,侵占海南全岛。

△　国际反侵略运动大会中国分会在重庆举行招待会,副会长邵力子及陈诚、周恩来等先后讲话。周恩来在讲话中指出:日寇已为全世界之公敌,号召加强团结,一致御侮。

△　延安举行欢迎印度援华医疗队晚会,毛泽东等出席。

△　伪满洲国与北平伪临时政府签订五年产业计划之《劳动力调整协定》。

△　美国国会通过《太平洋设防案》。

2 月 15 日　国共两党有关方面共同筹办之西南游击干部训练班(简称"南岳训练班")在南岳开学。至 1940 年 3 月共举办三期,参加受训军官达 3000 余人。

△　军事委员会任命张雪中为第十三军副军长。

△　周恩来离渝赴江南各地视察工作,叶挺同行。16 日,在桂林出席白崇禧主持的军训部成立周年会。

△　八路军后方留守处主任兼河防司令萧劲光就陕西栒邑保安队殴辱八路军 3000 余伤病员事致电蒋介石,要求查办。

△　日军在河北隆尧县北阎庄杀害民众 128 人,其中 10 户被杀绝。

△　日机袭长沙,被击落八架。

2 月 16 日　第三次国民参政会开始讨论提案,由褚辅成等 24 人、王卓然等 25 人、林祖涵等 21 人分别提出之拥护政府抗战国策案于 19 日议决合并讨论。

△　毛泽东应苏联《真理报》之约,为苏联红军建立二十一周年纪念写《中国军队应当学习苏联红军》一文。

△　八路军第一一五师一部在山东平阴县东南与日军激战获胜,毙日宪兵司令山吉等官兵百余人。

△　八路军第一二九师东进纵队收复河北枣强县城。

2 月 17 日　国民政府发布重申严禁贪污令。

　　△　军事委员会任命田镇南为第二集团军副总司令,杜聿明代第五军军长。

　　△　新四军第一支队夜袭延陵镇日军据点,全歼日军川野中队一个小队和伪军百余人。

　　△　新四军第二支队在苏南句容县郭庄庙镇伏击日伪军,击毙日军18人,全歼伪军一个中队。

　　△　日军侵占广东花县。

　　△　山东掖县伪军赵保元部2000余人反正。

　　△　顾维钧在国联理事会演说,吁请制裁日本;我代表团并提草案,请组织委员会以施行制裁。

　　△　日本外相有田八郎向美使提出保证,日本对海南岛无领土野心。

　　2月18日　蒋介石于新生活运动五周年纪念日发表广播讲话,勉国人策进战时生活。

　　△　毛泽东、王稼祥、谭政发出《关于优待日军俘虏的指示》。

　　△　周恩来、叶挺离开桂林赴赣北。19日,在江西吉安会见江西省政府主席熊式辉。同日,秘密会见中共江西省委书记曾山等,对江西地下党工作做指示。接着,去上饶,会见第三战区司令长官顾祝同。

　　△　第三战区司令长官顾祝同以新四军游击努力,致电奖励,并奖洋1000元。

　　△　我军克复粤南宝安、南头。

　　△　八路军陇海南进游击支队在苏北邳县官湖地区粉碎日伪军1400余人的进攻,毙伤敌数十人。

　　△　国际反侵略大会在伦敦开幕,19日大会通过援华决议。

　　2月19日　军事委员会任命郑洞国为第五军副军长。

　　△　我军克复湘北羊楼洞,毙敌300余人。

　　△　八路军第一二九师青年纵队一部在河北巨鹿李河头,毙伤敌90余人。

　　△　新四军第四支队一部在安徽巢县柘皋镇和合肥县店埠镇(今

肥东县)之间的东山口,毙伤日军 150 余人。

　　△　驻山西汾阳日军反战士兵以"东京大阪久留米京都师团及满洲军政部内派遣士兵反战同盟会"名义散发传单,号召中止战斗。

　　△　驻山西浮山县日军捕杀抗日分子和平民,仅北门内一水井中,即被投入杀害 40 余人。

　　△　南京伪维新政府外交部长陈箓,在上海愚园路住宅遇刺毙命。

　　△　纽约华侨为募集百辆救护车捐助祖国抗战,是日举行盛大集会游行,参加者达万余人,会后四小时即募得美金二万余元。

2 月 20 日　　国民参政会第三次选出驻会委员 25 名:孔庚、喜饶嘉错、张君劢、黄炎培、陶百川、王家桢、张澜、董必武、李璜、江庸、傅斯年、沈钧儒、许德珩、秦邦宪等。

　　△　行政院公布《非常时期专门人才服务条例施行细则》,凡 12 条。

　　△　经济部公布《非常时期评定物价及取缔投机操纵办法》,凡 15 条。

　　△　第一战区所部连日在豫东太康附近毙敌 1700 余人,俘 20 余人。

　　△　日军在湖北中部随枣一线发动进攻,是日陷天门,后即在京山、皂市一带集结兵力,企图进犯荆(门)沙(市),切断南北交通。第五战区第三十三集团军张自忠等部奉命在襄河东岸部署迎敌。日军主力为第十六、第十九师团,第二十三旅团及陆续增加之各联队,总兵力约 1.5 万余人。张自忠指挥部队为第十九集团军三个团、第三十八师全部及第一三二师三团,会战激烈时期又陆续增加第一八〇师全部及第三十七师之第一一一旅,总兵力 2.2 万余人。双方经 10 余日激烈战斗,至 3 月 6 日因敌进迫钟祥,形势不利,张自忠部奉命撤退至洋梓镇以北高地。

　　△　兰州激烈空战,空军击落日机九架。23 日,日机再袭兰州,被我军击落六架。3 月 1 日,第八战区司令长官朱绍良在兰州举行慰劳大会,祝贺兰州两次空战胜利。

　　△　张荫梧策动八路军冀中独立第二支队柴恩波在河北雄县新镇

叛变,接受鹿钟麟指挥。

2月21日 第三次国民参政会闭幕,通过《确立民主法治制度案》等提案90余件。蒋介石致闭幕词,许诺要动员民众、组织民众,实行彻底民主政治,但又强调"断不能忽略程序与步骤",在抗战未结束以前,"要以军政时期的工作为主,一面积极进行训政工作"。

△ 八路军后方留守处主任萧劲光就陇东摩擦事件致电第八战区东路总指挥鲁大昌及第一六五师师长王治岐称:"庆阳、合水、正宁、宁县、镇原五县在西安事变和平解决时划归八路军防区。不意去年12月贵军一部忽而开入庆阳县属之白马铺、亦城镇一带,进逼敝军驻防部队,压抑当地民众运动,道路传闻指日攻击消灭八路,占领庆阳一带,群情惶惑,不可终日。近且增兵一团对敝部三八五旅取包围形式,步步进逼,如临大敌。又散发传单,并于西峰镇出版之报纸上,对敝军横加污蔑,肆意谩骂,种种行动,骇人听闻",要求第一六五师迅速退回原防,恢复友好关系,以免酿成重大纠纷。

△ 河北房山、良乡伪自卫团陈东来、白秀亭等部一万余人反正,与日军在附马庄一带激战。

△ 日机轰炸湖北宜昌,毁房600余栋,死市民600余人。3月9日,日机27架再炸宜昌,毁房200余间,民众死伤多人。

△ 日机轰炸香港新界等地。23日,日驻香港总领事为日机轰炸新界向香港当局道歉。

2月22日 中美文化协会在重庆成立,孔祥熙任会长,陈立夫任副会长,宋美龄、史汀生任名誉会长。

△ 日机轰炸广东金利地区,民众死伤70余人。

△ 河北磁县光禄镇伪皇协军宗聚臣部500余人反正。

2月23日 国民党中央常委会决议选任宋美龄为国民政府委员。

△ 周恩来到达皖南云岭新四军军部,代表中共中央传达中共六届六中全会精神及向敌后发展方针;同时确定新四军战略任务为:向南巩固,向东作战,向北发展。

△　八路军陇海南进游击支队攻克苏北邳县城,击毙伪军 30 余人,俘 70 余人。

△　日军发出攻占修水南岸作战计划,旨在向南昌方面进攻。

2 月 24 日　军令部第一厅刘裴、张秉钧致军令部长徐永昌等签呈,报称:现已判明日军有先行攻占南昌之企图,拟请对第三、第九战区下达要旨训令,俾其有所遵循。并提出有关作战方针的意见。何应钦阅后批"意见甚是"。25 日,蒋介石批示"即指定部队制定整个部署方案为要"。

△　日军陷湖北岳口、海南岛文昌县城。同日,日第二十师团一部约 4000 人再犯晋南垣曲。

△　伪满洲国参加日、德、意《防共协定》,在长春签字。

2 月 25 日　经济部公布《经济部小工业贷款暂行办法》,凡 17 条。规定凡民营资本总额在五万元以下一万元以上,其实收额达 50% 以上者,得依本办法向经济部呈请贷款。同日,又公布《经济部管理嘉陵江、綦江、岷江、沱江各沿岸煤矿所产煤斤暂行办法》,凡 16 条。

△　军事委员会任命庞炳勋为冀察战区副总司令。

△　八路军第一二九师一部于河北南宫西南伏击日军,毙伤敌 200 余人。

△　日军命令井上支队(后改为村井支队)以一部协助第一一六师团"扫荡"鄱阳湖东岸地区要地,在打通鄱阳湖水路后,以主力协助海军打通吴城—南昌之间的水路作战。

△　日军第六师团分三个纵队向汉水一线开始进攻。

△　日机九架轰炸广东罗城,炸死 100 余人,伤 200 余人,毁房 100 余间。

△　瑞典援华委员会派霍尔曼医师,携带大批医疗器材启程来华。

2 月 26 日　第一战区所部攻克豫东杞县。

△　重庆各界展开抗日献金竞赛。

△　豫北新乡日军强令汲、淇、辉等县征壮丁 1.2 万人,限三日内

交齐。

　　△　国民党中宣部秘密传达《禁止或减少共产党书籍邮运办法及取缔新知、互助及生活等书店办法》,决定凡应秘密取缔之书刊,除由审委会随时呈报中央特检处转饬查扣外,所有中央图书杂志审委会原定暂不处置者以及新知、互助、生活等书店所出未经原稿审查、刊载审查证号码的图书,以及无出版时间、地点或无发行人之书刊,均属查扣范围。

　　△　北平伪临时政府绥靖部长齐燮元派许铁峰等密赴四川,图谋勾引川军将领投敌。

2月27日　国民政府任命高宪申为海军学校校长,原任李孟斌免职。

　　△　行政院公布《管理营造业规则》,凡25条。

　　△　军事委员会任命刘膺古为第十九集团军副总司令。

　　△　日机五架轰炸泗阳县城,配合日军向苏北沭阳、淮阴等地进攻。

2月28日　军事委员会任命马鸿逵为第八战区副司令长官,高荫槐为第一集团军副总司令。

　　△　八路军第一一五师苏鲁豫支队,将进犯江苏沛县之伪苏北反共军第一支队籍兴利部3000余人歼灭一部,并争取大部反正。

　　△　上海伪军陈安有部800余人,于调往青浦之际乘机反正。

　　△　日舰一艘在广东海丰附近搜劫中国渔船,将渔民投入海中,并焚毁渔船多只。

　　△　国民政府指令照准国立西北农林专科学校改名国立西北农学院。

　　△　驻英大使郭泰祺在利物浦谈远东局势称:“中国决为国家之自由独立而抗战到底”,吁请各国给中国以物资援助。

　　△　高宗武等在东京与影佐祯昭会谈,决定成立以汪精卫为首之新中央政府,具体办法是:一、由汪精卫改组国民党,修改三民主义,以

反共亲日为主要内容;二、汪精卫再次发表声明,断绝和国民政府之一切关系;三、日、汪发表共同声明,并签订临时秘密协定;四、预定于 8 月由汪成立中央政府筹备委员会。

2 月下旬　八路军第一一五师苏鲁支队于江苏沛县二郎、郝寨等地,连续袭击伪军,毙伤伪军 1000 余人,并争取 1000 余人反正。

是月　蒋介石密派谷正鼎专程赴河内,对汪精卫进行游说。

△　军政部兵役司扩充为兵役署,程泽润任署长。

△　中共湖南省委成立,高文华为书记。

△　日军在江西德安,使用毒剂并发射毒气炮弹 3000 发,染毒面积 30 万平方米,当地军民死伤惨重。

3　月

3 月 1 日　顾祝同电蒋介石报告江南游击区作战计划,定 4 月 1 日开始行动。江岸游动炮兵同时破坏由安徽铜陵至江西湖口间日舰运输。

△　第二战区所部攻克晋南古城。

△　八路军第一二〇师第三五八旅一部,抗击日军 4000 余人对静乐、岚县、方山地区的围攻,于本日至 2 日,在阳曲县邢家社地区设伏,歼敌 100 余人;8 至 9 日,又在岚县明家庄等地歼敌 300 余人;10 日,收复岚县、方山县城,打退了敌人围攻。同日,第三五八旅另一部,于河间县黑马张庄伏击日军,歼敌 100 余人。

△　日军第一〇九师团及独立混成第三旅团,开始对山西北部实施所谓"治安肃正计划"。是日,第一〇九师团及独立混成第三旅团同时行动。5 日,第一〇九师团攻占静乐。9 日,独立混成第三旅团攻占神池。随后,又在独立混成第四旅团配合下,"扫荡"盂县以北及以西地区。

△　天津小站伪军李耀华部 1000 余人反正,日军急调部队"追

剿",发生激战。

△　伪蒙军色登诺永布率部在绥远杭锦旗反正。

△　第三次全国教育会议在重庆开幕,教育部、各省教育厅负责人及各大学校、院长等 200 余人出席。4 日,蒋介石到会致词,要求全国学校以"礼、义、廉、耻"四字为共同校训。会议通过高、初、中等教育改进案多项,并决定全国专科以上学校设训导处,推行训导制。于 9 日闭幕。

△　国民政府批准重庆市紧急疏散人口办法。重庆市社会局为防止敌机轰炸,于 3 日发表《告民众书》,敦促公务人员眷属、老弱妇孺、一切不必留市区之团体、住户、商店、工厂、堆栈仓库,立即自动疏散。宣布定 10 日前为自动疏散期,11 日后强迫疏散。

△　中共中央致电印度国民大会,感谢该会及全印人民对中国抗战之同情和援助,并告该会所派援华救护队已安抵八路军辖区,热心服务,具见印度人民对第八路军之爱护和关怀。

△　渝昆长途电话正式通话。

△　天津日军围阻英、法租界对外联络,英、法两国驻津领事向日本提出抗议。

△　"满铁"与伪满洲国共同设立满洲特殊制纸会社。

3 月 2 日　军事委员会任命杨澄源为第六集团军副总司令,刘若弼为第七十八军副军长。

△　八路军第一一五师一部于山东鱼台县谷亭镇以南与敌遭遇,毙伤敌 200 余人。

△　日军第二十一师团占领苏北淮阴,3 日陷淮安,5 日陷宝应。

△　盘据山西和顺、辽县日军在八路军和新军连日打击下,是日弃辽县,和顺日军亦于 6 日西撤。

△　财政部颁行《结汇货物转口出洋免征转口税通行办法》。

△　晨 8 时 40 分,英皇家航空公司中缅试航机自腊戌起飞,11 时 40 分抵昆明。

3 月 3 日　林森电贺巴采利红衣主教当选梵蒂冈新教皇。

△　军事委员会任命蔡廷锴为第十六集团军副总司令。

△　四川彝族代表 20 余人赴成都晤省主席王缵绪请缨杀敌。

△　八路军第一二九师东进纵队一部,于河北武邑县徐沙村附近毙伤敌 100 余人。

△　中央图书杂志审查委员会派员搜查重庆生活书店,以未经搜查合格为由,搜去库存书籍 7000 余册。

△　华北伪政权宣布废用法币,并管理外汇。

△　汪精卫的代表高宗武、周隆庠在东京与日方商定《收拾时局具体办法》,要点为:"复兴中华民国","根本消灭共产主义思想、行动及其一切组织宣传","建立东亚和平";发起组织"救国反共同盟会"及"救国反共同盟军",协助日军管理占领区;时机成熟时,"南北组织自动宣告解散",在南京另行成立"国民政府"。高宗武等并与日方签订《中日关系调整协定》。

△　上海工部局与日方妥协,允增添日籍巡捕,以防恐怖事件。

△　香港当局发表公报称:日机轰炸香港边境所造成之损失,日方已允赔偿二万元,一切已圆满解决。

△　澳大利亚堪培拉港码头工人为援助中国抗战,拒运废铁输出日本。

3 月 4 日　国民政府修正公布《审计法》,凡五章 56 条;《审计部组织法》,凡 21 条。

△　八路军第一一五师第六八六团袭击山东郓城县樊坝伪军据点,歼敌 500 余人。

△　日军第五师团一部侵占苏北海州(今连云港)。7 日,占领阜宁。日军陷海州后,实行全城大搜查,把 6000 多居民押到南城小学广场,当即砍死 17 人。

△　上海公共租界工部局允与日本共同镇压租界内之恐怖活动。

△　驻国联常任代表胡世泽照会国联秘书处,再度抗议日本空军

轰炸罪行。

3月5日　蒋介石宴请全国教育会议出席人员，并讲《军事化教育》。

△　程潜向蒋介石转报阎锡山部第二战区作战部署："(一)卫副长官指挥第四、五、十四各集团军以一部向济源前进，并截断同蒲路南段交通，以便向临汾以南同蒲路之敌攻击，并协同陈长捷部之南区军扫荡晋南三角地带之敌；(二)第十八集团军确实遮断正太路之交通，阻敌转移，并发动广大之游击战，处处与敌威胁而牵制之；(三)以上各部队务于9日以前准备完毕，其攻击开始日期定为10日。"

△　白崇禧密电蒋介石报告第三、四、九战区作战要领：第三战区方面，确实夺取一二要点(以马当为妙，次则东流、贵池亦可)，阻绝沿江交通，杭、嘉、京、苏方面亦当分别进击。第四战区方面，广州外围敌工事构筑坚固，难于正面进攻，拟发动大范围活动，加强出击部队力量，对石龙方面推进攻击；对广州方面作佯攻，牵制敌兵力并窥其弱点，予以打击。第九战区方面，除牵制佯攻外，以六师编成挺进军向崇通方面侧击粤汉路北段之敌。

△　八路军山东纵队一部于山东黄县(今龙口市)石板丁家，阻击伪军刘桂堂部300余人的进犯，激战竟日，歼敌大部。

△　八路军第一二九师先遣队一部于高唐县琉璃寺地区抗击日军进攻，毙伤敌150余人，毁汽车六辆。

△　新四军游击支队进击豫东商丘县坞墙伪军据点，毙伤伪军200余人，俘10余人。

△　日军第十六、第十九师团等部进犯湖北钟祥，本日晨迫近钟祥城关附近。张自忠部第三十八师、冯治安部第一三二师等部与日军激战，伤亡甚重，至次日撤出钟祥。

△　日军陷山西静乐县城。

△　山西浮山日军增至4000人，一部入侵大河口，余续东犯沁水。

△　日军"扫荡"湖北通城北港仙姑山，用机枪射杀居民50多人，

烧房数百间。

△ 法国新任驻华大使高斯默抵重庆。10 日,向林森递交国书。

3 月 6 日 第二次地方金融会议在重庆开幕,孔祥熙致开幕词,要求地方金融机关负起战地服务责任,中央与地方应密切合作。

△ 国民政府任命程天放为国立四川大学校长。

△ 日机 15 架轰炸宁夏银川市区,投弹 103 枚,平民死伤 300 余人,毁房屋数百间。

3 月 7 日 外交部长王宠惠在重庆发表广播讲话,驳斥日本"东亚新秩序",指出"东亚新秩序"实是破坏中国之独立完整、打破太平洋区域之安宁秩序,和扫除欧美在远东利益的代名词。

△ 鲁东我军克复招远等地。

△ 新四军第一支队一部在苏南镇江县上会、下会地区,粉碎日军的八路围攻,击毙日军 56 人,伤 43 人。

△ 日机 14 架轰炸西安市区,投弹 100 余枚,死伤 600 余人,东大街约一公里的商业区被烧毁。

△ 中国出席国际劳工大会劳方代表朱学范由日内瓦抵华盛顿,向美国劳工联合会及工业组织委员会提出援华问题。

△ 日本首相平沼在国会发表演说,要蒋介石重新考虑反日态度,与日合作建立"东亚新秩序",如是则日本准备与之谈判中止敌对行为。

△ 日本内阁决定兴亚院华北、蒙疆、华中、厦门联络部及华北联络部青岛派出所,分别负责伪临时政府、伪蒙疆联合委员会、厦门岛、伪青岛特别市公署管辖地区。

3 月 8 日 军事委员会部署南昌会战。是日,蒋介石电令第九战区代司令长官薛岳"先发制敌,转取攻势,以摧毁敌之企图,攻击准备应于 3 月 10 日前完毕,预定攻击日期为 3 月 15 日"。并部署罗卓英第十九集团军 12 个师固守现阵地,樊崧甫指挥第八军、第七十三军四个师由武宁方面指向德安、瑞昌间,攻击敌之右侧;王陵基部两个师向武陵东北地区集结,接替第七十三军防务;杨森部两个师向武宁西北地区集结,接替第八军防务;卢汉部四个师向修水、三都推进,准备尔后作战;周晶、关麟徵指挥各部不断向鄂南、湘北之敌袭击,牵制敌兵力;孔荷庞游击队破坏阳新、通山、崇阳公路,阻敌增援,庐山及各县游击队不断在敌后破坏交通,袭敌辎重。第九战区接到电令后,以整补尚未完备,补给困难,请求展期。军事委员会指令攻击日期不得迟于本月 24 日。

　　△　军事委员会颁行《国民兵组织管理教育实施纲要》,规定以县市为单位编组国民兵团。

　　△　军事委员会任命陈仪为第二十五集团军总司令。

　　△　新生活运动妇女指导委员会与重庆各妇女团体联合会发起,在重庆、成都、桂林及香港、上海等地,举行三八国际妇女节纪念大会。

　　△　日机四度狂炸宜昌,投弹百余枚,被炸面积约占全市十分之七,房屋被毁在三分之一以上。次日,再度轰炸宜昌,又毁房屋 200 余间,死平民甚众。

　　△　英国财相西门宣布:对华借款 1000 万镑,作为外汇平准基金。

　　3 月 9 日　国民政府特派李济深为军事委员会战地党政委员会副主任委员。

　　△　军事委员会任命陈长捷为第十三集团军副总司令。

　　△　第一战区司令长官卫立煌向何应钦报告日军在河南侵占区内强抓壮丁、征款及破坏金融情形,列举邯郸、博爱、淮安、安阳等地拘押商民,掳劫幼女,毒打、枪杀民众,限令兑换伪钞,禁用法币等情。

　　△　八路军第一一五师第三四四团在山东濮阳、曹县地区成立冀鲁豫支队,杨得志兼司令员,崔田民任政委。

　　△　山西静乐日军 1000 余人进占岚县,遭到八路军第一二〇师第七一四团不断袭击,迫使日军于次日又撤回静乐。

　　△　日军第十一军决定本月 20 日对南昌发起攻击。作战目的在"割断浙赣铁路,切断江南的安徽省及浙江省方面敌之主要联络线",掩护其长江中下游交通,以巩固对武汉地区的占领。具体部署是:以第一〇一、第一〇六师团,并集中重炮兵四个团、坦克一个团攻占南昌;以第

六师团主力从修水两岸地区向武宁、三都附近攻击,阻止中国军队增援;另以第一〇一师团村井支队从鄱阳湖西北岸星子南下,在吴城登陆,打通赣江及修水之道,切断浙赣铁路。海空军协同作战。

　　△　日军独立混成第三旅团侵占晋西神池。

　　△　日机 27 架轰炸宜昌,毁民房 200 余间,死伤多人。

　　△　川康建设期成会及川康建设视察团成立,李璜为团长,黄炎培为副团长。

　　△　郑州各界救济难民委员会具呈经济部,恳请将失业员工运至后方安排工作。

　　△　日本众议院通过追加侵华军费 46.05 亿日元。

　　3 月 10 日　国民政府特派顾维钧为庆贺罗马新教皇加冕典礼专使。

　　△　第二次地方金融会议闭幕,通过发展经济力量、维持币制信用、便利收购物资、平衡物价涨落等决议案。

　　△　叶挺、项英呈报军事委员会参谋总长何应钦关于新四军进入江南第一年的作战报告:新四军自去年 6 月进入京、镇、当、芜地区后,至今年 1 月底,共计进行大小战斗 299 次,缴获步马枪 1924 支,短枪 95 支,轻重机枪 52 挺,俘虏日伪军 823 人,毙伤日伪军 3651 人。

　　△　甘肃省政府民政厅长施奎龄为陇东事件向省府主席朱绍良签呈称:“本厅认为对于陇东纠纷,应力使其地方化,严重化,即中央御责于本府,本府诿之于三区专署,由三区专员会同地方驻军同保安队予以抵抗。迨事态扩大,则声请中央制止。似此办理,胜则可驱逐其势力出陇东,败则有中央出头制止。”其结果必“将八路军调开陇东,共党必当俯首听命。如不服从,则中央即有词可依据制裁。可否密电军委会、行政院采纳……伏恳钧座当机立断,核定施行”。

　　△　浙西我军克复海盐、乍浦。

　　△　英商汇丰银行、麦加利银行与中国银行、交通银行在伦敦签订《中国国币平准汇兑基金合同》,确定设立平准基金 1000 万英镑,“以期

遏制中国法币与英镑比值之过度变动"。15 日,中英平衡外汇基金委员会成立。30 日,英上院通过上项外汇平准基金法案。

3 月 11 日　国防最高委员会颁布《国民精神总动员纲领》,强调"国家至上,民族至上;军事第一,胜利第一;意志集中,力量集中";"反对违反三民主义,破坏军政军令及行政系统之统一和利用抗战形势以达成国家民族利益以外之任何企图"。

△　国民政府公布第三次国民参政会补充修正的《国民公约》(凡12 条)及《国民公约》誓词。

△　国民政府将《欧亚航空邮运合同》有效期延长一年。

△　我军克复晋南浮山、晋西岚县、大武。

△　八路军第一一五师东进抗日挺进队一部,奔袭山东陵县刘鸭子村,毙伤日军 50 余人,歼伪军 1000 余人。

△　东北抗日联军第一路军杨靖宇部,攻克桦甸县木箕河木场,击毙日军 10 人,俘伪军 120 人。

△　北平伪临时政府颁布《币制统制规程》,并开始在北平、天津、青岛、烟台、威海卫等日军控制城市实施,以禁止法币流通,强迫民众使用伪联合准备银行纸币。

3 月 12 日　蒋介石通电全国宣布,实行国民精神总动员,指出国民精神总动员为"建军建国、克敌制胜之基本","务当表里贯彻,切勿视同寻常"。

△　军事委员会任命朱德为第二战区副司令长官,赵承绶为第八集团军副总司令。13 日,任命杨爱源为第二战区副司令长官。

△　新运会五周年纪念会举办之节约献金竞赛结束,献金总额达246 万余元(金银饰物未计在内)。

△　中国边疆文化促进会在重庆成立,负责人为沙克都尔札布、喜饶嘉错等。

△　政治建设学会在重庆成立,田雨时为总干事。

△　日机 16 架分两批轰炸洛阳,投弹 89 枚,死 40 余人,伤 10 余

人,毁房 400 余栋。

　　△　日军侵豫北,济源城失而复得。

　　3 月 13 日　国民政府公布浙江、福建两省临时参议会名单:浙江省议长徐青甫、副议长陈岿怀;福建省议长郑祖萌、副议长陈培锟。21日,公布贵州省临时参议会名单:平刚、商文立为正、副议长。

　　△　蒋介石指定张群兼任国民精神总动员会秘书长。

　　△　财政部公布《战区各地洋土布缉私稽征实施办法》。

　　△　八路军晋察冀军区部队一部,于曲阳县庞家洼围歼日伪军150 余人。

　　△　日军在湖北钟祥官庄杀死村民 26 人,又在附近朱家湾、曾家湾一带枪杀村民 24 人。

　　△　台湾高雄 1000 余农民因日军强抽壮丁发生骚动,与日军冲突,互有伤亡。14 日,台北又有同样事件发生。

　　3 月 14 日　军事委员会委员长桂林行营主任白崇禧,在桂林邀集新闻文化界马君武、李四光等座谈,称:文化人的工作不亚于前方流血壮士;并称华北敌人虽扬言攻兰州、取西安,然以山西我全局战术之成功,则敌志难逞,可以预卜。

　　△　周恩来离皖南云岭赴浙江视察。

　　△　陕北安定县长田杰生以设宴为名,将陕甘宁边区政府安定县长薛兰斌非法扣留。15 日,萧劲光电蒋介石、阎锡山等提出抗议。田被迫于 15 日将薛释放。

　　△　日机 21 架空袭西安,投弹 60 余枚,死伤百余人,毁房屋数百间。

　　3 月 15 日　军事委员会任命冯钦哉为第十四集团军总司令。

　　△　日军围袭山西运城上段村,烧杀抢掠,屠杀民众 108 人。又在另一个 103 户的小村,杀害民众 94 人。

　　△　盘据湖北汉阳日军"扫荡"兴隆集附近村庄,烧毁民房 380 余栋,受害群众达 3000 余人。

△　日机空袭湖南平江,英国在平江所设普爱医院遭日机炸毁,英籍传教士李协邦被炸死。22 日,英国政府饬令驻日大使克莱琪向日本政府提出抗议。

△　中英正式签订贷款合同,英国同意给中国信用贷款 50 万英镑,用以购买卡车行驶滇缅公路。

3 月 16 日　国民党中央组织部批准陕西省党部书记长郭紫峻指派徐玉桂、张莫茂为榆林分区特派员;荆宪生、张守约为洛川分区特派员。26 日,复指示该省党部,建立或恢复各县党部组织。

△　空军轰炸南浔线日军阵地及广州白云机场。

△　八路军第一二九师第三八六旅一部夜袭磁县彭城镇,至次日,歼伪军 200 余人。

△　新四军游击支队一部在豫东通许县练成集,歼伪和平救国军第四军 1000 余人,俘该军参谋长刘士学。

△　东北抗日联军第一路军杨靖宇部,在桦甸县木箕河一带与日军中川部队激战,予敌重创。

△　鄂中日军图渡襄河,被我军击退,歼敌百余人。

3 月 17 日　日军由湖口进攻吴城镇,南昌会战开始。第一〇六师团进攻吴城守军预五师及第一四一师阵地。同时,永修方面第一〇一师团向涂家埠守军第一四二师阵地猛烈攻击。入夜,更以步兵 400 余人向马村、观音阁、陈村附近渡河。第三十二军及鄱阳湖守备队协力固守阵地,双方展开血战。卒以战士中毒者多,观音阁阵地被突破。

△　第二战区所部与盘据晋南浮山城日军激战,攻克浮山。

△　八路军晋察冀军区部队一部围攻完县县城。至 18 日,毙伤敌 200 余人,收复该县县城。

△　防守河北西部我军,日前袭击塘湖日军,歼敌数十人,敌向塘湖庙溃窜。经我跟踪追击,又歼敌百余人,塘湖即被我克复。

△　日机 11 架空袭襄樊,七架袭郑州,17 架袭吉安。吉安死伤民众 300 余人。

　　△　周恩来应浙江省主席黄绍竑之邀,抵达浙江金华,停留数日,期间与黄绍竑同赴天目山商谈团结抗战等有关问题。

　　△　上海日军搜查公共租界各书店,没收抗日书籍。

3 月 18 日　国防最高委员会会议通过《国民精神总动员组织大纲》,决定该会会长由国防最高委员会委员长兼任,副会长由行政院院长兼任,并以国民党中央执行委员会秘书长、国防最高委员会秘书长、组织部部长、社会部部长、宣传部部长、内政部部长、教育部部长、政治部部长、新生活运动促进会总干事为该会当然委员。

　　△　军事委员会任命牟中珩为第五十一军军长,周毓英为副军长。

　　△　我军一部进击晋西郑家庄(阳曲西)之敌,另一部袭击要子庄,激战竟日,歼敌百余人,遂克复郑家庄。

　　△　八路军第一二○师和冀中部队,于肃宁、河间、任丘、大城地区,抗击日伪军对冀中的第五次围攻。至 4 月 1 日,歼敌 900 余人。

　　△　延安西北青年救国会常委会决议,定 5 月 4 日为中国青年节,建议全国是日举行纪念活动。此项建议后为国民党当局接受。

　　△　上海日侨组织工农商学反战大同盟,团结南京、上海、沪杭沿线及沿江各地侨民,联络各占领区日军,从事反战宣传,并秘密组织反战团体,以消极方法阻止和破坏军事运输。

　　△　日本驻香港总领事田尻爱义通知高宗武,日本决定支持汪精卫成立中国新中央政权。

3 月 19 日　军事委员会任命梁立柱为第八军副军长,李守维为第八十九军军长。

　　△　南昌前线日军第一○六师团等部完成渡河准备,并隔河炮击修水南岸阵地。时修水河宽约 300 米,因雨水位上涨三米,河岸阵地被淹,水上障碍物被冲走。

　　△　日军第二十七、一一○师团等部发动对冀中八路军领导机关驻地的围攻。

　　△　我军克复晋西离石。

△　东北抗日联军第三路军第九军在佳木斯山地伏击日军,毙敌百余人,缴获装甲车两辆。

△　鄂省襄、樊两城自 17 日起遭遇日机轰炸三日,并以今日为烈。今日三次投弹总共在 200 枚以上,幸居民早经疏散,死伤仅 20 余人。

△　伪西北边防自治军于志谦部团长赵贵荷,于绥远固阳率部反正。

△　中国行政学会在重庆成立,谭熙鸿等 35 人为理事。

3 月 20 日　日军第一〇六师团和第一〇一师团在 200 余门炮急袭下,分别于晚 8 时左右渡过修水,与守军夏楚中等部激战,至次日拂晓,突破纵深约二公里的前沿阵地,然后向安义及奉新进攻。

△　日军第六师团及伪军一部为策应南浔线主力南犯,在炮兵、飞机掩护下,向江西武宁东南发动猛攻,与第八军及第七十三军所部发生激战。

△　八路军第一二〇师一部与冀中部队在贺龙率领下与日军战于河北肃宁、任丘、高安间,毙伤敌 200 余人。至月底,突围至河间太平庄等地整编。

△　湖北荆门县沙洋民众发现空袭日机散发"日本反战大同盟"传单,内有"我们的敌人不是中国人,是国内的军阀、资本家"等语。

△　东北抗日联军第一路军在桦甸东南岭地区包围日伪军山区司令部,毙、伤、俘多人。

△　蒋介石就陇东庆阳摩擦事件复电萧劲光,谓已饬王治岐第一六五师退回原防整训。

3 月 21 日　国民政府派甘乃光、何键、翁文灏、陈立夫、徐永昌、周恩来、蒋作宾等 13 人为军事委员会战地党政委员会委员,邵力子为秘书长。

△　蒋介石密电第九战区代司令长官薛岳:"查敌企图攻略南昌之行动已趋积极,应严饬该方面部队极力固守阵地,以待有力之部队出击

制胜为要。又时届春泛,对湖防部队亦应严饬特加戒备。"

△ 第十九集团军总司令罗卓英令夏楚中部第七十九军第九十八、第一一八两师及刘多荃部第四十九军预九师分向南昌右翼驰援。同日,薛岳复电第三战区司令长官顾祝同速派两师赴南昌,一师至进贤、东乡策应作战,并严令罗部各师限期歼灭修水南岸之敌。时敌由修水、虬津间渡河者约 6000 人,第九十八、第一一八两师因雨阻赴援不及,第七十六师以众寡悬殊,第一〇五师以腹背受敌,馒头岭、五穀岭南北等阵地相继失守。

△ 英国驻华大使馆参赞司品烈中校抵延安,停留 10 日后转赴晋察冀边区。

△ 日机 20 余架,拂晓轮流轰炸修水南岸阵地,步、炮兵利用毒气、烟幕继续强渡,全线展开血战。日军主力第六师团侧重武宁一线,第一〇六、第一〇一师团一路由永修窜安义,一路由南浔线南下迫攻牛行。

△ 汪精卫在河内遇刺幸免,其秘书曾仲鸣毙命。

3 月 22 日 薛岳以赣北战况益紧,严电第十九集团军总司令罗卓英以下各将领,务亲率所部于滩溪以北地区固守 7 日,任何牺牲在所不顾,擅自撤退者决按军法议处。卒以滩溪失陷,通讯联络中断,刘多荃部及夏楚中部顿失联系,刘军节节向安义以西撤退,夏军向潦河东岸撤退。

△ 空军轰炸广州白云机场,毁日机 10 余架。

△ 日军自徐公强渡修水,向南昌进攻,是日陷安义、奉新。

△ 日军第一一〇师团第八混成旅团一部,"围剿"河北冀、衡、深、束四县交界的路家庄,屠杀民众 237 人,毁房 700 余间。

△ 盘据山东聊城、阳谷的日军血洗阿城镇,212 人遭到屠杀,困在镇内的抗日官兵 40 余人被施放燃烧弹烧死。

△ 日本内阁五相会议,以曾仲鸣遇刺,就汪精卫安全问题作出决定,派影佐祯昭前往河内,策划使汪逃离河内。

3月23日　国民党中央常委会通过《军队党务整理办法》,凡19条。

△　蒋介石就南昌会战密电薛岳、罗卓英等:"此次战事不在南昌之得失,而在予敌以最大之打击。即使南昌失守,我各军亦应不顾一切,皆照指定目标进击,并照此方针,决定以后作战方案为要。"同日,蒋又分别密电白崇禧、薛岳等,并就第九战区"情况处置意见"致函徐永昌进行作战部署。

△　豫北我军报捷,肃清花园口东北之日军。

△　敌倾陆海军全力向吴城三面进犯,并不断发射燃烧弹和毒剂弹,第十九集团军商震部第三十二军战况不利,伤亡极大,敌遂由望湖亭以左突入,吴城失陷。

△　日军第一〇六师团以滩溪为据点,分两路进犯,一路由公路犯万家埠及安义,一路沿古大道向安义、靖安间猛扑,并以坦克掩护轻便部队越滩溪南扰,沿公路向南昌迂回。南浔线战况益紧。

△　赣北日军突破我虬津阵地,安义失守。

△　日机空袭兰州,炸毁唐代著名建筑普照寺(又名大佛寺)。4月14日,甘肃省佛教会为此通电全国及驻华各领事馆转各国教会,予以谴责。

3月24日　日本陆海军全力进犯武宁、修水北岸之望人脑、棺材山、加白老,南岸之洞口、罗坪等重要据点,经反复争夺后上述各地相继失守。

△　中日两军在万家埠激战。今日,日军由鄱阳湖西岸登陆向我进犯,曾在狮子山被我歼灭300余人,并被我击破沉舰三艘,毁八艘。

△　中国女青年飞行员颜雅清、李霞卿,在美为祖国难胞募捐举行环美飞行,是日由纽约起飞。

△　经济部公布《非常时期采金暂行办法》。

3月25日　林森率国民政府官员在重庆国府大礼堂举行《国民公约》宣誓典礼。

△　军事委员会任命赵承绶为第七集团军总司令,池峰城为第三

十军军长。

△　阎锡山在陕西宜川秋林镇召开军政民高级干部会议（又称秋林会议），到山西新四军师长、独立旅长以上部队军官、公道团县团长、牺盟会特派员等共 100 余人，至 4 月 22 日结束。阎锡山等在会议期间提出取消山西新四军中政治委员、缩小进步专员职权、以"同志会"代替牺盟会、限制群众运动等议案，并诱劝新四军领导人退出部队。虽遭牺盟会及新军领导人薄一波、续范亭、牛荫冠、韩均等坚决反对，会后阎锡山仍坚持实施其计划。

△　日军侵占赣北安义，进至南昌附近之万寿宫。

△　日军在河北安新县关城村，屠杀村民 300 人，毁房 2000 间。

△　日军在山西安邑县北乡上段村，屠杀村民和抗日战士 108 人，焚房 87 间。

△　八路军第一一五师苏鲁豫支队一部攻入河南虞城，该城伪军 500 余人反正。

△　伪满公布《原棉、棉制品统制法》。

3 月 26 日　日军第一〇六师团渡过赣江。次日，在南昌南面切断浙赣铁路，以配合第一〇一师团对南昌的攻击。

△　南昌外围各据点展开激战，牛行车站落入敌手。

△　修水前线缴获日军文件中，发现有屠杀中国人民之指令：一、当地居民不得接近日军驻地，违者不问男女老幼，一律格杀勿论；二、粮秣、器具，实行就地征发；三、濉溪附近村庄须完全烧毁；四、形迹可疑之居民须彻底屠杀。

△　八路军第一二九师一部在山西盂县上、下鹤山与日军激战，毙伤敌石环定雄中队长以下 280 余名。

△　新四军第二支队一部，在苏南江宁县云台山地区粉碎日伪军的五路围攻，毙敌 50 余人。

△　新四军游击支队一部，在豫东杞县瓦岗地区粉碎日伪军 2000 余人的进攻，毙敌数十人。

△　开封日军袭击杞南瓦南,杀害民众 100 余人。

△　日军 100 余人包围江苏响水县六套镇,杀害民众 108 人。

△　中法比瑞文化协会在重庆成立,吴敬恒为会长,王宠惠、邹鲁、周恩来、吴玉章、叶楚伧、邵力子等 40 人为名誉理事,毛庆祥等 25 人为理事。

△　叙昆铁路及滇缅铁路在昆明联合举行开工典礼。

3 月 27 日　南昌失陷,南昌会战结束。南昌守卫战自 3 月 17 日至是日,历时 10 日,日军伤亡 1.3 万人,中国军队死伤 10.6523 万人。另据日方公布:中国军队死亡约 2.4 万人,被俘约 8600 人,日方死亡约 500 人,负伤约 1700 人。

△　日军第二十一军开始对珠江三角洲地带进行"扫荡"。

△　汪精卫在香港《南华日报》发表《举一个例》一文,内称对日主和系国民党最高机关之共同主张,并举国防最高会议第五十四次常务委员会关于接受德国调停之纪录为证,为其对日主和辩护。

3 月 28 日　第四战区所部攻克海南岛文昌县城。

△　我军再克晋南浮山、安泽。

△　日军第六师团主力部队击退王陵基第七十二军,赣北武宁失陷。

△　日军第十一军部署占领南昌后行动要领:命令第一〇一师团确保南昌地区并准备以后的作战;第一〇六师团以主力进占奉新、赤田张一带,准备向高安或奉新以西进攻。同日,制订打击第五战区主力的《作战指导纲领》。

3 月 29 日　军事委员会委员长桂林行营发言人谈话称:日军进攻南昌兵力约四个师团,经猛烈反击,消耗战之目的已达,南昌已无死守价值,放弃南昌,纯属循我持久战之一贯方针,与全面战局毫无影响。

△　日军第一〇一师团以第一〇一及第一四九两联队,由南昌向南逐次扩展至沙埠潭、剑霞圩之线;以第一〇三联队由西山万寿宫向高邮市以东锦江北岸地区压迫,使与赣江东岸市汊街连成一线。同时,第一〇六师团之第一四七、第一二三联队,沿湘赣公路两侧地区向高安

西犯。

△ 我军收复赣北奉新,粤南江门、容奇、桂洲。

△ 日军陷晋西南芮城。

△ 日伪军一部自山东临朐分三路出动,主力沿益都、临朐公路进犯,渡弥河时为苏鲁战区部队伏击。次日,经两次激战,敌占蒋峪。

△ 日机六架轰炸河南方城,炸死平民 44 人,伤 38 人,毁房 100 余间。

△ 香港《南华日报》发表汪精卫谈话,声称南昌失陷"是日军的大胜利",催请平沼尽快进攻南宁和西安。

3 月 30 日 日军三路围攻高安,并施放毒气。守军俞济时部第七十四军王耀武师力战不利,旅长张灵甫重伤,于 4 月 1 日退守白石岭、赶车垄之线。

△ 中央图书杂志审查委员会向国民党中宣部报告修改检查书店办法及印刷所取缔办法,要点为:一、确定对书店及印刷所之最后处分为封闭;二、对蓄意印售反动书刊之印刷所、书店,查有实据者,径予封闭处分。

△ 广东江门地区空战,日机被击落两架。

△ 亲日组织伪大民会主席、苏州汉奸冯心支,在香港遇刺毙命。

△ 日陆军省和参谋本部作出《从战争指导观点出发处理目前各案件的准则》,要求在华现地兵团实行长久自给,强调"目前在重要治安地区确立治安和建设尤为重要,为此,要在逐渐形成重点的同时,为长期计划制定各种措施"。同日,日华北方面军制定《治安整顿纲要》。

△ 日本政府将中国南海的新南群岛(即南沙群岛),宣布归日本领有。

3 月 31 日 日军陷粤南江门。同日,中山、顺德两县 30 万民众集会,决定全县男女参加自卫团抗战。

△ 彭德怀致电蒋介石、程潜、阎锡山等,告以"鹿钟麟在河北专事反共,一二月份河北境内八路军部队及工作人员,被鹿钟麟杀害者已达

20 余人"。

△　国民党中宣部致函中央党部,密报傅作义部第三十五军政治部工作人员联合设立一三民主义书报社,"竟出售大批由延安运来共党书籍","用心实为可虑,请设法予以制止"。

△　战地党政委员会致函国民党中央社会部,以该会委员王葆真等 50 人组织游击区抗敌工作协进会,请准予立案。4 月 12 日,社会部以该组织与现行人民团体法规规定不合,函复不予立案。

△　湖北天门县伪维持会长屠占廷率部 1700 余人反正。

△　日方公布本月份中国军队袭击华北方面铁路次数,计京汉线 62 次,津浦线 21 次,正太线 13 次,合计 96 次,比上月减少 32 次。

是月　军事委员会重新颁布《战区行政督察专员及保安司令兼任军法总监部督察官服务规则》,规定督察官得执行下列任务:一、发觉有违犯战时军律及其他有关军事法令之罪嫌者,应立予检举,密报军法执行总监部核办。如认为情事迫切有紧急处置之必要时,得立予逮捕;二、发觉有违犯军风纪者,如情节轻微,得立予纠正,事后呈报军法执行总监部备查;其情节重大者,须呈报军法总监部核办;三、对于执行公务工作不力,有影响抗战效能之虞者,随时详列事实,密报军法执行总监部核办。

△　海军在宜昌、巴东间成立宜巴区要塞第一、二两总台,下辖四台机九分台。10 月间又在巴东至万县间成立巴万区要塞第三、四两总台,分驻于宜昌、巴东、万县、重庆各地,并派第一舰队司令陈季良驻万县指挥。

△　国民参政会组织川康建设视察团,分川东、川西、川南、川北、西康五组分途出发。该团在各地视察 100 多天,于 7 月返回重庆。

△　军事委员会通饬施行《游击区棉烟之减种与禁运办法》,凡八条。

△　中央图书杂志审查委员会密定《图书杂志原稿审查工作纲要》,凡 87 条,规定审查目标"在防止庞杂言论,齐一国民意志","树立

以三民主义为中心之文化"。该《纲要》详列审查标准、处理方法、检查范围等项规定,其中有检查人员要与当地特务机关取得联络,"俾能明了各书店印刷所负责人之背景与活动"等项。

△ 中共绥远省委员会(前绥蒙工委)从伊克昭盟迁到大青山,并在绥中、绥西、绥南三个地区建立地委及基层组织。

△ 八路军第一二九师、第一一五师在冀南的部队,经两个多月的反"扫荡"作战,共毙伤日伪军 3000 余人,粉碎了敌人控制冀南平原的计划。

△ 日军在河南信阳浉河南岸抓走民众 600 余人,全部惨杀在柳林堤"万人坑"。又在淮阳县活埋民众 22 人,打伤 31 人。

△ 日军在华北及沿海占领区破坏我金融制度,主要有:一、在沪破坏法币及外汇;二、将河北省银行改为伪河北省银行;三、在华北增发伪币;四、在鲁强搜法币并禁止使用。

△ 湘黔铁路东段由湘潭已铺轨 170 余公里到达蓝田,因战事停止。铁道部令将已铺钢轨、钢桥拆除,移作湘桂铁路之用。此路已耗工款 1500 余万元,材料费约 360 余万元。

4 月

4 月 1 日 蒋介石就南昌弃守后作战方针致电薛岳:"此后战略应以避实击虚为主旨,长岳路前线主力应赶速撤退到湘阴、平江之线,且以长沙、湘阴、平江三据点,形成犄角之势。"新墙河之线,只作为前进阵地,准备一有力部队,以牵制敌军。湖东应以浏阳、萍乡、醴陵三据点造成三角形,敌如进来必可予以最大之打击。

△ 军事委员会令第五路军(广西军)总部撤销,悉照中央军队编制。

△ 桂林行营主任白崇禧令将接收之广东舰务处改为江防处,徐祖善、黄文田分任正、副处长。

△　朱德、彭德怀致电蒋介石要求扩编第十八集团军,指出:"今日坚持华北抗战,广泛开展敌后游击战争,实为争取胜利重要关键。倘按职部实有人数给以编制补充,不仅于作战指挥发挥更大效能,而全体将士亦将更高发扬忠勇之忱。"

△　日军向南昌西南祥符观一带俞济时部第七十四军阵地猛攻,战至 2 日夜,俞军不支,逐次向绵河南岸及高安以西高地撤退。

△　我军收复河北宁津、庆云,歼敌 200 余人。

△　苏鲁战区于学忠部向鲁东临朐南日军据点蒋峪发动进攻,激战六小时,毙敌 500 余人。

△　雁北伪保安总队长乔日成,率部 1300 余人于应县反正。

△　国民政府令免四川省立重庆大学校长胡庶华本职;遗缺于 5 月 5 日以叶元龙继任。

△　国民政府派胡世泽为出席国际联合会第二十四届禁烟会议代表。

△　保卫中国同盟机关报《新闻通讯》(英文半月刊)在香港创刊,创办人宋庆龄,主持人廖承志,编辑先后有爱泼斯坦、贝特兰等。

△　晋冀豫边区《抗战生活》半月刊创刊。

△　日本兴亚院会议决定给予汪精卫组织伪反共救国同盟会活动经费,自 4 月至 9 月每月 300 万元,共计 1800 万元,由中国海关关余项下支付。

△　"满铁"解散哈尔滨航业联合会,收买全部民股,设立北满江运局,垄断北满航运。

△　日本陆军参谋次长中岛铁藏在新年度各军参谋长恳谈会上,就适应国际形势变化、充实军备及处理中国事变问题发表讲话,略称:"处理空前的中国事变和适应今后国际形势转变的战争准备,是国家当前的两大任务,不能就此舍彼。"提出对华战争的指导一定要考虑到它的长期性,同时加强作战以外的诱降工作,以"瓦解重庆政府",使之屈服乃至崩溃。

4 月 2 日　军事委员会战地党政委员会在重庆召开会议。副主任李济深在讲话中指出："本会的重要工作是与敌人争取战区内的人力、物资及整顿战区内的一切党政机构,以确立我国抗战胜利的基础。"最后李济深宣布："各战区分会负责人是该站区的最高军事长官,并以有关军政长官为委员";"本会聘请军事、政治、经济、文化等各部门专家为委员,此外并设指导员及视察员,负责指导视察战区内一切党政工作。"

　△　军政部决定今后办理兵役采取征训合一办法,并以重庆为试行区。

　△　蒋介石以第三十三集团军总司令张自忠率部与日军苦战,屡建奇勋,特电嘉奖。

　△　第十九集团军总司令罗卓英为弃守南昌电蒋介石自劾,请从严处分。

　△　第四战区一部乘夜冲入广东江门范罗岗、羊桥市,俘敌 300 余人,克江门。次日,日军复陷江门。6 日,第四战区一部总反攻,再克江门,歼敌 200 余人。

　△　日机七架轰炸西安,投弹 50 余枚,毁房 10 余间。次日,日机17 架再炸西安,死伤 30 余人,毁房百余间。

4 月 3 日　国民政府以安徽凤阳县长戴九峰"组织团队,艰苦抗战,迭著劳绩",传令嘉奖,并予以晋级。

　△　朱德、刘伯承在山西黎城上赵栈检阅八路军第一二九师直属队、第三八六旅、独立支队等部队。刘伯承并作反摩擦、整军等问题报告。

　△　中条山战役大捷,我军再克晋南安泽。是役歼敌 1500 人以上,击落日机一架。

　△　第五战区张自忠部渡襄河围攻钟祥;5 日在城西与日军激战,毙敌 300 余人。

　△　我军克复粤南江门。

　△　日军陷广东新会、再陷江西高安。

　　△　　日军在华北、华中积极攫取资源,并扰乱我之金融,其较著者有:一、攫取资源及原料并掠夺我产业;二、掠夺关税;三、组建商业组合并筑仓库;四、积极谋占领区人口增加;五、扰乱金融;六、收买赤金并抑低金价。

　　4月4日　顾祝同调整江西前线部署:令第二十三集团军上官云相率所属六个师自广德驰抵临川,第二十九军军长陈安宝率段朗如、刘雨卿、曾戛初三师及江西保安第十二团,任鄱阳湖东、南两岸及抚河东岸迄李家渡线之守备,何平、蒋昭雄两师由何平指挥任抚河与赣江间守备。

　　△　　陕甘宁边区政府公布组织条例及《陕甘宁边区抗战时期施政纲领》。

　　△　　第二战区一部攻入正太路阳泉车站。

　　△　　日军第一〇四、第十八师团分别向花县以北地区和增城以北及东北地区发动进攻,至4月中旬,第四战区部队败退。

　　△　　日机轰炸河南方城独树、保安等地,炸死民众90人,伤88人。

　　4月5日　中共中央发出《关于精神总动员的指示》,号召全国为坚持抗战,坚持统一战线,坚持国共长期合作,争取民族最后胜利而奋斗。

　　△　　白崇禧密电蒋介石报告日军近期战略企图:"似先向我中央地区之南昌、长沙、宜昌三点依次攻取,一面将晋绥及平汉、粤汉以西地区之游击队肃清,树立伪政权,达到以华制华之目的,进而图我西北、西南,断我国际交通,使我早日屈服。"提出拟以"钧座最高持久的战略,侧重游击战与运动战的战术,指导所属各战区的作战"。并提出"经济的使用兵力,非有利地形、有利时机,不轻于决战"。同日,薛岳电蒋报告湘北赣西反攻作战部署。

　　△　　国民政府公布江西、河南、广西三省临时参议会名单:江西省议长彭程万,副议长王有兰;河南省议长刘积学,副议长张广舆;广西省议长李任仁,副议长陈树勋。

　　△　　国府委员马相伯百岁寿辰,国民政府明令褒奖。次日,重庆各

界 300 余人举行庆典,林森致词,蒋介石出席并送寿联。桂林、成都等地党、政、军各界亦分别集会并致电祝贺。中共中央曾于 3 月 19 日致电祝贺马相伯百龄大庆。

△ 我军克复广东新会。

△ 我军下令封锁宁波镇海海口。

△ 八路军山东纵队一部袭击招远县盛家、冯家、拉格庄等地伪军,俘敌 210 余人。

△ 《大公报》揭露汪精卫准备成立一伪政府,为日本军阀作伥,并亲拟所谓《汪精卫平沼协定》,企图颠覆国民政府。

△ 日本陆相板垣征四郎在师团长会议上宣称:华南进攻到南宁,华北进攻到兰州,方可结束日中战争。

4 月 6 日 国民政府派张继、蒋鼎文到陕西黄陵县祭黄帝陵。同日,陕甘宁边区政府主席林伯渠及边区各界代表亦前往致祭。

△ 周恩来偕新四军南昌办事处主任黄道等离浙赴江西。上旬,代表陈诚参加第三战区政治工作会议。

△ 国民政府修正公布《奖励工业技术暂行条例》。

△ 赈济委员会运送配置难民站总办公处迁渝办公。截至 3 月底,该处共计运配难民 72 万余人。

△ 日机 18 架袭衡阳,民众死伤甚多,全城大火,精华地区均付之一炬。

△ 日本在侵占区积极开矿,图建军需工业,主要有:一、开采金矿;二、开采煤矿;三、开采铁矿;四、建立军需工业;五、日本兴亚工业视察团来华;六、日本调查煤、铁、金等矿产。

△ 影佐祯昭等自日本赴河内,策划汪精卫转移住地。

△ 英国驻日大使克莱琪到上海,与英国驻华大使卡尔会商远东问题。

4 月 7 日 国防最高委员会秘书厅向国民政府转呈该会常务会议关于第三次国民参政会建议加强民权主义之实施、发扬民气以利抗战一案的决议。

△　绥境蒙政会委员长沙克都尔札布在重庆招待记者,报告国民政府改进绥境军事、教育、经济情况,称:此次绥境军队及保安队由中央指派大员点验,统一整训;在伊盟设一盟旗中学,完全免费;经济部组织皮毛公司,统筹购销;决定创办一汉、蒙文合刊之民众日报。

△　白崇禧密电蒋介石,分析南昌失败原因为:"(一)公路未能于事前彻底破坏;(二)战略预备队使用过早;(三)河川防御配备未能形成纵深,致修江水涨,即无法补救;我方部队素质欠佳,且未能形成重点。"24日,军令部对第九战区屡次变更进攻南昌时间作了说明,并提出意见说,该战区"如能遵令于3月15日实施,先敌发动攻势,南昌之陷落,必不如是之速。因战区无坚决反攻之意志,往返商量,致失战机,殊感遗憾"。

△　第五十八军新十师反攻高安,经两昼夜激战,一度夺回西城。后因应援部队未及时赶到,退回原阵地。

△　空军轰炸南昌日军,日军损失奇重。

△　东北抗日联军第一路军杨靖宇部,袭击桦甸县大蒲柴河镇,与日军发生激战。

△　日机10余架袭广东花县近郊黄岐山,配合地面部队进犯,投弹数十枚,村民死伤100余人。

△　行政院核准浙东大盘山设置安县。

△　国民政府令免河南大学校长刘季洪本职。7月6日,任命王广庆为河南大学校长。

△　英国政府训令驻沪领事馆,对蒋介石此后态度之推移采静观态度,但仍继续援助蒋介石;如探明蒋介石对抗战前途有悲观时,英国政府拟着手与日方折冲。

4月8日　日机25架空袭昆明,空军起飞迎战,击落日机两架。同日,日机两次轰炸金华,向城区闹市投弹40余枚,平民死53人、伤190多人,毁房190多间。

△ 我军克复江西高安、湖南君山、江苏宜兴。

△ 陇东镇原发生摩擦事件。晚,八路军第三八五旅在镇原屯子镇召集民众开会,被西峰专属保安队捕去数名。次日,第三八五旅亦捕去该县太平镇区长及区丁数名,双方摩擦继续发展。镇原县长邹介民电专员钟竞成调王治岐部第一六五师进驻太平镇,第三八五旅乃在城内实行戒严,邹介民等化装潜逃,准备调部队攻城,形势进一步恶化。24 日,第十战区下令双方停止军事行动,听候处置。嗣后,经双方多次电商同意谈判。

△ 行政院公布《禁运资敌物品运沪审查办法》。

△ 新疆省文化协会成立,茅盾为委员长,张仲实、李佩柯、阿不都拉为副委员长。

△ 伪满洲国宣布"三大国策":产业五年计划、开拓移民、北边振兴,以配合日本帝国主义的侵华战争。

△ 美国总统罗斯福复函蒋介石,对拥护正义重建和平理想表示赞同。

4 月 9 日 粤北我军连克花县、定安等城。

△ 第二战区一部攻克晋西南芮城。

△ 中华全国文艺界抗敌协会在重庆召开首次年会,选郭沫若、老舍、田汉、茅盾、邵力子等 45 人为理事。

△ 天津伪联合准备银行经理兼天津海关监督程锡庚,在英租界大光明戏院遇刺毙命。

△ 汪精卫为重庆《大公报》等各报揭露其卖国通敌阴谋发表声明称:他之所以"主和",并坚持投降主张"到底",是从"反共"立场出发,表示他"决不恤膺反共之名,而谋中日和平之实现"。

4 月 10 日 第十二军第二十师师长周遵时率第一一九团渡过黄河夜袭开封,破坏汴新铁路,毁敌弹药库及三里堡东闸口等处房屋 70 余间,毙伤日军 30 余人,俘伪警卫 120 余人;又在开封护城堤诱敌出城,伏击敌人,双方死伤各百余人。

△　第四战区一部克复广东花县。日军占领花县期间,杀害民众达 500 多人。

△　新四军第一支队一部在皖南宣城县狸头桥地区,粉碎日军三路进攻,击毙日军 40 余人,伤 30 余人。

△　日军在绥远地区发动攻势,是日侵占安北,并进行"扫荡"。第八战区何柱国及门炳岳部与日军战斗 100 余次,因伤亡较大,攻势受挫。

△　日军在广东新会县大泽一带,枪杀村民 200 余人。

△　日机 10 架轰炸浙江安吉县城,投弹百余枚,死伤 116 人,毁房 200 余栋。

4 月 11 日　军事委员会任命鲁崇义为第三十三军副军长,谭邃为第六十六军军长。

△　苏北南通、如皋、崇明、海门、启东、泰县六县游击队联军冲入海门县城,毙敌特务主任答尼、警备队长久留等 40 人。

△　中央监察委员吴敬恒发表《对汪精卫〈举一个例〉进一解》一文,痛斥汪氏卖国行为。

△　甘肃省海(原)固(原)地区回民暴动,几天内暴动民众增加到七八千人。

4 月 12 日　广东增城激战。晨 4 时,第十二集团军一部攻克增城四郊日军据点,并分兵断敌广州、石滩间联络。次日,击退广州、石滩增援之敌,并组成数百人敢死队,于 14 日晨由南、北门进攻,遂克全城。是役歼敌逾千。

△　日本政府要求上海公共租界工部局总董樊克,令取缔租界内抗日刊物。

4 月 13 日　第二战区一部克复山西浮山,第三战区一部克复皖南青阳城。

△　日军在山西寿阳县秦家山村屠杀抗日军民 30 余人。

△　欧亚航空公司重庆、河内班机第 19 号,在途中受日机袭击,机

师受伤,乘客无恙。

　　△　国民政府颁布《民国二十八年建设公债条例》,总额六亿元,年息六厘,27 年还清。

　　△　陈嘉庚代表南洋华侨为汪精卫出逃事电蒋介石称:"汪与党羽暗中通敌,因中央宽假,得脱身离渝","委座容汪逆及党羽逍遥法外,实为南洋八百万侨胞所莫解。"

4 月 14 日　第一战区一部攻克豫东通许,毙伤敌 300 余人。同日,第四战区一部克复粤东增城。

　　△　第十战区一部在炮兵掩护下北渡黄河,反攻风陵渡。

　　△　八路军第一二九师一部伏击进犯山西浮山日军 2000 余人,再度克浮山、翼城。

　　△　国民政府颁布《民国二十八年军需公债条例》,总额六亿元,年息六厘,27 年还清。

4 月 15 日　蒋介石致电薛岳、陈诚,就守卫湘北基本方针指示如下,略称:"如敌进取长沙之动态已经暴露,则我军与其在长沙前方作强硬之抵抗,则不如先放弃长沙,待敌初入长沙,立足未定之时,即起而予其致命打击之反攻。""如此,则我军必须在岳麓山构筑坚强工事,并附有力炮兵,俾得射击敌舰与长沙。"

　　△　国民党中央党部秘书处以代电致各省、市党部、政府称:"本党应付异党之对策与办法在此团结御侮时期关系极为重要,应以绝对保守秘密为原则。倘不慎而泄露于异党分子手中,则不仅易滋误会,甚至发生摩擦。"

　　△　国民党广西省执行委员会改组,黄旭初为主任委员,万民一为书记长。

　　△　军事委员会任命缪培南为第六十五军军长。

　　△　八路军第一二九师一部歼灭山西运城北郊日军骑兵联队,毙伤 200 多人。

　　△　绥西伪蒙军团长刘福善率部 500 余人反正。

△ 日军在山西运城县北上殷村惨杀民众 108 人,焚房 80 余间。

△ 日本大本营海军部作出"情况判断",首先向参谋本部提出攻占南宁,以切断中国西南国际交通线,并开辟海军指向内陆的航空基地。

△ 新四军机关刊《抗敌》月刊在皖南泾县创刊。

△ 国民政府颁布《民国二十八年江苏省整理地方财政公债条例》,总额 800 万元,年息六厘,10 年还清。

△ 香港政府颁布紧急令,授权当局拘禁可疑外侨,并征召一切船舶供英军支配。

4 月 16 日 国民党中央监察委员兼国民政府委员谢持在成都病逝。5 月 6 日,国民政府明令褒扬,派四川省政府主席王缵绪前往致祭,并举行国葬。

△ 《中国青年》杂志在延安复刊。

△ 日军派遣汉奸冒充难民,携带大批毒菌自海南岛、厦门、温州、汉口分四路出发,前往重庆、桂林、西安、金华、韶关等地,散布毒菌毒害人民。6 月 1 日,军事委员会特电各地"严密查察"。

△ 日本外务省书记官矢野和影佐祯昭秘密到达河内。18 日,会见汪精卫,策划汪逃离河内前往上海。汪表示愿按"日方的希望行动",并表示拟建立"中央政权"作为今后的"根本工作"。

4 月 17 日 军事委员会制定南昌失守后攻略计划。是日,蒋介石致电白崇禧、陈诚、薛岳、顾祝同,密令执行反攻南昌计划,"先以主力进攻南浔沿线之敌,确实断敌联络,再以一部直取南昌,攻击开始时机预定 4 月 24 日"。

△ 蒋介石在重庆就中日战争答记者问,指出:要想中日间恢复和平,那就除非日本军阀有彻底觉悟,自动放弃侵略,将他们传统政策根本改变不可。至于汪精卫之主张,"是无耻之极的笑话";汪响应近卫声明,"是甘作日本奴隶"。我既抗战,就必须贯彻到底。

△ 蒋介石在重庆中央广播电台发表实施国民精神总动员演说,宣布自 5 月 1 日起,全国各地全部实行国民精神总动员。

　　△　中共中央发表声明,重申对内对外政策,粉碎日寇、汉奸在南京、上海、北平、天津等地伪造传单妄图破坏中国共产党统战政策的阴谋。声明指出中共"对内建立以国共合作为基础的抗日民族统一战线,驱逐日寇出中国,建立独立、自由、幸福之新中国";"对外联合一切同情中华民族的国家,尤以英、美、法、苏为要"。

　　△　全国基督教教育会议在香港举行,燕京、沪江、圣约翰等 11 所大学校长出席。会议通过培训基督教人格、实行基督高等教育、成立农村建设会等决议案 33 件。于 22 日闭幕。

　　△　日军图犯随(县)枣(阳)地区,制定《会战指导策略》,计划在 5 月初以前,秘密将江北各兵团及第十一军集结应山及安陆附近,随即在枣阳附近歼灭汤恩伯部第三十一集团军等重点兵团。次日,日本大本营批准第十一军越境作战(即可以超过 1938 年 12 月 2 日指定的作战地区),在汉口西北(即随枣地区)作战。

　　△　日机四架轰炸安徽铜陵凤凰山,村民死伤 21 人。

　　△　日军在各侵占区搜刮物资,并筹组伪银行,扰我金融。主要有:一、伪上海市政府开征田赋;二、日假名外商密收钨、锰等矿物;三、在皖收买米、粮、麻、茶等物;四、在各占领区搜刮铜、铁;五、筹组伪银行。

　　△　"满铁"与华北开发会社共同投资设立华北交通会社。从七七事变至今,"满铁"已向华北派遣工作人员 1.8 万人。

　　4 月 18 日　军事委员会制定南昌弃守后的战局形势称:"我军此次毅然放弃南昌,对于今后抗战形势,不独无丝毫影响,毋宁谓于我反为有利。"

　　△　军令部以随(县)枣(阳)吃紧,调第三十一集团军汤恩伯部五个师增援第五战区。汤率部自江南开拔,于沙市渡江,是日开始向枣阳以南地区集结。

　　△　八路军第一一五师陈光部第三四三旅杨勇部第六八六团在山东宁阳东北葛石店歼伪军百余人。

　　△　　国民政府公布广东、湖南二省临时参议会议长和参议员名单：广东省议长吴鼎新、副议长黄枯桐，湖南省议长赵恒惕、副议长陈润霖。

　　△　　伪满增设北安省与安东省。

　　△　　周恩来在湖南衡山西南游击干部训练班讲《中日战争之政略与战略问题》，次日续讲。同时，视察训练班。

　　△　　日本政府向国内外发出公告，宣布我国南沙群岛归日本领有，改名新南群岛。美、英、法、荷等国因威胁各国利益，陆续对日提出抗议。

4月19日　　第四战区一部攻克广东从化。另一部反攻新会，克复县城。21日，敌千余人在战车、飞机掩护下反攻，新会复陷。

　　△　　第三战区一部克复南通、海门。

　　△　　我军击溃进犯中牟之日军，毙敌100余人。

　　△　　日军在湖北通山焦夏村，屠杀老弱妇孺23人。

　　△　　上海法租界警察干涉市民悬挂国旗，并拘捕商民，引起罢市。25日，法租界被迫退还国旗。

　　△　　国联在昆明设驻华办事处，暂由国联驻华业务主任梁振声主持。

4月20日　　日军下达襄东作战（即随枣会战）"准备命令"。为阻止日军进攻，第五战区亦作相应部署。

　　△　　第四战区围攻广州部队前锋迫近广州市郊。

　　△　　日军"扫荡"江苏丹阳县延陵镇，屠杀民众108人，烧房172间。

　　△　　经济部设立煤矿管理处，统制煤炭生产运销。

　　△　　重庆市总工会召开成立大会，有46个行业代表参加。通过讨汪声明，并通过组织工人福利委员会等八项议案。

　　△　　美国抗议日本阻美商在我沦陷区内通行；上海各公团电请美国禁止军品输日。

　　△　　英国政府发表声明，否认斡旋中日战争。

4 月 21 日　军事委员会指示第九战区代司令长官薛岳利用湖北有利地形及既设阵地,逐次消耗敌人,换取时间。"敌如进入第二线阵地(平江)亘汨罗江线时,我应以幕阜山为根据地,猛袭敌之侧背。万一敌进逼长沙,我应乘其消耗既大、立足未遂之际,以预伏置于长沙附近及其以东地区之部队内外夹击,予敌以致命打击"。

△　为反攻南昌,第九战区第十九集团军俞济时部第七十四军主力由高安以西,另一部(两团)由高邮市、石头岗间渡过锦河,分攻高安、大城、万寿宫一带日军。刘多荃部第四十九军以一部袭击锦河以北及生米街附近日军,主力控制于南岸机动,次日开始攻击。

△　军事委员会任命陈牧农为第九十三军副军长。

△　中共中央发出《关于发展华中武装力量的指示》。

△　我军在绥远固阳以北两度与日军接战,毙敌 100 余人。

△　八路军第一二九师一部与日军激战于邯郸西大北庄、西庄,毙敌 200 多人,缴获重炮两门、山炮三门、步枪 30 余支。

△　日机 21 架轰炸湖南芷江县城,死伤约 400 人,毁房数百栋。

△　日本陆、海、外三相就海南岛政务处理问题作出决定,并通知有关部队,略称:海南岛政务处理"首先应置重点于完成作战和确保治安",同时"尽力调查和获取重要资源"。

△　国民党陕西省党部会同第十战区政治部及省警察局查封生活书店西安分店,并以该店"设立共党交通"为由,将经理周名寰拘捕。

△　覃振、吕振羽为正、副院长的湖南战时讲学院被当局强令解散。

4 月 22 日　军事委员会任命王俊为第十二集团军副总司令,马鸿宾为第十七集团军副总司令。

△　南昌反攻作战开始。第三战区第三十二集团军完成反攻南昌准备工作。同日,第九战区第一集团军以主力向江西奉新、靖安之敌开始攻击,另一支队向靖安滩溪挺进。

△　第九战区第二十七集团军第一三三师、第一三四师及彭位仁

部第七十三军第十五师、第七十七师各一部,为策应南昌作战,向鄂南楠林桥、白霓桥、崇阳一带日军攻击。24日,曾一度攻占楠林桥。旋因敌有增援,又于翌日退出。

△ 第二战区邓宝珊部高双成第八十六师进击绥远托克托双龙镇,与日军激战,毙敌大尉两名。次日克双龙镇。

△ 空军轰炸侵入九江日军,敌死伤甚重。

△ 日机首次空袭河南内乡县城,投弹100余枚,平民伤亡及房屋损毁颇巨。

△ 重庆大学增设商学院,聘马寅初为院长。

△ 加拿大温哥华援华委员会等召开太平洋西北会议,决定开展禁止运输军需品至日本的运动。

4月23日 上官云相指挥所部向南昌攻击前进。师长何平率第十六师及预十师以一部沿赣江东岸,主力沿铁道两侧向北攻击。师长段朗如率第七十九师及预五师一部由武阳、谢埠市间渡抚河向西攻击。午,第十六师击溃市汊街之敌,继续北进。次日,占领新村圩。

△ 傍晚,俞济时部第七十四军第五十一师攻克高安。次日,敌增援反攻,高安复陷。26日,又为第五十一师夺回,并相继克复祥符观。第五十七师占领大城、鼓楼铺。新九师攻占石头岗、生米街。第一〇五师攻占高邮市。

△ 湘鄂赣边区游击总指挥樊崧甫所部攻占鄂南通山。同日,第三十一集团军、第五十二军和第九十二军亦各派一师兵力向崇阳、通城、临湘、岳阳一带日军袭击,威胁敌各重要据点。

△ 第一战区一部联合游击队进攻豫北温县,敌据险顽抗,血战竟日。次日,克复温县全城。

△ 八路军第一二〇师一部将进犯河间县齐会之日军包围,激战至25日将敌围歼,共毙、伤、俘日军700余人,创平原歼敌战的范例。

△ 日军第一〇四师团攻击广东江门,与第四战区第一五五师等部激战,至27日战斗结束。据日方公布,中国军队死亡2336人,日军

死 14 人、伤 39 人。

　　△　日机本日起，连续两日轰炸湖南湘阴县城，共计遇难民众1700 多人。

　　△　陇东宁县八路军第三五八旅汪营与当地保安队因征兵征粮发生冲突。宁县县长方振武调来第一六五师三个骑兵连，至冲突扩大。29 日，保安队向汪营袭击，汪营起而自卫，保安队被击溃。5 月 1 日，第一六五师派员要求停火，7 日起，经会商汪营解围，骑兵连亦于中旬撤退。

　　△　中国地政学会第五届年会在重庆开幕，陈立夫、邵力子及各省地政机关代表与地政会员 100 余人参加会议，通过五项决议：一、建议政府积极实行"耕者有其田"政策；二、非常时期地政垦殖应由地政机关主办；三、从速成立地政机关；四、划陕北第二区为平均地权实验区；五、通过战区减免土地租税及补救耕地荒废暂时办法草案。

　　4 月 24 日　国民政府特派白崇禧兼广西绥靖副主任。

　　△　军事委员会任命邢肇棠为新编第五军副军长。

　　△　我军克复赣北大城。

　　△　第一集团军第一八四师、新十师占领奉新西南及南之凤凰山、鸦鸠岭、桃仙岭一带高地，一部则在奉新以西及以北地区与敌激战，形成三面包围奉新之势。

　　△　上官云相部段朗如第七十九师在谢埠市与日军激战。同日，预十师攻克梁家渡西之西梁山。25 日，续由奉新附近之璜溪市向塘攻击。

　　△　日机经越南袭击云南蒙自，外交部向法国政府抗议。

　　4 月 25 日　军事委员会任命姚北辰为第十五军副军长。

　　△　第一战区一部与日伪军在豫东鹿邑、太康、淮阳等地展开激战，毙敌 30 余人，俘伪军 450 余人。

　　△　第二战区刘戡部第九十三军第一六六师一部反攻晋南浮山。陈长捷第六十一军一部与日军清水等部激战于汾西。同时，晋南阳城、

解县、翼城等地均发生激战。

　　△　齐会歼灭战获胜。日军第二十七师团吉田大队800余人、伪军200余人由冀中河间出发,攻击八路军第一二〇师第七一六团第三营驻地——河间东北16公里之齐会村。八路军第一二〇师在师长贺龙率领下,以一团在齐会构筑坚固据点,另以主力集结齐会以西地区。23日晨,与日军接触,激战三昼夜,毙伤敌800多人,生俘日兵五人,缴获大车50余辆,首创八路军平原歼敌一个大队的战绩。战斗中日军施放毒气,贺龙中毒,仍继续督部猛击,卒于是日将敌完全击溃。蒋介石为是役获胜传令嘉奖,并发给贺龙治疗费3000元。

　　△　八路军第一二九师一部在冀南任县击溃进犯该师青年纵队的河北民兵独立旅王子耀部500余人。

　　△　日军血洗河南永城县龙岗集,杀死村民100余人,伤100余人。当地抗日官兵500人,除40余人突围外,余均牺牲。

　　△　日军前往蒲圻神山"扫荡",途经龟山石家村,纵火烧房48间,杀死村民48人。

　　△　汪精卫等秘密逃离河内,前往上海。

4月26日　国民党中常会决定本届参政员任期延期一年。

　　△　中共中央为开展国民精神总动员运动,发布《告全党同志书》。

　　△　上官云相部第七十九师主力迫近南昌附近的冈下、吴村,其一部进攻莲塘之敌,前锋已超越公路、铁路。预五师一部已达南昌机场附近,并一度攻入新飞机场。是日晨至傍晚,南昌城内数处起火,全市骚动,守敌殆有不保之势。

　　△　日本昭和天皇表弟、宪兵司令赤本大佐及其随行六人,在河北省遵化、兴隆间被八路军冀东游击队包森支队活捉。

　　△　国民党中央党部秘书处电甘肃省政府,指示对边区政府的对策称:"共党在边区一切非法组织,现时殊非一纸命令所能取消,宜先加强边区周围各县党政工作,阻其蔓延,并使本党逐渐向边区推进。"

　　△　我军克江西高安之白石岭,歼敌800余人。

△　日军陷安徽亳县。

△　抚顺龙凤竖井瓦斯爆炸,损失惨重。

4 月 27 日　蒋介石以函稿电嘱龙云劝汪精卫,以国家利益为前提,断绝与日本往来。

△　中共中央书记处发出《关于精神总动员的第二次指示》,指出要"使这一动员成为我党巩固抗日民族统一战线,坚持抗战,开展群众运动,反对防共,要求民主的武器",号召全党"在宣传鼓动中明白的显示出资产阶级与无产阶级两条不同的抗战路线的实质,以我们的立场给精神总动员的条文以正确的解释,以防止和打击顽固分子利用作为防共武器的企图"。

△　中共中央决定山东分局扩大为苏鲁豫皖分局。

△　第五十七、五十八两师扫荡高安、大城间之残敌,向奉新虬岭、赤土街前进。因左翼高荫槐集团军之进攻无大进展,未能如期向南浔线挺进。

△　日军出动大批飞机在南昌周围狂炸,并滥放毒气、毒弹,同时增派海军陆战队接任南昌守备,而以第一〇一师团主力反攻。一周内敌我在南昌东南及以南近郊约 10 公里以内地区演成激烈争夺战。旋因敌援军陆续到达,第七十九师师长段朗如畏缩不前,且因赣江以西部队未能进击南浔线,断敌后路,以致南昌日军得以全力死守。

△　日机轰炸闽南厦门大学,校舍损失惨重。

△　伪满以推行"北边振兴建设事业"为名,发行公债二亿元。

4 月 28 日　蒋介石电令嘉奖南昌作战有功人员,电称:第三十二军军长宋肯堂、第一四一师师长唐勇良,在涂家埠、吴城之役,均能奋勇击敌,达成任务,即着传令嘉奖。该师团长张尊光守备吴城作战得力,记功一次。该军第一四二师师长傅立平,守备涂家埠、吴城、狗子岭阵地作战,达成拒敌南犯任务,记功一次。

△　八路军山东陇海南进支队袭击江苏邳县县城之敌。战至次

日，毙伤伪军 64 人，俘 93 人，收复该县城。

△ 八路军第一二○师独立第二旅于河间县卧佛堂、任村毙伤日军 160 余人。

△ 日机轰炸宁波，据不完全统计，死 120 余人、伤 270 余人，损失约在五六百万元，全市精华毁损殆尽。

△ 江西瑞昌日军包围华山坳背田家、瓦荡余家两村，杀害村民 38 人，最老的 88 岁，小的仅三岁。

△ 全伪满 240 家企业代表签署关于劳动者募集和使用的协定。

4 月 29 日 毛泽东在延安党的活动分子会议上作关于国民精神总动员问题的报告，指出：中国需要全国总动员，政治的、经济的、军事的、文化的等等，这样才能支持长期抗战。

△ 军事委员会任命罗历戎为第一军副军长，汪之斌为第七十三军副军长，王文彦为第七十六军副军长，张坤生为新编第一军副军长。

△ 上官云相电令何平部第十六师主力会合柏辉章师一部，限 5 月 2 日前攻克沙埠潭、向塘，否则各师、旅、团长一律严予处分。何、柏两师于是协同作战，30 日午后克向塘以西诸据点，并转攻沙埠潭，5 月 1 日占领抚河北岸，日军溃退南岸。

△ 第九战区杨森部攻克鄂南咸宁、汀泗桥两车站。

△ 陕西南郑空战，击落日机两架，击毙外村义雄中尉。日方称击落中国飞机 11 架。

△ 我机轰炸晋南运城日军设施；返程在汉中与日机空战，击落日机一架。

△ 伪维新政府在上海创设华兴商业银行，发行纸币 5000 万元。

△ 天津伪币贬值，4 月 23 日至 29 日法币千元，所换伪联银券之数额由 1172.5 元涨为 1350 元。

4 月 30 日 鄂北日军向随县地区发动进攻，随枣会战开始。

△ 鄂东我军攻克麻城。

△　山东泰安专员秦启荣部在山东博山以东的泰和地区袭击八路军山东纵队第三支队,惨杀指战员 400 多人,内有支队政治部主任鲍辉及营、连、排干部 70 多人。同日,山东省府主席、鲁苏战区副总司令沈鸿烈提出制造摩擦、破坏抗日的三个反动口号:"宁匪化,无赤化";"宁亡于日,勿亡于共";"日可以不抗,共不可不打"。

是月　中共中央就山东的统一战线工作发出指示,指出:"坚持与国民党长期合作,多方面争取友党友军之进步,对于一切顽固分子之无理攻击,必须以严肃态度对待;对汉奸分子(如秦启荣)必须坚决消灭之(有计划地取得必胜)。"

△　国民党秘密颁布《限制异党活动办法》。

△　月底,周恩来到桂林。在桂林期间,会见《救亡日报》记者姚潜修,指出我们纪念"五四",应该继承它的积极优良传统,为民族解放运动,科学和民主运动,发扬它的光荣历史,以利抗战建国。5 月 4 日,《救亡日报》发表姚潜修写的"五四"二十周年访周恩来的报道。

△　八路军第一一五师东进抗日挺进纵队一部,于陵县大宗家抗击日军进攻,歼敌 500 余人。

△　八路军苏鲁豫支队创建了以江苏丰(县)沛(县)为中心的湖西抗日根据地。

△　山东日军 6000 余人,分 11 路围攻泰肥山区抗日根据地。

△　黔桂铁路由柳州开始修筑。交通部派侯家源为黔桂铁路工程局局长兼总工程师,设工程局于宜山,以湘桂铁路柳州南站为路线起点。

△　第三届全国抗敌木刻展览在重庆举行,参展作者 102 位,871 幅作品。

△　汪精卫在香港《南华日报》发表《复华侨某君书》,鼓吹降日反共,说"如今抗战实实在在一天比一天艰难了",抗战的结果,一个

是丢,一个是烧,凡是丢不了烧不了的地方,有了共产党,人民也无法生活。

5 月

5月1日　全国开始国民精神总动员,各地同时举行国民月会。是日,重庆市3000余人举行第一次国民月会。蒋介石、孔祥熙等出席,林森致训词。晚,举行火炬游行,参加者10万余人。

△　蒋介石在重庆播讲实施精神总动员,勉全国同胞力行"国家至上、民族至上;军事第一、胜利第一;意志集中、力量集中"三信条。希望全国人民以共同团结精神,粉碎敌人侵略政策,实现三民主义,完成革命建国大业。

△　延安举行国民精神总动员及纪念五一劳动节大会。毛泽东出席并发表《国民精神总动员的政治方向》的演讲,指出其意义是反对汉奸,拥护抗战,集中力量,集中意志,打倒日本帝国主义,把我国从危难之中挽救过来,改造过来,变成一个新中国。

△　国民政府公布安徽、四川、陕西、青海等省临时参议会正、副议长名单:安徽省议长江炜,副议长刘真如;四川省议长李伯申,副议长向传义;陕西省议长宋联奎,副议长宗山;青海省议长魏敷泽,副议长马步瀛。

△　蒋介石电令南昌参战部队各总司令亲赴前线督战,限5日以前攻占南昌,并令将"决心不坚,畏缩不前,坐失战机"的第七十九师师长段朗如军前正法,以昭炯戒。

△　第九战区前敌总司令罗卓英下令对南昌再兴总攻。第三十二集团军上官云相部及第七十四军、第三十二军等部全力投入南昌作战。当日,第十六师攻占沙埠潭。次日,第一〇二师攻占向塘。

△　随枣前线日军主力第十三、第十六两师团及骑兵第四旅团向襄河东岸张公庙、楼子庙一线第三十三集团军张自忠部第三十七及第

一八〇师攻击,张部不支,于 4 日被迫后退。同时,钟祥之敌一部北窜至流水沟附近,与张自忠部第三十八师激战。5 日,长寿店阵地被突破,敌主力向枣阳方面挺进。

　　△　日军部署"扫荡"山西五台山地区。预定第一期作战自 5 月 8 日起,以约五天时间"扫荡"台怀镇一带;第二期自 5 月 13 日起,以约 24 天时间"扫荡"五台山西部;第三期自 6 月 7 日起,以约八天时间"扫荡"龙泉阁一带;第四期以约 12 天时间"扫荡"洪家寨附近。使用兵力主要为第一〇九师团、第九师团、第三十六师团、独立混成第三旅团、独立混成第四旅团等各一部。

　　△　日机两次轰炸福州,市内部分精华化为灰烬。

　　△　驻安徽怀远县伪军司令荀家云,率部千余人反正。

　　△　财政部颁行《非常时期后方各省进口钢铁等金属制品及机器纳税办法》。

　　△　日伪在沪成立伪华中铁路公司,垄断交通。

　　△　日伪在沪创立伪华兴银行,以陈锦涛为总裁。

　　△　上海工人联合会致电英国纺织工人联合会、法国工人联合会、美国总工会、荷兰运输总工会等团体,呼吁联合全世界工友一致制裁日本侵略者。

　　△　美国 50 万工人在华盛顿集会庆祝国际劳动节。中国出席国际劳工大会代表朱学范在会上讲话,指出:日本现在屠杀中国人的武器 54％都是美国供给的,希望美国政府立即停止供给日本武器并抵制日货。

　　5 月 2 日　国民政府令:陆军中将陈诚、卫立煌晋任陆军二级上将,陆军中将张自忠、孙震特加陆军上将衔。

　　△　国民政府任命何键兼县政计划委员会主任委员,李宗黄为副主任委员。

　　△　第九战区代司令长官薛岳命令罗卓英、王陵基、樊崧甫、杨森、关麟徵等各进攻部队,务于 3 日午后 4 时继续总攻,限 5 日击破南昌、

奉新之敌,占领之。

　　△　我军收复山东费县。

　　△　冈村宁次拟定进犯襄樊战略。左翼由钟祥沿汉水向北猛攻,另以两联队编成迂回兵团,由信阳进逼桐柏,一举歼灭该战区中国军主力。日军总部对此计划迭电嘉许。

　　△　随县外围展开激战。日军第三师团步、炮3000余人借飞机掩护,向第三十一集团军第十三军张轸部守备之随县东北高城猛攻。张部奋勇抵抗,敌未得逞。同时日军第三师团另股3000余人续向第八十四军覃连芳阵地塔儿湾进犯。该阵地失而复得者凡七次,敌我伤亡均重。旋敌施放毒气,官兵中毒甚多。4日,塔儿湾陷落。6日,高城亦被迫放弃,张轸部撤至溠河西岸。

　　△　日军千余人,汽车68辆,扫荡河北南宫东南垂杨地区,八路军第一二九师青年纵队一个营在郝家屯伏击,毁日军汽车六辆,毙60余人。

　　△　日机轰炸福州,死伤平民近1000人。同日,又轰炸河南桐柏县城及平氏镇,平民死伤120余人,平氏镇房屋十之七八被毁。

　　△　新疆回族文化促进会所办阿訇政治训练班开学,主讲人杜重远、孟一鸣。

　　△　朱绍良就陇东摩擦事件指示第三区专员应持方针,并电军委会、行政院指出:一、各县驻军应处于监视地位;二、一切纠纷应视为地方事件相机应付;三、以八路军为对象,不涉党派问题。31日,蒋介石复电予以肯定。

　　△　伪满洲国在长春召开纪念宣诏兴亚国民总动员大会。

　　5月3日　日机45架以密集队形狂炸重庆,空军起飞迎战,击落其两架。日机投弹百余枚,其中燃烧弹占一半。

　　△　薛岳电令第二十九军陈安宝指挥第二十六师、预五师及第七十九师一部向南昌挺进,以预十师、第十六师及第三〇四团围攻沙埠潭以南日军,以使南昌攻击容易奏效。同日,空军配合轰炸南昌日军

阵地。

△　日军陷豫北济源。

△　安徽省政府主席廖磊致电桂林行营主任白崇禧,报告安徽保甲组织积弊严重,指出保甲长责重事繁,无薪无地位;主张应以最低生活待遇,以资补救。10 日,白崇禧将该电转报蒋介石,请迅予拨款补救。

△　八路军后方留守处主任萧劲光致电蒋介石,抗议陇东摩擦事件,要求严令制止。

5 月 4 日　日机 27 架再度狂炸重庆。都邮街、柴家巷等繁华市区尽毁,火头达 14 处,电话、电信、电灯、自来水均被炸毁,全市陷于烟火中。总计 3、4 两日,市区房屋被毁 1200 余栋,市民死亡 4400 余人,伤 3100 余人。

△　为策应南昌作战,第九战区王陵基部第三十集团军除主力继续监视并牵制武宁之敌外,另以一支队(两团)兵力沿修水南北两岸向张公渡、永修地区挺进。是日,该支队将张公渡之敌驱逐,并破坏该处附近公路桥梁。

△　随枣前线第五战区第八十四军覃连芳部第一七三师、一七四师,在鄂北塔儿湾与日军血战两昼夜,敌施放毒气 6—7 次,覃部伤亡惨重,塔儿湾失而复得者多次,卒于是日陷于敌手。高城亦被迫放弃,覃部转进蒋家河西岸。

△　东北抗日联军第一路军一部袭击长白县半截沟,歼敌数十人。

△　延安各界青年一万余人举行纪念五四运动二十周年及首届青年节大会,毛泽东作关于青年运动的政治方向的讲话。

△　中共中央发出《关于党员被逼加入国民党问题的决定》。指出:在国民党统治区的我党秘密党员,凡被迫加入时,一律加入,并报上级批准。

△　国民党中常会修正通过《图书杂志查禁、解禁暂行办法》。

△　龙云函汪精卫,略谓:"云为公计,务望立下英断,绝对与日人

断绝往来,命驾远游",﹃而公亦可无损其历史之令誉。﹄

5月5日　白崇禧密电蒋介石、何应钦,提出:对敌之攻击,应"善用声东击西之法,使敌疲于奔命,则我能确保主动地位"。

△　第十六师、第二十六师、预五师等部会攻南昌。是日至次日,一路袭入南昌东侧新机场,一路冲至汽车总站,另一路进至南昌东门外之金盘路附近。第二十六师主力及第七十九师一部,在莲塘附近与日军激战。

△　新四军江北指挥部在安徽庐江县东汤成立,张云逸兼任指挥,徐海东任副指挥。

△　新四军第六团由常州附近越京沪铁路,在戴溪桥地区与江南抗日义勇军会合,成立"江抗"指挥部,梅光迪、叶飞任正、副指挥。

△　国民政府改重庆为行政院直辖市。

△　重庆各机关设立空袭联合办事处。赈济委员会拨款100万元,急赈被难同胞。是日至7日三日内,重庆市区居民疏散至各县乡村者约25万人。

△　重庆《时事新报》、《大公报》、《新蜀报》、《新华日报》、《国民公报》、《扫荡报》、《中央日报》、《商务日报》、《新民报》、《西南日报》十大报纸因日机轰炸,水电、交通及印刷发生障碍,奉军事委员会令是日起一律停刊,暂由各报发行联合版,组织联合委员会主持其事。公推程沧波为主任委员,黄天鹏任经理委员会主任委员,王芸生任编撰委员会主任委员,崔健吾任迁移委员会主任委员。办事处设时事新报社。

△　财政部公布《修正财政部管理全国茶叶出口贸易办法大纲》。

△　国民党中央海外部、行政院侨务委员会及军事委员会西南运输处,在昆明举行华侨机工返国服务慰劳会,到机工数千人。

△　八路军第一二九师第三八六旅回民连在出击河北馆(陶)大(名)公路沿线一部日军时,在馆陶县善乐镇突遭濮阳专员丁树本部民军袭击,指战员60余人被解除武装。

△　5月初,日军对冀东进行第五次围攻。八路军冀东抗日游击

支队采取避免与敌决战,分散坚持,相机打击敌人的方针,经过 47 天战斗,敌被迫于 6 月中旬结束围攻。

5 月 6 日　重庆十大报纸因日机轰炸停刊,暂出联合版,今日联合版开始发行,至同年 8 月 12 日结束。

△　晋陕绥边区总司令邓宝珊由西安到达延安,陕甘宁边区政府和八路军后方留守处举行联欢晚会。邓在晚会上讲话表示,全国应加紧团结,"尽量设法消灭一切不必要的摩擦"。

△　日军飞机轰炸南昌城郊莲塘附近第二十九军阵地,并发动猛烈反攻。军长陈安宝力战阵亡,第二十六师师长刘雨卿重伤,部队损失极重,向莲塘东北撤退。次日,薛岳电蒋介石报告称:"查安宝南浔苦战,迭挫凶锋,今安宝忠烈殉国,伤悼至深,敬请重恤。雨卿重伤,敬请优奖。职指挥无能,南昌未克,而丧我忠良,敬请重罚。"

△　日军自长寿店北犯,与襄花公路正面突入之第一骑兵旅团会合于枣阳县七房岗。9 日,遇地方游击队抵抗,即以一部窜新野,主力则犯唐河。

△　国民政府公布《非常时期难民移垦条例》。随后,行政院公布《中央补助各省难民移垦经费办法》。

△　汪精卫乘日轮"北光丸"驶近扬子江口。8 日,进入吴淞口,今井武夫等上船与汪会谈,汪提出:一、由他建立和平政府,实现中日合作;二、访问日本,就成立政府问题与日本当局谈判;三、新政府应继承中华民国法统,称之国民政府;并以还都作为建立政府之形式;采用三民主义;以青天白日旗为国旗。

5 月 7 日　预五师及第二十六师第七十八旅在南昌市东遭敌猛烈反攻,伤亡约三分之一,当夜撤退至瑶湖附近。

△　湖北枣阳、随县失陷,随枣会战结束。日军一部包围咸宁大屋万,杀害居民 108 人,焚房 420 余间。

△　晚,俞济时部新九师一度攻入南昌附近牛行,因兵力单薄,俞部主力未到,且因南昌方面上官云相部攻势遭受顿挫,敌得以自由抽调

兵力增援。

△　空军袭广州天河机场,日军损失甚大。

△　日机轰炸河南泌阳县城,投弹 40 余枚,死伤 100 余人,毁房 2160 间。同日,又轰炸福建南靖县,炸死 28 人,伤 30 多人。

5 月 8 日　第五战区一部攻入湖北蒲圻,毙日军 80 余人。

△　第五战区第八十四军第二线阵地被日军第三师团突破,次日开始向唐河、白河两岸转移。14 日到达方城。

△　国民政府任命李迪俊为驻古巴特命全权公使。

△　伪满决定"北边振兴计划",预算 10 亿元。

5 月 9 日　白崇禧转达蒋介石停止对南昌之攻击令。南昌会战结束。各部队奉命回复原有态势,在赣江、抚河间及沿抚河东岸之线暂取守势。8 月 21 日,第三战区司令长官顾祝同电蒋介石报告南昌会战该部伤亡损失称:南昌会战自 4 月 22 日起至 5 月 9 日止,我方参战官兵五万余人,阵亡官 144 人,兵 3330 人,马 31 匹;伤官 223 人,兵 3186 人;生死不明官 33 人,兵 1251 人;而俘获日军仅"官一、兵六、马五"。

△　新四军第一团在皖南铜陵、顺安镇之间谢家垄伏击日军运输队,毙伤日军 62 人。

△　日机于本日及次日,轰炸福建泉州,毁商店民房数百间。

△　蒋介石通令西南各省严禁种烟,限本年内各省辖境以及边区地带一律绝对禁种,不得再以任何理由容留片苗寸蘖。

△　国民党陕西省党部密电社会部,报告已将南郑新、旧两生活书店查封,经理贺承先拘捕。

△　伪满组成"建设勤劳奉仕队",驱使青年从事各种奴役性劳动。

△　汪精卫到达上海。

△　英国驻日大使克莱琪抗议日机轰炸重庆英国领事馆。

5 月 10 日　军事委员会副参谋总长白崇禧电蒋介石报告南昌攻击停止后作战指导要领:"(一)第三战区围攻南昌之各部队应以主力扼守抚河东岸与梁家渡、市汊街之线,同时从速整理,一部仍在抚河、赣江间不断扰袭敌人……(二)第九战区:(甲)罗总司令所指挥部队,其派出敌军后方者仍继续尽量活动,其正面部队之一部以消耗敌人之目的相机出击,但不可强攻据点。(乙)第三十一集团军应窥破有利时机,可另派出有力一二师配合轻装炮工兵,进出于蒲圻方面,袭击并截断各交通线。(丙)湘西方面应注意湖防、江防并加紧该处工事。(三)各战区对敌情之搜索,均须加紧实施,尤须注意积极捕捉俘虏,俾明敌情。"

△　顾祝同电蒋介石报告南昌会战溃败原因,主要为:一、未能用奇袭出敌不意;二、限于地形,复受敌纵深据点扼制,无迂回钻隙余地,不能避免攻坚;三、炮、工兵太少,步兵准备不全,攻坚无力;四、敌飞机活跃,并用毒气,因地形关系,我损伤过大;五、各师奉命限点攻击,准备多不周到,致动作不能协同一致。

△　八路军第一一五师一部于肥城县陆房地区抗击日军围攻,战至 12 日胜利突围,歼敌 800 余人。

△　八路军第一二〇师第三五九旅在山西繁峙县盘道村、土川里、口泉村、龙泉关等地痛击日军独立第三混成旅团。14 日,敌一部逃至上、下细腰间,被该旅陈宗尧第七一七团、陈外欧第七一八团南北夹击,激战至 15 日,全歼该敌。

△　日军陷豫南继阳、新野等地。

△　外交部向英、法、美三国驻华大使提出交涉,要求转饬各该国在华租界当局,不得干涉上海租界内中国居民自由悬旗。

△　财政部修正公布《土制雪茄烟征税暂行办法》。

5 月 11 日　军事委员会任命薛岳兼第十五集团军总司令、关麟徵为副总司令。

△　国民政府任命贺国光为重庆市长,原任蒋志澄免职。

△　蒋介石电谢英国国会议员关怀我国抗战。

△　我军收复豫南新野,并再克广东江门、新会。

△　八路军陆房突围获胜。日军第一一四师团等部主力约 5000 余人,在第十二军司令官高寿造指挥下,于月初分由泰安、大汶口、宁

阳、汶上等地出动,向八路军泰(山)西根据地举行九路围攻。9 日,开始合围泰(安)肥(城)山区陆房。八路军第一一五师杨勇第六八六团、孙继先津浦支队等部,依托陆房周围山冈构成环形阵地,是日,在陆房歼敌 1300 余人后,从日军包围缝隙中悄然突围。

　　△　八路军晋冀豫、冀南军区部队对正太、平汉铁路进行破击,毁火车三列,汽车四辆。

　　△　国联水利专家荷兰人蒲德利奉派来华帮助水利建设,是日与经济部技士张炯、西南运输总处委员胡运洲在金沙江勘测水利试航途中,在云南巧家县老君滩覆舟遇难。经济部部长翁文灏派代表向国联驻华办事处表示哀悼。6 月 17 日,国民政府明令褒扬,特给蒲德利抚恤费一万元,给张、胡抚恤费各 5000 元。

　　△　日军侵占鼓浪屿。日借口鼓浪屿岛屡次发生反日事件,派陆战队在该岛登陆。因该岛系公共租界,6.5 万人口中外侨 400 多人,日军登陆后,美、英、法等国均表不满。

　　△　孔祥熙特使樊光及中央银行秘书姚瑛,在上海与日方代表、日本参谋本部中国课长今井武夫大佐密商"和议"问题。

　　△　日、苏两军在诺门坎发生冲突。

5 月 12 日　军令部拟定第五战区作战指导方案。方针:"以消耗敌人战力之目的,对由钟祥向北突进之敌,先予以严重打击,务求保持汉水以东地区。如状况万不得已时,则以一部留置大洪、桐柏两山脉牵制敌人主力,转进南阳及襄樊西北迄南漳、保康一带地区,阻敌深入,屏障西安、汉中,并掩护江防军之左翼。"同日,蒋介石分别密电程潜、李宗仁及张自忠、郭忏等,督促随枣作战。

　　△　日军侵占河南桐柏、唐河、南阳。旋遭牟廷芳部第一二一师反击,退出南阳,集结于枣阳以北地区。

　　△　日机 27 架空袭重庆,在江北等地投弹数十枚,被高射炮部队击落三架。

　　△　日军"扫荡"山东狼山一带,杀害民众 88 人。

△　厦门汉奸洪立勋被刺，日军陆战队在鼓浪屿扰乱。

△　经济部修正公布《非常时期华侨投资国内事业奖励办法》，凡 11 条。规定凡经济事业华侨资金占资本总额 60% 以上者得给予下列奖励：一、经营技术上之指导与协助；二、捐税之减免；三、运输之便利及运费之减低；四、公有土地之使用；五、资本及债票之保息；六、补助金之给予；七、安全之保障。另如遇特殊困难可呈请经济部救济。

△　经济部公布《经济部管理煤炭办法大纲》，凡 11 条。

△　伪满产业部公布设置粮谷管理区，制定配给计划和输出入方针。

5 月 13 日　随枣前线日军开始沿进攻路线向钟祥、京山、安陆、应山撤退。第五战区部队处于外线作战的有利态势，遂行尾随追击。

△　国民政府令：程潜晋升陆军一级上将，卢汉加陆军上将衔。

△　军事委员会发布《游击队调整办法》，凡 34 条，目的是"为使全国游击队统一化、军队化、纪律化，俾在一个主义、一个政府、一个领袖指导之下辅助正规军作战，争取最后胜利"。条文中有"应注重特务工作，对内侦察各官兵之言行，严防奸细及肃清内部不稳分子"等项规定。

△　空军飞江西奉新助战，并于南昌、安义之线轰炸日军阵地。

△　美国政府令驻日大使格鲁，抗议日本空军滥炸重庆、汕头、福州等地无辜市民。

△　日本参谋本部中国课长今井武夫大佐从上海回东京，向日本参谋本部报告和汪精卫会谈情况。23 日，影佐亦向东京作筹组汪伪政权的报告。

5 月 14 日　军事委员会任命缪培南为第九集团军副总司令。

△　汤恩伯、孙连仲两军自豫西南下，攻克新野、唐河。

△　我军收复豫南岳口，日军溃窜天门。

△　日机狂炸汕头、翁源。

△　外交部长王宠惠为日军在鼓浪屿登陆发表谈话，略称：日本轻蔑第三国利益已非一日，今在鼓浪屿登陆，说明列强欲维护其在远东利

益,必须对日本侵略者立即采取强硬措施。

5月15日 国民政府特任徐源泉为军事参议院参议。

△ 第五战区司令长官李宗仁下令对随枣全线反攻。22日,随枣会战以日军全线总退却告以结束。

△ 豫南我军克复唐河。

△ 八路军第一一五师一部于灵石县吕家庄、中庄等地抗击日军,毙伤敌200余人。

△ 新四军政治部副主任邓子恢在《抗敌》杂志发表《关于铜(陵)南(陵)繁(昌)地区如何与敌人进行政治经济斗争》一文,提出:揭破敌人的政治欺骗与怀柔政策;反对汉奸政权及户口登记;禁止粮食出口资敌;抵制仇货;组织民众武装自卫队,平时防奸锄匪,巩固后方,战时配合作战。

△ 南昌沙潭据点日军借口搜索中国士兵,火烧困在沙潭龙南天仙庙的370余名难民,320余人被烧死。

△ 《中央日报》昆明版出版发行。

△ 英国驻远东舰队司令诺贝尔为日军侵占鼓浪屿向日军当局提出抗议,声称日军如不全部撤退,各国军队亦将登陆。16日,英、法、美三国海军陆战队共150人在鼓浪屿登陆。17日,该岛日军被迫撤走,仅余42人。

5月16日 蒋介石以日机狂炸各地平民,是日在重庆发表《告各省市政府与全国同胞书》,指示加强防制,号召全国同胞积极疏散,加强组织,以强固抗战精神之堡垒;各省、市地方政府应遵照中央规定,指导民众,切实执行,竭尽救抚职责。

△ 军事委员会电令第九战区司令长官薛岳:"赣北方面改以游击战消耗、牵制敌人,对该方面敌人予以反击,务希随时随地切实注意,妥为部署。高安方面我军须纵深配备,并准备敌如进攻高安时,应自主的放弃高安,诱敌深入而侧击之。"

△ 第二集团军一部攻克豫南桐柏及淮河店。

△ 我军攻入徐州,焚毁日伪机关,城内一片混乱。

△　东北游击司令部司令唐聚五于河北平台山殉职。

△　南京伪华兴商业银行在上海开始营业,并发行伪钞华兴券。

5 月 17 日　班禅行辕暨西藏僧俗民众慰劳抗战将士代表团,在重庆向蒋介石献旗,表示要为国家民族尽忠尽孝,尽藏族一分子天职。

△　我军攻入济南千佛山八里凹,歼敌数百名。

△　八路军山东纵队一部于本日及 31 日,先后攻克栖霞、莱阳县城,重创伪军刘桂堂部。

△　日机三架对参加河南舞阳县王店乡寺门古刹大会的群众进行轰炸,死伤民众达 500 余人。

△　日本海军舰艇猛犯浙江镇海广远炮台,日本海军航空队同时空袭汕头及马尾。

5 月 18 日　国民政府委员兼蒙旗宣抚使沙克都尔札布偕国府委员赵允义、蒙旗宣抚使秘书长荣祥、绥远各蒙旗指导长官公署参赞石华严等 10 余人,乘车经延安返蒙,是日到延安。中共中央统战部、八路军后方留守处政治部、陕甘宁边区政府负责人及各界群众代表 1000 余人前往延安城外欢迎。

△　国民党中央党部秘报天津民先队活动情况,要求各省、市党部及教育部参照《限制异党活动办法》制定政策。

△　八路军第一二〇师一部于博野县刘村、宋家庄抗击日军,毙伤敌近 100 人,毁装甲车一辆。

△　日军秋本部炮击潼关,日本陆军航空队亦飞往助战。次日,日机两次轰炸潼关。

△　日机 27 架轰炸湖北随县城关镇,投弹 150 枚,民众死亡近800 人。

△　日本投诚见习参谋中山觉在长沙历数日本军阀罪行,指出日本军阀利用 70 年来忠君教育之深固基础,驱日本大众参加侵华战争。

5 月 19 日　第五战区李宗仁部克枣阳,随枣线日军主力向大别山以南原阵地撤退。

△　粤境我军连克增城、从化及花县要点。

△　赣省我军收复大同圩,歼敌数十人。

△　日军分两路入侵山西阴县下立泉村,杀害民众 22 人,重伤四人。

△　国民政府令免钮永建考试院副院长兼铨叙部部长兼职,特任李培基为铨叙部部长。

△　中共中央发出《关于山东工作方针的指示》,指出山东反顽斗争方针和政策界限。

△　国际反侵略大会会长薛西尔致电中国分会,谴责日机轰炸重庆。

△　台湾总督小林宣称,治台重点为:皇民化、工业化和南进。

5 月 20 日　国民党中央组织部奉蒋介石令将陕北 23 县划为五区,陇东八县划为二区。陕北各区辖县分别为:榆林区辖榆林、神木、府谷、横山;绥德区辖绥德、米脂、葭县、吴堡、清涧、定安;肤施(延安)区辖肤施、甘泉、延川、宜川;保安区辖保安、安塞、定边、靖边;洛川区辖洛川、中部(黄陵)、鄜县、宜君。陇东各区辖县分别为:庆阳区辖庆阳、合水、镇原、环线;泾川区辖泾川、灵台、宁县、正宁。

△　国民党中央组织部制订《推进陕甘宁边境党务办法大纲》,决定对于陕甘宁边境党务实行长期分区督导制,采取秘密方式活动。

△　国民政府任命贺国光兼重庆卫戍总司令。

△　八路军晋察冀军区部队一部,对侵占易县之敌发起进攻,歼敌400 余人。

△　皖南荻港、顺安日军分数路进攻铜陵、繁昌地区,新四军第三支队一部激战四天,毙伤敌 300 余人。

△　财政部公布《财政部委托战区各省政府暂行代征统矿烟酒各税办法》。

△　外交部长王宠惠发表声明,要求即将召开之国联行政院会议实施历年决议制裁日寇,采取集体行动援助中国,断绝对日金融及贸易关系。

△ 胡世泽在国联禁烟顾问委员会第二十四届会议上,斥责日本利用鸦片毒害我国同胞之罪行。

△ 伪满宣布设立宪兵总团。

5 月 21 日 李宗仁密电徐永昌报告第五战区反攻情况:"(一)我军全线总反攻,击破敌军之总作战计划,不惟进攻长沙之计划受打击,而且到处反攻,牵制敌之兵力甚大,遂使手忙脚乱,到处无兵可调。现华南、华北、华中之敌军最高指挥官正在急电敌军部请援兵,敌军深感全线受制,百孔千疮,顾此则失彼,实感难于应付,现正重新调整总作战方针。(二)敌称我军此次总反攻,分散敌方兵力,确收伟大效果。"

△ 第八十三师进袭晋南翼城之南城村、白马村等地。

△ 国际反侵略大会中国分会在重庆召开第二次常年大会,林森、蒋介石呼吁和平国家一致遏制日本侵略野心。

5 月 22 日 冀南我军克清河,歼日伪七八十人。

△ 新四军第一支队一部与日伪军激战于江苏无锡梅李镇,毙敌400 余人,俘 300 余人。

△ 日军一部窜入湖北通山县城,屠杀民众 70 余人,毁房 195 间。

△ 国联行政院常会在日内瓦开幕,中国政府首席代表顾维钧在会上发言,要求会员国进一步于财政上、物质上援华,并禁止以军用品运往日本。

5 月 23 日 第五战区一部克复鄂北随县及大畈镇。

△ 日伪军包围河南延津县野厂,并施放毒气,杀害民众 100 多人,毁房 500 余间。

△ 行政院决议设立垦务总局。

△ 日本驻厦门总领事内田向英、法两国领事及鼓浪屿租界当局要求改组租界行政,并以厦门伪维持会为地方政权主体。

5 月 24 日 毛泽东致函印度国民大会党主席尼赫鲁,感谢印度人民和印度国民大会给予的医疗和物质援助,并告知印度医疗队已在此开始工作,受到八路军全体指战员非常热烈的欢迎。

△ 鄂中、鄂北我军连克重镇;通城及新墙河北岸仍有激战。

△ 冀西我军攻克完县。

△ 日军封锁鼓浪屿,禁止我船只往返。

△ 日军"扫荡"上海南汇潘家泓,杀害渔民 26 人。

△ 枸邑事件。陕西省枸邑县八路军残废院采购员陈通出外购物,被枸邑保安队杀害。次日,该院代表 20 余人赴县交涉,要求惩办凶手。该县县长不作答复,反指令保安队开枪射击,伤亡九人,嗣又增兵千余,围攻八路军独立营。30 日,冲突继续扩大,双方互有伤亡。31日,八路军被迫由枸邑撤防,枸邑被占。

△ 财政部颁行《出口货物免税品目表》。

△ 英国驻华武官司品烈上校往华北八路军晋绥根据地旅行,在张家口被日军扣留。

5 月 25 日 军事委员会任命林岳生为第四十九军副军长。

△ 蒋介石密电李宗仁:"随、枣一带敌大部均已南撤,我为牵制敌兵力,使其不能进窥荆、宜,或转移其他战区,并疲惫敌人计,着孙震集团以主力(至少两师)推进随县附近地区,与张轸、刘和鼎军相协力,扰袭敌人。""所有第一线部队应不断以小部袭击敌人,与敌保持接触。"

△ 日机 26 架袭重庆,被击落两架。日机投弹 100 多枚,死伤各百数十人。

△ 日军自本日下午 6 时起封锁鼓浪屿,禁止一切船只往来于鼓浪屿与大陆间。

5 月 26 日 国民政府令派李平衡、杨荫溥为出席第二十五届国际劳工大会正、副代表,林良桐为顾问兼秘书,徐传保为雇主方面代表,杨和庆为雇主方面顾问,朱学范为劳工方面代表,张天开为劳工方面顾问。

△ 国民政府特任周钟岳为内政部部长,免去原任何键本职;特派何键为军事委员会抚恤委员会主任委员。

△ 军事委员会任命沈发藻为第二军副军长,彭兰为第十八军副

军长,曾友仁为第六十五军副军长。

　　△　日机五架轰炸福州,毁房屋甚多。

　　△　日本海军发言人宣布封锁中国大陆海域。英、法随即对此表示抗议,美国亦表示予以密切注意。

　　△　经济部公布《经济部管理水泥通则》。

　　5 月 27 日　国民政府颁布《民国二十八年广西省六厘公债条例》,定额 800 万元,16 年还清。

　　△　日军再犯湘北新墙河北岸,被击毙 400 余人。

　　△　上海《华美晚报》发表社论,痛斥汪精卫卖国投敌。

　　△　国联行政院通过援华决议,呼吁"各会员国采取一切可能及有效办法援助中国之抗战"。

　　5 月 28 日　随枣会战结束。襄东日军第三、十三、十六师团及骑兵第四旅团分路转移,日军未能达到作战目的,遗尸 5000 余具,仓皇东窜。第五战区先后收复唐河、新野、枣阳、随县,恢复原有态势。另据日方公布,中国军队遗尸约 1.5 万具,被俘约 1600 名;日军死亡约 650 名,负伤约 1800 名。此次战役后,蒋介石对第一、第五战区的作战指导方针变更如下:一、主力退至汉水以西地区;二、湖北、河南作为游击区。

　　△　中共中央书记处致电南方局,同意周恩来向国民党中宣部部长叶楚伧表示的与国民党共同进行反汪运动的意见。并指示南方局注意两点:一、利用反汪运动机会广泛地进行反对一切投降派的运动,以达到巩固国共合作和巩固扩大抗日民族统一战线的目的;二、向蒋介石及国民党中坚决主战的军政人员公开说明,汪在国民党内及政府中还有不少同情分子,因此,不仅在政治上,而且在实际上要采取必要的办法,防止他们的一切阴谋。

　　△　八路军晋察冀军区部队一部,于本日至 6 月 2 日在易县塘湖、白堡等地抗击日军,共毙敌 200 余人。

　　△　日军包围江西南昌荷埠周村,1000 余人被杀。

　　△　汪精卫向日本提出《关于收拾时局的具体办法》,主要内容为:

一、由他主持召开国民党全国代表大会,并授权由他组织中央政治会议,负责改组国民政府;二、召开中央政治会议,实行改组国民政府;三、国民政府还都南京,南、北两政府宣布取消。

5 月 29 日　蒋介石电令外交部处理敌伪派奸商用伪币收购丝茧事。

△　冯玉祥在重庆发表讲演,痛斥汪精卫。指出:"我们应毫无顾惜的挖掉"汪精卫这块"腐烂的肉","同时还要肃清汪精卫的思想","坚持抗战,争取胜利更早的到来"。

△　晋西中阳、离石剧战,歼敌数十人。

△　日伪军在山东沾化县城(今古城镇)"扫荡",杀害义和庄、蒲台、小河村民众 200 余人。

△　日军包围徐州基督教堂,捕去中外教士、教友 300 余人,其中 70 余人惨遭酷刑。

△　英、美、法三国驻华大使及海陆军司令集会上海,讨论对日一般问题及加强三国之合作。

5 月 30 日　国民政府公布云南省临时参议会正、副议长名单:议长李鸿祥,副议长赵钟奇。

△　国民政府令派李书华、叶恭绰、李四光、曾镕浦、施乐诗为管理中英庚款董事会董事。

△　军事委员会任命陈沛为第三十七军副军长。

△　东北抗日联军第三军成立,张寿(李兆麟)为总指挥。

△　日军 2000 余人自湖北钟祥南犯多宝湾罗汉市,一股渡襄河窜抵潜江。

△　晋西大武、临汾日军分股西犯,被歼 200 多人。

△　日军在广东汕头澄海各乡屠杀民众 300 余人。另从金沙乡抓走青壮年 700 多人,送菲律宾等地充当劳工。

5 月 31 日　蒋介石以推行政令要领训示党、政、军各主管机关,大讲十年内战期间的"剿共"经验,强调对命令"要绝对服从","视令如命"。

　　△　周恩来在重庆中央广播电台播讲《二期抗战的重心》,指出二期抗战重心在敌人后方,任务是建立游击根据地,消耗敌人有生力量。

　　△　国民政府特派孔祥榕为黄河水利委员会委员长。

　　△　日机九架轰炸河南镇平韩营村,炸死 34 人,毁房 200 间。同日,日机七架轰炸福建惠安县城,死伤几十人。

　　△　鄂境襄河沿岸血战;沙港克复。

　　△　厦门日舰上军机今日及次日,轰炸闽南各地。

　　△　日军岩松中将赴扬州,在瓜洲下轮时遇刺重伤。

　　△　日军部在上海设立负责扶植汪精卫成立伪政权之特务机关,因地址设在日人之梅花堂,故对外称梅机关,由影佐祯昭负责。

　　△　汪精卫、周佛海等 11 人离开上海,于 6 月 1 日抵东京,洽商成立伪政府事。

　　△　日本驻天津总领事致牒英方,限 6 月 7 日午前将刺杀程锡庚的四华人嫌疑犯引渡给日方。6 月 1 日,天津日军司令部再次向英租界当局提出最后通牒。

　　△　苏联外长莫洛托夫演说外交政策,表示将积极援华。

　　是月　军事委员会训令颁行《坚壁清野实施办法纲要》,凡 11 条。

　　△　蒋介石电令各战区发扬攻击精神,消耗日军战力。

　　△　天水行营向蒋介石呈报华北现状,略称:游击战争由于“缺乏领袖,无准备,无政治宣传,缺乏军火”而“崩溃”。提出“今夏必须收复河北中部”,办法是“省界似可废除,藉以建立战略上之游击根据地”;“政府官吏须严格奉行游击战略”;“派遣技术人员,供给大量炸药”。蒋介石批交军令处参考。

　　△　新四军鄂东第六游击大队奔袭黄陂县伪军司令部,俘伪旅长以下 300 余人。

　　△　经济部设立采金局,经办自采金矿、协助民营金矿及代取生金。

6 月

6月1日 军事委员会任命薛岳兼新编第六军军长、沈久成为副军长,彭毓敏为第三十二军军长。

△ 军令部编《南昌会战所得之教训》一文,检讨南昌会战军队十大过失为:一、阵地未能纵深配备;二、敌情侦察判断不确实;三、指挥官位置不适当;四、不能彻底破坏交通线;五、预备队使用过早;六、出击时间、空间计算不正确;七、缺乏协同一致精神;八、掌握联系不确实;九、奉行命令不彻底;十、必胜信念不坚决。

△ 八路军苏鲁豫支队在皖东北萧县张山集、前杨庄一带,粉碎日军的六路进攻,歼敌300余人。

△ 新四军一部伏击由江苏金坛开溧水的日军,毙100余人,毁汽车七辆。

△ 日军对鲁中抗日根据地进行大规模"扫荡"。中共山东分局和八路军山东纵队决定采取内外线相结合的分散游击战,向敌之侧后薄弱点和交通线出击。至7月中旬,共作战20多次,歼日伪军1000余人,粉碎了日伪军的"扫荡",巩固了鲁中抗日根据地。

△ 国民党中常会通过《战时新闻检查办法》、《战时新闻检查局组织大纲》和《非常时期人民团体组织纲领》,准予备案施行。

△ 国民党中央党部函行政院称:据中央委员邓青阳视察广东区党务报告,"各县办理兵役多有不根据壮丁名册抽签,而以乡村人口摊派名额。姑无论其抽签或摊派,其以钱买人替代者60%以上。且其抽签亦非公平,常有乡长从中渔利及强族欺压弱族之弊",原因是"乡镇保甲责重事繁,权轻费少";认为继续推行自治制,要提高乡镇保甲长待遇。

△ 教育部公布《私人讲学机关设立办法》,规定:"私人讲学机关设立后,本部将随时派员视察。其有违反规定者,即予取缔。"

△ 国民政府委员萧佛成病逝泰国曼谷。24日,国民政府明令褒

扬，并给治丧费 5000 元。

△　经济部在浙江金华召开广东、广西、湖南、湖北、江西、福建六省交通会议，决定六省实行联运，以使农产品畅销内地，活跃战时经济。

△　《中国妇女》月刊在延安出版。

△　天津日军司令部再次向英租界当局提出最后通牒，要求引渡程案四华人事在一星期内予以满意答复。

△　汪精卫、周佛海等飞抵东京。

△　伪满实行大米配给制，禁止一般人民食用大米。

△　日本驻美大使堀内演说，盼强化美日关系。

6 月 2 日　全国慰劳抗战将士总会组成，南、北慰问团分赴前方慰问。

△　周恩来将第十八集团军副参谋长左权著《一月来华北战局概况》一文及总统计表函送国民政府联络人员刘维京。6 月，刘维京复函称："备悉十八集团军在华北英勇作战事迹，读之兴奋异常。"

△　上海全市市民通电声讨汪精卫密赴日本向敌屈膝。同日，上海青年联合会及大、中、小学全体教职员亦通电讨汪。

△　英国驻华使馆派秘书兰莱纳及天津英国驻军长官特拉明赴张家口，调查司品烈上校被捕事，日方拒绝兰、特两人与司品烈会见。

6 月 3 日　蒋介石为林则徐禁烟百年纪念发表训词，限全国一二年内禁绝鸦片。同日，重庆市举行禁烟纪念大会，限令各土膏行、店于 6 月 15 日前停闭，烟民于 6 月 30 日前一律自行戒绝。

△　八路军第一二〇师第三五九旅于灵丘作新村、大作村一带伏击日伪军，歼敌 300 余人，毁汽车五辆。

△　日军包围湖北咸宁朱桥，杀害民众 51 人，毁房屋 40 余间。

△　日机七架轰炸宁波，炸死八人，毁房 130 余间。

6 月 4 日　军事委员会任命俞济时为第十九集团军副总司令，霍揆彰为第二十集团军副总司令。

△　八路军苏鲁豫支队在津浦路曹村车站附近粉碎日军的进攻，

歼敌 300 余人,毁汽车三辆。

　　△　日军第五师团及第二十一、三十二、一一四师团、独立第五旅团各一部和伪军二万余人,"扫荡"鲁中沂蒙山区抗日根据地。八路军山东纵队开始反"扫荡"作战。

　　△　日机两批轰炸福建上杭县城区,炸死 15 人,伤 30 人,毁房 93 间。

　　△　日本工商省决定日本中小工商业者向伪满迁移的方针。

　　6 月 5 日　晋西柳林激战。日军分三路大举西犯柳林,夺取军渡。第二战区第十九军等部与敌激战十余日,伤亡惨重,柳林、军渡失而复得。同时,陕甘宁边区河防部队以猛烈炮火封锁河西,粉碎日军自宋家渡河的企图。

　　△　八路军苏鲁豫支队一部在皖东北宿县符离集以东小时村粉碎日军进攻,毙伤日军 100 余人。

　　△　空军炸广州西村及新会西陲日军阵地。

　　△　萧劲光电告蒋介石,陇东镇原、宁县八路军被围,形势紧迫;枸邑方面除杀害八路军伤病员 27 人外,又复大举增兵,要求制止。

　　△　日本陆军省、参谋本部联席会议,对汪精卫提出之《关于收拾时局的具体办法》作出决定:一、汪精卫在建立中央政府的过程中,应与吴佩孚及"临时"、"维新"两政权合作。中央政府之组成及地方自治之程度,不得违反日本既定方针;二、国民党代表大会应避免在南京举行;三、允许采用国民政府名称及青天白日旗,但需在旗帜上方附加三角形黄布片,上写"反攻救国"四字;四、其政府以日、"满"、华睦邻结合为最高指导方针。中央政府成立后,应与日本正式调整邦交;五、汪政权成立时间,预定在本年内。

　　6 月 6 日　中条山血战,第一七七师防线被冲破,1000 余官兵大部壮烈殉国。血战期间,黄河沿岸民众被杀 300 余人。

　　△　八路军山东纵队一部于邹平县刘家井子抗击日军合击,战至次日,歼敌 400 余人,突围转移。

△ 第三战区司令长官顾祝同向蒋介石报告江南部队作战部署，拟调第六十三师和钱塘江南岸守备队等向杭州、上柏、武康一带日军袭击。

△ 国民政府派梁龙为议定中罗（罗马尼亚）友好条约全权代表。

△ 国民党"剿共"别动总队在四川浮图关开会，由康泽主持，参加者有总队长刘伯龙、副总队长马维骥等33人。决议结束该别动总队，改编为第二十八、二十九两师正规部队。

△ 前北京政府总统徐世昌病卒天津。8日，国民政府明令褒扬，并给治丧费一万元。

△ 天津英租界当局复牒日方，以刺程案四华人嫌疑犯证据不足，拒绝引渡。8日，日方第三次提出通牒，限48小时答复。

△ 日本大本营下令攻占汕头。作战部队为第二十一军和第五舰队，分别由安藤利吉和近藤信竹指挥。

△ 日本内阁五相会议通过《建立中国新中央政府方针》：一、新中央政府以汪精卫、吴佩孚和"临时"、"维新"两政权以及改组后之重庆政府等方面组成；二、中央政府根据《调整日华新关系的方针》与日本正式调整国交，其成员应事先接受上述原则；三、中央政府必须具备人的因素和基础力量，成立日期由日本决定；四、中央政府与地方政府之关系，以分治合作为原则；五、关于国民党和三民主义，在不妨碍亲日、"满"和反共原则下，可允许存在。五相会议还具体制定对汪《工作指导草案》，确定五相及前首相近卫与汪会谈。

6月7日 美籍航空顾问陈纳德上校，向蒋介石呈复霍克机训练责任及建议报告。

△ 中共中央书记处发出《关于反对投降危险的指示》。

△ 根据中共中央指示，周恩来以书面提议形式向国民党方面提交关于"合理与公正"解决两党冲突的建议。要求明确划定18县（延安、甘泉、鄜县、延长、延川、安定、靖边、定边、保安、安塞、淳化、栒邑、正宁、宁县、合水、庆阳、环县、盐池）为边区所辖地区，五个整县（清涧、绥

德、米脂、吴堡、葭县)及两个县(神木、府谷)的一部分为八路军补给区,撤退陕、甘两省派往上述地区的县长及驻军、保安队;承认八路军为河北作战主力,担负晋察冀边区作战之责;准予八路军扩编为三军九师并增加军饷;允许八路军及中共党员代表参加河北各级政府和冀察战区党政委员会。

△　广西省临时参议会通电声讨汪精卫,要求通缉归案,明正典刑。

△　日机六架空袭浙江镇海,被击落一架。同日,日机七架轰炸湖北恩施,引起全城大火。

△　日机于是日至10日,轰炸山东沂水东里店村一带,村民死伤300余人。

6月8日　国民政府明令严缉汪精卫。令称,汪逆通敌祸国,海内外民众同深愤慨,"应即由全国军政各机关一体缉拿,务获依法惩办,以肃纲纪"。

△　国民政府为防止日本盗取成吉思汗陵寝决定移陵,并派沙克都尔札布为起陵主祭官,图布升济尔葛勒、傅作义、邓宝珊、高双成等七人为起陵致祭官,贡布扎布、楚明善、唐井然等三人为护送专员。是日,邓、高、楚、唐等汉、蒙官员分别在伊克昭盟伊金霍洛及苏定霍洛等地致祭成吉思汗陵寝及遗剑。10日,开始由伊金霍洛移陵。15日,陵寝抵达榆林。16日,继续奉移南下。

△　日军陷晋南平陆。

△　国民政府公布《都市计划法》,凡32条。

△　国际劳工大会在日内瓦开会,决议拥护罗斯福总统和平倡议,并向中国抗战工农致敬。

6月9日　军事委员会任命宋英仲为第七十军副军长。

△　日机27架袭重庆,炸死炸伤居民九人,空战中日机被击落三架,炸死平民九人。

△　是日至7月1日,生活书店湖南沅陵分店,湖北宜昌分店,浙

江金华分店、丽水分店,江西赣州分店、吉安分店,安徽屯溪支店等,先后被当地政府封闭或停业。

△　国联鸦片顾问委员会决议将日本毒化中国暴行列入报告书中。

6 月 10 日　蒋介石约见周恩来、叶剑英,要求中共军队服从政府命令,解决各地纠纷。

△　毛泽东在延安党的高级干部会议上作反对投降问题报告,指出:当前最大的危险是国民党可能投降,其反共活动是准备投降的步骤。

△　我驻法大使馆电呈外交部:英、美、法三国希望中国继续抗战。

△　日军侵陷山东莒县及沂水。

△　日本首相平沼在东京接见汪精卫,表示充分支持汪建立中央政府。

△　国联禁止鸦片委员会在日内瓦发表声明,指斥日军在其侵占区强迫群众种植鸦片,毒害中国人民。

6 月 11 日　晋南我军收复平陆、茅津渡。

△　晋西由中阳、离石西犯日军受挫,我军连克军渡、柳林等处。

△　日机 27 架夜袭成都,华西大学中弹三枚,炸死女学生一人。另 27 架空袭重庆,使领馆多被炸。蓉、渝两地,我军击落日机五架。

△　进攻汕头日军在庵埠杀害民众 100 多人。

△　河北省保安司令、民军总指挥张荫梧率部袭击冀中深县八路军后方机关,惨杀 400 多人,造成"深县惨案"。

△　张荫梧电蒋介石称:日军扫荡八路,在他人以为大难当前,在我以为军政开展之机会。

6 月 12 日　陈立夫密电陕西省党部派女特务打入延安女子大学,借以探明女大训练妇女干部情报。

△　平江惨案。第二十七集团军副总司令部派特务营一部到平江嘉义镇包围新四军通讯处,将参谋涂正坤及秘书吴贤众杀害。夜,又将

八路军少校副官罗梓铭、秘书吴渊、新四军少校秘书曾金声及家属赵录等六人活埋于黄金洞。

　　△　教育部规定8月27日孔子诞辰为教师节。

　　△　南京伪维新政府财政部长陈锦涛病卒上海。

　　△　天津日军宣布，于48小时内封锁英、法租界。

　　△　汪精卫与日本海相米内光政会谈，米内表示支持汪建立中央政权。

　　△　日本"满洲勤劳奉仕队"到长春。

　　6月13日　国民政府特派全权代表孙科与苏联特派全权代表米高扬在莫斯科签订关于苏联贷于中国1.5亿美元协定。

　　△　国民政府公布湖北省临时参议会正、副议长名单：议长石瑛、副议长李四光。

　　△　军事委员会公布《优待俘虏须知》，凡25条。

　　△　第四战区驻翁源部队遵照余汉谋命令，向汕头方向移动，以阻止日军进攻。

　　△　日机轰炸常德、桃源、赣州、福州、南宁。

　　△　中苏在莫斯科签订《关于苏联贷于中国1.5亿美元协定》。

　　△　汪精卫与日本藏相石渡庄太郎会谈，石渡表示支持汪建立中央政权，但要汪实行新的财经政策，与日本经济提携，共同开发中国地下资源。

　　6月14日　经济部公布《植物油掺合及替代柴油暂行规则》、《经济部管理锡业规则》。

　　△　我军克复豫北内黄。

　　△　日机六架轰炸湖南益阳，市民死伤97人。江西吉安、樟树、新淦、峡江等地亦遭空袭。

　　△　汪精卫与日本外相有田八郎会谈，有田表示日本一致支持汪建立中央政府。

　　△　汪精卫与日本前首相、现任枢密院议长近卫会谈，近卫告诉

汪:应为收拾时局作出最大努力。

△　天津日军在英、法两国租界入口处设置障碍物,对租界实行封锁。外交部长王宠惠对日军封锁事发表谈话,望列强采取集体行动制裁日本。

△　英国内阁讨论日本在天津制造紧张局势,拟定在经济上对日本报复手段:一、对停泊英港口日船须征特种捐税;二、限制日货输入英属各殖民地,并加征进口税。

6 月 15 日　国民党广东省党部电国民党中央及国民政府,拥护通缉汪精卫。

△　国民政府派朱绥光为绥远省境内蒙古各盟旗地方自治副指导官。

△　中共中央任命新四军江北指挥部副指挥徐海东兼新四军第四支队司令员。

△　空军轰炸南昌日军阵地。

△　八路军第一二〇师第三五九旅一部在山西灵丘附近击溃日军500 余人,缴获机枪 19 挺。

△　日军围袭山西夏县文德村,杀害民众 128 人,毁房 600 余间。

△　日军封锁鼓浪屿。

△　教育部密颁《对民先队基本救济办法》,分为对民先队员进行“特种训练”和“感化”为主的“积极办法”与“给予开除、留校活动,由党部给予严厉制裁”的消极办法两种。

△　汪精卫与日本陆相板垣征四郎第二次会谈,板垣要求:一、中央政府的名称和首都,由中央政治会议决定,国旗如采用青天白日旗,要在旗帜上面缝一块表示“反共和平”的三角黄布;二、同意取消“维新”和“临时”两政府名称,但须尊重其内容与事实,并在华北成立政务委员会;三、中央政府和地方政府采用分治合作的原则,其成立时间要与日本密切联系后决定;四、召开国民党代表大会,地点避免在南京。

△　汪精卫向日本提出《对日本实行尊重中国主权原则之希望》:

一、日本在各级政权中应不设置政治顾问或具有类似名义之职位,不占有或操纵各种或各个税收机关;二、确定最高军权的独立性,在最高军事机关设立顾问团,招聘日、德、意三国之军事专家组织之。中央政府建交后,日军应进行局部撤退;三、迅速交还中国公私营工矿企业,对合办事业应重新进行合理估价,与"临时"和"维新"两政府所订契约,给予再次审查的余地。

△ 日本陆军省、参谋本部作出关于处理第三国在华活动及权益的措施要领,决定以使第三国放弃援蒋态度,顺应日方处理事变之步调为方针;关于租界问题,可采取封锁、直接搜捕以至军事占领等措施;关于长江、珠江等内河航行权及商权问题,可"实行加强封锁程度和扩大封锁范围",但"当第三国有转向日本的具体表现时,只要不影响战争进行,可以逐步恢复其活动及权益"。

6月16日 国民政府特派全权代表孙科与苏联特派全权代表米高扬在莫斯科签署《中苏通商条约》。

△ 空军炸风陵渡日军炮兵阵地,炸毁炮十余门。

△ 日军在马公集结,准备进攻汕头。

△ 《新华日报》宜昌分销部被当地政府查封,负责人被捕。25日,新华日报社社长潘梓年致函国民党中宣部,要求纠正谬误处置。

△ 日本五相会议对汪精卫提出之《关于收拾时局的具体办法》作出决定:一、中央政府名称和首都,由中央政治会议决定;二、国旗如采用青天白日旗时,须在旗帜上面附上一块三角形黄布片,上写"反共和平"等字样;三、关于废除"临时"和"维新"两政府,须理解只取消其名称,对两政府与日本签订之协定及其他决定,中央政府必须继承;四、建立中央政府要特别考虑具有人的要素和基础实力;五、对于国民政府与外国签订之条约和协定,中央政府应按日华新关系的方针,宣布予以废除或修改。

6月17日 蒋介石接见美国大使詹森,促美国政府对日本封锁天津英、法租界事作严正表示。

　　△　国民政府加派张继参加前线战士慰劳代表团。该团南、北两团公推张继为总团长。

　　△　陕西省政府决定整修黄帝陵,并设陵园管理处。

　　△　日伪军围袭河北冀县东兴村,杀害村民 148 人,重伤 53 人,烧毁民房 500 余间。

　　△　日伪成立"华中棉产改进会"。

　　△　美国民意大多数同情我国,并赞成对日本军用品禁运及拒买日货。

　　6 月 18 日　周恩来离重庆返回延安。在路经西安时,会见陕西省政府主席蒋鼎文,研究调解各地摩擦的具体办法。

　　△　我军在中条山击败日军。

　　△　日机三架空袭江西修水梁口,投弹 10 余枚,炸死 72 人,毁房 30 多间。

　　△　汪精卫结束在日本的活动,由影佐祯昭等陪同离日。

　　△　日本关东军及伪满军再次进攻外蒙古。

　　△　英国外交部发表声明,指日本封锁天津租界,在迫使英国合作建立"东亚新秩序";盼日重新考虑,否则将采取步骤保护其在华权益。

　　6 月 19 日　国民政府公布《经济部合作事业管理局组织条例》及民国二十六年度国家普通岁入岁出第二次追加预算书。

　　△　八路军冀热察挺进军抗击日军对平西根据地的"扫荡"。经七天作战,毙伤敌 300 余人。

　　△　日机是日起连续三日,轰炸江苏宜兴县徐舍等地,投弹 80 余枚,死伤居民 100 余人,毁房 200 余间。

　　△　英国首相张伯伦在下院谈日军封锁天津英、法两租界事,表示望纠纷能就地解决。并称英国驻日大使克莱琪现在亦正与日本政府交涉,以冀现行局势趋于澄清。英国政府仍与美、法两国政府密切保持联络。

　　6 月 20 日　日机 10 架空袭汕头,日舰 30 余艘向汕头外围岛屿进犯。

　　△　英国驻日大使克莱琪与日本外相有田八郎会商天津事件,日本要求英国放弃亲蒋反日政策。

　　△　英、法在新加坡开军事联防会议,决议双方协力保护在华租界与财产。

　　△　美国国务卿赫尔发表演说,指责日本封锁天津租界及轰炸中国各地。

　　6月中旬　蒋介石会见周恩来、叶剑英,会谈河北冲突问题。蒋说:八路军不停止进攻就不能谈判具体问题。周恩来说:并非八路军进攻,而是八路军被人所攻。最后双方同意派人调查。

　　6月21日　蒋介石电云南省政府主席龙云,速派得力部队保护滇越铁路桥梁。

　　△　成吉思汗灵榇途经延安,延安各界人士隆重举行祭典。中共中央代表谢觉哉、统战部副部长柯庆施、八路军代表滕代远、陕甘宁边区政府代主席高自立、国民党肤施县党部及政府代表高仲谦等与群众万余人参加祭典。25日,成吉思汗灵榇抵西安,蒋鼎文等迎接致祭。

　　△　军事委员会任命杜聿明代第五军军长,周士冕为第二十七军副军长。

　　△　八路军晋察冀军区部队一部,于平山县小觉、清水口之间抗击日伪军进犯,毙伤敌200余人。

　　△　日军在汕头附近新港、梅溪登陆,次日陷汕头。

　　△　日机轰炸山东胶南县六汪集,炸死20余人,伤10余人,毁房30余间。

　　△　张荫梧率河北民军三个旅进攻第十八集团军第三纵队吕正操部,吕部驻刘家庄官兵伤亡过半。22日,八路军第一二〇师独立二团、第七一五团各一部,在深县张寨寺地区将张荫梧所部全歼。是役共毙伤张部500余人,俘旅长以下2000人。

　　△　香港学生举行反日大示威。

　　6月22日　军事委员会发言人为弃守汕头在重庆对记者谈话称:

"敌军攻占汕头,就军事上之意义而言已无价值。"又称:日占汕头之主要目的,为"侵夺各国在太平洋沿岸之权益,驱逐欧美在中国之势力"。

△ 中共中央军委、总政治部发出《关于目前时局及八路军新四军之任务指示》,指出:八路军、新四军的任务是巩固自己,准备自己,克服困难,巩固抗日根据地,联络友军,巩固统一战线,反对投降,以坚持抗战。而华中方面,中心任务则是发展。

△ 八路军晋察冀军区部队一部,于平山县柏岭附近之南北姚清截击日伪军,毙敌 400 余人。

△ 日军陷晋南垣曲。

△ 日机六架轰炸福建长汀,炸死 150 余人,毁房 100 余间。同日,日机又轰炸浙江象山县丹城墙头,死伤 14 人,毁房 20 余间。

△ 上海外汇猛缩,存户纷纷向银行提取存款换外汇。财政部下令限制提款,规定存款数目超过 500 元以上者,每周提取数目不得超过 500 元。

△ 日、"满"机 120 架与苏机 90 架,在中苏边界地区空战,日、"满"机被击落 31 架,苏机被击落 12 架。

△ 首批美援物资卡车 510 辆、军用布 300 吨到达海防,开始内运。

6 月 23 日 军事委员会任命俞济时兼第八十六军军长。

△ 江南抗日义勇军夜袭京沪铁路浒墅关车站,全歼日军 50 余人和伪军一个中队,炸毁铁桥一座,使京沪路停运三天。

△ 日军陷浙东定海,枪杀抗日分子 29 人。

△ 日机 39 架轰炸湖南常德,投弹 500 余枚,城内外六处起火。

△ 经济部核准《经济部燃料管理处维持岷江流域各矿生产办法》,凡九条。

△ 北平伪临时政府向英总领事提出四项要求:一、移交"恐怖分子"及"共产党";二、与日货币政策合作;三、检查华商银行;四、禁止一切攻击伪政府言论及印刷品。

△　日兴亚院会议决定,从6月份起,每月由中国海关关余金额内拨200万元作吴佩孚工作费用,连续付五个月,以收买吴佩孚。

△　英国外相哈里法克斯再度抗议日军在天津之野蛮行动。

6月24日　军事委员会任命王耀武为第七十四军军长。

△　八路军第一一五师一部与日军激战于山东曹县玉堤圈。毙敌150人。

△　新四军游击支队袭击皖北怀远县城,击毙日军数十人。次日,再袭怀远县城,歼日军一部。

△　新四军第四支队司令员高敬亭在安徽肥东县表龙厂被新四军军部错杀。

△　河北民军第四团团长朱程率部脱离张荫梧,接受八路军领导。

△　国民政府明令《公库法》施行日期及区域,规定国库除新疆、云南、青海、宁夏四省暂缓施行及游击区或接近战区地方确有特殊障碍者外,均自本年10月1日起施行。各省、市、县库自翌年1月1日起施行。

6月25日　晋南我军攻克垣曲。

△　日军后藤支队自汕头开始进攻潮州。次日,击败枫溪附近余汉谋部独立第九旅主力。日军进攻期间,在梅溪一带杀害洪厝乡村民170余人。

△　日机轰炸福建武平县城,投弹30余枚,炸死32人,伤37人。

△　延安召开群众大会公审汉奸李省三。八路军后方军事法厅主审官胡耀邦宣判李死刑,立即执行。

△　汪精卫抵北平,会见日本华北方面军司令官杉山元,并和王克敏晤商组织伪联合政府。汪曾约吴佩孚在杉山元官舍会面,遭吴拒绝。

△　美国通知日本废止《美日友好通商航海条约》。

6月26日　军事委员会政治部长陈诚奉蒋介石令,密订《共产问题处置办法》,凡五章63条。同日,陈诚将所拟办法函送徐永昌核签意见。28日,徐永昌函复陈诚同意。该办法于月底秘密颁布。

△ 晋东南根据地游击支队一部在蚌埠以西常家坟设伏,击毁日军汽艇一艘,歼敌数十人。

△ 教育部决定本年度国立各大学及独立学院统一招考新生。聘罗家伦、王星拱等 19 人组成招生委员会,设重庆、成都、南郑、昆明、贵阳、辰溪、桂林、延平、上海、兰州、恩施、泰和、永康、曲江、镇平 15 处为招生区。

△ 驻英大使郭泰祺会见英外交大臣,表示希望召开太平洋会议。

6 月 27 日 行政院公布《公库法施行细则》,凡 40 条。

△ 日军大举进犯闽、浙,川石岛陷落;我军封锁闽东江口。

△ 日军侵占潮州,次日陷三水。

△ 日军进犯温州、福州两港,限第三国船舶于 29 日中午 12 时前离去,并知照两城外侨撤退。英、美两国已予拒绝。

6 月 28 日 蒋介石在中央训练团作《确定县各级组织问题》之讲演。嗣后即以此讲稿交由国防最高委员会秘书厅整理,草拟《县各级组织纲要》及《县各级组织纲要实施办法》。

△ 全国慰劳总会北路慰劳团自重庆出发,赴湖北、河南、山西、陕西等地慰问。

△ 八路军第一二〇师独立第三支队于蠡县莲子口附近抗击日伪军进攻,歼敌 200 余人。

△ 汪精卫返上海。

△ 日本政府应英国政府要求,同意举行英日会谈,驻天津日军和外务负责人被召回东京。

6 月 29 日 第八战区司令长官部代表谭季纯、李志东、王致云、任冠军与八路军代表王观澜、王维舟、张才千、谢扶民在甘肃庆阳签订解决陇东事件办法三项,决议恢复两县纠纷前之原状,并定出恢复原状办法七条。议定陇东专署特务大队及各县在镇、宁两县附近保安队于 7 月 1 日撤退,镇、宁两县原状的恢复及第一六五师的撤退,在双方代表派员监督下于 7 月 3 日实行。至此,陇东镇宁摩擦事件暂告平息。

　　△　军事委员会任命莫树杰为第八十四军军长

　　△　我军克复粤省从化神冈圩，歼敌百余名。

　　△　日军侵占澄海。

　　△　招商局3300吨江轮首次上驶长江，安抵重庆。

　　△　日机分袭四川梁山、浙江镇海、河南南阳及内乡。

　　△　汪精卫在上海与伪维新政府梁鸿志、陈群、任援道会谈建立中央政府问题，无结果；下午与温宗尧单独会谈，温表示赞成，并准备参加。

　　△　天津日军宣布，自7月份起，将加紧封锁租界。

　　6月30日　毛泽东发表《当前时局的最大危机》一文，深刻揭露投降派的投降活动和分裂阴谋。

　　△　军令部批准第十战区司令长官蒋鼎文调派暂编骑兵第二师进驻陕北，已排挤八路军河防驻军。同日，程潜电蒋介石报告，调派暂骑二师接替陕北河防事，已征得阎锡山同意，划归邓宝珊指挥。

　　△　八路军第一一五师苏鲁豫支队与山东纵队在皖东北创建抗日根据地。

　　△　占领汕头日军在赐茶附近抓获逃难民众300多人，除几十人逃生外，全部被屠杀。

　　△　山东定陶县县长姚崇礼率部1200余人，袭击八路军第一一五师杨得志部冀鲁豫支队，结果姚部被全歼。

　　是月　中共阿城县委25人在哈尔滨香坊附近开会，被日宪兵队逮捕交给石井部队，作试验杀害。

　　△　日机15架轰炸鲁南东里店，炸死居民300多人，毁房4000余间。

　　△　河南宁陵日军骚扰西张坡楼，烧毁全村房屋300余间。

7 月

7月1日 军事委员会任命吴瑞英为第六十一军军长。

△ 四川省临时参议会在成都成立。

△ 成吉思汗灵榇运抵甘肃榆中兴隆山,甘肃省政府主席朱绍良等举行安陵祭典。

△ 新四军江北指挥部对第四支队及江北部队进行整编。决定徐海东任第四支队司令员(徐在延安,由戴季英代理),下辖第七团、第十四团。以原第四支队第八团为基础,扩编为第五支队,罗炳辉任司令员,下辖第八团、第十团、第十五团。

△ 日军集中六个师团,对晋东南根据地发动第二次九路围攻。晋东南根据地"扫荡"和反"扫荡"激烈展开。是役持续约两个月。

△ 日机轰炸江苏高邮,炸死居民 50 多人,毁房数十间。

△ 川康科学考察团成立,邵逸国任团长,团员 41 人。考察计划分三期进行,每期一个半月至两个半月不等。

△ 天津日军加强封锁英租界。并将北宁、津浦等路英籍职员全部解雇。

△ 日舰麇集闽江,宣布展期封锁福州。

△ 伪厦门市政府成立,李思贤任市长。

7月2日 周恩来致电陈诚,抗议国民党军队制造平江惨案。

△ 第一一七师一部攻入江苏淮安,与日军在城区巷战。

△ 日军在福建连江县定海,杀害村民 32 人,伤 30 多人,毁房128 间,焚掠民船 77 艘。

7月3日 国民政府任命周钟岳兼县政计划委员会主任委员,原任何键免职。

△ 国民党中央党部以《组织民众肃奸网及办理联保连坐切结办法》,凡 10 条,通告各党务机关知照。

　　△　国民党中央调查统计局向社会部报告广东海陆丰发现"长发党"活动。海丰、陆丰两县政府决定会同防军派队围剿。14日,社会部签呈处理办法三项,强调"注意政治运用,笼络该党首要,俾能顺利招抚"。

　　△　日军第二十、第一〇九师团等部五万余人,开始对晋冀豫抗日根据地太行区进行大"扫荡"。同日,日军第十四师团主力及第十、第三十五等师团各一部,联合"扫荡"鲁西,至9日先后攻陷城武、定陶等地。

　　△　日军进攻绥远大青山。

　　△　汪精卫由上海到南京,与日本华中派遣军司令官山田乙三会谈,要求支持他建立中央政府。当日返沪。

　　△　北平伪临时政府就天津租界事,向英国大使馆提出五点"合作"要求。

　　7月4日　财政部公布《进口物品申请购买外汇规则》,凡六条。8日,外汇审核委员会成立,规定各业申请购买外汇,必须经该会核准后,再由中国、交通两银行售给外汇。

　　△　日军陷晋东南辽县。

　　△　日机轮番轰炸江苏高邮东坝、下坝、周城等镇,死伤50多人,毁房50多间。

　　△　国民党中央宣传部副部长潘公展在重庆约见生活书店负责人邹韬奋,要求将生活书店与正中书局、独立出版社合并,遭邹拒绝。

　　△　汪精卫与日本第三舰队司令官及川古郎等会谈,汪向日方献策说:"为推翻重庆抗日政权,北方须切断与苏联之联系,南方须使英国停止援助。"及川对汪说:"现在正是到了成立新中央政府之时期,今后希望阁下进一步努力。"

　　7月5日　军事委员会任命梁华盛为第十军军长,杨德亮为第四十二军军长,陈烈为第五十四军军长。

　　△　周恩来致电程潜:河北深县、冀县间所发生的不幸事件,据朱德从前方来电称,确由于张荫梧部包围在深县刘家庄八路军吕正操部

而起,致发生激战。现朱德已致电河北省政府主席鹿钟麟会同派员彻查真相以便处理,请电鹿速即派员,并令部属勿再故生是非致使事态扩大。

△　日军陷山西武乡、沁县。次日,陷河南涉县。

△　汪精卫到南京与伪维新政府梁鸿志等再次会谈。梁表示欢迎汪精卫出马"完成统一,收拾时局;维新政府人员要维持原状"。汪要梁"必须站在反蒋之立场"。

△　英国援华委员会在伦敦召开援华民众大会,发起举行"中国日",并决定发行日刊《中国新闻》,以策动英国舆论共起援华。

△　国际劳工大会在瑞士苏黎世举行,通过谴责日本侵略、积极援华等决议案。

7 月 6 日　第十八集团军总司令部命令:老黄河以北之鲁西北地区军事斗争归第一二九师领导。

△　八路军第一二九师第三八五旅主力袭击辽县石匣村之日军,毙伤敌 300 余人。

△　八路军第一二九师第三八五一部攻克山西辽县县城,毙伤日军 100 余人。

△　日军陷福建平潭。

△　日机 30 架夜袭重庆,投弹百余枚。同日,日机 11 架轰炸山西陵川,炸死数十人,毁房数十间。又轰炸江西上饶水南街,炸死 30 多人,毁房数十间。

△　国民政府修正公布《非常时期过分利得税条例》。

△　苏、蒙军与日、"满"军在苏蒙边境诺边门坎发生激战。至 12日,日、"满"军伤亡达 5000 人,空战中日机被击落 61 架。此后双方冲突直延续至 8 月底。

△　日本首相平沼在内阁情报会议上阐述日本外交政策,宣称:即将举行之英日东京谈判,仅限于天津事件,日本决不能与阻挠或摧毁"新秩序"之国家谋得合作。

7月7日　蒋介石为抗战两周年发表《告全国军民书》、《告日本民众书》、《告友邦人士书》、《致慰抗战阵亡家属书》及《对战地民众之广播讲演》等文告，重申抗战到底国策不变。

△　中国共产党中央委员会发表《为纪念抗战两周年对时局宣言》，提出坚持抗战，反对投降；坚持团结，反对分裂；坚持进步，反对倒退之总方针，号召动员一切人力、物力、财力展开全民族的全面抗战。

△　重庆市集会纪念抗战两周年，并公祭抗战阵亡将士及死难同胞。何应钦报告称：抗战以来敌军伤亡总数为91.78万余人，俘日伪军8555人，毁敌机716架，击沉、击伤敌军舰644艘。

△　八路军、新四军总部发表公告：两年来八路军、新四军与敌作战3129次，毙伤伪军10万人，毙伤日军6.509万人，俘敌3855人。

△　八路军全体将士为纪念抗战两周年通电全国称："全军将士深知华北敌情日益严重，新的困难正在增加。感责任之艰巨，痛投降分子之无耻，敢不益加奋勉。"

△　中共南满省委、东北抗日联军第一路军总政治部发表《告东北同胞书》，号召东北同胞与关内同胞一起，在共产党和东北抗日联军领导下，联合起来推翻伪满洲国，驱逐日本强盗。

△　孔祥熙著《中国抗战财政与友邦在华利益》一文，称中国财政稳定并竭力维持债信。

△　宁夏省政府主席马鸿逵电蒋介石献金百万，即日呈解中央，为犒赏各战场将士之用。

△　八路军第一二九师第三八六旅主力，夜袭榆社县云簇镇之敌，战至次日，毙伤日军300余人。

△　西安俘虏收容所日俘成立大同学园反战同盟会。押切五郎任会长。

△　汪精卫在上海和陈群等再次会谈建立伪中央政府事，陈群要求"不要变动维新政府的人事"，汪表示"人事原则是：（一）以政策上一致之人组织之；（二）应适才适用"。

△ 日本陆相板垣征四郎接见记者称:日本当实行建设"大东亚新秩序"使命时,就会有排斥第三国不当干涉之必要。

7 月 8 日 财政部核准施行《便利内汇暂行办法》。

△ 战区中小学教师服务团团长郭登依据教育部所发《对民先队基本救济办法》,制定实施要领。通知所属中小学班主任遵照严密办理。

△ 日军陷山西沁水县。

△ 日机 27 架袭柳州,投弹百余枚。

△ 汪精卫发表《我对于中日关系之根本观念及前进目标》声明,要点为:"(一)宣布与蒋介石绝缘,进行和平救国运动;(二)共同防共;(三)亲日,中日提携。"

△ 美国驻上海总领事及驻日大使因日机轰炸重庆,美侨生命财产屡受威胁,分别向日本政府提出抗议。

7 月 9 日 国民政府举行北伐誓师十三周年纪念,蒋介石主持,吴敬恒报告《总理三十年完成国民革命之意义》。

△ 军事委员会任命冯圣法为第七十四军副军长。

△ 三青团在青海筹设支团部,派马步芳为指导员,王文俊为筹备主任,原春晖为书记。

△ 八路军晋察冀军区一部在易县、满城、徐水抗击日军"扫荡",至 30 日,共歼敌 1000 余人。

△ 日军包围河南罗山县朱堂店,进行烧、杀、淫、掠,杀害居民 87人,轮奸妇女数人。

△ 汪精卫在上海发表广播讲话,公开主张卖国降日,声称:"中国应与日本实现外交方针一致,军事方针一致,进而谋求经济合作,求得共存繁荣。""应根据日本提出之对华三原则,商定各种具体条件,期于彼此交受其益,确定东亚永久之基础。"

7 月 10 日 军事委员会任命张文清为第二十五军副军长。

△ 第一战区一部炸毁焦作至李封公路石桥,进攻焦作日军,并破

坏煤矿公司锅炉、矿井。

△ 八路军第一二九师一部收复山西榆社县城。

△ 八路军山东纵队从 6 月 4 日开始的沂蒙山区反"扫荡"作战结束,共歼敌 1000 余人。

△ 香港印刷工会排字工人要求增加工资减少工时举行罢工。12 日,工会代表罗文锦见英总督请求仲裁。14 日,英总督订立仲裁办法,请各报酌加饭贴。16 日,工人要求获得解决,次日各报恢复出版。

△ 汪精卫由上海飞青岛,续与梁鸿志、王克敏会商组织新伪政权事。

△ 汪精卫在上海创刊《中华日报》,林柏生任社长。

△ 日伪拼凑之东亚经济恳谈会第一次会议在东京举行,会长乡诚之助。

7 月上旬 新四军豫鄂独立游击支队一部,在孝感地区展开游击作战,在杨家河、沙子岗地区歼伪军 200 余人。

7 月 11 日 鄂东游击队总指挥陈汝怀部攻克黄梅,毙日伪军 140 余人。

△ 八路军第一一五师一部于郓城县肖皮截击敌人,毙伤敌 150 余人。

△ 八路军第一二九师一部收复山西武乡县城。

△ 日军陷山西屯留。

△ 孔祥熙电谢泰国侨胞筹款 70 万元捐献祖国难民委员会。

△ 印度国大党领袖尼赫鲁函复毛泽东,表示祝愿,并向八路军致敬。说他来中国访问时,希望能和毛泽东相见。

7 月 12 日 第三战区一部在沂东象山港外与日军接战受挫,退守佛渡山。

△ 八路军总部特务团收复山西襄垣县城。

△ 八路军冀南军区部队破袭河北栾(城)赵(县)、束(鹿)衡(水)、宁(晋)束(鹿)等公路,共破毁公路 70 余公里。

　△　日军陷山西长治、潞城。

7 月 13 日　国民党中常会决定永远开除周佛海、陈璧君党籍。

　△　西藏达赖十三世"转生后身"(即行将继位之达赖十四世)在青海塔尔寺附近寻获,系五岁幼童拉木旦柱。是日,由护送员马元海及藏方寻觅大员护送回藏,国民党中央拨款 10 万元作护送费用。

　△　军事委员会任命鲁道源为第五十八军副军长,安恩溥为第六十军军长。

　△　八路军一部攻入河北献县樊属镇,与日军相持六日之久,全歼该敌。献县援敌亦被击溃。

　△　日军陷山西壶关。

　△　川滇公路落成。该路自四川隆昌起至贵州达沾益之天生桥。

　△　日本紧急阁议,核准日英"天津事件"谈判应采取之根本政策,其要点为:一、要求英国放弃亲蒋反日政策;二、要求英国就天津英租界内之政治、经济及其他各方面实行与日方合作。

7 月 14 日　第四战区一部攻克广东潮州,17 日复失。

　△　日军陷山西长子县。

　△　日军 2000 余进犯晋察冀边区冉庄,与八路军第一二〇师第三五九旅第七一八团激战,战至 17 日,敌不支退灵丘。是役毙伤敌浅川联队森大队长以下 300 余人。

　△　山东第六区专员王金祥部,在冠县化庄袭击筑先纵队,杀害地委书记张炳元。

　△　豫东伪军刘怀锦部 400 人于商丘反正。

　△　东京举行大规模反英示威,并冲入英国使馆。同日,日本新闻界发表《反英宣言》。

7 月 15 日　国民参政会参政员罗文幹、陶孟和、张奚若、傅斯年、罗隆基、钱端升等通电讨汪。

　△　周恩来致电甘肃省政府主席朱绍良:"悉镇原、宁县两县纠纷已得初步解决,至为欣慰。一切仍乞鼎力维护,使得公平解决,以便团

结,是为至幸。"

△　国民政府任命梁龙为驻罗马尼亚特命全权公使。

△　重庆《国民公报》报道:重庆市实业家集资创办中国兴业公司,资本总额 1200 万元。孔祥熙任董事长,傅汝霖任总经理。

△　日军陷山西阳城。

△　日机 18 架空袭柳州,投弹 20 余枚。

△　英国驻日大使克莱琪与日本外相有田八郎,就天津英租界案在东京开始谈判。

△　西班牙国际义勇军中国战团于法国南部之集中地,致函重庆《新华日报》,附寄致蒋介石及朱德信件一封,呼吁援助。

7 月 16 日　全国慰劳代表团总团团长张继率北路慰劳团抵洛阳。19 日,南路慰劳团抵鄂南。

△　南洋华侨回国服务团驻延安办事处成立,彭士馨等五人组成干事会,彭任总干事。

△　日军攻陷广东海澄,屠杀民众 700 余人。

7 月 17 日　甘肃省政府主席朱绍良就陇东镇宁事件电蒋介石,称初步解决办法签订后,"彼方部队缺乏诚意,延不遵约撤退",已"电萧劲光转发饬照约履行"。

△　中共新四军第一次代表大会在皖南泾县云岭召开,传达并研究贯彻中共六届六中全会精神,于 26 日闭幕。

△　英国首相张伯伦就英日谈判在下院发表声明谓:英国外交政策自有权衡,不拟接受他国之要求而有所改变。

7 月 18 日　行政院决议战区各省设行署,并公布《设置行署通则》,凡九条。

△　何应钦批准陕北行政专员何绍南所拟《防止异党在陕北活动办法》及《陕北工作大纲》,规定采取积极与消极两种办法,瓦解中国共产党,围攻与缩小陕北根据地。

△　湖北第二区行政督察专员程汝怀向军政部报告武汉沦陷后鄂

东(湖北第二区)军政概况称:该区贪污之风甚遭民怨,而疮痍、疟疾流行,军民几无幸免,财政竭蹶,学校停办,党务陷于停顿状态。

△ 八路军第一二九师特务团袭击涉县河南店之日军,毙伤敌120 余人。

△ 日军陷山西晋城天井关。次日,陷泽州。

△ 日军进攻河南永城山城集,因民众已逃避,遂纵火焚烧民房6340 间,并把个别未及逃避的老人推入火中烧死。

△ 日机九架袭湖南益阳城区,炸死 210 多人,毁房 100 余栋。

△ 日军发出通告:21 日封锁闽省三都澳及罗源;22 日封锁闽省东北端之沙埕,要求当地外轮、外侨一律撤退。

△ 上海法币外汇黑市波动。外汇平准基金管理委员会决定限制供应外汇。

△ 美国共和党参议员范登堡向参议院建议废止《美日商约》;主张再开九国公约国会议,以确定日本侵略中国行为是否违反《九国公约》。

7 月 19 日 蒋介石召集三民主义青年团干事会,发表干事会及监察会人选名单。

△ 财政部发言人就近日上海外汇风潮发表谈话,指出这风潮是日本破坏法币造成的;并说政府为便利各方向国外购取最需要之物品起见,仍将继续保持大批外汇。

△ 陈诚电复周恩来,掩饰平江惨案真相,称第二十七集团军派队前往剿办,维持地方治安,系适当处置。

△ 日机七架袭山西河曲,死伤 300 多人,毁房 200 余间。

△ 国民政府任命臧启芳为国立东北大学校长。

△ 中央图书杂志审查委员会制定《抗战时期宣传名词正误表》,呈宣传部核定施行。该正误表列入"谬误名词不用者"有"制造摩擦"、"边区政府"、"抗日政权"、"争取民主"、"抗日的八路军"、"抗日联军"、"抗日救国十大纲领"、"亲日派"、"民族失败主义"等 20 余个共产党常

用名词。列入"谬误名词应改者"共 40 余个,如"拥护抗战到底",改为
"拥护抗战国策","拥护抗日的政府"改为"拥护国民政府","拥护抗日
的领袖"、"拥护革命的领袖"改为"拥护领袖","共同领导"改为"服从最
高领袖领导","国共合作"、"联合各党各派"改为"全国精诚团结","抗
日民族统一战线"、"联合战线"改为"集中抗战力量","边区"、"特区"、
"抗日根据地"、"陕北圣地"一律改为省名或地名。

　　△　英、日大使在东京举行第二次会谈,讨论天津事件背景问题。

　　△　《纽约时报》以《日本要求另一"慕尼黑"》为题,发表长篇评论
称:"此次远东局势则我政府已明告日本,吾人在华拥有巨大直接利
益",日本"若忽视此警告之一切含义,殊为不智"。

　　7 月 20 日　军事委员会任命高荫槐兼新编第三军军长。

　　△　周恩来致电程潜,对调派暂编骑兵第二师马禄部移驻郿县表
示"不胜惊讶"。22 日,程潜复电称:马师开郿,系遵蒋命,"事关军令,
未便骤改"。

　　△　四川松潘地区 30 万藏、羌等民族代表,至重庆"请缨杀敌"。

　　△　日军到湖北随县金屯"清乡",杀害民众及抗日战士 54 人。

　　△　财政部规定桐油、猪鬃、茶叶、矿砂四类物资,由该部贸易委员
会统购统销。

　　△　生活教育社筹设之育才学校在重庆北碚开学,校长陶行知。

　　△　延安女子大学开学,毛泽东、周恩来、陈绍禹等出席开学典礼。

　　7 月 21 日　国民政府特派顾维钧、郭泰祺、钱泰为出席国联第二
十届大会代表。

　　△　军事委员会任命唐淮源为第三军军长,柏辉章为第四军副
军长。

　　△　东京发表日方对英日谈判提出的无条件移交凶手等强硬
要求。

　　△　英、日大使举行第二次谈判。事后,日本外务省发表公报称:
"谈判略有进展。"英国外交界人士称:此次谈判当可商定正式谈判

日程。

7 月 22 日 蒋介石电香港中国银行董事长宋子文,并转钱新之、叶琢堂赴重庆共商金融问题。

△ 国民外交协会在重庆宴请泰国华侨总会主席蚁光炎。黄少谷致欢迎词,赞扬蚁光炎以 60 余高龄不辞跋涉,努力抗日之热忱。

△ 中国工业合作社在重庆召开总结工作会。报告称:该社自去年 8 月成立以来,先后在陕西、湖南、江西、川康及云南等处成立办事处,并在全国各地设立事务所 39 处,组织工业合作社 600 余,社员8000 余人,贷款总额 90 余万元。又在后方及沦陷区各地设立小型工作工厂约 1200 余所,社员达数万人。

△ 周恩来、叶剑英致电国民政府军事委员会军令部长徐永昌,揭露国民党制造平江惨案的真相。

△ 周恩来再电陈诚,抗议国民党当局掩饰平江惨案真相,指出该案"纯为阴谋惨杀",要求派员会同查明,"使此沉冤大白于天下"。

△ 第二战区一部攻克晋南长治。

△ 日机五架轰炸安徽屯溪,投弹 25 枚,死 47 人,伤百余人。

△ 汪精卫党羽在上海指使暴徒袭击《中美时报》、《华美晚报》及《大晚报》报社。

△ 周佛海在伪《中华日报》发表长文《回顾与前瞻》,宣扬投降卖国论调,次日续刊。

△ 南京日侨 4000 人举行反英示威大会。同日,日军通知英、美各国驻闽南侨民即日撤退。

7 月 23 日 何应钦就平江惨案复电周恩来,仍称该案起因系"查清逃兵";至双方战斗互有伤亡,该连长处置殊未免失当,"令饬将该连长撤职以儆效尤"。

△ 八路军第一二九师一部破袭白晋公路,至 24 日,共破毁公路25 公里,桥梁五座。

△ 江南抗日义勇军挺进上海近郊,夜袭虹桥机场,击毁敌机

四架。

　　△　日军第十师团、独立第四混成旅团各一部共 2000 余人,"扫荡"河北井陉以南、元氏以西地区。

　　△　日军陷河南明港。

　　△　日本大本营决定华南方面军从中国派遣军战斗序列中解除,直属大本营。并对中国派遣军和华南方面军的任务作重新规定。规定中国派遣军确保已占领地区的治安;与海军协同,截断敌的补给及联络线;为解决中国事变问题,应作好对第三国的必要准备。

　　△　中国边疆学术研究会在重庆成立,张西曼等九人为理事。

　　△　汪精卫到广州,与日华南派遣军司令官安藤利吉及当地汉奸会谈,策划在广州建立伪政权。

　　7 月 24 日　蒋介石在重庆纪念周讲话称:抗战国策决不受东京谈判影响;现在外国舆论说敌人希望造成"远东慕尼黑",这是新闻界揣测敌人心理的说法,事实上决不致有远东慕尼黑发生,国民不要为汉奸摇惑而有所顾虑。

　　△　晋冀鲁豫根据地太南军政委员会成立。

　　△　日机 27 架夜袭重庆,投弹百余枚,毁房屋数十间。

　　△　日、英东京谈判达成初步协议,签订《有田——克莱琪协定》,要点是:英政府完全承认日本在中国造成的"实际局势";"英国知悉在华日军为保障其自身安全维持其占领区内公安目的应有特殊之需要"。

　　△　英国首相张伯伦在下院宣读英日初步协定原文后声称,英之让步不能认为已变更对华政策。

　　△　驻英大使郭泰祺访英外相哈里法克斯,以英日协定违反英在《九国公约》所负之义务及国联历次决议案精神,提出强硬抗议。

　　7 月 25 日　外交部就英日会谈发表声明,表示对英国之态度,不能不引为失望。

　　△　第九战区一部攻克鄂南崇阳。

　　△　八路军第一二九师一部克复晋东南阳城。

△　中国国民外交协会成立海外分会,聘请蚁光炎、胡文虎、林文庆等百余人分别担任欧洲、中南北美、南洋等处分会筹备委员。

△　国民政府指令《审计法施行细则》,凡 47 条,准予备案。

△　日军在湖北占领区搜括法币,送往香港台湾银行套购我国外汇。

△　驻法大使顾维钧发表文告,抗议英日协定,谓"英国在远东屈就侵略之所为,将在欧洲方面自食其报"。

△　英国援华委员会就英日协定发表声明,抨击英国对日妥协。27 日,英援华会在下院议员会议室前举行抗议示威,并在伦敦西区举行游行。

7 月 26 日　国民政府公布重庆市临时参议会名单:议长康必如,副议长文化成。

△　军事委员会任命陈骥为第六十六军军长,傅立平为第九十九军副军长。

△　社会部批准图书杂志审查委员会制定之《各党派言论研究办法》备案施行。

△　中国回民救国协会会员代表大会在重庆召开。29 日,选出白崇禧等 77 人为理事,达浦生等 33 人为监事。

△　八路军第一二九师一部克复晋东南沁水县。

△　豫南日军出犯泌阳、确山、桐柏。

△　日机 18 架空袭梧州,投弹数十枚,城西数次大火。

△　上海中美日报报社接到署名为"铲共特务指挥部"的恐吓信,限全体职员于三日内辞职。次日,上海公共租界捕房在中美日报大厦破获大规模袭击该报社阴谋案,策划者为汉奸丁默邨。

△　美国国务院宣布:美日两国 1911 年所订《商务通航条约》,将于 1940 年 1 月 26 日失效。次日,美政府就废约事正式通告日政府。

7 月 27 日　蒋介石为八路军在鲁西一带歼敌迭获胜利,致电朱德、彭德怀表示嘉慰。

△　蒋介石致函罗斯福,要求他出面召开九国公约会议。

△　军事委员会任命李铟为第六十八军副军长。

△　河南省临时参议会致电赈济委员会报告黄河决口后豫东各县被灾情形,略称:"豫东十五县尽成泽国,面积达二万六千一百余方里……奔走异乡,号呼求救者凡一百三十七万余人,灾民麇集周口、漯河、许、郑各处者,每日不下一万余人。"

△　粤东沦陷区潮安大火,毁房 2000 余栋。

△　全港进行防空大演习。

△　日本大本营、内阁联席会议制定《适应世界形势演变的时局处理纲要》,其总方针是:"应迅速解决中国事变,并抓住时机解决南方问题"。具体规定:"处理中国事变,设法集中政略战略的综合力量,尤其应尽一切手段断绝第三国的援蒋行为,迅速迫使重庆政权屈服";"对南方施策应利用形势发展的良机,积极促其实现。"

△　伪满公布《防卫令》。

△　日英代表在东京举行圆桌会议。日代表要求英国应根据《有田——克莱琪协定》精神,禁止法币在天津租界流通。英代表表示英国承认中国国民政府为合法政府,拒绝日方要求。

7 月 28 日　外交部长王宠惠就美国政府宣布废除美日商约事发表谈话称:"该约之宣告废止,实可视为美国愿意维持其太平洋区域之地位与威望之一种表现。美国政府如能由此进行而采取更确实更积极之态度,于其权力范围内尽其能事,以遏制国际间之凌乱无法,以恢复国际间之和平、互信及好感,则尤为吾人所馨香祷祝者也。"

△　军事委员会任命周熹文为第三十二军副军长。

△　日本内阁举行会议,外相有田报告美国通告废止美日商约事,各阁僚相顾茫然,外务省官员认为在英、日谈判天津问题之际,美国出此处置,实具有重大政治意义。

△　日兴亚院会议决定,合并伪蒙疆联合委员会和伪蒙古、伪察北、伪晋北三个自治政府,建立统一的伪蒙古联合自治政府。

△　香港颁布《战斗人员义务法令》，规定凡年龄在 18 至 41 岁之间的男性（含英籍人士）必须服兵役。

7 月 29 日　中共中央书记处发出《关于反对远东慕尼黑阴谋的指示》，提出从舆论和行动上反对"东方慕尼黑"的方针政策。

△　国民党中央为了解党员"最近从业情形"，通告举行全国党员总调查。

△　八路军第一二九师一部夜袭晋东南壶关。

△　冀中八路军收复安次县城，全歼驻城日军，伪军一中队被缴械。

△　英、日东京谈判继续进行，日方提出禁止法币流通，并交出天津中国各银行存银约 1400 万元要求后，双方意见分歧，未达成协议。

7 月 30 日　蒋介石电驻美大使胡适，促请美政府积极增援中国外汇平准基金。

△　昆明市专科以上学校学生召开代表大会，发表宣言，对美国废止美日商约表示赞佩，对英日协议表示失望。

7 月 31 日　安徽省政府主席廖磊致电赈济委员会报告皖北水灾，略称："今年伏汛盛涨，讵料黄河决口未堵，淮、颍又遭横决，波涛万顷，庐舍荡然，本年水位实超出去年一公尺有奇。""计阜阳被灾区域占全县十分之八，被淹田亩三百五十六万余亩，灾民七十余万。太和被灾区域占全县十分之七，待赈灾民四十余万。""皖北各县既屡遭兵燹，复两受黄灾，非赈不活之难民当在二百万以上。"

△　日机 36 架轰炸四川铜梁县城，投弹 100 枚，炸死 27 人，伤 58 人。

△　英国首相张伯伦在伦敦英下院发表演说称："各方对英日初步协定所作不正确之解释，实足在中国引起焦虑与苦闷，是宜加以驳斥，实则协定仅指陈事实，并非吾国对华变更政策之谓。"

△　中共山东分局向中共中央北方局建议，成立山东军政委员会，以朱瑞、徐向前、郭洪涛、罗荣桓、陈光、黎玉为委员，朱瑞兼书记。8 月

9日，中共中央北方局批复同意。

　　△　英下院开会讨论远东问题，议员数人质询政府有无废止英日商约之意，张伯伦答称尚在慎密考虑中。议员培克问：中国沦陷区内有无合法法庭存在，未知政府能否提供保证，不将程锡庚案四华人嫌疑犯引渡日方？外交次官白勒特答：此事正在谈判中，以法庭一项而论，津市只有日本领事法庭，只能审讯日人案件。保守党议员卡尔问：中国沿海一带均有反英宣传，不知政府曾向日方提出交涉否？白勒特答：驻日大使克莱琪已向日本提出强硬交涉。

　　是月　国民政府颁行《抗战损失调查办法》，定每半年统计一次。

　　△　国民政府公布《全国各地标准时间推行办法》，决定由中央研究院负责授时，由中国广播电台以长短两种波音广播。全国划分五个时区。抗战期间全国各地一律暂定以陇蜀区时间为标准。

　　△　程潜向蒋介石转报第十八集团军第三纵队司令员吕正操报告：日军趁雨季决堤，安平、河间等七县成泽国，情状极惨，请向国外广事宣传，并拨款赈灾救济难民。27日，军令部答呈请"速拨巨款，以资救济"。

　　△　周恩来致函蒋介石，抗议颁布《防止异党活动办法》。

　　△　晋察冀边区淫雨成灾，河川泛滥，日军乘机决堤，造成边区几十年未有的大水灾。

　　△　日军第二十一军编组海南岛派遣部队接替台湾混成旅团负责警备。台湾混成旅团调回广州，担任佛山附近警备。

　　△　日军"七三一部队"为进行细菌战，本月至8月，生产伤寒、霍乱、副伤寒、赤痢等菌种2.25公斤。

　　△　龙烟铁矿股份公司成立，资本2000万元，年产铁矿石约70—80吨，供石景山制铁所等处使用。

　　△　司徒雷登应多田骏请求，前往重庆试探"和平"条件。

8 月

8 月 1 日　军事委员会调集 40 个军进行第二期整训,由军训部派员督练,至 11 月结业。

△　国民政府发行民国二十八年湖北省金融公债,定额 800 万元,年息六厘,12 年还清。

△　蒋介石电令四川、西康、贵州三省务于两年内禁绝烟毒。

△　延安各界万余人集会追悼平江惨案烈士,毛泽东及新四军代表张鼎丞等讲话。大会发出通电,要求惩办凶犯。

△　八路军第一纵队在山东成立,徐向前任司令员,统一指挥新黄河以北山东境内及冀鲁边东进抗日纵队等八路军武装。10 月 1 日,原山东纵队与第一纵队领导机关合建,山东纵队建制仍存。

△　八路军山东纵队第五支队袭击由福山开往招远的日军车队,毙敌指挥官一人,士兵 50 余人。

△　新四军彭雪枫支队袭击太康开杞县日军,毙敌百余人,内联队长一名。11 日,该支队又消灭盘据杞县与榆厢铺间伪军。经此两次战斗,打开豫东局面。

△　日军自徐州分犯铜山、萧县、砀山等地,与鲁苏战区所部激战三日,退回原防。

8 月 2 日　八路军第一一五师一部于山东昆山县(今梁山县)梁山地区伏击日军,战至次日,歼敌 300 余人。11 日,蒋介石为八路军在鲁西一带歼敌迭获胜利,致电朱德、彭德怀表示嘉慰。

△　八路军第一一五师苏鲁豫支队一部,于江苏睢宁县桃园艺附近抗击日军,歼敌 100 余人,毁汽车七辆。

△　八路军第一二九师一部克复晋东南长治。

△　国际反侵略大会英国分会决议对英政府签订英日协定表示遗憾,要求政府废止英日商约,予中国以有援助。

8 月 3 日　国民政府颁布《私运法币及其它禁运物品出口检查办法》,规定公私机关或旅客随身行李均须受检查机关检查。

△　胶东八路军第五支队于招远黄山铺间伏击日军汽车一辆,毙敌 30 余人,生俘伪警察局长杨明义等军官多名。

△　日机两批空袭重庆,被击落二架。

△　伪满设立协和矿山公司。

8 月 4 日　军事委员会任命胡宗南为第三十四集团军总司令。

△　是日至 15 日,周恩来连续在中共中央政治局会议上作长篇发言,对两年抗战和国内外时局作分析,提出:"中途妥协与内部分裂是目前的两大主要危险。"根据两年来国共合作的实践,认为中国的统一战线既是民族的、民主的,也是社会的,全面阐述党的统一战线的原则、策略和方法。在谈到新四军的问题时,提出其发展方针是"向北发展,向东作战,巩固现在阵地"。

△　暂编骑兵第二师马禄部奉命开往陕甘宁边区属地郦县,途中为八路军所阻。程潜为此密电蒋介石:"职为慎重计,已令该师在界子河亘洛川附近停止待命,并电周恩来、萧劲光说明原委,并告以情况必要时仍需令马师继续北开。"

△　豫北、晋东我军先后攻克林县、高平。

△　新四军豫鄂独立游击支队,在鄂中安陆县赵家棚地区粉碎日军进攻,歼敌 100 余人。

△　日军于河南武陟决开沁河堤,沁阳被淹。

△　伪西北边防自治军高振兴、朱兆襄部 2000 余人,在包头附近反正。

△　经济部公布《非常时期工矿业奖励审查标准》,规定奖助之主要工矿业为电气、机械、化学、纺织、农产制造、采矿、冶炼等。

8 月 5 日　军事委员会任命杨德亮为第四十三军军长。

△　八路军一部夜袭白晋路屯留常村镇,毙敌 80 余人,内有电台队长及中级指挥官 10 余名。

△ 华中沦陷区英侨受日人反英风潮影响，多被迫撤退。开封美侨亦被迫离境。

8 月 6 日 英国抗议日机炸毁宜昌英轮两艘。7 日，日本当局否认此事。18 日，英海军发表声明驳斥，并要求日方赔偿损失。

△ 日本发动反美运动。日伪在石家庄举行反美示威游行，反对美国废除美日商约。

8 月 7 日 军事委员会任命张雪中代第十三军军长，马励武为副军长。

△ 中共中央军委电八路军第一二〇师：令第三五九旅即由恒山地区开赴绥德、米脂、葭县、吴堡、清涧地区巩固绥德警备区，第一二〇师在冀中的部队移至现在第三五九旅位置，并视情况再移至晋西北地区，以巩固陕甘宁边区与加强河防，并准备应付突然事变。

△ 日军第一〇九、三十六、一〇八师团开始对太岳地区进行"扫荡"。

△ 日军自涉县西犯，次日陷黎县。21 日，打通邯郸——潞安公路。

△ 江苏灌云县日军"扫荡"小兴庄，杀死 26 人，伤五人。

△ 上海日军通知第三国，定 8 日起封锁浙江海门港口，促外船撤离。

△ 国民政府公布《防止水陆空私运特种物品进出口办法》，凡 10 条。

△ 教育部举办全国统一高考，10 日试毕。参加高考人数 2.2 万人左右，超过上年度统一招生应考人数一倍。

△ 由沪迁港的中华书局分厂工人 1400 余人被厂方以"印钞部全部工作终止"为借口解雇，并派武装警探包围工人宿舍，限期回沪。全体工人向厂方交涉要求收回成命，并绝食一日，以示决心。

8 月 8 日 军事委员会任命余泽笺为第二十八军副军长。

△ 八路军第一一五师苏鲁豫支队一部，于江苏铜山县冯集、马坡

一带抗击日伪军进攻,毙伤敌 500 余人,毁坦克四辆、汽车七辆。

　　△　八路军第一一五师第三四三旅主力杨勇部,在鲁西梁山、寿张一带与日军激战,毙伤敌 500 余人,毁坦克、汽车 10 余辆。残敌溃退徐州。

　　△　行政院决定将国立西北联合大学改为国立西北大学,并将该校原有之医学院与师范学院独立设置,分别改称为国立西北医学院与国立西北师范学院。

　　△　董必武、沈钧儒、李璜借张澜家宴请邹韬奋、林虎、章伯钧、黄炎培、江恒源等人,讨论一届四次国民参政会提案问题。15 日,董必武、张澜、李璜、邹韬奋、江恒源、曾琦、黄炎培再次会商,决定分别起草重要提案,董必武负责起草民众问题提案,李璜负责起草党派问题提案,邹韬奋负责起草文化问题提案,江问渔负责起草地方行政问题提案,曾琦负责起草财政金融问题提案,黄炎培负责起草游击队问题提案。

　　△　日军封锁浙江海门港口,不准外船出入。

　　△　香港印刷业工会代表至香港华民政务司就中华书局香港分厂解雇工人事提出严重抗议。各界亦纷起声援,成立“香港各界救济中华书局被解雇工友联合会”,发表《告全国同胞书》呼吁援助。但厂方依仗香港最高法庭支持,仍限工人于本月 31 日前离港回沪。

　　8 月 9 日　陕北行政专员何绍南致函何应钦,提出下列请求:一、撤销第十八集团军所委之绥、米、葭、吴、清警备司令部及河防司令,另以高双成、马禄两部分任河防;二、陕北绥榆区治安由保安司令负责,并成立保安两个团;三、陕北所驻第十八集团军警备团应饬开河东。何应钦批交军委会办公厅核办。

　　△　冀南我军攻克清丰县城。

　　△　汪精卫在广州发表《怎样实现和平?》广播讲话,对国民党将领张发奎、邓龙光等提出“局部和平”办法,公开煽动中国军队放下武器,参加所谓“和平运动”。

8 月 10 日　长江江防游动炮兵击沉日军运输舰一艘,击伤一艘。

△　新四军第一支队一部在扬中县老郎街击落日机一架。

△　中国出席渥太华太平洋学会首席代表颜惠庆,由上海抵香港,19 日离港赴美。

8 月 11 日　蒋介石发表《再告各界士绅及教育界同胞书》。要求各地士绅及教育界人士实行精神总动员,实践国民公约,协助地方整理财政,剔除各种积弊,帮助政府实行"管、教、养、卫"。

△　八路军第一二九师一部克复晋东南沁源,残敌窜回沁县。长治、壶关之敌亦于 13 日西退。

△　第九战区通令邵阳八路军驻湘办事处立即停止办公。办事处被迫关闭,人员撤到桂林、重庆。

△　香港报贩工商联合会召开各区报贩代表大会,商讨改善同业生活,并一致决议拒售汉奸报纸。

△　烟台工人发生反英运动,一部冲入英领馆。

△　日本华南派遣军司令部发言人发表谈话,声称日、汪双方对在广州开展和平运动,意见已完全一致,日军不仅支持汪精卫广播讲话,且愿尽量给予援助。

△　英国政府决定将天津租界刺程案四华人嫌疑犯移交给日方。决定作出后,英国各界立即一致抨击。

8 月 12 日　考试院公布《公务员高等考试分为初试再试并加以训练办法》,定 9 月 20 日(后延期为 10 月 11 日)分别在重庆、成都、昆明、桂林、城固、兰州、永康(后改为丽水)七地举行初试。

△　军政部西安俘虏收容所日俘组织之大同学园反战同盟会举行成立典礼,会后演出反战剧《侵略战争之罪恶》。此剧自次日起,在西安公演三日,收入捐作慰劳抗战将士之用。

△　驻英大使郭泰祺照会英外交部,要求英方就交出程案四华人事项重予考虑。25 日,英国外交部复照称此举系保护"中立地位",并非承认北平"临时政府"。

　　△　英国银行家、中英平准基金委员会罗杰士与上海中外金融界会商后抵香港，与财政部次长徐堪会谈。

　　△　汪伪上海《中华日报》发表《和议之实现与国民政府之重组》社论，声称实现和平之最好办法，是在重庆政府之外来改造国民政府，以负起实现和平之历史任务。

　　8 月 13 日　蒋介石为纪念"八一三"两周年，发表《告上海同胞书》，要上海同胞以"田横五百壮士的精神，光大抗御倭寇的功绩"。

　　△　日军为切断中国补给线，令第十八师团集结虎门，准备进攻深圳，并通知英国当局勿妨碍日军行动。当日晚，第十八师团从虎门启航，14 日在宝安登陆。守军第一五三、一五九师退守，日军占领深圳。15 日，占领沙头角一带。

　　△　湘北伪军胡安烈部反正，击毙日军 140 余人。

　　△　延安召开陕甘宁边区学生救国联合会第一次代表大会，次日闭幕，通过学联工作纲领。

　　△　第十八集团军驻渝办事处召开平江惨案烈士追悼会。中共中央代表董必武、第十八集团军参谋长叶剑英、新四军代表萧正岗及重庆卫戍总司令代表田霖、警备司令部董其昌等各机关、团体代表 200 余人出席。

　　△　重庆各报联合版停止发行，各报先后复刊。重庆《新华日报》是日复刊，发表纪念"八一三"两周年社论。

　　△　香港《南华日报》、《天演日报》全体工人 60 余人，以该两报传播汉奸言论，危害祖国，宣布自即日起一致停工脱离该报。

　　△　台湾革命同盟致函《大公报》称，台湾 500 万民众 44 年来呻吟于倭寇铁蹄之下，饱受压迫之苦，决心参加祖国抗战。

　　△　旅越华侨成立越南华侨归国服务动员会，通电全国拥护国共合作，并表示今后要尽量扩大归国服务运动，组织华侨义勇军、救护队、战地服务团等回国杀敌。

　　△　华北伪币贬值，天津物价飞涨。是日，华界麦粉每袋 8.5 元，

粗面每袋 8.2 元,大米每包 35—38 元。四郊各区粮价尤昂,玉米每斤2.5 角,民生困苦为 30 年所未有。

△　日本指使华北各反英团体代表在天津举行会议,决定设立中央机关以统一华北各反英团体,鼓励各校教授反英课程,发行反英报刊,扩大反英运动于亚洲各国,并在中国全境加紧示威。次日,天津分两处举行反英示威运动大会,会后举行游行。

8 月 14 日　广东省政府主席李汉魂发表广播讲演,号召广东民众"捕杀汪精卫"。

△　新四军豫鄂独立游击支队,在豫南罗山县朱堂店地区粉碎日军进攻,毙伤敌 80 余人。

△　日机 39 架分袭广西信都、宁明、桂平、柳州、南宁。

△　汪精卫由广东返上海。汪在广州期间曾与日本华南派遣军代表秘密达成在广州建立伪政府协定。

△　参加英、日东京谈判之天津日军代表,因双方续谈经济问题意见分歧陷于破裂,是日由东京返回天津。19 日,日本陆军省指示华北方面军今后谈判"仍按既定方针进行,但不求短期内解决,不要明言现在会谈破裂。要使英国没有提出恢复会谈的余地,更不要表示我方有促其复会的意思"。

△　加拿大温哥华华工数千人反对装运碎铁往日本,在码头举行静坐罢工,码头主人被迫停止装运。

8 月 15 日　国民政府特派陈大齐为高等考试典试委员长。

△　朱德、彭德怀以张荫梧继续制造摩擦,大肆宣传"曲线救国"等,特电蒋介石要求迅予制止。

△　武汉日军第十一军司令部制定《江南作战指导大纲》,定 9 月下旬进攻长沙。次日,第十一军司令官冈村宁次裁决执行此大纲。

△　日机 10 架空袭延安,投弹 10 余枚。

△　豫东伪军李宣德率部 4600 余人反正,军委会委李为游击司令。

△　浙江省政府在 31 个县设置稽征办事处,是日开始征收战时特

种货物捐。

　　△　重庆、香港间无线电话开通,孔祥熙与港督罗富国互致祝贺。

　　△　世界学生联合会第三届会议在巴黎召开,国民政府派驻法大使顾维钧为首席代表,主题为"学生对保障民主政治及民族任务"。16 日,该会电英国外相哈里法克斯反对将天津刺程案四华人移交给日方。

8 月 16 日　军事委员会任命张文清为第十五军军长,冯圣法为第八十六军副军长。

　　△　张发奎、余汉谋、蒋光鼐、黄旭初、李汉魂、香翰屏、蔡廷锴等通电声讨汪精卫,驳斥其在广州的劝降广播。

　　△　三民主义青年团第一届夏令营在重庆南温泉举行开营礼。

　　△　南京汉奸组织黄道会会长常玉清遇刺毙命。

　　△　汪精卫发表《再论撤兵问题》一文,对重庆方面进行劝降。

　　△　日本大本营参谋寺岛抵广州,谋将广东伪军编为伪"复兴军",统归汪精卫指挥。

8 月 17 日　张君劢代表国社党通电声讨汪精卫。

　　△　八路军第一一五师第六八六团,于郓城县红船以北与日军激战,歼敌 200 余人,毁汽车八辆、战车三辆、装甲车二辆。

　　△　日机 19 架分批轰炸洛阳,死 20 余人,伤 40 余人。

　　△　日本华北方面军总司令杉山发表谈话称:英国若不将英租界中白银移交"临时政府",并禁止法币流通,则天津问题即无从解决。又称:英国若拒绝与日方合作,则日军在必要时准备增强对华北英侨之限制;华北局势若趋恶化,责任由英国负之。

8 月 18 日　参政员黄炎培、张澜、林虎、梁漱溟等通电声讨汪精卫。

　　△　八路军第一一五师第三四四旅一部,于高平县伏击日军,歼敌160 余人。

　　△　晋北日军陷岚县。26 日,又为第二战区所部克复。

　△　中英达成信用贷款。

8 月 19 日　外交部发表声明,要求上海公共租界工部局继续保护四行仓库"孤军",不得听任日方要求妄事引渡。

　△　八路军第一二九师师长刘伯承赴冀西与鹿钟麟会谈。

　△　军事委员会公布《战时船舶军运暂行条例》,凡 25 条。

　△　沪西越界筑路区伪警与英籍警官发生冲突,英警官金罗德被击伤,伪警死伤四人。沪租界工部局向日方提出抗议。21 日,伪市府又向工部局提出抗议,并在日方支持下要求接收特区法院。22 日,工部局予以驳斥。此后双方争执不休,枪击事件续有发生。

8 月 20 日　冯玉祥在重庆作《怎样争取二期抗战的胜利》广播讲演。

　△　新疆省 14 个民族 400 万同胞捐款购机 10 架,本日举行献机命名典礼。

　△　甘肃省政府主席朱绍良电蒋介石报告处理陇东回民暴动及所拟《清乡善后方案》,称:计划以安抚、自首、没收财产、查缴枪支、从新整理保甲等办法进行平叛。

　△　日机六架轰炸江西上饶,投弹 21 枚,死伤数十人。

　△　上海发生抢米风潮,500 余人冲入昌平路米店,抢去机粉 100 袋。此后,上海米价大涨,抢米风潮愈演愈烈。

　△　日本嗾使北平、广州等地反英。北平市民反英会是日成立。广州伪维持会宣布广州将发生强烈反英运动,受雇于英人之华人均被迫去职。

　△　诺门坎苏军全线对日、"满"军发动围攻,日、"满"军遭到歼灭性打击,伤亡 1.222 万人,被迫寻求通过外交途径解决。

　△　英国外交部就日、英东京谈判顿挫发表声明称:日方所提移交天津租界白银及禁止法币流通问题涉及各国利益,难由英、日单独成立协定,最好再度召开九国公约会议共谋解决。

8 月中旬　经济部饬令四川省各地于半月内成立日用必需品评价

委员会,办理评价事宜,以杜绝不肖汉奸操纵物价。

8 月 21 日　国民政府据教育部呈请,明令禁用苗、蛮、夷、猓、獐等名词,以示民族平等。

△　日军"扫荡"山西大同大王村,至 28 日,杀死村民 156 人。

△　日机 27 架轰炸湖南沅陵。

△　北平日军发言人声称:日军在占领区内之责任,仅在军事行动所必要之范围内维持治安,嗣后对于英、美侨民生命安全不能负责。

8 月 22 日　蒋介石以本年四川农产丰收,电令行政院妥筹收购,适当收囤。

△　军事委员会任命李守维为第八十九军军长。

△　林虎、冷遹假张澜寓所召集午餐聚会,黄炎培等人到会,商议向国民参政会提出实行保障人权案。

△　日机九架轰炸广西龙州上金荷村,炸死 13 人,伤三人。

△　日本政府在上海设立"梅机关"(设在上海虹口区日侨聚居区一所名为"梅花堂"的三层楼房),专门处理和汪精卫间的一切联系。总负责人影佐祯昭。

8 月 23 日　印度国民大会主席尼赫鲁访华抵重庆。重庆各界举行盛大欢迎会,吴敬恒致欢迎词。

△　第二战区一部攻克晋东南高平。

△　日军在福建东山岛登陆。

△　日军集结宝安威胁香港。香港当局由新加坡调飞机充实防务。

△　伪满公布《动员法》修正案。

△　《苏德互不侵犯条约》在莫斯科签字。

8 月 24 日　国民党中常会议议决开除汉奸梅思平、高宗武、丁默邨、林柏生、李圣五五人党籍。

△　八路军第一二九师第三五八旅一部在邢台牛峪、土岭歼"皇协军"600 余人,缴枪 480 余支。

△　八路军第一二九师第三五八旅和青纵三团及冀西游击队,在

赞皇、元氏地区反击张荫梧部,歼灭其主力大部,俘 2000 余人,缴枪 1200 余支。张荫梧残部向赵县一带脱逃。

△　虞洽卿、李馥孙等上海工商、金融人士联名电孔祥熙,以沪市民食发生严重恐慌,申请以英金一万英镑订购西贡米二万石运沪。27 日,孔祥熙复电准予照办,并特予免税进口。

△　四川乐山遭日机轰炸,国民政府拨款三万元赈灾。

8 月 25 日　周恩来从延安经兰州抵重庆。

△　新华日报社社长潘梓年函国民党中宣部部长叶楚伧,列举泸县、资中等地国民党当局勒令代销书店停售《新华日报》等,要求彻底纠正。

△　泰国华侨留滇会在昆明开筹备会,由归国华侨报告泰排华情况称:泰政变后,为帮助日寇侵略中国,大举排华,现已非法逮捕侨胞 3000 余人,并封闭所有华侨学校及报馆。

△　侨务委员会驻滇专员与龙云商洽,在云南组设华侨招待所,并以芒市、车里两地为垦殖区,安置泰国归国华侨。

△　山东省兵力最大之伪军张步云部一万余人,于诸城反正。

8 月 26 日　蒋介石在渝宴尼赫鲁。28 日,蒋介石与尼赫鲁会谈中印合作问题。30 日,尼赫鲁抵成都访问。

△　教育部根据行政院定 8 月 27 日孔子诞生日为教师节制定纪念办法,规定孔诞与教师节分别举行仪式。

△　国民党中宣部因未能阻止《新华日报》刊出追悼平江惨案烈士特刊,规定今后所有新闻应一律送检。

△　国民政府明令通缉周佛海、陈璧君。

△　南洋群岛返国华侨汽车技师与司机 358 人抵昆明。抗战以来,南洋机械工人返国服务者至此已达 2000 余人。

△　英国政府关于移交程案四华人致国民政府外交部复文称,该四嫌疑犯经日方提出充分证据,英国政府认为彼等犯罪形迹上之根据已告成立,除移交外别无他法。

8月27日 毛泽东致电欢迎尼赫鲁访问延安,并感谢印度援华医疗团在八路军服务。

△ 国民党党政当局在重庆联合举行孔子诞辰纪念。孔祥熙作《孔子遗教与民族前途》讲演。晚,陈立夫播讲《阐明春秋大义以纪念孔子》。

△ 周恩来飞抵兰州,邓颖超、王稼祥、陈昌浩、李德等同行。

8月28日 蒋介石就国际形势对记者谈话称:《苏德互不侵犯协定》签订后,国际变化迅速,但中国抗战则仍不变,全体军民"应以一定不变方针应付瞬息万变时局"。

△ 原国民党粤系在野军政官员许崇智、陈济棠、李福林等通电声讨汪精卫。

△ 日军在浙东象山六横岛登陆。

△ 日军血洗河北河间大曹村,本日至31日,杀害民众73人,毁房2300余间。

△ 日机三批日夜袭重庆,被击落一架。

△ 汪精卫在上海秘密召开伪国民党第六次代表大会,决议推汪为伪中央委员会主席。

△ 港府发布紧急命令,推行《紧急防御权法案》,规定凡向港府登记之英轮,未经商务部许可,不得转让或抵押他人。同日,德领事劝告德侨即行离港。

△ 日本平沼内阁倒台,阿部信行组阁。

△ 南洋华侨筹赈祖国难民总会发表通告,声讨汪精卫卖国罪行。

△ 英国外相哈里法克斯向驻英大使郭泰祺保证,英远东政策不因欧洲纠纷或苏德协定而改变。

8月29日 财政部拟定《取缔收售金类办法》,凡11条。《办法》规定金类收购概由中央、中国、交通、农民四行收兑金银办事处及其代理机构办理。9月15日,国民政府训令直辖各机关执行。

△ 行政院例会通过《非常时期过份利得税条例施行细则》,决定

招商试办川、康盐运。

　　△　国民政府侨务委员会驻昆明办事处登记第一批回国升学侨生截止,共计大中学生 155 人,大多来自南洋群岛及印度支那半岛。

　　△　安徽第六专员公署专员盛子瑾带领中共地下党员、皖东北特支书记江上青等到灵璧县,与县长许志远谈判,以求改善关系。返回途中,许志远策划地主武装袭击,江上青中弹牺牲。

　　△　中华书局香港分厂被解雇工人向海内外同胞发出紧急呼吁书,吁请各界同胞站在拥护祖国抗战到底,争取民族自由的立场上,援助被解雇工人的斗争。

　　△　日机六架在江西高安县吴珠岭投下大批细菌弹,2100 多人全身腐烂,被夺去生命。

8 月 30 日　　川、康党、政、军官员邓锡侯、王缵绪等通电声讨汪精卫。

　　△　上海《大美晚报》副刊《夜光》编辑朱惺公,被敌伪特务暗杀。

　　△　日本阿部内阁组成,首相阿部兼外相,陆相畑俊六,海相吉田善吾。次日,阿部发表新内阁外交方针,宣称:处理中国事变,建设“东亚新秩序”乃日本基本国策。

8 月 31 日　　三民主义青年团组织机构筹建就绪。

　　△　国民政府发行民国二十八年四川省建设公债,定额 750 万元,年息六厘,15 年还清。

　　△　宁夏阿拉善旗王达理札布等五人由兰州抵重庆述职。

　　△　战时新闻检查局局长熊斌呈报军委会称,《新华日报》近来迭有违检稿件,拟予停刊三日处分。9 月 9 日蒋介石指示:《新华日报》违检原应处分,惟积延过久,有失时效,嗣后各报如有违检应停刊处分者,应迅速函卫戍总司令部执行。

　　△　苏鲁战区一部攻克掖县、蓬莱。

　　△　驻英大使郭泰祺照会英外交部,要求在两方继续谈判前不得以程案四华人送交日方。

8月下旬　八路军第一二九师主力、第一一五师一部等，7月初开始在太行山区的反"扫荡"作战结束，共歼敌 2000 余人。

△　日军更换驻蒙军司令官莲沼蕃中将，由华北方面军司令官杉山大将兼任。

是月　军事委员会政治部电各地党、政、军机关加强对民众团体的指挥与监督，规定：民众团体整理后须严格管理统制；各团体行动必须取得管理机关之命令，按命令中所赋之使命活动；过境团体须向当地机关呈验许可证，如负有临时活动使命须呈验管理机关之命令或介绍文件。

△　周恩来听取阳翰笙等关于蒋介石准备把不愿加入国民党的三厅人员逐出三厅的汇报。后周约见张治中，张说这事再商量。几天后，蒋介石召见三厅的主要负责人郭沫若等，说打算另成立一个文化工作委员会，仍由三厅的人参加，请郭沫若主持。后来周听取汇报后，表示可以同意这个意见。

△　八路军、新四军皖东北办事处成立，张爱萍任主任，统一领导皖东北各抗日武装和开展对安徽第六专员公署专员盛子瑾等人的统战工作。

△　社会部决定成立"中统局陇东调统室"，甘肃省党部委员韩达兼任室主任。该组织专门破坏陇东革命事业，派遣特务分子打入边区，搜集陇东解放区各项情报，作为包围、封锁、破坏边区的资料。

△　全国高等教育遭受敌寇破坏：战前专科以上学校共 108 所，受敌寇轰炸破坏者 92 所，因战事停顿或合并者 18 所，迁移后方开学者 70 所，仍在原地开课者仅 20 所。

△　日军在华北"扫荡"失败后，掘堤放水进行报复。安国以南之潴龙河、安平以北之滹沱河、河北中部之永定河、南部之安阳河等次第被掘，各地汪洋一片，尽成泽国。水中漂流之难民复遭日军机枪扫射，不死于水，即死于弹，惨绝人寰。

△　日宪兵见习队平野中佐率队接收自河北押解来的 90 名中国

人,"特殊输送"至"七三一"石井部队进行细菌试验。

　　△　伪华北盐业股份公司成立。

　　△　司徒雷登将从重庆获得的有关"和平"条件的答复,转告王克敏。

　　△　香港颁布《战时征集条例》,征召适龄壮男加入义勇军或入香港海军防卫队作后备兵。

　　△　天津大雨,水势猛涨,市区水深 1 至 9 尺不等。14 日,英租界大街为水淹没,22 日,全市商业完全停顿。23 日,平、津火车中断,大批灾民逃往北平。据估计被灾人数达 200 万以上。河北省 30 余县亦遭到水灾,面积约六万方里。

9　月

　　9 月 1 日　法西斯德国大举进攻波兰。3 日,英、法对德宣战,第二次世界大战全面爆发。

　　△　国民党宣布三民主义青年团正式成立。原三青团临时机关改为长期性之中央干事委员会及中央监察委员会,陈诚任中央干事委员会书记长,朱家骅任中央监察委员会常务监察。下设六处一室:总务处长庄明远、组织处长康泽、训导二处长王东原、宣传处长叶溯中、经济处长何廉、社会服务处长卢作孚,书记长办公室主任柳克述。是日,陈诚招待教育、文化、新闻界说明成立意义称:三青团"不但要严密组织团结青年志士,而且要施以必需训练,造成真正力行三民主义的信徒和战士"。

　　△　毛泽东对《新华日报》记者发表《关于目前国际形势与中国抗战》的谈话,指出:《苏德互不侵犯条约》签订,打破了英、法等国际反动资产阶级挑动苏德战争的阴谋,打破了德、意、日反共集团对于苏联的包围。

　　△　尼赫鲁因国际形势变化,由成都提前返重庆,次日向蒋介石辞

行,准备回国。

　　△　苏联新任驻华大使潘友新向国民政府主席林森递国书。

　　△　日军第十一军下达进攻长沙的临时准备命令。

　　△　日军分两路对广东前线发动进攻,激战数日,至6日,进至龙潭附近,守军败退。

　　△　全国各大学及专科学校校长联名通电,声讨汪精卫。

　　△　重庆百余文化团体举行国民月会,通过声讨汪精卫宣言。

　　△　贵阳各界举行讨汪锄奸运动周。6日,万余民众举行讨汪锄奸大会并通电讨汪。

　　△　全国征募寒衣运动总会发布本年征募计划,定是日起至10月底征募棉背心300万件。

　　△　中央信托局奉令统销猪鬃,宣布嗣后猪鬃购销统归该局办理。

　　△　《挺进报》在平西根据地创刊。

　　△　第一七二师及鄂东程汝怀部,围攻新四军豫鄂独立游击第五大队驻夏家山部队,中共黄冈中心县委组织部长张良卿等百余人被杀,50余人被俘。

　　△　上海汉奸报纸《时报》停刊。

　　△　汪精卫发表《致海内外诸同志》通电,劝诱国民党军政人员与日本"协力反共"。

　　△　伪蒙疆联合自治政府在张家口成立,德穆楚克栋鲁普为主席。

　　△　大批日本人强占上海海关,原有人员被迫离职。

　　△　香港英国当局下令检查电报,并规定电文只准用英、法文字,不准再用中文。上海工商业界提出严重抗议。8日,香港恢复收发中文电报。

　　9月2日　蒋介石就欧战爆发问题,特约见行政院长孔祥熙、外交部长王宠惠、国防最高委员会秘书长张群、参谋总长何应钦等,研究今后外交方针。

　　△　尼赫鲁致电毛泽东,对未能应邀访延表示遗憾,并向八路军致

敬,祝中国解放事业成功,4 日,第十八集团军驻渝办事处举行欢送尼赫鲁大会。

△　国民党中央通告:周佛海、陈璧君、梅思平、高宗武、丁默邨、林柏生、李圣五、陈群、缪斌叛党附逆,一律永远开除党籍。

△　新四军游击支队一部,攻克豫东永城、夏邑间小马牧集伪军据点,全歼伪军 200 余人。

△　日军在湖北黄陂王家河两岸,屠杀平民,并施放毒气,有 480 余人遇难。

△　海关施行新进口税率,规定日用品进口税一律照现行税率三分之一征收,有效期间至战争终了为止。

△　上海《大美晚报》英、中文版同时刊登致汪精卫公开信,要求汪对该报编辑朱惺公被暗杀事表明态度。

9 月 3 日　新四军第五支队伏击进犯皖东来安之敌,歼敌数十人。

△　日机 36 架分批夜袭重庆,发生激烈空战,被我军击落两架。

△　日军在江苏昆山陈家浜枪杀村民 18 人。

△　苏联、美国分别宣布对欧战中立。

9 月 4 日　青海省军民通电声讨汪精卫,请中央从速讨灭逆贼,以遏乱源。

△　日本大本营令在南京设置中国派遣军总司令部,统一指挥华北、华中、华南侵华军,西尾寿造为总司令官,板垣征四郎为总参谋长。原华中派遣军司令部同时撤销。23 日,下达中国派遣军战斗序列,统辖华北方面军及第十一、十三、二十一军,总计 24 个师团,约 80 余万人。25 日,西尾、板垣启程来华。29 日,原华中派遣军司令官山田乙三奉调回国。

△　日军进占军渡,再次炮击黄河水上通道宋家川,经 10 余日战斗,为陕甘宁河防部队击退。

△　上海女子中学校长吴志骞被汪伪特工部匪徒暗杀。10 月 2 日,国民政府明令褒扬,发给恤金 5000 元。

　　△　天津英军一部500余人撤防离津。

　　△　日本首相阿部信行对记者称：日不卷入欧战漩涡，决守不干涉政策，以集中全力解决"中国事件"。

　　9月5日　行政院任命张嘉璈兼水陆运输联合设计委员会主任委员，宋子良、钱宗泽等为常务委员。

　　△　教育部决定在豫、陕、甘、川、湘、黔六省，设立国立中学12所，分别收容各战区中等学校退出之员生。

　　△　新四军游击支队一部，在豫东太康县西歼来犯日伪军200余人之大部。

　　△　尼赫鲁离渝返印。

　　△　汪伪国民党在上海召开六届一中全会，成立伪中央党部。陈公博、周佛海、梅思平、林柏生、丁默邨、陶希圣、高宗武、焦莹等为中央执行委员会常务委员；陈璧君、顾忠深、褚民谊等为中央监察委员会常务委员；褚民谊为秘书长。各部部长分别为：组织梅思平，宣传陶希圣，社会丁默邨。财务委员会主任委员兼特务委员会主任委员周佛海。

　　△　英国政府将天津程案四同胞引渡天津伪地方法院。该院即将四人交日军当局。

　　△　日本政府向英、法、德、波、意、美六国提出备忘录，声明：日本政府正以全力解决"中国事件"，决定对欧洲战事采取不干涉态度。

　　△　意大利宣布对欧战暂取中立。

　　9月6日　孔祥熙对记者谈欧战爆发后形势，认为对抗战前途并无不利影响，今后当以从容谨慎态度应对财政金融上一切演变。

　　△　国民党中央党部通令各地党部发起募捐，赈济河北水灾。

　　△　日军进犯河南修武县秦庄，杀害村民86人，其中有20多名幼童被用刺刀挑死或扔进火海烧死。

　　△　日军第三舰队参谋长草鹿访英、法舰队司令，促请接受日政府关于撤退英、法在华驻军之要求。

　　△　汪伪国民党中央常会决定改组江苏省党部和上海市党部执行

委员会,派奚则文、茅子明、李志云为江苏省党部执行委员会常务委员,蔡洪田为上海市党部主任委员。

△　美国国务卿赫尔表示,美国远东政策不变。

9 月 7 日　国民党中常会决议,凡参加汪伪代表大会者,有党籍者开除党籍;褚民谊、何世桢永远开除党籍,并交政府通缉法办。

△　汪精卫在上海招待外报记者,宣读"中日和平"声明书,鼓吹卖国投敌。

△　日军第一军司令官梅津美治郎调任关东军司令官兼驻伪满大使,遗缺由第十师团长筱义男中将担任。

△　香港英政府宣布限制购买外汇。17 日,又公布补充条例。

9 月 8 日　国民政府令设中央、中国、交通、农民四行联合办事处(四联总处),蒋介石为主席,孔祥熙、宋子文、钱永铭为常务理事;同时公布《战时健全中央金融机构办法》,集一切金融大权于四联总处。

△　共产党七参政员毛泽东、董必武、林伯渠、秦邦宪、陈绍禹、邓颖超、吴玉章发表对过去参政会工作和目前时局的意见,提出反对投降妥协,肃清汪派汉奸,实行战时民主,发展游击战争,努力增进外援等主张。

△　军事委员会任命张坤生为第十五军军长。

△　驻美大使胡适访美总统罗斯福,商谈美对华第二次贷款;26 日,访财长摩根索。此后,又经多次会谈,至翌年 4 月始达成借款协定。

△　新四军第一支队一部,在苏南武进县陈巷桥地区伏击日军,歼敌 180 余人,毁汽车七辆。

△　日机 46 架空袭延安,投弹 200 余枚,死伤 50 余人,毁房百余间。

△　国民政府令:黄河水利委员会委员王郁骏、郑肇经、万辟等均免本职;另派彭济群、鲁佩璋、茅以升、万辟、张含英等为委员。

△　国民政府发行华北水灾救济公债 300 万元。

△　贵州省凤冈县县长陈势涛抵重庆,代表该县士绅、教员、学生、

苗民组织的志愿兵团 2000 余人,向国民党中央"请缨杀敌"。

　　△　国民党中宣部长叶楚伧就一部分党员参加汪精卫在上海召开的伪全代会事发表谈话称:参加伪会者固有不少真正附逆的人,但多数是迫于威胁,勉强附和,或出于利诱,一时糊涂从逆。中央对这些人要详细调查,分别处置,不绝他们自新之路,也不为国家养姑息之奸。

　　△　中、法、比、瑞文化协会通电声讨汪精卫,并请通缉严办汉奸褚民谊。

　　9 月 9 日　第一届第四次国民参政会于本日至 18 日在重庆开幕,出席参政员 122 人。议长蒋介石致开幕词,指出:当前最迫切的事是集中人才,建设后方;加强军事,争取胜利;注意国际形势,推进战时外交。通过定期实施宪政的决议。

　　△　国民政府公布《非常时期监犯调服军役条例》。

　　△　民国二十五年度统一公债(乙种第八次)、十七年金融长期公债(第 12 次)、二十四年电政公债(第 16 次)、二十五年整理粤金融公债(第六次)、二十六年辟浚粤河黄金公债(第五次)等五种公债在上海举行抽签还本。

　　△　本年度国立大学统一招生,首批录取学生发表,应考生 1.2729 万名,录取 3747 名,计大学新生 3155 名,先修班学生 592 名。

　　△　交通部与苏联民用航空总管理局在重庆签订《组织哈密、阿拉木图间定期飞航协定》。

　　△　全国慰劳总会北路慰劳团抵延安。10 日晚,延安各界召开盛大欢迎会,毛泽东致词,针对摩擦事件强调"团结是总方针"。慰劳团负责人张继、团长贺衷寒、作家老舍相继讲话。11 日,慰劳团北上赴绥德、榆林慰问。

　　△　美国通知日本,对片面改变在华租界地位事,表示绝不承认。

　　9 月 10 日　第四次国民参政会继续举行。是日至 18 日共开会九次。第一至四次会议由驻会委员会川康视察团及行政院所属各部、会主管官员分别报告半年来政治、军事、经济财政、交通、外交、内政、教育概况并进行讨论。第五至九次会议集中讨论各项提案。

　　△　重庆市磁器口、两路口大火成灾,被焚 500 余户,灾民 2000 余人。

　　△　《美术界》在上海创刊,以反映抗日战争为主要内容。1940 年 3 月停刊。

　　9 月上旬　第九战区制定"战区决诱敌深入于长沙附近地区,将其包围歼灭之;赣北、鄂南方面应击破敌军,以利我主力方面之作战"的方针,加紧调整部署。

　　△　周恩来在新疆迪化听取中共中央驻新疆代表邓发和陈潭秋汇报工作。同时,到新疆省政府主席兼边防督办盛世才的新兵营看望在那里学习装甲车、坦克专业技术的原红四军人员,作关于抗战形势报告。在迪化期间,四次同盛世才谈判,争取盛继续同中共合作。中旬,到莫斯科,住克里姆林宫医院。

　　△　日本陆海军准备进攻长沙,各作战部队向指定地点移动。

　　9 月 11 日　孔祥熙在国民参政会第四次大会作秘密财政报告称:数月以来国库收入益见短绌,支出增加益巨,亏短之数亦继长增高,弥补更感困难。报告透露本年度收支不敷之数不下 25 亿元,抗战后 25 个月增加内外债计 34.6490 亿元,人民负担不为不重,但与敌方公债两年间增加 140 亿元相比,仍不过一与四之比,由此可见敌方财政困难较我更甚。

　　△　日机九架轰炸广西玉林,死 30 多人,伤 80 多人,毁房 160 多间。

　　△　经济部修正公布《奖励工业技术暂行条例实施细则》。

　　9 月 12 日　国民政府明令通缉陈群、缪斌、褚民谊、何世桢、梅思平、高宗武、丁默邨、林柏生、李圣五等汉奸。

　　△　国民政府公布《节约建国储蓄条例》,凡 12 条。

　　△　东北抗日联军李延禄部,在吉林密山东部地区与日伪"讨伐队"遭遇,毙敌 57 人。

△　日军调多田骏中将接替杉山大将作华北方面军司令官,冈部直三郎中将任驻蒙军司令官。

△　上海中法学院学生罢课,驱逐该院院长、汉奸褚民谊。

△　上海持志学院学生以该院院长何世桢附逆,宣布罢课退学。15 日,国民政府教育部勒令持志学院停办。

9 月 13 日　军政部长何应钦对重庆报界报告最近战况称:现在日军侵占之 12 省内共有 933 县,日军仅占有 521 县。

△　蒋介石约见陈绍禹、秦邦宪等,再三表示《防止异党活动办法》他并未最后批准。陈绍禹当面向蒋介石递交河北民军司令张荫梧下发之消灭八路军密令,蒋声明并不知情,表示愿指定专人与中共代表继续洽谈政治解决一切问题。

△　第四战区一部攻克广东花县。同日,第一战区一部连克豫北温县、崇义。

△　日本第十一军为进攻长沙,将前方司令部移到湖北咸宁。

△　日军围袭山西闻喜县裴社村,杀害民众 93 人,毁房 300 余间。

△　日机 27 架空袭四川万县,被击落 10 架。

△　河北省政府主席鹿钟麟分电国民政府各部、会,报告河北水灾惨重,请求赈济。

△　日本阿部信行内阁发表施政方针,要点为处理中国事变,扶植汪伪中央政府,整备和强化国家总动员体制。

9 月 14 日　长沙会战(又称湘北会战)开始。日军第一〇一、一〇六师团主力,在赣北发动钳制性进攻,企图夺取修水、铜鼓,直下平江、浏阳,与湘北日军相呼应。同日,鄂南日军第三十三师团一部亦自崇阳南下进攻湘北。

△　国民政府派钱泰为出席第八届国际统一刑法会议代表。

△　山西旅陕同乡会以山西灾情严重,通电呼吁救济。电称:山西1700 余万无辜人民呻吟于敌寇屠刀之下,死伤在 50 余万。最近敌寇七次扫荡中条山,九路围攻晋东南后,食粮已被焚一空。今夏又因缺

雨,棉花全未下种,待哺哀鸿,盈山满谷。如欲争取抗战胜利,保持西北堡垒,须先救济晋省灾黎。

　　△　上海日军当局邀请美、英、法、意四国驻沪陆军司令举行会议,主张变更现行上海各国防区,俾予日方以较大统制区域。

　　9 月 15 日　何应钦在重庆播讲《驳斥汪逆投降谬论》。

　　△　第十四世达赖"转世灵儿"拉木旦柱护送抵拉萨。

　　△　中共中央代表、中原局书记刘少奇、徐海东等 40 多人离开延安,再赴华中敌后中原局所在地竹沟。

　　△　广东中山县人民自动武装,猛攻日军驻所,毙伤敌数百人。

　　△　日机 33 架空袭宁夏。

　　△　中苏文化协会举行茶话会,欢迎苏新任驻华大使潘友新,邵力子致欢迎词,中苏文协理事冯玉祥讲话。

　　△　行政院公布《汽车管理规则》,对除军用汽车外,全国所有汽车之登记、检验、领照、纳费等作详细规定。

　　△　成都华西、金陵等大学中外教授创办之《成都日报》出版。

　　△　日本参谋本部第二课起草"以树立汪新政府为中心的战争解决最高指导方针",认为在进行汪政权拥立工作的同时,必须向重庆展开停战或汪蒋合流运动。

　　9 月 16 日　毛泽东在延安接见中央社刘尊棋、《扫荡报》耿坚白、《新民报》张西洛三记者,发表谈话指出:抗日战争已处于相持阶段,必须改革政治和坚持自力更生方针,才能作好反攻准备。并声明中国共产党对待摩擦的态度是:"人不犯我,我不犯人;人若犯我,我必犯人。"

　　△　美国公路运输技术顾问团薛恒、鲍西、范百德三人应孔祥熙邀请来华视察公路建设,是日到达重庆。20 日,蒋介石会见薛恒等三人,表示希望美国对中国公路运输技术问题及其他建设事业多予协助。

　　△　日本海军当局通告各国驻沪领事馆:17 日起封锁浙江温州港口,各国船只务于晨 8 时前离去,各国在温州侨民亦应一律撤退。

　　△　汪伪国民党中央常会决定改组广东省党部、广州市党部和港

澳总支部执行委员会,派陈耀祖为广东省党部主任委员、陈节兼书记长;黄恩澧、周兆民等为广州市党部常务委员,许锡庆兼书记长;邝启东为港澳总支部主任委员,杨昔川兼书记长。成立北方党务办事处,焦莹为办事处主任。

△　日本大使东乡与莫洛托夫分别代表日、"满"及苏、蒙,在莫斯科签订《诺门坎停战协定》。

9月17日　军事委员会任命周磊为第三十三集团军副总司令。

△　宋美龄以全国妇女慰劳抗战将士总会主席名义电各省府主席夫人、各地妇女工作委员会、慰劳分会、各妇女团体及海外侨胞,发起征募棉衣 50 万件运动。

△　日军宪兵队纠集伪军 100 余人,包围山西定襄县碳窑沟村,杀死村民 54 人,毁房 77 间。

△　湖北日军由汉水乘汽艇 30 余艘占领仙桃镇,当晚在镇内烧杀抢掠,截至翌日中午,共毁房 1140 余栋,强奸妇女 10 余人,杀害居民 20 余人。

△　上海公共租界工部局禁止《中美日报》在街头出售,为期三周。

△　缅甸华侨救亡联合会成立。

9月18日　第一届第四次国民参政会闭幕。蒋介石致闭幕词,许诺"支持长期抗战,粉碎汉奸阴谋,切实提高民权,促进实施宪政"。大会通过决议 82 件,选举孔庚、张澜、喜饶嘉错、黄炎培、张君劢、左舜生、褚辅成、许德珩、史良、董必武、秦邦宪等 25 人为第四次大会休会期间驻会委员会委员。并由蒋介石指定张君劢、张澜、史良、陶孟和、周览、章士钊、黄炎培、左舜生、董必武、罗隆基、傅斯年、褚辅成等 19 人为国民参政会宪政期成委员会委员,黄炎培、张君劢、周览为召集人。

△　军事委员会任命李兆锳为第三十二军副军长,陈炳谦为第三十五军副军长,黄涛为第六十二军军长。

△　第一战区一部攻克豫东兰封。

△　东北抗日联军赵尚志部在吉、黑边境通河城南与日军激战,毙

敌 170 余人。

　△　日本第六师团及第十三师团一部、海军陆战队二联队自湘北新墙河北岸发动进攻,一部由岳阳攻大桥头、姚梅州,一部由桃林攻黎家湾。来势凶猛,全线发生猛烈炮战。

　△　日军在江西高安芦桐村"扫荡",放火烧死 100 余人,毁房 210 余间。

　△　日机轰炸湖南平江县城,死伤民众 300 余人。

　△　日机是日起,连续三日轰炸福建德化,投弹六枚,炸死民众 47 人,伤 83 人。

　△　多田骏抵南京接任日本华北方面军司令官。原司令官杉山元返国转任军事参议官。

9 月 19 日　　国民政府改组四川省政府:一、省政府主席王缵绪请缨出川辞职,由蒋介石监理四川省政府主席职务;二、任命贺国光为四川省政府委员兼秘书长,原秘书长陈筑山免职。

　△　四川政府前主席刘湘国葬典礼在成都举行。蒋介石、林森及中央与各省军政官员均派代表或亲往参加。

　△　军事委员会任命张一能为第九十九军副军长。

　△　国民政府颁布《县各级组织纲要》(即新县制),凡 16 条,强化保甲制度与县以下各级统治机构,加强对县以下各级政权控制,其目的在"使异党无活动余地"。10 月 9 日,又颁《县各级组织纲要实施办法》。

　△　湘北日军向新墙河北岸推进。同日,赣北日军陷高安。

　△　日本华中派遣军司令官山田乙三、参谋本部第二部长桶口季一郎、谋略课长影佐祯昭、兴亚院华北联络部长喜多诚一、书记官太田一郎,及南京伪维新政府顾问原田熊吉在南京集会,协商汪、王、梁三方合作问题。

　△　汪精卫向重庆发出劝降电,妄称"最近共产主义流毒,尤迅而且烈",中日两国若于此时结束战争,"中国尤可因此休养生息"。

　△　汪精卫、王克敏、梁鸿志在南京会谈,就召开伪中央政治会议、

成立伪中央政府问题进行谈判。

9 月 20 日　国民政府改组河南省政府:免去主席程潜、代理主席方策及委员龚浩等本兼各职。任卫立煌、方策、曹仲植、张广舆、鲁荡平、齐真如、罗震、李鸣钟为河南省府委员;以卫立煌兼主席,方策兼民政厅长,曹仲植兼财政厅长,张广舆兼建设厅长,鲁荡平兼教育厅长,蒋炎为省府秘书长。

△　日机 46 架空袭江西宜丰城,投弹 22 枚,炸死 18 人,伤 19 人,毁房 185 间。

△　日机 36 架空袭西安,投弹数十枚,死伤 30 余人。

△　教育部颁布《文化团体组织大纲》,社会部颁布《抗战时期文化团体指导工作纲要》,规定凡有违反三民主义言论或行动者不得为会员,文化团体不得于三民主义及法律规定外进行政治活动。

△　汪精卫、王克敏、梁鸿志会谈结束。达成下列协议:一、召开伪中央政治会议,负责筹备建立伪中央政府;二、伪中央政治会议主要讨论伪政府名称、首都和国旗及其他必须商谈之重要事项;三、伪中央政府建立后,设伪中央政治委员会负责议政;四、伪中央政治委员会人员分配为:汪伪国民党占三分之一,伪临时和伪维新政府占三分之一,伪蒙古联合自治政府及其他各党派和无党派人士占三分之一;五、汪精卫、王克敏、梁鸿志分别在上海、北平和南京发表声明,汪表示欢迎王、梁参加伪中央政府,王、梁声明支持成立伪中央政府。

△　香港当局通知各中文报馆,只许称德国为敌人,不得称日本为敌人。亦不得用“某国”或“X 国”暗指日本。

9 月中旬　泰国归国华侨服务团团员组成的中国红十字会第五十四队,由队长崔辉生率领到达延安,旋即赴八路军河防部队担任救护工作。

9 月 21 日　军事委员会任命庞炳勋为第二十四集团军总司令,施中诚为第七十四军副军长。

△　《新华日报》刊载八路军总部、野战政治部发布的七大纲领。

其主要内容包括:改善民生,实行民主,巩固统一战线,开展生产事业,发动游击战争,加强抗战教育,巩固部队,厉行锄奸。

△　湘北前线第三十二军商震部在绵江击退日军,次日收复高安。

△　国民党中常会决议成立三民主义教学研究会,以改善专科以上学校三民主义课。

△　第三十二集团军下令,苏南新四军各支队非有本部命令,不得推进金(坛)、丹(阳)、(无)锡以东地区活动。

△　重庆卫戍总司令部政治部呈报军委会政治部,以《八路军军政杂志》未经正式机关批准,应予取缔。

△　中共中央发出《关于山西开展反逆流斗争的指示》。指出:山西形势自秋林会议后起了很大变化,逆流继续发展,而反逆流斗争成效不大,进步力量屡遭打击。要求在山西掀起一个有声有色的反投降反分裂的运动,以巩固山西的抗战。

△　孔祥熙驻沪代表为密邀日本官员喜多来沪"和谈"事电孔请示。次日,孔祥熙复电"俟喜来沪后,可先与非正式洽谈"。

△　伪临时和伪维新两政府委员会在南京发表声明,表示愿全力协助汪精卫成立伪中央政府。

△　汪精卫由南京回到上海,发表声明,对伪临时和伪维新两政府之活动表示赞许。

9 月 22 日　蒋介石致电莫斯科斯大林,告以特派贺耀组将军搭乘中苏通航首班飞机赴苏致敬,并谈抵抗日本侵华事。

△　蒋介石电令驻法大使顾维钧拒斥法国转达日寇所提使中央与其伪组织合流之过渡办法,指其为对我国之侮辱。

△　军委会、行政院会衔公布《战区土地租税减免及耕地荒芜救济办法》。

△　国民政府颁行《日人伪造法币对付办法》。

△　湘北日军陷草鞋岭。夜,原在通城、岳阳间之日军第六师团进至新墙河北岸并试行登陆。

△ 西北青年抗敌协会第三次代表大会在西安召开,陕西省政府主席蒋鼎文出席并讲话。

9 月 23 日 日军渡过新墙河向长沙大举进攻,29 日占领长沙外围各重要据点。

△ 日本大本营下达《迅速处理中国事变的作战指导纲要》。要领是:确保占领区治安及长江下游交通,占领广州、汕头附近及海南岛北部要地,切断中国军队南方补给线。

△ 日本"特使"加藤在北平接见记者表示:新"中央政府"成立后,重庆政府官员连同蒋介石在内,若根本改变其见解,尤其是对于共产党之观念,则加入新"中央政府"均所欢迎。

△ 社会部密令河南省第十区指导专员办公处,查抄洛阳抗日进步组织河南青年救亡协会。

9 月 24 日 军事委员会就日军进攻长沙召开最高幕僚会议,拟定两个方案:一、袭击侧后;二、敌深入时予以打击。蒋介石决定采取第一方案,并于次日发布命令:一、万一长沙不守,薛岳应到萍乡指挥;二、在株洲、浏阳、醴陵各重要地区应布置兵力阻敌深入;三、衡阳地位重要,应讲求间接掩护。

△ 日军陷晋南芮城。

△ 日军在江西高安马鞍岭抓捕民众 330 多人,用刺刀捅死。

△ 河南焦作煤矿矿警队队长靳思和等率部 500 余人反正。

△ 陕西省政府主席蒋鼎文电谢毛泽东为绥榆旱灾捐款一万元,并代购赈粮三万元。

△ 第十八集团军驻桂林通讯处致函声援香港《南华》、《天演》、《自由》三报罢工工人,办事处全体人员争先捐款。路过桂林的新四军军长叶挺亦捐款援助。

△ 菲律宾中国学生全国协会集会声讨汪精卫。

9 月 25 日 桂林行营主任白崇禧电令第九战区:"(一)目下守备汨罗江、湘阴之部队应以一部极力迟滞敌人前进,主力即向醴陵、株洲方面预定地区转移,准备尔后作战。(二)为予长沙附近敌以有力打击计,应以有力兵团(二或三师)于高桥、金井附近占领侧面阵地,乘敌南进之际,与守备长沙之部队互相策应,加以侧击。此际对平江方面之安全须加顾虑。(三)第七十九军之游击地区可指定于麦市、通城、朱公桥、平江一带。(四)已令第五军主力推进衡阳,一师推进衡山。"第九战区据此决定派一部分军队在新墙河南、汨罗江以北对日军作运动战;派一部分军队埋伏在福临铺、桥头驿及以北地区;派有力部队控制金井及福临铺以东地区,待日军进入伏击区域时予以痛击。

△ 八路军第一二○师在灵寿县陈庄地区抗击日伪军,战至 30 日,歼敌 1000 余人。

△ 新四军第一支队一部,夜袭苏南镇江东南渣泽站,歼敌 100 余人。

△ 东北抗日联军第三方面军在吉林敦化县寒葱岭地区设伏,全歼日 140 余人,毁汽车 11 辆。

△ 湘北日军第六师团进入汨水左岸。第三十三师团进入桃树港以南地区,对福石岭发动进攻。27 日,陷福石岭,经长寿街向平江突进。

△ 鄂东游击总指挥程汝怀调第一七二师围攻新四军独立游击第五大队后方机关,惨杀干部、战士五六百人。

△ 国际反侵略大会中国分会在重庆举行第二届理事会首次会议,研讨反侵略运动工作方针,通过会同有关机构组织中国抗战国际宣传团,赴欧美各国访问宣传等项提案。

9 月 26 日 蒋介石致电薛岳:"准备以六个师的兵力,位置于长沙附近,并亲自指挥。乘敌人突入长沙之际,侧击而歼灭之。"

△ 拂晓,日军第三十三师团进犯幕阜山主峰,傍晚该峰失守。同时,新墙河以南日军强渡汨罗河。午后 1 时在洞庭湖登陆之第三师团横田、吉川各大队及石桥陆战队进至汨罗江南岸 13 公里处,沿粤汉路旧线继续南犯。

　　△　第三十二集团军政治部主任宋文彬致电陈诚,请决长江水淹湘、鄂、赣及武汉等地日军。陈诚转报何应钦后,次日何应钦复电称:"现入枯水时期,难于实施。此项意见可存备参考。"

　　9 月 27 日　冀西陈庄大捷。八路军聂荣臻、贺龙所部杨成武第一支队为主力,在河北西部阜平、灵寿间陈庄,与日军独立混成第八旅团激战三昼夜,至 29 日全歼该敌,同时并击退由石家庄、井陉、娘子关来援日军 1600 余人。是役共毙伤日军 2000 余人,独立混成第八旅团旅团长水原于是役丧命,并生俘多名,缴获大炮、轻重机枪、无线电台等大量军用品。八路军伤亡 584 人。事后,蒋介石、程潜、卫立煌、阎锡山等均来电庆贺,并传令嘉奖。

　　△　日军突破汨罗江后分路南犯,薛岳移驻株洲指挥各路伏击制敌,湘北战场展开血战。

　　△　八路军第一二〇师新三五八旅一部,于阳曲县杨兴镇、庞家庄抗击日军进攻,歼敌 100 余人。

　　△　外交部电经济部,告以法国禁止我方物资假道越南,显系法政府态度变更,现正分向法政府及越南政府力争,并请美、英政府转劝法仍予我假道越南之便。

　　△　英驻津总领事访日领事称:倘英租界生命财产获得保证,则英当局准备接受日方条件,在东京继续举行圆桌会议。

　　9 月 28 日　外交部长王宠惠对美合众社远东部经理毛勒士发表谈话称:中国自开战以来从未拒绝和平,只要"光荣和平的条件,中国无不乐于接受,尤其希望爱好和平国家如美国能促成调停"。此后不久,张群、魏道明等政府官员纷纷赴香港作"和平试探"。

　　△　第三战区将领顾祝同、黄绍竑、陈仪、唐式遵、刘建绪、上官云相等联名通电声讨汪精卫。

　　△　军事委员会任命刘和鼎为第十一集团军副总司令。

　　△　日军上午攻占湖南平江。晚,日军进至上杉市,遭覃异之部第一九五师伏击,被歼 1000 余人,覃师伤亡亦重。

　△　日军在天津英租界内大捕"反日分子",租界内美合众社分社亦遭检查。

9 月 29 日　延安盛会欢迎中外朋友第二战区骑兵第二军军长何柱国、美国名记者斯诺、苏联朋友白列斯托夫、印度援华医疗队队长安德华大夫。毛泽东致欢迎词,何柱国、斯诺、白列斯托夫等相继讲话。

　△　桂林行营颁布《防止仇货办法》,凡八条。

　△　空军袭广州白云机场,炸毁日军仓库 10 座、日机 10 架。

　△　日军第三师团主力进至长沙北之桥头驿。同时,长沙外围上杉市、永安市等据点悉为日军占领,但其主力不断遭到第九战区部队伏击、侧击和夹击。

　△　日军第一〇六师团萱岛旅团进至武宁西南的长岭山,半夜渡过修水在武宁附近集结兵力,准备向三都方面进犯。

　△　日军在江西高安大屋场放火烧村,烧死群众 280 人,烧毁房屋700 余间。

9 月 30 日　军事委员会发言人就湘北会战发表谈话称:"敌军此次进攻之目标,显在长沙、常德与宜昌之线。我军战略早已决定为全面战争,而以消耗敌军打击其主力为目的,绝不争一城一地之得失",并指出"自去冬放弃武汉以后,长沙已非我战略上之要点"。

　△　第四战区独立第二十旅向深圳日军发动进攻。

　△　长沙外围日军攻势稍挫。进犯上杉市、永安市日军第十三师团一部,为第五十二军张汉初第二十五师击溃。三姐桥、福临铺、金井一线亦为关麟徵、张耀明、欧震等部所阻。开始处于不利态势。

　△　国民政府明令通缉汉奸杨揆一,并撤销其军事参议院参议、陆军中将职务。

　△　汪精卫向日本提出《有关新中央政府财政问题对日本方面的希望》和《希望日本方面考虑之种种事项》,内容为:一、关于财政问题:(一)在中央政府成立前,于日本正金银行保管之中国关税收入中借支4000 万元;(二)在中央政府成立后,正金银行保管之关税全部交与中

央政府,以后关税收入统归中央政府;(三)苏、浙、皖地区统税交财政部,盐税等恢复事变前办法。二、为获得第三国对国民政府之承认,希望开放长江。三、沪宁铁路通行证、南京火车站及城门检查,应由中国方面发给和施行。四、日军在南京城内捕人时,应会同中国宪兵、警察共同进行。

是月 八路军冀中军区国民教导总队,改编为第三纵队回民支队,马本斋任司令员。

△ 日关东军在河北省抚宁、迁安、蓟县、平谷、密云、永宁与热河临界地区,成立西南防卫委员会,由陆军少将安藤忠一郎主持,负责对该地区实施"三光"政策。

△ 由菲律宾华侨青年战时出版社编印的华文《民族抗战》创刊。

10 月

10月1日 蒋介石就汪精卫召开伪代表大会及企图成立伪中央事,在重庆对中外记者发表谈话,声明:"无论汪逆将来借何种政府名义,或如何假借本党名义,吾人只认其为日本之奴隶,无论其对内对外,绝不发生丝毫效用。"

△ 军事委员会决定将第九战区划分为第六、第九两个战区。次日,任命陈诚、商震为第六战区正、副司令长官,薛岳、王陵基为第九战区正、副司令长官。5日,加任杨森为第六战区副司令长官。

△ 参政员褚辅成、张澜、沈钧儒、江恒源、莫惠德、章伯钧、胡石青、李璜、左舜生、张君劢、张申府、王造时等12人,在重庆举行宪政座谈会,中共参政员董必武、吴玉章及潘梓年等应邀参加。座谈会决定组织宪政促进团体。

△ 日军由永安市开始向捞刀河以北撤退。

△ 日军第十八师团第一一四联队午夜从黄埔启航,次日在宝安登陆,6日到达深圳。

△ 日机 46 架空袭浙江黄岩县城,死伤 30 余人,毁房 234 间。

△ 日本中国派遣军总司令官西尾寿造抵南京,中国派遣军总司令部在南京成立。

△ 国民政府规定自是日起各省开始施行 1938 年 6 月 9 日公布之《公库法》(新疆、云南、青海、宁夏四省暂缓)。嗣又将财政部国库司扩大改组为国库署。

△ 经济部采金局设立南部区采金处,办理四川南部、南充、蓬安、阆中、苍溪、广元、昭化等金矿开采事宜。

△ 汪精卫为筹组伪中央事再度赴日。

△ 日本外务省发言人就英、日谈判,重申日政府意见。

10 月 2 日 军事委员会任命黄琪翔为第二十六集团军总司令,李默庵为副总司令,关麟徵为第十五集团军总司令。

△ 中共中央军委总政治部发布《关于日伪军工作的训令》。一是对日军工作,其方针是应用各种方法削弱和降低日军的战斗力。二是对伪军工作,应以消灭与争取并举,反正与瓦解并进,对伪军除联络其上层外,应在其下层进行工作。

△ 第九战区代司令长官薛岳部署湘北全面反攻。当日,长沙外围山谷地区日军被切成数段,桥头驿、上杉市、王公桥、李家段等日军据点均被夺回。福临铺以北日军后路被断绝。

△ 空军空袭汉口日军机场,毁日机 50 架。

△ 鲁苏战区总司令于学忠,副司令沈鸿烈、韩德勤率各将领联名通电声讨汪精卫。

△ 新四军游击支队一部攻克豫东永城县孔庄、袁楼伪军据点,歼伪军 100 余人。

△ 四联总处理事会通过实施《中央、中国、交通、农民四行联合办事处组织大纲》及四联总处《组织章程》。

△ 中华全国文艺界抗敌协会桂林分会举行成立大会。大会通过章程,选举了第一届理事会。夏衍、林林、邵荃麟、司马文森、周钢鸣、林

山、聂绀弩、黄药眠、刘季平、华嘉、黄新波、田汉、欧阳予倩、胡愈之、孟秋江、陈芦荻等曾先后当选为该会历届理事、候补理事和常务理事。

△　日本首相阿部信行在日本地方长官会议上讲话，声称：当前最大问题在于处理"中国事变"，内阁根据既定方针，支持汪精卫建立新中央政府，以期完成"东亚新秩序"之建设。

△　英国海军司令部宣布将从停泊长江的 10 艘炮艇中抽调五艘他用。

10 月 3 日　蒋介石自重庆飞成都理川政，17 日飞返重庆。

△　苏空军志愿队为策应第九战区湘北作战，出动轰炸机九架，袭击汉口日军机场，炸毁日机 24 架及修理中日机 10 余架，并炸毁油库及部分材料库。

△　进攻长沙日军分三路溃退，长沙东北金井等日军据点已克复。

△　江西日军第一〇九师团萱岛旅团从武宁沿修水向三都进犯，次日陷三都。

△　日军驻华舰队司令宣布封锁温州海面，第三国停泊海面之军舰、船只，须于 6 日晨 8 时前驶出。

10 月 4 日　第九战区薛岳所部克复湘阴，即向汨罗江北推进。

△　新四军第二支队一部，在沪宁铁路龙潭、仓头之间炸毁日军军车一列，歼敌 118 人，迫使沪宁铁路交通中断三天。

△　广东日军陷石岐。7 日晚，当地地方团队乘日军立足未稳，包围猛攻，复克该城。

△　鹿钟麟电行政院续报河北灾情称：冀中 35 县无县无灾，总计淹田 15.382 万顷，被灾村庄 6700 余，损失约 1.6 亿元。现无衣无食之民众 190 余万，前拨赈款 10 万元不敷尚巨，要求再拨巨款救济。

10 月 5 日　河南省政府主席卫立煌就职视事，决定将省府由洛阳移至南阳。25 日，卫立煌发表施政方针，提出澄清吏治、推进教育、打破经济难关、努力维持社会治安等项方针。

△　第九战区各军连克营田、汨罗、平江等地。日军第十一军司令

官冈村宁次下令全线退却,守军乘势追击。

△ 山西新军暂编第一师师长续范亭及全体官兵发表声明,揭露山西顽固分子阴谋破坏抗日部队,唆使该师第四十四团脱离暂一师;坚决要求上级长官秉公处理,迅速解决。

△ 汪伪国民党中央常会通过筹设中华通讯社,改组浙江省党部执行委员会、海员特别党部及沪宁、沪杭甬铁路特别党部执行委员会。派沈尔乔、王敏中、丁济美为浙江省党部执行委员会常委,李凯臣、罗广来、吴垂滢为海员特别党部常委,陈伯华、张泉林、马啸天为沪宁、沪杭甬特别党部常委。

10 月 6 日 蒋介石电薛岳等将领祝贺湘北大捷,并向参战部队颁发赏金 15 万元。

△ 第九战区各军在民众帮助下击退围攻长沙日军,恢复原有阵地,先头部队迫近新墙河。

△ 日军车一列在沪杭路临平附近触雷,我军乘机出击,毙伤敌300 余人。

△ 豫北日军向沁阳西南进犯,并施放毒气。

△ 军事委员会任命杨俊青、曾宪栋为第十一军副军长。

10 月 7 日 蒋介石在成都就任四川省政府主席兼职,上午召集省府职员训话,下午接见专程来川的西康省政府主席刘文辉。

△ 进攻长沙之日军第十一军前方指挥所从咸宁撤走,第一次长沙会战胜利结束。此役日军死伤 1.3 万人,第九战区部队伤亡 2.5833万人。另据日方公布:中国军队死 4.4 万,被俘约 4000 人,日方战死850 人,伤 2700 人。

△ 江西日军第一○九师团萱岛旅团从三都撤至武宁。

△ 台湾华侨中华总会馆主席陈黎,因宣传抗日于 1937 年 12 月25 日被日军逮捕,是日被害。

△ 英国驻华大使卡尔由香港飞抵重庆。9 日,访王宠惠。11 日,赴成都与蒋介石密谈,19 日再晤蒋介石。

10 月 8 日　军事委员会任命李汉魂为第三十五集团军总司令,邓龙光为副司令。

△　程潜、李宗仁、李品仙、蒋鼎文、刘峙、黄绍竑、余汉谋、李汉魂等军政官员电贺湘北大捷。

△　新四军陈毅第一支队一部,于镇江延陵伏击日军,并截击增援之日军,共毙敌 200 余人,伤 50 余人。

△　日军牛岛师团二万余人在飞机 20 余架掩护下,分由长治、长子、壶关、苏店、屯留等地再次大举进犯晋东南。同日,日伪军 6000 余人开始"扫荡"冀中大清河地区,至 22 日被粉碎。

10 月 9 日　第九战区一部攻克湘北新墙河及赣北修水。

△　黄炎培、梁漱溟、梁仲华、李璜在重庆黄炎培寓所谈论国内时局问题,黄炎培提出除国共两党以外的国社党、青年党、第三党、七君子派、大学教授派、乡村建设派,于适当时机发表告全国同胞书,呼吁各党派倾诚团结,戒绝国内斗争,任何意见参商须在法律常轨上求解决。劝政府登用贤才,不分派别。

△　上海《中美日报》被公共租界工部局停刊三周期满,是日复刊,又被汪伪党徒在街上将该报全数劫走。

△　汪精卫函邀吴佩孚参加伪政权。吴在汪来信封面上手批:"公离重庆,失所凭依,如虎出山入柙,无谋和之价值,果能再回重庆,通电往来可也。"日方知吴不愿与汪合作,又提出划湘、鄂、赣、皖、豫、鲁、冀七省归吴统治,请其于翌年元旦就职。吴均不允。

△　苏联决定关闭北平、天津、上海领事馆,驻上海领事馆事务委托挪威驻上海领事馆代办。

10 月 10 日　国民政府发表宣言,重申主权完整不容破坏。

△　蒋介石发表《告全国国民书》,表示要"誓驱敌寇,尽除奸伪"。同日,蒋介石在成都主持国庆日阅兵式,川、康军政官员邓锡侯、贺国光、刘文辉、王缵绪等出席。

△　中共中央发表《目前形势与党的任务》的决定,指出"我们的任

务,仍然是协同全国一切爱国分子,动员群众,切实执行我党《七七宣言》中'坚持抗战,反对投降','坚持团结,反对分裂','坚持进步,反对倒退'三大政治口号,以准备反攻力量"。

△ 军事委员会及航委会、军政部等 339 个特别党部联名通电声讨汪精卫。

△ 绥境蒙政会全体大会在扎萨克旗开幕,次日闭幕,通过有关会议决议及声讨汪精卫通电。

△ 八路军第一一五师苏鲁豫支队一部,于灵璧县冯庙抗击日伪军进犯,歼敌 300 余人。

△ 驻河北涞源日军独立混成旅下达第三期肃正计划,确定"扫荡"重点为涞源南部山岳地带即八路军晋察冀军区北岳根据地。下旬,旅团长阿部规秀中将率旅团机动兵力进驻涞源,开始第三期肃正计划重点作战。

△ 日机 80 余架分批轰炸西安市郊。

△ 中共山西省委发布《关于坚持山西抗战克服危险倾向的宣言》,号召对危险倾向必须深加警惕,坚持抗日民族统一战线,把抗战进行到底。

△ 邮政储金汇业局奉命在全国 1000 多所邮局同时发行节约建国储蓄券。

△ 第二届戏剧节在重庆举行。15 日,各剧团分赴四郊演出。参加公演剧目中有日俘表演的《中国魂》。

10 月 11 日 蒋介石传电嘉奖桂林行营主任白崇禧及第九战区正、副司令陈诚、薛岳,略谓:"此次湘北战役,歼敌过半。捷报传来,举国振奋。具见指挥有方,将士用命,无任嘉慰。所有此役有功人员,希切实查明详报;其死伤官兵,并应查报,以凭奖恤。"

△ 薛岳偕同陈诚抵湘、鄂边境,督率所部围攻岳阳。

△ 山西牺盟会、决死队发表加强团结进步坚持抗战到底宣言。

10 月 12 日 军事委员会任命马步荣为骑兵第五军副军长,詹志忠为第二十五军副军长。

△ 国民政府明令宣布:汉奸集团签发文告无效。

△ 第二十七集团军围攻鄂南通城,毙伤日军逾千。

△ 胶东伪军刘桂堂部千余人哗变,与日军激战数小时,双方死伤甚重。

10月13日 国民政府任命韩德勤兼任江苏省政府主席,原任顾祝同免本兼各职。

△ 湘北羊楼司激战,日军伤亡逾500人。

△ 鄂中日军与伪军偷袭京山县新街新四军独立游击支队,支队在司令李先念指挥下反击,歼敌100余人,日伪军施放毒气,仓皇撤退。

△ 牺盟会领导人薄一波在山西省第三督察专员公署第六次行政会议上,揭露顽固分子对日投降分裂,对内分裂反共,反牺盟会、反新军的活动。

10月14日 苏空军志愿队再袭汉口日军机场,炸毁日机50余架及油库和弹药库。返航途中与日机九架遭遇,击落日机三架,自损一架。

△ 晚,第三战区一部冲入杭州市区,巷战竟夜。城内伪机关及艮山门、拱宸桥一带多处起火。

△ 日本大本营下达攻占南宁的作战命令:为彻底切断中国西南国际交通线,要求中国派遣军总司令官负责与海军协同行动,迅速切断沿南宁——龙舟的公路补给线。预计作战时间为11月中旬。

△ 中国青年记者学会总会在重庆召开宪政问题座谈会。范长江主持,中华职业教育社、救国会负责人褚辅成、江恒源、沈钧儒、邹韬奋、李中襄、张申府及新华日报社长潘梓年、总编辑吴克坚和各报记者30余人参加。

△ 周佛海到东京,代表汪精卫祝贺阿部信行内阁成立,并与日军政当局会谈,要求支持与允许汪早日建立中央政府。

10月15日 蒋介石发表《告川省同胞书》,宣称:"解除人民疾苦为百举之先,彻底肃清烟毒是治川要务。"

　　△　新四军军长叶挺由防地抵重庆。21 日,向报界报告新四军作战情况,称:新四军三万余人现驻防于沪宁路之南京、镇江、句容一带及芜湖区域,长江北岸之浦口及滁州一带,平汉路之南信阳、武胜关区域。过去 18 个月间,日军在南京、镇江、句容、芜湖等地进行"肃清"游击队运动 20 余次,每次接战均遭重创。

　　△　日军第二十五师团主力及第一一○师团一部兵力约两万人,附炮数十门,飞机十余架,坦克 50 余辆,汽车、装甲车 300 余辆,向冀中大举"扫荡"。八路军冀中军区司令员吕正操部与敌激战 16 昼夜,至 31 日将敌全部击溃。是役共毙伤敌 2000 余,毁车 30 余辆,八路军官兵亦伤亡千余。

　　△　日机 71 架分两批空袭延安,投弹 225 枚,炸毁窑洞 30 余间,死伤 23 人。

　　△　司法行政部令在四川、贵州、广西、云南、陕西、甘肃、宁夏、西康、青海九省高等法院所在地设置新监狱。

　　△　桂林《国民公论》、《中学生》、《工作与学习》、《漫画与木刻》及中国农村经济研究会等文化团体具呈国民党中宣部要求取消所谓《抗战时期名词正误表》。

　　△　周佛海在东京对记者发表谈话,要求日本允许汪精卫早日建立中央政府。周说:"中央政府将网罗国民党外之已成各政权,各党各派及社会知名人士,以及重庆政府人员参加,组成举国一致的政府,并以中日协力维持东亚和平为根本方针。中央政府在对外政策上与日本一致,在经济上与日本合作。"

10 月 16 日　蒋介石出席成都党政军联合扩大纪念周,宣布治川要旨 10 条。

　　△　孔祥熙对美联社记者谈话称:中日和平"问题之中心不在中日能否媾和,而在日本能否放弃对华之侵略"。

　　△　八路军晋冀豫军区一部于昔阳县安丰镇击落日机一架,机上

人员全部毙命。

　　△　经济部长翁文灏就物价上涨问题对记者发表谈话称："自抗战以来,食物与衣料之价格并未有显著升涨,因近年各地丰收,粮食无缺,此实为我国一种幸运。"

　　△　经济部采金局设立南溪采金处,开采南溪金矿。

　　△　日轮"新太古号"在吴淞口外沉没,华人300余人遇难。该轮仅能载180人,却载四五百人。

　　△　上海市工商、教育团体发起成立上海市民崇尚廉耻运动会,推严省三、王志诚等11人为委员。

　　△　伪满发布《特产品专管办法》。

　　△　日本首相阿部信行在东京就汪伪"新中央政权"问题答复新闻记者称："一切尚未决定,新中央政权必须为一强有力而足以负起与日本合作,共同建设'东亚新秩序'之政权。"

10月17日　第四战区一部进击广东江门日军。晚,在江门近郊与日军激战之际,江门伪挺进军何平之部,突在敌后反正,第四战区所部冲入江门,纵火焚烧敌军营房及仓库。

　　△　第十九集团军罗卓英部在赣北三路出击,断靖安、奉新日军联络。

　　△　八路军第一二九师一部袭击白晋铁路武乡县南关车站之敌,烧毁车站及敌军衣一万余套,炸铁桥一座。

　　△　《新华日报》发表西班牙国际义勇军中国战团《告全国同胞书》,要求外交当局向法政府交涉,迅速释放中国战团战士,帮助他们回国参加抗战。

10月18日　外交部长王宠惠播讲《我们的外交方针》,概括外交方针为"对内求自立,对外求共存";指出,对于危害我国家民族的敌人,必须竭尽全力抗战。在目前敌人侵略状态下接受敌人条件来呼吁和平的,便是甘心卖国、靦颜事仇的汉奸。

　　△　罗卓英部第十九集团军与杨森部第二十七集团军,在鄂赣边

界九宫山地区夹击日军,毙伤敌千余人,俘虏八人。

△　参政员褚辅成、沈钧儒、秦邦宪等在重庆召开第二次宪政座谈会,到会七八十人,张澜、董必武等五人为主席团,讨论宪政与抗战建国问题,发言者强调只有民主才能动员全国人民。

△　经济部公布《战区及接近战区合作社组织暂行办法》,凡 10 条。

10 月 19 日　国民党中常会决定于 11 月 12 日召开五届六中全会。

△　八路军第一二九师于邢台县皇寺镇接受伪皇协军一个大队 300 余人反正。

△　日本中国派遣军总司令部下达攻占南宁作战命令。

△　日军在江苏射阳县通洋镇放火烧房,从鹿塘南头至通洋镇南头连绵 2.5 公里,众多房屋、10 万余斤粮食及各种财物统统化为灰烬。

△　国民党中央党部训令:公务人员非经特许,不得对外发表评判国际情势之文字或谈话。

△　国民党中央党部训令:出版物取缔依法定程序,军事、政训机关"不得径予查扣"。

△　国民党中央党部秘书处颁发《中央训练团各期受训人员调训办法》,规定调训人员为"民、教两厅厅长、市长、专员及县长,各省、市党部委员、书记长,青年团各支团部筹备主任、书记、干事,各省国民军训处处长及主要公私立高中以上学校训导官"。

△　鲁迅先生逝世三周年纪念大会在重庆举行,各党派、各文化艺术团体及工人、学生、市民代表千余人参加。

△　中国佛教总会会长圆瑛法师在上海被日方拘捕,次日解赴南京。据各报传闻,系因圆瑛在沪募集 10 万元作抗战费用。11 月 14 日,圆瑛被解回沪,22 日释放。

△　上海华东印刷公司工人为拒印汪伪汉奸刊物罢工。上海印刷工会号召全上海印业工人一致行动,拒印汉奸刊物。

△　美国驻日大使格鲁在东京美日协会发表演说,驳斥所谓"东亚新秩序",对日本屡次威胁美在华利益提出警告,表示美将坚决维护在华利益的决心;并称:"日本军队在中国之行动方法及日本飞机所认为轰炸之目标,更引起美国人民之愤怒,而对于日机在华之肆意轰炸,尤为震惊。"25日,国民外交协会主席陈铭枢、邵力子等致电美国国务卿赫尔及格鲁,对格鲁演说表示谢意。

10月20日　蒋介石电陕西省政府拨款10万元救济西安被炸灾民。

△　第二战区一部克复山西静乐,生俘日伪军80余人,毁汽车多辆。

△　绥境蒙政会委员长沙克都尔札布通电声讨汪精卫。

△　战时儿童保育会在重庆开幕。该会为全国妇女慰劳自卫抗战将士总会设立。主席李德全报告会务称,该会设有保育院46所,收容儿童二万。

△　《大公报》向天津读者募集捐献的德制"大公号"滑翔机一架运抵成都。11月9日,运抵重庆。

△　战时新闻检查局因《新华日报》19日刊登《毛泽东同志与中央社等记者谈话》一文,迫令是日停刊一天,并派宪警搜查报社,检扣当日报纸,市区张贴之报尽被撕毁。新华日报社当即向战时新闻检查局提出抗议,并要求刊登启事向读者说明原因。21日,该局函复"奉谕"不准刊登。22日,新华日报社再次提出抗议。

△　日本唆使暴徒捣毁河南陈留美教会,并强迫与该教会有关华人退出陈留。

△　汪精卫、周佛海、褚民谊在南京与日本中国派遣军参谋长板垣征四郎会谈,讨论尽快召开伪中央政治会议,成立伪中央政府问题。

△　日本外相野村吉三郎对记者发表谈话称:对华方针将依照日本政府历次确定之政策进行,日本建设"东亚新秩序"之决心,并不因第三者干涉而有所改变。要求英、法充分认识"东亚新秩序"之重要性,与

日本协力合作。

10 月中旬　日本兴亚院在东京举行联席会议,通过对华纲领 12 条,主要内容为:没收侵占区华方重要企业,禁止法币流通,掠夺各种资源;成立傀儡政府,加强敌占区特务工作,以巨款资助伪政权,收买汉奸伪军;收买战区人心,利用毒化政策和奴化教育,消灭战区人民抗敌活动。

10 月 21 日　国民政府公布《修正中华民国战时军律》,规定:除通敌叛国、临阵退却等罪处死刑外,对于"主谋要挟或指示不利于军事上之叛乱行为者","意图妨害抗战扰乱后方者","意图妨害抗战而造谣惑众摇动军心者",均处死刑。

△　军事委员会任命冯钦哉为第一战区副司令长官。

△　八路军第一二九师第三八六旅一部,于白晋铁路祁县来远、盘陀之间袭击日军,歼敌 140 余人,毁火车一列,汽车一辆。

△　日本华北方面军司令官多田骏在天津召开军事会议,决定军事、政治相辅而行,晋省军事扩大为面的占领,并重点开发山西资源,以供日军需要。

△　财政部电令各海关,所有金银饰物非经部特许领有执照及非持有中央、中国、交通、农民四银行收兑金银办事处所发运金银证明书者,一概不准报运;应结外汇货物,如不照章结汇者即作私货论。

△　第二战区第十督察专员公署专员兼保安司令白志沂,派兵 200 余人开往八路军晋察冀边区所辖灵丘县张家湾,武装接管灵丘县抗日政府,双方发生武装冲突。

△　日本利用各国注意欧战之际,在沪西越界筑路,企图吞并上海租界,排斥各国在华势力。

△　日伪统计,满洲铁路总长超过一万公里,是日举行庆祝活动。

△　日本关东军司令部宣布:《诺门坎停战协定》签订后的现地谈判,改由日、"满"、苏外交当局继续谈判。

10 月 22 日　国民政府发言人否认外传日方派人在重庆作和平谈

判,指出今天中国胜利频传,且国际形势愈加有利于我,毫无理由会屈辱言和。

　　△　中国回教救国协会云南省分会等三团体代表云南省300万回族同胞通电声讨汪精卫。

　　△　军事委员会任命柳彦彪为第九十八军副军长。

　　△　第四战区一部攻克广东澄海,击溃日伪军2000余人。另一部冲入三水,焚敌营一所。

　　△　八路军第一二〇师一部与自浑源来犯日军2000余人在金福店附近激战数小时,将敌击退。次日,日军500余人又来进犯,复被击退。两役共毙敌百余人,八路军亦伤亡80余人。

　　△　新四军一部袭击徐州附近永城伪军,毙敌数十名,并生俘营长以下官兵150余名。

　　△　美国国务院就日本在沪西越界筑路事件发表声明,授权其驻上海代表与工部局联系处理。

　　△　香港进行防空演习。

10 月 23 日　孔祥熙在国民政府纪念周报告《最近内政外交演变》,称:欧洲战事"并无不利于我之影响,各国关怀远东问题一如往昔,友邦对我同情援助,有增无减"。"现在敌人、汉奸鉴于我国上下精诚团结,国力日强,乃于图穷匕首见之余,散布种种流言,企图挑拨离间,达到汉奸自私自利目的,然此种阴谋伎俩徒见其心劳日拙,凡我国民,绝不致受其愚惑"。

　　△　安徽省政府主席廖磊在立煌县病故。11 月 21 日,国民政府明令褒扬,追赠陆军上将,并发给治丧费一万元。

　　△　军事委员会任命温剑鸣为第八十军副军长,武士敏为第九十八军军长。

　　△　八路军一部破坏开封附近铁道,炸毁日军火车两列,毙伪军日顾问以下 110 余人,破坏铁桥三座,路轨 120 余节。

　　△　项英报告中共中央,第三战区在苏浙皖边地区设第一、第二游

击区。浙江第一、第二行政区及镇江南为第一游击区,陶广为总指挥;江南第一、第二及皖南第一行政区为第二游击区,由顾祝同兼总指挥,冷欣任副总指挥。划定新四军活动区域为镇江、句容、溧水、高淳、江宁、当涂、芜湖、繁昌、铜陵、南陵一带。

△　欧亚航空公司港渝线复航。

10 月 24 日　军事委员会任命刘茂恩为第十四集团军总司令,李家钰为第三十六集团军总司令。

△　日军侵占晋西隰县。

△　日机空袭四川巫山,所投概系空中爆炸弹,以致民众伤亡甚重。

△　日军在河南焦作麻掌村惨杀民众 43 人,重伤 28 人,全村 54 间房屋被烧光。

△　行政院通过《华北水灾救济实施办法》及《抗战军人家属保障办法》。

△　国民政府公布《调整出版品查禁手续令》。

△　中国、交通两银行总管理处函财政部报告维持外汇情形称:为维持外汇黑市设置之中英外汇基金,办理未及数月,售出数目已达 1000 万镑以上,而外汇黑市仍一再剧烈波动,有续予维持之必要。31 日,财政部密令详查"售出之款是否必要"。

△　新华日报社致函宋庆龄,委托代转各界援助香港《南华》、《天演》、《自由》三报反汪罢工工人第一批捐款 3300 元。11 月 7 日,宋庆龄函复已收妥代转。

△　美国国务卿赫尔否认日本同盟社所传中国政府已托美驻华大使詹森代向日本政府提出和议一说。

10 月 25 日　国民党中央党部秘书长朱家骅对路透社记者发表谈话称:外传英国正劝告中国与日本及苏联向国民政府提和平条件,非特无丝毫根据,且为极无常识之可鄙宣传。又称:除非日本军阀彻底悔悟,扫数自动撤退我国境内之军队,则断无考虑之余地。

　△　四川省政府成立动员委员会,黄季陆代理主任委员。

　△　日军独立混成第二旅团和第一一〇师团共两万余人,向晋察冀边区一分区之阳家庄、三分区之军城及中心区之阜平合击,实行冬季大"扫荡"。八路军晋察冀军区部队和第一二〇师主力,是日至12月8日,历时40余天,与敌作战108次,毙伤敌3600余人,粉碎了日军"扫荡"。

　△　八路军山东纵队第一支队于临朐县五井抗击日伪军进攻,歼敌160余人。

　△　日军侵占晋西乡宁,续犯吉昌。

　△　重庆卫戍总部发布布告称:无论何人有贩运或囤积铜元及一分辅币,意在图利者,一律以扰乱金融危害治安论罪,从严惩处。26日,重庆市破获熔贩铜元奸商两起。重庆各报报道:近来重庆因铜元荒,市面零星找补多以邮票代替。

　△　晋冀鲁豫根据地鲁西行政委员会成立。

10月26日　上海"孤军"团长谢晋元举行奋斗二周年纪念日。谢对记者发表谈话,痛斥公共租界工部局及外国军事当局之失信行为,谓:工部局及外国军事当局请求孤军自四行仓库撤退时,曾保证我等仅须停留租界内十日左右。现已非法扣留达二年之久,违反国际法。要求恢复武装,继续参加抗战。

　△　军事委员会任命武庭麟为第十五军军长。

　△　日军600余人进犯北平妙峰山,被八路军击溃,毙伤敌中、小队长以下50余人。

　△　国民参政会决定在四川省成都、万县、阆中、宜宾及西康省雅安各设一办事处,各办事处主任为成都李璜,万县褚辅成,阆中张澜,宜宾黄炎培,雅安林虎。

　△　国民政府公布《紧急命令拨款办法》。

　△　上海市邮差因要求平等增加生活津贴,反对对各级员工待遇歧异,实行怠工,全体齐集总局,向局长乍配林(法国人)提出抗议。次

日,信差以下职工组成代表团,由工会代表率同与乍配林交涉,乍表示答应工人要求,后复工。

10 月 27 日　国民政府指令批准定"八一四"为空军日。前定"九二○"为空军节、"三二九"为航空先烈纪念节一并废止。

△　军事委员会任命李品仙为第二十一集团军总司令。

△　英国驻日大使克莱琪访日本外务次官谷正之,商谈重开英日谈判问题。

△　东京宣布:在华日侨为 26.2 万人,较 1937 年增加三倍余。

△　美国参议院通过《中立法修正案》,要点为废止现行中立法中禁运军火条款;外国购买美国军火应以"现购自运"为原则,不得赊欠。

10 月 28 日　八路军第一二○师王震部第三五九旅在晋察冀边区广灵县南张家湾,伏击日独立第二旅团一部获胜,毙日旅团长常岗宽治少将及少佐两名,大、中尉以下官兵 300 余人,毁汽车 25 辆,并缴获大量军用品。

△　鄂北日军进犯大洪山,焚烧浦河店。

△　国民政府公布宁夏省临时参议会正、副议长名单:议长刘佩黻,副议长徐宗孺。

△　社会部密函教育部及国民党贵州省党部,拟定破坏贵州学运对策六条,其主要内容为"限期完成各该校内党团组织";"广泛发展党的外围组织,策动党员在青年中组织各种小型团体";"对反动分子则策动党员从事必要之斗争";"调查共党在乡村青年、苗族青年、妇女儿童、邮工店员中之各种活动并摧毁其组织";"消灭共党及其他党派不正确之宣传,禁止书店书摊发售违禁书刊"。

△　纽约华昌公司总经理李国钦捐款 10 万美元慰劳湘北前线将士,是日,国民政府明令嘉奖。

10 月 29 日　军事委员会在湖南南岳召开第二次军事会议,策定后期抗战战略。蒋介石讲话称:今后要开始反守为攻,积极采取攻势。11 月 5 日闭幕。

△ 豫东八路军一个营配合游击支队,夜袭豫东商丘马头寺伪军据点,毙伤伪军300余人,俘数人。

△ 全国慰劳总会南路慰劳团返重庆。团长马超俊谈此行经过黔、桂、湘、赣、闽、浙、皖、粤八省,观察所及,深觉抗战前途极可乐观。

△ 孔祥熙、戴季陶、于右任、张群等在重庆组织孔学总会。

△ 阎锡山在宜川秋林召开民族革命同志会临时代表大会,拟借整顿决死队为名,消灭和削弱牺盟会及共产党势力。薄一波、续范亭等抵制出席,韩钧、廖鲁言等坚决反对,未获结果。

10月30日 胡适在美国中国协会演讲《我们还要作战下去》,称:"目前世界尚无任何国家能令日本军阀觉悟前非,并接受公正平等之条件",故"中日战争仍将继续至数月或竟至数年,直至中国能获取一公正荣誉之和平始已"。

△ 新任英国驻天津总领事华德接事。

△ 重庆至仰光航线通航。

△ 汪精卫在南京拜会侵华日军总司令西尾寿造,"感谢"日政府对其"和平建国之援助"。西尾对汪卖国投降活动表示"全面的支持与援助",希望伪中央政权早日成立,以便与日本实现"真正提携"。

△ 华兴商业银行副总裁日本人鹫尾矶一在大阪发表谈话称:中央政府成立之后,对华兴银行可采取办法改组。

△ 日本兴亚院联络委员会通过对汪精卫所提希望之《答复要旨》、《中央政治会议指导要领》及《谅解事项》。《答复要旨》规定:一、日本必须在中央政府及省、市、县各级政府机构中派遣顾问、专家、职员、教官等人员,在军队中派遣顾问,并不得使第三国介入;二、日军管理工厂在交还后,以中日合办方式经营,"维新"、"临时"两政府的有关法令,中央政府应加以承认;三、同意借款4000万元。中央政府成立后,上海关税收入作为中央政府收入,但仍由正金银行上海分行保管;四、关于长江开放问题,目前尚非其时。沪宁铁路通行证及南京车站检查事项,可由当地中日双方协商。《中央政治会议指导要

领》规定：中央政治会议是成立中央政府的准备,待日方要求事项取得谅解后,再指导召开。中央政府的人员组成及成立时间,应与日本协商后确定。

10 月 31 日 国际反侵略大会中国分会召开第二届常务理事会,通过促进太平洋各主要国家反侵略大纲及致电反侵略大会与美驻日大使格鲁,促请美政府实施对日制裁等决议案。

△ 新四军豫鄂独立游击支队第二团一部,在襄(阳)花(园)公路之同兴店,伏击由陆安开往花园的伪骑兵队 300 余人,毙伤敌 200 余人,第二团伤亡 50 余人。

△ 日军血洗河北望都薛家村,杀害民众 299 人,烧房 100 余间。

△ 财政部贸易委员会以 3000 万元组设贸易复兴公司。

△ 中华自然科学社主办之西康科学考察团返回重庆。该团 7 月底自重庆出发,8 月底到康定,往返历时三月。

是月 八路军陇海南进支队主力,在皖东北灵璧、睢宁交界的九顶山张山口与日军遭遇,激战一天,毙伤日军 100 余人。

△ 新四军第一团一部在皖南繁昌、铜陵之间伏击"扫荡"之敌,全歼日军一个分队。

△ 八路军第一一五师一部进入鲁南的滕县、峄县、费县边区地区,与山东纵队之苏鲁支队会合,开始创建以抱犊山区为中心的鲁南根据地。

△ 日军部将"七三一部队"编制由 1000 人扩充到 3000 人,并在靠近苏联边境的孙吴、林口、海拉尔、牡丹江建立四个支队。

△ 日军调集驻上海之细菌、化学专家 30 多人,分赴晋、鄂等省,指导陆军施用毒气事宜。

△ 日军在江西奉新县赤岸乡全家村,放火烧村,烧死村民 130 多人。

11　月

11月1日　国民政府蒙藏委员会委员长吴忠信启程赴西藏,主持达赖十四世即位典礼。吴对记者称:此行兼负视察边疆使命,预定行期八个月。

△　军事委员会任命蔡廷锴为第十六集团军总司令、韦云淞为副总司令,夏威为第十一集团军总司令。

△　日军包围山西沁县靳庄,杀害民众45人,抓走20余人,毁房300余间。

△　阎锡山部王靖国、陈长捷、崔道修等派人赴临汾,经伪山西省长苏体仁勾通,与日军进行"和平谈判"。

△　台湾全面统制米谷输出。

△　周佛海、梅思平、陶希圣、周隆庠代表汪精卫与日方影佐祯昭、须贺彦次郎、犬养健、谷荻那华雄、矢野征记、清水董三在上海梅机关秘密谈判,商讨日方提出的《日支新关系调整要纲》。

△　日兴亚院临时会议,通过关于成立汪精卫伪中央政府之具体方案。

11月2日　国民政府任命李品仙为安徽省政府主席。

△　蒋介石令四川省政府创办川康建设学院,蒋自兼院长,派四川大学教授魏时珍为筹备主任。

△　印度援华医疗队自延安赴华北前线,中共中央统战部设宴欢送。

△　伪满洲国发布《主要粮谷统制法》。

△　天津美商会致电美国国务院,主张在日本未停止压迫华北商业前,拒绝与日成立新商约。

11月3日　川康建设期成会在成都成立。蒋介石指定邵从恩、莫德惠、褚辅成、黄炎培、李璜、张澜、林虎七参政员为常委。是日,召开首次常委会,由邵从恩主持,王世杰宣读蒋介石《告川康同胞书》。会后各参政员分赴各地视察。

　　△　八路军晋察冀军区部队一部在反敌冬季"扫荡"中,于涞源县雁宿崖地区设伏,歼敌 500 余人,缴获炮六门及一批枪支。此后,敌继续增兵,双方激战至 7 日。

　　△　东北抗日联军一部破坏北宁铁路 10 余处,毙日军 30 余人。次日,另一部攻入黑龙江德都地区,将伪警缴械。

　　△　日炮兵连续炮击潼关等地,晋南战事又趋紧张。

　　△　汪伪中华通讯社在上海成立,林伯生任社长。

　　△　美国国会通过新中立法,取消关于禁止把武器和战略物资运往交战国的决定。次日,罗斯福总统正式签字。国务卿赫尔发表谈话称:"吾人最神圣之任务应为保持美国之安全与和平。"

　　11 月 4 日　军事委员会任命张发奎为第四战区司令长官。

　　△　第九战区一部攻克湖北沔阳。

　　△　东北抗日联军冯志刚部百余人,在黑龙江德都北与日军田中部激战三小时,毙敌 50 余人。

　　△　日机 54 架空袭成都,被击落三架,日本海军航空队司令官奥田喜久随机丧命。

　　△　国民政府委员马相伯于越南谅山逝世,终年百岁。蒋介石、林森、于右任、孔祥熙等先后电唁。8 日,国民政府明令褒扬,发给治丧费5000 元。

　　△　川滇公路叙永至泸县段通车。

　　△　美国驻日大使格鲁会见日本外相野村吉三郎,重申美对日态度,表示如两国关系继续恶化,美国国会将可能通过封锁日本议案;并称日本应即停止反美运动,并对改善美日关系有具体表现。

　　11 月 5 日　第三次宪政座谈会在重庆举行,讨论"五五宪草"如何征求民意,发言者 30 余人。发言要点为:一、请政府开放人民言论、集会、结社、出版之自由;二、由召集座谈会之 25 位参政员指定负责人筹备一具体组织;三、将三届座谈会中之意见,尤其是关于修改国民大会组织法与选举法之意见转达政府。

△　江南第二挺进队指挥冷欣自江苏溧阳致电蒋介石,报告汪精卫与日方商讨成立伪中央事,称:汪精卫于 2 日赴南京晤日军驻华总司令,商讨成立伪中央政府,议定伪中央政府暂定 12 月 1 日成立,伪中央自治会定于 11 月 12 日成立,待伪政府成立后即与日本议和。内定汪任伪国府主席兼行政院长,以开放长江等诱导国际承认。

△　八路军第一二九师陈赓第三八六旅一部袭击白晋路南关车站,歼敌百余人。

△　阎锡山代表梁培璜、吕瑞英等出席日方召开的临汾会议,商讨山西停战问题,未达成协议。

△　日机 18 架轰炸江西上高县城,死伤 700 余人。

△　全国慰劳总团团长张继自兰州飞返重庆。

△　中苏文化协会新疆分会成立,盛世才、李溶及苏联驻迪化总领事为名誉会长,王宝乾为会长,沈雁冰、张仲实等为理事。

△　南京伪维新政府任命何佩瑢为伪湖北省政府省长。

11 月 6 日　广东三水空战,日机三架被击落。

△　鲁苏战区一部克复江苏仙女庙(今江都县),并一度攻入高邮北门。

△　冯白驹琼崖独立总队在民众配合下,转攻海南日军重要据点那大,自上月 21 日持续至本月 5 日夜,那大日军向儋县县城新州逃去。是日,克复那大。

11 月 7 日　黄土岭战斗告捷。八路军晋察冀军区第一、二团及杨成武支队主力,于涞源县黄土岭伏击日军,战至次日,歼敌 500 余人,击毙号称"名将之花"的旅团长阿部规秀中将。20 日,日本陆军省发表公报宣称阿部规秀"壮烈殉国"。

△　新四军江南指挥部在江苏溧阳水西村成立,陈毅任指挥。统一指挥苏南的第一、二团,新编第三、六团及第三支队、江抗、苏皖支队。

△　东北抗日联军一部攻入黑龙江通北县城北 15 公里地区,缴伪警步枪 50 余支,德都、通北之敌均逃避北安县城。

△　第十八集团军总司令部、总政治部颁布《七大纲领》,主要内容为改善民生,实现民主,发动游击战争,发展生产合作事业,加强抗战教育,厉行锄奸运动,巩固抗日部队。

△　周恩来撰写《帝国主义战争与民族解放战争》一文,纪念苏联十月革命二十二周年。

△　日军运输舰三艘在虎门触水雷沉没。

△　伪满发布《米谷管理法》。

△　共产国际为纪念十月革命二十二周年发表宣言,表示支持中国抗战。

11 月 8 日　中苏文化协会在重庆庆祝十月革命二十二周年,潘友新大使、邵力子、冯玉祥、张治中及中共中央代表董必武、秦邦宪、何凯丰,第十八集团军参谋长叶剑英、新四军军长叶挺等出席。邵力子、冯玉祥讲话,强调中苏友好。

△　新四军第三支队击退日军对繁昌城的进攻,歼敌 50 余人。

△　新四军第一支队一部,于苏南丹阳县以南九里镇、贺甲村一带围歼日军,击毙日军 168 人,俘三人。

△　美国援华“一碗饭运动”开幕。10 日,胡适在“一碗饭运动”聚餐会上发表演说称:美国对远东局势备见关切,殊堪钦佩。中国如继续抗战 28 个月或至五年,则将来交涉时中国之地位当愈见有利,日本军阀将来可有乐于接受公正和平之一日。

11 月 9 日　顾祝同密电蒋介石,报告“忠义救国军”淞沪副指挥何行健率部投敌,并拟将所部改为“和平救国军”。

△　日军步、骑 600 余由白晋公路太谷南之来远镇东犯榆社。11 日,复增兵 500,攻陷榆社。

11 月 10 日　第九战区一部攻入江西奉新,焚敌仓库数所。

△　八路军一部与由山东博山、徒庄等处分途东犯的日军鏖战三

昼夜,至 13 日将敌击溃,毙敌百余人。

　　△　日机 30 余架空袭河南,在洛阳附近投毒气弹。

　　△　在华日本人反战团体"觉醒联盟"本部于辽县成立。随后,在华北根据地建立五个支部。

　　△　英国驻华大使卡尔由重庆抵香港,发表声明称:此次赴渝,从未涉及和平条件问题。

　　△　英国驻日大使克莱琪在东京与日本外务次官谷正之会谈。

　　11 月上旬　八路军山东纵队第四支队于泰山地区抗击日伪军的"扫荡",经一周战斗,共歼敌 260 余人。

　　△　刘少奇到达新四军游击支队司令部淮北涡阳县新兴集,听取彭雪枫汇报,决定成立豫皖苏边联防办事处。

　　11 月 11 日　确山惨案。河南确山县县长许公超采取突袭方式,率确山、信阳、汝南、沁阳等县常备队及第一战区游击队围攻驻该县竹沟镇新四军第八团留守处。留守部队被迫自卫,激战两天一夜,终以寡不敌众撤出竹沟。许部占竹沟后,惨杀新四军伤病员、家属及民众 200 余人,并将财物抢劫一空。

　　△　山东菏泽日军攻占东明县北五里铺村,杀害被俘抗日官兵及村民 38 人,毁房 328 间。

　　△　国民政府公布甘肃省临时参议会名单:议长张维,副议长范振绪。

　　△　重庆卫戍区总动员委员会颁布《民众团体登记办法》,迫令各县市民众团体总登记。

　　△　马尼拉华文《福建时报》刊登宋庆龄纪念孙中山诞辰文章,揭露汪精卫叛徒面目。

　　△　旅华日人反战同盟发表宣言,痛斥日军暴行,宣布将尽力协助中国抗战。

　　△　日本首相阿部信行在东京对记者发表谈话,宣布侵华方针:一、完全承认近卫声明原则;二、汪精卫新中央政权成立后,日本即当承

认;三、新中央政权与重庆政府关系,以新政权为主,竭力向重庆政府活动;四、日本可以指导新政权,并使新政权协助日本;五、华北为特殊区域。

11 月 12 日 国民党五届六中全会在重庆开幕。蒋介石主持并致开幕词称:"九一八"以来所定国策的四条原则是:一、反对日本侵略;二、遵守国际公约;三、不参加防共协定;四、外交自主自立,今后仍要本此方针奋斗,遵守不渝。

△ 参政员黄炎培由成都赴重庆转泸州,筹备成立川康建设期成会泸县办事处。黄对记者谈话提出"三土政策",即"肃清土匪,禁绝烟土,以建成川康将来之乐土"。

△ 八路军晋察冀军区卫生顾问、加拿大共产党员白求恩,于唐县黄石口村逝世。

△ 八路军山东纵队第六支队于泰山以西地区抗击日军的"扫荡",至 19 日,毙伤敌 200 余人。

△ 八路军第一二九师一部于榆社县石盘、高庄一带抗击日军,毙伤敌 250 余人。

△ 日机九架空袭江西宜春杨家山、北门岭下等地,死伤 40 余人,毁房 10 余间。

△ 重庆新生活妇女指导委员会、妇女慰劳会重庆分会、反侵略分会、回民救国协会、天主教妇女服务会、陕甘宁边区各界妇女联合会驻渝代表团、难民服务团、渝市妇女会、东北救亡总会等 27 个妇女团体代表百余人举行宪政座谈会。史良主持,史良、刘清扬、曹孟君、廖似光、张玉琴等就宪政问题作了发言。

△ 中华基督教会全国总会总干事成静怡在上海病逝。

△ 汪精卫发表讲话,声称日本没有亡中国之意,因此,中国应该准备收拾战局,回复和平。

11 月 13 日 国民党五届六中全会举行扩大纪念周,蒋介石宣讲第五次代表大会宣言。下午举行第一次大会,于右任主持,中央常委居正作党务报告,国防最高委员会秘书长张群作政治报告,军政部长何应钦作军事报告。

　　△　重庆市组织肃清敌货委员会,市长贺国光兼主任委员。

　　△　军事委员会任命陈瑞河为第七十五军副军长。

　　△　英、法两国政府分别通知日本外务省,决定撤退部分在华驻军。同日,美国国务院声明,华北美驻军不因英、法撤军而改变地位。

11 月 14 日　国民党五届六中全会举行第二次大会,居正主持,行政院长孔祥熙作行政报告,外交部长王宠惠作外交报告,中组部长张厉生作组织工作报告。

　　△　第二战区一部在晋西分路包围乡宁日伪军,经三昼夜激战,本日攻克乡宁,毙伤敌约 500 人。

　　△　新四军第三支队在繁昌城西汤口坝附近,粉碎日军的进攻,毙伤日军 300 余人。

　　△　苏联驻华大使潘友新宴孔祥熙,讨论改进中苏贸易事。

　　△　中国佛教访问团由昆明启程经滇缅公路到缅甸、印度、新加坡、马来半岛、泰国等国访问。

11 月 15 日　桂南会战开始。日军第五、第二十八师团、近卫师团及台湾混成旅团、海军第四舰队、海军航空队等部约 10 万余,在华南派遣军司令官安藤利吉指挥下,向广东北海大举进犯。是日午后,第五师团及台湾混成旅团主力在钦州湾之企沙、龙门强行登陆。途中在企沙港对海上 200 多艘渔船发动攻击,100 多艘渔船被毁,80 余人死亡。第四战区守备部队被迫退守钦县、防城一带。

　　△　国民党五届六中全会召开第三次大会,蒋介石主持,由张继、马超俊报告慰劳团慰劳前方将士经过,兼财政部长孔祥熙报告财政,经济部长翁文灏报告经济。孔祥熙在财政报告中透露国民政府岁出预算总额,1937 年度为 10 亿余元,1938 年度(半年)为九亿元,1939 年度为 17 亿余元。军费支出 1937 年度为 13 亿余元,1938 年度(半年)为八亿余元,1939 年度为 19 亿余元,共约 40 亿元。所发公债计 37 亿元,连

战前共负债 65 亿元。发行钞票总额战前为 14 亿元,至本年 6 月增至 23 亿元,至 10 月又增至 25 亿元。孔祥熙并称兼管财部以来对战事发生后各项重要支给"尚未贻误",惟历时愈久,困难愈多。今后理财方针,除依据第二期战时行政计划实施具体方案督促进行外,并拟注重以下各点:一、整理地方财政必须从整理县财政入手;二、厉行新税制,以收有钱者出钱之效果;三、注重调节物资供需;四、加强金融机构组织与其控制力量。

△　军事委员会任命何宣为第四十六军军长,黄国梁为第六十五军军长。

△　国民党河南、湖北、安徽三省党部在安徽省立煌县集会,制定《豫鄂皖三省党部防遏共党活动办法》,其要点为:设立边区党务办事处指导边区党务;举行党务人员训练班,组织流动工作队,专司宣传、组训、调查工作;并在鄂东、豫南增设临时中学招收青年;由国民党中央拨给活动经费,并决定由当地党部统一处理"共党案件"。

△　曾任第一军军长兼闽粤边防军总指挥的黄大伟,在广东澄海县率部向日军投降。汪伪国民党中央任命黄为和平建国军第一集团军总司令。

11 月 16 日　钦州湾登陆日军占领防城。次日,占领钦县。

△　国民党五届六中全会举行第四次大会,蒋介石主持,由派往各地视察之中委报告视察经过。

△　朱理治、李先念、陈少敏等在四望山召集中共豫南、鄂中、鄂东党和军队负责人会议,讨论边区党和军队的统一领导问题。至 19 日闭会,决定撤销豫鄂边、豫鄂皖、豫中三个区党委,成立新的鄂豫边区党委,郑位三、陈少敏分任正、副书记。三个地区的武装统一编为新四军鄂豫挺进军纵队,李先念任司令员,朱理治任政委。

△　冀察游击第二纵队夏维礼部及别动第四纵队侯如墉部 3000 余人,进到河北沙河以西之渡口、册井一带加紧反共活动。23 日,侯如墉部之于衍支队打死打伤沙河请愿群众百余人。

△　晨,第二战区一部克晋西大宁,晚克蒲县。

△　日机 36 架次轰炸山西河曲城关,炸死 40 余人,毁房 3000 余间。

△　国民党中央社会部致函军委会政治部称:山东省职工抗日联合会代表张光中、张天民,"以山东八路军根据地王庄为活动中心,蒙阴、沂水等县及淄博矿区为活动区域。此次鲁南事变八路军乘机作乱,该张光中等已揭开面目公然参加",要求政治部"转饬鲁省驻军政治部协同省党部严加取缔"。

11 月 17 日　国民党五届六中全会举行第五次大会,蒋介石主持,由交通部长张嘉璈、教育部长陈立夫、中宣部长叶楚伧、社会部长陈立夫、海外部长陈树人分别报告各部工作,中委张继报告中央党史史料编纂委员会工作,中委段锡朋报告中央训练委员会工作。讨论通过缩小省区、整理县地方财政等政治、经济、教育、党务方面决议案多项,决议国民大会定于 1940 年 11 月 12 日召开。

△　空军轰炸广东佛山日军阵地,投弹 50 余枚。

△　国民政府修正公布《合作社法》,凡九章 77 条。

△　广州日军令伪妇女会将拘在王德光医院之妇女 2000 余人,组成"姑娘慰劳团",送各线充军妓,拒往者多被杀害。

11 月 18 日　国民党五届六中全会举行第六次大会,蒋介石主持,通过《对于政治报告之决议案》、《对于军事报告之决议案》、《对于教育报告之决议案》等,蒋介石说明抗战到底的意义。

△　第四十六军新十九师经桂南连日激战,伤亡甚大,分向上思、板城山区撤退。驻武利迄北海一带之第一七五师乃急向西移,企图截击北进敌之侧背,未获战果。时灵山、横县间之第一七○师,陆川、博白之韦云淞第三十一军第一三一师,桂平之第一三五师,罗定附近之第一八八师均准备向西移动,旋奉命回师参加南宁战斗。此外,湖南等地军队亦均在南调中,但以兵力分散,集中不易,21 日后日军已迫近邕江南岸附近。

△　冀鲁边区八路军与由济南、济阳出犯之日军 1000 余人激战终日,毙伤敌 220 余人后,胜利突围。

△　朝鲜青年工作队队长罗月焕率队员 28 人,自重庆启程赴华北工作。

△　经济部公布《战区及接近战区合作事业推进办法》。

△　日本兴亚院华中联络部向汪精卫提交《维新政府有关事项由新中央政府接办的既成事实,以及有待新中央政府成立后实施事项》,要求汪承认日本在上海及苏、浙、皖占领区已夺取之经济权益。

11 月 19 日　军事委员会任命区寿年为第四十八军军长。

△　重庆各界举行第四次宪政座谈会,决定成立宪政促进会,选举黄炎培、沈钧儒、李璜、董必武等 84 人为筹备委员。

△　第二战区一部克复吕梁山东隘佛耳崖。

△　川康绥靖主任邓锡侯分四川为六区,限两个月内"清剿匪患"。

△　中共中央书记处电复刘少奇、彭德怀指出:"整个江北的新四军应从安庆、合肥、怀远、永城、夏邑之县起,广泛猛烈的向东发展,一直发展到海边,不到海边绝不应停止。一切有敌人而无国民党军队的区域,均应坚决的尽快的但是有计划有步骤的去发展。在此广大区域应发展抗日武装(正规的与地方的)五万至十万人枪,惟须指导下级避免与韩德勤的基本区域发生冲突。"

△　莫洛托夫与日本驻苏大使东乡议定成立蒙"满"划界工作混合委员会。12 月 7 日,双方举行会议于赤塔,定后半会议在哈尔滨举行。

11 月 20 日　国民党五届六中全会举行第七次大会,蒋介石主持通过各项议案后闭幕。大会发表宣言,重申坚持抗战建国的基本国策,限于民国二十九年(1940)召集国民大会,以期早日制定宪法。大会确定蒋介石兼任行政院长,孔祥熙改任副院长。通过以五院院长为中央执行委员会常务委员会当然委员,并定王法勤、丁惟汾、邹鲁、孔祥熙、冯玉祥、阎锡山、陈果夫、李文范、何应钦、白崇禧、陈济棠、陈树人、张历生、王泉笙、邓家彦 15 人为中央执行委员会常务委员,秘书长叶楚伧;

组织部部长朱家骅,宣传部部长王世杰,社会部部长谷正纲,海外部部长吴铁城。

　　△　白崇禧特电广西省政府召集全省村街民大会,动员民众,配合军事力量,破坏公路,实行空室清野,痛击桂南进犯日军。

　　△　军事委员会任命叶肇为第三十七集团军总司令,张义纯为第二十一集团军副总司令。

　　△　日军二万人以阜平为目标,分七路合击八路军晋察冀军区及第一二〇师领导机关和部队,八路军适时转移。26 日,日军占领阜平。八路军不断袭击日后方点线,迫使日军主力于 12 月 3 日放弃阜平,8 日撤回原据点。

　　△　驻河南武安、涉县之冀察游击第二路第二师范子侠部宣布与国民党脱离关系,接受八路军领导,改称平汉抗日游击纵队。

　　11 月中旬　八路军山东纵队第 5 支队,于掖县郭家店、莱阳县姚沟等地抗击日伪军"扫荡",歼敌 500 余人。

　　11 月 21 日　社会部筹组之战时社会事业人才调剂会在重庆成立。许世英、陈立夫、张群、何应钦、李济深等 29 人为理事,屈映光、徐堪、黄炎培等 17 人为监事。

　　△　八路军第一二〇师第三五八旅一部,于灵丘县祁家庄、傅家湾、大地、道八等地抗击日军进犯,战至次日,共歼敌 150 余人。

　　△　新四军第五支队围攻侵占来安之敌,激战两昼夜,毙伤敌 200 余人,再度收复来安城。

　　△　日军入侵繁昌,新四军第三支队顽强反击,激战三天,毙伤敌 100 余人,收复繁昌城。

　　△　日军进攻军田、银盏坳,粤北会战开始。

　　△　日机 30 余架轰炸南宁,并散发传单。

　　△　山西新军暂编第一师第四十四团团长冀聘之率部叛变,宣称脱离暂一师。先是,7 月间冀即拘捕该团政治部主任及共产党员多人,经师部多方营救始行释放。冀近期表示愿请假引退,师部准其所请,派

第三十七团前往接防。不愿冀即率部叛离而去。23 日,师部复派第三十六团前往剿抚,冀竟构筑工事,开枪射击。经宣传争取,除冀率两营长逃跑外,大部官兵于 25 日回归师部。28 日,暂一师师长续范亭为第四十四团事件已告解决,发表《敬告社会人士书》,指出:"暂一师是相当进步的统一战线武装。分裂或取消暂一师是日寇汉奸的阴谋和愿望,是根本于我国家民族不利的。"

△ 泰国中华总商会主席蚁光炎在曼谷遇刺逝世(行刺犯王亚彬、王亚祥、陈炳星、陈锡麟等于 12 月就捕,各犯供认系日、汪主谋)。

△ 日本首相阿部信行谈中日战争称,日本为"中国事变"业已耗费 100 亿元,欲求彻底解决"中国事变",则至少需时五年至 10 年之久。

11 月 22 日 军事委员会任命宋希濂为第三十四集团军副总司令,段珩为第七十军副军长。

△ 蒋介石密电白崇禧等:令第十六集团军总司令夏威、副总司令韦云淞"负责指定部队,固守南宁据点,待我部队集中后,断然予以打击。如无命令而使南宁不守,即以军法从事,希转饬凛遵"。

△ 日机低空猛烈轰炸南宁南北地区,守军阵地被毁,增援受阻。当晚,日军第五师团进抵邕江南岸,从东南、正西夹击南宁。刚调至南宁的第四十六军、第三十一军所部六个团与第五军第二○○师一起仓促应战。

△ 广西各界在桂林成立保卫大西南工作委员会,并组织慰劳团赴前线。

△ 内政部部长周钟岳发出《关于调整出版品查禁训令》,称:"自抗战军兴……各军事政训机关往往不明出版取缔程序,对于依法核准注册及放行之著作辄有径行查扣,引起纷争情事,本部据情转行纠正,亦感应付困难","嗣后关于出版取缔应依法定程序转送中央图书杂志审查委员会审查,转请中央宣传部核转本部办理,不得径予查扣,庶办理有所依据,事权得资统一。"

△ 日伪东亚经济恳谈会华北部在北平成立,曹汝霖为部长。

　　△　第七届太平洋学会在美国弗吉尼亚开幕,会期两周,讨论中心为中日问题。

　　11 月 23 日　军事委员会任命郑作民为第二军副军长,邹洪为新编第二军军长,王本甲为第七十九军副军长。

　　△　南宁告急。拂晓前日军一部由剪刀圩及上下洲附近奇袭渡江,占领四塘,随即会合由蒲津圩、良庆圩等处渡江日军主力猛攻南宁。守军以指挥联络均感困难,徐启明第一七〇师、苏祖馨第一三五师及杜聿明第五军第二〇〇师各一小部沿邕武路向北撤退,其余沿邕宾路向八塘山地撤退。

　　△　晋西离石、柳林日军联合兵种千余人进占孟石门,企图进攻陕北,碛口等地一度失陷。八路军第一二〇师第三五九旅第七一八团,于吴堡县河防阵地阻击日军,将敌击退。次日,该团一部东渡黄河侧击敌人,毙伤敌 100 余人,收复碛口。

　　△　国民党方面代表张冲受命约秦邦宪谈判八路军第三五九旅回陕事,表示蒋介石对此十分关注,要求部队撤回。同时,张冲提出解决两党军事摩擦问题的设想,主张“划定一定区域,使部队不致犬牙交错,引起双方之疑忌,酿成冲突”。张冲认为“政治上实行宪政,地区有适当划分,为最好巩固团结方法”,希望中共考虑。25 日,双方继续谈判。

　　△　三青团中央召开常务干事会与常务监事会联席会议。两会名单均由团长蒋介石派定,计中央干事会书记长:陈诚,常务干事:陈诚、陈立夫、谭平山、张厉生、段锡朋、贺衷寒、黄季陆、郑彦棻、李惟果,干事:常务干事陈诚等九人加梁寒操、邓飞黄、甘乃光、张道藩、胡宗南、谷正纲、康泽、戴笠等 26 人,共 35 人。候补干事程思远等 15 人。中央监察会书记长:王世杰,常务监察:王世杰、朱家骅、邵力子、陈布雷、罗家伦,监察:常务监察王世杰等五人加叶楚伧等,共 35 人。候补监察袁守谦、陶百川等 19 人。

　　△　国民参政会部分参政员和个别非参政员发起组织的统一建国同志会(民盟前身)在重庆成立。参加者为救国会的沈钧儒、邹韬奋、张

申府、章乃器,中华职业教育社的黄炎培、江恒源、冷遹,乡村建设派的梁漱溟,国家社会党的罗文幹、罗隆基、胡石青,青年党的曾琦、李璜、左舜生、余家菊,第三党的章伯钧、丘哲以及无党派人士张澜、光升等人。会上订有信约 12 条,宣布组会宗旨在于"集合各方热心国事之上层人士,共就国事探讨政策,以求意见之统一,促成行动之团结"。

11 月 24 日 南宁失守。日军第五师团先头部队侵入南宁城,守军第一三五、二○○师等部退至邕宁以北之高峰隘。日军占南宁后,在市郊金鸡乡一带,数日间,杀害民众近千人。

△ 国民政府任命朱怀冰为河北省政府委员兼民政厅长,原河北省政府委员兼民政厅长张荫梧免本兼各职。

△ 资源委员会主任委员翁文灏为供给德国合步楼公司钨砂事致电蒋介石、孔祥熙称:"此有关我国整个方针,不可不慎重考虑。"12 月 3 日,蒋介石复电称:"自以暂缓为宜,但亦不必拒绝,只言筹划可也。"

△ 毛泽东、陈绍禹、林伯渠、吴玉章等发起成立延安各界宪政促进会,是日召开发起人会议。

11 月 25 日 蒋介石电令云南省政府主席龙云,加强守备滇越铁路。

△ 国民政府特派叶楚伧为国民大会代表选举总事务所副主任。

△ 重庆市新生活运动促进会发起"献债救国"运动,要求将救国公债本息一起捐献。

△ 日本首相阿部信行在大阪各界招待会上发表演说,略称:"一部分国人认为解决中国事件的意义,即系建立中国新中央政府、推翻国民政府及撤退日本在华军队三事,此种思想至为错误。解决中国事件并非如此简单。国民政府现在拥有军队 240 师,此外尚有游击队 100 万以上。如何解决此巨额军队,如何应付国内经济问题,及如何应付第三国之态度,均为棘手之问题。因此欲求彻底解决中国事件,至少需时五年或十年之久。"

△ 伪满公布在 18 个城市实行 78 种生活必需品零售最高价格。

11月26日　军事委员会任命孙连仲为第五战区副司令长官,黄琪翔为第十一集团军总司令,夏威为第十六集团军总司令,蔡廷锴为第二十六集团军总司令。

△　蒋介石密电白崇禧,指示南宁失守后作战要旨:"我军作战不可急求速胜,应以慎重出之。"一、第十六集团军之第一七〇、第一三五两师,在武鸣、宾阳间,以运动战方式阻敌北进,而以主力在邕钦公路两侧,滞迟敌后续部队之行动,尽力妨碍其后方交通。二、第五军主力应集结于大塘附近,掩护后续部队集中,而以其一部约一师兵力,在宾阳附近,策应前方部队之作战。三、邕宁公路应速作破坏准备。

△　白崇禧到迁江指挥作战,并征汽车将第五军急调宾阳,以期确保昆仑关附近山地。同日,南宁日军第五师团山本部队在飞机、炮火掩护下猛攻高峰隘阵地;另一部犯石埠圩,企图迂回高峰隘侧背。其余日军分路围攻南宁外围各据点。

△　晏阳初、梁漱溟、黄炎培在重庆聚会,商定乡村建设学会理事为晏阳初、梁漱溟、黄炎培、梁仲华等11人,常务理事为晏阳初(主席)、黄炎培、梁漱溟。书记为梁仲华。

△　南京金陵大学副校长贝德士发表南京毒物调查报告称:毒品充斥南京,城内三分之一人口已吸食鸦片,幼童亦多吸海洛因。伪政府如无300万元毒物税即无法维持。

11月27日　日机70余架夜袭陕、甘,并于靖远、秦安、兰州三地滥施轰炸。

△　《新华日报》发表《江南游击区的医药建设》一文,介绍新四军在江南游击区,得到上海、香港、南洋的民众、侨胞和国际正义人士的支持,建成具有卫生医疗科学化的后方医院的情况。

11月28日　白崇禧密电蒋介石,告以遵指示部署情况:作战目的在于"迟滞敌之北进,掩护主力集中,确保有利地形与有利地区,待主力到达转为攻势,一举击破敌人"。并告以西、北、东、南四路兵团具体部署及水上阻塞、交通破坏准备情况。

△ 日军 2000 余人于广东澄(海)属南湾登陆。

△ 日机轰炸广东揭阳城,投弹数十枚,炸死民众 48 人,伤 80 余人。

△ 行政院例会通过设立中国运输股份有限公司。

△ 国民政府任命胡庶华为国立西北大学校长。

11 月 29 日 蒋介石致电泰国国务总理兼外交部长銮披文,请保护华侨。12 月 7 日,銮披文复电蒋介石谓:泰国政府必恒久注意保护在泰华侨生命财产,并许其在泰国全境从事合法事业。

△ 梁漱溟在重庆往见蒋介石,说明统一建国同志会的"第三者立场"。蒋以不组织正式政党为条件允许成立。

△ 日军向昆仑关阵地猛烈炮击,第一八八师派队增援。同日,日机轮番轰炸高峰隘方面阵地,其进犯部队因公路破坏无法前进,加紧抢修小董以南公路。

△ 日军包围江苏东海县尚庄湖,枪杀居民 79 人,烧死 10 余人。

△ 日机夜袭陕、甘,西安、兰州被炸。

△ 伪闽粤区总司令黄大伟率伪军三团自澄海向饶平黄冈及诏安进犯,至 12 月初为地方自卫队击退。

△ 阎锡山密令所部分三路进攻山西新军。南路纵队为陈长捷第六十一军、第二○一旅、警备军第七十三师、第二○六旅等,陈长捷兼司令,进攻隰县之义泉、黄土(韩钧决死二纵队司令部所在地);北路纵队为王靖国第十九军及孙楚第三十三军之一部,司令梁培璜,进攻隰县、孝义间之水头、石口、大麦郊一带(八路军第一一五师陈士榘、林枫部晋西独立支队所在地);右路纵队为新一旅等,司令崔道修,进攻隰县之泉子坪一带。同时,日军亦调动临汾至平遥间驻防兵力 5000 余人集中于韩信岭一带,配合阎军进攻。

11 月 30 日 宪政促进会在重庆组成。推定常委为孔庚、张申府、董必武、秦邦宪、刘清扬、章乃器、褚辅成、沈钧儒、左舜生、李中襄、史良、曹孟君、张友渔、许宝驹、许孝炎、黄炎培、莫德惠、章伯钧、沙千里、梅龚彬、康心之、于毅夫、韩幽桐、李璜等 25 人。下设秘书处及宣传、联络、研究三个委员会。

△　日机八架轰炸高峰隘,日军一部向高峰隘发动猛烈攻击。昆仑关方面,日机 50 架分批轰炸八塘阵地,下午 5 时八塘失陷。

△　经济部采金局设立松潘区采金处,办理松潘、懋功等县金矿开采事宜。

△　石友三部独四旅进至晋冀鲁豫根据地河北束鹿、宁晋地区。同日,八路军冀南军区发出为巩固冀南抗日民主阵地调整军事部署的命令。

△　日本财阀组织之华中产业视察团,由团长安藤贞五郎率领自神户抵上海。该团任务是系统调查华中全部财物,加紧进行搜括。

△　日本政府禁止在上海及苏、浙、皖等占领区使用日元,以减少日元外流和加强对中国沦陷区之经济掠夺。

11 月下旬　琼崖独立总队围困那大日军据点,俘伪军一个中队。

是月　军事委员会部署对日军发动冬季攻势:命令第二、三、五、九战区担任主攻,其余第一、四、八、鲁苏、冀察各战区对敌实行佯攻牵制。主攻方面,第二战区截断正太、同蒲两铁路交通线;第三战区截断长江交通;第五战区扫荡平汉线南段信阳、武汉间日军;第九战区向粤汉路北段、南浔西线进袭。攻击开始日期除第五、九战区限本月 26 日前完成作战准备实施外,其余助攻方面概限于 11 月底,主攻方面概限于 12 月上旬分别实施。

△　国民党方面代表何应钦、贺耀组等与中共代表叶剑英等,先后多次进行谈判,试图解决八路军人事经理及其经济制度等问题。何等要求中共军队不得在华北擅发纸币,并提出中央应有权派人到八路军中去,有权统一经理制度和监督经费的使用情况。叶剑英答复说明钞票并非八路军所发,此为河北地方政府问题。至人事任免,事实上早已统一,八路军团以上干部都已呈请过中央委任,惟政治部及军需署派人办不到。对于经费问题,叶表示八路军全都用在军队身上,并未移作他

用。但何应钦仍坚持己见,双方继续谈判。当月,因华北及西北军事摩擦加剧,中共中央决定调第三五九旅回援边区,双方遂为第三五九旅回援事反复商谈,中共中央坚持不让第三五九旅再回黄河以东。

△ 日军袭击晋察冀边区一所医院,杀害几十名伤员。

△ 军事委员会指令核准《战时公路军事运输条例》,凡 10 条;《战时公路军事运输实施规则》,凡 29 条。

△ 财政部公布《增加生金办法》,凡 10 条及《收购生金办法》,凡九条。规定"凡各地生金,应悉数由四行收兑金银办事处或其委托收金机关,按照规定价格以法币收购"。各省立银行、私立银行、各种银楼、各典当业均不得收购。

△ 湖北省汉阳、汉川、沔阳三县民众散发《请看一二八师官兵之横暴,汉阳、汉川、沔阳三县老百姓之劫运》传单,揭露王劲哉第一二八师勒款逼粮、擅杀无辜、强奸妇女的种种罪行。

△ 行政院行政效率促进委员会调查员刘守光向行政院报告马鸿逵、马步青部队勒索甘、陕两省人民情况,略称:"据武威专署报告,民乐一小县,驻军一营,每年给养 14 万元,而实际民众负担则在 70 万元以上。民勤一县,每年正常田赋不及 10 万,而驻军征发之数则在百数十万元以上。故河西民众殚其地之出,竭其庐之入,亦不足供应此种无穷需索。民众生路既绝,则黠者去为盗匪,驯者相率逃亡,孑遗之民则食秕糠,衣衫褴褛,甚至十五六岁男女少年无衣无裤,裸立于公路道旁。保甲经费尤使一般民众痛苦不堪,不聊其生。"

12 月

12 月 1 日 军事委员会任命谷正伦兼任第六战区副司长官。

△ 第五军代军长杜聿明自桂南前线密电蒋介石,建议反攻南宁。电称:"查目前侵占桂南之敌,有兵力尚不及两师,此次乘我兵力分散,侥幸成功。但以交通阻塞,除少数山炮外,其他重兵器及机械化部队,

均无从使用,而补给尤为困难。""故此时我军正宜乘敌孤军深入,后援未济之时,集结优势兵力,配合地方民众,迅速反攻(12月10日前),以击破该敌而恢复国际之重要交通。"并提出具体作战部署意见。

△　第一战区冬季攻势开始。孙桐萱部第三集团军先以游击队遮断陇海铁路罗王至兰封、兰封至内黄段,并遮断通许、淮阳、鹿邑间公路,然后以第八十一师一部向兰封袭击,主力向开封进袭。郭寄峤第九军主力协同李家钰第四十七军遮断沁阳至博爱交通线,攻击沁阳城外及武陟各日军据点。

△　第四战区第四游击区挺进纵队曾生、王作尧部,收复广东宝安县城。

△　阎锡山令山西新军韩钧决死第二纵队立即集结,迅速向同蒲路推进,执行冬季攻势,准时于5日前向同蒲路的灵石、霍县段内大举破击。韩钧以阎令旨在与日军南北夹击新军,拒绝接受。

△　宪政促进会筹委会举行首次常委会,决议推张申府为秘书处主任,沈钧儒为宣传委员会主任,左舜生为研究委员会主任,章伯钧为联络委员会主任。另推张申府、章乃器、于毅夫三人负责起草宪政促进会章程、宣言及工作纲领,孔庚、李中襄等五人负责办理立案手续。

△　中共中央发出《关于组织进步力量争取时局好转的指示》,指出:基本方针"是更加认真地根据巩固和扩大抗日民族统一战线政策去组织全国一切进步力量,即一切抗战和民主的力量"。

△　延安各界召开追悼白求恩大会,吴玉章代表中共中央致悼词,王稼祥、陈云及晋察冀边区各界代表讲话。八路军军医处决定将八路军军医院改名白求恩国际和平医院,以纪念白求恩。

△　浙江金华、兰溪、永康三县举行不买日货宣誓大会。晚,10余万人火炬游行,高呼:"肃清仇货,开展对敌经济战"等口号。

△　伪开封警备司令刘兴周在寓所遇刺,翌日毙命。

12月2日　昆仑关形势吃紧。广西10万民团动员,进行破坏敌军工作。

△　日机 21 架轰炸桂林,投弹 140 枚,死伤 70 余人,毁房 600 余栋。

△　全国青年会总干事会在重庆乐山举行,16 省青年会总干事出席,议题为抗战建国期间青年会之机会与贡献。冯玉祥、孔祥熙等到会讲话,蒋介石派员宣读训词。

△　经济部公布《经济部矿产品运输出口管理规则》,凡八条。

△　美、日在东京举行会谈。日本外相野村吉三郎向美国大使格鲁声明:调整日美关系不能以门户开放、机会均等为根据。

△　秘鲁反华,禁止中国移民入境。

12 月 3 日　日军第五师团主力发动对昆仑关强大攻势,杜聿明第五军与敌展开激战。

△　八路军一部夜袭河南商丘伪和平救国军裴天柱部,激战四小时,毙伤伪军连长以下官兵 300 余人,俘 36 人,缴获步枪 600 余支。

△　新四军游击支队一部攻克豫东商丘县济阳集伪军据点,毙伤伪军 300 余人,俘 60 余人。

△　日军 1500 余人"扫荡"平汉路、沙河、滹沱河之间的三角地区,至 7 日被粉碎。

△　王靖国部第十九军、陈长捷部第六十一军在山西永和地区围攻新军韩钧决死第二纵队,将该纵队第一九六旅旅部包围解决。同时,晋西大宁、永和、隰县抗日政权及抗日救亡团体悉遭摧残,牺盟会干部 10 余人被杀。

△　日军万余分路进犯中条山。晨,一部在闻喜县东南猛烈炮击,并有飞机 10 余架掩护,第二战区副司令长官卫立煌指挥各部分途迎击,战况激烈,方山庙一地失而复得者三。

△　川康建设期成会开首次理事会,推吕超、胡文澜、张澜、黄炎培、莫德惠等 19 人为常务理事,戴季陶、张群、陈立夫、翁文灏为名誉理事,吴人初、李仲平为秘书处正、副主任,决定着手起草工作纲领。

△　驻华北英军应日本要求开始撤退,是日由秦皇岛乘船他移。

12月4日　日军占昆仑关,随即构筑工事企图固守。第四战区所部分别退至昆仑关以北及武鸣附近集结整顿,准备尔后会战。桂南战事处于对峙状态。

△　吴佩孚在北平病逝。蒋介石、何应钦、于右任、王宠惠等致电吊唁。9日,国民政府明令褒扬,追赠陆军上将,特给治丧费一万元。

△　中共晋西南党委决定决死第二纵队和晋西独立支队,在康城、石口一带集中,并成立晋西南"拥阎讨逆总指挥部",韩钧、张文昂分任正、副指挥。同日,阎军捣毁晋南阳城牺盟会之《新生报》,编辑王良被害。中国青年新闻记者学会会员金戈(陈祖辰)亦在临汾遭惨杀。

△　八路军晋察冀军区部队一部,于五台县高洪口设伏,毙伤日军300余人。

△　新四军游击支队一部袭击商丘县桂集伪军据点,毙伤伪军300余人。

12月5日　白崇禧密电蒋介石,告以南宁方面"目下转移攻势,胜利公算极大"。6日,蒋介石复电称:"对于南宁方面之敌,决于亥月删日(按:12月15日)以前开始攻击,即以第五军全部加入,并命空军主力参加该方面作战,待命出动。"

△　八路军第一二九师一部袭击武安县康宿镇之伪军,歼敌150余人。

△　新四军豫鄂挺进纵队领导机关在鄂中京山县马家冲地区,遭日伪军袭击,经终日激战,歼敌70余人,胜利突出重围。

△　四川省务会议颁布蒋介石手订《川省施政纲要》,其中"治安与剿匪"一项规定:一县之匪由县长在三个月内负责肃清,县与县间之匪由专员负责清剿,限六个月内完成。仅有零星散匪之县,应使搜剿与缉捕并重。同时严密保甲组织,省政府应随时派员分赴各县抽查督导。

△　经济部公布《日用必需品平价购销办法》,凡18条。

△　中苏正式通航。重庆至莫斯科四日可达。

△　伪满决定将满洲生活必需品公司改为特殊公司,增资500万元。

12 月 6 日　　国民政府派张道藩为国民大会代表总事务所总干事，张维翰为副总干事；原任叶楚伧、张道藩免职。

△　军事委员会任命古鼎新为暂编第二军副军长。

△　新编第五军、第四十七军、第九军等部，攻至安阳附近，尔后在汤阴、濬县、沁阳、博爱等地破坏交通，切断日军豫北交通。

△　晋南战局经四日激战，日军死伤 2000 人以上，敌犯中条山计划失败。

△　第一战区朱怀冰部第九十七军主力侵入冀鲁豫根据地邢台、内丘以西地区。八路军第一二九师发出命令，迎击顽军进攻。同日，第一二九师青年纵队二团、东进纵队一团由冀南开抵内丘以西地区，准备参加反顽作战。

△　广西省制定《战时县政办法》、《战区中等学校处理办法》，规定各区县长不得退出县境办公，各级学校应计划疏散，但不得离开省县。

12 月 7 日　　国民政府任命吴国桢为重庆市市长，原任贺国光免职。

△　军事委员会决定建立经济游击队，拟定《经济游击队组织及实施办法》，凡 29 条。

△　晋西事变。阎锡山以韩钧拒绝接受命令为由，宣布韩钧、张文昂决死第二纵队为叛军，下令"韩钧着即撤职拿办。所有独二旅、一九六旅部队着艾（子谦）、白（英杰）两旅长妥为收抚。其不甘附逆率部来归者，准予免究。如有甘心附逆之徒，即明令剿除"。随即以重兵围歼韩部，韩部起而自卫，双方发生激战。

△　晋西临汾、洪洞、赵城三县抗日政权及各抗日救亡团体为阎军摧毁。阎军崔道修部一营复开往赵城河东，企图摧毁霍县抗日政权。

△　四川省禁烟督办公署成立，蒋介石兼督办，胡次威任处长。

12 月 8 日　　军事委员会任命佟毅为第五十军军长。

△　八路军第一二九师主力发起邯（郸）长（治）路破袭战。初以地方武装和民兵向邯长路展开全面破袭。22 日起，主力投入战斗，23

收复黎城县城,25 日收复涉县县城,26 日胜利结束,共歼日伪军 700 余人。

△　八路军第一一五师一部奇袭由徐州北犯日军,毙伤敌 500 余人,击毁战车、汽车 10 余辆,残敌溃退徐州。

△　伪满洲国加强贸易统制,追加统制品,输出为 70 种,输入为 54 种。

12 月 9 日　国民政府发表国民党五届六中关于定期召集国民大会决议案,通饬所属"查照办理"。

△　军事委员会任命王士为第六十七军副军长。

△　全国慰劳总会北路慰劳团返重庆。该团自 6 月 28 日由重庆出发,南起襄樊,北迄五原,东达洛阳,西抵青海,行程 9250 公里。

△　中共中央、中央军委发出《关于晋西南事件和我们的方针的指示》,指出:我们的方针是坚决反击阎之进攻,力争抗战派的胜利。

△　延安各青年团体集会纪念一二九运动四周年,毛泽东、陈绍禹、王稼祥等出席讲话。毛泽东指出一二九运动和红军北上抗日两件事帮助了全民族抗战的发动,号召青年发扬一二九运动光荣传统,反对黑暗势力的压迫,坚决为打倒日本帝国主义,建立一个民主共和国而奋斗。

△　江南第二挺进队指挥冷欣自江苏溧阳致电蒋介石,报告汪精卫与日方签订经济密约。

△　周佛海发表《关于组织中央政府》一文,内称:"组织中央政府是为负担和平的使命。中央政府的成立,不是时间问题,乃是条件问题。现在正在和日本谈判条件,只要全部条件谈判完成,就可立即组织起来。"

△　美国外交协会举行聚餐会,讨论中国与西欧关系问题,驻美国大使胡适出席发表演说称:中国深信苏、英、法三国将继续援华,英、法在华北驻军略加减少乃被迫对日作不重要之让步,相信不致出卖或遗弃为独立生存战争之中国。

12 月 10 日 蒋介石密电白崇禧,指示反攻南宁前应准备之重要事项。

△ 第十四集团军向晋南翼城、绛县一带日军第四十一师团及第一〇八师团主力发动攻击,经九昼夜激战,敌向西退却,据守曲沃、新绛,与卫部相持。

△ 中国工业合作促进委员会香港分会主席宋庆龄在港播讲《中国之工业合作》。

△ 重庆举行青年宪政问题讨论会。到会有潘公展、方采芹、邹韬奋及各界青年 500 余人。会议决定筹组中国青年宪政促进会。同日,重庆各界妇女召集的宪政促进会举行第三次座谈会,刘清扬主持,到会 200 余人。

△ 中苏文化协会云南省分会在昆明成立,龙云任名誉会长,刘震寰任会长,张西林等 15 人为理事。

△ 东北抗日联军一部在吉林长白山东南额穆县附近与日伪军激战,毙敌 100 余人。

△ 宁县事变。晚,陇东宁县保安队配合第九十七师之一团向驻当地八路军罗营突然袭击,并用事先秘密挖好之地道埋藏地雷,猛烈爆炸,罗营伤亡过半,营长亦受重伤,仅一小部于 12 日突围退出城外。至翌年 1 月,宁县全部被占。

△ 辛亥革命时期鄂军军务部长孙武在北平逝世。

△ 进犯闽南之日伪前敌指挥林知渊,在福建前线为地方团队活捉。福建旅桂同乡电蒋介石,要求将林知渊就地正法,并没收其全部财产。

△ 上海先施公司全体职工 800 余人,要求资方增加米贴,实行静坐罢工。

12 月 11 日 蒋介石、孔祥熙在重庆宣誓就任行政院正、副院长。

△ 军事委员会任命徐庭瑶为第三十八集团军总司令,李默庵为副总司令。

△ 日伪军血洗江苏金湖县白马湖大杨庄,使 140 余人的村庄从此不再有人烟。

△ 日机 10 架分批轰炸湖南安化县烟溪镇,炸死平民 115 人,财产损失在 50 万元以上。此后两日,日机再袭,烟溪兵工厂被炸毁,死伤惨重。

△ 中英庚款董事会分别在重庆、成都、贵阳、昆明、桂林、兰州、上海等处办理科学工作人员申请协助登记,每月 80 元至 200 元。

12 月 12 日 第五战区冬季攻势开始。以江北兵团牵制天门、皂市之敌主力,准备由随县、钟祥间向武汉攻击;另以鄂北兵团、豫南兵团进攻信阳以南;以豫南游击队袭信阳以东;以鄂东游击队袭击汉口及其以北。

△ 第九战区冬季攻势开始。以罗卓英第十九集团军攻击南昌、武宁间日军第二十四师团、第三十三师团,王陵基第三十集团军攻击武宁、通山间日军第三十三师团、第四十师团、第十四旅团等,关麟徵第十五集团军攻击通城、岳阳间日军第六师团,上述各路牵制日军兵力;而以杨森第二十七集团军攻击通城、蒲圻、咸宁日军第一一六师团,以进击武昌。攻势发动后,当日晨攻克崇阳,后续克蒲圻、咸宁附近日军据点,并在岳阳一带围困日军第六师团。

△ 第九战区炮兵击沉九江附近日兵舰一艘,毙敌 100 余人。

△ 叶剑英致电蒋介石称:日军在华北部署更番"扫荡",为确保华北抗战根据地粉碎敌人更番"扫荡"企图,并相机收复上党,近已发动全华北大规模截击敌交通线,以策应全国各方作战。

△ 晋西离石、柳林日军再次侵占军渡,炮击宋家川。至 16 日,为陕甘宁边区河防部队击退,收复军渡。

△ 甘肃合水县县长翟大勋为配合宁县事变,率县保安队袭击驻该县八路军第一二九师第三八五旅直属队。同日,第三八五旅摧毁庆阳县政府旧城办事处等机关,并拘押办事处主任以下人员 10 余人。随后,第三八五旅驻西峰办事处又遭第九十七师及保安队袭击。

　　△　作家访问团宋之的、罗烽、方殷、陈炳南、杨骚五人返回重庆。按：该团访问河南、山西等五省，历时半年，行程万余里。其间团长王礼锡病故，一部分团员因病已先返回。

　　△　宇巴伦率缅甸访华团一行九人抵达重庆。

　　△　华盛顿中国经济研究协会发表调查报告称：本年美国输往日本军需品占全部对日贸易的 71%，占日本军火进口贸易的第三位。

　　12 月 13 日　白崇禧密电蒋介石、何应钦，报告反攻南宁作战计划：第一步攻略昆仑关、高峰坳。第二步攻略南宁。预定 12 月 18 日开始反攻。20 日占领昆仑关、高峰坳，同时邕河南岸占领蒲庙、吴村，截断大塘附近敌后方联络线。22 日前完成攻略南宁之准备。23 日开始对南宁之攻击，25 日占领南宁。

　　△　李家钰第四十军开始扫荡太行山南、道清路北山口日军据点，东阻新乡之敌西援，西攻博爱之敌后背。

　　△　晚，刘建绪第十集团军分别以一部攻入杭州、富阳、余杭各城内，纵火焚烧日军仓库。当敌分头追击时，又于萧山、绍兴间设伏袭击，小获胜利。

　　△　八路军第一二九师一部袭击山东莘县魏二庄之日军，歼敌 200 余人。

　　△　前四川省政府主席王缵绪率兵出川抗战。

　　△　山西新军为粉碎阎军进攻，加紧清理内部。雷任民决死第四纵队是日逮捕密谋发动武装叛变的第二〇三旅旅长刘武铭为首的全部军官，并搜出刻好的"忠义抗日义勇军"图章及委任状等文件。

　　△　上海永安纺织公司 3500 名工人，要求增加工资，实行静坐罢工。

　　△　上海法租界发生抢米风潮，200 余人拥入米店抢去米 32 袋。法巡捕驰至，扣留抢米者一人，因无证据旋即释放。

　　12 月 14 日　第三十三集团军总司令张自忠率部渡湖北襄河，出击洋梓镇、黄家集日军，毙伤敌 2000 余人。

　　△　第二战区范汉杰部第二十七军先后攻占晋东长子、屯留外围

各据点,包围长子、屯留。第四十军亦将潞城包围。

　　△　日军在河南武陟县傅村包围袭击修筑河堤民工,杀害997人,毁房880余间。

　　△　甘肃镇原第九十七师第五十一团及步兵一营、炮兵一连,配合保安队共2000余人向驻当地八路军王营猛袭。该营伤亡惨重,于16日突围退出城外,镇原被占。

　　△　日本首相阿部信行在日本国民精神总动员中央联盟干部与政府恳谈会上发表谈话称:关于"中国事变",成立新政权问题,由于日、汪双方对具体内容尚未获得一致意见,成立时间需要推迟。

　　12月15日　白崇禧发布反攻南宁作战命令,令各部队于18日拂晓开始攻击,乘敌后部队未到以前将敌包围于邕江南北地区而歼灭之。兵力部署:北路军(第三十八集团军徐庭瑶部第五军、第九十九军第九十二师)以主力从宾阳方面攻击昆仑关,一部切断南宁至昆仑关敌之联系,歼灭昆仑关之敌,尔后协同其他部队攻击南宁。东路军(第二十六集团军蔡廷锴部第四十六军、第六十六军共四个师)以陆屋、灵山为根据地,破坏郁江以南之敌后交通,阻敌增援昆仑关。西路军(第十六集团军夏威部四个师及地方武装)以两个师攻击高峰隘之敌,吸引敌主力,一部袭扰郁江以南敌后交通,一路进到邕宾路之四塘,阻止南宁日军增援昆仑关。第九十九军第九十二师、第一一八师为总预备队,于宾阳古辣附近待机。

　　△　八路军冀中军区部队开始抗击日伪军对冀中的分区"扫荡"。27日、28日,八路军于雄县、固安两地毙伤日伪军600余人,31日反"扫荡"结束,共毙伤日伪军1200余人。

　　△　日军烧毁扬州八宿著名古建筑物之一——金寿公所。该公所位于泰兴口岸镇西北福星桥东侧,始建于清光绪二十年(1894),共有各类建筑房屋114间,雕梁画栋,耗资甚巨。

　　△　日伪军分五路进犯繁昌,新四军第三支队等在繁昌城郊峨山头、三梁山、白马山、马家坝等地顽强抗击,激战一天半,歼敌300余人,

第四次保卫了繁昌城。

　　△　豫南伪和平救国军第三师师长彭子文率部 3000 余人反正,毙日军 200 多人。

　　△　北平伪临时政府与南京伪维新政府在北平举行联席会议,讨论以南方之米交换北方煤、棉,及规定伪联银券与伪华兴券汇率,修正两伪政府发行之教科书等。

12 月 16 日　李济深、陈诚奉蒋介石命自重庆飞广西,协助白崇禧作战。

　　△　第三战区冬季攻势开始。以第三十二集团军进攻南昌;第五十、二十一、八十六、二十五、十八军共 14 个师为长江攻击军;第十集团军与天目山各游击支队进攻杭州,以牵制敌兵力。长江攻击军各兵团攻击开始后皆有进展。19 日后因日军大举增援,行动受阻。

　　△　晋东南第三行署主任孙楚配合刘戡第九十三军、陈铁第十四军等五个军各一部向戎伍胜、董天知决死第三纵队、第五专署所属各县抗日政权进攻。是日阳城县抗日民主政府首遭摧残,县府科长、区、村干部 200 余人被捕,20 余人被杀害。

　　△　立法院长孙科访欧归国抵重庆。孙在昆明对记者谈话称:此次在欧历访各国朝野领袖,英、法、苏对我同情日增,而苏更以实力援我,今后且将有加无已。暴日妄图与苏妥协,单相思难成事实。且据欧洲一般观察,美日商约届期绝难续订,暴日处境日窘,咸认为我国团结抗战必胜无疑。

　　△　新四军江北指挥部主编《抗敌报》(江北版)创刊。

　　△　上海市 30 余团体发起筹备成立上海市民食调节协会,商请银钱业垫款订购洋米,办理平粜。越两日,协会正式成立。

　　△　在华日本反战同盟西南支部在桂林招待记者,称该部已组织工作队对敌宣传,并将在盟友增加后成立义勇队参战。

12 月 17 日　粤北战役开始。日军为策应桂南作战,调动第十八师团、近卫师团之混成旅团及第三十八师团、第一六〇师团、第十一师团各一部约 6 至 7 万人,统由安藤利吉指挥,分三路出扰广东各线。其右翼兵力约 1.5 万人,沿增城、龙门、白沙之线进攻翁源。中路兵力约三万人,一由从化、良口越牛背脊攻击佛冈;一由花县北攻佛冈,会合后进攻翁源。左翼兵力约 1.5 万人,由军田向银盏坳、源潭沿粤汉铁路进窥滧江、连江口,犯英德、曲江等地。

　　△　第一战区第八十一师在豫东突入开封,焚毁日军第三十五师团一部的指挥所及仓库。21 日,骑兵第二军一度攻入商丘,击溃由安徽砀山增援的日骑兵部队。

　　△　重庆卫戍司令部枪决在重庆刺探军情之汉奸王金廷、余金山。

　　△　山西各地牺盟会代表 500 余人,于太岳区举行第一次代表大会,讨论挽救山西时局办法。

　　△　国民政府向美国洛杉矶莱安飞机制造厂订购军用飞机 50 架,价值美金 150 万元,定八个月内交货。

12 月 18 日　桂南各部队约 15 万人调整就绪,依照白崇禧部署开始反攻。杜聿明第五军第二○○师、新二十二师、荣誉第一师任主攻,首先反攻昆仑关;另以第九十二师于邕宾公路阻截敌援军。当日,第九十二师占领七塘南北阵地,断绝日军增援昆仑关道路,致此后几日日军不得不用飞机输送弹药给养。

　　△　我游击队在无锡、苏州间炸毁敌军车 11 辆,敌死伤 300 余人。

　　△　新四军苏皖支队在仪征县月塘集地区粉碎日伪军进攻,毙伤日军 30 余人、伪军 70 余人。

　　△　晋东南晋城、沁水、浮山等县抗日民主政权续遭摧残。是日,第四集团军李家钰部第四十七军围攻晋城县抗日民主政府,捕走工作干部百余人,枪杀干部 10 余人。孙楚所部配合刘戡第九十三军,是日及 21 日分别进攻沁水、浮山两县抗日民主政府,打死第三、第五两区区长,并将第三区群众武装缴械。

　　△　八路军晋绥军区布置应付突然事变,决定由新军各部及八路军代表组织最高指挥部,续范亭、雷任民分别担任军、政总指挥。

　　△　国民政府任命寿勉成为经济部合作事业管理局局长。寿对记者谈该局拟举办合作人员训练所，并在四川、云南等省设置实验区。先设置全国合作社物品供销处，资本 500 万元，由中国、中央、交通、农民四行投资。

　　△　军事委员会颁布《战时新闻违检惩罚办法》，凡九条，规定各通讯社稿件未经检查先行发表者，不遵照删改刊载者，或对删免稿件之地位不设法补足，于稿件文字内故留空白或另作标记易致猜疑者，均属违检。违检惩罚为"忠告、警告、严重警告、定期停刊、永久停刊"五种。

　　△　各国新闻社驻重庆记者宴请国民党中宣部长王世杰，美联社特派员司徒致欢迎词。王世杰致答词称，甚望外国驻华记者向本国传送中国抗战建国消息，俾各国人士对远东大局有充分认识，不致为日方虚伪宣传所淆惑。

　　△　日本"驻华专使"加藤视察华北竣事，由津返沪。

　　△　日本外相野村吉三郎接见美大使格鲁，会谈后宣布开放长江下游京沪间交通，并称对珠江亦将考虑采取同样措施。

　　12 月 19 日　第八战区傅作义部第三十五军等部夜袭包头，次日攻入城内，摧毁敌司令部及据点数处。另一部在包头、安北间阻击来援之敌，毁敌汽车八辆，毙敌百余。连长薛明德率官兵在猛烈炮火下独守阵地，与敌肉搏，山头失而复得者四次，不惜牺牲，支持战局完成任务。战后，军事委员会下令奖励是役有功人员。

　　△　孙楚所部进攻晋东南壶关县抗日民主政府，杀害县长洛洪章。同时，范汉杰部第二十七军逮捕该县第二区区长及牺盟会干部 16 人。

　　△　教育部筹划在海外各领事馆附设侨民教育专家，分为香港、菲律宾、新加坡、西贡、巴达维亚五个区管理侨胞教育事宜。20 日，又颁布小学《特种教育纲要》，强调对儿童"精神训练"。

　　12 月 20 日　杜聿明部第五军第五师增强对昆仑关的攻击，坦克一度冲入昆仑关。次日，割裂九塘与昆仑关日军联络，同时，空军配合地面部队攻击，向当面日军目标进行轰炸和扫射。邕武路方面，西路军继攻克香炉岭、高峰隘后,是日又克新圩,日军完全陷入包围。

　　△　八路军副总司令彭德怀赶赴秋林,面见阎锡山,就晋西事件进行调解。

　　△　粤北日军占领左潭,后分兵一路与龙华敌合攻龙门,一路北循公路攻新丰。

　　△　中缅文化协会在重庆成立,罗家伦任会长,朱家骅、邵力子等任名誉会长,缅甸访华团出席大会。

　　△　北平米荒。伪临时政府下令实行计口粮。

　　△　驻美大使胡适访罗斯福总统,告以中国目前情形并不如想象之窘迫,日军侵略华南致南宁与法属越南边境公路交通中断一事,并不如何严重。胡并与罗斯福再度商谈向美借款事。

　　△　中国船员360余人服务于德国轮船,因轮运业停顿,乘意大利邮轮返国。

12月中旬　日军集中兵力1.2万人对冀中进行第三次分区"扫荡",重点为大清河北、阳河东南和子牙河西,以及阳河以西、以北和滹沱河两岸等三个地域。至月底,冀中八路军作战13次,伤亡450余人,毙伤敌1200余人。

　　△　上海抢米风潮愈趋激烈,公共租界内米店30家、法租界内米店数家,先后被抢一空。

12月21日　国民政府特派龙云为军事委员会委员长昆明行营主任。

　　△　日军再度进犯繁昌,新四军第三支队在积谷、大行冲、白马山等地抗击,血战两昼夜,毙伤日军100余人,第五次保卫了繁昌城。

　　△　日伪军由滁县、沙河集、全椒等地出动,合击津浦路西周家、复兴集地区。新四军第四支队一部与日军激战三天,收复全椒县周家岗、复兴集、大马厂和古河镇等地。其中周家岗战斗,毙伤日军160余人,生俘日军少佐一名。

　　△　日军进攻粤北源潭墟,经三日激战后攻陷该城。

△　日军侵占广西龙州、镇南关,大肆烧杀。

△　冀察战区庞炳勋部第四十军进攻山西陵川县抗日民主政府,并配合孙楚派出之长治县县长聂士庆部进攻长治县公安局。

△　国民政府为修筑叙(宜宾)昆(明)铁路向法国银行团借款 4.8 亿法郎。合约迟至 1940 年 3 月始批准生效,7 月后因越南形势变化又终止。

△　土耳其首任驻华大使席拔希抵重庆。27 日,向林森呈递国书。

△　汉奸丁默邨在上海遇刺受伤。

12 月 22 日　八路军后方留守处主任萧劲光致电林森、蒋介石、孔祥熙、何应钦、陈诚等,就陇东军队连续制造摩擦、大举进攻边区提出抗议。电称:抗战以来八路军艰苦抗战,"我留守部队对于保卫河防边防、巩固抗战后方并无过犯,对于原定 23 县地区并未越出雷池一步。现敌我相距一河之隔,抗战袍泽应如何精诚团结,共御敌寇,岂宜其豆相煎,至于此极。陇东友军此次突然进攻,并公开声称系奉上级命令,听闻之下,不胜骇异",要求当局"制止异动,恢复团结,勿使局部事件日益扩大"。

△　东北挺进军司令马占山道经延安,中共中央设宴招待并举行欢迎会。马占山发表讲话称:"目睹此间艰苦奋斗之精神,实足钦佩。"

△　八路军第一二九师一部于河北景县龙华镇歼伪军 300 余人。

△　行政院转令执行《战地内禁运资敌物品收购救济办法》,凡九条。

△　军事委员会修正公布《战时铁道军事运输条例》,凡 14 条。

△　军事委员会为停止苏联飞机入境代电通知各有关部门称:查自抗战军兴,苏联政府对我空军方面多所协助,情至可感。但对我油料困难及领空主权似欠顾及。现欧亚渝哈线与中苏公司哈阿线已正式通航。为尊重我国领空主权,促进民航业务,并节省军用油料,增强抗战力量及免除外籍人员任意出入国境起见,苏方各机似可一律不必开行于我国境内。遇有特殊原因,应事先通知航委会核准施行。

△　伪满洲国拟定《满洲开拓政策基本要纲》。

12 月 23 日　中共中央发出《对时局的指示》，指出：中共的任务是极力发展统一战线，力争中间阶层；深入群众工作；巩固党的组织；巩固发展八路军、新四军；准备对付局部突然事变；在华北、西北、中原一带，凡遇军事进攻准备在有理有利条件下坚决反抗之，极大发挥自己的顽强性，绝不轻易退让。

△　第三十三集团军张自忠部克复湖北汉宜路之杨家泽，一度冲进雁门口。另一部向瓦庙集疾进，将汉宜路截成数段，击溃日荻洲师团。

△　日军命令第九旅团主力，由龙州"排除万难，日夜兼程，向南宁急进"，以图解除昆仑关被围日军困境。次日，该旅团主力开始行动。27 日，行抵山墟附近，为西路军夏威部第一八八师所包围截击，直至 29 日才进至南宁。

△　日军近卫混成旅团占粤北牛背脊，第四战区所部组成两个纵队迂回包围日军，在梅坑、吕田、牛背脊、良口一线与日军展开激战。同日，日军陷粤北龙门。

△　日军 2000 余人"扫荡"淮南津浦路西全椒县周家岗，历两日，被新四军第四支队粉碎。

△　中华全国文艺界抗敌协会举行招待会，欢迎参加南、北两路慰劳团及作家访问团的作家。郭沫若致欢迎词，老舍报告参加北路慰问团经过，畅谈战地观感，呼吁设法解决西北文化恐慌问题。作家访问团副团长宋之的盛赞晋东南军民抗战精神。

△　中共中央军委电示晋绥军区：阎锡山已令第七集团军总司令赵承绶向决死第四纵队进攻，晋西北武装冲突不可免，应立即准备作战。但武装冲突不应由新军先发动，而应在赵承绶进攻时取防御姿态反攻而消灭之。

△　山西新军戎伍胜、董天知部第三纵队三个多团及纵队直属队一部被胁迫投入阎军，共产党员和政工干部 120 余人被害。游击第十团及游击第十一、十二团、纵队直属队各一部，突破阎军围攻，与决死第

一纵队及八路军第一一五师第三四四旅等部靠拢。

　△　在华日本人民反战同盟西南支部在桂林正式成立,日反战作家鹿地亘任主席。28 日,鹿地亘率领该部成员到达昆仑关前线,以巨型播音机对日军宣传。

12 月 24 日　第五军副军长郑洞国密电蒋介石:自 18 日该部围攻敌第五师团于昆仑关,激战已七昼夜,迭克仙女山、老毛岭等各据点,敌死伤惨重。是日 19 时,经两小时肉搏,攻克昆仑关附近敌之最坚固堡垒——罗塘南端高地,毙敌官长 10 余人,士兵 200 余人。29 日,蒋介石复电郑洞国:"昆仑关之得失,影响于南宁作战极巨。该师激战七昼夜,卒克要点,具见该师长指导有方,将士用命,深用嘉奖。"

　△　粤北日军侵占英德。敌占英德约一星期,民众被杀 240 余人,房屋被毁 3000 余间。

　△　萧劲光再电程潜、朱绍良,驳斥当局歪曲陇东事件,指出:"近闻一六五师亦已开动,将欲会同九十七师大举向庆、合进攻,并闻陕西保安第九团团长及邻县县长亲率团队,有向边区挺进模样。""据闻一切行动均系根据新《处理共党实施方案》,下级不过照此方案执行而已,甘陕居民睹此情形,极为惊疑,一若大祸将至",要求"严令制止武装行动,退返原防,恢复原状,以利团结抗战"。

　△　缅甸访华团在成都访问后飞抵重庆,在机场出席中缅文化协会第一次理事会,旋乘机经云南回国。

12 月 25 日　粤北日军倾巢北犯,余汉谋部第十二集团军节节败退,韶关震动。晚,李汉魂急电陈诚请援,陈允派第五十四军陈烈部来援。当夜,第十二集团军总部又自三华撤退。

　△　日军第二十一旅团中村正雄少将在增援昆仑关途中中弹负伤,是日在九塘毙命。

　△　朱德、彭德怀等通电全国反对枪口对内进攻边区,指出:《防制异党活动办法》流行以来湖南有平江惨案,河北有张荫梧事件,山东有秦启荣之进攻,河南有确山县之流血,而在西北则高呼消灭边区,打倒

共产党,调兵遣将,攻栒邑,夺宁县,占镇原。近闻正计划夺取淳化、鄜县,准备进攻延安。通电呼吁各界人士主持公道,要求惩办肇事祸首,取缔反共邪说,明令取消《防制异党活动办法》及《处理共党实施方案》,制止军事行动,勿使局部事件日益扩大。

　　△　印度诗人泰戈尔致函蒋介石,颂扬中国抗战。

12月26日　八路军第一一五师东进支队一部于滕县兑头沟设伏,全歼日军运输队100余人。

　　△　日军陷粤北潖江口及新丰。

　　△　山西和顺、昔阳、东冶头日伪军1400余人合击皋落地区。

　　△　河北遵化日伪军800余人向遵化北山地八路军根据地进犯。经两昼夜激战,至28日敌溃至遵化城郊。是役八路军歼敌300余人。

　　△　日机90架分三批空袭兰州,被我击落三架。兰州市民被炸死120人。

　　△　日本海军省宣布,封锁中国全部海岸线。

　　△　威海卫专员郑维屏密电何应钦,要求派兵"围剿"文登地区八路军。

　　△　行政院决议通过新勘定的重庆新市区地界。

　　△　智利驻华代办马琳到任,向外交部长王宠惠递交到任书。

12月27日　八路军第一二九师第三八五旅一部袭击昔阳皋落地区之日伪军,战至29日,歼敌200余人。

　　△　空军轰炸南宁附近日军阵地,与敌发生空战,击落敌机三架。

　　△　日伪军2000多人向大清河北"扫荡"。八路军与敌激战八小时,毙敌400余人,击落敌机一架,毁坦克一辆。

12月28日　桂林行营下令反攻昆仑关。杜聿明部新二十二师及余汉谋部第一五九师等部对昆仑关以东日军第五师团、第十二旅团展开猛烈进攻。

　　△　八路军第一一五师第三四四旅一部收复山西潞城县城,进击长治。

△ 粤北日军向南雄、曲江进攻。

△ 山西新军韩钧决死第二纵队突破日军、阎军包围及离石——军渡公路日军封锁线,全部抵达晋西北临县招贤镇附近地区。

△ 日本外、陆、海三相联合发表《对外政策方针纲要》,鼓吹利用欧战局势促进处理"中国事变",造成对建设"东亚新秩序"之有利形势。规定对华政治策略以建立中国中央政府为中心。其对外经济政策大纲是:"促进日、满、华经济圈内的自给自足,并建立适应目前形势和战后状况的帝国新经济政策。"

12 月 29 日 第五军以步、炮、坦克协同对昆仑关再次发动猛烈攻击。昆仑关两侧高地被围日军在万炮齐轰中几无余生。

△ 第四战区所部粤北牛背脊战斗获胜,日军自从化方面撤退。

△ 军事委员会任命冯圣法为第八十六军军长。

△ 国民党中央宣传部密电全国各报,对于各地粮食、燃料缺乏及物价高涨消息,嗣后一律禁止登载。

△ 周恩来为共产国际撰写的《中国问题备忘录》完稿,全文共5.5 万字。

12 月 30 日 昆仑关日军开始总退却。

△ 日机空袭柳州,被击落八架。

△ 粤北日军左翼进至河头,右翼陷翁源。次日,先头部队窜至新江,韶关再度告急,广东省府连夜迁连县。省府主席李汉魂及随从数人留韶办公。但此后日军即停止进攻,并开始回窜。

△ 河北赞皇与高邑日军 500 余人分三路西犯。八路军及赞皇独立营与敌激战终日,毙伤敌 50 余人。高邑县长殉难。

△ 国民政府公布《遗产税暂行条例施行条例》,凡 39 条,定次年7 月 1 日施行。

△ 萧劲光电陈诚提出公平解决陇东事件办法,应以撤出侵占镇(原)宁(县)之兵及严惩历次肇祸主谋钟竟成为先。

△ 战地党政委员会函军事委员会报告王劲哉部第一二八师及第

七游击队在鄂中抢劫及敲诈勒索情形称:鄂中日军为数不上千人,我中央大军及鄂中游击队与民众武力超过敌军 30 至 40 倍,然未能毫末进展,实鄂中两大隐患。函举第一二八师四处抢劫、目无国纪,第七游击队游击所到,甚于洪水猛兽,提出应予严加整饬或切电训诫。

　　△　汪精卫与日本签订所谓《日支新关系调整要纲》,在上海签字。

12 月 31 日　昆仑关大捷。杜聿明第五军新编第二十二师及余汉谋部第一五九师各一部,激战四昼夜后,是日发起强攻,卒于 11 时许攻入昆仑关,并完全收复昆仑关东西两侧高地。是役毙敌旅团长中村正雄以下 4000 余人。我因采取攻势,损伤较大,伤亡约 1.67 万人。

　　△　军事委员会发言人对新闻界谈称:日方自开战以来至本日止,陆军除原有常备军 17 个师团外,已再动员 32 个师团又 14 个混成旅团,合计 168 万人。即开战第一年(1937)敌补充新编师团 14 个;第二年(1938)加编师团八个,混成旅团四个;第三年(1939)又加编师团及混成旅团各 10 个。

　　△　日军一部途经广东英德县石脚下时,突然包围第四战区正在熟睡的一个连队官兵,将之全部杀害,之后闯进望埠墟大肆杀戮。

　　△　阎锡山电令继续围攻汾军公路以南山西新军:"着第六集团军总司令陈长捷指挥第六十一、第三十四军(附薄毓相旅段勇杰团)及王思田师崔道修旅妥为部署,肃清汾军公路以南叛逆。"

　　△　中共中央、中共军委发出指示,指出阎军在山西对中共及新军发动的进攻,是牵动华北全局的重大斗争。命令罗贵波、彭绍辉第三五八旅及晋西北新军,立即占领有利地形,接应决死第二纵队。同时命令第一二〇师速派部队加强晋西北,贺龙、关向应立即回晋西北指挥作战。同日,根据中共中央指示,晋西北地区成立以续范亭为总指挥的"晋西北拥阎抗日讨逆军总指挥部"。

　　△　国民政府发行准备管理委员会发表对中国、中央、交通、农民四行 12 月份检查公告如下:(甲)中央银行发行总额 13.46979745 亿元,准备金额相同,内现金准备 6.58058986 亿零 4.7 角,余为保证准

备。(乙)中国银行发行总额 7.71997105 亿元,准备金额相同,内有现金准备 3.92648460 亿元零三分。(丙)交通银行发行总额 5.93550448 亿元零 6.2 角。(丁)中国农民银行发行总额 3.65432160 亿元,准备金额相同,内现金准备 2.11901243 亿元。合计发行总额 30.81787295 亿元,与准备金额完全相符。

△ 苏日签订《苏日协议》。日本允诺向苏联付清背着中国买卖中东路的最后一笔欠款,苏联同意将《日苏渔业协定》延长一年。翌日,《真理报》著文欢迎苏日关系正常化。

是月 中国银行董事长宋子文、交通银行董事长钱新之、中国农民银行总经理叶琢堂、中国银行总经理宋汉章等会集重庆,"擘划四行总处方针"。

△ 国民党秘密颁布《异党问题处理办法》及《运用保甲组织防止异党活动办法》。

△ 经济部颁布《矿产品运输出口管理规则》。

△ 民族文化书院成立,董事长陈布雷,院长张君劢,院址设云南大理。

△ 日军向冀察、冀中根据地河北雄县进行"扫荡"。八路军第三纵队在雄县东北的神堂村地区展开防御作战,歼敌 450 余人,击落日机一架,击毁坦克一辆。

△ 日军"扫荡"河北曲阳,烧死村民 101 人。

△ 伪鄂西保安支队副司令郭仁泰率部 1000 余人,在鄂中应城地区反正,参加新四军豫鄂挺进纵队。

△ 湘桂铁路桂柳段竣工通车。

△ 交通部与法国银行在重庆签订《叙昆铁路矿业合作合同》,规定由资源委员会设立沿线探矿工程处,由经济部出资 200 万元,所需材料由法方材料借款内供给 800 万法郎。

△ 伪维新政府由满洲购入罂粟种子 100 麻袋(6500 满洲斤),由铁路运至山海关。日本兴亚院华北联络部具函沿途关卡,免验免税。

　　△　日本参谋本部派铃木卓尔中佐前往香港,谋求打开与重庆联络线。铃木经香港一大学教授牵线,会见自称西南进出口物资运输公司总经理处主任的"宋子良"(实为戴笠部属曾广),宋初以"未得其兄同意"拒绝为日方牵线。后却主动求见铃木,表示国民政府对日继续抗战的决心,同时又表示和平解决中日战争的意向,是为日本对华开展所谓"桐工作"的起始。

　　是年　国民政府统计:抗战开始至本年年底,日机炸死中国公民5.1601万人,炸伤6.5846万人,毁房屋21.6546万间,约合法币14.4829万元。

　　△　本年度国库收入总额为30.62451985亿元,支出29.95370276亿元。

　　△　本年度国家普通岁出岁入总预算及追加数各为21.1808412亿元。

　　△　上海海关发表本年度1—11月份全国对外贸易,计进口值12.45416359亿元,出口值9.05118659亿元,入超3.402977亿元。

　　△　国家银行向私营工商业贷款的数额,由1937年的14.71亿元增至本年25.78亿元。

　　△　本年度全国专科以上高等学校101所,在校学生4.4422万人,毕业学生5622人,教师数6514人,职员数4170人,岁出教育经费373.887万元。

　　△　河南省赈济委员会统计:本年度河南全省遭受水、旱、蝗灾者85县,其中受灾村庄3.0565万座;受灾土地2.6253454亿亩;淹坍房屋131.1006万间;伤亡1.2272万人,灾民681.4353万人;财产损失1.89546219亿元;待赈人数454.866万人。

　　△　陇海铁路宝(鸡)天(水)段工程开工。因材料缺乏,时断时续,迟至1945年底始铺轨。

　　△　八路军第一一五师于3月初在山东郓城西北樊坝与日军作战,首战告捷,初步打开了鲁西的抗战局面。8月后,第一一五师独立

旅接连粉碎日伪军在鲁西地区的两次大"扫荡",进一步开辟了鄄城、巨野、菏泽、嘉祥、宁阳、东阿、东平等地区。冬季,八路军东进抗日挺进纵队一部进入鲁西,加强了鲁西的抗日武装力量,并开辟了范县、观城、濮县等地区。至此,鲁西抗日根据地形成。

△　宋庆龄与何宝芳(伍朝枢夫人)、陈淑子(胡汉民夫人)在香港组织妇女慰劳会,发动海外侨胞捐款支援国内抗日战争。

△　据国民政府财政部统计,华侨捐款计 6536.8147 万元。

△　新华日报社社长潘梓年协助在重庆的一批科学家组成"自然科学座谈会",梁希、潘菽、金善宝、涂长望、谢立惠等 20 余人参加。

△　日军在华北抓捕壮丁 95.4882 万人,多被编入伪军或强送关外当劳工。

△　关内各伪政权银行发行伪钞,由 1937 年的 5000 万元增至本年度的 5.5 亿元。

△　日本华北方面军司令官多田骏,请司徒雷登前往重庆,试探以蒋介石为对手洽谈"和平"条件。日方称此为"司徒雷登工作"。

△　日本颁布所谓"国民征用令",驱使台湾同胞为其侵略战争卖命,千余名被征壮丁领到枪械后,在高雄"哗变",600 余人被日军杀害。台北和基隆亦发生同类事件。

△　由国民党员邓景芬,共产党员客希文、张培道发起创办的《曼德勒指南》在缅甸创刊,以宣传抗日救亡为宗旨。

△　墨西哥华侨成立救国后援会。